Quadros de guerra

CB030789

Judith Butler

Quadros de guerra
Quando a vida é passível de luto?

Tradução de
Sérgio Lamarão e Arnaldo Marques da Cunha

Revisão de tradução de
Marina Vargas

Revisão técnica de
Carla Rodrigues

9ª edição

CIVILIZAÇÃO BRASILEIRA

Rio de Janeiro
2025

Copyright da autora © Judith Butler, 2009
Copyright da edição original © Verso, 2009
Copyright da tradução © Civilização Brasileira, 2015

Título original: *Frames of War: When Is Life Grievable?*

CIP-BRASIL. CATALOGAÇÃO NA FONTE
SINDICATO NACIONAL DOS EDITORES DE LIVROS, RJ

B992f   Butler, Judith
9ª ed.   Quadros de guerra: Quando a vida é passível de luto?/
Judith Butler; tradução de Sérgio Tadeu de Niemeyer Lamarão
e Arnaldo Marques da Cunha; revisão de tradução de
Marina Vargas; revisão técnica de Carla Rodrigues. – 9ª ed.
– Rio de Janeiro: Civilização Brasileira, 2025.
288 p.; 21 cm.

Tradução de: Frames of War
Inclui bibliografia e índice
ISBN 978-85-200-0965-9

1. Guerra - História. 2. Civilização moderna.
3. Violência. 4. História universal. I. Título.

CDD: 930
14-17200   CDU: 94

EDITORA AFILIADA

Todos os direitos reservados. É proibido reproduzir, armazenar ou transmitir partes deste livro, através de quaisquer meios, sem prévia autorização por escrito.

Texto revisado segundo o novo Acordo Ortográfico da Língua Portuguesa.

Direitos desta tradução adquiridos pela
EDITORA CIVILIZAÇÃO BRASILEIRA
Um selo da
EDITORA JOSÉ OLYMPIO LTDA.
Rua Argentina, 171 — Rio de Janeiro, RJ — 20921-380 —
Tel.: (21) 2585-2000.

Seja um leitor preferencial Record.
Cadastre-se no site www.record.com.br e receba informações
sobre nossos lançamentos e nossas promoções.

Atendimento e venda direta ao leitor:
sac@record.com.br

Impresso no Brasil
2025

Nota da editora

A tradução do título original *Frames of War* como *Quadros de guerra* é uma tentativa de trazer a multiplicidade de sentidos que a palavra original *frame* carrega, como amplamente discutido pela autora. A preferência por "enquadramentos", seguida no texto, aponta para uma opção específica, a teoria do enquadramento formulada pelo sociólogo Erving Goffman. "Quadros" amplia a proposta do texto: trabalhar com molduras que restringem e ao mesmo tempo configuram o olhar. A opção por não criar neologismos foi a lógica que acompanhou a tradução da obra. O subtítulo *When Is Life Grievable?* passou a *Quando a vida é passível de luto?*, de maneira a evitar a utilização de "enlutável", que a língua inglesa permite com mais facilidade do que a portuguesa e como Judith Butler prefere no original.

Da mesma forma, preferimos adaptar, e não traduzir literalmente, conceitos como *grievable/ungrievable/grievability* (passível de luto/não passível de luto/condição de luto), *precarity/precariousness* (condição precária/precariedade), *recognition/recognizable/recognizability* (reconhecimento/reconhecível/condição de ser reconhecido), *injury/injuriable/injuriability* (violação/violável/ condição de violável). Para facilitar a compreensão, indicamos a palavra original e sua tradução, na primeira aparição do conceito.

Agradecemos o dedicado trabalho de Marina Vargas e de Carla Rodrigues, e a gentil colaboração de Debora Diniz para o estabelecimento do texto.

Sumário

Agradecimentos

Estes ensaios foram escritos e revisados entre 2004 e 2008. Embora alguns tenham aparecido em versões anteriores, foram revisados em profundidade para serem publicados neste livro. Uma versão anterior do Capítulo 1, "Capacidade de sobrevivência, vulnerabilidade, comoção", foi publicada em inglês e catalão pelo Centre de Cultura Contemporània de Barcelona, em 2008. "Tortura e a ética da fotografia" foi publicado em uma versão anterior na *Society and Space*, a revista acadêmica da Royal Geographical Society, e em Linda Hentschel (org.), *Bilderpolitik in Zeiten von Krieg und Terror: Medien, Macht und Geschlechterverhältnisse*. Berlim: b_books, 2008. O Capítulo 2 também se baseia em meu ensaio "Photography, War, Outrage", publicado no *PMLA* em dezembro de 2005. "Política sexual, tortura e tempo secular" apareceu pela primeira vez no *British Journal of Sociology* (v. 59, n. 1), em março de 2008. "O não pensamento em nome do normativo" foi escrito com base na minha réplica às várias respostas ao artigo "Sexual politics", no *British Journal of Sociology* (v. 59, n. 2). "A pretensão da não violência" baseia-se em "Violence and

Non-Violence of Norms: Reply to Mills and Jenkins", publicado em *differences* (v. 18, n. 2) no outono de 2007. A argumentação do texto foi elaborada em uma série de seminários que apresentei na École Normale Supérieure e na École des Hautes Études, em Paris, na primavera de 2008.

Sou grata pelas discussões que mantive com diversos interlocutores ao longo destes últimos anos. Eles me inspiraram e mudaram minha forma de pensar: Frances Bartkowski, Étienne Balibar, Jay Bernstein, Wendy Brown, Yoon Sook Cha, Alexandra Chasin, Tom Dumm, Samera Esmeir, Michel Feher, Eric Fassin, Faye Ginsburg, Jody Greene, Amy Huber, Nacira Guénif-Souilamas, Shannon Jackson, Fiona Jenkins, Linda Hentschel, Saba Mahmood, Paola Marrati, Mandy Merck, Catherine Mills, Ramona Naddaff, Denise Riley, Leticia Sabsay, Gayle Salamon, Kim Sang Ong-Van-Cung, Joan W. Scott, Kaja Silverman e Linda Williams.

Agradeço também a Humanities Research Fellowship da University of California, em Berkeley, e à reitora Janet Broughton, que me ofereceu o apoio necessário para concluir este texto. Sou igualmente grata a Colleen Pearl e a Jill Stauffer pelo trabalho editorial na preparação destes originais (embora todos os erros sejam enfaticamente meus). Agradeço a Tom Penn, da editora Verso, por ter me encorajado e publicado o projeto.

Dedico este texto aos meus alunos, que me estimulam e transformam minha maneira de pensar.

AGRADECIMENTOS

Este manuscrito foi concluído um mês depois da eleição de Barack Obama para a presidência dos Estados Unidos,* e ainda aguardamos para ver quais melhorias concretas em relação à guerra podem acontecer nesse governo. De certo modo, as motivações para os ensaios então reunidos surgiram das guerras promovidas pela administração Bush, mas estou certa de que as reflexões aqui contidas não se limitam às veleidades desse regime. A crítica da guerra emerge da ocorrência da guerra, mas seu objetivo é repensar o complexo e frágil caráter dos vínculos sociais e considerar quais condições podem tornar a violência menos possível, as vidas mais equitativamente passíveis de luto e, consequentemente, mais vivíveis.

*Desde a conclusão de *Quadros de guerra* e a publicação do livro no Brasil, Obama cumpre seu segundo mandato como presidente dos Estados Unidos. Em 2009, ganhou o Prêmio Nobel da Paz em reconhecimento ao seu empenho em diminuir os estoques de armas nucleares e pelos esforços em restabelecer o processo de paz no Oriente Médio. (*N. da E.*)

Introdução

Vida precária, vida passível de luto*

Este livro consiste em cinco ensaios escritos em resposta às guerras contemporâneas, com foco nos modos culturais de regular as disposições afetivas e éticas por meio de um enquadramento seletivo e diferenciado da violência. De certa forma, o livro é uma continuação de *Precarious Life*, publicado pela Verso em 2004, especialmente quando sugere que uma vida específica não pode ser considerada lesada ou perdida se não for primeiro considerada viva. Se certas vidas não são qualificadas como vidas ou se, desde o começo, não são concebíveis como vidas de acordo com certos enquadramentos epistemológicos, então essas vidas nunca serão vividas nem perdidas no sentido pleno dessas palavras.

Por um lado, procuro chamar a atenção para o problema epistemológico levantado pela questão do enqua-

---

* No original, "Precarious life, grievable life". A autora usa dois termos em inglês: *precarity*, que traduzimos por condição precária, e *precariousness*, que traduzimos por precariedade. Literalmente, *grievable* é "enlutável". Como a palavra não é dicionarizada, usamos "passível de luto". (*N. da R. Téc.*)

dramento: as molduras pelas quais apreendemos ou, na verdade, não conseguimos apreender a vida dos outros como perdida ou lesada (suscetível de ser perdida ou lesada) estão politicamente saturadas. Elas são em si mesmas operações de poder. Não decidem unilateralmente as condições de aparição, mas seu objetivo é, não obstante, delimitar a esfera da aparição enquanto tal. Por outro lado, o problema é ontológico, visto que a pergunta em questão é: O que é uma vida? O "ser" da vida é ele mesmo constituído por meios seletivos; como resultado, não podemos fazer referência a esse "ser" fora das operações de poder e devemos tornar mais precisos os mecanismos específicos de poder mediante os quais a vida é produzida. Obviamente, essa constatação afeta o pensamento sobre a "vida" na biologia celular e nas neurociências, já que certas maneiras de enquadrar a vida servem de base para essas práticas científicas, assim como para os debates a respeito do começo e do fim da vida nas discussões sobre liberdade reprodutiva e eutanásia. Embora o que tenho a dizer possa ter algumas implicações para esses debates, meu foco aqui será a guerra — por que e como se torna mais fácil, ou mais difícil, empreendê-la.

Apreender uma vida

A condição precária da vida nos impõe uma obrigação. Devemos nos perguntar em que condições torna-se possível apreender uma vida, ou um conjunto de vidas, como precária, e em que condições isso se torna menos possível ou mesmo impossível. É claro, não se deduz daí que se alguém apreende uma vida como precária decidirá protegê-la ou garantir as condições para sua sobrevivência e prosperidade. Pode ser, como Hegel e Klein apontam, cada um à sua maneira, que a apreensão da precariedade conduza a uma potencialização da violência, a uma percepção da vulnerabilidade física de certo grupo de pessoas que incita o desejo de destruí-las. Contudo, quero demonstrar que, se queremos ampliar as reivindicações sociais e políticas sobre os direitos à proteção e o exercício do direito à sobrevivência e à prosperidade, temos antes que nos apoiar em uma nova ontologia corporal que implique repensar a precariedade, a vulnerabilidade, a dor, a interdependência, a exposição, a subsistência corporal, o desejo, o trabalho e as reivindicações sobre a linguagem e o pertencimento social.

Referir-se à "ontologia" nesse aspecto não significa reivindicar uma descrição de estruturas fundamentais do ser distintas de toda e qualquer organização social e política. Ao contrário, nenhum desses termos existe fora de sua organização e interpretação políticas. O "ser" do corpo ao qual essa ontologia se refere é um ser que está sempre entregue a outros, a normas, a organizações sociais e políticas que se desenvolveram historicamente a fim de maximizar a precariedade para alguns e minimizar a precariedade para outros. Não é possível definir primeiro a ontologia do corpo e depois as significações sociais que o corpo assume. Antes, ser um corpo é estar exposto a uma modelagem e a uma forma social, e isso é o que faz da ontologia do corpo uma ontologia social. Em outras palavras, o corpo está exposto a forças articuladas social e politicamente, bem como a exigências de sociabilidade — incluindo a linguagem, o trabalho e o desejo —, que tornam a subsistência e a prosperidade do corpo possíveis. A concepção mais ou menos existencial da "precariedade" está, assim, ligada à noção mais especificamente política de "condição precária". E é a alocação diferencial da condição precária que, na minha opinião, constitui o ponto de partida tanto para repensar a ontologia corporal quanto para políticas progressistas ou de esquerda, de modo que continuem excedendo e atravessando as categorias de identidade.[1]

A capacidade epistemológica de apreender uma vida é parcialmente dependente de que essa vida seja produzida de acordo com normas que a caracterizam como uma vida ou, melhor dizendo, como parte da vida. Desse modo, a produção normativa da ontologia cria o problema epistemológico de apreender uma vida, o que, por sua vez, dá origem ao problema ético de definir o que é reconhecer ou, na realidade, proteger contra a violação* e a violência. Estamos falando, é claro, de diferentes modalidades de "violência" em cada nível desta análise, mas isso não significa que todas sejam equivalentes ou que não seja

---

* No contexto político do texto, consideramos *injury* como violação, uma das possibilidades de tradução desta palavra no contexto de reivindicação de direitos, e *injuriable* como condição de violável, marca comum a toda e qualquer vida. (*N. da R. Téc.*)

necessário estabelecer alguma distinção entre elas. Os "enquadramentos" que atuam para diferenciar as vidas que podemos apreender daquelas que não podemos (ou que produzem vidas através de um *continuum* de vida) não só organizam a experiência visual como também geram ontologias específicas do sujeito. Os sujeitos são constituídos mediante normas que, quando repetidas, produzem e deslocam os termos por meio dos quais os sujeitos são reconhecidos. Essas condições normativas para a produção do sujeito produzem uma ontologia historicamente contingente, de modo que nossa própria capacidade de discernir e nomear o "ser" do sujeito depende de normas que facilitem esse reconhecimento.* Ao mesmo tempo, seria um equívoco entender a operação das normas de maneira determinista. Os esquemas normativos são interrompidos um pelo outro, emergem e desaparecem dependendo de operações mais amplas de poder, e com muita frequência se deparam com versões espectrais daquilo que alegam conhecer. Assim, há "sujeitos" que não são exatamente reconhecíveis como sujeitos e há "vidas" que dificilmente — ou, melhor dizendo, nunca — são reconhecidas como vidas. Em que sentido, então, a vida excede sempre as condições normativas de sua condição de ser reconhecida? Afirmar isso não significa dizer que a "vida" tem como essência

---

* A autora usa três termos: *recognition*, aqui traduzido por reconhecimento; *recognizable*, entendido como reconhecido; e *recognizability*, sem equivalente em português. Para o terceiro termo a tradução optou por condição de ser reconhecido. (*N. da R. Téc.*)

uma resistência à normatividade, mas apenas que toda e qualquer construção da vida requer tempo para fazer seu trabalho, e que nenhum trabalho que ela faça pode vencer o próprio tempo. Em outras palavras, o trabalho nunca está feito definitivamente. Este é um limite interno à própria construção normativa, uma função de sua "iterabilidade" e heterogeneidade, sem a qual não pode exercitar sua capacidade de modelagem e que limita a finalidade de qualquer de seus efeitos.

Talvez então, como consequência, seja necessário considerar como podemos distinguir entre "apreender" e "reconhecer" uma vida. "Reconhecimento" é o termo mais forte, derivado de textos hegelianos e sujeito a revisões e a críticas durante muitos anos.[2] "Apreensão" é menos preciso, já que pode implicar marcar, registrar ou reconhecer sem pleno conhecimento. Se é uma forma de conhecimento, está associada com o sentir e o perceber, mas de maneiras que não são sempre — ou ainda não são — formas conceituais de conhecimento. O que somos capazes de apreender é, sem dúvida, facilitado pelas normas do reconhecimento, mas seria um erro dizer que estamos completamente limitados pelas normas de reconhecimento quando apreendemos uma vida. Podemos apreender, por exemplo, que alguma coisa não é reconhecida pelo reconhecimento. Na realidade, essa apreensão pode se tornar a base de uma crítica das normas de reconhecimento. O fato é que não recorremos simplesmente a normas de reconhecimento únicas e distintas, mas também a condições mais gerais, historicamente articuladas e reforçadas, de "condição de ser reconhecido". Se nos perguntamos como se constitui a condição de ser reconhecido, assumimos, por meio da própria questão, uma perspectiva que sugere que esses campos são constituídos variável e historicamente, de modo independente de quão apriorística seja sua função como condição de aparição. Se o reconhecimento caracteriza um ato, uma prática ou mesmo uma cena entre sujeitos, então a "condição de ser reconhecido" caracteriza as condições mais gerais que preparam ou modelam um sujeito para o reconhecimento — os termos, as convenções e as normas gerais "atuam" do seu próprio modo, moldando um ser vivo em um sujeito reconhecível, embora não sem falibilidade ou, na verdade, resultados não previstos. Essas categorias, convenções e normas que preparam ou estabelecem um sujeito para o reconhecimento, que induzem um sujeito desse tipo, precedem e tornam possível o ato do reconhecimento propriamente dito. Nesse sentido, a condição de ser reconhecido precede o reconhecimento.

Marcos do reconhecimento

Como, então, a condição de ser reconhecido deve ser entendida? Em primeiro lugar, ela *não* é uma qualidade ou uma potencialidade de indivíduos humanos. Dito dessa forma pode parecer absurdo, mas é importante questionar a ideia de pessoa como individualidade. Se argumentarmos que essa condição de ser reconhecido é uma potencialidade universal e que pertence a todas as pessoas como pessoas, então, de certo modo, o problema que temos diante de nós já está resolvido. Decidimos que determinada noção particular de "pessoa" determinará o escopo e o significado da condição de ser reconhecido. Por conseguinte, estabelecemos um ideal normativo como condição preexistente de nossa análise; de fato, já "reconhecemos" tudo o que precisamos saber sobre o reconhecimento. Não há desafio que o reconhecimento proponha à forma do humano que tenha servido tradicionalmente como norma para a condição de ser reconhecido, uma vez que a pessoa é essa própria norma. Trata-se, contudo, de saber como essas normas operam para tornar certos sujeitos pessoas "reconhecíveis" e tornar outros decididamente mais difíceis de reconhecer. O problema não é apenas saber como incluir mais pessoas nas normas existentes, mas sim considerar como as normas existentes atribuem reconhecimento de forma diferenciada. Que novas normas são possíveis e como são forjadas? O que poderia ser feito para produzir um conjunto de condições mais igualitário da condição de ser reconhecido? Em outras palavras, o que poderia ser feito para mudar os próprios termos da condição de ser reconhecido a fim de produzir resultados mais radicalmente democráticos?

Se o reconhecimento é um ato, ou uma prática, empreendido por, pelo menos, dois sujeitos, e que, como sugeriria a perspectiva hegeliana, constitui uma ação recíproca, então a condição de ser reconhecido descreve essas condições gerais com base nas quais o reconhecimento pode acontecer, e efetivamente acontece. Parece, pois, que ainda há mais dois termos para compreender: *apreensão*, entendida como um modo de conhecer que ainda não é reconhecimento, ou que pode permanecer irredutível ao reconhecimento; e *inteligibilidade*, entendida como o esquema (ou esquemas) histórico geral que estabelece os domínios do cognoscível. Isso constituiria um campo dinâmico entendido, ao menos inicialmente, como um *a priori* histórico.[3] Nem todos os atos de conhecer são atos de reconhecimento, embora não se possa afirmar o contrário: uma vida tem que ser inteligível *como uma vida*, tem de ser conformar a certas concepções do que é a vida, a fim de se tornar reconhecível. Assim, da mesma forma que as normas da condição de ser reconhecido preparam o caminho para o reconhecimento, os esquemas de inteligibilidade condicionam e produzem essas normas.

Essas normas recorrem a esquemas variáveis de inteligibilidade, de modo que podemos ter, e efetivamente temos, por exemplo, histórias de vida e histórias de morte. Com efeito, há contínuos debates sobre se o feto deveria contar como vida, ou como uma vida, ou como uma vida humana; há outros debates sobre concepção e sobre o que constitui os primeiros momentos de um organismo vivo; também há debates sobre o que determina a morte — se a morte do cérebro, ou a do coração, se é o resultado de uma declaração legal ou de um conjunto de certificados médicos e legais. Todos esses debates envolvem noções contestadas de pessoa e, implicitamente, questões relativas ao "animal humano" e como essa existência conjuntiva (e cruzada) deve ser compreendida. O fato de esses debates existirem e continuarem a existir não significa que a vida e a morte sejam consequências diretas do discurso (uma conclusão absurda, se tomada literalmente). Antes, significa que não há vida nem morte sem relação com um determinado enquadramento. Mesmo quando a vida e a morte acontecem entre, fora ou através dos enquadramentos por meio dos quais são, em sua maior parte, organizadas, elas ainda *acontecem*, embora de maneiras que colocam em dúvida a necessidade dos mecanismos por meio dos quais os campos ontológicos são constituídos. Se uma vida é produzida de acordo com as normas pelas quais a vida é reconhecida, isso não significa nem que tudo que concerne uma vida seja produzido de acordo com essas normas nem que devamos rejeitar a ideia de que há um resto de "vida" — suspenso e espectral — que ilustra e perturba cada instância normativa da vida. A produção é parcial e é, de fato, perpetuamente perturbada por seu duplo ontologicamente incerto. Na realidade, cada instância normativa é acompanhada de perto por seu próprio fracasso, e com muita frequência esse fracasso assume a forma de uma figura. A figura não reivindica um estatuto ontológico determinado e, embora possa ser apreendida como "viva", nem sempre é reconhecida como uma vida. Na verdade, uma figura viva fora das normas da vida não somente se torna o problema com o qual a normatividade tem de lidar, mas parece ser aquilo que a normatividade está fadada a reproduzir: está vivo, mas não é uma vida. Situa-se fora do enquadramento fornecido pela norma, mas apenas como um duplo implacável cuja ontologia não pode ser assegurada, mas cujo estatuto de ser vivo está aberto à apreensão.

Como sabemos, *to be framed* (ser enquadrado) é uma expressão complexa em inglês: um quadro pode ser emoldurado (*framed*), da mesma forma que um criminoso pode ser *incriminado* pela polícia (*framed*), ou uma pessoa inocente (por alguém corrupto, com frequência a polícia), de modo que cair em uma armadilha ou ser incriminado falsa ou fraudulentamente com base em provas plantadas que, no fim das contas, "provam" a culpa da pessoa, pode significar *framed*. Quando um quadro é emoldurado, diversas maneiras de intervir ou ampliar a imagem podem estar em jogo. Mas a moldura tende a funcionar, mesmo de uma forma minimalista, como um embelezamento editorial da imagem, se não como um autocomentário sobre a história da própria moldura.[4] Esse sentido de que a moldura direciona implicitamente a interpretação tem alguma ressonância na ideia de *incriminação/armação* como uma falsa acusação. Se alguém é incriminado, enquadrado, em torno de sua ação é construído um "enquadramento", de modo que o seu estatuto de culpado torna-se a conclusão inevitável do espectador. Uma determinada maneira de organizar e apresentar uma ação leva a uma conclusão interpretativa acerca da própria ação. Mas, como sabemos por intermédio de Trinh Minh-ha, é possível "enquadrar o enquadramento" ou, na verdade, o "enquadrador",[5] o que envolve expor o artifício que produz o efeito da culpa individual. "Enquadrar o enquadramento" parece envolver certa sobreposição altamente reflexiva do campo visual, mas, na minha opinião, isso não tem que resultar em formas rarefeitas de reflexividade. Ao contrário, questionar a moldura significa mostrar que ela nunca conteve de fato a cena a que se propunha ilustrar, que já havia algo de fora, que tornava o próprio sentido de dentro possível, reconhecível. A moldura nunca determinou realmente, de forma precisa o que vemos, pensamos, reconhecemos e apreendemos. Algo ultrapassa a moldura que atrapalha nosso senso de realidade; em outras palavras, algo acontece que não se ajusta à nossa compreensão estabelecida das coisas.

Certo vazamento ou contaminação torna esse processo mais falível do que pode parecer à primeira vista. A argumentação de Benjamin sobre a obra de arte na era da reprodutibilidade técnica pode ser adaptada para o momento atual.[6] As próprias condições técnicas de reprodução e reprodutibilidade produzem um deslocamento crítico, se não uma completa deterioração do contexto, em relação aos enquadramentos usados em tempos de guerra pelas fontes de mídia dominantes. Isso significa, em primeiro lugar, que, mesmo que alguém pudesse, considerando a cobertura global da mídia, delimitar um "contexto" único para a criação de uma fotografia de guerra, sua circulação se afastaria necessariamente desse contexto. Embora a imagem seguramente chegue em novos contextos, também cria novos contextos em virtude dessa chegada, convertendo-se em parte do mesmo processo por meio do qual novos contextos são delimitados e formados. Em outras palavras, a circulação das fotos de guerra, assim como a divulgação da poesia do cárcere (no caso dos poetas de Guantánamo de que falaremos no Capítulo 1), rompe o tempo todo com o contexto. Na verdade, a poesia deixa a prisão, quando chega a deixá-la, mesmo quando o prisioneiro não pode fazê-lo; as fotos circulam na internet, mesmo quando esse não era seu propósito. As fotos e a poesia que não conseguem entrar em circulação — seja porque são destruídas, seja porque nunca recebem permissão para deixar a cela da prisão — são incendiárias tanto por aquilo que retratam quanto pelas limitações impostas à sua circulação (e muitas vezes pela maneira como tais limitações ficam registradas nas imagens e na escritura propriamente ditas). Essa mesma capacidade de circular é parte do que é destruído (e se esse fato acaba "vazando", o relato sobre o ato destrutivo circula no lugar do que foi destruído). O que "escapa ao controle" é precisamente o que escapa ao contexto que enquadra o acontecimento, a imagem, o texto da guerra. Mas se os contextos são enquadrados (não existe contexto sem uma delimitação implícita), e se um enquadramento rompe invariavelmente consigo mesmo quando se move através do espaço e do tempo (se deve romper consigo mesmo a fim de se mover através do espaço e do tempo), então o enquadramento em circulação tem de romper com o contexto no qual é formado se quiser chegar a algum outro lugar. O que significaria compreender este "escapar" e este "romper com" como parte dos fenômenos midiáticos em questão, como a função do enquadramento?

O enquadramento que busca conter, transmitir e determinar o que é visto (e algumas vezes, durante um período, consegue fazer exatamente isso) depende das condições de reprodutibilidade para ter êxito. Essa própria reprodutibilidade, porém, demanda uma constante ruptura com o contexto, uma constante delimitação de novos contextos, o que significa que o "enquadramento" não é capaz de conter completamente o que transmite, e se rompe toda vez que tenta dar uma organização definitiva a seu conteúdo. Em outras palavras, o enquadramento não mantém nada integralmente em um lugar, mas ele mesmo se torna uma espécie de rompimento perpétuo, sujeito a uma lógica temporal de acordo com a qual se desloca de um lugar para outro. Como o enquadramento rompe constantemente com seu contexto, esse autorrompimento converte-se em parte de sua própria definição. Isso nos conduz a uma maneira diferente de compreender tanto a eficácia do enquadramento quanto sua vulnerabilidade à reversão, à subversão e mesmo à instrumentalização crítica. O que é aceito em uma instância, em outra é tematizado criticamente ou até mesmo com incredulidade. Essa dimensão temporal variável do enquadramento constitui, igualmente, a possibilidade e a trajetória de sua comoção. Assim, a imagem digital circula fora dos muros de Abu Ghraib, ou a poesia de Guantánamo é recuperada por advogados especializados em direitos humanos que promovem sua publicação em todo o mundo. E desse modo se estabelecem as condições para surpresa, indignação, repulsa, admiração e descoberta, dependendo de como o conteúdo é enquadrado pelas variações de tempo e lugar. O movimento da imagem ou do texto fora do confinamento é uma espécie de "evasão", de modo que, embora nem a imagem nem a poesia possam libertar ninguém da prisão, nem interromper um bombardeio, nem, de maneira nenhuma, reverter o curso da guerra, podem, contudo, oferecer as condições necessárias para libertar-se da aceitação cotidiana da guerra e para provocar um horror e uma indignação mais generalizados, que apoiem e estimulem o clamor por justiça e pelo fim da violência.

Observamos anteriormente que um dos sentidos de "ser enquadrado" significa ser objeto de uma armação, de uma tática mediante a qual a prova é manipulada de maneira a fazer uma acusação falsa parecer verdadeira. Algum poder manipula os termos de aparecimento e torna-se impossível escapar do enquadramento/armação; alguém é incriminado, o que significa que é acusado, mas também julgado por antecipação, sem provas válidas e sem nenhum meio óbvio de retificação. Mas se o enquadramento é entendido como um certo "escapar" ou um "se afastar", então parece análogo a uma fuga da prisão. Isso sugere certa libertação, um afrouxamento do mecanismo de controle e, com ele, uma nova trajetória de comoção. O enquadramento, nesse sentido, permite — e mesmo requer — essa evasão. Isso aconteceu quando foram divulgadas fotos dos prisioneiros de Guantánamo ajoelhados e acorrentados, o que provocou grande indignação; aconteceu de novo quando as imagens digitais de Abu Ghraib circularam globalmente através da internet, facilitando uma reação ampla e visceral contra a guerra. O que acontece nesses momentos? E são apenas momentos passageiros ou são, na realidade, ocasiões em que o enquadramento se revela uma armação forçosa e plausível, resultando em uma libertação decisiva e exuberante da força de autoridades ilegítimas? Como relacionar este debate sobre os enquadramentos com o problema da apreensão da vida em sua precariedade? Poderia parecer, em princípio, que é um convite à produção de novos enquadramentos e, consequentemente, de novos tipos de conteúdo. Então apreendemos a precariedade da vida através dos enquadramentos à nossa disposição, e é nossa tarefa tentar estabelecer novos enquadramentos que aumentariam a possibilidade de reconhecimento? A produção de novos enquadramentos, como parte do projeto geral de mídia alternativa, é evidentemente importante, mas perderíamos uma dimensão crítica desse projeto se nos limitássemos a essa forma de ver as coisas. O que acontece quando um enquadramento rompe consigo mesmo é que uma realidade aceita sem discussão é colocada em xeque, expondo os planos orquestradores da autoridade que procurava controlar o enquadramento. Isso sugere que não se trata apenas de encontrar um novo conteúdo, mas também de trabalhar com interpretações recebidas da realidade para mostrar como elas podem romper — e efetivamente o fazem — consigo mesmas. Por conseguinte, os enquadramentos que, efetivamente, decidem quais vidas serão reconhecíveis como vidas e quais não o serão devem circular a fim de estabelecer sua hegemonia. Essa circulação reitera ou, melhor dizendo, *é* a estrutura iterável do enquadramento. Conforme os enquadramentos rompem consigo mesmos para poderem se estabelecer, surgem outras possibilidades de apreensão. Quando esses enquadramentos que governam a condição de ser reconhecido relativa e diferencial das vidas vêm abaixo — como parte do próprio mecanismo da sua circulação —, torna-se possível apreender algo a respeito do que ou quem está vivendo embora não tenha sido geralmente "reconhecido" como uma vida. O que é esse espectro que corrói as normas do reconhecimento, uma figura intensificada que vacila entre o seu interior e o seu exterior? Como interior, deve ser expulsa para purificar a norma; como exterior, ameaça desfazer as fronteiras que delineiam o self. Em ambos os casos, representa a possibilidade de colapso da norma; em outras palavras, é um sintoma de que a norma funciona precisamente por meio da gestão da perspectiva da sua destruição, uma destruição que é inerente às suas construções.

Precariedade e ser ou não passível de luto

Quando lemos a respeito de vidas perdidas com frequência nos são dados números, mas essas histórias se repetem todos os dias, e a repetição parece interminável, irremediável. Então, temos de perguntar, o que seria necessário não somente para apreender o caráter precário das vidas perdidas na guerra, mas também para fazer com que essa apreensão coincida com uma oposição ética e política às perdas que a guerra acarreta? Entre as perguntas que resultam dessa colocação estão as seguintes: Como a comoção é produzida por essa estrutura do enquadramento? E qual é a relação da comoção com o julgamento e a prática de natureza ética e política?

Afirmar que uma vida é precária exige não apenas que a vida seja apreendida como uma vida, mas também que a precariedade seja um aspecto do que é apreendido no que está vivo. Do ponto de vista normativo, o que estou argumentando é que deveria haver uma maneira mais inclusiva e igualitária de reconhecer a precariedade, e que isso deveria tomar forma como políticas sociais concretas no que diz respeito a questões como habitação, trabalho, alimentação, assistência médica e estatuto jurídico. No entanto, também estou insistindo, de uma maneira que poderia parecer inicialmente paradoxal, que a própria precariedade não pode ser adequadamente *reconhecida*. Pode ser apreendida, entendida, encontrada, e pode ser pressuposta por certas normas de reconhecimento da mesma forma que pode ser rejeitada por essas normas. Na realidade, deveria haver um reconhecimento da precariedade como uma condição compartilhada da vida humana (na verdade, como uma condição que une animais humanos e não humanos), mas não devemos pensar que o reconhecimento da precariedade controla, captura ou mesmo conhece completamente o que reconhece. Assim, apesar de argumentar (e o farei) que as normas do reconhecimento deveriam estar baseadas em uma apreensão da precariedade, não acredito que a precariedade seja uma função ou efeito do reconhecimento, nem que o reconhecimento seja a única ou a melhor maneira de registrá-la.

Afirmar que uma vida pode ser lesada, por exemplo, ou que pode ser perdida, destruída ou sistematicamente negligenciada até a morte é sublinhar não somente a finitude de uma vida (o fato de que a morte é certa), mas também sua precariedade (porque a vida requer que várias condições sociais e econômicas sejam atendidas para ser mantida como uma vida). A precariedade implica viver socialmente, isto é, o fato de que a vida de alguém está sempre, de alguma forma, nas mãos do outro. Isso implica estarmos expostos não somente àqueles que conhecemos, mas também àqueles que não conhecemos, isto é, dependemos das pessoas que conhecemos, das que conhecemos superficialmente e das que desconhecemos totalmente. Reciprocamente, isso significa que nos são impingidas a exposição e a dependência dos outros, que, em sua maioria, permanecem anônimos. Essas não são necessariamente relações de amor ou sequer de cuidado, mas constituem obrigações para com os outros, cuja maioria não conhecemos nem sabemos que nome têm, e que podem ou não ter traços de familiaridade com um sentido estabelecido de quem somos "nós". Falando na linguagem comum, poderíamos dizer que "nós" temos essas obrigações para com os "outros" e que presumimos que sabemos quem somos "nós" nesse caso. A implicação social dessa colocação, contudo, é precisamente que o "nós" não se reconhece, nem pode se reconhecer, que ele está cindido desde o início, interrompido pela alteridade, como afirmou [Emmanuel] Levinas, e as obrigações que "nós" temos são precisamente aquelas que rompem com qualquer noção estabelecida de "nós".

Indo além e no sentido oposto de um conceito existencial de finitude que singulariza nossa relação com a morte e com a vida, a precariedade enfatiza nossa substitutibilidade e nosso anonimato radicais em relação tanto a determinados modos socialmente facilitados de morrer e de morte quanto a outros modos socialmente condicionados de sobreviver e crescer. Nós não nascemos primeiro e em seguida nos tornamos precários; a precariedade é coincidente com o próprio nascimento (o nascimento é, por definição, precário), o que quer dizer que o fato de uma criança sobreviver ou não é importante, e que sua sobrevivência depende do que poderíamos chamar de uma "rede social de ajuda". É exatamente porque um ser vivo pode morrer que é necessário cuidar dele para que possa viver. Apenas em condições nas quais a perda tem importância o valor da vida aparece efetivamente. Portanto, a possibilidade de ser enlutada é um pressuposto para toda vida que importa. Em geral, imaginamos que uma criança vem ao mundo, é mantida no e por esse mundo até a idade adulta e a velhice e, finalmente, morre. Imaginamos que quando a criança é desejada há celebração no início da vida. Mas não pode haver celebração sem uma compreensão implícita de que a vida é passível de luto, de que seria enlutada se fosse perdida, e de que esse futuro anterior está estabelecido como a condição de sua vida. Em linguagem corrente, o luto serve à vida que já foi vivida e pressupõe que essa vida já está terminada. Porém, de acordo com o futuro anterior (que também faz parte da linguagem corrente), o fato de ser passível de luto é uma condição do surgimento e da manutenção de uma vida.[7] O futuro anterior, "uma vida foi vivida", é pressuposto no começo de uma vida que mal começou a ser vivida. Em outras palavras, "essa será uma vida que terá sido vivida" é a pressuposição de uma vida cuja perda é passível de luto, o que significa que esta será uma vida que poderá ser considerada vida, e será preservada em virtude dessa consideração. Sem a condição de ser enlutada, não há vida, ou, melhor dizendo, há algo que está vivo, mas que é diferente de uma vida. Em seu lugar, "há uma vida que nunca terá sido vivida", que não é preservada por nenhuma consideração, por nenhum testemunho, e que não será enlutada quando perdida. A apreensão da condição de ser enlutada precede e torna possível a apreensão da vida precária. A condição de ser enlutado precede e torna possível a apreensão do ser vivo como algo que vive, exposto a não vida desde o início.

Para uma crítica do direito à vida

É sem dúvida difícil, para aqueles à esquerda, pensar em um discurso da "vida", uma vez que estamos acostumados a pensar que aqueles que são favoráveis a mais liberdades reprodutivas são "a favor da liberdade de escolha", ao passo que aqueles que se opõem a elas são "a favor da vida". Mas talvez exista uma maneira de a esquerda retomar o pensamento sobre a "vida" e fazer uso desse enquadramento da vida precária para defender uma firme posição feminista a favor das liberdades reprodutivas.

Não é difícil ver como aqueles que adotam as chamadas posições "a favor da vida" podem basear seu ponto de vista no argumento de que o feto é precisamente essa vida que não é enlutada, mas que deveria sê-lo, ou que é uma vida que não é reconhecida como vida por aqueles a favor do direito ao aborto. Na realidade, esse argumento poderia ter uma ligação bem próxima com a defesa dos direitos dos animais, uma vez que podemos perfeitamente argumentar que o animal é uma vida que em geral não é encarada como vida de acordo com as normas antropocêntricas. Esses debates se voltam com muita frequência para questões ontológicas, indagando se existe uma diferença significativa entre o estatuto de vida do feto, ou mesmo do embrião, e o estatuto da "pessoa", ou se existe uma diferença ontológica entre o animal e o "humano". Devemos reconhecer que todos esses organismos estão vivos de uma forma ou de outra. Fazer essa afirmação, contudo, não é fornecer argumentos substanciais para uma posição ou para a outra. Afinal de contas, as plantas são seres vivos, mas os vegetarianos normalmente não fazem nenhuma objeção a comê-las. De forma mais geral, pode-se argumentar que os próprios processos da vida envolvem destruição e degeneração, mas isso não nos diz, de modo algum, qual tipo de destruição é eticamente relevante e qual não é. Determinar a especificidade ontológica da vida nessas circunstâncias nos levaria, de modo mais geral, a uma discussão de biopolítica, preocupada com as diferentes maneiras de apreender, controlar e administrar a vida, e como essas modalidades de poder se infiltram na definição da vida propriamente dita. Teríamos de considerar paradigmas variáveis nas ciências da vida, como, por exemplo, o deslocamento dos modos de ver clínicos para os modos de ver moleculares, ou os debates entre aqueles que priorizam as células e aqueles que insistem que o tecido é a unidade mais primária do ser vivo. Esses debates teriam de ser conectados às novas tendências da biomedicalização e aos novos modos de administrar a vida, bem como às novas perspectivas na biologia que vinculam o *bios* do ser humano ao do animal (ou que levam a sério a relação quiásmica implícita na expressão "o animal humano"). Teríamos, então, de situar nossa discussão sobre a guerra nesses últimos campos, o que nos mostraria que a "vida" como tal continua sendo definida e regenerada, por assim dizer, em novos modos de conhecimento/poder.

Estou certa de que é possível seguir este caminho para compreender a biopolítica tanto da guerra quanto da liberdade reprodutiva, e de que esses caminhos de investigação seriam necessários para situar o discurso da vida dentro da esfera da biopolítica e mais especificamente da biomedicalização. Há também, como Donna Jones mostrou recentemente, um elo importante entre o discurso sobre a vida, a tradição do vitalismo e várias doutrinas do racismo. A bibliografia sobre esses importantes temas cresceu enormemente nos últimos anos.[8] Minha contribuição pessoal, contudo, não é para a genealogia dos conceitos de vida ou de morte, mas para pensar a precariedade como algo ao mesmo tempo pressuposto e orientado por esse discurso, ao mesmo tempo nunca plenamente resolvida por nenhum discurso.

Na minha opinião, não é possível basear os argumentos a favor da liberdade reprodutiva, que incluem o direito ao aborto, em uma concepção sobre o que é vivo e o que não é. As células-tronco são células vivas, ainda que precárias, mas isso não implica imediatamente que se deva adotar uma política em relação às condições nas quais elas deveriam ser destruídas ou nas quais poderiam ser usadas. Nem tudo que está incluído sob a rubrica "vida precária" é, desse modo, *a priori*, digno de proteção contra a destruição. Esses argumentos, porém, ficam difíceis particularmente nesse ponto, pois, se alguns tecidos ou células vivos merecem ser protegidos contra a destruição, e outros não, isso poderia nos levar à conclusão de que, sob condições de guerra, algumas vidas humanas são dignas de proteção enquanto outras não são? Para entender por que isso é uma inferência enganosa, temos de considerar alguns postulados básicos de nossa análise e constatar como certo antropocentrismo condiciona várias formas questionáveis de argumentação.

O primeiro postulado é que existe um vasto domínio de vida não sujeito à regulação e à decisão humanas, e que conceber algo diferente disso é reinstalar um antropocentrismo inaceitável no coração das ciências da vida.

O segundo ponto é óbvio, mas vale a pena ser reafirmado: no vasto domínio da vida orgânica, a degeneração e a destruição fazem parte do próprio processo da vida, o que significa que nem toda degeneração pode ser detida sem deter, por assim dizer, os processos da vida propriamente ditos. Ironicamente, excluir a morte da vida representa a morte da vida.

Por conseguinte, em referência a qualquer coisa viva, não é possível afirmar antecipadamente que há um *direito à vida*, uma vez que nenhum direito pode evitar todos os processos de degeneração e morte; essa pretensão é a função de uma fantasia onipotente do antropocentrismo (uma fantasia que também busca negar a finitude do *anthropos*).

Da mesma maneira, e em última instância, não faz sentido afirmar, por exemplo, que temos de nos centrar no que é característico a respeito da vida humana, uma vez que, se estamos preocupados com a "vida" da vida humana, é precisamente aí que não há nenhuma maneira sólida de distinguir, em termos absolutos, o *bios* do animal do *bios* do animal humano. Qualquer distinção desse tipo seria tênue e, uma vez mais, não levaria em conta que, por definição, o animal humano é ele mesmo um animal. Essa não é uma assertiva que diz respeito ao tipo ou à espécie de animal que o humano é, mas sim o reconhecimento de que a animalidade é uma precondição do humano, e não existe humano que não seja um animal humano.

Aqueles que procuram uma base para decidir, por exemplo, se ou quando o aborto pode ser justificado quase sempre recorrem a uma concepção moral da "pessoa" para determinar quando seria razoável considerar um feto uma pessoa. As pessoas seriam então entendidas como sujeitos de direitos, com direito a proteção contra os maus-tratos e a destruição, o que não se aplicaria às não pessoas —

ou pré-pessoas, por assim dizer. Esses esforços buscam resolver as questões éticas e políticas recorrendo a uma ontologia da pessoa baseada em um relato da individuação biológica. Aqui, a ideia de "pessoa" é definida ontogeneticamente, ou seja, o desenvolvimento interno postulado de certo estatuto ou capacidade moral do indivíduo torna-se a principal medida pela qual a pessoa é julgada. O debate restringe-se não somente a um domínio moral, mas a uma ontologia do individualismo que não reconhece que a vida, entendida como vida precária, implica uma ontologia social que coloca essa forma de individualismo em questão.

Não há vida sem as condições de vida que sustentam, de modo variável, a vida, e essas condições são predominantemente sociais, estabelecendo não a ontologia distinta da pessoa, mas a interdependência das pessoas, envolvendo relações sociais reproduzíveis e mantenedoras, assim como relações com o meio ambiente e com formas não humanas de vida, consideradas amplamente. Esse modo de ontologia social (para o qual não existe nenhuma distinção absoluta entre o social e o ecológico) tem implicações concretas para a maneira pela qual voltamos a abordar as questões relativas à liberdade reprodutiva e às políticas antibélicas. A questão não é saber se determinado ser é vivo ou não, nem se ele tem o estatuto de "pessoa"; trata-se de saber, na verdade, se as condições sociais de sobrevivência e prosperidade são ou não possíveis. Somente com esta última questão podemos evitar as pressuposições individualistas, antropocêntricas e liberais que desencaminharam essas discussões.

É claro que esses argumentos ainda não abordam diretamente a questão de definir em que condições a vida precária passa a ter direito à proteção, e em que outras condições não o tem. Uma maneira convencional de colocar esse problema no âmbito da filosofia moral é: quem decide e com base em que a decisão é tomada? Mas talvez haja um conjunto de questões mais fundamentais a serem propostas: em que ponto a "decisão" desponta como ato relevante, apropriado ou obrigatório? Há a questão do "quem" decide, e dos padrões de acordo com os quais uma decisão é tomada; mas há também a "decisão" sobre o escopo adequado da própria tomada de decisão. A decisão de prolongar a vida *para* humanos ou animais e a decisão de abreviá-la são sabidamente controversas precisamente porque não há consenso sobre quando e onde a decisão deveria entrar em cena. Em que medida, e com que esforço e custo, podemos prolongar a vida vivível para os velhos ou doentes terminais? Lado a lado com argumentos religiosos que afirmam que "não cabe aos humanos" tomar decisões, há posições motivadas pela análise de custo-benefício, que argumentam que há limites financeiros para nossa capacidade de prolongar uma vida, ainda mais uma vida muito menos "vivível". Mas vale observar que, quando começamos a considerar esses cenários, imaginamos um grupo de pessoas que estão tomando decisões, e que as decisões em si são tomadas em relação a um ambiente que, de modo geral, tornará ou não a vida vivível. Não se trata simplesmente de uma questão relativa à política sobre manter ou não uma vida ou proporcionar as condições para uma vida vivível, pois está implícita em nossas reflexões uma suposição sobre a própria ontologia da vida. Simplificando, a vida exige apoio e condições possibilitadoras para poder ser uma vida vivível.

Na verdade, quando se toma a decisão de utilizar uma máquina para prolongar a vida de um paciente, ou de ampliar os cuidados médicos aos mais velhos, essas decisões são tomadas, em algum nível, considerando a qualidade e as condições de vida. Afirmar que a vida é precária é afirmar que a possibilidade de sua manutenção depende, fundamentalmente, das condições sociais e políticas, e não somente de um impulso interno para viver. Com efeito, todo impulso tem de ser sustentado,[9] apoiado pelo que está fora de si mesmo, e é por essa razão que não pode haver nenhuma persistência na vida sem pelo menos algumas condições que tornam uma vida vivível. E isso é verdade tanto para o "indivíduo que toma decisões" quanto para qualquer outro, incluindo o indivíduo que "decide" o que fazer em relação a embriões, fetos, células-tronco ou esperma aleatório. De fato, aquele que decide ou assegura direitos à proteção o faz no contexto de normas sociais e políticas que enquadram o processo de tomada de decisão, e em contextos presumidos nos quais a afirmação de direitos possa ser reconhecida. Em outras palavras, as decisões são práticas sociais, e a afirmação de direitos surge precisamente onde as condições de interlocução podem ser pressupostas ou minimamente invocadas e incitadas quando ainda não estão institucionalizadas.

No entanto, o que talvez seja mais importante é que teríamos de repensar "o direito à vida" onde não há nenhuma proteção definitiva contra a destruição e onde os laços sociais afirmativos e necessários nos impelem a assegurar as condições para vidas vivíveis, e a fazê-lo em bases igualitárias. Isso implicaria compromissos positivos no sentido de oferecer os suportes básicos que buscam minimizar a precariedade de maneira igualitária: alimentação, abrigo, trabalho, cuidados médicos, educação, direito de ir e vir e direito de expressão, proteção contra os maus-tratos e a opressão. A precariedade fundamenta essas obrigações sociais positivas (paradoxalmente, porque a precariedade é uma espécie de "desfundamentação" que constitui uma condição generalizada para o animal humano), ao mesmo tempo que o propósito dessas obrigações é minimizar a precariedade e sua distribuição desigual. Nessa perspectiva, portanto, podemos compreender as maneiras de justificar a pesquisa com células-tronco quando fica claro que o uso de células vivas pode aumentar as possibilidades de uma vida mais vivível. De forma similar, a decisão de abortar um feto pode perfeitamente estar baseada na suposição de que as formas de suporte social e econômico necessários para tornar aquela vida vivível estão ausentes. Nesse sentido, podemos perceber que os argumentos contra determinadas formas de guerra dependem da afirmação de que os modos arbitrários de maximizar a precariedade para uns e de minimizá-la para outros violam normas igualitárias básicas ao mesmo tempo que não reconhecem que a precariedade impõe certos tipos de obrigações éticas aos vivos e entre os vivos.

Poderíamos, certamente, fazer objeções, afirmando que a ideia de uma "vida vivível" poderia embasar aqueles que desejam estabelecer uma distinção entre vidas que são dignas de serem vividas e vidas que devem ser destruídas. Precisamente o raciocínio no qual se apoia certo tipo de esforço de guerra para distinguir entre vidas valiosas e que são passíveis de luto, de um lado, e vidas sem valor e que não são passíveis de luto, de outro. Essa conclusão, porém, ignora a importante qualificação que os padrões igualitários impõem quando se considera o que é uma vida vivível. A precariedade tem de ser compreendida não apenas como um aspecto *desta* ou *daquela* vida, mas como uma condição generalizada cuja generalidade só pode ser negada negando-se a precariedade enquanto tal. E a obrigação de pensar a precariedade em termos de igualdade surge precisamente da irrefutável capacidade de generalização dessa condição. Partindo desse pressuposto, contesta-se a alocação diferencial da precariedade e da condição de ser de ser lamentado. Além disso, a própria ideia de precariedade implica uma dependência de redes e condições sociais, o que sugere que aqui não se trata da "vida como tal", mas sempre e apenas das condições de vida, da vida como algo que exige determinadas condições para se tornar uma vida vivível e, sobretudo, para tornar-se uma vida passível de luto.

Assim, a conclusão não é que tudo que pode morrer ou está sujeito à destruição (*i.e.*, todos os processos da vida) impõe uma obrigação de preservar a vida. Mas uma obrigação, com efeito, surge do fato de que somos, por assim dizer, seres sociais desde o começo, dependentes do que está fora de nós, dos outros, de instituições e de ambientes sustentados e sustentáveis, razão pela qual somos, nesse sentido, precários. Para sustentar a vida como sustentável é necessário proporcionar essas condições e batalhar por sua renovação e seu fortalecimento. Onde uma vida não tem nenhuma chance de florescer é onde devemos nos esforçar para melhorar as condições de vida. A vida precária implica a vida como um processo condicionado, e não como um aspecto interno de um indivíduo monádico ou qualquer outro construto antropocêntrico. Nossas obrigações são precisamente para com as condições que tornam a vida possível, não para com a "vida em si mesma" ou, melhor dizendo, nossas obrigações surgem da percepção de que não pode haver vida sustentada sem essas condições de sustentação, e que essas condições são, ao mesmo tempo, nossa responsabilidade política e a matéria de nossas decisões éticas mais árduas.

Formações políticas

Embora seja uma condição generalizada, a vida precária é, paradoxalmente, a condição de estar condicionado. Em outras palavras, podemos afirmar que toda vida é precária, o que equivale a dizer que a vida sempre surge e é sustentada dentro de determinadas condições de vida. A discussão anterior a respeito dos enquadramentos e normas procurou esclarecer uma dimensão dessas condições. Não podemos reconhecer facilmente a vida fora dos enquadramentos nos quais ela é apresentada, e esses enquadramentos não apenas estruturam a maneira pela qual passamos a conhecer e a identificar a vida, mas constituem condições que dão suporte para essa mesma vida. As condições devem ser mantidas, o que significa que existem não apenas como entidades estáticas, mas como instituições e relações sociais reproduzíveis. Não teríamos uma responsabilidade de manter as condições de vida se essas condições não exigissem renovação. Do mesmo modo, os enquadramentos estão sujeitos a uma estrutura iterável — eles só podem circular em virtude de sua reprodutibilidade, e essa mesma reprodutibilidade introduz um risco estrutural para a identidade do próprio enquadramento. O enquadramento rompe consigo mesmo a fim de reproduzir-se, e sua reprodução torna-se o local em que uma ruptura politicamente significativa é possível. Portanto, o enquadramento funciona normativamente, mas pode, dependendo do modo específico de circulação, colocar certos campos de normatividade em questão. Esses enquadramentos estruturam modos de reconhecimento, especialmente durante os tempos de guerra, mas seus limites e sua contingência também ficam sujeitos à exposição e à intervenção crítica.

Esses enquadramentos são atuantes em situações de prisão e tortura, mas também nas políticas de imigração, de acordo com as quais determinadas vidas são percebidas como vidas, ao passo que outras, embora aparentemente estejam vivas, não conseguem assumir uma forma percebível como tal. Formas de racismo instituídas e ativas no nível da percepção tendem a produzir versões icônicas de populações que são eminentemente lamentáveis e de outras cuja perda não é perda, e que não é passível de luto. A distribuição diferencial da condição de ser passível de luto entre as populações tem implicações sobre por que e quando sentimos disposições afetivas politicamente significativas, tais como horror, culpa, sadismo justificado, perda e indiferença. Por que, em particular, houve nos Estados Unidos uma resposta justificada a certas formas de violência perpetrada ao mesmo tempo que a violência sofrida por eles ou é ruidosamente lamentada (a iconografia dos mortos do 11 de Setembro) ou é considerada inassimilável (a afirmação da impermeabilidade masculina dentro da retórica estatal)?

Se tomamos a precariedade da vida como ponto de partida, então não há vida sem necessidade de abrigo e alimento, não há vida sem dependência de redes mais amplas de sociabilidade e trabalho, não há vida que transcenda a possibilidade de sofrer maus-tratos e a mortalidade.[10] Poderíamos, então, analisar alguns dos atributos culturais do poder militar durante esses tempos como se tentassem maximizar a precariedade para os outros enquanto a minimizam para o poder em questão. Essa distribuição diferencial da condição de precariedade é, a um só tempo, uma questão material e perceptual, visto que aqueles cujas vidas não são "consideradas" potencialmente lamentáveis e, por conseguinte, valiosas, são obrigados a suportar a carga da fome, do subemprego, da privação de direitos legais e da exposição diferenciada à violência e à morte.[11] Seria difícil, se não impossível, decidir se essa "consideração" — ou a sua ausência — conduz à "realidade material" ou se a realidade material conduz à ausência de consideração, já que pareceria que ambas acontecem a um só tempo e que essas categorias perceptuais são essenciais para a produção da realidade material (o que não quer dizer que toda materialidade seja redutível à percepção, mas apenas que a percepção carrega seus efeitos materiais). Tanto a precariedade quanto a condição precária são conceitos que se entrecruzam. Vidas são, por definição, precárias: podem ser eliminadas de maneira proposital ou acidental; sua persistência não está, de modo algum, garantida. Em certo sentido, essa é uma característica de todas as vidas, e não há como pensar a vida como não precária — a não ser, é claro, na fantasia, em particular nas fantasias militares. As entidades políticas, incluindo as instituições econômicas e sociais, são projetadas para abordar essas necessidades, sem as quais o risco da mortalidade é potencializado.

A condição precária designa a condição politicamente induzida na qual certas populações sofrem com redes sociais e econômicas de apoio deficientes e ficam expostas de forma diferenciada às violações, à violência e à morte. Essas populações estão mais expostas a doenças, pobreza, fome, deslocamentos e violência sem nenhuma proteção. A condição precária também caracteriza a condição politicamente induzida de maximização da precariedade para populações expostas à violência arbitrária do Estado que com frequência não têm opção a não ser recorrer ao próprio Estado contra o qual precisam de proteção. Em outras palavras, elas recorrem ao Estado em busca de proteção, mas o Estado é precisamente aquilo do que elas precisam ser protegidas. Estar protegido da violência do Estado-Nação é estar exposto à violência exercida pelo Estado-Nação; assim, depender do Estado-Nação para a proteção contra a violência significa precisamente trocar uma violência potencial por outra. Deve haver, de fato, poucas alternativas. É claro que nem toda violência advém do Estado-Nação, mas são muito raros os casos contemporâneos de violência que não tenham nenhuma relação com essa forma política.

Este livro aborda os enquadramentos da guerra, isto é, as diferentes maneiras de esculpir seletivamente a experiência, como algo essencial à condução da guerra. Esses enquadramentos não apenas refletem as condições materiais da guerra, como são também essenciais para o *animus* perpetuamente produzido dessa realidade material. Há diversos enquadramentos em questão aqui: o enquadramento da fotografia, o enquadramento da decisão de ir para a guerra, o enquadramento das questões da imigração como uma "guerra dentro de casa" e o enquadramento da política sexual e feminista a serviço do esforço de guerra. Eu argumento que, assim como a guerra é enquadrada de determinadas maneiras a fim de controlar e potencializar a comoção em relação à condição diferenciada de uma vida passível de luto, a guerra também enquadra formas de pensar o multiculturalismo e certos debates sobre a liberdade sexual, temas considerados, em grande medida, separadamente das "relações exteriores". As concepções sexualmente progressistas dos direitos feministas ou das liberdades sexuais foram mobilizadas não somente para racionalizar as guerras contra populações predominantemente muçulmanas, mas também para argumentar a favor da adoção de limites à imigração para a Europa de pessoas procedentes de países predominantemente muçulmanos. Nos Estados Unidos, isso levou a detenções ilegais e ao aprisionamento daqueles que "parecem" pertencer a grupos étnicos suspeitos, apesar de os esforços jurídicos para combater essas medidas terem sido cada vez mais bem-sucedidos nos últimos anos.[12] Por exemplo, aqueles que aceitam um "impasse" entre direitos sexuais e direitos de imigração, especialmente na Europa, não levaram em consideração como a guerra em curso estruturou e fissurou o tema dos movimentos sociais. Compreender os riscos culturais de uma guerra "contra o Islã" na medida em que ela assume uma nova forma na política coercitiva de imigração desafia a esquerda a refletir além dos enquadramentos estabelecidos do multiculturalismo e a contextualizar suas recentes divisões à luz da violência do Estado, do exercício da guerra e da escalada da "violência legal" nas fronteiras.

Nos últimos anos, as posturas associadas a políticas sexuais progressistas tiveram que fazer frente às reivindicações de novos direitos para os imigrantes e a novas mudanças culturais nos Estados Unidos e na Europa. Essas formulações de contradição e impasse parecem basear-se em uma estrutura que é incapaz de refletir criticamente sobre como os termos da política nacional foram perturbados e empregados para os propósitos mais amplos da guerra. Concentrar novamente a política contemporânea nos efeitos ilegítimos e arbitrários da violência estatal, incluindo os meios coercitivos de aplicar e desafiar a legalidade, poderia perfeitamente reorientar a esquerda para além das antinomias liberais nas quais está atualmente mergulhada. Uma coligação daqueles que se opõem à coerção e à violência ilegítimas, assim como a qualquer tipo de racismo (não diferencialmente), certamente também implicaria uma política sexual que se negaria obstinadamente a ser apropriada como fundamentação racional espúria para as guerras em curso.

Os enquadramentos por meio dos quais pensamos a esquerda precisam ser reformulados à luz das novas formas de violência estatal, especialmente aquelas que buscam suspender os constrangimentos jurídicos em nome da soberania, ou que fabricam sistemas quase legais em nome da segurança nacional. Com muita frequência, não percebemos que as questões nitidamente "nacionais" são moduladas pelas questões de política externa, e que um enquadramento similar fundamenta nossa orientação em ambos os domínios. Tampouco questionamos essa maneira de demarcar as divisões entre as questões nacionais e as externas. Se esses enquadramentos fossem colocados em contato crítico uns com os outros, que tipo de política resultaria daí? Isso talvez nos proporcionasse uma maneira de militar contra a mobilização de agendas nacionais "progressistas" (feminismo, liberdade sexual) a favor das políticas bélicas e de anti-imigração, e até mesmo para a fundamentação lógica da tortura sexual. Isso significaria pensar a política sexual com a política de imigração de uma nova maneira e considerar como as populações estão expostas diferencialmente a condições que colocam em perigo a possibilidade de sobreviver e prosperar.

Este trabalho procura reorientar as políticas de esquerda no sentido de considerar a condição precária como uma condição existente e promissora para mudanças em coligações. Para que as populações se tornem lamentáveis, não é necessário conhecer a singularidade de cada pessoa que está em risco ou que, na realidade, já foi submetida ao risco. Na verdade quer dizer que a política precisa compreender a precariedade como uma condição compartilhada, e a condição precária como a condição politicamente induzida que negaria uma igual exposição através da distribuição radicalmente desigual da riqueza e das maneiras diferenciais de expor determinadas populações, conceitualizadas de um ponto de vista racial e nacional, a uma maior violência. O reconhecimento da precariedade compartilhada introduz fortes compromissos normativos de igualdade e convida a uma universalização mais sólida dos direitos que procure abordar as necessidades humanas básicas de alimento, abrigo e demais condições de sobrevivência e prosperidade. Poderíamos ficar tentados a chamá-las de "necessidades materiais", e elas certamente o são. Porém, uma vez que reconhecemos que os enquadramentos por meio dos quais essas necessidades são afirmadas ou negadas tornam as práticas da guerra possíveis, temos de concluir que os enquadramentos de guerra são parte do que constitui a materialidade da guerra. Assim como a "matéria" dos corpos não pode aparecer sem uma configuração que lhe dê forma e vida, tampouco a "matéria" da guerra pode aparecer sem uma forma ou enquadramento condicionador e facilitador.

A utilização de câmeras, não apenas na gravação e distribuição de imagens de tortura, mas também como parte do próprio aparato de bombardeio, deixa bem claro que as representações midiáticas já se converteram em modos de conduta militar.[13] Assim, não há como separar, nas condições históricas atuais, a realidade material da guerra desses regimes representacionais por meio dos quais ela opera e que racionalizam sua própria operação. As realidades perceptuais produzidas por esses enquadramentos não conduzem exatamente à política bélica, como tampouco políticas dessa natureza criam unilateralmente enquadramentos de percepção. A percepção e a política são apenas duas modalidades do mesmo processo por meio do qual o estatuto ontológico de uma determinada população vê-se comprometido e suspenso. Isso não é o mesmo que uma "vida nua", uma vez que as vidas em questão não estão fora da *polis* em um estado de exposição radical, mas sim subjugadas e constrangidas por relações de poder em uma situação de exposição forçada. Não é a revogação ou a ausência da lei que produz precariedade, mas sim os efeitos da própria coerção legal ilegítima, ou o exercício do poder do Estado livre das restrições legais.

Essas reflexões têm implicações também na hora de pensar através do corpo, uma vez que não há nenhuma condição que possa "resolver" completamente o problema da precariedade humana. Os corpos passam a existir e deixam de existir: como organismos fisicamente persistentes, estão sujeitos a ataques e a doenças que colocam em risco a possibilidade de simplesmente sobreviver. São características necessárias dos corpos — não podem "ser" pensados sem sua finitude e dependem do que está "fora deles" para serem mantidos —, características que são próprias da estrutura fenomenológica da vida corporal. Viver é sempre viver uma vida que é vulnerável desde o início e que pode ser colocada em risco ou eliminada de uma hora para outra a partir do exterior e por motivos que nem sempre estão sob nosso controle.

Enquanto a maior parte das posições derivadas dos relatos de Spinoza sobre a persistência corporal enfatiza o desejo produtivo do corpo,[14] será que já encontramos um relato de Spinoza sobre a vulnerabilidade corporal ou consideramos suas implicações políticas?[15] O *conatus* pode ser e é minado por muitas fontes: estamos vinculados aos outros não somente através de redes de conexão libidinosa, mas também através de modos de dependência e proximidade involuntárias que podem muito bem acarretar consequências psíquicas ambivalentes, incluindo vínculos de agressão e de libido (Klein).[16] Ademais, essa condição generalizada de precariedade e dependência é explorada e deslegitimada em determinadas formações políticas. Nenhuma quantidade de vontade ou riqueza pode eliminar as possibilidades de doença ou de acidente para um corpo vivo, embora ambas possam ser mobilizadas a serviço dessa ilusão. Esses riscos estão embutidos na própria concepção da vida corporal considerada finita e precária, o que implica que o corpo está sempre à mercê de formas de sociabilidade e de ambientes que limitam sua autonomia individual. A condição compartilhada de precariedade significa que o corpo é constitutivamente social e interdependente, concepção claramente confirmada de diferentes maneiras tanto por Hobbes quanto por Hegel. Todavia, precisamente porque cada corpo se encontra potencialmente ameaçado por outros corpos que são, por definição, igualmente precários, produzem-se formas de dominação. Essa máxima hegeliana assume significados específicos nas condições bélicas contemporâneas: a condição compartilhada de precariedade conduz não ao reconhecimento recíproco, mas sim a uma exploração específica de populações-alvo, de vidas que não são exatamente vidas, que são consideradas "destrutíveis" e "não passíveis de luto". Essas populações são "perdíveis", ou podem ser sacrificadas, precisamente porque foram enquadradas como já tendo sido perdidas ou sacrificadas; são consideradas como ameaças à vida humana como a conhecemos, e não como populações vivas que necessitam de proteção contra a violência ilegítima do Estado, a fome e as pandemias. Consequentemente, quando essas vidas são perdidas, não são objeto de lamentação, uma vez que, na lógica distorcida que racionaliza sua morte, a perda dessas populações é considerada necessária para proteger a vida dos "vivos".

Essa reflexão sobre a distribuição diferencial da precariedade e da condição de ser passível de luto constitui uma alternativa aos modelos de multiculturalismo que pressupõem o Estado-Nação como o único enquadramento de referência, e o pluralismo como uma maneira adequada de pensar os sujeitos sociais heterogêneos. Embora certos princípios liberais permaneçam cruciais para esta análise, incluindo a igualdade e a universalidade, é evidente que as normas liberais que pressupõem uma ontologia da identidade individual não podem produzir os tipos de vocabulários analíticos de que necessitamos para pensar a interdependência global e as redes interconectadas de poder e posição na vida contemporânea. Parte do problema da vida política contemporânea é que nem todo mundo conta como sujeito. O multiculturalismo tende a pressupor comunidades já constituídas, sujeitos já estabelecidos, quando o que está em jogo são comunidades não exatamente reconhecidas como tais, sujeitos que estão vivos, mas que ainda não são considerados "vidas". Além disso, não se trata simplesmente de um problema de coexistência, mas sim de como a política de formação diferencial do sujeito nos mapas de poder contemporâneos procura: (a) mobilizar os progressistas sexuais contra os novos imigrantes em nome de uma concepção espúria de liberdade e (b) usar as minorias de gênero e as sexuais na racionalização das guerras recentes e das que estão em curso.

As políticas de esquerda a esse respeito deveriam, em primeiro lugar, ter como meta o redirecionamento do foco e a ampliação da crítica política da violência do Estado, incluindo tanto a guerra quanto as formas de violência legalizada mediante as quais as populações são diferencialmente privadas dos recursos básicos necessários para minimizar a precariedade. Isso parece ser urgente e necessário no contexto do colapso dos Estados do bem-estar social e naqueles em que as redes sociais de segurança foram destruídas ou tiveram negada a oportunidade de se materializar. Em segundo lugar, o foco deveria recair menos nas políticas identitárias, ou nos tipos de interesses e crenças formulados com base em pretensões identitárias, e mais na precariedade e em suas distribuições diferenciais, na expectativa de que possam se formar novas coligações capazes de superar os tipos de impasses liberais mencionados anteriormente. A precariedade perpassa as categorias identitárias e os mapas multiculturais, criando, assim, a base para uma aliança centrada na oposição à violência de Estado e sua capacidade de produzir, explorar e distribuir condições precárias e para fins de lucro e defesa territorial. Tal aliança não requereria concordância em relação a todas as questões de desejo, crença ou autoidentificação. Constituiria antes um movimento que abrigaria determinados tipos de antagonismos em curso entre seus participantes, valorizando essas diferenças persistentes e animadoras como o sinal e a essência de uma política democrática radical.

1 Capacidade de sobrevivência, vulnerabilidade, comoção

A pressuposição de uma precariedade generalizada que coloca em questão a ontologia do individualismo implica determinadas consequências normativas, embora não as acarrete diretamente. Não basta dizer que, como a vida é precária, ela deve ser preservada. O que está em jogo são as condições que tornam a vida sustentável, e, portanto, as dissensões morais centram-se invariavelmente em como ou se essas condições de vida podem ser melhores e as condições precárias, amenizadas. Porém, se essa visão implica uma crítica do individualismo, como começar a pensar em maneiras de assumir a responsabilidade pela minimização da condição precária? Se a ontologia do corpo serve de ponto de partida para repensar essa responsabilidade é precisamente porque, tanto na sua superfície quanto no seu interior, o corpo é um fenômeno social: ele está exposto aos outros, é vulnerável por definição. Sua mera sobrevivência depende de condições e instituições sociais, o que significa que, para "ser" no sentido de "sobreviver", o corpo tem de contar com o que está fora dele.

Como a responsabilidade pode ser pensada com base nessa estrutura do corpo socialmente estática? Como algo que, por definição, está submetido à habilidade e à força do social, o corpo é vulnerável. Ele não é, contudo, uma mera superfície na qual são inscritos significados sociais, mas sim o que sofre, usufrui e responde à exterioridade do mundo, uma exterioridade que define sua disposição, sua passividade e atividade. Evidentemente que a violação é algo que pode ocorrer e efetivamente ocorre com um corpo vulnerável (e não existem corpos invulneráveis), mas isso não quer dizer que a vulnerabilidade do corpo possa ser reduzida à possibilidade de violação física. O fato de o corpo invariavelmente se defrontar com o mundo exterior é um sinal do predicamento geral da proximidade indesejada dos outros e das circunstâncias que estão além do nosso controle. Esse "defrontar-se com" é uma das modalidades que define o corpo. E, no entanto, essa alteridade invasiva com a qual o corpo se depara pode ser, e com frequência é, o que anima a reação a esse mundo. Essa reação pode incluir um amplo espectro de emoções: prazer, raiva, sofrimento, esperança, para citar apenas algumas.

Essas emoções, eu diria, tornam-se não apenas a sustentação, mas a própria substância da ideação e da crítica.[1]

Desse modo, um determinado ato interpretativo em alguns momentos assume implicitamente o controle da reação afetiva primária. A interpretação não surge como um ato espontâneo de uma mente isolada, mas como uma consequência de certo campo de inteligibilidade que ajuda a formar e a enquadrar nossa reação ao mundo invasivo (um mundo do qual dependemos, mas que também nos invade, exigindo uma reação de formas complexas e, às vezes, ambivalentes). Por isso a precariedade como condição generalizada se baseia em uma concepção do corpo como algo fundamentalmente dependente de, e condicionado por, um mundo sustentado e sustentável; a reação — e, em última instância, a responsabilidade — se situa nas reações afetivas a um mundo que sustenta e impõe. Como essas respostas afetivas são invariavelmente mediadas, elas exigem e desempenham o papel de certos enquadramentos interpretativos; podem também colocar em questão o caráter aceito como verdadeiro desses enquadramentos e, nesse sentido, fornecer as condições afetivas para a crítica social. Conforme já ponderei anteriormente, a teoria moral deve se converter em crítica social se quiser conhecer seu objeto e atuar sobre ele. Para compreender o esquema que propus no contexto de guerra, é necessário considerar que a responsabilidade deve concentrar-se não apenas no valor desta ou daquela vida, ou na questão da capacidade de sobrevivência de modo abstrato, mas sim na manutenção das condições sociais de vida, especialmente quando elas falham. Essa tarefa torna-se particularmente grave no contexto da guerra.

Não é fácil se voltar para a questão da responsabilidade, menos ainda uma vez que o termo foi usado para fins completamente opostos ao meu propósito aqui. Na França, por exemplo, onde os benefícios sociais para os pobres e os novos imigrantes foram negados, o governo apelou para uma nova noção de "responsabilidade", segundo a qual os indivíduos não devem contar com o Estado, mas apenas com eles mesmos. Uma nova palavra acabou sendo cunhada para descrever o processo de produção de indivíduos autossuficientes: "responsabilização".* Certamente não me oponho à responsabilidade individual, e há situações em que, com certeza, todos devemos assumir a responsabilidade por nós mesmos. Entretanto, à luz dessa formulação, despontam para mim algumas questões críticas: Sou responsável apenas por mim mesmo? Existem outros por quem sou responsável? E como, em geral, posso determinar o alcance da minha responsabilidade? Sou responsável por todos os outros ou só por alguns, e que critérios devo usar para estabelecer essa linha divisória?

Esse é, porém, apenas o começo das minhas dificuldades. Confesso ter alguns problemas com os pronomes em questão. É apenas como um "eu" — isto é, como um indivíduo — que sou responsável? Ou será que quando

---

*Termo desenvolvido para se referir ao processo pelo qual os cidadãos são tornados individualmente responsáveis por tarefas até então delegadas ao Estado. O processo de responsabilização está associado a políticas neoliberais, onde o Estado vem retirando de si e transferindo a responsabilidade para os sujeitos. (N. dos T.)

assumo a responsabilidade o que fica claro é que quem "eu" sou está ligado aos outros de maneiras indissociáveis? É possível ao menos pensar em mim sem esse mundo de outros? Na verdade, pode ser que, através do processo de assumir responsabilidade, o "eu" se revele, pelo menos parcialmente, um "nós"?

Mas quem estaria, então, incluído no "nós" que pareço ser ou do qual pareço fazer parte? E por qual "nós" sou afinal responsável? Isso equivale a perguntar a que "nós" eu pertenço? Se identifico uma comunidade de pertencimento com base em nação, território, linguagem ou cultura, e se, então, baseio meu senso de responsabilidade nessa comunidade, estou implicitamente defendendo a visão de que sou responsável somente por aqueles que, de alguma forma, se assemelham reconhecidamente a mim. Mas quais enquadramentos implícitos da condição de ser reconhecido estão em jogo quando "reconheço" alguém como "parecido" comigo? Que ordem política implícita produz e regula a semelhança nesses casos? Qual é nossa responsabilidade em relação àqueles que não conhecemos, em relação àqueles que parecem testar nosso senso de pertencimento ou desafiar normas disponíveis de semelhança? Talvez pertençamos a eles de uma forma diferente, e nossa responsabilidade para com eles não resida, de fato, na apreensão de similitudes pré-fabricadas. Talvez essa responsabilidade só possa começar a ser internalizada por meio de uma reflexão crítica a respeito das normas excludentes de acordo com as quais são constituídos os campos da possibilidade do reconhecimento, campos que são implicitamente invocados quando, por um reflexo cultural, lamentamos a perda de determinadas vidas e reagimos com frieza diante da morte de outras.

Antes de sugerir uma maneira de pensar acerca da responsabilidade global nesses tempos de guerra, quero me distanciar de algumas formas equivocadas de abordar o problema. Aqueles, por exemplo, que fazem guerra em nome do bem comum, aqueles que matam em nome da democracia ou da segurança, aqueles que invadem territórios soberanos de outros países em nome da soberania — todos eles consideram que estão "atuando globalmente" e até mesmo exercendo certa "responsabilidade global". Nos últimos anos, temos ouvido nos Estados Unidos um discurso sobre "levar a democracia" para países onde, aparentemente, ela não existiria; ouvimos também falar da necessidade de "instaurar a democracia". Nesses momentos, temos de perguntar o significado dessa democracia que não está baseada na decisão popular nem nas decisões da maioria. Será que um poder pode "levar" ou "instaurar" a democracia para um povo em relação ao qual não possui nenhuma jurisdição? Se uma forma de poder é imposta a um povo que não a escolheu, isso constitui, por definição, um processo não democrático. Se a forma de poder imposta for chamada de "democracia", então teremos um problema ainda maior: podemos chamar de "democracia" uma forma de poder político imposto antidemocraticamente? A democracia tem que caracterizar os meios pelos quais o poder político é alcançado, bem como o resultado desse processo. Isso cria uma espécie de dilema, já que a maioria pode perfeitamente votar em uma forma não democrática de poder (conforme fizeram os alemães em 1933, quando elegeram Hitler), mas os poderes militares também podem procurar "instaurar" a democracia anulando ou suspendendo as eleições e outras expressões da vontade popular, por meios que são patentemente antidemocráticos. Nesses dois casos, a democracia fracassa.

De que modo essas breves ponderações sobre os riscos da democracia afetam nossa maneira de pensar sobre a responsabilidade global em tempos de guerra? Primeiro, devemos desconfiar de invocações de "responsabilidade global" que pressupõem que um país tenha a responsabilidade específica de levar a democracia a outros países. Tenho certeza de que há casos em que a intervenção é importante — para impedir um genocídio, por exemplo. Seria um erro, porém, associar essa intervenção a uma missão global ou, ainda, a uma política arrogante por meio da qual são implantadas pela força formas de governo que representam os interesses políticos e econômicos do poder militar responsável por essa mesma implementação. Nesses casos, é provável que queiramos dizer — ou, pelo menos, eu quero dizer — que essa forma de responsabilidade global é irresponsável, se não ostensivamente contraditória. Poderíamos dizer que, nesses casos, a palavra "responsabilidade" é simplesmente mal-empregada ou usada de forma abusiva. Tenderia a concordar. Mas isso pode não ser suficiente, já que as circunstâncias históricas exigem que demos novos significados à noção de "responsabilidade". Com efeito, temos diante de nós o desafio de repensar e reformular uma concepção da responsabilidade global que faça frente a essa apropriação imperialista e sua política de imposição.

Por essa razão, quero retornar à questão do "nós" e pensar primeiramente sobre o que acontece a esse "nós" em tempos de guerra. Que vidas são consideradas vidas que merecem ser salvas e defendidas, e que vidas não o são? Em segundo lugar, gostaria de perguntar como poderíamos repensar o "nós" em termos globais de forma a fazer frente à política de imposição. Finalmente, e nos capítulos que se seguem, quero refletir sobre por que a oposição à tortura é obrigatória e como podemos extrair um importante sentido da responsabilidade global de uma política que se oponha ao uso da tortura em todas as suas formas.[2]

Portanto, uma boa maneira de formular a questão de quem somos "nós" nesses tempos de guerra é perguntando quais vidas são consideradas valiosas, quais vidas são enlutadas, e quais vidas são consideradas não passíveis de luto. Podemos pensar a guerra como algo que divide as populações entre aquelas pessoas por quem lamentamos e aquelas por quem não lamentamos. Uma vida não passível de luto é aquela cuja perda não é lamentada porque ela nunca foi vivida, isto é, nunca contou de verdade como vida. Podemos ver a divisão do mundo em vidas passíveis ou não passíveis de luto da perspectiva daqueles que fazem a guerra com o propósito de defender as vidas de certas comunidades e para defendê-las das vidas de outras pessoas, mesmo que isso signifique eliminar estas últimas. Depois dos atentados de 11 de Setembro, os meios de comunicação divulgaram as imagens daqueles que morreram, com seus nomes, suas histórias pessoais, as reações de suas famílias. O luto público encarregou-se de transformar essas imagens em ícones para a nação, o que significou, é claro, que o luto público pelos não americanos foi consideravelmente menor e que não houve absolutamente nenhum luto público pelos trabalhadores ilegais.

A distribuição desigual do luto público é uma questão política de imensa importância. Tem sido assim desde, pelo menos, a época de Antígona, quando ela decidiu chorar publicamente pela morte de um de seus irmãos, embora isso fosse contra a lei soberana. Por que os governos procuram com tanta frequência regular e controlar quem será e quem não será lamentado publicamente? Nos primeiros anos da epidemia da aids nos Estados Unidos, as vigílias públicas e o Names Project (Projeto dos Nomes)[3] conseguiram superar a vergonha pública associada à morte por complicações decorrentes da aids, uma vergonha associada algumas vezes à homossexualidade, especialmente ao sexo anal, e outras vezes às drogas e à promiscuidade. Era importante declarar e mostrar nomes, reunir alguns resquícios de uma vida, exibir e confessar publicamente as perdas. O que aconteceria se as vítimas fatais das guerras em curso fossem enlutadas assim, abertamente? Por que não são divulgados os nomes de todos os que foram mortos na guerra, incluindo aqueles que as forças americanas mataram e de quem jamais conheceremos a imagem, o nome, a história, de cuja vida nunca teremos um fragmento testemunhal, alguma coisa para ver, tocar, conhecer? Embora não seja possível singularizar cada vida destruída na guerra, certamente existem formas de registrar as populações atingidas e destruídas sem incorporá-las à função icônica da imagem.[4]

O luto público está estreitamente relacionado à indignação, e a indignação diante da injustiça ou, na verdade, de uma perda irreparável possui um enorme potencial político. Foi essa, afinal, uma das razões que levaram Platão a querer banir os poetas da República. Ele achava que, se os cidadãos assistissem a tragédias com muita frequência, chorariam as perdas que presenciassem, e esse luto público e aberto, ao perturbar a ordem e a hierarquia da alma, desestabilizaria também a ordem e a hierarquia da autoridade política. Se estamos falando de luto público ou de indignação pública, estamos falando de respostas afetivas que são fortemente reguladas por regimes de força e, algumas vezes, sujeitas à censura explícita.

Nas guerras contemporâneas em que os Estados Unidos estão diretamente envolvidos, no Iraque e no Afeganistão, podemos ver como a comoção é regulada para apoiar tanto o esforço de guerra quanto, mais especificamente, o sentido de pertencimento nacionalista. Quando as fotos da prisão de Abu Ghraib foram divulgadas nos Estados Unidos, os analistas das redes de televisão conservadoras americanas alegaram que mostrá-las seria um comportamento antiamericano. Não seria aconselhável veicular provas detalhadas dos atos de tortura praticados pelos militares americanos. Não seria conveniente que soubéssemos que os Estados Unidos haviam violado direitos humanos internacionalmente reconhecidos. Era antiamericano mostrar aquelas fotos e tirar conclusões a partir delas sobre como a guerra estava sendo conduzida. O comentarista político conservador Bill O'Reilly ponderou que as fotos criariam uma imagem negativa do país e que tínhamos a obrigação de preservar uma imagem positiva.[5] Donald Rumsfeld disse algo parecido, sugerindo que seria antiamericano exibir as fotos.[6] É claro que nenhum deles levou em conta que o público americano deveria ter o direito de conhecer as atividades de seus militares, ou que o direito do público de julgar a guerra com base em todas as provas documentais faz parte da tradição democrática de participação e deliberação. O que, então, estava realmente sendo dito? Parece-me que aqueles que procuravam limitar o poder da imagem nesse caso também procuravam limitar o poder da comoção, da indignação, perfeitamente conscientes de que isso poderia, como de fato ocorreu, colocar a opinião pública contra a guerra que estava sendo travada no Iraque.

A pergunta sobre quais vidas devem ser consideradas como merecedoras de luto e de proteção, pertencentes a sujeitos com direitos que devem ser garantidos, nos leva de volta à questão de como a comoção é regulada e de qual é a nossa intenção ao regular a comoção. Recentemente, o antropólogo Talal Asad escreveu um livro sobre atentados suicidas no qual a primeira pergunta que apresenta é a seguinte: Por que sentimos horror e repulsa moral diante do atentado suicida e nem sempre sentimos a mesma coisa diante da violência promovida pelo Estado?[7] Ele faz essa pergunta não para dizer que essas formas de violência se equivalem ou que deveríamos sentir a mesma indignação moral com relação a ambas. Mas ele acha curioso, e o acompanho nisso, que as nossas reações morais — reações que primeiro assumem a forma de comoção — sejam tacitamente reguladas por certos tipos de enquadramento interpretativo. Sua tese é que sentimos mais horror e repulsa moral por vidas humanas perdidas em determinadas circunstâncias do que em outras. Se, por exemplo, alguém mata ou é morto na guerra, e a guerra é patrocinada pelo Estado, investido por nós de legitimidade, então, consideramos a morte passível de luto, triste, desafortunada, mas não radicalmente injusta. No entanto, se a violência for perpetrada por grupos insurgentes considerados ilegítimos, nossa comoção invariavelmente muda, ou pelo menos é isso que Asad supõe.

Embora Asad nos convide a refletir sobre os atentados suicidas, algo que não vou fazer agora, também fica evidente que ele está dizendo algo importante sobre a política da capacidade de reação moral; em outras palavras, que o que sentimos é parcialmente condicionado pela maneira como interpretamos o mundo que nos cerca, que a forma de interpretar o que sentimos pode alterar, e na verdade altera, o próprio sentimento. Se aceitarmos que a comoção é estruturada por esquemas interpretativos que não compreendemos inteiramente, isso pode nos ajudar a entender por que sentimos horror diante de certas perdas e indiferença ou mesmo justeza diante de outras? Nas circunstâncias contemporâneas de guerra e de nacionalismo exacerbado, imaginamos que nossas existências estejam ligadas a outras com as quais podemos encontrar afinidades nacionais que seriam reconhecíveis para nós e que estariam em conformidade com certas noções culturalmente específicas sobre o que é culturalmente reconhecível como humano. Esse enquadramento interpretativo funciona diferenciando tacitamente populações das quais minha vida e minha existência dependem e populações que representam uma ameaça direta à minha vida e à minha existência. Quando uma população parece constituir uma ameaça direta à minha vida, seus integrantes não aparecem como "vidas", mas como uma ameaça à vida (uma representação viva que representa a ameaça à vida). Consideremos como isso se agrava naquelas situações em que o Islã é visto como bárbaro ou pré-moderno, como algo que ainda não se ajustou às normas que tornam o humano reconhecível. Aqueles que matamos não são completamente humanos, não estão de todo vivos, o que significa que não sentimos o mesmo horror e a mesma indignação diante da perda de suas vidas que sentimos com a perda das outras vidas que guardam uma semelhança nacional ou religiosa com a nossa própria.

Asad se pergunta se os modos de lidar com a morte são apreendidos de forma diferente, se desaprovamos com mais veemência e nos sentimos moralmente mais indignados com as mortes causadas por atentados suicidas do que com as mortes causadas, por exemplo, por um bombardeio aéreo. Mas aqui pergunto se não há também um modo diferente de considerar as populações, de modo que algumas são consideradas desde o princípio muito vivas, enquanto outras são encaradas como questionavelmente vivas, talvez até mesmo socialmente mortas (expressão cunhada por Orlando Patterson para descrever o estatuto de um escravo), ou como representações vivas da ameaça à vida.[8] Entretanto, se a guerra, ou melhor, se as guerras atuais reafirmam e perpetuam uma maneira de dividir as vidas entre aquelas que merecem ser defendidas, valorizadas e enlutadas quando são perdidas, e aquelas que não são propriamente vidas nem propriamente valiosas, reconhecíveis ou passíveis de serem enlutadas, então a perda de vidas que não são enlutadas certamente causará uma enorme indignação àqueles que entendem que sua vida não é considerada vida em nenhum sentido pleno e significativo. Portanto, embora a lógica da autodefesa molde essas populações como "ameaças" à vida tal como a conhecemos, elas são populações vivas com as quais coabitamos, o que pressupõe certa interdependência entre nós. Como essa interdependência é reconhecida (ou não) e instituída (ou não) tem implicações concretas para quem sobrevive, quem prospera, quem mal consegue se manter vivo, e para quem é eliminado ou deixado à morte. Quero insistir nessa interdependência precisamente porque, quando nações como os Estados Unidos e Israel argumentam que sua sobrevivência depende da guerra, um erro sistemático está sendo cometido.

Isso acontece porque a guerra procura negar as formas irrefutáveis e contínuas de que todos estamos submetidos uns aos outros, vulneráveis à destruição pelo outro e necessitados de proteção mediante acordos globais e multilaterais baseados no reconhecimento de uma precariedade compartilhada. Acredito que esse é, claramente, um argumento hegeliano, e convém reiterá-lo aqui. A razão pela qual não sou livre para destruir o outro — e por que as nações não são, definitivamente, livres para destruírem umas às outras — não é somente o fato de que isso acarretará outras consequências destrutivas. O que é, sem dúvida, verdadeiro. Mas o que pode ser, no fim das contas, ainda mais verdadeiro é que o sujeito que sou está ligado ao sujeito que não sou, que cada um de nós tem o poder de destruir e de ser destruído, e que estamos unidos uns aos outros nesse poder e nessa precariedade. Nesse sentido, somos todos vidas precárias.

Depois do 11 de Setembro, vimos o desenvolvimento da perspectiva segundo a qual a "permeabilidade da fronteira" representa uma ameaça nacional, ou mesmo uma ameaça à identidade como tal. A identidade, contudo, não é concebível sem uma fronteira permeável, ou sem a possibilidade de se renunciar a uma fronteira. No primeiro caso, temem-se a invasão, a intrusão e a apropriação indevida, e faz-se uma reivindicação territorial em nome da autodefesa. No outro caso, porém, deixa-se de lado ou se ultrapassa uma fronteira precisamente com o intuito de se estabelecer certa relação que vá além das reivindicações territoriais. O temor da capacidade de sobrevivência pode acompanhar os dois gestos, e, se isso ocorrer, o que isso nos ensina sobre como nosso sentido de sobrevivência está inevitavelmente ligado àqueles que não conhecemos, que podem muito bem não ser plenamente reconhecíveis segundo nossas próprias normas nacionais ou limitadas?

De acordo com Melanie Klein, desenvolvemos respostas morais em reação a questões relacionadas à capacidade de sobrevivência.[9] Arrisco dizer que Klein está certa a esse respeito, mesmo quando frustra sua própria argumentação ao insistir que, no final das contas, é a capacidade de sobrevivência do eu que está em questão. Por que o eu? Afinal, se minha capacidade de sobrevivência depende da relação com os outros — com um "você" ou com um conjunto de "vocês" sem os quais não posso existir —, então minha existência não é apenas minha e pode ser encontrada fora de mim, nesse conjunto de relações que precedem e excedem as fronteiras de quem sou. Se tenho alguma fronteira, ou se alguma fronteira pode ser atribuída a mim, é somente porque me separei dos outros, e é somente por causa dessa separação que posso me relacionar com eles. Assim, a fronteira é uma função da relação, uma gestão da diferença, uma negociação na qual estou ligado a você na medida da minha separação. Se procuro preservar sua vida, não é apenas porque procuro preservar a minha própria, mas também porque quem "eu" sou não é nada sem a sua vida, e a própria vida deve ser repensada como esse conjunto de relações — complexas, apaixonadas, antagônicas e necessárias — com os outros. Posso perder esse "você" e muitos outros vocês específicos, e posso perfeitamente sobreviver a essas perdas. Mas isso só pode acontecer se eu não perder a possibilidade de pelo menos um "você" que seja. Se sobrevivo, é exatamente porque minha vida não é nada sem a vida que me excede, que se refere a algum "você" indexado sem o qual eu não posso ser.

O uso que faço aqui de Klein é decididamente não kleiniano. Na verdade, acredito que ela forneça uma análise que nos impele a seguir em uma direção que ela própria jamais seguiria ou poderia seguir. Permitam-me considerar, por um momento, o que acredito ser correto a respeito da visão de Klein, mesmo que tenha de discordar dela em sua avaliação dos impulsos e da autopreservação e procurar desenvolver uma ontologia social baseada em sua análise, algo que ela certamente rejeitaria.

Se a culpa é associada a temores relativos à capacidade de sobrevivência, então isso sugere que, como resposta moral, a culpa se refere a um conjunto pré-moral de medos e impulsos ligados à capacidade de destruição e às suas consequências. Se a culpa propõe uma questão ao sujeito humano, ela não será, em primeiro lugar, sobre se levamos uma vida boa, mas sim sobre se a vida é de todo vivível. Quer seja concebida como uma emoção ou como um sentimento, a culpa nos revela algo a respeito de como ocorre o processo de moralização e de como ele desvia da crise de capacidade de sobrevivência. Se alguém se sente culpado diante da perspectiva de destruir o objeto/o outro a quem está ligado, o objeto de amor e apego, isso pode se dever a um instinto de autopreservação. Se destruo o outro, estou destruindo aquele de quem dependo para sobreviver e, portanto, ameaço minha própria sobrevivência com meu ato destrutivo. Se Klein estiver certa, então o mais provável é que não me importe muito com a outra pessoa como tal; ela não seria encarada por mim como um outro, separado de mim, que "merece" viver e cuja vida depende da minha capacidade de controlar meu próprio poder de destruição. Para Klein, a questão da sobrevivência precede a questão da moralidade. Na verdade, pareceria que a culpa não estabelece uma relação moral com o outro, mas sim um desejo desenfreado de autopreservação. Na opinião de Klein, só quero que o outro sobreviva para que eu possa sobreviver. O outro é instrumental para minha própria sobrevivência, e a culpa e até mesmo a moralidade são simplesmente as consequências instrumentais desse desejo de autopreservação, que é ameaçado, principalmente, pela minha própria capacidade destrutiva.

A culpa pareceria, então, caracterizar uma capacidade humana particular de assumir a responsabilidade por determinadas ações. Sou culpado porque procurei destruir um elo de que necessito para viver. A culpa parece ser um impulso de autopreservação primário, que pode estar estreitamente ligado ao eu, embora, como sabemos, a própria Klein não seja uma psicóloga do eu. Podemos encarar esse ímpeto pela autopreservação como um desejo de preservar-se como ser humano; porém, como é minha sobrevivência que está ameaçada por meu potencial destrutivo, parece que a culpa se refere menos a uma qualidade humana do que à vida e, na verdade, à capacidade de sobrevivência. Assim, cada um de nós só sente culpa como um animal que pode viver e morrer; apenas para alguém cuja vida está estreitamente relacionada a outras vidas e que deve negociar o seu poder de violar, de matar ou de preservar a vida, é que a culpa se torna uma questão. Paradoxalmente, a culpa — que com tanta frequência é vista como uma emoção paradigmaticamente humana, em geral entendida como algo que requer poderes autorreflexivos, e que, portanto, estabelece uma diferença entre vida humana e vida animal — é movida menos por uma reflexão racional do que pelo medo da morte e pela vontade de viver. A culpa, portanto, contesta o antropocentrismo que com tanta frequência endossa considerações sobre os sentimentos morais, instituindo, em vez disso, o *anthropos* como um animal em busca da sobrevivência, mas cuja capacidade de sobrevivência se dá em função de uma sociabilidade frágil e negociada. A vida é sustentada não por um impulso de autopreservação, concebido como um impulso interno do organismo, mas por uma condição de dependência sem a qual a sobrevivência não é possível, mas que também pode colocar a sobrevivência em perigo, dependendo da forma que a dependência assume.

Se aceitássemos a argumentação de Klein de que a capacidade de destruição é o problema do sujeito humano, pareceria que é ela também que conecta o humano ao não humano. Isso se mostra mais profundamente verdadeiro em tempos de guerra, quando a vida sensível de todos os tipos é exposta a um risco elevado, e me parece extremamente verdadeiro para aqueles que têm poder de desencadear uma guerra, isto é, de se converter em sujeitos cuja capacidade de destruição ameaça populações e ambientes inteiros. Assim, se neste capítulo faço uma crítica primeiro-mundista do impulso destrutivo, é precisamente porque sou cidadã de um país que sistematicamente idealiza sua própria capacidade de matar. Acho que foi no filme *Hora do Rush 3* que, quando os personagens principais entram em um táxi em Paris, o taxista, ao perceber que se trata de norte-americanos, manifesta seu entusiástico interesse pela próxima aventura americana.[10] Durante o trajeto, ele revela uma profunda percepção etnográfica: "Os americanos", diz, "eles matam pessoas sem nenhum motivo!" É claro que o governo americano oferece todos os tipos de justificativa para suas matanças, embora se negue, ao mesmo tempo, a classificar essas matanças de "matanças". Se levo a fundo a questão da capacidade de destruição, porém, e se volto minha atenção para a questão da precariedade e da vulnerabilidade, é precisamente porque acredito que seja necessário certo deslocamento de perspectiva para repensar a política global. A noção de sujeito produzida pelas guerras recentes conduzidas pelos Estados Unidos, incluindo suas operações de tortura, é uma noção em que o sujeito Estados Unidos busca se mostrar impermeável, definir-se como permanentemente protegido contra invasões e radicalmente invulnerável a ataques. O nacionalismo funciona, em parte, produzindo e mantendo uma determinada versão do sujeito. Podemos chamá-lo de imaginário, se assim desejarmos, mas temos de lembrar que ele é produzido e mantido por meio de poderosas formas de mídia, e que aquilo que confere poder à sua versão do sujeito é exatamente a forma pela qual elas são capazes de transformar a própria capacidade de destruição do sujeito em algo *justo*, e sua própria destrutibilidade em algo *impensável*.

A questão a respeito de como essas relações ou interdependências são concebidas está relacionada, portanto, a se e como podemos expandir nosso senso de dependência e obrigação políticas para uma arena global além da nação. O nacionalismo nos Estados Unidos tem aumentado, é claro, desde os atentados de 11 de Setembro, mas não custa lembrar que este é um país que estende sua jurisdição para além de suas próprias fronteiras, que suspende suas obrigações constitucionais dentro dessas fronteiras e que se considera acima de muitos acordos internacionais. Preservam zelosamente seu direito à autoproteção soberana ao mesmo tempo em que fazem incursões autojustificadas em outras soberanias ou, no caso da Palestina, recusam-se a honrar quaisquer princípios de soberania. Quero salientar que o movimento de assegurar a dependência e o compromisso fora do Estado-Nação tem de ser diferenciado das formas de imperialismo que insistem em reivindicações de soberania fora das fronteiras do Estado-Nação. Essa distinção não é algo fácil de se fazer ou de se assegurar, mas creio que coloca um desafio contemporâneo e urgente para o nosso tempo.

Quando me refiro a uma cisão que estrutura (e desestrutura) o sujeito nacional, estou me referindo àqueles modos de defesa e deslocamento — tomando emprestada uma categoria psicanalítica — que nos levam, em nome da soberania, a defender uma fronteira em uma determinada situação e a violá-la com total impunidade em outra. O apelo à interdependência é, portanto, também um apelo para superarmos essa cisão e nos movermos na direção do reconhecimento de uma condição generalizada de precariedade. O outro não pode ser destrutível se eu não sou, e vice-versa. A vida, concebida como vida precária, é uma condição generalizada, e sob certas condições políticas se torna radicalmente exacerbada ou radicalmente repudiada. Essa é uma cisão em que o sujeito declara justa sua própria capacidade de destruição ao mesmo tempo em que procura imunizar-se contra a consciência de sua própria precariedade. Faz parte de uma política movida pelo horror diante da ideia da destrutibilidade da nação ou de seus aliados. Constitui uma espécie de fissura irracional na essência do nacionalismo.

Não se trata de se opor à capacidade de destruição *per se*, de contrapor esse sujeito cindido do nacionalismo norte-americano a um sujeito cuja psique quer sempre e unicamente a paz. Admito que a agressão faça parte da vida e, consequentemente, também da política. A agressão, porém, pode e deve estar separada da violência (sendo a violência uma das formas que a agressão assume), e existem maneiras de dar forma à agressão que atuam a serviço da vida democrática, incluindo o "antagonismo" e o conflito discursivo, as greves, a desobediência civil e mesmo a revolução. Tanto Hegel quanto Freud compreendiam que a repressão da destruição só pode ocorrer realocando a destruição na ação de repressão, o que nos leva a concluir que todo pacifismo baseado na repressão terá apenas encontrado outro espaço para a capacidade de destruição, e de forma alguma terá obtido sucesso em sua eliminação. Pode-se concluir, ademais, que a única alternativa é encontrar meios de elaborar e controlar a capacidade de destruição, dando-lhe uma forma vivível, o que seria uma maneira de afirmar sua existência permanente e assumir a responsabilidade pelas formas sociais e políticas por meio das quais ela se manifesta. Isso seria uma tarefa diferente tanto da repressão quanto da expressão descontrolada e "liberada".

Se faço um apelo para a superação de certa cisão no sujeito nacional, não é com o objetivo de reabilitar um sujeito unificado e coerente. O sujeito está sempre fora de si mesmo, distinto de si mesmo, já que sua relação com o outro é essencial àquilo que ele é (de forma clara, nesse ponto, continuo perversamente hegeliana). Surge, assim, a seguinte pergunta: como entendemos o que significa ser um sujeito que está constituído em ou conforme suas relações e cuja capacidade de sobrevivência é uma função e um efeito dos seus modos de se relacionar?

Com essas considerações em mente, voltemos à questão que nos foi colocada por Asad sobre a capacidade de resposta moral. Se a violência justa ou justificada é praticada pelos Estados, e se a violência injustificada é praticada por atores não estatais ou por atores que se opõem aos Estados existentes, encontramos então uma maneira de explicar por que reagimos com horror a determinadas formas de violência e com uma espécie de aceitação, possivelmente até mesmo com justiça e triunfalismo, a outras. As respostas emocionais parecem ser primárias, sem necessidade de explicação, como se fossem anteriores ao trabalho de compreensão e interpretação. Somos, por assim dizer, contra a interpretação, nos momentos em que reagimos com horror moral diante da violência. Mas enquanto permanecermos contrários à interpretação nesses momentos, não seremos capazes de apontar a razão pela qual a sensação de horror é experimentada de formas diferenciadas. Não apenas procederemos com base nessa não razão, mas a tomaremos como sinal de nosso louvável sentimento moral inato, talvez até mesmo de nossa "humanidade fundamental".

Paradoxalmente, a cisão irracional em nossa capacidade de resposta torna impossível reagir com o mesmo horror diante da violência cometida contra todos os tipos de população. Dessa maneira, quando tomamos nosso horror moral como um sinal de nossa humanidade, não notamos que a humanidade em questão está, na verdade, implicitamente dividida entre aqueles por quem sentimos um apego urgente e irracional e aqueles cuja vida e morte simplesmente não nos afetam, ou que não consideramos vidas. Como devemos compreender o poder regulatório que cria esse diferencial no nível da resposta afetiva e moral? Talvez seja importante lembrar que a responsabilidade exige capacidade de resposta, e que esta não é um estado meramente subjetivo, mas sim uma maneira de responder àquilo que está diante de nós com os recursos à nossa disposição. Nós somos seres sociais, que trabalham em meio a interpretações sociais elaboradas, tanto quando sentimos horror como quando não o sentimos. Nossa comoção nunca é somente nossa: a comoção é, desde o começo, transmitida de outro lugar. Ela nos predispõe a perceber o mundo de determinada maneira, a acolher certas dimensões do mundo e resistir a outras. Entretanto, se uma resposta é sempre uma resposta a um estado percebido do mundo, o que faz com que determinado aspecto do mundo se torne perceptível e outro, não? Como abordar de novo a questão da resposta afetiva e da valoração moral considerando os enquadramentos já em operação de acordo com os quais certas vidas são vistas como dignas de proteção, enquanto outras não, precisamente porque não são completamente "vidas" de acordo com as normas predominantes da condição de ser reconhecido? A comoção depende de apoios sociais para o sentir: só conseguimos sentir alguma coisa em relação a uma perda perceptível, que depende de estruturas sociais de percepção, e só podemos sentir comoção e reivindicá-la como nossa com a condição de que já estejamos inscritos em um circuito de comoção social.

Poderíamos, por exemplo, acreditar na santidade da vida ou aderir a uma filosofia geral que se oponha a qualquer espécie de ação violenta contra seres sensíveis, e poderíamos investir sentimentos poderosos nessa crença. Mas se algumas vidas não são percebidas como vidas, e isso inclui seres sensíveis que não são humanos, então a proibição moral da violência será aplicada apenas de maneira seletiva (e nossa própria capacidade de sentir só será mobilizada de maneira seletiva). A crítica da violência deve começar com a questão da representatividade da vida como tal: o que permite que uma vida se torne visível em sua precariedade e em sua necessidade de amparo e o que nos impede de ver ou compreender certas vidas dessa maneira? Em um nível mais geral, o problema diz respeito à mídia, na medida em que só é possível atribuir valor a uma vida com a condição de que esta seja perceptível como vida, mas é apenas de acordo com certas estruturas avaliadoras incorporadas que uma vida se torna perceptível.

Perceber uma vida não é exatamente o mesmo que apreender uma vida como precária. Apreender uma vida como precária também não é uma apreensão crua, na qual a vida é despojada de todas as suas interpretações habituais, apresentando-se a nós fora de todas as relações de poder. Uma atitude ética não acontece espontaneamente, assim que os enquadramentos interpretativos habituais são destruídos, nem uma consciência moral pura surge, uma vez que as amarras da interpretação cotidiana sejam eliminadas. Pelo contrário, é só desafiando a mídia dominante que determinados tipos de vida podem se tornar visíveis ou reconhecíveis em sua precariedade. Não é apenas ou exclusivamente a apreensão visual de uma vida que forma uma precondição necessária para a compreensão da precariedade da vida. *Uma outra vida é percebida por intermédio de todos os sentidos, se é de fato percebida.* O esquema interpretativo tácito que distingue as vidas dignas das não dignas de consideração funciona fundamentalmente através dos sentidos, diferenciando os gritos que podemos ouvir dos que não podemos, as visões que conseguimos enxergar das que não conseguimos, da mesma forma que acontece em relação ao tato e até mesmo ao olfato. A guerra sustenta suas práticas atuando sobre os sentidos, fazendo-os apreender o mundo de modo seletivo, atenuando a comoção diante de determinadas imagens e determinados sons, e intensificando as reações afetivas aos outros. É por isso que a guerra atua minando as bases de uma democracia sensata, restringindo o que podemos sentir, fazendo-nos sentir repulsa ou indignação diante de uma expressão de violência e a reagir com justificada indiferença diante de outra. Para reconhecer a precariedade de uma outra vida, os sentidos precisam estar operantes, o que significa que deve ser travada uma luta contra as forças que procuram regular a comoção de formas diferenciadas. A questão não é celebrar a desregulamentação completa da comoção, mas investigar as condições da capacidade de resposta oferecendo matrizes interpretativas para o entendimento da guerra que questionem e confrontem as interpretações dominantes, interpretações que não somente atuam sobre a comoção, como também ganham a forma da própria comoção e assim se tornam efetivas.

Se aceitamos a ideia de que nossa própria sobrevivência depende não do policiamento de uma fronteira — a estratégia de determinado país soberano em relação ao seu território —, e sim do reconhecimento de nossa estreita relação com os outros, então isso nos leva a reconsiderar nossa maneira de conceituar o corpo no campo da política. Temos de considerar se o corpo é corretamente definido como uma espécie de entidade limitada. O que torna um corpo distinto não é uma morfologia estabelecida, como se pudéssemos identificar determinadas aparências ou formas corporais como sendo paradigmaticamente humanas. Na verdade, não estou completamente segura de que podemos identificar uma forma humana, nem acho que precisemos fazê-lo. Essa visão traz implicações no sentido de repensarmos gênero, incapacidades físicas e racialização, para nomear apenas alguns dos processos sociais que dependem da reprodução de normas corporais. E como a crítica da normatividade de gênero, do capacitismo e da percepção racista deixou claro, não existe uma forma humana única. Podemos pensar em demarcar o corpo humano mediante a identificação de seus limites, ou da forma como está delimitado, mas isso significa ignorar o fato crucial de que o corpo é, de algum modo e mesmo inevitavelmente, não limitado — em sua atuação, em sua receptividade, em seu discurso, seu desejo e sua mobilidade. O corpo está fora de si mesmo, no mundo dos outros, em um tempo e um espaço que não controla, e ele não apenas existe no vetor dessas relações, mas também é esse próprio vetor.[11] Nesse sentido, o corpo não pertence a si mesmo.

O corpo, na minha opinião, é onde encontramos uma variedade de perspectivas que podem ou não ser as nossas. O modo como sou apreendido, e como sou mantido, depende fundamentalmente das redes sociais e políticas em que esse corpo vive, de como sou considerado e tratado, de como essa consideração e esse tratamento possibilitam essa vida ou não tornam essa vida vivível. Assim, as normas de gênero mediante as quais compreendo a mim mesma e a minha capacidade de sobrevivência não são estipuladas unicamente por mim. Já estou nas mãos do outro quando tento avaliar quem sou. Já estou me opondo a um mundo que nunca escolhi quando exerço minha agência. Infere-se daí, então, que certos tipos de corpo parecerão mais precariamente que outros, dependendo de que versões do corpo, ou da morfologia em geral, apoiam ou endossam a ideia da vida humana digna de proteção, amparo, subsistência e luto. Esses enquadramentos normativos estabelecem de antemão que tipo de vida será digna de ser vivida, que vida será digna de ser preservada e que vida será digna de ser lamentada. Essas formas de encarar a vida permeiam e justificam implicitamente as guerras contemporâneas. As vidas estão divididas entre aquelas que representam determinados tipos de Estado e aquelas que representam ameaças à democracia liberal centrada no Estado, de tal modo que a guerra possa então ser travada de forma legítima em nome de algumas vidas, ao mesmo tempo que se pode defender de forma legítima a destruição de outras vidas.

Essa cisão se presta a várias funções: constitui a negação da dependência e tenta afastar qualquer reconhecimento de que a condição generalizada de precariedade implique, social e politicamente, uma condição generalizada de interdependência. Embora nem todas as formas de precariedade sejam produzidas por arranjos políticos e sociais, continua sendo uma tarefa da política minimizar a condição de precariedade de forma igualitária. A guerra é precisamente um esforço para minimizar a precariedade para alguns e maximizá-la para outros. Nossa capacidade de reagir com indignação depende de um tácito reconhecimento de que existem vidas dignas que foram feridas ou perdidas no contexto da guerra, e de que nenhum cálculo utilitário pode fornecer a medida para se avaliar o desamparo e a perda dessas vidas. Mas se somos seres sociais e se nossa sobrevivência depende de um reconhecimento de interdependência (que pode não depender de uma percepção de semelhança), então sobrevivo não como um ser isolado e fisicamente delimitado, mas como um ser cuja delimitação me expõe a outros de maneira voluntária e involuntária (às vezes simultaneamente), uma exposição que é a condição tanto da sociabilidade quanto da sobrevivência.

O que limita quem eu sou é o limite do corpo, mas o limite do corpo nunca pertence plenamente a mim. A sobrevivência depende menos do limite estabelecido para o self do que da sociabilidade constitutiva do corpo. Mas ainda que o corpo, considerado social tanto em sua superfície quanto em sua profundidade, seja a condição de sobrevivência, é isso também que, em certas condições sociais, põe em perigo nossa vida e nossa capacidade de sobrevivência. As formas de coerção física são precisamente a imposição indesejável da força aos corpos: estar atados, amordaçados, expostos à força, ritualisticamente humilhados. Poderíamos então perguntar qual fator, se é que ele existe, explica a sobrevivência daqueles cuja vulnerabilidade física foi explorada dessa maneira. Evidentemente, o fato de o corpo de uma pessoa nunca pertencer completamente a ela, de não ser delimitado e autorreferencial, é a condição do encontro apaixonado, do desejo, do anseio e dos modos de se endereçar e de endereçamento dos quais depende o sentimento de estar vivo. Contudo, todo esse mundo de contato físico indesejado também advém do fato de que o corpo encontra sua capacidade de sobrevivência no espaço e no tempo social; e essa exposição ou desapropriação é precisamente explorada no caso de atos de coerção, constrangimento, violação física e violência indesejáveis.

Gostaria de considerar essa questão da capacidade de sobrevivência em situação de guerra examinando brevemente a coletânea recém-publicada *Poems from*

Guantánamo, que inclui 22 poemas que passaram pela censura do Departamento de Defesa norte-americano.[12] Na verdade, a maioria dos poemas escritos pelos presos de Guantánamo foi destruída ou confiscada e certamente não foi permitido que eles fossem passados para os advogados e ativistas pró-direitos humanos que organizaram esse pequeno volume. Aproximadamente 25 mil versos escritos por Shaikh Abdurraheem Muslim Dost foram destruídos pelos militares. Quando o Pentágono ofereceu suas razões para a censura, alegou que a poesia "representa um grande risco" para a segurança nacional em razão de seu "conteúdo e formato".[13] Isso nos leva a especular que forma e conteúdo de poesia podem ser tão incendiários assim. A sintaxe ou o formato de um poema podem ser realmente percebidos como uma ameaça à segurança da nação? Será que os poemas confirmavam a tortura? Ou será que criticavam explicitamente os Estados Unidos por sua declaração espúria de serem os "defensores da paz" ou pelo ódio irracional que têm do Islã? Mas como essas críticas poderiam ser feitas em editoriais ou em prosa, o que na poesia a faz parecer particularmente perigosa?

Eis duas estrofes de um poema intitulado "Humiliated in the Shackles" ["Humilhado de algemas"], de autoria de Sami al-Haj, torturado nas prisões mantidas pelos Estados Unidos em Bagram e Kandahar antes de ser transferido para Guantánamo, de onde foi solto recentemente:

Fui humilhado de algemas.
Como posso compor versos agora? Como posso escrever
 agora?
Depois das algemas e das noites e do sofrimento e das Lá-
 grimas,
Como posso escrever poesia?[14]

Al-Haj afirma que foi torturado e pergunta como pode combinar palavras e fazer poesia depois dessa humilhação. E são os próprios versos em que questiona sua habilidade de fazer poesia que constituem sua poesia. O verso, portanto, representa aquilo que al-Haj não consegue entender. Ele escreve o poema e, no entanto, o poema nada mais pode fazer senão indagar abertamente a condição de sua possibilidade. Como um corpo torturado pode articular essas palavras? Al-Haj também pergunta como a poesia pode surgir de um corpo torturado, e como as palavras emergem e sobrevivem. Suas palavras passam da condição de tortura, uma condição de coerção, ao discurso. Será que o corpo que sofre torturas é o mesmo que escreve aquelas palavras?

A formação dessas palavras está ligada à sobrevivência, à capacidade de sobreviver. Vale lembrar que, no começo do período de encarceramento, os prisioneiros de Guantánamo gravavam poemas curtos em copos que roubavam de suas refeições. Esses copos de isopor não só eram baratos — a própria representação do baixo custo e da baixa qualidade —, mas também inofensivos, para que os prisioneiros não tivessem acesso a copos de vidro ou de cerâmica que poderiam facilmente ser utilizados como armas brancas. Alguns usavam pequenas pedras para gravar suas palavras nos copos, passando-os de cela em cela; às vezes, usavam pasta de dente como instrumento de escrita. Mais tarde, aparentemente como sinal de um tratamento mais humanizado, eles passaram a receber papel e material mais adequado para a escrita, mas o trabalho realizado com esse material acabou, em sua maior parte, sendo destruído.

Alguns desses escritos contêm comentários políticos bastante ácidos, como é o caso deste poema de Shaker Abdurraheem Aamer, que abre a coletânea:

> Paz, eles dizem.
> Paz de espírito?
> Paz na Terra?
> Paz de que tipo?
>
> Eu os vejo falando, discutindo, brigando...
> Que tipo de paz eles estão buscando?
> Por que eles matam? O que estão planejando?
>
> É apenas conversa? Por que discutem?
> Matar é tão simples assim? É esse o plano deles?
>
> Claro que sim!
> Eles conversam, eles discutem, eles matam —
> Eles lutam pela paz.[15]

Com perspicaz ironia Aamer conclui que eles "lutam pela paz". Mas o que define esse poema é o número de perguntas colocadas de forma poética por Aamer, perguntas que faz em voz alta, assim como a mistura de horror e ironia na pergunta no centro do poema: "Matar é tão simples assim?" O poema move-se entre a confusão, o horror e a ironia e, em sua conclusão, expõe a hipocrisia dos militares americanos. Ele se concentra na cisão ocorrida na racionalidade pública dos captores do poeta: eles torturam em nome da paz, eles matam em nome da paz. Embora não saibamos quais terão sido "o conteúdo e o formato" dos poemas censurados, este poema parece girar em torno da repetição de uma mesma pergunta, um horror insistente, um ímpeto em direção à exposição. (Na verdade, esses poemas lançam mão de recursos líricos característicos do estilo das escrituras corânicas, bem como de aspectos formais da poesia nacionalista árabe, o que significa que são citações — de forma que, quando um poeta fala, ele invoca uma história de oradores e naquele momento se coloca, metaforicamente falando, na companhia deles.)

A cisão irracional que estrutura o campo militar da comoção não pode explicar seu próprio horror diante da violação e da perda da vida daqueles que representam o Estado-Nação legítimo, nem seu prazer justificado diante da humilhação e da destruição daqueles que não estão organizados sob o signo do Estado-Nação. A vida dos presos em Guantánamo não conta como o tipo de "vidas humanas" protegidas pelo discurso dos direitos humanos. Os próprios poemas oferecem um tipo diferente de capaci-

dade de resposta moral, uma espécie de interpretação que
pode, sob certas condições, contestar e detonar as cisões
dominantes que perpassam a ideologia nacional e militar
norte-americana. Os poemas ao mesmo tempo constituem
e expressam uma capacidade de resposta moral a uma
lógica militar que restringiu a capacidade de resposta moral à violência de maneiras incoerentes e injustas. Assim,
podemos perguntar: que comoção é expressa verbalmente
por esses poemas, e que conjunto de interpretações eles
libertam sob a forma de emoções, incluindo a ansiedade
e a raiva? A força esmagadora do luto, da perda e do isolamento transforma-se em um instrumento poético de
insurgência e mesmo em um desafio à soberania individual.
Ustad Badruzzaman Badr escreve:

> O redemoinho de nossas lágrimas
> Move-se depressa em direção a ele
> Ninguém consegue resistir à força dessa torrente[16]

Ninguém consegue resistir, e ainda assim essas palavras
chegam até nós, como sinais de uma insondável resistência.
Em um poema intitulado "I write my hidden longing" ["Escrevo meu anseio oculto"], de Abdulla Majid al-Noaimi,
cada estrofe está estruturada em ritmo de dor e súplica:

> Minha costela está quebrada, e não encontro ninguém para
>   me curar
> Meu corpo está fraco, e não vejo alívio nenhum à minha
>   frente[17]

Mas talvez mais curiosos sejam os versos que se encontram na metade do poema de al-Noaimi:

As lágrimas da saudade de outra pessoa me comovem
Meu peito não consegue abrigar a imensidão desse sentimento[18]

De quem será a nostalgia que comove o poeta? Trata-se da saudade sentida por outra pessoa, de forma que as lágrimas não parecem ser suas ou, pelo menos, não exclusivamente suas. Talvez pertençam a todos aqueles que estão no campo, ou a mais alguém, mas pesam sobre ele; ele encontra esses sentimentos alheios dentro de si, sugerindo que, mesmo nesse isolamento mais radical, ele sente o mesmo que os outros. Não conheço a sintaxe do árabe original, mas em inglês "My chest cannot take the vastness of emotion" ["Meu peito não consegue abrigar a imensidão desse sentimento"] sugere que a emoção não é apenas dele, mas que possui uma magnitude tão grande que pode não ter origem em uma única pessoa. No verso "As lágrimas da saudade de outra pessoa", o poeta é, por assim dizer, despossuído dessas lágrimas que estão nele, mas que não são exclusivamente suas.

Portanto, o que esses poemas nos dizem sobre a vulnerabilidade e a capacidade de sobrevivência? Eles questionam os tipos possíveis de expressão nos limites do pesar, da humilhação, da ânsia e da raiva. As palavras são gravadas em copos, escritas em papel e registradas em uma superfície, em um esforço de deixar uma marca, um vestígio de um ser vivo — um sinal formado por um corpo, um sinal que carrega a vida do corpo. E mesmo quando o corpo não sobrevive, as palavras sobrevivem para dizê-lo. Isso também é poesia como prova e como súplica, uma poesia na qual cada palavra é finalmente destinada ao outro. Os copos passam de cela em cela; os poemas são levados para fora do campo. São súplicas. Esforços para restabelecer uma conexão social com o mundo, mesmo quando não há nenhuma razão concreta para acreditar que essa conexão seja possível.

No epílogo da coleção, Ariel Dorfman compara os escritos dos poetas de Guantánamo aos dos escritores chilenos sob o regime de Pinochet. Embora claramente consciente das formas por meio das quais a poesia expressa as condições do campo, Dorfman chama a atenção para algo mais a respeito dos poemas:

> O que sinto é que a fonte básica desses poemas de Guantánamo é a aritmética simples, quase primeva, do inspirar e do expirar. A origem da vida, a origem da linguagem e a origem da poesia estão todas ali, na primeira respiração, cada respiração como se fosse a primeira, a *anima*, o espírito, o que inspiramos, o que expiramos, o que nos separa da extinção, minuto após minuto, o que nos mantém vivos enquanto inalamos e exalamos o universo. E a palavra escrita nada mais é do que uma tentativa de tornar essa respiração permanente e segura, *gravada na pedra* ou estampada em um pedaço de papel ou assinalada em uma tela, de modo que sua cadência perdure além de nós, sobreviva à nossa respiração, rompa as algemas da solidão [*las cadenas precarias de la soledad*], transcenda nosso corpo transitório e toque alguém com suas águas.[19]

O corpo respira, respira a si mesmo nas palavras, e encontra aí certa sobrevivência provisória. Mas quando a respiração se transforma em palavras, o corpo passa a ser de outro, na forma de um apelo. Na tortura, a vulnerabilidade do corpo à sujeição é posta à prova; a condição de interdependência é submetida a abusos. O corpo que existe em sua exposição e proximidade em relação aos outros, às forças externas, a tudo aquilo que pode subjugá-lo e dominá-lo, é vulnerável aos maus-tratos; os maus-tratos são a exploração dessa vulnerabilidade. Isso, porém, não significa que a vulnerabilidade possa ser reduzida à condição de violável. Nesses poemas, o corpo é também aquilo que continua vivo, que respira, que tenta esculpir sua respiração na pedra; sua respiração é precária — ela pode ser interrompida por força da tortura infligida pelo outro. Mas se esse estatuto precário pode se converter em condição de sofrimento, ele também serve como a condição de capacidade de resposta, de uma formulação da comoção entendida como um ato radical de interpretação diante de uma submissão indesejada. Os poemas abrem caminho por meio das ideologias dominantes que racionalizam a guerra recorrendo a invocações justificadas de paz; eles desconcertam e expõem as palavras daqueles que torturam em nome da liberdade e matam em nome da paz. Nesses poemas, ouvimos "a cadência precária da solidão". Isso revela duas verdades distintas sobre o corpo: como corpos, estamos expostos aos outros, e embora isso possa ser a condição de nosso desejo, também cria a possibilidade da subjugação e da crueldade. Isso é consequência do fato de os corpos estarem estreitamente relacionados uns com os outros através de necessidades materiais, do tato, da linguagem, de um conjunto de relações sem as quais não podemos sobreviver. O fato de a sobrevivência de uma pessoa estar tão estreitamente relacionada com o outro constitui o risco constante da sociabilidade: sua promessa e sua ameaça. O próprio fato de estarmos estreitamente relacionados uns com os outros estabelece a possibilidade de sermos subjugados e explorados, embora de maneira nenhuma determine que forma política isso vai assumir. No entanto, estabelece também a possibilidade de alívio para a dor, de conhecermos a justiça e até mesmo o amor.

Os poemas de Guantánamo estão repletos de anseios. São o eco do corpo encarcerado quando faz sua súplica. Sua respiração é sufocada, mas ainda assim continuam a respirar. Os poemas transmitem um outro sentido de solidariedade, de vidas interconectadas que transportam as palavras umas das outras, sofrem com as lágrimas umas das outras e formam redes que representam um risco incendiário não apenas para a segurança nacional, mas também para a forma de soberania global defendida pelos Estados Unidos. Afirmar que os poemas resistem a essa soberania não significa dizer que vão alterar o curso da guerra ou que, em última instância, vão se provar mais poderosos do que o poder militar do Estado. Mas sem dúvida têm consequências políticas: oriundos de cenários de subjugação extrema, são o testemunho de vidas obstinadas, vulneráveis, esmagadas, donas e não donas de si próprias, despojadas, enfurecidas e perspicazes. Como uma rede de comoções transitivas, os poemas — na sua criação e na sua disseminação — são atos críticos de resistência, interpretações insurgentes, atos incendiários que, de algum modo e inacreditavelmente, vivem através da violência à qual se opõem, mesmo que ainda não saibamos em que circunstâncias essas vidas sobreviverão.

2 Tortura e a ética da fotografia: pensando com Sontag

As fotos declaram a inocência, a vulnerabilidade de vidas
que rumam para a própria destruição, e esse vínculo entre
fotografia e morte assombra todas as fotos de pessoas.

Susan Sontag, *Sobre fotografia*[1]

Em *Precarious Life* (2004), abordei a questão do que
significa tornar-se eticamente responsável, levar em
consideração e cuidar da dor dos outros e, de uma
forma mais geral, a questão de quais enquadramentos
permitem a representabilidade do humano e quais não.
Essa investigação parece importante não apenas para
sabermos como podemos responder efetivamente à
dor a distância, mas também para formular um conjunto de preceitos a fim de salvaguardar vidas em sua

fragilidade e precariedade. Nesse contexto, não estou indagando sobre as fontes puramente subjetivas desse tipo de capacidade de resposta.[2] Na verdade, proponho considerar a maneira pela qual a dor nos é apresentada, e como essa apresentação afeta nossa resposta. Pretendo compreender, em particular, como os *enquadramentos* que alocam a condição de ser reconhecido de certas representações do humano remetem, eles mesmos, a *normas* mais amplas que determinam o que será ou não uma vida passível de luto. Minha opinião — que certamente não é nova, mas vale ser repetida — é que a maneira pela qual respondemos à dor dos outros e se o fazemos, e a maneira como formulamos críticas morais e articulamos análises políticas dependem de certo campo de realidade perceptível já ter sido estabelecido. Nesse campo de realidade perceptível, a noção do humano reconhecível se forma e se reitera, em oposição àquilo que não pode ser nomeado ou encarado como humano, uma representação do não humano que determina negativamente e perturba potencialmente o que é reconhecidamente humano.

Na época em que escrevi *Precarious Life*, as torturas em Abu Ghraib ainda não tinham vindo à tona. Estava trabalhando apenas com as fotos dos corpos acorrentados e agachados na baía de Guantánamo, sem saber dos detalhes da tortura nem de outras questões representacionais ligadas a ela, como os debates sobre mostrar ou não os mortos na guerra no Iraque e o problema da "cobertura comprometida".* Durante o governo Bush, assistimos a um esforço concentrado da parte do Estado para regular o campo visual. O fenômeno da reportagem comprometida direto do campo de batalha ficou conhecido durante a invasão do Iraque em março de 2003, quando parecia estar definido como um arranjo mediante o qual jornalistas concordavam em transmitir as notícias apenas da perspectiva estabelecida pelas autoridades militares e governamentais. Os jornalistas "envolvidos" viajavam apenas em determinados veículos, observavam apenas determinadas cenas e enviavam para casa apenas imagens e narrativas de determinados tipos de ação. Uma cobertura comprometida implica que os repórteres que trabalham nessas condições concordam em não fazer da determinação da perspectiva um tópico a ser relatado e discutido; assim, esses repórteres tiveram acesso à guerra somente com a condição de que seu olhar permanecesse restrito aos parâmetros estabelecidos para a ação designada.

Esse tipo de cobertura comprometida também ocorreu de maneira menos explícita. Um exemplo claro é a concordância da mídia em não mostrar fotos dos mortos na guerra, dos nossos mortos ou dos mortos deles, com

---

*"Embedded reporting – embedded journalism": quando o jornalista é incorporado a uma unidade militar, envolvida em um conflito armado, a fim de fazer a cobertura jornalística desse conflito *in loco*, indo junto com os militares nas operações, como aconteceu durante a Guerra do Iraque. Mas esses jornalistas, para acompanharem o conflito tão de perto, tinham de aceitar algumas restrições impostas pelo governo americano em relação ao que seria publicado, além de participarem apenas daquelas operações que os militares consideravam adequadas. Por isso, tudo o que era divulgado era feito mediante um comprometimento. (*N. da R. Trad.*)

a justificativa de que isso minaria o esforço de guerra e colocaria a nação em perigo. Jornalistas e jornais foram sistematicamente criticados por mostrarem caixões de americanos mortos na guerra cobertos por bandeiras. Essas imagens não deviam ser vistas, porque podiam suscitar certos tipos de sentimento negativo.[3] A determinação sobre o que podia ser visto — uma preocupação com a regulação do conteúdo — foi complementada pelo controle sobre a perspectiva de acordo com a qual a ação e a destruição da guerra podiam ser vistas. Ao regular a perspectiva além do conteúdo, as autoridades do Estado manifestavam claramente seu interesse em regular os modos visuais de participação na guerra. O ato de ver era tacitamente compreendido como algo relacionado à tomada de uma posição e, na verdade, certa disposição do próprio sujeito. O segundo lugar no qual a cobertura comprometida implicitamente ocorreu foi nas fotografias de Abu Ghraib. O ângulo da câmera, o enquadramento, a pose dos sujeitos, tudo sugeria que aqueles que tiraram as fotografias estavam ativamente envolvidos na perspectiva da guerra, elaborando essa perspectiva, fabricando, direcionando e validando um ponto de vista.

No último livro que escreveu, *Diante da dor dos outros*, Susan Sontag observa que essa prática da cobertura comprometida começou com a cobertura da campanha britânica na guerra das Malvinas em 1982, quando apenas dois repórteres fotográficos receberam permissão para entrar na região e nenhuma transmissão televisiva foi autorizada.[4] Desde então, os jornalistas tiveram cada vez mais de aceitar as exigências da cobertura comprometida a fim de assegurar o acesso à ação propriamente dita. Mas a que ação o acesso é permitido? No caso das guerras recentes e atuais, a perspectiva visual que o Departamento de Defesa dos Estados Unidos permitiu aos meios de comunicação estruturou ativamente nossa apreensão cognitiva da guerra. E embora limitar como e o que vemos não seja exatamente o mesmo que ditar um roteiro, é uma maneira de interpretar antecipadamente o que será e o que não será incluído no campo da percepção. A própria ação da guerra, suas práticas e seus efeitos, devem ser determinados pela perspectiva que o Departamento de Defesa organiza e permite, ilustrando assim o poder de orquestração do Estado para ratificar o que será chamado de realidade: o alcance do que vai ser percebido como existente.

A regulação da perspectiva sugere, portanto, que o enquadramento pode dirigir certos tipos de interpretação. Na minha opinião, não faz sentido aceitar a afirmação de Sontag, feita repetidas vezes em seus escritos, de que a fotografia não pode, por si só, oferecer uma interpretação, de que necessitamos de legendas e de análises escritas para complementar a imagem discreta e pontual. Segundo ela, a imagem pode apenas nos afetar, não nos munir de uma compreensão do que vemos. Mas embora Sontag esteja obviamente certa em defender a necessidade de legendas e análises, sua afirmação de que a fotografia não é em si mesma uma interpretação nos leva a outro impasse. Ela afirma que enquanto a prosa e a pintura podem ser interpretativas, a fotografia é simplesmente "seletiva", sugerindo que ela nos oferece uma "impressão" parcial da realidade: "Enquanto uma pintura, mesmo quando se equipara aos padrões fotográficos de semelhança, nunca é mais do que a manifestação de uma interpretação, uma foto nunca é menos do que o registro de uma emanação (ondas de luz refletidas pelos objetos) — um vestígio material de seu tema, de um modo que nenhuma pintura pode ser."[5]

Sontag argumentava que, embora as fotografias tenham, momentaneamente, a capacidade de nos emocionar, elas não nos permitem construir uma interpretação. Se uma fotografia é eficaz em nos informar e nos mover politicamente, isso se dá, na sua opinião, apenas porque a imagem é recebida no contexto de uma consciência política relevante. Para Sontag, as fotografias traduzem verdades em um momento dissociado; elas "aparecem fugazmente" em uma acepção benjaminiana, fornecendo, assim, apenas impressões fragmentadas ou dissociadas da realidade. Consequentemente, elas são sempre atômicas, pontuais e discretas. O que falta às fotografias é coerência narrativa, e somente essa coerência, na sua opinião, satisfaz as necessidades do entendimento (uma curiosa guinada para uma posição fundamentalmente kantiana).[6] Não obstante, embora a coerência narrativa possa ser um padrão para alguns tipos de interpretação, isso certamente não se aplica a todas as interpretações. Na verdade, para que a noção de uma "interpretação visual" não se torne paradoxal, parece importante reconhecer que, ao enquadrar a realidade, a fotografia já determinou o que será levado em conta dentro do enquadramento — e esse ato de delimitação é sem dúvida interpretativo, como o são, potencialmente, os vários efeitos de ângulo, foco, luz etc.

Na minha opinião, a interpretação não deve ser concebida restritivamente nos termos de um ato subjetivo. Na realidade, a interpretação acontece em virtude dos condicionamentos estruturadores de estilo e forma sobre a comunicabilidade do sentimento, e assim, algumas vezes, acontece contra a nossa vontade, ou mesmo a despeito dela. Por conseguinte, não se trata apenas de o fotógrafo e/ou o espectador ativa e deliberadamente interpretarem, mas de a própria fotografia se converter em uma cena estruturadora da interpretação, que pode perturbar tanto o realizador quanto o espectador. Não seria exatamente correto inverter a formulação por completo e afirmar que a fotografia nos interpreta (embora algumas fotografias, especialmente as de guerra, possam fazer isso), uma vez que essa formulação mantém a metafísica do sujeito intacta, mesmo quando inverte as posições determinadas. Ainda assim, as fotografias de fato atuam sobre nós. A questão específica que preocupava Sontag, contudo, tanto em *Sobre fotografia* quanto em *Diante da dor dos outros*, era sobre se as fotografias ainda detinham o poder — se é que o tiveram algum dia — de comunicar a dor dos outros de tal modo que os espectadores pudessem ser impelidos a mudar a sua avaliação política da guerra. Para que se comuniquem dessa maneira de forma eficaz, as fotografias devem ter uma função transitiva: devem atuar sobre os espectadores de modo que influenciem diretamente os tipos de julgamento que esses espectadores formularão sobre o mundo. Sontag admite que as fotografias são transitivas. Elas não somente retratam ou representam — elas transmitem sentimento. De fato, em tempos de guerra, essa afetividade transitiva da fotografia pode oprimir e anestesiar seus espectadores. Sontag, todavia, mostra-se menos convencida de que uma fotografia possa motivar seus espectadores a mudar de ponto de vista ou a adotar uma nova maneira de agir.

No final da década de 1970, Sontag afirmou que a imagem fotográfica tinha perdido o poder de enfurecer, de provocar. Em *Sobre fotografia*, ela alegou que a representação visual do sofrimento tinha se tornado um clichê e que, de tanto termos sido bombardeados por fotografias sensacionalistas, nossa capacidade de reagir eticamente tinha diminuído. Ao reconsiderar essa tese, 26 anos depois, em *Diante da dor dos outros*, Sontag é mais ambivalente em relação ao estatuto da fotografia, que, admite, pode e deve representar o sofrimento humano, estabelecendo através do enquadramento visual uma proximidade que nos mantém alertas para o custo humano da guerra, a fome e a destruição em lugares que podem estar geográfica e culturalmente distantes de nós. Para que possam provocar uma reação moral, as fotografias devem não somente manter a capacidade de chocar, mas também apelar para o nosso senso de obrigação moral. Embora nunca tenha considerado o "choque" algo particularmente instrutivo, Sontag lamenta que a fotografia perdeu a capacidade de provocá-lo. Em sua opinião, o choque havia se tornado uma espécie de clichê, e a fotografia contemporânea tendia a estetizar o sofrimento com o objetivo de satisfazer uma demanda consumidora, função que a tornou desfavorável à capacidade de reação ética e também à interpretação política.

Em seu último livro, Sontag ainda aponta uma falha na fotografia por não ser escrita: falta-lhe continuidade narrativa e ela permanece fatalmente associada ao momento. As fotografias não podem produzir um *pathos* ético em nós, observa ela; e quando o fazem, é apenas momentaneamente — vemos algo atroz e em seguida voltamos nossa atenção para outra coisa. O *pathos* transmitido pelas formas narrativas, ao contrário, "não se exaure". "Narrativas podem nos levar a compreender. Fotos fazem outra coisa: nos perseguem."[7] Ela está certa? Está correta ao sugerir que as narrativas não perseguem e que os fotografias não são capazes de nos fazer compreender? Na medida em que expressam sentimentos, as fotografias parecem invocar uma espécie de capacidade de reação que ameaça o único modelo de compreensão em que Sontag confia. De fato, a despeito do poder esmagador da fotografia das crianças que correm e gritam com a pele queimada por napalm durante a guerra do Vietnã (uma imagem cuja força ela reconhece), Sontag insiste que "parece mais plausível que uma narrativa demonstre uma eficácia maior do que uma imagem", no sentido de nos mobilizar efetivamente contra a guerra.[8]

É interessante que, embora as narrativas possam nos mobilizar, as fotografias sejam necessárias como provas dos crimes de guerra. Sontag argumenta que a noção contemporânea de atrocidade exige provas fotográficas: se não há provas fotográficas, não há atrocidade. Mas, se for esse o caso, então a fotografia está incorporada à noção de atrocidade, e a prova fotográfica atesta a veracidade da afirmação de atrocidade no sentido de que se tornou virtualmente obrigatória para demonstrar o fato da atrocidade, o que significa, nesse caso, que a fotografia está incluída na argumentação para corroborar a verdade, ou que não pode haver verdade sem fotografia. Sontag sem dúvida replicaria que o julgamento sobre se uma atrocidade aconteceu ou não é uma espécie de interpretação, verbal ou narrativa, que lança mão da fotografia para confirmar sua afirmação. Mas esse argumento é problemático por pelo menos duas razões: primeiro, porque a fotografia constrói a prova e, por conseguinte, a afirmação; e segundo, porque a posição de Sontag interpreta de forma equivocada a maneira pela qual a mídia não verbal ou não linguística constrói seus "argumentos". Mesmo a mais transparente das imagens de documentário está submetida a um enquadramento, e submetida a um enquadramento com um propósito, trazendo esse propósito nos limites de seu enquadramento e implementando-o através do enquadramento. Se tomarmos esse propósito como interpretativo, então pareceria que a fotografia ainda interpreta a realidade que registra, e essa dupla função é preservada mesmo quando é oferecida como "prova" de outra interpretação apresentada sob forma escrita ou verbal. Afinal de contas, mais do que simplesmente se referir a atos de atrocidade, a fotografia constrói e confirma esses atos para aqueles que os nomeariam dessa forma.

Para Sontag, existe uma espécie de cisão persistente entre ser afetado e ser capaz de pensar e de compreender, cisão representada pelos diferentes efeitos da fotografia e da prosa. Ela afirma que "um sentimento tem mais chance de se cristalizar em torno de uma foto do que de um *lema* verbal", e o sentimento pode sem dúvida se cristalizar sem afetar a nossa capacidade de compreender os acontecimentos ou de adotar um modo de agir como resposta a eles.[9] Na visão de Sontag, porém, quando o sentimento se cristaliza, ele impede o raciocínio. Ademais, o sentimento se cristaliza não em torno do acontecimento fotografado, mas em torno da imagem fotográfica em si. Na verdade, a preocupação de Sontag é que a fotografia substitua o acontecimento de tal maneira que estruture a memória de forma mais eficaz do que a compreensão ou a narrativa.[10] O problema é menos com a "perda da realidade" que isso acarreta (a fotografia ainda registra o real, mesmo que de maneira oblíqua) do que com o triunfo de um determinado sentimento sobre capacidades mais claramente cognitivas.

Para os nossos fins, contudo, precisamos considerar apenas que a imagem visual autorizada e produzida pela "cobertura comprometida", aquela que atende aos requisitos do Estado e do Departamento de Defesa, constrói uma interpretação. Podemos mesmo afirmar que aquilo que Sontag chama de "a consciência política" que motiva o fotógrafo a produzir uma fotografia condescendente é, em alguma medida, estruturada pela própria fotografia, até mesmo incluída no enquadramento. Não precisamos de uma legenda ou de uma narrativa para compreendermos que um contexto político está sendo explicitamente formulado e renovado através do e pelo enquadramento, que o enquadramento funciona não apenas como uma fronteira para a imagem, mas também estrutura a imagem em si. Se a imagem, por sua vez, estrutura a maneira pela qual registramos a realidade, então ela está associada à cena interpretativa na qual operamos. A questão da fotografia de guerra, portanto, não concerne apenas ao que ela mostra, mas também como mostra o que mostra. O "como" não apenas organiza a imagem, mas também atua no sentido de organizar nossa percepção e nosso pensamento. Se o poder do Estado tenta regular uma perspectiva que repórteres e câmeras estão lá para confirmar, então a ação da perspectiva no e como enquadramento é parte da interpretação da guerra induzida pelo Estado. A fotografia não é simplesmente uma imagem visual à espera de interpretação; ela mesma está interpretando ativamente, algumas vezes forçosamente.

Como interpretação visual, a fotografia só pode ser conduzida dentro de determinados tipos de linhas e dentro de determinados tipos de enquadramento, a menos, é claro, que o enquadramento mandatório se torne parte da história; a menos que haja uma maneira de fotografar o próprio enquadramento. Nesse ponto, a fotografia que cede seu enquadramento à interpretação consequentemente expõe a um exame crítico as restrições à interpretação da realidade. Expõe e tematiza o mecanismo de restrição e configura um ato de ver desobediente. Não se trata de se dedicar a uma hiper-reflexividade, mas de considerar que formas de poder social e estatal estão "incorporadas" no enquadramento, incluindo os regimes regulatórios estatais e militares. Essa operação de "enquadramento" mandatório e dramatúrgico raramente se torna parte do que é visto, muito menos do que é narrado. Mas, quando isso acontece, somos levados a interpretar a interpretação que nos foi imposta, transformando nossa análise em uma crítica social do poder regulador e censurador.

Se Sontag estivesse certa sobre a fotografia não ter mais o poder de nos estimular e nos enfurecer a ponto de nos fazer mudar nossas opiniões e condutas políticas, então a reação de Donald Rumsfeld diante das fotografias retratando a tortura na prisão de Abu Ghraib não teria feito sentido. Quando, por exemplo, Rumsfeld afirmou que a publicação das fotografias de tortura, humilhação e estupro permitiria que elas "nos definissem como americanos", atribuiu à fotografia um enorme poder para construir a própria identidade nacional.[11] As fotografias não mostrariam apenas algo atroz, mas fariam da nossa capacidade de cometer atrocidades um conceito definidor da identidade americana.

A fotografia de guerra recente se afasta significativamente das convenções do fotojornalismo de guerra em vigor há trinta ou quarenta anos, segundo as quais o fotógrafo ou o câmera tentariam entrar na ação por ângulos e modos de acesso procurando expor a guerra de uma maneira que nenhum governo havia planejado. Hoje o Estado atua no campo da percepção e, de forma mais geral, no campo da representabilidade, a fim de controlar a comoção, antecipando não apenas a maneira pela qual a comoção é estruturada pela interpretação, mas também como ela estrutura a interpretação. O que está em jogo é a regulação das imagens que poderiam galvanizar a oposição política a uma guerra. Refiro-me aqui mais à "representabilidade" do que à "representação", porque esse campo é estruturado pela autorização do Estado (ou melhor, o Estado busca estabelecer controle sobre ele, ainda que seu sucesso seja sempre apenas parcial). Como consequência, não podemos compreender o campo da representabilidade simplesmente examinando seus conteúdos explícitos, uma vez que ele é constituído fundamentalmente pelo que é deixado de fora, mantido fora do enquadramento dentro do qual as representações aparecem. Podemos pensar no enquadramento, então, como algo ativo, que tanto descarta como mostra, e que faz as duas coisas ao mesmo tempo, em silêncio, sem nenhum sinal visível da operação. O que surge nessas condições é um espectador que supõe estar em uma relação visual imediata (e incontestável) com a realidade.

O funcionamento do enquadramento, por meio do qual o poder estatal pratica sua dramaturgia coercitiva, não é normalmente representável, e, quando o é, corre o risco de se tornar insurrecional e, consequentemente, sujeito à punição e ao controle do Estado. Antes dos acontecimentos e das ações representados dentro do enquadramento, há uma delimitação ativa, ainda que não marcada, do próprio campo, e, assim, de um conjunto de conteúdos e perspectivas que nunca são mostrados, que não é permitido mostrar. Isso constitui o contexto não tematizado do que é representado e, portanto, um dos seus traços organizadores ausentes. Eles só podem ser abordados pela tematização da própria função delimitadora, expondo dessa forma a dramaturgia coercitiva do Estado com a colaboração daqueles que divulgam as notícias visuais da guerra de acordo com as perspectivas aceitáveis. Essa delimitação faz parte de uma operação do poder que não aparece como uma figura de opressão. Imaginar o Estado como um dramaturgo — e, por conseguinte, representar seu poder através de uma figura antropomórfica — seria um equívoco, uma vez que é essencial para sua operação permanente que esse poder não seja visto e, na verdade, não seja organizado (ou imaginado) como a ação de um sujeito. Trata-se antes precisamente de uma operação de poder não representável e, em certa medida, não intencional, cujo objetivo é delimitar o âmbito da própria representabilidade. No entanto, o fato de essa forma de poder não ser representável como um sujeito intencionado não quer dizer que ela não possa ser identificada ou mostrada. Ao contrário, o que se mostra quando ela se torna visível é o próprio aparato de encenação, os mapas que excluem certas regiões, as diretivas do Exército, o posicionamento das câmeras, as punições que estarão à espera se os protocolos de comunicação forem desrespeitados.

Mas, quando se vê o enquadramento do enquadramento, o que é que está acontecendo? Minha sugestão é que problema aqui não é apenas interno à vida da mídia, mas envolve igualmente os efeitos estruturantes que certas normas mais amplas, muitas vezes racializadoras e civilizatórias, têm sobre o que é chamado, provisoriamente, de "realidade".

Antes da publicação das fotos de Abu Ghraib, procurei relacionar três termos distintos em meu esforço para compreender a dimensão visual da guerra em relação à questão de quais vidas são lamentáveis e quais não o são. No primeiro caso, há normas, explícitas ou tácitas, que determinam quais vidas humanas contam como humanas e como vidas, e quais não contam. Essas normas são determinadas, até certo ponto, pela questão de quando e onde a perda de uma vida é passível de luto e, correlativamente, quando e onde a perda de uma vida não é passível de luto nem representável. Essa rígida formulação não pretende excluir as vidas que são, ao mesmo tempo, lamentadas e não lamentadas, que são marcadas como perdidas, porém não são plenamente reconhecíveis como perdas, como as vidas daqueles que convivem com a guerra como um cenário intangível mas persistente do cotidiano.

Essas amplas normas sociais e políticas operam de muitas formas, uma das quais envolve enquadramentos que controlam o perceptível, que exercem uma função delimitadora, colocando uma imagem em foco, com a condição de que uma porção do campo visual seja excluída. A imagem representada expressa assim sua admissibilidade no domínio da representabilidade, o que ao mesmo tempo expressa a função delimitadora do enquadramento, mesmo quando, ou precisamente porque, não o representa. Em outras palavras, a imagem, que, supostamente deveria entregar a realidade, na verdade a esconde da percepção.

No debate público sobre a baía de Guantánamo, no assédio policial aos árabes nos Estados Unidos (tanto os árabe-americanos quanto os portadores de vistos ou *green cards*) e na suspensão das liberdades civis, certas normas atuaram no sentido de determinar quem é humano e, por conseguinte, qualificado para direitos humanos — e quem não é. Implícita nesse discurso sobre a humanização está a questão do luto pela perda de uma vida: a vida de quem, se extinta, seria lamentada publicamente, e a vida de quem não deixaria ou nenhum vestígio público para ser enlutado ou apenas um vestígio parcial, confuso e enigmático? Se, como argumentei, as normas são estabelecidas por meio de enquadramentos visuais e narrativos, e o ato de enquadrar pressupõe decisões ou práticas que deixam perdas substanciais fora do enquadramento, então temos de considerar que a inclusão e a exclusão completas não são as únicas opções. Na verdade, há mortes que são parcialmente eclipsadas e parcialmente marcadas, e essa instabilidade pode perfeitamente ativar o enquadramento, que se torna ele próprio instável. A questão, portanto, não seria localizar o que está "dentro" ou "fora" do enquadramento, mas o que oscila entre essas duas localizações, e o que, excluído, fica criptografado no próprio enquadramento.

As normas e os enquadramentos constituem os dois primeiros eixos da minha análise; o terceiro e último é o próprio sofrimento. Seria um equívoco tomar esse sofrimento como exclusiva ou paradigmaticamente humano. É precisamente como animais humanos que os humanos sofrem. E, no contexto da guerra, poderíamos, e certamente deveríamos, apontar para a destruição de animais, de habitats e de outras condições para a vida sensível, aludindo aos efeitos tóxicos dos materiais de guerra sobre o ambiente e os ecossistemas naturais e à condição de muitas criaturas que podem até sobreviver, mas que foram entupidas de veneno. Não se trataria, contudo, de catalogar as formas de vida danificadas pela guerra, mas de reconceber a própria vida como um conjunto de interdependências em sua maior parte não desejadas, até mesmo relações sistêmicas, o que implica que a "ontologia" do humano não pode ser separada da "ontologia" do animal. Não se trata apenas de duas categorias que compartilham características comuns, mas também de uma coconstituição que implica a necessidade de uma reconceitualização da ontologia da própria vida.[12]

Como se opor ao sofrimento humano sem perpetuar uma forma de antropocentrismo usado tão prontamente com propósitos destrutivos? Será preciso deixar claro o que considero em que o ser o humano consiste? Proponho que consideremos a maneira pela qual "o humano" funciona como uma norma diferencial: pensemos o humano como um valor e uma morfologia que podem ser atribuídos e retirados, enaltecidos, personificados, degradados e negados, elevados e afirmados. A norma continua produzindo o paradoxo quase impossível de um humano que não é humano, ou do humano que apaga o humano como uma alteridade conhecida. Se existe o humano, existe o inumano; quando proclamamos como humano um determinado grupo de seres que anteriormente não eram considerados de fato humanos, admitimos que a reivindicação da "condição de humanidade" é uma prerrogativa mutável. Alguns humanos consideram natural sua condição de humanidade, ao passo que outros batalham para garantir o acesso a ela. O termo "humano" é constantemente duplicado, expondo a idealidade e o caráter coercitivo da norma: alguns humanos podem ser qualificados como humanos; outros, não. Quando emprego o termo na segunda dessas acepções, não estou fazendo mais do que afirmar uma vida discursiva para um humano que não encarna a norma que determina o que e quem contará como vida humana. Quando Donna Haraway pergunta se algum dia nos tornaremos humanos, está ao mesmo tempo colocando um "nós" fora da norma do humano e questionando se o humano poderá ser alcançado completamente.[13] Essa norma não é algo que devamos procurar incorporar, mas sim um diferencial de poder que devemos aprender a ler, a avaliar cultural e politicamente, e a contestar em suas operações diferenciais. No entanto, também precisamos do termo a fim de afirmá-lo precisamente onde não pode ser afirmado, e de fazer isso em nome da oposição ao diferencial do poder mediante o qual opera, como uma forma de trabalhar contra as forças de neutralização ou obliteração que nos impedem de conhecer e de reagir ao sofrimento causado, algumas vezes em nosso nome.

Se, como o filósofo Emmanuel Levinas assegura, é a face do outro que exige de nós uma resposta ética, parece então que as normas que determinariam quem é e quem não é humano nos chegam sob uma forma visual. Essas normas atuam para *mostrar um rosto* e para *apagar esse rosto*.* Por conseguinte, nossa capacidade de reagir com indignação, antagonismo e crítica dependerá, em parte, de como a norma diferencial do humano é comunicada através dos enquadramentos visuais e discursivos. Existem maneiras de enquadrar que mostram o humano em sua fragilidade e precariedade, que nos permitem defender o valor e a dignidade da vida humana, reagir com indignação quando vidas são degradadas ou dilaceradas sem que se leve em conta seu valor enquanto vidas. E há enquadramentos que impedem a capacidade de resposta, nos quais essa atividade de impedimento é realizada pelo próprio enquadramento efetiva e repetidamente — sua própria ação negativa, por assim dizer, sobre o que não será expli-

---

*A autora faz um jogo de palavras em inglês entre *give face* e *efface* de difícil reprodução em outras línguas. Optamos por usar rosto, por ser a terminologia usada nas traduções das obras do filósofo Emmanuel Levinas, a quem Butler se refere. (*N. dos T.*)

citamente representado. A existência de enquadramentos alternativos que permitam outro tipo de conteúdo talvez comunicasse um sofrimento que poderia levar a uma alteração de nossa avaliação política das guerras em curso. Para que as fotografias se comuniquem dessa maneira, elas devem ter uma função transitiva, que nos torne suscetíveis a uma capacidade de resposta ética.

Como as normas que determinam que vidas serão consideradas humanas tomam parte nos enquadramentos através dos quais o discurso e a representação visual vão adiante, e como, por sua vez, eles delimitam ou articulam nossa capacidade de resposta ética ao sofrimento? Não estou sugerindo que essas normas determinem nossas respostas, de modo que estas sejam reduzidas a efeitos behavioristas de uma cultura visual monstruosamente poderosa. Estou sugerindo apenas que a maneira pela qual essas normas atuam nos enquadramentos e nos circuitos mais amplos de comunicabilidade é vigorosamente contestável precisamente porque a regulação efetiva do sentimento, da indignação e da resposta ética está em jogo.

Estou sugerindo que as fotografias de Abu Ghraib não embotam nossos sentidos nem determinam uma resposta em particular. Isso tem a ver com o fato de que elas não ocupam um tempo único nem um espaço específico. Elas são exibidas repetidas vezes, transpostas de um contexto para outro, e essa história de seu sucessivo enquadramento e sua sucessiva recepção condiciona, sem determinar, os tipos de interpretações públicas da tortura que temos.

Particularmente, as normas que regem o "humano" são transmitidas e revogadas mediante a divulgação dessas fotos; não são tematizadas como tais, mas atuam como intermediárias no encontro dos espectadores do Primeiro Mundo que querem entender "o que aconteceu ali" com esse "rastro" visual do humano sob condição de tortura. Esse rastro não nos diz o que é o humano, mas nos fornece provas de que ocorreu uma quebra da norma que rege o tema dos direitos e que algo chamado "humanidade" está ameaçado. A fotografia não pode restituir a integridade ao corpo que registra. O rastro visual não equivale, certamente, à plena restituição da humanidade da vítima, por mais que isso seja obviamente desejável. A fotografia, exibida e colocada em circulação, torna-se a condição pública mediante a qual nos indignamos e construímos nossas visões políticas para incorporar e articular a indignação.

Descobri que os últimos textos publicados de Susan Sontag são uma boa companhia enquanto reflito sobre o que as fotos de tortura são e o que elas fazem, incluindo tanto o livro *Diante da dor dos outros* quanto o texto "Regarding the Torture of Others" ["Diante da tortura dos outros"], veiculado na internet e publicado no *New York Times* após a divulgação das fotografias de Abu Ghraib.[14] As fotos mostravam brutalidade, humilhação, estupro, assassinato, e, nesse sentido, constituíam uma clara evidência representacional dos crimes de guerra. Elas serviram a muitos propósitos, inclusive como provas testemunhais contra aqueles que aparecem nelas cometendo

atos de tortura e humilhação. Também se tornaram emble-
máticas da maneira pela qual o governo norte-americano,
aliado à Grã-Bretanha, desrespeitou as Convenções de
Genebra, em particular os protocolos que se referem ao
tratamento justo aos prisioneiros de guerra. Nos meses de
abril e maio de 2004, ficou rapidamente claro que havia
um padrão comum, subjacente a todas as fotografias, e
que, como a Cruz Vermelha havia afirmado durante muitos meses antes de o escândalo irromper, os prisioneiros
sofriam maus-tratos sistemáticos no Iraque, equiparáveis
aos maus-tratos sofridos pelos presos em Guantánamo.[15]
Só mais tarde ficou evidente que os protocolos elaborados
para Guantánamo haviam sido utilizados pelos militares
em Abu Ghraib, e que ambos os conjuntos de protocolos
ignoravam os Acordos de Genebra. A questão de as autoridades governamentais chamarem de "maus-tratos" ou de
"tortura" o que era mostrado nas fotos sugere que já havia
uma relação com as leis internacionais em curso; os maus-
-tratos podem ser punidos por procedimentos disciplinares
das forças armadas, mas a tortura é um crime de guerra,
e, como tal, competência das cortes internacionais. Eles
não colocaram em questão se as fotografias eram reais, se
elas registravam algo que tinha efetivamente acontecido.
Estabelecer a referencialidade das fotografias não era, contudo, suficiente. As fotos não são apenas mostradas, são
também nomeadas; a forma como são mostradas, o modo
como são enquadradas e as palavras usadas para descrever
o que é mostrado atuam em conjunto para produzir uma
matriz interpretativa para aquilo que é visto.

Antes de tecermos breves considerações sobre as condições em que foram publicadas e a forma como se tornaram públicas, porém, consideremos como o enquadramento atua para estabelecer uma relação entre o fotógrafo, a câmera e a cena. As fotos descrevem ou representam uma cena, a imagem visual preservada dentro do enquadramento fotográfico. O enquadramento, porém, pertence também a uma câmera que está situada espacialmente no campo de visão e que, portanto, não aparece dentro da imagem, embora funcione como precondição tecnológica da imagem, e é indicado indiretamente pela câmera. Embora esteja fora do enquadramento, a câmera está claramente "na" cena, como seu exterior constitutivo. Quando fotografar esses atos de tortura se torna um tema de debate público, a cena da fotografia é ampliada. A cena passa a ser não apenas a localização espacial e o cenário social da própria prisão, mas a esfera social na qual a fotografia é mostrada, vista, censurada, publicada, discutida e debatida como um todo. Podemos, então, afirmar que a cena da fotografia mudou no decorrer do tempo.

Observemos algumas coisas sobre essa cena ampliada, na qual a prova visual e a interpretação discursiva atuam uma contra a outra. Havia "notícias" porque havia fotos, as fotos reivindicavam um estatuto de representação e viajaram para além do local onde foram originalmente tiradas, o local mostrado nas próprias fotos. Por um lado, são referenciais; por outro, mudam de significado dependendo do contexto em que são mostradas e do propósito com o qual são invocadas. As fotos foram publicadas na internet e nos jornais, mas em ambos os casos foram feitas seleções dos cenários: algumas fotos foram mostradas, outras não; algumas eram grandes, outras pequenas. A revista *Newsweek* manteve em seu poder, por muito tempo, diversas fotos que se negou a publicar, sob a alegação de que não seria "útil" publicá-las. Útil para qual propósito? Evidentemente, a revista queria dizer "útil para o esforço de guerra" — certamente não queria dizer "útil para os indivíduos que requerem acesso livre às informações sobre a guerra em andamento a fim de estabelecer princípios de responsabilidade e formar pontos de vista políticos sobre ela". Ao restringir o que podemos ver, o governo e a mídia também não estão limitando os tipos de provas que o público tem à sua disposição para fazer julgamentos sobre a conveniência e o curso da guerra? Se, como afirma Sontag, a noção contemporânea de atrocidade exige provas fotográficas, então a única maneira de confirmar que a tortura foi praticada é apresentando essas provas, de forma que as provas constituem o fenômeno. Ainda assim, no enquadramento dos procedimentos jurídicos potenciais ou reais, a fotografia já está enquadrada no discurso da lei e da verdade.

Nos Estados Unidos, o grande interesse pelas fotografias em si pareceu substituir grande parte da reação política. A fotografia de Lynndie England com uma corda em torno da cabeça de um homem ocupou a primeira página do *New York Times*; já outros jornais a relegaram às páginas internas, dependendo de sua intenção de fazer uma edição mais ou menos incendiária. No âmbito do processo jurídico militar, a foto é considerada prova dentro de um enquadramento dos procedimentos legais potenciais ou efetivos e já está enquadrada no discurso da lei e da verdade. A foto pressupõe um fotógrafo, alguém que nunca aparece no enquadramento. A questão da culpa ficou restrita à questão jurídica de quem cometeu os atos, ou quem era, em última instância, o responsável por aqueles que os cometeram. E os processos judiciais se limitaram aos casos que receberam mais publicidade.

A questão de quem tirou as fotos e do que pode ser inferido com base em sua relação espacial oculta com as próprias imagens levou algum tempo até ser abordada.[16] As fotos foram tiradas com o intuito de expor os maus-tratos ou para se vangloriar, no espírito do triunfalismo americano? Tirar as fotos era uma maneira de participar do acontecimento, e, em caso afirmativo, de que modo? Aparentemente as fotos foram tiradas como registros para arquivo, produzindo, como afirmou o *Guardian*, uma pornografia do acontecimento[17] — mas em determinado ponto alguém, ou talvez várias pessoas, conscientes agora da possibilidade de uma investigação, se deu conta de que havia algo errado no que as fotos retratavam. Pode ser que os fotógrafos tenham sido ambivalentes na ocasião em que tiraram as fotos ou que tenham ficado ambivalentes em retrospecto; pode ser que eles tenham se regozijado com as cenas sádicas de tal modo que mereceria uma explicação psicológica. Embora eu não duvide da importância da psicologia para entender esse comportamento, não acho que ela deva ser usada para reduzir a tortura exclusivamente a atos individuais patológicos. Como, nessas fotografias, somos claramente confrontados com uma cena de grupo, precisamos de algo mais no sentido de uma psicologia do comportamento grupal, ou, melhor ainda, de uma análise de como as normas de guerra neutralizaram, nesse caso, relações moralmente significativas com a violência e a condição de violável. E como estamos falando também de uma situação política específica, qualquer esforço para reduzir os atos apenas a psicologias individuais nos levaria de volta a problemas familiares sobre a noção do indivíduo ou da pessoa concebidos como matriz causal para a compreensão dos acontecimentos. Considerar a dinâmica estrutural e espacial da fotografia oferece um ponto de partida alternativo para compreender como as normas da guerra operam nesses acontecimentos e mesmo como os indivíduos são absorvidos por essas normas e, por sua vez, as absorvem.

O fotógrafo está registrando uma imagem visual da cena, abordando-a através de uma lente diante da qual aqueles envolvidos na tortura e em sua repercussão triunfal também se posicionaram e posaram. A relação entre o fotógrafo e o fotografado acontece por intermédio do enquadramento. O enquadramento permite, orquestra e medeia essa relação. E embora os fotógrafos em Abu Ghraib não tivessem autorização do Departamento de Defesa para tirar as fotos, talvez sua perspectiva também possa ser considerada, acertadamente, uma forma de cobertura comprometida. Afinal, sua perspectiva em relação ao chamado inimigo não era idiossincrática, mas compartilhada — e tão amplamente compartilhada, ao que parece, que praticamente não cabia pensar que pudesse haver algo impróprio naquilo. Podemos dizer que esses fotógrafos não apenas reiteraram e confirmaram certa prática de destruir as normas e práticas culturais islâmicas, mas também que concordaram com — e articularam — as amplamente compartilhadas normas sociais da guerra?

Então quais são as normas que os soldados e os agentes da segurança, diligentemente recrutados de firmas privadas contratadas para supervisionar as prisões nos Estados Unidos, seguiram para agir como agiram? E quais são as normas inerentes ao enquadramento ativo operado pela câmera, já que formam a base do texto cultural e político em questão aqui? Se a fotografia não apenas retrata, como também constrói e amplia o acontecimento — pode-se dizer que a fotografia reitera e dá continuidade ao acontecimento —, então, estritamente falando, ela não é posterior ao acontecimento, mas sim se torna crucial para sua produção, sua legibilidade, sua ilegibilidade e seu próprio estatuto como realidade. Talvez a câmera promova uma crueldade festiva: "Ah, que bom, a câmera está aqui: vamos começar com a tortura para que a fotografia possa captar e celebrar nosso ato!" Nesse caso, a fotografia já está em ação, incitando, enquadrando e orquestrando o ato, ao mesmo tempo que capta o ato no momento de sua consumação.

A tarefa, de certo modo, é compreender a operação de uma norma que circunscreve uma realidade cujo funcionamento se dá pelo próprio enquadramento. Ainda temos, contudo, de entender esse enquadramento, esses enquadramentos, de onde eles vêm e que tipo de ação realizam. Considerando que há mais de um fotógrafo, e que não podemos discernir claramente sua motivação com base nas fotos que estão disponíveis, só nos resta ler a cena de outra maneira. Podemos afirmar, com alguma convicção, que o fotógrafo está captando ou registrando o acontecimento, mas isso só levanta a questão do espectador implícito. Pode ser que ele ou ela registre o acontecimento com o intuito de reproduzir as imagens para aqueles que estão perpetrando a tortura, de modo que possam desfrutar do reflexo de suas ações na câmera digital e divulgar rapidamente sua realização. As fotos podem também ser entendidas como um tipo de prova, concebida como prova de que apenas uma punição justa estava sendo administrada. Como ação, tirar uma fotografia não é sempre anterior ao acontecimento nem sempre posterior a ele. A fotografia é uma espécie de promessa de que o acontecimento vai continuar; na verdade, ela é exatamente essa continuação, que produz um equívoco no nível da temporalidade do acontecimento. Essas ações aconteceram? Continuam acontecendo? A fotografia dará continuidade ao acontecimento no futuro?

Aparentemente fotografar uma cena é uma maneira de contribuir para ela, dotando-a de um reflexo visual e de uma documentação, conferindo-lhe, em certo sentido, o estatuto de história. A fotografia, ou, melhor dizendo, o fotógrafo contribui para a cena? Atua sobre a cena? Intervém na cena? A fotografia tem uma relação com a intervenção, mas fotografar não é o mesmo que intervir. Há fotos de corpos amarrados uns aos outros, de indivíduos mortos, de felações forçadas, de degradação desumanizadora, e todas elas foram tiradas livremente. O campo de visão é desobstruído. Ninguém é visto se jogando na frente da câmera para interceptar a visão. Ninguém está algemando o fotógrafo ou colocando-o na cadeia por participar de um crime. Isso é tortura em plano aberto, diante da câmera, até mesmo *para* a câmera. Trata-se da ação centralizada, com os torturadores com frequência voltando-se para a câmera a fim de se certificarem de que seu rosto está sendo mostrado, mesmo quando os rostos dos torturados estão, na maior parte, cobertos. A própria câmera está sem mordaça, sem amarras, e assim ocupa e referencia a zona de segurança que cerca e apoia os torturadores na cena. Não sabemos quanto da tortura foi conscientemente realizado para a câmera, como uma maneira de mostrar o que os Estados Unidos podem fazer, como um sinal de seu triunfalismo militar, demonstrando sua capacidade de levar a cabo uma completa degradação do suposto inimigo, em um esforço para vencer o choque de civilizações e sujeitar os bárbaros ostensivos à nossa missão civilizatória, que, como podemos ver, livrou-se tão magnificamente de seu próprio barbarismo. À medida, porém, que a fotografia comunica, potencialmente, a cena aos jornais e às outras mídias, a tortura é dirigida, de certa forma, *para* a câmera;

seu objetivo, desde o início, é ser comunicada. Sua própria perspectiva é em plano aberto, e a pessoa que opera a câmera é referenciada pelos sorrisos que os torturadores lhe dirigem, como se dissessem: "Obrigado por tirar minha foto, obrigado por imortalizar meu triunfo." Há ainda a questão de saber se as fotografias foram mostradas àqueles que ainda poderiam ser torturados, como uma advertência e uma ameaça. Está claro que foram utilizadas para chantagear os retratados com a ameaça de que suas famílias veriam sua humilhação e seu constrangimento, especialmente o constrangimento sexual.

A fotografia retrata; ela tem uma função representacional e referencial. Mas pelo menos duas questões derivam daí. A primeira tem a ver com o que a função referencial faz, além de simplesmente direcionar: que outras funções ela tem? Que outros efeitos produz? A segunda, de que tratarei em seguida, tem a ver com o alcance do que é representado. Se a foto representa a realidade, que realidade é essa representada? E como o enquadramento circunscreve o que será chamado de realidade nesse caso?

Se devemos identificar os crimes de guerra no âmbito da conduta da guerra, então o próprio "negócio da guerra" é aparentemente distinto do crime de guerra (não podemos, dentro desse enquadramento, falar do "crime de guerra"). Mas e se os crimes de guerra são equivalentes a uma concretização das próprias normas que servem para legitimar a guerra? As fotos de Abu Ghraib são certamente referenciais, mas podemos dizer de que maneira elas não apenas registram as normas de guerra, mas também acabam constituindo o emblema visual da guerra no Iraque? Quando o negócio da guerra está sujeito à onipresença de câmeras dispersas, o tempo e o espaço podem ser relatados e registrados ao acaso, e as perspectivas futuras e externas acabam tornando-se inerentes à própria cena. A eficácia da câmera, porém, funciona ao longo de uma trajetória temporal distinta da cronologia que registra. O arquivo visual circula. A função "data" da câmera pode especificar precisamente quando se deu o acontecimento, mas a circulação indefinida da imagem permite que o acontecimento continue a suceder, que, na verdade, graças a essas imagens, o acontecimento nunca parou de ocorrer.

Era difícil compreender a proliferação das imagens, mas parecia coincidir com uma proliferação de atos, um frenesi de fotografias. Não só há certo prazer envolvido nas cenas de tortura, algo que devemos considerar, mas também um prazer, ou talvez uma compulsão, envolvido no próprio ato de tirar as fotografias. Por que outro motivo elas seriam tão numerosas? A historiadora Joanna Bourke, professora na Birkbeck College e autora de um livro sobre a história do estupro, escreveu um artigo na edição do *Guardian* de 7 de maio de 2003 intitulado "Torture as Pornography" ["A tortura como pornografia"].[18] Bourke usa "pornografia" como uma categoria explicativa para esclarecer o papel da câmera como um ator na cena. Ela observa, de modo muito perspicaz, que se percebe certa exultação no fotógrafo, apesar de, como não há imagens dele, ela tirar suas conclusões levando em consideração as fotografias, seu número e as circunstâncias em que foram tiradas:

> As pessoas que tiram as fotografias exultam diante das partes genitais de suas vítimas. Não há nenhuma confusão moral aqui: os fotógrafos não parecem ter consciência de que estão registrando um crime de guerra. Não há nenhuma sugestão de que estejam documentando algo particularmente distorcido em termos morais. Para as pessoas atrás da câmera, a estética da pornografia as protege de qualquer culpa.[19]

Enfim, pode ser que soe um pouco estranho, mas, na minha percepção, a despeito do que Bourke argumenta, o problema com as fotos *não* é que alguém esteja exultando com as partes genitais de outra pessoa. Vamos admitir que todos nós fazemos isso em algum momento e que não há nada particularmente condenável nisso, e que pode ser precisamente o que se tem de fazer para se divertir. O que é obviamente censurável, contudo, é o uso da coerção e a exploração de atos sexuais a serviço da humilhação e da degradação de outro ser humano. A distinção é, sem dúvida, crucial, pois a primeira objeção considera a sexualidade do intercâmbio um problema, ao passo que a segunda objeção identifica o problema na natureza coercitiva dos atos sexuais. Esse equívoco foi agravado quando o presidente Bush saiu da sala de audiências do Senado depois de ter visto algumas dessas fotografias. Quando lhe perguntaram sobre a sua reação, ele respondeu "é repugnante", sem deixar claro se estava se referindo aos atos homossexuais de sodomia e felação ou às condições e aos efeitos fisicamente coercitivos e psicologicamente degradantes da própria tortura.[20] Na verdade, se o que achou "repugnante" foram os atos homossexuais, então ele claramente passou por cima da questão da tortura, permitindo que sua repulsa e seu moralismo sexual assumissem o lugar de uma objeção ética. Porém, se foi a tortura que lhe pareceu repugnante, então por que ele usou essa palavra em vez de *errado* ou *condenável* ou *criminoso*? A palavra "repugnante" mantém o equívoco intacto, deixando duas questões problematicamente interligadas: de um lado, atos homossexuais e, de outro, a tortura física e sexual.

De algumas maneiras, qualificar essas fotografias como pornografia parece ser um erro categorial similar. As conjecturas de Bourke sobre a psicologia do fotógrafo são interessantes, e sem dúvida há certa mistura de crueldade e prazer sobre a qual devemos refletir.[21] Mas que decisão devemos tomar a respeito dessa questão? Não devemos nos perguntar por que estamos propensos a acreditar que essas disposições afetivas são os operadores das motivações que nos permitem abordar criticamente a questão da fotografia e da tortura? Como a consciência do fotógrafo de que está registrando um crime de guerra apareceria nos termos da própria fotografia? Uma coisa é afirmar que parte do que é registrado é estupro e tortura, outra é dizer que o meio de representação é pornográfico. Meu temor é que o velho deslize da pornografia para o estupro reapareça aqui sem ser analisado. A opinião de que a pornografia motiva ou incita o estupro, que está ligada de forma causal ao estupro (aqueles que a veem acabam fazendo isso), e que o que acontece no nível do corpo no estupro acontece no nível da representação na pornografia.[22]

Não parece haver sentido que as fotografias, na ocasião em que foram tiradas, estivessem atuando como um instrumento de indagação moral, denúncia política ou investigação legal. Os soldados e os agentes de segurança fotografados estão claramente à vontade com a câmera, chegam mesmo a brincar com ela, e, embora eu tenha sugerido que possa haver um elemento de triunfalismo, a própria Bourke afirma que as fotografias funcionam como *recordações*. Ela argumenta, mais adiante, que os maus-tratos são realizados para a câmera, e é essa tese — que eu compartilho com cautela — que a leva a uma conclusão com a qual discordo. Seu argumento é que os maus-tratos são executados *pela* câmera, o que a leva a concluir que as imagens são pornográficas, proporcionando prazer para o fotógrafo diante da visão do sofrimento e, imagino, para o consumidor dessas imagens. O que vem à tona no meio desse argumento consistente é a suposição de que a pornografia é fundamentalmente definida por certo prazer visual proporcionado pela visão do sofrimento e da tortura de um humano ou de um animal. Assim, se o prazer reside na visão, e se há prazer diante do sofrimento retratado, então a tortura é o efeito da câmera, e a câmera — ou melhor, seu olhar pornográfico — é a causa da cena do sofrimento. Na prática, a câmera converte-se no torturador. Algumas vezes, Bourke se refere aos "perpetradores nessas fotografias", mas outras vezes parece que a fotografia e o fotógrafo são os perpetradores.[23] Ambas as possibilidades podem ser verdadeiras em certo sentido, mas o problema ético se torna mais difícil quando, ao final do seu instigante artigo, ela afirma que "essas imagens pornográficas eliminaram o pouco de força que restava na retórica humanitária acerca da guerra".[24] Acho que ela quer dizer que as imagens desmentem as justificativas humanitárias para a guerra. Isso pode perfeitamente ser verdade em alguns casos, mas ela não diz exatamente por que é verdade. É como se o problema não fosse o que as imagens retratam — tortura, estupro, humilhação, assassinato —, mas sim a suposta pornografia da imagem, pornografia definida como o prazer experimentado pela visão da degradação humana e pela erotização dessa degradação.

Essa definição de pornografia esvazia as fotografias da brutalidade específica das cenas capturadas. Há exemplos de mulheres torturando homens, de homens e mulheres forçando mulheres iraquianas, mulheres muçulmanas, a desnudar os seios, e homens iraquianos, homens muçulmanos, a perpetrar atos homossexuais ou a se masturbarem. O torturador sabe que isso causará vergonha ao torturado; a fotografia aumenta a vergonha, oferece um reflexo do ato a quem se vê obrigado a cometê-lo; ameaça levar o ato ao conhecimento público e, consequentemente, à execração pública. Por outro lado, parece que os soldados americanos exploram a proibição islâmica em relação à nudez, à homossexualidade e à masturbação com o intuito de destruir o tecido cultural que mantém intacta a integridade dessas pessoas. Mas os soldados têm seus próprios sentimentos de vergonha e medo ligados ao erotismo, misturados com a agressão de maneiras muito distintas. Por que, por exemplo, tanto na primeira quanto na segunda guerra do Golfo foram lançados mísseis contra o Iraque nos quais os soldados americanos escreveram "enfiem no cu"? Nesse roteiro, o bombardeio, a mutilação e a morte de iraquianos são representados através da sodomia, uma sodomia que se supõe que vá infligir a vergonha ostensiva àqueles que são bombardeados. Mas o que isso diz inadvertidamente sobre os agressores, esses que "ejaculam" os mísseis? Afinal, são necessárias duas pessoas para se cometer um ato de sodomia, o que sugere que os soldados asseguram seus lugares na cena fantasiada na posição ativa e penetrante, posição que não os torna menos homossexuais por estarem por cima. O fato de o ato figurar como assassinato, porém, sugere que ele está plenamente integrado em um circuito agressivo que explora a vergonha da sexualidade, convertendo seu prazer em uma forma sádica bruta. O fato de os guardas das prisões americanas persistirem nessa fantasia, coagindo seus prisioneiros a atos de sodomia, sugere que a homossexualidade é equiparada à destruição da pessoa, mesmo que fique claro nesses casos que é a tortura a responsável por essa destruição. Paradoxalmente, essa pode ser uma situação em que o tabu islâmico contra os atos homossexuais atue em perfeito acordo com a homofobia existente entre os militares americanos. A cena de tortura que inclui atos homossexuais sob coerção, e busca destruir a condição de pessoa por meio dessa coerção, presume que a homossexualidade representa para ambos, torturador e torturado, a destruição do próprio ser. Obrigar a cometer atos homossexuais teria, assim, o significado de impor violentamente essa destruição. O problema, evidentemente, é que os soldados americanos procuram externalizar essa verdade coagindo outros a perpetrar esses atos, mas tanto as testemunhas, os fotógrafos, quanto aqueles que organizam a cena de tortura compartilham do prazer, exibindo esse mesmo prazer que eles também degradam, quando exigem ver a cena que coercitivamente representaram repetidas vezes. Além disso, o torturador, embora considere a homossexualidade degradante, só pode atuar envolvendo-se em uma versão de homossexualidade na qual se coloca "por cima", como aquele que apenas penetra e que, por coerção, exige que essa penetrabilidade esteja localizada no corpo do torturado. Na verdade, a penetração forçada é um modo de "localizar" essa penetrabilidade permanentemente em outro lugar.

Obviamente Bourke tem razão quando afirma que esse tipo de prazer está presente nas fotos e nas cenas que elas retratam, mas estaremos incorrendo em erro se insistirmos que a "pornografia" da foto é a culpada. Afinal de contas, parte do que tem de ser explicado é a excitação da foto, a proliferação das imagens, a relação entre os atos fotografados e os meios pelos quais essa representação fotográfica tem lugar. De fato parece haver frenesi e excitação, mas certamente também uma sexualização do ato de ver e fotografar que é distinta da sexualização da cena apresentada, embora atue em conjunto com ela. O problema aqui não é, contudo, a prática da visão erotizada, mas sim a indiferença moral da fotografia somada ao seu investimento na continuação e na reiteração da cena como um ícone visual. Não queremos, porém, que a tecnologia da câmera, a digitalização, ou o olhar pornográfico sejam, no final das contas, responsáveis por essas ações. A tortura pode perfeitamente ter sido incitada pela presença da câmera e continuada na expectativa da câmera, mas isso não significa que a câmera ou a "pornografia" sejam sua causa. A pornografia, afinal, tem muitas versões não violentas e diversos gêneros que são claramente "convencionais" na melhor das hipóteses e cujo pior delito parece ser sua incapacidade de oferecer um enredo criativo.

Tudo isso coloca uma questão importante sobre a relação entre a câmera e a capacidade de resposta ética. Parece claro que essas imagens foram colocadas em circulação, usufruídas, consumidas e comunicadas sem que fossem acompanhadas de qualquer senso de indignação moral. Como essa particular banalização do mal aconteceu, e por que as fotos não foram capazes de provocar alarme, ou só o fizeram demasiadamente tarde, ou ainda se tornaram alarmantes apenas para quem estava fora dos cenários da guerra ou da prisão são sem dúvida perguntas cruciais que não podem deixar de ser feitas. Era de se esperar que a fotografia nos alertasse imediatamente para o abominável sofrimento humano na cena, contudo, ela não provoca nenhuma reação moral mágica desse tipo. Da mesma forma, a fotografia não pode ser equiparada ao torturador, mesmo que incite a brutalidade. As fotos funcionaram de várias maneiras: como uma incitação da brutalidade dentro da própria prisão, como uma ameaça de vergonha para os prisioneiros, como registro de um crime de guerra, como uma declaração da inaceitabilidade radical da tortura, e como um trabalho documental e arquivístico publicado na internet e exibido em museus nos Estados Unidos, inclusive em galerias e espaços públicos em diversas localidades.[25] As fotos claramente viajaram para fora da cena original, deixaram as mãos do fotógrafo ou voltaram-se contra ele, talvez tenham até mesmo aniquilado seu prazer. Isso deu origem a um olhar diferente daquele que pediria a repetição da cena, então provavelmente precisamos aceitar que a fotografia nem tortura nem liberta, mas pode ser instrumentalizada em direções radicalmente diferentes, dependendo de como é enquadrada discursivamente e através de que modalidade de apresentação midiática é exibida.

Uma realidade que vemos nessas fotos é a de regras que estão sendo ignoradas ou desrespeitadas. Assim, as fotografias funcionam, em parte, como uma maneira de registrar certa ausência de lei. Que importância tem o fato de as regras que foram usadas para implantar uma determinada política em Abu Ghraib terem sido originariamente concebidas para Guantánamo? Em

Guantánamo, os Estados Unidos alegaram não estar submetidos às Convenções de Genebra, e no Iraque fica claro que, embora legalmente submetidos àquelas convenções, os Estados Unidos desobedeceram aos padrões estipulados por elas no tratamento dado aos prisioneiros iraquianos. O artifício jurídico com base no qual os Estados Unidos alegaram que os prisioneiros de Camp Delta não tinham direito à proteção das Convenções de Genebra é o que institui a crença de que esses prisioneiros são menos que humanos. São considerados inimigos do Estado, mas também não são conceitualizáveis em termos das normas civilizacionais e raciais segundo as quais o humano é constituído. Nesse sentido, seu estatuto de menos que humanos não só é pressuposto pela tortura, mas também reinstituído por ela. E aqui temos de ver, como Adorno nos advertiu, que a violência praticada em nome da civilização revela seu próprio caráter bárbaro quando "justifica" sua própria violência presumindo a sub-humanidade bárbara do outro contra o qual essa violência é perpetrada.[26]

A análise do enquadramento é, evidentemente, obstruída pelo problema de que o espectador presumido está "fora" do enquadramento, está "aqui", em um contexto de Primeiro Mundo, e que aqueles que são retratados permanecem sem nome e desconhecidos. Dessa maneira, a crítica que venho fazendo continua desse lado da divisão visual, oferecendo uma crítica de Primeiro Mundo do consumo visual de Primeiro Mundo, ou oferecendo uma ética e uma política de Primeiro Mundo que exigiriam uma resposta indignada e informada da parte daqueles cujo governo perpetra ou permite essa tortura. E o problema é claramente agravado pelo fato de que a revista eletrônica *Salon* – que publicou o conjunto mais abrangente de fotografias (mais de mil) em fevereiro e março de 2006 —, foi obrigada, pela legislação internacional, a proteger a privacidade das vítimas de crimes de guerra. Pode ser que o material recebido e publicado pela *Salon* tenha sido o mesmo que foi objeto de várias batalhas legais com o Departamento de Defesa, mas, mesmo que algumas imagens estejam faltando, o número é extenso. Os arquivos, vazados do Comando de Investigação Criminal do Exército americano, incluíam 1.325 imagens e 93 vídeos, embora esses números não representem, obviamente, a soma total da tortura. Como a jornalista Joan Walsh observou em 2006, "esse conjunto de imagens de Abu Ghraib é apenas uma amostra das táticas sistemáticas empregadas pelos Estados Unidos durante mais de quatro anos de guerra global ao terror".[27]

A Salon investigou as "legendas" que o Exército americano usou para identificar as diversas cenas de tortura em Abu Ghraib e elas tiveram que ser refeitas por que, aparentemente, incluíam nomes escritos de forma errada e muitas imprecisões nos registros de hora e lugar. Como a "realidade" dos acontecimentos não ficava imediatamente clara com base apenas nas imagens, a "linha do tempo" teve de ser recomposta retrospectivamente para que se pudesse entender a evolução e o caráter sistemático da própria tortura. A tarefa de reconstruir, ou na verdade restituir, a "humanidade" das vítimas foi ainda mais difícil, uma vez que os rostos, quando não estavam cobertos como parte do ato da tortura, tiveram de ser deliberadamente obscurecidos para proteger a privacidade das vítimas. O que chegou a nós são fotos de pessoas que, em sua maioria, não têm rosto nem nome. Será que poderemos, não obstante, afirmar que o rosto obscurecido e a ausência do nome funcionam como rastro visual — mesmo que sejam uma lacuna no campo visível — da própria marca da humanidade? Esse é um rastro, uma marca não registrada através de uma norma, mas pelos fragmentos que seguem o rastro de uma revogação do que é normativamente humano. Em outras palavras, os humanos que foram torturados não se ajustam facilmente a uma identidade visual, corporal ou socialmente reconhecível; sua obliteração e sua rasura tornam-se o sinal persistente de seu sofrimento e de sua humanidade.[28]

Não se trata de substituir um conjunto de normas idealizadas para compreender o "humano" por outro, mas sim compreender os exemplos em que a norma destrói seu exemplo, quando a vida humana — uma animalidade humana — excede e resiste à norma do humano. Quando falamos de "humanidade" em um contexto como esse, estamos nos referindo àquele duplo ou àquele traço do que é humano que confunde a norma do humano ou que, alternativamente, procura escapar de sua violência. Quando o "humano" tenta ordenar suas instâncias, emerge certa incomensurabilidade entre a norma e a vida que procura organizar. Podemos dar um nome a esse hiato? Devemos

nomeá-lo? Não será esse a cena em que uma vida é apreendida sem que antes tenha sido ordenada pelas normas
do reconhecimento?

Os nomes das vítimas não estão incluídos nas legendas,
mas os nomes dos agressores estão. Devemos lamentar
a ausência de nomes? Sim e não. Conhecê-los é e não é
direito nosso. Poderíamos pensar que nossas normas de
humanização exigem um nome e um rosto, mas talvez o
"rosto" atue sobre nós precisamente através daquilo que
o encobre, ou como aquilo que o encobre; nas e através
das formas pelas quais é subsequentemente obscurecido.
Nesse sentido, não nos cabe conhecer o rosto e o nome, e
afirmar esse limite cognitivo é uma maneira de afirmar a
humanidade que escapou ao controle visual da fotografia.
Expor ainda mais a vítima seria reiterar o crime, razão pela
qual a tarefa seria uma documentação completa dos atos
do torturador, assim como uma documentação completa
daqueles que expuseram, disseminaram e publicaram o escândalo, tudo isso, porém, sem intensificar a "exposição"
da vítima, por meios discursivos ou visuais.

Quando as fotos foram exibidas no International Center
for Photography, em Nova York, como parte de uma
exposição com curadoria de Brian Wallis, não foram os
fotógrafos que receberam crédito pelas fotos, mas sim
as primeiras agências de notícias que concordaram em
publicá-las. É importante observar que foi a publicação
das fotos que as levou ao domínio público, tornando-as
objetos de investigação. O fotógrafo não recebeu nenhum
crédito por isso; na realidade, embora não fotografado,

permanece parte da cena publicada, expondo assim sua clara cumplicidade. Nesse sentido, a exposição das fotografias com legendas e comentários sobre a história de sua publicação e recepção converte-se numa maneira de expor e combater o circuito fechado da troca triunfalista e sádica que configurou a cena original da fotografia em si. Essa cena torna-se agora o objeto, e nós, mais do que dirigidos pelo enquadramento, somos dirigidos para ele com uma capacidade crítica renovada.

Embora possamos ficar chocados com essas fotografias, não é o choque que, no final das contas, nos informa. No último capítulo de *Diante da dor dos outros*, Sontag procura refutar sua análise anterior da fotografia. Em um protesto emocionado, quase exasperado, que parece muito diferente de seu usual racionalismo contido, Sontag observa: "Deixemos que as imagens atrozes nos persigam."[29] Se antes ela reduzia o poder da fotografia àquele de meramente incutir em nós seus efeitos perturbadores (ao passo que a narrativa tem o poder de nos fazer entender), agora parece que algum entendimento deve ser forjado a partir dessa mesma perturbação. Vemos a fotografia e não conseguimos nos desvencilhar da imagem que nos é transitivamente transmitida. Isso nos aproxima de uma compreensão da fragilidade e da mortalidade da vida humana, ao risco da morte no cenário da política. Ela já parecia saber disso em *Sobre fotografia*, quando escreveu: "As fotos declaram a inocência, a vulnerabilidade de vidas que rumam para a própria destruição, e esse vínculo entre fotografia e morte assombra todas as fotos de pessoas."[30]

Talvez, nesse momento, Sontag seja influenciada por Roland Barthes, uma vez que foi ele, em *A Câmara clara*, que argumentou que a imagem fotográfica tem uma capacidade particular de projetar um rosto, uma vida, no tempo do futuro anterior.[31] A fotografia transmite menos o momento presente do que a perspectiva, o *pathos*, de um tempo em que "isso terá sido". A fotografia opera como uma crônica visual: ela "não afirma necessariamente *o que não é mais*, mas apenas e por certo *o que foi*".[32] Todo retrato fotográfico, porém, se expressa em pelo menos dois modos temporais, sendo tanto uma crônica do que foi como a certeza antecipatória sobre o que terá sido. Ficaram célebres as palavras de Barthes sobre o que a fotografia nos diz de Lewis Payne em sua cela, enquanto espera para ser enforcado: "*ele vai morrer*. Ao mesmo tempo leio: *Isso vai ser* e *isso foi*. Observo com horror um futuro anterior no qual a morte está em jogo (*dont le mort est l'enjeu*). Ao me fornecer o passado absoluto da pose, a fotografia me fala da morte no futuro."[33] Essa qualidade, porém, não está reservada àqueles abertamente condenados à morte pelos tribunais, ou mesmo àqueles que já estão mortos, uma vez que, para Barthes, "toda fotografia é essa catástrofe" que instala e solicita uma perspectiva sobre o passado absoluto de uma vida.[34]

Sob que condições essa qualidade de "passado absoluto" se opõe às forças da melancolia e abre uma forma mais explícita de lamentar? Essa qualidade de "passado absoluto" é atribuída a um ser vivo, um ser vivo cuja vida não é passado, precisamente a qualidade de ser passível de luto? Confirmar que uma vida foi, mesmo dentro da própria vida, é enfatizar que uma vida é uma vida passível de luto. Nesse sentido, a fotografia, por meio de sua relação com o futuro anterior, confere a qualidade de ser passível de luto. Faz sentido especular se essa ideia não estaria relacionada ao imperativo de Sontag: "Deixemos que as imagens atrozes nos persigam."[35] Seu imperativo sugere que há condições nas quais podemos nos negar a sermos perseguidos, ou nas quais essa perseguição não consegue nos alcançar. Se não somos perseguidos, é porque não há perda, não houve vida que foi perdida. Mas se ficamos abalados ou somos "perseguidos" por uma fotografia, é porque ela atua sobre nós em parte sobrevivendo à vida que documenta; estabelece antecipadamente o tempo no qual essa perda será reconhecida como perda. A fotografia, portanto, está ligada pelo seu tempo à condição de uma vida passível de luto, antecipando e realizando essa condição. Desse modo, podemos ser perseguidos antecipadamente pelo sofrimento ou pela morte dos outros. Ou podemos ser perseguidos posteriormente, quando a proteção contra a dor se desfaz. Não é apenas ou exclusivamente em um registro afetivo que a fotografia opera, mas instituindo certo modo de reconhecimento. A fotografia "defende" a condição de uma vida ser passível de luto; seu *pathos* é ao mesmo tempo afetivo e interpretativo. Se podemos nos sentir perseguidos, então podemos reconhecer que houve uma perda e, por conseguinte, houve uma vida. Esse é um momento inicial do conhecimento, uma apreensão, mas também um julgamento em potencial, que exige que concebamos a condição de ser passível de luto como a precondição da vida, que é descoberta retrospectivamente mediante a temporalidade instituída pela fotografia. "Alguém terá vivido" é uma frase proferida em um presente, mas que se refere a um tempo e a uma perda que estão por vir. Por conseguinte, a antecipação do passado subscreve a capacidade distintiva da fotografia para estabelecer a condição de ser passível de luto como precondição de uma vida humana cognoscível — sentir-se perseguido significa precisamente apreender essa vida antes de precisamente conhecê-la.

A própria Sontag faz observações menos ambiciosas. Ela afirma que a fotografia pode ser um "convite a prestar atenção, a refletir (...) examinar as racionalizações do sofrimento em massa propostas pelos poderes constituídos".[36] Considero que a exposição das fotos de Abu Ghraib organizada no International Center for Photography fez precisamente isso. Mas o mais interessante para mim em relação à indignação e à exasperação cada vez maiores que Sontag expressa em seus textos sobre o 11 de Setembro e em seu artigo "Regarding the Torture of Others" é que elas continuaram a ser dirigidas contra a fotografia, não somente por fazê-la sentir indignação, mas também por não serem capazes de lhe mostrar como transformar esse sentimento em ação política eficaz. Sontag reconhece que, no passado, voltou-se contra a fotografia com denúncia moralista precisamente porque a fotografia provoca raiva sem direcioná-la e, assim, incita nossos sentimentos morais ao mesmo tempo em que confirma nossa paralisia política.

E até mesmo essa frustração a deixa frustrada, uma vez que parece uma preocupação narcisista e culpada com o que se pode fazer quando se é um intelectual do Primeiro Mundo, e assim fracassa de novo em cuidar do sofrimento dos outros. Ao final dessa reflexão, é uma peça de museu de Jeff Wall que permite a Sontag formular o problema de responder à dor dos outros, e isso, podemos supor, envolve certa consolidação do mundo do museu como um mundo no interior do qual ela tem mais probabilidade de encontrar espaço para a reflexão e a deliberação. Nesse momento, podemos vê-la afastar-se tanto da fotografia quanto das exigências políticas da guerra e voltar-se para a exposição do museu, que lhe dá tempo e espaço para o tipo de pensamento e escrita que tanto aprecia. Sontag confirma sua posição como intelectual, mas nos mostra como a peça de Wall pode nos ajudar a refletir com mais cuidado sobre a guerra. Nesse contexto, ela pergunta se os torturados podem olhar e olham de volta, e o que eles veem quando olham para nós. Ela foi criticada por afirmar que as fotografias de Abu Ghraib eram fotografias de "nós", e alguns críticos sugeriram que se tratava mais uma vez de uma espécie de preocupação consigo mesmo que, paradoxal e dolorosamente, ocupava o lugar de uma reflexão sobre o sofrimento dos outros. Mas o que ela estava perguntando era "se a natureza das políticas implementadas por essa administração [o governo George Bush] e as hierarquias utilizadas para colocá-las em prática tornam esses atos [de tortura] prováveis. Consideradas nessa perspectiva, as fotografias somos nós".[37]

Talvez ela estivesse dizendo que, ao ver as fotos, vemos a nós mesmos vendo, que somos aqueles fotógrafos na medida em que compartilhamos as normas que fornecem os enquadramentos nos quais essas vidas são apresentadas como indigentes e abjetas, e algumas vezes são claramente espancadas até a morte. Na opinião de Sontag, os mortos estão profundamente desinteressados em nós — eles não buscam nosso olhar. Essa rejeição ao consumismo visual que vem da cabeça encoberta, do olhar desviado, dos olhos vidrados; essa indiferença em relação a nós funciona como uma autocrítica do papel da fotografia no âmbito do consumo midiático. Embora possamos desejar ver, a fotografia nos diz claramente que os mortos não se importam se vemos ou não. Para Sontag, é essa a força ética da fotografia — refletir o narcisismo definitivo do nosso desejo de ver e recusar a satisfação dessa demanda narcisista.

Ela pode estar certa, mas talvez seja também nossa incapacidade de ver o que vemos que constitui, igualmente, motivo de preocupação crítica. Aprender a enxergar o enquadramento que nos cega para aquilo que vemos não é tarefa fácil. E se existe um papel crítico para a cultura visual em tempo de guerra, é precisamente o de tematizar o enquadramento coercitivo, o enquadramento que rege a norma desumanizadora, que restringe o perceptível e, na verdade, até o que pode ser. Embora a restrição seja necessária para o foco, e não exista visão sem seleção, essa restrição com a qual fomos instados a conviver impõe condicionamentos em relação ao que pode ser ouvido, lido, visto, sentido e conhecido, contribuindo para minar tanto uma compreensão sensata da guerra quanto as condições para uma oposição sensata à guerra. Essa "não visão" no meio da visão, essa não visão que é a condição da visão, tornou-se a norma visual, uma norma que tem sido a norma nacional, regida pelo enquadramento fotográfico na cena da tortura. Nesse caso, a circulação da imagem fora da cena de sua produção rompeu com o mecanismo de negação, deixando atrás de si um rastro de dor e indignação.

3 Política sexual, tortura e tempo secular

Afirmar nossa vontade de analisar a política sexual nestes tempos suscita um problema imediato, já que claramente não se pode fazer referência a "estes tempos" sem saber a que tempo estamos nos referindo, onde esse tempo transcorre e para quem poderia surgir certo consenso sobre a questão de que tempos são estes. Se o problema não é apenas uma questão de interpretações diferentes acerca de que tempo se trata, então aparentemente já temos mais de um tempo operando neste tempo e o problema do tempo afetará qualquer esforço que eu possa fazer para tentar analisar essas questões agora. Pode parecer estranho começar com uma reflexão sobre o tempo quando estou tentando falar sobre política sexual e política cultural de maneira mais ampla. Mas permitam-me sugerir que a maneira como os debates sobre política sexual são enquadrados já está impregnada do problema do tempo, e do progresso em particular, assim como de certas noções sobre o que significa desdobrar no tempo um futuro de liberdade. Que não haja um tempo único, que a questão de que tempo é este já nos divida tem a ver com o problema de identificar que histórias se revelaram formadoras, como elas se cruzam — ou não — com outras histórias e, portanto, com a questão de como a temporalidade é organizada ao longo das linhas espaciais.

Não estou sugerindo, aqui, que retornemos a uma versão da diferença cultural que dependa do holismo cultural, isto é, que as culturas devam ser encaradas como unidades estanques e com identidade própria, monolíticas e distintas. Na verdade, me oponho a semelhante retrocesso. O problema não está na existência de diferentes culturas em guerra umas com as outras, ou no fato de haver diferentes modalidades de tempo, cada qual concebida como autossuficiente, articuladas em diferentes e diferenciadas localizações culturais e que entram em contato umas com as outras de forma confusa ou brutal. É claro que essa poderia ser, em algum nível, uma descrição válida, mas estaria deixando de levar em consideração um argumento importante, a saber, que as concepções hegemônicas de progresso definem a si mesmas como estando acima e contra uma temporalidade pré-moderna que elas produzem, visando à sua própria autolegitimação. Politicamente, as perguntas "Em que tempo nós estamos?", "Todos estamos no mesmo tempo?" e, especificamente, "Quem chegou à modernidade e quem não chegou?" são, todas elas, formuladas em meio a disputas políticas muito sérias. Essas perguntas não podem ser respondidas recorrendo-se a um culturalismo simples.

Na minha opinião, a política sexual, em vez de operar à margem dessa contestação, encontra-se bem no meio dela e, com muita frequência, as reivindicações de liberdades sexuais novas ou radicais são apropriadas precisamente por esse ponto de vista — enunciadas, geralmente, de dentro do poder do Estado — que tenta definir a Europa e a esfera da modernidade como o lugar privilegiado onde o radicalismo sexual pode ocorrer e efetivamente ocorre. Frequentemente, embora nem sempre, a reivindicação vai além, alegando que esse lugar privilegiado de liberdade radical deve ser protegido contra as supostas ortodoxias associadas às novas comunidades de imigrantes. Deixarei essa reivindicação de lado por ora, uma vez que ela carrega uma série de pressupostos que serão considerados mais adiante, ainda neste capítulo. Mas devemos nos lembrar desde o início de que se trata de uma formulação suspeita, geralmente feita por um discurso estatal que procura produzir noções distintas de minorias sexuais e de novas comunidades de imigrantes dentro de uma trajetória temporal que fariam da Europa e de seu aparelho estatal o avatar tanto da liberdade quanto da modernidade.

A meu ver, o problema não é a existência de temporalidades diferentes em diferentes localizações culturais, de modo que necessitemos, por conseguinte, simplesmente ampliar nossos enquadramentos culturais para nos tornarmos internamente mais complexos e capazes. Essa forma de pluralismo aceita o enquadramento distinto e holístico para cada uma dessas chamadas "comunidades" e em seguida coloca uma questão artificial sobre como as tensões existentes entre elas poderiam ser superadas. O problema, na verdade, é que certas noções de espaço geopolítico relevante, incluindo a limitação espacial de comunidades minoritárias, são circunscritas por essa história de uma modernidade progressiva; que determinadas noções sobre o que "este tempo" pode e deve constituir são construídas, de maneira similar, com base na circunscrição do "onde" são produzidas. Devo deixar claro que não estou me opondo a todas as noções de "seguir adiante" e certamente não sou contra todas as versões de "progresso", mas sou profundamente influenciada, se não deslocada, pela reelaboração detalhada de Walter Benjamim a respeito do progresso e do tempo do "agora", e isso faz parte do que estou trazendo para uma reflexão sobre política sexual. Quero dizer: uma reflexão sobre a política sexual *agora* — e, evidentemente, esse é o caso —, mas talvez minha tese seja simplesmente de que não pode haver nenhuma consideração a respeito da política sexual sem uma consideração crítica sobre o tempo do "agora". Minha argumentação será a de que pensar o problema da temporalidade e da política dessa maneira pode abrir uma nova abordagem para a diferença cultural, uma abordagem que escape das alegações tanto do pluralismo quanto da interseção.

Não se trata apenas de nos conscientizarmos dos pressupostos temporais e espaciais de algumas de nossas narrativas progressistas, que inspiram vários otimismos políticos provincianos, para não dizer estruturalmente racistas, de diversos tipos. Trata-se, na verdade, de mostrar que nossa compreensão daquilo que está acontecendo "agora" está estreitamente relacionada com uma determinada restrição geopolítica quando imaginamos as fronteiras relevantes do mundo e, até mesmo, com uma recusa de entender o que acontecerá com nossa noção de tempo se considerarmos o problema da fronteira (o que cruza a fronteira e o que não cruza, e os meios e mecanismos dessa passagem ou desse impasse) como central para qualquer compreensão da vida política contemporânea. O mapa contemporâneo da política sexual é perpassado, eu diria, por contendas e antagonismos que definem o tempo da política sexual como uma constelação turbulenta. A história do progresso não passa de uma peça dentro dessa constelação, e uma peça que, por boas razões, está em crise.[1]

Meu interesse aqui consiste em focalizar como determinadas concepções seculares de história e do que se entende por uma postura "progressista" na política contemporânea se baseiam em uma concepção de liberdade entendida como algo que surge através do tempo e que é temporalmente progressista em sua estrutura.[2] Essa ligação entre liberdade e progresso temporal é frequentemente o que está sendo reivindicado quando analistas e representantes da política pública se referem a conceitos como modernidade ou secularismo. Não quero sugerir que isso seja a única coisa que querem dizer, mas sim que uma determinada concepção de liberdade é invocada precisamente como fundamentação lógica e instrumento para determinadas práticas de coerção, e isso coloca aqueles de nós que nos consideramos, num sentido convencional, defensores de uma política sexual progressista em uma armadilha consideravelmente difícil.

Nesse contexto, quero apontar alguns terrenos de debate político envolvendo tanto a política sexual quanto a prática anti-islâmica, que sugerem que determinadas ideias relativas ao progresso da "liberdade" facilitam uma divisão política entre políticas sexuais progressistas e as lutas contra o racismo e a discriminação religiosa. Uma das questões derivadas dessa situação é que uma determinada concepção e utilização da "liberdade" pode ser usada como instrumento de intolerância e coerção. Isso ocorre de modo mais assustador quando a liberdade sexual das mulheres ou a liberdade de expressão e de associação de lésbicas e gays é utilizada instrumentalmente com o intuito de fazer um ataque cultural contra o Islã que reafirme a violência e a soberania norte-americanas. Devemos repensar a liberdade e suas implicações na narrativa do progresso ou devemos procurar ressituar a liberdade fora desses condicionamentos narrativos? Minha proposta não é, certamente, abandonar a liberdade como norma, mas questionar seus usos e considerar como ela precisa ser repensada a fim de que possamos resistir à sua instrumentalização coercitiva no presente e a fim de que ela assuma um outro significado que possa ser útil para uma política democrática radical.

Na Holanda, por exemplo, os formulários encaminhados aos candidatos a entrar no país como imigrantes pedem que eles olhem para fotos de dois homens se beijando e digam se as fotos lhes parecem ofensivas, ou se as consideram uma maneira de expressar as liberdades individuais, e se eles estão dispostos a viver em uma democracia que valoriza os direitos dos homossexuais à liberdade de expressão.[3] Aqueles que são a favor dessa política alegam que a aceitação da homossexualidade é o mesmo que a aceitação da modernidade. Podemos ver, nesse caso, como a modernidade está sendo definida como algo relacionado à liberdade sexual, e como a liberdade sexual das pessoas gays, em particular, é entendida como exemplo de uma posição culturalmente avançada, em oposição àquela que seria considerada pré-moderna. Ao que parece, o governo holandês adotou um plano especial para uma classe de pessoas consideradas presumivelmente modernas. As pessoas presumivelmente modernas incluem os seguintes grupos, que são isentos de ter que passar pelo teste: cidadãos da União Europeia, pessoas que buscam asilo e trabalhadores qualificados que ganhem mais de 45 mil euros por ano, e cidadãos dos Estados Unidos, da Austrália, da Nova Zelândia, do Canadá, do Japão e da Suíça; o que significa que nesses países supostamente a homofobia não existe, ou então que o fato de os seus cidadãos trazerem consigo rendimentos elevados tem precedência sobre os eventuais perigos de importar a homofobia.[4]

Na Holanda, evidentemente, esse movimento já vinha sendo gestado havia algum tempo. A identificação de políticas favoráveis aos gays com a modernidade cultural e política foi encarnada, na política europeia, na figura de Pim Fortuyn, político gay e abertamente anti-islâmico, assassinado por um ambientalista radical em maio de 2002. Um conflito similar também foi dramatizado na obra e na morte de Theo van Gogh, que levantou a bandeira não da liberdade sexual, mas dos princípios da liberdade política e artística. É claro que sou a favor dessas liberdades, mas parece que agora preciso também me perguntar se essas liberdades pelas quais lutei, e continuo a lutar, não estão sendo instrumentalizadas com a intenção de estabelecer uma base cultural específica — secular, de um modo particular — que funcione como pré-requisito para a admissão do imigrante considerado aceitável. A seguir, vou elaborar o que é essa base cultural, como ela funciona, ao mesmo tempo, como condição transcendental e como meta teleológica, e como ela complica qualquer distinção simples que possamos fazer entre o secular e o religioso.

No caso que estou abordando, está sendo articulado um conjunto de normas culturais consideradas precondições da cidadania. Poderíamos aceitar o ponto de vista de que tais normas sempre existem, e até mesmo que a plena participação cívica e cultural de qualquer pessoa, independentemente de gênero ou orientação sexual, requer essas normas. Mas a questão é se elas são articuladas não apenas diferencialmente, mas também instrumentalmente, a fim de reforçar determinadas precondições religiosas e culturais que afetam outras modalidades de exclusão. Ninguém é livre para rejeitar essa base cultural, já que ela é a própria base, e mesmo o pré-requisito presumido, da noção operativa de liberdade, e a liberdade é articulada por meio de um conjunto de imagens gráficas, de figuras que passam a representar o que a liberdade pode e deve ser. E, assim, produz-se certo paradoxo, no qual a adoção coercitiva de determinadas normas culturais se torna um pré-requisito para o ingresso em um Estado que se autodefine como o avatar da liberdade. O governo holandês está comprometido com uma pedagogia cívica por meio de sua defesa da liberdade sexual para gays e lésbicas, e imporia seu teste aos partidários da supremacia branca de extrema-direita, como, por exemplo, Vlaams Blok (agora Vlaams Belang), cujos integrantes se reuniram na fronteira com a Bélgica e exigiram a constituição de um cordão sanitário [cordon sanitaire] ao redor da Europa para impedir os não europeus de entrarem? Será que o governo holandês está aplicando testes em gays e lésbicas a fim de se certificar de que eles não se sentem ofendidos pelas práticas visíveis das minorias muçulmanas? Se o exame para a integração cívica fosse parte de um esforço mais amplo para promover uma compreensão cultural de normas religiosas e sexuais para uma população holandesa diversificada, que incluísse novas pedagogias e financiamento para projetos artísticos públicos voltados para esse objetivo, então poderíamos entender a "integração" cultural de uma forma diferente; mas certamente não poderemos fazê-lo se o exame é aplicado de forma coercitiva. Nesse caso, a questão que surge é a seguinte: esse exame seria uma forma de testar a tolerância ou representa, na realidade, um ataque contra as minorias religiosas e, portanto, parte de um esforço coercitivo mais amplo do Estado para exigir que quem deseje entrar na Holanda se livre de suas práticas e crenças religiosas tradicionais? Afinal, o teste é uma defesa liberal da minha liberdade pelo qual deveria estar agradecida, ou a minha liberdade está sendo usada aqui como um instrumento de coerção — uma coerção cujo objetivo é fazer com que a Europa permaneça branca, pura e "secular" de maneiras que não questionam a violência subjacente a tal projeto? É claro que quero poder beijar em público — não me interpretem mal. Mas será que devo insistir em que todos assistam e aprovem o ato de se beijar em público antes de poder adquirir direitos de "cidadania"? Acho que não.

Se os pré-requisitos da organização política exigem ou a homogeneidade cultural ou um modelo de pluralismo cultural, então, em ambos os casos, a solução é concebida como uma assimilação a um conjunto de normas culturais consideradas internamente autossuficientes e autossustentáveis. Essas normas não estão em conflito, não estão abertas à disputa, não estão em contato com outras normas, não são contestadas nem perturbadas em um campo para o qual convergem — ou deixam de convergir — uma série de normas de forma contínua. O pressuposto é que a cultura é uma base uniforme e vinculante de normas, e não um campo aberto para contestação e temporalmente dinâmico; essa base só funciona se for uniforme ou integrada, e esse desiderato é exigido, mesmo à força, para que surja e se consolide aquilo que se chama de modernidade. Evidentemente, já podemos ver nesse sentido bem específico de modernidade uma imunização contra a contestação, que ela é mantida mediante uma fundamentação dogmática, e que já somos apresentados a um tipo de dogmatismo pertencente a uma determinada formação secular. Dentro desse enquadramento, a liberdade de expressão pessoal, interpretada de forma ampla, se baseia na supressão de uma compreensão móvel e contestada da diferença cultural, e essa questão deixa bem claro como a violência do Estado investe na homogeneidade cultural na medida em que aplica suas políticas excludentes para racionalizar as políticas estatais em relação aos imigrantes islâmicos.[5]

Não concentro meu interesse nas teorias da modernidade porque o conceito de modernidade me parece demasiado geral. A meu ver, essas teorias são, em sua maioria, muito gerais e esquemáticas para ser úteis, e pessoas de diferentes áreas de estudo querem dizer com elas coisas muito distintas. Vou me referir aqui apenas à maneira como essas teorias influenciam esses argumentos, limitando meus comentários a esses tipos de uso. Faz sentido rastrear os usos discursivos da modernidade, o que é bem diferente de fornecer uma teoria. A esse respeito, o conceito não parece funcionar como significante de multiplicidade cultural ou de esquemas normativos que estão dinâmica ou criticamente em fluxo, e certamente não como um modelo de contato, tradução, convergência ou divergência cultural.

Na medida em que tanto a expressão artística quanto a liberdade sexual são entendidas como sinais definitivos dessa versão do desenvolvimento da modernidade, e são concebidas como direitos defendidos por uma determinada formação do secularismo, somos instados a dissociar as lutas pela liberdade sexual das lutas contra o racismo e contra os sentimentos e a conduta anti-islâmicos. Presumivelmente, não existe solidariedade entre esses esforços dentro de um enquadramento como o que acabo de esboçar, embora evidentemente pudéssemos apontar coligações atuais que desafiam essa lógica. Na verdade, segundo esse ponto de vista, as lutas pela expressão sexual dependem da restrição e da revogação dos direitos de expressão religiosa (se formos permanecer no enquadramento liberal), produzindo uma antinomia no interior do próprio discurso dos direitos liberais. No entanto me parece que algo mais fundamental está ocorrendo, a saber, que agora se supõe que as liberdades liberais se baseiem em uma cultura hegemônica, uma cultura que se chama "modernidade" e que depende de certo cômputo progressivo de liberdades crescentes. Esse domínio acrítico de "cultura" funcionando como uma precondição para a liberdade liberal torna-se, por sua vez, a base cultural para sancionar formas de ódio e abjeção de cunho cultural e religioso.

Não proponho trocar liberdades sexuais por liberdades religiosas, mas sim questionar o enquadramento que considera inviável qualquer análise política que tente analisar a homofobia e o racismo de formas que vão além dessa antinomia do liberalismo. O que está em questão é se pode ou não haver uma convergência ou uma aliança entre essas lutas ou se a luta contra a homofobia deve se opor à luta contra racismos culturais e religiosos. Se esse enquadramento de exclusão mútua se mantém — um enquadramento que deriva, permitam-me sugerir, de uma ideia restritiva da liberdade pessoal associada a uma concepção restritiva de progresso —, então parece não haver pontos de contato cultural entre os sexualmente progressistas e as minorias religiosas que não sejam encontros de violência e exclusão. Entretanto se, em vez de uma concepção liberal de liberdade pessoal, nos concentrarmos na crítica da violência estatal e da elaboração de seus mecanismos coercitivos, podemos chegar perfeitamente a um enquadramento político alternativo, que envolva não só outra concepção de modernidade como também outra concepção de tempo, do "agora" no qual vivemos.

Foi Thomas Friedman quem declarou no jornal *New York Times* que o Islã ainda não alcançou a modernidade, sugerindo com isso que ele ainda esteja, de certo modo, em um estágio infantil do desenvolvimento cultural e que a norma da idade adulta seja representada mais adequadamente por críticos como ele mesmo.[6] Nesse sentido, portanto, o Islã é concebido como algo não pertencente a *este* tempo ou ao *nosso* tempo, e sim a um *outro* tempo, a um tempo que apenas emergiu neste tempo de forma anacrônica. Mas esse tipo de visão não é precisamente uma recusa a pensar este tempo não como um tempo, ou como uma história, se desenvolvendo de modo unilinear, e sim como uma convergência de histórias que nem sempre foram pensadas juntas e cuja convergência ou falta de convergência propõe um conjunto de dilemas que pode ser considerado definidor do nosso tempo?

Uma dinâmica semelhante pode ser encontrada na França, onde as questões de política sexual convergem, de maneiras um tanto inapropriadas, para uma política anti-imigração. Existem, evidentemente, profundas diferenças entre as duas situações. Na França contemporânea, a cultura defendida publicamente contra as novas comunidades de imigrantes recorre apenas seletivamente aos ideais normativos que estruturam os debates sobre política sexual. Por exemplo, a opinião pública francesa dominante faz uso de direitos de contrato que foram ampliados por meio de novas políticas sexuais, ao mesmo tempo que limita esses mesmos direitos de contrato quando eles ameaçam romper o parentesco patrilinear e suas ligações com normas masculinistas de nacionalidade. As ideias de "cultura" e de *laïcité* (ou secularismo) atuam de maneira diferente, e podemos ver como certo tipo de política sexual ostensivamente progressista é mais uma vez sancionada como a culminação lógica de uma compreensão secular de liberdade, ao mesmo tempo em que essa mesma concepção secular de liberdade opera como uma norma para excluir ou minimizar a possibilidade de que comunidades étnicas e religiosas do norte da África, da Turquia e do Oriente Médio obtenham plenos direitos de pertencimento cívico e legal. Na realidade, a situação é ainda mais complexa do que essa análise sugere, uma vez que a ideia de cultura, associada a uma concepção de lei simbólica, é encarada como aquilo que estabelece a liberdade para se ingressar em associações livres, mas também é invocada para limitar a liberdade de lésbicas e gays no que se refere à adoção de crianças e ao acesso às tecnologias reprodutivas, reconhecendo, assim, os direitos de união civil, mas rechaçando contestações às normas de parentesco.* Os argumentos que asseguraram a vitória legislativa dos PACS (sigla, em francês, para *pacte civil de solidarité*) — parcerias legais das quais duas pessoas, independentemente do gênero, podem participar — se basearam em uma ampliação dos direitos de estabelecer contratos com base na vontade individual.[7] Contudo, quando as precondições culturais dessa liberdade são anuladas, cabe à lei intervir para manter — ou mesmo determinar — essa integridade cultural.

Com base em uma variedade de opiniões divulgadas por revistas acadêmicas e jornais franceses, podemos concluir prontamente, por exemplo, que existe uma crença generalizada de que a função parental exercida por gays e lésbicas corre o risco de produzir uma criança psicótica. O extraordinário apoio dos republicanos franceses ao PACS dependeu, desde o início, de sua dissociação de qualquer direito à adoção ou estruturação de função parental fora da norma heterossexual. Tanto nos jornais como nos debates públicos, os psicólogos sociais argumentam que a função parental das lésbicas ou dos gays — aqui incluída também a função parental das mães solteiras — ameaça minar o enquadramento do qual qualquer criança necessita a fim de: (a) conhecer e compreender a diferença sexual e (b) desenvolver uma orientação no mundo cultural. A suposição

---

*Quando a edição original deste livro foi publicada, em 2009, o casamento entre pessoas do mesmo sexo e a adoção de crianças por casais homossexuais ainda não eram legalizados na França, o que só veio a ocorrer em 18 de maio de 2013, quando a lei garantindo esses direitos foi sancionada pelo presidente François Hollande. (*N. da R. Téc.*)

é que, se uma criança não tem pai, não conseguirá entender a masculinidade na cultura, e, se essa criança for um
menino, não será capaz de corporificar ou incorporar sua
própria masculinidade. Esse argumento pressupõe muitas
coisas, mas a principal delas é a ideia de que a instituição
da paternidade é o único ou principal instrumento cultural
para a transmissão da masculinidade. Mesmo se aceitássemos a problemática afirmação normativa de que um
menino deve reproduzir a masculinidade (e há excelentes
razões para se questionar essa suposição), qualquer criança
tem acesso a uma gama de masculinidades encarnadas e
transmitidas por uma enorme variedade de meios culturais.
O "mundo adulto" — como diz Jean Laplanche, no esforço
de formular uma alternativa psicanalítica à tríade edipiana
— imprime suas marcas culturais na criança a partir de
uma variedade de direções, e a criança, seja menino ou
menina, deve decifrar essas normas e se ajustar a elas. Na
França, porém, a noção de um "enquadramento de orientação" — chamado de le repère — é concebida como algo
transmitido unicamente pelo pai. E essa função simbólica
é aparentemente ameaçada ou mesmo destruída quando
se tem dois pais, um pai intermitente, ou simplesmente
pai nenhum. Devemos ter cuidado para não entrar nessa
batalha nesses termos, já que ela deturpa a questão que nos
preocupa. Se nos deixássemos envolver nessa discussão,
poderíamos, é claro, replicar que a masculinidade pode
certamente ser incorporada e comunicada por uma figura
parental de outro sexo. Ao argumentar dessa maneira,
porém, estou considerando a premissa de que a figura do

pai ou da mãe constitui e deve constituir o único *locus* cultural para a comunicação e a transmissão do gênero, e admitir essa premissa seria uma verdadeira bobagem. Afinal, por que aceitar a ideia de que, sem um único referencial personificado para a masculinidade, não pode haver uma orientação cultural propriamente dita? Uma postura como essa torna a masculinidade singular do pai a condição transcendental da cultura, em vez de repensar a masculinidade e a paternidade como um conjunto de práticas culturais desarticuladas, variáveis e variavelmente significativas. Para entender esse debate, convém lembrar que as linhas de patrilinearidade na França são asseguradas no Código Civil, mediante os direitos de filiação. Na medida em que o casamento heterossexual mantém seu monopólio sobre a reprodução, isso se dá, precisamente, privilegiando o pai biológico como representante da cultura nacional.[8]

Portanto, os debates sobre a política sexual invariavelmente se associam à política das novas comunidades de imigrantes, uma vez que ambas se baseiam em ideias fundacionais de cultura que condicionam, de antemão, a alocação de direitos jurídicos básicos. Se entendermos essas ideias de cultura como seculares, parece-me, então, que talvez não tenhamos vocabulário suficiente para compreender as tradições a partir das quais essas ideias de cultura são formadas — e nas quais continuam a se inspirar — ou a força mediante a qual se mantêm. Aqui fica claro que as teorias de desenvolvimento psicológico que produzem as condições patrilineares de cultura nacional constituem as "normas da idade adulta" que precondicionam os direitos substantivos da cidadania.

Nesse sentido, Ségolène Royal — indicada como candidata à presidência pelo Partido Socialista Francês em 2006 — pôde se juntar ao candidato vencedor Nicolas Sarkozy na argumentação de que *les émeutes*, os tumultos de 2005, ocorridos nos *banlieues*, foram consequência direta de uma deterioração das estruturas familiares representadas pelas novas comunidades de imigrantes.[9] A questão de um certo infantilismo reemerge também nesse contexto, de forma que somos convidados a compreender as expressões políticas das minorias islâmicas como falhas no desenvolvimento psicocultural. Esses tipos de argumento se assemelham à relação pai/filho que Thomas Friedman articulou em relação à modernidade secular, na qual a "figura parental" aparecia como um adulto plenamente desenvolvido. O Islã anacrônico aparece como o filho que sofre permanentemente de um desenvolvimento frustrado. A política familiar, inclusive o ordenamento heterossexual da família, funciona para assegurar a sequência temporal que coloca a cultura francesa na vanguarda da modernidade. Essa versão da modernidade envolve uma situação singular na qual uma problemática lei de desenvolvimento impõe limites à liberdade volitiva, mas a modalidade contratual estende a liberdade quase ilimitadamente. Em outras palavras, os contratos podem ser estendidos a qualquer casal de adultos, com consentimento mútuo — o recurso legal dos PACS está relativamente regularizado tanto para casais heterossexuais quanto para casais lésbicos/gays. Essas parcerias, porém, devem ser rigorosamente dissociadas do parentesco, que, por definição, precede e limita a modalidade contratual. Essas normas de parentesco são referenciadas pela expressão *l'ordre symbolique* (a ordem simbólica), que realmente atua no discurso público, e é essa ordem que tem de ser protegida, subscrevendo relações contratuais ao mesmo tempo que deve estar imunizada contra uma completa saturação provocada por essas relações. Se essa ordem é ou não inequivocamente secular é, na minha opinião, uma outra questão, uma questão em aberto, mas há muitas razões para nos perguntarmos até que ponto ela transmite e mantém determinadas noções teológicas predominantemente católicas. Isso fica explicitamente claro, por exemplo, no trabalho da antropóloga Françoise Héritier, que sustenta, a partir de argumentos católicos, que a ordem simbólica é, ao mesmo tempo, derivada da teologia e um pré-requisito do desenvolvimento psicossocial.

A recusa em conceder reconhecimento jurídico aos direitos parentais dos casais gays funciona em conjunto com as políticas de Estado anti-islâmicas no sentido de sustentar uma ordem cultural que mantenha a normatividade heterossexual ligada a uma concepção racista de cultura. Concebida como ostensivamente paterna e nacionalista, essa ordem também está ameaçada, ainda que de maneira diferente, por esses arranjos de parentesco que se entende que estejam em vigor nas novas comunidades de imigrantes que não conseguem manter a base patriarcal e marital da família, o que, por sua vez, produz os parâmetros inteligíveis de cultura e a possibilidade de uma "orientação consciente" dentro dessa cultura. Evidentemente, o que há de mais peculiar nessa crítica do pai ausente nos *banlieues* não é apenas o fato de que ela pode ser encontrada tanto entre os socialistas quanto entre seus adversários de extrema direita, mas sim o fato de ser incapaz de reconhecer que a legislação contemporânea sobre a imigração é ela mesma parcialmente responsável por reforjar, de certa maneira, os laços de parentesco. Afinal de contas, o governo francês mostrou-se disposto a separar filhos de seus pais, impedir que famílias se reunissem e prover serviços sociais inadequados para as novas comunidades de imigrantes. De fato, alguns críticos chegaram a afirmar que os serviços sociais constituem a emasculação do próprio Estado.

Esse tipo de opinião é defendido pelo psicanalista Michel Schneider, que, ao se manifestar sobre assuntos culturais, afirmou publicamente que o Estado deve intervir para ocupar o lugar do pai ausente não por intermédio de subsídios sociais (concebidos como uma deformação materna do Estado), e sim pela imposição da lei, da disciplina e de formas rigorosas de punição e encarceramento.[10] Segundo ele, essa é a única maneira de preservar os alicerces culturais da cidadania, ou seja, os alicerces culturais necessários para o exercício de uma determinada concepção de liberdade. Assim, as políticas estatais que promovem diferenciais de classe extremos, racismo generalizado nas práticas do mercado de trabalho, esforços para separar famílias com o intuito de evitar que os filhos tenham uma formação islâmica e tentativas de isolar os *banlieues* como áreas de concentração de pobreza racial são absolvidas e apagadas através dessas explicações. Manifestações antirracistas, como as que ocorreram em 2005, se concentraram em propriedades, não contra as pessoas, mas ainda assim foram interpretadas, em geral, como atos violentos e não relacionados de jovens cujas estruturas familiares careciam de uma autoridade paterna firme.[11] Argumentou-se que faltava um certo "não" proibitivo na família e na cultura e que, portanto, em uma situação como aquela, o Estado deveria agir como uma autoridade paterna compensatória. O fato de o Estado ter desenvolvido uma série de razões para regular a família e a escola no *banlieue* é mais uma prova de que ele responde a essas insurgências consolidando e ampliando seu poder com relação às disposições biopolíticas e de parentesco em todos os níveis. Podemos concluir, portanto, que, em um nível básico, o direito a uma noção de liberdade baseada no contrato é limitado por aquelas liberdades que poderiam levar o contrato longe demais, isto é, até o ponto de perturbar as precondições culturais do próprio contratualismo. Em outras palavras, rupturas na formação da família ou nas disposições de parentesco que não se apoiam nas linhas da patrilinearidade e nas normas corolárias da cidadania legitimam regulações e proibições estatais que aumentam o poder do Estado na imagem do pai, esse adulto ausente, esse fetiche cultural que significa uma maturidade baseada na violência.

As regras definidoras da cultura como algo que tem como base a família heterossexual são, evidentemente, as mesmas que estabelecem os pré-requisitos para se obter a cidadania. Embora na França essas regras formem a base da *laïcité* e forneçam as justificativas para a intervenção estatal a fim de proteger os direitos dos homens contra as incursões culturais de fora, elas funcionam de modo análogo aos argumentos papais que, recorrendo a bases teológicas comuns, condenam tanto a função parental gay quanto a prática religiosa islâmica. Em ambos os casos, há normas ou leis culturalmente específicas que estipulam um limite para as relações contratuais na esfera da família e do parentesco e, na realidade, para o campo da condição de ser reconhecido. Esse paralelismo levanta a questão do estatuto dessa ideia de cultura como parte da modernidade secular e, em particular, a questão de se a ordem simbólica é, afinal, um conceito secular (e, em caso afirmativo, o que isso nos diz sobre a impureza do secularismo). Levanta, em particular, a questão de se a ordem simbólica, entendida como um conjunto de regras vinculantes e uniformes que constituem a cultura, funciona em aliança com as normas teológicas que regem o parentesco. Essa opinião, curiosamente, não está muito distante da convicção do Papa de que é a família heterossexual que assegura ao gênero seu lugar natural, um lugar natural que inscreve uma ordem divina.[12] Enquanto na França a noção de "cultura" é precisamente o que transmite a necessidade universal da diferença sexual, entendida como a diferença inequívoca entre o masculino e o feminino, na teologia católica atual constatamos que a família não só requer dois sexos distintos, como também está obrigada a encarnar e reproduzir as diferenças sexuais como uma necessidade tanto cultural quanto teológica.

Em 2004, antes de se tornar Papa, Ratzinger considerou duas maneiras distintas de abordar a problemática da mulher em sua "Carta aos bispos da Igreja Católica sobre a colaboração entre homens e mulheres na Igreja e no mundo".[13] A primeira, segundo ele, defende uma relação de oposição ao homem. A segunda parece se referir à nova política de gênero, segundo a qual o gênero é uma função social variável. Ratzinger caracteriza essa abordagem do feminismo com o seguinte discurso:

> Para evitar a supremacia de um sexo ou de outro, suas diferenças tendem a ser negadas, vistas como meros efeitos do condicionamento histórico e cultural. Nessa perspectiva, a diferença física — denominada sexo — é minimizada, enquanto o elemento puramente cultural — denominado gênero — é enfatizado ao máximo e considerado primordial. O obscurecimento da diferença ou da dualidade dos sexos tem enormes consequências em variados níveis. Essa teoria da pessoa humana, concebida para promover perspectivas igualitárias para as mulheres, libertando-as do determinismo biológico, tem, na realidade, inspirado ideologias que, por exemplo, colocam em questão a família, em sua estrutura natural de um casal formado pelo pai e pela mãe, tornando a homossexualidade e a heterossexualidade virtualmente equivalentes em um novo modelo de sexualidade polimorfa.[14]

Ele vai além, sugerindo que essa segunda abordagem dos problemas relacionados à mulher esteja baseada em uma motivação entendida como

> a tentativa humana de se libertar de seus condicionamentos biológicos. De acordo com essa perspectiva, a natureza humana não possui, em si mesma, características que se imporiam de maneira absoluta: todas as pessoas podem e devem configurar-se como bem entenderem, já que estão livres de qualquer predeterminação vinculada à sua constituição essencial.[15]

Na França, a visão de que a cultura em si se apoia na família heterossexual, patrilinearmente definida, é claramente transmitida através da noção de que uma criança sem figuras parentais heterossexuais não somente ficará sem uma orientação cognitiva, como também estará privada dos pré-requisitos culturais e cognitivos da cidadania. Isso explica, em parte, por que a França foi capaz de estender os direitos de contrato mediante a aprovação do PACS ao mesmo tempo em que se opõe a todas as iniciativas de legalização da função parental homossexual. Isso está relacionado com a convicção de que as novas comunidades de imigrantes carecem de uma figura paterna forte e de que os plenos direitos de cidadania requerem a sujeição a uma incorporação da lei paterna. Para alguns políticos franceses, essa análise leva à conclusão de que o Estado deve intervir na regulação da família quando for detectada a inexistência de um pai forte. Isso levou, na prática, à separação forçada de pais e filhos por meio de uma nova política de imigração, i.e., uma política que opera a favor do pai e, portanto, da família simbólica, mesmo que isso signifique a destruição de famílias já existentes.

Se o Papa se refere às leis naturais da cultura quando se opõe à sexualidade gay e lésbica e aos arranjos parentais não heterossexuais, ele se refere à civilização quando faz suas denúncias indiretas do Islã. No fim de 2006, é claro, ele citou publicamente um documento que continha a seguinte denúncia do Islã: "Mostrai-me exatamente o que Maomé trouxe de novo e aí só encontrareis coisas más e desumanas, como, por exemplo, sua ordem para que a fé que prega seja difundida pela espada."[16] Ratzinger alegou que essa afirmação não era sua, que só a havia citado, mas, se analisarmos seu discurso mais de perto, fica claro que ele faz a citação, distanciando-se dela, para, então, usá-la como uma advertência sobre a ameaça atual à civilização representada pelo Islã. Existem, é claro, muitas maneiras de abordar essa declaração um tanto espantosa, sendo a mais óbvia a que aponta o derramamento de sangue por meio do qual o cristianismo buscou difundir sua própria fé ao longo de tantos séculos. Gostaria, porém, de me concentrar brevemente na palavra "desumanas", já que aparece associada a "más", e já que sabemos o que o Papa pensa sobre os alicerces culturais do humano como tal.

Além disso, como no Corão a espada é proibida como meio de impor a fé, ela certamente se torna termo de transferência nesse contexto, afinal, a quem pertence a espada quando foi usada a serviço da conversão forçada, se não ao cristianismo? Precisamente por não serem armas muito usadas em sentido contemporâneo, as espadas aludem a um tempo mítico, um arcaísmo tribal, e também se convertem precisamente no nexo da fantasia. Poderia me estender longamente, mas prefiro destacar aqui apenas a extraordinária inversão da história que a palavra "espada" permite, assim como a enorme força ideológica que encerra a distinção entre o humano — como algo que, presumivelmente, só é sustentado pela cultura judaico-cristã — e o "desumano" e "mau", como o que resulta do afastamento dessa cultura. Convém lembrar, como assinala Uri Avnery, que o Islã nunca foi imposto aos judeus, e que, quando a Espanha foi conquistada pelos católicos, e os muçulmanos foram destituídos do poder, a Inquisição voltou-se tanto contra os muçulmanos quanto contra os judeus, e que os judeus sefaraditas encontraram acolhida nos países árabes durante cinquenta gerações.[17]

Quando o Papa se refere à "espada" esgrimida por aqueles que são menos que humanos, temos que nos perguntar que inversão, deslocamento e ocultação da história estão amalgamados nessa estranha proposição, uma espécie de expressão onírica, na melhor das hipóteses, que manifesta sua profunda aliança com o que proclama desprezar e repudiar. De fato, toda a sequência de declarações papais sobre o Islã exprimiu abertamente esse repúdio e esse deslocamento. É como se o Papa estivesse afirmando: "Eu disse isso, eu não disse isso. Eu mencionei isso. Outros disseram aquilo, então isso tem autoridade. A agressão é deles, essa é a minha agressão indireta por meio da agressão deles, embora eu não tenha feito nenhuma agressão." A figura mediante a qual nomeio a agressão do Islã é a figura da agressão do próprio cristianismo, ponto no qual as duas figuras convergem e a capacidade de manter a distinção entre o Islã e o cristianismo desmorona. Obviamente, é essa a distinção que o Papa procura sublinhar, asseverar, estabelecer sem a menor sombra de dúvida. Sua linguagem, porém, contradiz seus argumentos, a começar pela estranha maneira como ao mesmo tempo se apropria e desautoriza a mesma citação. O paradoxo encerra um valor social e mesmo psicanalítico, mas também parece emanar de uma determinada concepção de desenvolvimento e progresso civilizatório (observemos aqui que, por todos os motivos, convém fazer uma distinção entre cultura e civilização, mas esta última — a despeito de sua origem na substituição das autoridades eclesiásticas pelos tribunais da justiça civil — funciona discursivamente, no presente momento, no sentido de um sincretismo de ideais seculares e religiosos).

Pode ser que a tentativa de argumentar a favor de uma resistência puramente secular esteja relacionada aos tipos de argumentos descritos anteriormente. Entretanto, estou menos segura de que nossas ideias acerca do secularismo já não encerrem um conteúdo religioso, ou que estejamos, com qualquer uma dessas posições, não invocando um secularismo puro (pode ser que o secularismo só possa ser definido por seu envolvimento com as mesmas tradições religiosas das quais procura se distinguir, mas essa é uma questão mais ampla, sobre a qual eu posso apenas sinalizar neste contexto). Sugeriria, então, provisoriamente, que o secularismo tem uma grande variedade de formas, muitas das quais envolvem formas de absolutismo e dogmatismo que certamente são tão problemáticas quanto aquelas que se baseiam no dogma religioso. De fato, uma perspectiva crítica não se alinha bem com a distinção entre o pensamento religioso e o secular.

A ideia de cultura no caso francês — uma noção de cultura que se entende como "secular" — claramente funciona em sintonia com o argumento papal. E embora os argumentos do Papa se baseiem em preceitos religiosos, obviamente existem opositores religiosos das opiniões do Papa, uma situação que sugere que não devemos entender o secularismo como a única fonte de crítica, ou a religião como a única fonte de dogmatismo. Se a religião funciona como uma chave mestra para a articulação de valores, e se a maioria das pessoas nesta condição global recorre à religião para orientar seu pensamento nesses assuntos, cometeríamos um erro político se afirmássemos que a religião deveria ser superada em todas as instâncias. Levemos em conta que a religião não é simplesmente um conjunto de crenças ou um conjunto de visões dogmáticas, mas uma matriz para a formação do sujeito cuja forma final não é determinada de antemão, uma matriz discursiva para a articulação e a confrontação de valores, e um campo de contestação. Da mesma maneira, não acho que seja o caso de abraçar o secularismo como se fosse um monólito, já que os diversos secularismos com frequência recebem sua definição pela natureza da ruptura que estabelecem com legados religiosos específicos. No entanto, às vezes o secularismo adquire sua definição por meio do repúdio de uma tradição religiosa que, de maneira incipiente mas contínua, fundamenta e sustenta suas próprias afirmações aparentemente pós-religiosas. Acho que o estatuto não contraditório do judeu secular, por exemplo, exemplifica isso de maneira explícita. Podemos vê-lo também, por exemplo, no tratamento diferencial dispensado às minorias religiosas dentro de um enquadramento aparentemente secular, uma vez que na França a *laïcité* é definida precisamente por estar acima e contra a intromissão das autoridades da Igreja em assuntos de competência do Estado.

O debate sobre se as jovens deveriam ser proibidas de usar o véu nas escolas públicas parece realçar esse paradoxo. As ideias do secular foram invocadas para consolidar opiniões ignorantes e raivosas a respeito da prática religiosa islâmica (ou seja, de que o véu nada mais é do que a comunicação da ideia de que a mulher é inferior ao homem ou de que o véu comunica uma aliança com o "fundamentalismo"), a ponto de a *laïcité* se converter em uma maneira não de negociar ou permitir a diferença cultural, mas sim de consolidar um conjunto de premissas culturais que promovem a exclusão e abjeção dessa diferença. Se abri este capítulo indagando sobre as implicações do progresso secular como um enquadramento temporal para se pensar as políticas sexuais nos tempos atuais, gostaria agora de sugerir que o que está em questão não são todas e cada uma das maneiras de se olhar adiante (espero por elas — anseio por elas!), mas sim uma ideia de desenvolvimento na qual o secularismo não sucede a religião sequencialmente, mas a ressuscita como parte de sua tese sobre cultura e civilização. Por um lado, o tipo de secularismo que estamos testemunhando na França condena e supera o mesmo conteúdo religioso que também reanima nos próprios termos em que a cultura é definida. No caso da autoridade papal, vemos um recurso diferente a um enquadramento, presumivelmente atemporal e vinculante, que é ao mesmo tempo cultural e teológico, o que sugere a constante implicação de uma esfera na outra. Embora não coincidam exatamente com a ideia da integração cívica holandesa, talvez existam paralelismos, e mesmo ressonâncias espectrais que vale a pena explorar mais detalhadamente. Evidentemente, o problema não é o progresso *ele mesmo*, nem certamente o futuro, e sim as narrativas de desenvolvimento específicas nas quais determinadas normas exclusivistas e persecutórias se tornam, ao mesmo tempo, precondição e teleologia da cultura. Enquadrada, assim, como condição transcendental e como teleologia, a cultura nesses casos só pode produzir um espectro monstruoso daquilo que fica fora de seu próprio contexto de pensamento temporal. Fora de sua própria teleologia, existe uma ideia de futuro desastrosa e premonitória, e sob essa condição transcendental está oculto um aberrante anacronismo que já se abateu sobre o presente político, fazendo soar um alarme geral dentro do enquadramento secular.

Escrevo isso como alguém que busca chegar a uma compreensão crítica — e a uma oposição política — do discurso sobre o Islã propagado atualmente pelos Estados Unidos. Isso nos conduz ainda a outro discurso, o da missão civilizatória, mas não há espaço suficiente aqui para sequer delinear sua lógica ou para traçar sua ressonância nos outros padrões de desenvolvimento que venho tentando discernir nestas páginas. Todavia, talvez valha a pena mencionar, sucintamente, que os Estados Unidos consideram que sua missão civilizatória envolve um cruzamento de perspectivas seculares e não seculares. Afinal, o presidente Bush nos afirmou que estava sendo guiado por Deus e, por alguma razão, foi esse tipo de discurso que usou algumas vezes para racionalizar suas ações extralegais, para não dizer criminosas. Aparentemente, tanto o enquadramento secular quanto a missão civilizatória, apenas ambiguamente secular, são representados como posições avançadas, o que lhes daria o direito de levar noções de democracia para aqueles caracterizados como pré-modernos, que ainda não se inseriram nos termos seculares do Estado liberal e cujas noções de religião são consideradas, invariavelmente, infantis ou fanáticas, ou articuladas segundo tabus aparentemente irracionais e primitivos. A missão civilizatória, tal como descrita por Samuel Huntington, consiste, ela mesma, em uma mistura autodeclarada de ideais religiosos e seculares. Huntington expõe a noção de que os Estados Unidos — representando o que ele denomina, de maneira um tanto irrefletida, "o Ocidente" — são considerados como um país que se submeteu à modernização; que conseguiu desenvolver determinados princípios seculares que transcendem e incorporam posições religiosas; que é mais avançado e, finalmente, mais racional; e, por esses motivos, mais apto à deliberação democrática e ao autogoverno.[18] E, no entanto, os ideais de democracia que Huntington abraça são também aqueles que expressam os valores da tradição judaico-cristã, uma visão que sugere que todas as outras tradições religiosas ficam fora da trajetória da modernização que constitui a civilização e sua reivindicação "missionária" do futuro.

Se as populações islâmicas destruídas em guerras recentes ou em curso são consideradas menos do que humanas, ou "fora" das condições culturais intrínsecas à emergência do humano, então elas pertencem ou a um tempo de infância cultural, ou a um tempo que se situa fora do tempo como o concebemos. Em ambos os casos, considera-se que não chegaram ainda à ideia do humano racional. Infere-se desse ponto de vista que a destruição dessas populações, de suas infraestruturas, de suas casas e de suas instituições religiosas e comunitárias constitui a destruição daquilo que ameaça o humano, e não do humano enquanto tal. É também precisamente esse conceito particular de uma história progressiva que situa "o Ocidente" como articulador dos princípios paradigmáticos do humano – dos humanos dignos de serem valorizados, cujas vidas vale a pena salvaguardar, cujas vidas são precárias e, quando perdidas, são dignas de luto público.

Permitam-me propor, finalmente, uma última discussão sobre tortura que nos levará de volta à questão da temporalidade e da reformulação da diferença cultural. Permitam--me sugerir, em primeiro lugar, que os Estados Unidos se basearam em uma fonte antropológica medíocre quando idealizaram seus protocolos de tortura. O Departamento de Defesa escolheu um texto dos anos 1970 intitulado *The Arab Mind* ["*A mentalidade árabe*"], segundo o qual existia uma mentalidade árabe, que podia ser caracterizada, de uma maneira geral, fazendo referência às crenças religiosas e às vulnerabilidades sexuais específicas de pessoas de origem árabe.[19] O texto corroborava uma forma de antropologia cultural que tratava as culturas como entidades autossuficientes e distintivas, que rejeitava a mescla global de formações culturais e sociais, e que se considerava acima de qualquer julgamento moral e, mais genericamente, a serviço da tolerância cultural. Gostaria de sugerir que a redução massiva da vida árabe a uma "mentalidade árabe" produziu um objeto disponível para os militares norte-americanos e para os protocolos de tortura efetivados sob a direção do general Geoffrey Miller. Como, evidentemente, não existe uma "mentalidade árabe" — não é possível atribuir os mesmos temores e ansiedades a todo o mundo árabe, em toda a sua complexidade geográfica e em todas as suas formulações cosmopolitas —, o texto tinha que construir um objeto que pudesse ser manipulado depois. Foram idealizadas estratégias para extrair informação dessa mentalidade, que foram aplicadas nos diversos cenários de tortura visualmente disponíveis para nós, assim como em outros que continuam sem ser representados em qualquer forma de expressão midiática.

Aqueles que idealizaram esses esquemas de tortura procuraram entender as vulnerabilidades específicas de uma população formada dentro do mundo islâmico, e desenvolveram seus planos a partir de um enfoque sexual que era, a um só tempo, uma forma de intolerância e ódio de cunho religioso. O que convém recordar, porém, é que o sujeito do Islã também foi construído através da tortura, e os textos antropológicos, bem como os protocolos de tortura, faziam parte da produção desse sujeito dentro do discurso dos militares. Gostaria de ser particularmente cautelosa nesse ponto, portanto, permitam-me repetir esta formulação: a tortura não foi meramente um esforço para encontrar maneiras de envergonhar e humilhar os prisioneiros de Abu Ghraib e de Guantánamo com base em sua suposta formação cultural; a tortura foi, também, uma maneira de produzir coercitivamente o sujeito árabe e a mentalidade árabe. Isso significa que, independentemente das complexas formações culturais dos prisioneiros, eles foram obrigados a encarnar a redução cultural descrita pelo texto antropológico. Devemos nos lembrar de que esse texto não tem uma relação epistemologicamente privilegiada com o seu sujeito. Ele é parte do projeto de forçar a produção desse sujeito, e cabe a nós perguntar o por quê.

Essa perspectiva não tem sido considerada nos debates atuais sobre a questão, veiculados pelos meios de comunicação dominantes. Houve, *grosso modo*, duas maneiras de abordar a questão dentro de um enquadramento liberal. A primeira apresenta seu argumento com base em direitos culturais e violações culturais. Alega que as cenas orquestradas de humilhação física e sexual exploram as vulnerabilidades sexuais específicas dessas populações árabes. A segunda posição afirma que é necessária uma condenação normativa da tortura que não faça referência à cultura, já que claramente os atos seriam censuráveis e passíveis de punição não importa contra quem fossem perpetrados ou quem os estivesse perpetrando. A primeira visão, que enfatiza os direitos culturais, é adotada pelo jornalista norte-americano Seymour Hersh,[20] e afirma que violações especificamente culturais ocorreram durante as sessões de tortura, violações que tinham a ver com o pudor, com tabus acerca da homossexualidade e outros aspectos da exposição e da execração públicas. A tortura também violou outros códigos sociais de diferenciação sexual, obrigando homens a vestirem roupas íntimas femininas e degradando mulheres por intermédio da nudez forçada.

Ambos os enquadramentos são necessários para o entendimento da tortura, embora sejam, no final das contas, insuficientes. Sim, ocorreram violações culturais específicas claras, e esses atos de tortura foram claramente condenáveis de acordo com qualquer enquadramento normativo que mereça esse nome. Mas temos de incluir essas duas visões em um enquadramento mais amplo se quisermos entender como essas cenas de degradação sexual e tortura física fazem parte da missão civilizatória e, em particular, de seus esforços para manter o controle absoluto sobre a construção do sujeito da tortura. Se perguntarmos o que de fato está em jogo ao se produzir o sujeito árabe como um *locus* distinto de vulnerabilidade sexual e social, teremos de descobrir que posição de sujeito está sendo reivindicada não apenas pelas forças armadas norte-americanas como também pelo esforço bélico de maneira geral. Se queremos falar de "culturas específicas", então faria sentido começar pela cultura específica do exército norte-americano, por seu masculinismo e sua homofobia enfáticos, e perguntar por que precisa, para seus próprios propósitos, moldar a população predominantemente islâmica contra a qual faz a guerra como um *locus* de tabu e vergonha primitivos. Gostaria de sugerir que, nesse contexto, está em curso uma guerra de civilizações que projeta o Exército como a cultura sexualmente mais progressista. Os membros do Exército se consideram sexualmente mais "avançados" porque leem pornografia ou porque a impõem a seus prisioneiros, porque superam suas próprias inibições ao explorar e destruir as inibições daqueles que eles torturam.

A "superioridade" ostensiva do Exército reside não em sua capacidade de fazer a guerra contra sujeitos militares, ou contra os supostos códigos morais e sexuais do Islã, mas em sua capacidade de construir coercitivamente o sujeito árabe por meio da implementação de protocolos de tortura. Não se trata simplesmente de romper os códigos, mas sim de construir um sujeito que se submeta, quando for forçado a romper tais códigos. Suponho, então, que temos de nos perguntar que sujeito *não* se submeteria nessas condições. Pode ser que o torturador se comporte como alguém cuja impermeabilidade seja alcançada à custa da permeabilidade radical do torturado, mas essa postura não pode negar uma permeabilidade fundamental que atravessa toda a vida corporal. Mais especificamente, o fato de o Exército destruir esses códigos é, em si, um ato de dominação, embora também seja uma maneira de exercitar e exemplificar uma liberdade que é, ao mesmo tempo, sem lei e coercitiva, uma liberdade que passou a representar e implantar a missão civilizatória. Afinal, não pode haver civilização com o Islã "dentro", de acordo com os postulados de Huntington e de teóricos da assim chamada "mentalidade árabe". No entanto, se olharmos mais de perto para aquilo que está sendo representado como missão civilizatória, veremos que consiste em práticas homofóbicas e misóginas desenfreadas. Portanto, devemos entender os atos de tortura como ações de uma instituição homofóbica contra uma população que é construída e ao mesmo tempo escolhida como alvo por sua própria vergonha em relação à homossexualidade; ações de uma instituição misógina contra uma população na qual as mulheres desempenham papéis determinados por códigos de honra e de vergonha e, por conseguinte, não são "iguais" como as mulheres aparentemente são no Ocidente. Nesse sentido, podemos ver as fotos de mulheres sem véu distribuídas pelo exército norte-americano no Afeganistão como um sinal de seu "triunfo", como uma prefiguração das capturas digitais e das violações sexuais perpetradas pelos soldados norte-americanos em Abu Ghraib e Guantánamo.

Ademais, podemos ver aqui a associação de uma determinada pressuposição cultural de progresso como uma licença para empreender uma destruição desenfreada. Mais especificamente, nesse modo de racionalização implícita, ocorre uma grosseira utilização e exploração da norma de "liberdade" tal como ela funciona na política sexual contemporânea. Uma norma na qual a "liberdade" se transforma não só no meio de coerção, mas também naquilo que poderia ser chamado de *jouissance* da tortura". Se perguntamos que espécie de liberdade é essa, a resposta é que é uma liberdade que está livre da lei ao mesmo tempo que é coercitiva. Trata-se de uma extensão da mesma lógica que coloca o poder estatal, e seus mecanismos de violência, como algo acima da lei. Não é uma liberdade que pertença ao discurso sobre os direitos, a menos que entendamos o direito de estar livres de toda responsabilidade jurídica como o direito em questão.

Há pelo menos duas tendências que se contrabalançam em operação nas cenas de tortura. Por um lado, a população prisioneira iraquiana é considerada pré-moderna precisamente no sentido de que se supõe que encarne determinadas proibições e inibições em relação à homossexualidade, à exposição, à masturbação e à nudez. Não apenas o Exército se baseia em um essencialismo cultural ruim para impor esse ponto de vista, como a tortura se torna uma forma de testar e ratificar a tese desse essencialismo cultural ruim. Na verdade, eu iria além: a tortura pode ser entendida, nessa perspectiva, como uma técnica de modernização. Diferentemente dos regimes disciplinares de formação do sujeito, que buscariam transformar o torturado em um sujeito moderno exemplar, esse tipo de tortura procura expor o estatuto do torturado como o permanente, desprezível e aberrante avesso da formação do sujeito enquanto tal. Se os torturados são sujeitos de algum tipo, eles estão fora da trajetória da civilização que define o humano, o que confere aos defensores da civilização o "direito" de excluí-los mais violentamente. Contudo, por constituírem técnicas coercitivas de modernização, também está em questão uma barbárie específica do modernismo secular. E, nesse sentido, podemos ver que a missão civilizatória levada a cabo pelos militares em seus atos de tortura complica a narrativa que racionalizaria a guerra contra o Islã. Vemos também, de forma abreviada, a "utilização" de uma postura de liberdade sexual com o intuito de forçar a capitulação à humilhação sexual, momento em que a dimensão "coercitiva" dessa versão histórica do projeto de secularização moderno se torna detalhadamente disponível. Convém deixar claro que não vejo os atos de tortura como atos individuais aberrantes nem tampouco como objetivos totalmente conscientes e estratégicos das forças armadas norte-americanas. Entendo a natureza coercitiva desses atos de humilhação e tortura muito mais como algo que torna explícita a coerção que já está em curso na missão civilizatória e, mais particularmente, na instituição forçada de uma ordem cultural que retrata o Islã como uma ruína abjeta, atrasada e, por conseguinte, algo que deve ser subordinado à — ou excluído da — cultura do humano como tal. Esta lógica não está longe da deslegitimação e do deslocamento que marcaram a retórica do Papa a respeito do Islã. Se o Islã é representado como algo violento por definição, mas carregado de regras inibitórias, então, na medida em que é violento, necessita de novas normas disciplinares; e, na medida em que está limitado por regras, necessita de uma emancipação que só a modernidade pode trazer.

Não estou afirmando que negar direitos de imigração a alguém seja o mesmo que submeter essa pessoa à tortura sexual. Estou sugerindo que a rigorosa exclusão de comunidades islâmicas das normas em vigor na Europa e nos Estados Unidos, para falar apenas em linhas gerais no momento, está baseada na convicção de que o Islã constitui uma ameaça para a cultura, até mesmo para as normas predominantes de humanização. E quando algum grupo de pessoas passa a representar uma ameaça às condições culturais da humanização e da cidadania, o embasamento lógico de sua tortura e morte fica estabelecido, uma vez que os indivíduos desse grupo não podem mais ser conceituados como humanos nem como cidadãos. No caso da tortura sexual, está em curso uma utilização nociva da noção de liberdade sexual: "Nós encarnamos essa liberdade, vocês não; portanto, somos livres para coagi-los e, assim, exercer nossa liberdade, enquanto vocês, vocês manifestarão sua falta de liberdade, e esse espetáculo servirá como justificativa visual para investirmos contra vocês". Evidentemente, isso é diferente do desvelamento das mulheres afegãs que foi publicado na primeira página do *New York Times*, mas há um pressuposto comum em operação? Nesses contextos, pode-se afirmar que o feminismo e a luta por liberdade sexual se converteram, de maneira terrível, no "signo" da missão civilizatória em curso? Podemos começar a compreender de fato a tortura se não pudermos entender a homofobia entre os militares quando atuam sobre populações formadas religiosamente seguindo o tabu da homossexualidade?

Que tipo de encontro é esse, então, que acontece na cena da tortura, no qual uma homofobia e uma misoginia violentas exploram a suposta homofobia e misoginia de suas vítimas? Se nos centrarmos nas vítimas, mesmo dentro de um enquadramento de tolerância, ou direitos culturais, ou violações culturais específicas, perderemos de vista a exploração que está ocorrendo na cena de tortura. A homofobia e a misoginia parecem mais essenciais à cena de tortura do que qualquer homofobia e misoginia que possamos ter atribuído à população torturada ou mesmo que possamos entender como a deficiência ou o atraso específicos do próprio Islã. Qualquer que seja a relação existente entre o Islã e o estatuto da mulher, é imperativo começar com a proposição de que se trata de uma relação complexa, historicamente mutável e não suscetível a uma rápida redução (a esse respeito, sugiro, como um começo para os leitores de língua inglesa, a enciclopédia *Women in Islamic Cultures* ["A mulher nas culturas islâmicas"], editada por Suad Joseph e publicada pela editora Brill).

O que está em questão na cena de tortura é a ligação entre a violência e a sexualidade que faz parte da tese civilizacional como foi formulada no contexto dessas guerras. Afinal, os Estados Unidos estão levando a civilização para "outro islâmico" aparentemente "atrasado" ou pré-moderno. E o que levam, mais claramente do que todo o resto, é a tortura como instrumento e signo de civilização. Não se trata de momentos aberrantes da guerra, mas sim da lógica cruel e espetacular da cultura imperial norte-americana operando no contexto de suas guerras em curso. As cenas de tortura são conduzidas em nome da civilização contra a barbárie, e podemos ver que a "civilização" em questão faz parte de uma política secular duvidosa que não é mais ilustrada nem mais crítica do que as piores formas de religião dogmática e restritiva. Na realidade, as alianças históricas, retóricas e lógicas entre elas podem ser bem mais profundas do que imaginamos. A barbárie em questão aqui é a barbárie da missão civilizatória, e qualquer política anti-imperialista, sobretudo a feminista e a homossexual, deve se opor a ela sempre. Porque o objetivo é estabelecer uma política que se oponha à coerção estatal, e construir um enquadramento no qual possamos ver como a violência praticada em nome da conservação de uma determinada modernidade e o construto da homogeneidade ou da integração cultural constituem atualmente as ameaças mais sérias à liberdade. Se as cenas de tortura são a apoteose de certa concepção de liberdade, trata-se de uma concepção livre de qualquer lei, livre de qualquer restrição, precisamente com a finalidade de impor a lei e exercer a coerção. É óbvio que existem noções distintas de liberdade em jogo, embora provavelmente convenha observar que a liberdade que deve ser protegida da coerção e da violência é um dos significados que se perdeu de vista. O mesmo se pode dizer também da capacidade de pensar o tempo — este tempo — fora dessa teleologia que se instala violentamente como origem e fim do culturalmente pensável. A possibilidade de um enquadramento político que abra nossas ideias a respeito de normas culturais à contestação e ao dinamismo dentro de um panorama global seria, sem dúvida, uma maneira de pensar uma política que reconduza a liberdade sexual ao âmbito das lutas afins travadas contra o racismo, o nacionalismo e a perseguição de minorias religiosas.

Mas ainda não estou nem um pouco convencida de que precisamos situar essas lutas dentro de um enquadramento unificado. Como espero ter demonstrado, ao menos de forma preliminar, insistir em um enquadramento cultural unificado como uma precondição da política — seja ela secular ou religiosa — seria eximir esse enquadramento de contestação política. Se, como insiste Marx, o ponto de partida para nossa análise deve ser o presente histórico, então me parece que seria necessária uma nova forma de entender como as temporalidades entram em conflito ou em convergência para fazer qualquer descrição complexa desse presente. Isso significa, acho, nos opormos a ambos os enquadramentos unificados que transformariam os antagonismos em questão em reivindicações por direitos equivalentes, mas também rechaçar as narrativas do desenvolvimento que determinam de antemão em que consiste uma justa visão da prosperidade humana. Sempre é possível mostrar não apenas os diversos sentidos nos quais o Islã é moderno, mas também — o que é igualmente importante — como certos ideais seculares não poderiam ter se desenvolvido sem a sua transmissão e elaboração através das práticas islâmicas. A questão, contudo, não é mostrar que somos todos modernos. Se a modernidade tenta constituir-se por meio de uma ideia do tempo contínua e em desenvolvimento, e se algumas de nossas liberdades individuais são conceitualizadas dentro dessa noção de realização contínua e em desenvolvimento, talvez fosse bom recordar uma máxima de Nietzsche encontrada em *A vontade de poder*: "A humanidade não avança, ela nem sequer existe."[21] Talvez ainda mais relevante seja a insistência de Walter Benjamin, na décima terceira de suas *Teses sobre a filosofia da história* — em que "a ideia de um progresso da humanidade na história é inseparável de sua marcha no interior de um tempo vazio e homogêneo. A crítica da ideia de progresso tem como pressuposto a crítica da ideia dessa marcha."[22] Em uma tese subsequente, ele observa que "a consciência de fazer explodir o *continuum* da história é própria às classes revolucionárias no momento da ação".[23] O historiador que entenda como o passado assombra, como o passado não é passado, mas continua no presente, entenderá "o tempo do agora" como um tempo "atravessado por fragmentos do tempo messiânico".[24] Essa referência enfaticamente não secular de Benjamin não se baseia em um futuro ideal, mas, antes, na força interruptiva do passado em um presente que apaga todas as diferenças qualitativas por meio de seu efeito homogeneizador. Essa "constelação" que é a era de alguém é precisamente a cena difícil e interruptiva de múltiplas temporalidades que não podem ser reduzidas nem a um pluralismo cultural nem a um discurso liberal sobre os direitos. Para Benjamin, na linha final dessas teses, "cada segundo era a porta estreita pela qual podia penetrar o Messias", uma condição histórica na qual a responsabilidade política pelo presente existe precisamente "agora". Não foi por acaso que Benjamin entendeu ações revolucionárias como a greve, como a rejeição do poder estatal coercitivo. Esse poder baseia-se em uma determinada noção de progresso histórico aceita para se autolegitimar, como a realização moderna suprema. Separar o "tempo do agora" dessas pretensões de modernidade é eliminar o enquadramento temporal que sustenta de maneira acrítica o poder estatal, seu efeito legitimador e suas instrumentalidades coercitivas. Sem uma crítica da violência do Estado e do poder que ela tem para construir o sujeito da diferença cultural, nossas reivindicações de liberdade correm o risco de sofrer uma apropriação pelo Estado que pode nos fazer perder de vista todos os nossos demais comprometimentos. Apenas mediante uma crítica à violência do Estado é que teremos a possibilidade de identificar e reconhecer as alianças já existentes e os pontos de contato com outras minorias a fim de considerar sistemicamente como a coerção busca nos dividir e manter nossa atenção desviada da crítica da violência propriamente dita.

É apenas aceitando as mudanças epistêmicas entre as diferentes perspectivas críticas, tanto seculares quanto religiosas, que qualquer um de nós será capaz de pensar devidamente o tempo e o lugar da política. Se a liberdade é um dos ideais a que aspiramos, será importante recordar quão facilmente a retórica da liberdade pode ser usada em nome da autolegitimação de um Estado cuja força coercitiva desmente sua pretensão de salvaguardar a humanidade. Talvez então possamos repensar a liberdade — inclusive a libertação da coerção — como uma condição de solidariedade entre minorias, e perceber como é necessário formular políticas sexuais no contexto de uma crítica incisiva da guerra.

4 O não pensamento em nome da normatividade

Em um recente debate,[1] o sociólogo britânico Chetan Bhatt observou que "na sociologia, na teoria cultural ou nos estudos culturais, muitos de nós pressupomos um campo de verdades (...), um campo (embora contestado) de inteligibilidade teórica para compreender ou descrever 'o Self, 'o Outro', o sujeito, a identidade, a cultura".[2] E acrescenta: "Não estou mais tão seguro de que esses conceitos tenham necessariamente a capacidade expansiva para abordar as enormes transformações ocorridas nos mundos da vida fora da Euro-américa, o rápido desembaralhamento e recondicionamento daquilo que denominamos 'identidade' (...)." Se Bhatt estiver certo, então os próprios enquadramentos por meio dos quais avançamos, seja o do multiculturalismo ou o dos direitos humanos, pressupõem tipos específicos de sujeitos que podem ou não corresponder aos modos de vida que se dão no tempo presente. Os sujeitos subentendidos pelos enquadramentos liberais e multiculturais (e vamos ter que tentar fazer uma distinção entre eles) caracterizam-se por pertencerem a certos tipos de identidades culturais, concebidos de formas variadas como individual ou multiplamente determinados por uma série de categorias que incluem etnicidade, classe, raça, religião, sexualidade e gênero. Persistem algumas questões sobre se e como tais sujeitos podem ser representados na legislação, e sobre o que poderia ser considerado como um reconhecimento cultural e institucional suficiente para tais sujeitos. Fazemos essas perguntas normativas como se soubéssemos o que queremos dizer com o sujeito, mesmo que nem sempre saibamos qual é a melhor maneira de representar ou reconhecer vários sujeitos. De fato, o "nós" que elabora essas perguntas pressupõe, em grande parte, que o problema é unicamente normativo, a saber, qual a melhor maneira de organizar a vida política de forma a possibilitar o reconhecimento e a representação. E muito embora essa pergunta seja certamente crucial, para não dizer a mais crucial que podemos fazer, não podemos elaborar uma resposta se não considerarmos a ontologia do sujeito cujo reconhecimento e cuja representação estão em questão. Além disso, qualquer indagação a respeito dessa ontologia exige que consideremos outro nível no qual o normativo opera, isto é, mediante normas que produzem a ideia do humano digno de reconhecimento e de representação. Isso significa que não podemos fazer e responder à pergunta normativa entendida de maneira mais geral, sobre o melhor modo de representarmos ou reconhecermos esses sujeitos, se não conseguimos compreender o diferencial de poder existente que distingue entre os sujeitos que serão elegíveis para o reconhecimento e os que não o serão. Em outras palavras, qual a norma segundo a qual o sujeito é produzido e se converte depois no suposto "fundamento" da discussão normativa?

O problema não é única ou meramente "ontológico", já que as formas que o sujeito assume, assim como os mundos da vida que não se ajustam às categorias disponíveis do sujeito, emergem à luz dos movimentos históricos e geopolíticos. Digo que eles "emergem", mas isso, evidentemente, não significa que haja nenhuma garantia, já que essas novas formações só podem "emergir" quando existem enquadramentos que estabelecem a possibilidade dessa emergência. Portanto, a questão é: esses enquadramentos de fato existem e, em caso afirmativo, como funcionam? Existem variantes do liberalismo e do multiculturalismo que propõem uma reflexão sobre o que poderia ser o reconhecimento à luz de um desafio às noções do sujeito e da identidade propostas por Bhatt anteriormente. Algumas dessas posições procuram estender uma doutrina de reconhecimento a sujeitos de coligações. O sociólogo Tariq Modood, por exemplo, propõe uma concepção de cidadania dependente menos de perspectivas ou reivindicações baseadas no sujeito do que no intercâmbio intersubjetivo que se produz, por exemplo, como resultado de "possibilidades de coligações entre políticas sexuais e o multiculturalismo religioso". Em sua opinião, a cidadania deve ser entendida como algo dinâmico e passível de revisão, marcado por "conversações e renegociações".

Uma concepção substancial de cidadania implica modalidades de diálogo que reconstituam os participantes de maneira significativa. Modood deixa claro que "a única coisa que não constitui a inclusão civil é uma aceitação acrítica de uma concepção de cidadania, das 'regras do jogo' e de um 'ajuste' unilateral dos recém-chegados ou dos novos iguais (os ex-subalternos)". Em seguida, ele faz este importante acréscimo às suas observações: "Ser cidadão, da mesma forma que ter se convertido em cidadão, é ter direito não apenas de ser reconhecido, como também de debater os termos do reconhecimento."³

Fazer uma solicitação para se tornar um cidadão não é tarefa fácil, mas debater os termos mediante os quais essa cidadania é conferida é, sem dúvida, ainda mais difícil. Nessa perspectiva, o cidadão é *ele mesmo* um "intercâmbio de coligações"; em outras palavras, não há um sujeito singular ou multiplamente determinado, mas um processo social dinâmico, um sujeito que está não apenas em marcha, mas que é constituído e reconstituído no decorrer do intercâmbio social. Não apenas temos direito a certo estatuto como cidadãos, mas esse estatuto é ele mesmo determinado e revisto no decorrer da interação social. Poderíamos afirmar que essa forma dialógica de ontologia social é satisfatória e conveniente, mas o reconhecimento legal nos converte a todos em sujeitos jurídicos. Embora isso possa parecer verdadeiro, existem condições extralegais para se tornar um cidadão, na realidade, até mesmo para se chegar a ser um sujeito capaz de comparecer diante da lei. Comparecer diante da lei significa que uma pessoa ingressou no reino da aparência ou que está posicionada para ser introduzida nele, o que significa, por sua vez, que existem normas que condicionam e orquestram o sujeito que pode aparecer e de fato aparece. O sujeito que é moldado para aparecer perante a lei não é, portanto, plenamente determinado pela lei, e essa condição extralegal de legalização está implicitamente (e não juridicamente) prevista pela própria lei.

Poderíamos, então, ficar tentados a decidir formular uma nova concepção do sujeito, uma concepção que poderia ser chamada de "coligação". Mas o que constituirá as partes dessa coligação? Podemos dizer que existem diversos sujeitos em um único sujeito, ou que existem "partes" que se comunicam umas com as outras? As duas alternativas demandam que formulemos a questão sobre se a linguagem do sujeito é suficiente. Consideremos o cenário invocado por aqueles que perseguem a meta normativa da tolerância: se um sujeito pratica a tolerância em relação a outro, ou se dois sujeitos diferentes se veem na obrigação de praticar a tolerância recíproca, então esses dois sujeitos são considerados diferenciados desde o início. Mas o que explica essa diferenciação? E se a "diferenciação" é exatamente o que deve ser reprimido e ressituado a fim de que o sujeito apareça dentro de semelhante cenário? Dentro de alguns discursos de tolerância, por exemplo, há dois tipos de sujeito diferentes, como "os homossexuais" e "os muçulmanos", que se toleram ou não mutuamente nas esferas da negociação e das políticas públicas. Como Wendy Brown afirmou, de forma convincente, a tolerância é um instrumento frágil, que com frequência pressupõe um desprezo por aqueles a quem é direcionada.[4] Outros defendem o reconhecimento como uma alternativa mais robusta e afirmativa à tolerância (menos tolerante, e assim mais tolerante!). O reconhecimento, porém, torna-se um conceito nada perspicaz quando refletimos sobre como poderia funcionar com relação a esses cenários. Além da questão de quem confere reconhecimento e que forma ele assume, temos também de nos perguntar o que precisamente seria "reconhecido"? A "homossexualidade" da pessoa gay? A crença religiosa do muçulmano? Se nossos enquadramentos normativos pressupõem que essas características aparentemente definidoras de sujeitos singularmente determinados constituem seus objetos adequados, então o reconhecimento se torna parte da própria prática de ordenar e regular os sujeitos de acordo com normas preestabelecidas. Se o reconhecimento reconsolida o "sujeito sexual", o "sujeito cultural" e o "sujeito religioso", entre outros, ele *faz* ou *encontra* o sujeito do reconhecimento? E há alguma maneira de distinguir entre o fazer e o encontrar dentro da cena de reconhecimento baseada nesses termos? E se os próprios traços que são "reconhecíveis" provarem estar baseados em um fracasso do reconhecimento?

O fato de que nenhum sujeito pode surgir sem se diferenciar de outro tem diversas consequências. Em primeiro lugar, um sujeito só se torna distinto mediante a exclusão de outras possíveis formações de sujeito, uma multidão de "não eus". Em segundo lugar, um sujeito surge mediante um processo de descarte, abandonando aquelas dimensões de si mesmo que não conseguem se conformar às figuras distintas produzidas pela norma do sujeito humano. A recusa desse processo inclui várias formas de espectralidade e monstruosidade, geralmente representadas com relação à vida animal não humana. Em certo sentido, essa formulação é uma espécie de truísmo (pós-)estruturalista, no sentido de que a diferença não apenas condiciona de antemão a afirmação da identidade, mas prova, como resultado, ser mais fundamental do que a identidade. Em *Hegemony and Socialist Strategy*, Laclau e Mouffe ofereceram a sua extremamente importante reformulação dessa noção, em que a condição de diferenciação se torna, simultaneamente, o sinal de uma carência constitutiva em toda formação do sujeito e a base para uma concepção não substancial da solidariedade.[5]

Existe alguma maneira de transformar esse conjunto de ideias formais em uma análise historicamente específica do funcionamento diferencial do reconhecimento nos dias atuais? Afinal, se o sujeito é sempre diferenciado, temos de compreender o que isso significa exatamente. Temos uma tendência a entender a diferenciação tanto como um traço interno de um sujeito (o sujeito é internamente diferenciado e composto por diversas partes que se determinam mutuamente) quanto como um traço externo (o sujeito exclui outras formações do sujeito assim como espectros de degradação ou a perda do estatuto de sujeito). Essas duas formas de diferenciação, porém, não são tão

distintas quanto poderia parecer, já que aquela que excluo
com o intuito de constituir meu caráter distinto e específico permanece em mim como a perspectiva de minha
própria dissolução. Qualquer diferenciação interna que eu
possa fazer entre minhas partes ou minhas "identidades"
depende de algum modo de unificar essas diferenças, e,
assim, reinstala o sujeito como fundamento da própria
diferença. Por sua vez, esse sujeito adquire sua especificidade definindo-se em oposição àquilo que está fora dele, de
forma que a diferenciação externa se mostra fundamental
para explicar a diferenciação interna também.

Não precisamos avançar além de Hegel para fazer essas
afirmações, mas talvez exista algo mais a ser considerado
nas formas específicas que assumem os conflitos culturais
ostensivos, assim como na maneira pela qual essas formas
são pressupostas pelos enquadramentos normativos predominantes. A pessoa homossexual em questão pode ou
não ser muçulmana, e a pessoa muçulmana em questão
pode ou não ser homofóbica. Todavia, se o enquadramento
de conflito cultural (gay *versus* muçulmano) determina
o modo como concebemos essas identidades, então o
muçulmano será definido por sua homofobia ostensiva,
e o homossexual será definido, dependendo do contexto,
tanto como presumivelmente anti-islâmico quanto como
alguém receoso da homofobia muçulmana. Em outras
palavras, ambas as posições se definem em termos da relação supostamente conflitiva entre elas, situação em que
ficamos sabendo pouca coisa a respeito de cada categoria
ou dos *loci* de sua convergência sociológica. De fato, o

enquadramento da tolerância, até mesmo da imposição da tolerância, ordena a identidade de acordo com as suas exigências e apaga as complexas realidades culturais das vidas gays e religiosas.

A consequência é que o enquadramento normativo determina certa ignorância sobre os "sujeitos" em questão, e até mesmo racionaliza essa ignorância como necessária à possibilidade de se fazerem julgamentos normativos contundentes. De fato, "entender" as realidades culturais designadas pelos termos "homossexual" e "muçulmano" demanda algum esforço, especialmente em seus "mundos da vida" transnacionais, para invocar Bhatt, tanto dentro quanto fora e na periferia da Euro--américa (entendendo-se que essas categorias espaciais podem operar simultaneamente). Afinal de contas, entender essa relação implicaria considerar certo número de formações em que a sexualidade e a religião funcionam como veículos uma para a outra, algumas vezes em antagonismo, outras não. Afirmar que existem regras contra a homossexualidade dentro do Islã não significa definir como as pessoas vivem em relação a essas regras ou esses tabus, ou como essas regras e esses tabus variam em sua intensidade ou centralidade, dependendo dos contextos e práticas religiosos específicos em questão.

Seria de especial interesse proceder-se a uma análise de como as práticas sexuais explicitamente consideradas tabus se comportam com relação ao tabu, ou com indiferença relativa diante dele. Afirmar que existe um tabu em um nível doutrinário ainda não explica que função o tabu desempenha no interior dessa doutrina nem como as vidas sexuais são conduzidas em relação não somente ao próprio tabu, como também a vários outros tipos de realidades culturais, quer estejam moduladas religiosamente ou não. Com efeito, até mesmo afirmar que a religião e a sexualidade podem constituir forças motrizes para um determinado modo de vida ainda não é o mesmo que dizer quão impulsoras elas podem ser, ou de que maneira impulsionam (ou não conseguem impulsionar) ou o que é precisamente que impulsionam (e em conjunto com que outras forças motrizes?). Em outras palavras, o enquadramento binário assume que a religião e a sexualidade determinam, singular e exaustivamente, a identidade (o que explica a existência de duas identidades, distintas e opostas). Esse enquadramento não considera que, até mesmo onde há antagonismos, isso não implica necessariamente uma contradição ou um impasse como conclusão. O antagonismo pode ser vivido dentro de e entre sujeitos como uma força política dinâmica e produtiva. Finalmente, esse enquadramento não faz nenhum esforço para indagar sobre as maneiras complexas por meio das quais a religião e a sexualidade se organizam, uma vez que o enquadramento binário pressupõe saber tudo o que se precisa saber antes de qualquer investigação efetiva sobre essa realidade cultural complexa. Trata-se, pois, de uma forma de não pensamento, ratificada por um modelo restritivamente normativo, um modelo que necessita de um mapa de realidade capaz de assegurar um julgamento mesmo que esse mapa seja evidentemente falso. Na verdade, é uma forma de julgamento que falsifica o mundo com o propósito de reforçar o próprio julgamento moral como sinal de certo privilégio e de certa "perspicácia" culturais, uma maneira de manter as hordas a distância (o que, presumivelmente, incluiria não apenas os não europeus, como também os comparativistas* de todo tipo). Ademais, essas reivindicações quase sempre são acompanhadas de uma afirmação espúria de "coragem política", entendida como a disposição de desafiar aqueles que desejariam que pensássemos sobre as diferenças culturais de maneira mais fundamentada, tolerante ou complexa. Em outras palavras, não precisamos entender, mas apenas, e sempre, julgar! Meu argumento, porém, não é paralisar o julgamento ou minar as pretensões normativas, mas sim insistir que devemos formular novas constelações para pensar a normatividade, se quisermos proceder de maneiras intelectualmente abertas e compreensivas a fim de compreender e avaliar o mundo em que vivemos.

Evidentemente, há algumas opções que *não* estou apresentando. Por exemplo, o problema que estamos abordando não é um problema no qual os direitos da cultura ameaçam superar os direitos da liberdade individual, já que esse enquadramento do problema se nega a repensar os conceitos de indivíduo e de cultura que estão sendo presumidos. Nesse contexto, é importante enfatizar que o esforço das elites seculares em excluir a religião da esfera

---

*Comparativista é uma metodologia de análise cuja orientação é fazer comparações entre as políticas públicas nacionais e as internacionais. (*N. da R. Trad.*)

pública pode estar enraizado em um determinado privilégio de classe e em certa cegueira diante do fato de que as redes religiosas frequentemente oferecem o suporte no qual as populações vulneráveis necessariamente se baseiam. Há quem tenha defendido os direitos de associação das comunidades religiosas com base no fato de que infringir esses direitos acarreta uma substancial privação de direitos para essas comunidades ou, até mesmo, desenraizamento da própria comunidade.[6] É claro que um projeto desses teria que ser capaz de localizar as comunidades, tratá-las como entidades estáveis e distintas, o que levaria a certos tipos de decisão complicadas em relação a como o pertencimento a um grupo deveria ser determinado. Sem dúvida, a vantagem dessa abordagem é que ela complementa certo individualismo mediante a noção de direitos de grupo; a limitação, porém, é que o "grupo" ou a "comunidade" funcionam como um sujeito unificado precisamente em um tempo em que as novas formações sociais exigem que pensemos além e mesmo contra essas pressupostas unidades.

A estratégia de elaborar direitos de associação e um conceito de cidadania em coligação poderia ser entendida como uma forma de expandir as normas democráticas existentes de maneira que elas se tornem mais inclusivas e, assim, possam superar os "distanciamentos" entre as reivindicações e os direitos individuais e religiosos. Essas estratégias, sem dúvida, têm seus pontos fortes e suas promessas. Gostaria de chamar a atenção apenas para a tensão existente entre (a) a expansão dos atuais conceitos normativos de cidadania, reconhecimento e direitos a fim

de acomodar e superar os impasses contemporâneos, e
(b) a necessidade de vocabulários alternativos, fundados
na convicção de que os discursos normativos derivados do
liberalismo e do multiculturalismo são inadequados para
a tarefa de compreender tanto as novas formações do
sujeito quanto as novas formas de antagonismo social
e político.

Embora não pretenda, em absoluto, subestimar o lugar
do conflito social e cultural na política contemporânea, fico
igualmente relutante em considerar natural o "impasse"
como traço estrutural do multiculturalismo, por mais predominante que possa ser a concepção de um determinado
distanciamento entre, por exemplo, as minorias religiosas
e sexuais. Há numerosos grupos religiosos de gays e lésbicas, alguns dos quais foram responsáveis por algumas
das campanhas a favor do casamento civil entre pessoas de
mesmo sexo nos Estados Unidos.[7] Há também, nos Estados
Unidos e em toda a Europa, coligações de homossexuais
e "estrangeiros ilegais", ou *sans papiers*, que trabalham
juntos, em harmonia, sem que conflitos sobre identidade
sexual e crença religiosa afetem seus esforços de coligação.
Já existem, também, numerosas comunidades muçulmanas
de lésbicas e gays (como, por exemplo, o bar SO36, no
distrito de Kreuzberg, em Berlim) que desmentem a necessidade de oposição entre sexualidade e religião. Se levarmos
em conta como a condição de portadores de HIV afetou
adversamente a capacidade de determinados indivíduos
de migrar ou simplesmente ter acesso a um tratamento de
saúde adequado, poderemos ver como comunidades que

lutam por direitos civis e políticos, caracterizadas por uma fusão de identidades, podem ser formadas sob a rubrica da política de imigração. Se os termos do multiculturalismo e a política do reconhecimento exigem ou a redução do sujeito a um único atributo definidor ou a construção de um sujeito multiplamente determinado, então não posso assegurar que já tenhamos enfrentado o desafio à metafísica cultural representado pelas novas redes globais que atravessam e animam diversas determinações dinâmicas ao mesmo tempo.

Quando constituem a base de coligações políticas, essas comunidades estão unidas menos por questões de "identidade" ou termos de reconhecimento comumente aceitos do que por formas de oposição política a certas políticas estatais e outras políticas regulatórias que efetuem exclusões, rejeições, suspensão parcial ou plena da cidadania, subordinação, degradação ou coisas assim. Nesse sentido, as "coligações" não estão necessariamente baseadas em posições do sujeito ou na reconciliação de diferenças entre posições do sujeito; na realidade, podem estar fundamentadas em objetivos provisoriamente sobrepostos e pode haver — talvez deva haver — antagonismos ativos a respeito do que esses objetivos deveriam ser e da melhor maneira de alcançá-los. Elas são campos animados de diferenças no sentido de que "ser produzido por outro" e "produzir outro" são parte da própria ontologia social do sujeito, situação em que "o sujeito" é menos uma substância distinta do que um conjunto ativo e transitivo de inter-relações.

Não estou totalmente convencida da existência de um único termo "unificador" que abarque todas as formas de despojamento que unem as políticas de minorias, nem tampouco creio que seja necessário haver um para os fins estratégicos de uma aliança política. O que é necessário é que aqueles que estão comprometidos com tais esforços de coligação estejam também ativamente envolvidos em refletir a fundo sobre a categoria da "minoria" como algo que cruza as linhas que separam o cidadão do não cidadão. Quando nos concentramos nos poderes estatais regulatórios, em como eles orquestram o debate e manipulam os termos para criar um impasse político, nos movemos para além do tipo de enquadramento que presume uma oposição diádica ou que extrai um "conflito" de uma formação complexa de tal forma que obstrui as dimensões coercitivas e orquestradoras dos enquadramentos normativos. Ao trazer a questão do poder para o centro da discussão, os termos do debate precisam inevitavelmente mudar e, na prática, se tornar politicamente mais receptivos.

Assim, como as formas de poder, incluindo o poder do Estado, orquestram uma cena de oposição diádica que requer dois sujeitos distintos, qualificados por atributos únicos ou plurais, e mutuamente excludentes? Aceitar esses sujeitos como algo natural significa desviar a atenção crítica das próprias operações de poder, incluindo os efeitos orquestradores do poder inerentes na e dentro da formação do sujeito. Em decorrência disso, alerto para o perigo das formas narrativas de história progressiva nas quais o conflito diádico é superado mediante enquadramentos liberais mais abrangentes e inclusivos ou, ainda, nas quais o constructo do progresso em si se converte na questão definidora na batalha pela defesa do liberalismo. No primeiro caso, desenvolvemos enquadramentos mais inclusivos para resolver o antagonismo; no segundo, sustentamos que a alternativa secular e progressista é a condição *sine qua non* da democracia liberal e declaramos uma guerra efetiva a qualquer esforço para repensar ou questionar a necessidade, a suficiência e o valor último dessa alternativa. O primeiro caso caracteriza noções dialéticas, pragmáticas e progressistas da história; o segundo converte o "progressivo" em um dos polos de um conflito e configura todos os vocabulários não seculares e contraprogressistas como ameaças ao liberalismo, incluindo todos os esforços no sentido de desenvolver vocabulários alternativos para pensar sobre os sujeitos emergentes e sobre as linguagens, meios de comunicação e idiomas efetivos para a emancipação política.

Certamente, não imagino uma aliança "sem emendas" entre minorias religiosas e sexuais. Existem alianças desse tipo, e faz sentido perguntar como são formadas. Também faz sentido assumir que elas devem conter, em seu interior, determinadas fraturas, falhas e antagonismos permanentes. Ao dizer "conter em seu interior", não pretendo sugerir que a aliança em questão suture ou resolva esses antagonismos. Ao contrário, continuaria argumentando, com Laclau e Mouffe, que o antagonismo mantém a aliança aberta e suspende a ideia de reconciliação como meta. O que mantém uma aliança é diferente da questão do que mantém a mobilidade de uma aliança. No meu ponto de vista, aquilo que mantém uma aliança móvel é o foco permanente nas formações de poder que excedem a definição estrita de identidade aplicada àqueles incluídos nessa aliança. Nesse caso, uma aliança precisaria permanecer concentrada nos métodos de coerção do Estado (que vão desde os exames impostos aos imigrantes até a tortura explícita) e nas invocações (e reduções) de *sujeito*, *natureza*, *cultura* e *religião* que produzem o horizonte ontológico no qual a coerção estatal parece necessária e justificada.

A operação do poder estatal se dá dentro de um horizonte ontológico saturado pelo poder que precede e excede o poder estatal. Por conseguinte, não podemos abordar o poder se sempre situarmos o Estado no centro de sua operação. O Estado recorre a operações não estatistas de poder e não pode funcionar sem uma reserva de poder que ele mesmo não organizou. Além do mais, e isso não é particularmente novo, o Estado tanto produz quanto pressupõe determinadas operações de poder que atuam primordialmente através do estabelecimento de um conjunto de "pressupostos ontológicos". Entre esses pressupostos, incluem-se precisamente as noções de sujeito, cultura, identidade e religião cujas versões permanecem incontestadas e incontestáveis em determinados enquadramentos normativos. Assim, quando falamos sobre "enquadramentos" nesse sentido, não estamos falando simplesmente de perspectivas teóricas que trazemos para a análise da política, mas sim de modos de inteligibilidade que favorecem o funcionamento do Estado e que, assim, constituem, eles próprios, exercícios de poder mesmo quando excedem o âmbito específico do poder estatal.

Talvez o *locus* mais importante em que surge um "impasse" não esteja entre o sujeito da minoria sexual e o sujeito da minoria religiosa, mas sim entre um enquadramento normativo que exige e produz esses sujeitos em conflito mútuo e uma perspectiva crítica que pergunte se e de que modo esses sujeitos existem fora desse antagonismo presumido ou em relações diversas com ele. Isso implicaria uma consideração sobre como esse enquadramento depende de e induz uma recusa de se compreender a complexidade da emergência histórica das populações religiosas/sexuais e as formações do sujeito que não podem ser reduzidas a nenhuma dessas formas de identidade. Por outro lado, é possível afirmar que essas reduções, ainda que falsificadoras, são necessárias, pois tornam possíveis julgamentos normativos no interior de um enquadramento estabelecido e conhecível. O desejo de uma certeza epistemológica e determinado julgamento produz, assim, uma série de compromissos ontológicos que podem ou não ser verdadeiros, mas que são considerados necessários a fim de nos aferrarmos às normas epistemológicas e éticas existentes. Por outro lado, a prática da crítica, assim como a prática de fornecer uma compreensão histórica mais adequada, focaliza a violência perpetrada pelo próprio enquadramento normativo, oferecendo, desse modo, uma explicação alternativa da normatividade, baseada menos em julgamentos preconcebidos do que em tipos de conclusões avaliadoras comparativas que podem ser alcançadas mediante a prática de uma compreensão crítica. De fato, como voltar a abordar a política de julgamento e avaliação uma vez que começamos a pensar crítica e comparativamente sobre esquemas de avaliação concorrentes?

Com o intuito de elaborar essa última questão, gostaria de retornar ao recente livro de Talal Asad *On Suicide Bombing* ["Sobre o atentado suicida"], sobre o qual já falei sucintamente no Capítulo 1.[8] Isso pode parecer um movimento surpreendente, já que Asad deixa claro que o seu próprio trabalho constitui "não um argumento", mas, antes, uma tentativa de "compreensão". Ele se recusa, explicitamente, a decidir sobre que tipo de violência é justificada e qual não o é. À primeira vista, Asad parece oferecer um ponto de vista que entra em conflito direto com aqueles que sustentariam a necessidade de julgamentos morais mesmo quando — ou precisamente quando — eles conservam o desconhecimento das práticas culturais que julgam. Asad argumenta a favor da compreensão. E faz isso, eu gostaria de sugerir, com a finalidade explícita de desestabilizar e retrabalhar nossas concepções sobre o que é normatividade e, nesse sentido, faz uma contribuição importante para a teoria normativa.

Asad deixa bastante claro que está tentando promover uma compreensão sobre o "terrorismo suicida" como ele é construído e elaborado no interior do "discurso público ocidental". Ele observa que não é sua intenção elaborar julgamentos morais, muito embora insista, em um repetido e significativo aparte, que não aprova as táticas dos atentados suicidas.[9] Contudo, para os propósitos de sua análise, prefere colocar de lado esse tipo de julgamento a fim de formular e explorar outros tipos de questão. Em um sentido semelhante, não está interessado em reconstruir as motivações dos homens-bomba — embora eu não tenha dúvida de que ele concordaria que tal estudo poderia fornecer resultados interessantes. Já que ele se restringe à análise daquilo que, talvez de maneira excessivamente geral, denomina como discurso público "ocidental" sobre os atentados suicidas, como devemos entender essa autolimitação? Devemos aceitar a palavra dele quando nos diz que os julgamentos normativos não têm influência sobre a "compreensão" do fenômeno que ele procura fornecer? Indo além e mesmo contra as alegações explícitas de Asad, gostaria de reintroduzir algumas das questões normativas que são colocadas de lado em seu livro. Faço-o, porém, não com o intuito de provar que o livro esteja errado ou enganado, mas apenas para sugerir que existe uma posição normativa ainda mais forte em questão — uma exploração mais consequente da normatividade — do que seu autor explicitamente admite.

Minha pergunta, portanto, é: podemos encontrar uma maneira de repensar os termos da normatividade com base no tipo de explicação que Asad oferece? Inicialmente, poderia parecer justificado, para não dizer correto, pedir que Asad deixe mais claro onde se situa: ele pode oferecer uma análise de atentado suicida que não acabe por conduzir a uma conclusão sobre se o atentado constituiria ou não uma forma justificada de violência? Se nos apressarmos em fazer essa pergunta, podemos perder a oportunidade de entender o que ele está tentando nos dizer sobre a própria questão. Para ser clara: ele não está fornecendo uma justificativa para os atentados suicidas, tampouco está se detendo nos argumentos normativos contrários a eles. Acredito que esteja se colocando ao largo dos argumentos "contra e a favor" com o objetivo de alterar o enquadramento por meio do qual refletimos sobre esses tipos de acontecimentos ou, antes, compreender como esses fenômenos são *apropriados* por determinados enquadramentos morais e culturais e instrumentalizados com o propósito de fortalecer o controle desses enquadramentos sobre o nosso pensamento. No prefácio da edição japonesa de *On Suicide Bombing*, Asad escreve:

> Examino os argumentos que tentam distinguir entre o terror da guerra moderna e o terror provocado pelos ativistas, argumentos cujo principal impulso é reivindicar uma superioridade moral para a guerra "justa" e descrever os atos dos terroristas — em especial os atentados suicidas — como excepcionalmente exclusivamente perversos. Meu argumento é que a diferença fundamental reduz-se meramente a uma questão de escala, e que, de acordo com esse critério, a destruição de civis e a ruptura de sua vida normal levadas a cabo pelo Estado são algo muito maior do que qualquer coisa que os terroristas possam fazer.[10]

Outro momento em que Asad se afasta da questão da justificativa a fim de abrir a possibilidade de um tipo diferente de reivindicação avaliadora é em sua resenha da posição de Michael Walzer sobre as guerras justas.[11] Para Walzer, as guerras em defesa de uma comunidade são justificadas quando essa comunidade está: (a) ameaçada de desaparecimento, ou (b) sujeita a uma transformação coercitiva do seu modo de vida. Walzer também reexamina as razões pelas quais os Estados deveriam ir à guerra e explora um conjunto de argumentos que justificam o engajamento na violência. Em sua enumeração de possíveis justificativas, ele faz afirmações sobre o que poderia ser uma justificativa, circunscrevendo de antemão o âmbito no qual faz sentido debater qualquer tipo de justificativa. O que Walzer afirma não é que algumas formas de violência são justificadas e outras não (embora essa seja uma opinião que ele também defenda), mas sim que só podemos debater devidamente sobre se determinadas formas de violência são justificadas ou não se nos restringirmos àqueles tipos de violência já delimitados por ele: a violência de Estado no caso das guerras justas — isto é, a defesa da "comunidade", quando a comunidade em questão é reconhecível segundo normas de reconhecimento estabelecidas e familiares. Aparentemente, existem outras formas de violência que não vale a pena discutir e para as quais não se espera que forneçamos razões que as justifiquem.

O que Walzer chama de "terrorismo" é uma dessas formas, e ele nos adverte contra qualquer esforço para explicar ou justificar esse fenômeno.[12] Como sabemos, o rótulo "terrorista" pode ser aplicado de maneira indiferenciada e irrefletida tanto a grupos de insurgentes quanto a grupos de contrainsurgentes; tanto à violência patrocinada pelo

Estado quanto à violência não patrocinada pelo Estado; tanto àqueles que reivindicam formas de governo mais plenamente democráticas no Oriente Médio quanto, até mesmo, aos que criticam as medidas repressivas implementadas pelo governo norte-americano. Considerando essa variação semântica, parece ainda mais necessário que nos dediquemos a esclarecer que significado preciso o termo deve transmitir. Sem saber exatamente do que estamos falando, como podemos entender os julgamentos fortemente normativos que acompanham o termo "terrorismo"? Para Walzer, a "violência terrorista" está fora dos parâmetros tanto da violência justificada quanto da violência injustificada. Para fazer uma distinção entre elas, devemos considerar se as formas de violência em questão atendem aos requisitos normativos que Walzer expôs; porém, a chamada violência "terrorista", como ele a concebe, fica fora do alcance desse debate. Como o esquema de Walzer se recusa, assim, a considerar as razões dadas para determinados tipos de violência, especialmente quando são consideradas simplesmente "perversas", o que ele chama de "violência terrorista" configura o exterior constitutivo das formas de violência que podem ser racionalmente debatidas. A forma de violência que seu esquema deixa fora do âmbito da reflexão e do debate é patentemente insensata e não debatível. Mas para quem isso é verdadeiro? E o que isso nos diz sobre os tipos de vocabulário normativo restritivo que constituem a precondição acrítica para as reflexões do próprio Walzer?

Asad observa que a condenação de Walzer do terrorismo deriva de sua definição desse termo, e que essa definição poderia facilmente se mostrar demasiadamente inclusiva. Walzer afirma que a perversidade do terrorismo consiste "não apenas na matança de pessoas inocentes, mas também na intromissão do medo na vida cotidiana, na violação dos propósitos privados, na insegurança dos espaços públicos, na infindável coerção da precaução".[13] Há alguma razão para pensar que todas essas consequências não resultam também das guerras patrocinadas pelo Estado? Asad se centra na definição de terrorismo na obra de Walzer com a finalidade de mostrar como essas definições não somente possuem uma força normativa, mas também fazem distinções normativas de maneira efetiva — e sem justificativa. Ele escreve:

> Não estou interessado, aqui, na questão: "Quando determinados atos de violência devem ser condenados como perversos e quais os limites morais para uma contraviolência justificada?" Estou tentando pensar, em vez disso, na seguinte questão: "Como a adoção de determinadas definições da forma de lidar com a morte incide sobre a conduta militar no mundo?"[14]

O que Asad quer dizer é que as definições em questão circunscrevem os meios de justificativa. Assim, se o massacre promovido pelo Estado é justificado pela necessidade militar, então toda e qualquer espécie de massacre estatal pode ser justificada por essa norma, incluindo aqueles em que morrem inocentes, que introduzem o medo na vida cotidiana, que violam os propósitos privados, que tornam os espaços públicos inseguros e que produzem medidas preventivas infinitamente coercitivas. Podemos, na prática, pensar dessa forma sobre as guerras no Iraque e no Afeganistão, juntamente com todas as suas repercussões domésticas, assim como podemos pensar dessa forma em relação à maioria das guerras promovidas pelos Estados Unidos e seus aliados no decorrer das últimas décadas.

De qualquer maneira, isso nos leva de volta à questão de saber se existe ou não uma dimensão normativa mais forte nesse tipo de investigação do que seu autor admite explicitamente. Se Asad deixa de lado a questão de definir se uma forma de violência é ou não justificada, não é porque nutra uma simpatia especial por essa violência, mas sim porque está interessado em nos mostrar como o âmbito da justificação encontra-se antecipadamente circunscrito pela definição da forma de violência em questão. Em outras palavras, pensamos nas definições como algo puramente heurístico e que precede a questão do julgamento. Definimos o fenômeno a fim de saber sobre o que estamos falando e, então, o submetemos a julgamento. Convencionalmente, a primeira tarefa é descritiva, e a segunda é normativa. Se a própria definição do fenômeno, porém, envolve uma descrição dele como "perverso", então o julgamento está incluído na definição (estamos, na realidade, julgando antes de saber), e nesse caso a distinção entre o descritivo e o normativo se torna confusa. Ademais, temos que nos perguntar se a definição é correta, já que pode muito bem consistir em uma elaboração conceitual do fenômeno que ocorre sem nenhuma referência descritiva. Na verdade, pode ser que a definição tenha sido substituída pela descrição e que ambas constituam, de fato, julgamentos — e nesse caso o julgamento, e o normativo, se anteciparam totalmente ao descritivo. Julgamos um mundo que recusamos conhecer, e nosso julgamento se transforma em um meio de nos negar a conhecê-lo.

Não se trata de insistir em uma descrição neutra do fenômeno, mas, sim, de considerar de que modo um fenômeno como o "terrorismo" acaba sendo definido de maneira vaga e demasiado inclusiva. Mais importante, porém, se quisermos considerar as diferentes formas de violência que emergem no interior da vida contemporânea, é saber de que maneira nossas distinções normativas poderiam ser modificadas e de que modo poderíamos comparar e contrastar essas formas de violência. Seriam tão distintas como Walzer afirma que são? E se não fossem tão diferentes, o que se deduziria daí? Teríamos que arbitrar novos critérios e novas formas de julgamento? E que vocabulário — ou conjunto de vocabulários — teria de estar disponível para que esses novos julgamentos surgissem?

Se começarmos com a pressuposição de que a violência justificada vai ser empreendida por determinados tipos de Estado — aqueles que geralmente se considera que incorporam os princípios da democracia liberal — ou por determinados tipos de comunidade — aquelas em que a vida cultural e material da população já é valorizada e explicitamente representada por democracias liberais —, então já introduzimos uma determinada demografia política na definição daquilo que pode ser qualificado como violência justificada. Em outras palavras, já terão sido feitas suposições concretas a respeito dos tipos de população cujas vidas — e modos de vida — valem a pena ser defendidas por meios militares. Contudo, se submetermos essas mesmas distinções demográficas à análise crítica, então temos de indagar como nossa concepção da violência — tanto em suas formas justificadas quanto em suas formas injustificadas — incorpora certas preconcepções sobre o que a cultura deveria ser, como a comunidade deveria ser entendida, como é formado o Estado e, ainda, quem deveria contar como um sujeito reconhecível. Podemos ver aqui como alguns dos próprios termos por meio dos quais os conflitos contemporâneos globais são conceitualizados nos predispõem, por antecipação, a determinados tipos de respostas morais e conclusões normativas. O que se infere dessa análise não é que não deveria haver nenhuma conclusão, mas simplesmente que nossas conclusões deveriam estar baseadas em um campo de descrição e de compreensão que tivesse, ao mesmo tempo, um caráter comparativo e crítico.

Pode ser que Asad coloque algumas questões para nós quando, por exemplo, indaga sobre as maneiras de se definir o "terrorismo", mas, se analisarmos de perto as perguntas que ele faz, veremos que elas só fazem sentido se for feita referência a um horizonte de julgamento comparativo. Assim, embora o próprio Asad declare que seu livro "não defende de modo algum a aceitação de alguns tipos de crueldade em oposição a outros", mas que apenas procura "inquietar" o leitor e produzir algum distanciamento crítico de um "discurso público complacente", na realidade muito mais coisas estão em jogo.[15] Suponho que não estamos simplesmente sendo convidados a permanecer em certo estado de "inquietação" e de "distanciamento" em relação a reações morais preconcebidas. Afinal, distanciar-se do "preconcebido" constitui precisamente uma atividade crítica.

Além disso, quando Asad pergunta como devemos conceber a letalidade nos tempos atuais, e se as guerras patrocinadas pelo Estado perturbam a vida cotidiana em menor ou maior medida que os atos "terroristas", está dizendo, na verdade, que, uma vez que sejamos capazes de pensar comparativamente sobre essas formas de violência — o que significa entendê-las como parte do espectro contemporâneo da letalidade —, veremos como as perturbações e as invasões resultantes da violência perpetrada pelo Estado superam em muito aquelas causadas por atos que se enquadram na categoria de "terroristas". Se é esse o caso, e se só podemos chegar a tal julgamento comparativo mediante uma compreensão de escala, então parte do projeto crítico da obra de Asad consiste precisamente em tornar essa escala de violência disponível para julgamentos subsequentes — algo que não pode ser feito quando, antes de qualquer análise comparativa, ratificarmos certos compromissos epistêmicos que *predispõem* nossa compreensão de "violência estatal" como uma precondição para a violência justificável. Se a análise de

Asad nos mostra que a violência do Estado pode produzir e efetivamente produz todas as consequências "perversas" que Walzer atribui ao "terrorismo" — e se, além disso, entendemos essas consequências como algo verdadeiramente passível de luto e injusto —, o que se infere, então, é que qualquer condenação da violência logicamente se estenderá às formas de violência estatal que produzem essas mesmas consequências.

O argumento de Asad é apresentado como uma tentativa de revelar a autocontradição e a hipocrisia inerente a posições como a de Walzer. No entanto, eu argumentaria que a posição do próprio Asad retira sua força retórica de uma oposição política às formas de violência que se introduzem na vida cotidiana, desenraizam infraestruturas sociais, produzem níveis inaceitáveis de medo e envolvem uma coerção implacável. Somente com a condição de nos opormos, efetivamente, a tais formas de violência é que podemos compreender a importância normativa do julgamento comparativo que o trabalho de Asad nos oferece. Não se trata de a obra de Asad meramente abrir novas vias para a descrição ou para o entendimento, ao mesmo tempo em que se abstém do trabalho duro do julgamento moral. Ao contrário, ao expor as maneiras pelas quais as disposições normativas se introduzem em reivindicações estipulativas que circunscrevam o âmbito da "compreensão", Asad nos municia com as ferramentas para desenvolver uma crítica dessa circunscrição limitada, oferecendo um novo enquadramento por meio do qual fazer julgamentos comparativos, levando-nos à conclusão de que não há razão para supor que a violência justificada seja uma prerrogativa exclusiva dos Estados, ao passo que a violência injustificada é exercida somente pelos Estados ilegítimos e movimentos insurgentes. Fazer referência à violência perpetrada por uma "insurgência" já significa invocar outro enquadramento, mesmo que isso, por si só, não resolva a questão de a violência ser ou não justificada. Para os Estados Unidos, os "terroristas" de ontem com frequência se transformam nos futuros "combatentes da liberdade" de amanhã, e vice-versa (*nota bene*: Nicarágua, Afeganistão). A questão não é concluir que o cinismo constitui a única opção, mas sim considerar mais detidamente as condições e os termos sob os quais essas inversões do discurso ocorrem, com o objetivo de, finalmente, fazer melhores julgamentos.

Ao encerrar seu livro, Asad faz novamente a pergunta com a qual o iniciou: "Por que as pessoas, no Ocidente, reagem a representações verbais e visuais do atentado suicida com manifestações de horror?"[16] Ao fazer essa pergunta, está supondo que respostas afetivas poderosas sejam condicionadas e estruturadas por interpretações, e que essas interpretações sejam elaboradas dentro de enquadramentos aceitos sem discussão, em sua maioria ocidentais e liberais. Essas estruturas interpretativas permanecem incipientes quando consideramos que o "sentimento moral" — incluindo o horror e a indignação — é composto de diversas emanações emotivas do humano universal que, supostamente, reside em todos nós. O fato é que o "horror" e a "indignação" são distribuídos de forma diferenciada, e o que vale a pena observar — com surpresa e um registro diferente de horror — é como essa distribuição diferencial permanece, com frequência, despercebida e desconhecida. Não se trata de questionar a nascente compreensão do "horror" como uma resposta afetiva, mas apenas de indagar sobre as ocasiões nas quais o horror se torna a reação predominante, em contraste com aqueles outros encontros com a violência em que o horror se encontra nítida e enfaticamente ausente.[17] Quais são as condições sociais e os enquadramentos interpretativos duradouros que tornam o horror possível diante de certos tipos de violência, e quando e onde ele é "descartado" como resposta afetiva disponível diante de outros tipos de violência?

Asad oferece um argumento complexo sobre os componentes liberais da identidade, sugerindo que o atentado suicida ataca aquilo que mantém o sujeito liberal íntegro, perguntando se "o terrorismo suicida (da mesma forma que um ataque nuclear suicida) pertence, nesse sentido, ao liberalismo". Uma das "tensões que mantêm a subjetividade moderna coesa" envolve dois valores aparentemente opostos: "a reverência pela vida humana e sua destruição legítima". Em que condições essa reverência se torna primordial? E em que condições essa reverência é anulada mediante o recurso a preceitos como o da guerra justa e o da violência legítima? Asad observa: "O liberalismo, é claro, desaprova o exercício violento de liberdade fora do enquadramento legal. Mas a lei se baseia na violência coercitiva e depende continuamente dela." Esse fundamento paradoxal do liberalismo político se revela nas "tensões que sustentam a subjetividade moderna" naquilo que Asad chama de "o Ocidente".[18]

Na verdade, essas tensões expõem as fissuras existentes na subjetividade moderna, mas o que parece particularmente moderno é a hesitação entre esses dois princípios que se acham cindidos entre si, formando algo parecido com um transtorno dissociativo no nível da subjetividade política. Paradoxalmente, para Asad, o que mantém o sujeito coeso é a capacidade de se deslocar subitamente de um princípio (a reverência pela vida) ao outro (a destruição legítima da vida) sem jamais levar em conta as razões para tal deslocamento e para as interpretações implícitas que condicionam essas respostas distintas. Um dos motivos que nos levam a querer saber mais sobre esses deslocamentos aparentemente inexplicáveis é o fato de que eles parecem formar a base moral de uma subjetividade política aceitável, o que equivale a dizer que, na base dessa racionalidade política contemporânea, existe um cisma *irracional*.

Gostaria de sugerir que o que Asad nos oferece é uma crítica de certo tipo de sujeito liberal que converte esse próprio sujeito em um problema político que deve ser explicitamente abordado. Podemos considerar esse sujeito a base da política apenas se concordarmos em não pensar com rigor ou cuidado sobre as condições de sua formação, suas respostas morais e suas reivindicações avaliativas. Recordemos o tipo de alegações fundamentais que são feitas no transcurso do debate "normativo" sobre essas questões;

por exemplo, que existem "sujeitos", muçulmanos ou homossexuais, que se encontram em uma posição de oposição moral entre si; que eles representam diferentes "culturas" ou diferentes "tempos no desenvolvimento histórico", ou que não se conformam às noções estabelecidas de "cultura" ou às concepções inteligíveis de "tempo", conforme o caso. Uma resposta a esse enquadramento seria insistir no fato de que há diferentes construções do sujeito em operação, e que a maioria das versões de multiculturalismo se equivoca ao presumir que sabe com antecipação o que a forma do sujeito deve ser. O multiculturalismo que requer certo tipo de sujeito, na verdade institui essa exigência conceitual como parte integrante de sua descrição e de seu diagnóstico. Que formações de subjetividade, que configurações de mundos de vida são apagadas ou obstruídas por tal movimento obrigatório?

Sociólogos como Chetan Bhatt chamam a atenção para o caráter complexo e dinâmico das novas formações globais do sujeito, o que incluiria o cruzamento das identidades homossexual e muçulmana, a produção de alianças entre os legalmente privados de direitos civis e a constituição migratória de posições de sujeito dinâmicas que não se reduzem a identidades únicas. A conceituação de Bhatt tenta produzir um vocabulário alternativo para pensar o sujeito; em certo sentido, Asad aborda esse problema a partir da direção oposta. Tomando como ponto de partida o sujeito político instituído através do liberalismo, Asad mostra como suas respostas morais e seus esquemas avaliativos são culturalmente específicos e politicamente decorrentes, precisamente naquele momento em que suas limitações se fazem passar por uma razão universal. Consideradas em conjunto, essas posições oferecem pelo menos duas boas razões para não considerar uma forma específica do sujeito, ou a redução do sujeito à identidade, como um componente implícito dos enquadramentos normativos: o risco de anacronismo e o risco de impor a restrição como universalidade. Esses argumentos não destroem a base do raciocínio normativo, mas levantam questões normativas sobre como essa forma de raciocínio foi antecipadamente circunscrita. É importante argumentar que há razões normativas para nos opormos a esse movimento por parte dos enquadramentos normativos predominantes. Uma vez mais, não se trata de prescindir da normatividade, mas sim de insistir para que a investigação normativa assuma uma forma crítica e comparativa, de modo que não reproduza, inadvertidamente, as cisões internas e os pontos cegos inerentes a essas versões do sujeito. Essas cisões internas convertem-se no fundamento injustificável (na realidade, no fracasso de qualquer fundamento) para o julgamento injusto de que algumas vidas dignas de serem salvas e outras dignas de serem eliminadas. Nesse sentido, é sob a égide da igualdade e na direção de um maior igualitarismo que a crítica de Asad se desenvolve.

Meu último ponto é que a própria coligação requer que se repense o sujeito como um conjunto dinâmico de relações sociais. Alianças mobilizadoras não necessariamente se formam entre sujeitos estabelecidos e reconhecíveis, e elas tampouco dependem da negociação de reivindicações identitárias. Em vez disso, elas podem perfeitamente ser instigadas por críticas à violência arbitrária, à circunscrição da esfera pública, ao diferencial de poderes estabelecidos em virtude das noções prevalecentes de "cultura" e à instrumentalização das reivindicações de direitos para resistir à coerção e à emancipação. Se ampliamos nossos enquadramentos atuais ou permitimos que eles sejam interrompidos por novos vocabulários, isso vai determinar, em parte, a nossa habilidade de consultar tanto o passado quanto o futuro para nossas práticas críticas atuais.

Se presumirmos o campo teórico do multiculturalismo como um campo teórico que pressupõe sujeitos distintos com pontos de vista opostos, então a solução do problema será encontrarmos âmbitos de compatibilidade ou incompatibilidade. Ampliamos nossas noções de direitos para incluir todo mundo, ou trabalhamos para construir noções de reconhecimento mais robustas que permitirão algum tipo de relacionamento recíproco e de harmonia futura. Esse campo teórico, porém, está, ele mesmo, baseado em um conjunto de foraclusões (e, aqui, utilizo o termo fora de seu significado lacaniano habitual). Como resultado, nós nos confrontamos com certa fissura ou cisão recorrente no cerne da política contemporânea. Se certas vidas são consideradas merecedoras de existência, de proteção e passíveis de luto e outras não, então essa maneira de diferenciar as vidas não pode ser entendida como um problema de identidade nem sequer de sujeito. Trata-se, antes, de uma questão de como o poder configura o campo em que os sujeitos se tornam possíveis ou, na verdade, como eles se tornam impossíveis. E isso implica uma prática crítica de pensamento que se recusa a aceitar sem discutir o enquadramento da luta identitária que pressupõe que os sujeitos já existem, que ocupam um espaço público comum e que suas diferenças podem ser reconciliadas se tivermos ferramentas adequadas para uni-los. A questão é, na minha opinião, mais *extrema* e exige um tipo de análise capaz de colocar em xeque o enquadramento que silencia a pergunta de quem conta como "quem" — em outras palavras, a ação compulsória da norma ao circunscrever uma vida passível de luto.

5 A reivindicação da não violência

Duvido muito que a não violência possa ser um princípio, se entendemos por "princípio" uma regra consistente, passível de ser aplicada com a mesma confiança e da mesma maneira a toda e qualquer situação. Se há uma reivindicação de não violência ou se a não violência nos reivindica, parece ser outra questão. A não violência surge, então, como um discurso ou um apelo. A pergunta pertinente, portanto, se torna: em que condições somos receptivos a essa reivindicação, o que torna possível aceitar a reivindicação quando ela surge, ou, melhor dizendo, o que possibilita o surgimento da reivindicação?

A capacidade de responder à reivindicação tem tudo a ver com como ela é formada e enquadrada, mas também com a disposição dos sentidos, ou as condições da própria receptividade. Com efeito, aquele que responde é forçosamente modelado por normas que com frequência cometem certo tipo de violência, e que podem perfeitamente predispor esse sujeito a certo tipo de violência. Assim, a violência não é estranha àquele a quem o discurso de não violência é dirigido; a violência não se encontra, a princípio, presumivelmente "fora". A violência e a não violência não são apenas estratégias ou táticas, mas configuram o sujeito e se tornam suas possibilidades constitutivas e, assim, uma luta permanente. Fazer essa afirmação é sugerir que a não violência é a luta de um único sujeito, mas também que as normas que atuam sobre o sujeito são sociais por natureza, e que os vínculos que estão em jogo na prática da não violência são vínculos sociais. Portanto, o "um" singular que luta com a não violência está em processo de reconhecimento de sua própria ontologia social. Embora os debates sobre esse tema muitas vezes presumam que podemos separar com facilidade as questões da prática individual e as do comportamento de grupo, talvez o desafio da não violência consista precisamente no desafio à presunção dessas ontologias duais. Afinal de contas, se o "eu" é formado por meio da ação das normas sociais, e invariavelmente com relação a vínculos sociais constitutivos, pode-se inferir daí que toda forma de individualidade é uma determinação social. Inversamente, todo grupo não só é delimitado por outro, mas também composto por um conjunto diferenciado, que pressupõe que a singularização constitua um aspecto essencial da sociabilidade.

O problema, contudo, não pode ser definitivamente respondido por meio do recurso a esses argumentos, muito embora eles sejam, na minha opinião, cruciais para qualquer consideração crítica da não violência. Temos de perguntar: "não violência contra quem?" e "não violência contra o quê?". Há distinções que precisam ser feitas, por exemplo, entre violência contra pessoas, contra seres sencientes, contra a propriedade ou contra o ambiente. Além disso, há formas de violência que estão destinadas a se contrapor ou a deter outras violências: as táticas de defesa pessoal, assim como a violência realizada em nome do combate à atrocidade ou à fome, ou outras crises humanitárias, ou nos esforços revolucionários para instituir uma política democrática. Embora neste breve capítulo final eu não possa abordar essas questões cruciais em toda a sua especificidade e urgência, talvez possa esboçar de forma mais ampla as condições de possibilidade para registrar a reivindicação da não violência. Quem é o sujeito ao qual o discurso da não violência é dirigido, e por meio de quais enquadramentos essa reivindicação se torna razoável? Pode haver muitas decisões a serem tomadas, uma vez que a reivindicação é registrada (pode--se perfeitamente registrar a reivindicação e resistir a ela), mas a minha aposta é que, se há receptividade à reivindicação, então será menos fácil aceitar a violência como um fato social normal.

Em um recente colóquio sobre *differences*, fui convidada pela filósofa Catherine Mills a considerar um aparente paradoxo.[1] Mills assinala que existe uma violência mediante a qual o sujeito é formado, e que as normas que fundam o sujeito são, por definição, violentas. Ela pergunta como, então, se esse for o caso, posso fazer um apelo pela não violência. Poderíamos fazer uma pausa imediatamente e perguntar se são apenas normas que formam o sujeito, e se as normas que efetivamente tomam parte nessa formação são necessariamente violentas. Mas vamos aceitar a tese por enquanto, e ver aonde ela nos leva.

Somos, pelo menos parcialmente, formados por meio da violência. São atribuídos a nós gêneros ou categorias sociais contra nossa vontade, e essas categorias conferem inteligibilidade ou condição de ser reconhecido, o que significa que também comunicam quais podem ser os riscos sociais da não inteligibilidade ou da inteligibilidade parcial. Mas mesmo que isso seja verdade, e acho que é, ainda assim deveria ser possível afirmar que certa ruptura crucial possa ser produzida entre a violência mediante a qual somos formados e a violência com a qual, uma vez formados, nos conduzimos. Na realidade, pode ser que, precisamente porque alguém é formado através da violência, a responsabilidade de não repetir a violência da formação é ainda mais urgente e importante. Podemos perfeitamente ser formados no interior de uma matriz de poder, mas isso não quer dizer que precisemos, devota ou automaticamente, reconstituir essa matriz ao longo do curso de nossas vidas. Para entender isso, temos de pensar por um momento sobre o que é ser formado e, em particular, ser formado por normas, e se essa formação acontece uma vez, no passado, ou de um modo unilinear e efetivo. Essas normas atuam produtivamente para estabelecer (ou desestabelecer) certos tipos de sujeito, não somente no passado, mas também de uma maneira iterável através do tempo. As normas não atuam somente uma vez. Na verdade, não é possível narrar o começo da ação dessas normas, embora possamos, ficcionalmente, postular esse começo, quase sempre com grande interesse — e possamos também, suponho, tentar situar o local e o tempo em que uma determinada formação teria sido realizada (embora eu aposte que essa cronologia é, invariavelmente, construída de má-fé). Se o gênero, por exemplo, age sobre nós "no começo", ele não deixa de agir sobre nós, e as primeiras impressões não são impressões que começam e terminam com o tempo. Na verdade, são aquelas que estabelecem a temporalidade das nossas vidas enquanto conectadas com a ação continuada das normas, a ação continuada do passado no presente, e assim a impossibilidade de marcar a origem e o fim de uma formação de gênero como tal. Não precisamos nos referir a dois acontecimentos temporais distintos, isto é, reivindicar que, em determinado ponto no tempo, há condições normativas pelas quais os sujeitos são produzidos e que, depois, em outro ponto no tempo, ocorrem "rupturas" dessas condições. A produção normativa do sujeito é um processo de iterabilidade — a norma é repetida e, nesse sentido, está constantemente "rompendo" com os contextos delimitados como as "condições de produção".

A ideia de iterabilidade é crucial para se compreender por que as normas não atuam de modos determinísticos.

E também pode ser a razão pela qual a performatividade acaba sendo um termo mais útil do que "construção".[2] Mesmo que fôssemos capazes de descrever a "origem" das normas e de oferecer uma descrição fora de uma interpretação ficcional, que uso isso teria? Se os objetivos de uma norma não podem ser derivados de suas origens (como Nietzsche nos diz claramente, por exemplo, com relação a convenções legais), então, mesmo que as normas se originassem da violência, não se inferiria daí que seu destino é apenas e sempre reiterar a violência em sua origem. E também ainda seria possível que, se as normas realmente continuam a exercer a violência, nem sempre o fazem da mesma maneira. Além do mais, teria de ser mostrado que a violência na origem é a mesma violência exercida nas iterações que produzem a norma através do tempo.

A origem da norma determina todas as suas operações futuras? Ela pode perfeitamente funcionar para estabelecer certo controle sobre a temporalidade, mas uma outra temporalidade — ou várias outras — emerge no decorrer de suas iterações? Isso é pelo menos uma possibilidade, algo que se pode tentar orquestrar ou demandar? Aquilo pelo que se pressiona, aquilo que se reivindica, não é uma ruptura repentina com a integridade de um passado em nome de um futuro radicalmente novo? A "ruptura" nada mais é do que uma série de mudanças significativas que resultam da estrutura iterável da norma. Afirmar que a norma é iterável significa precisamente não aceitar uma explicação estruturalista da norma, mas afirmar alguma coisa sobre o contínuo da vida no pós-estruturalismo, a preocupação com noções como ir vivendo, sobrevivendo, continuando, que são as tarefas temporais do corpo.

Dito tudo isso, eu faria uma advertência contra a generalização da tese de que toda normatividade está baseada na violência. Esse tipo de afirmação funciona como um argumento transcendental e, portanto, é incapaz de distinguir as instâncias sociais em que as normas operam por outras razões, ou quando o termo "violência" não descreve exatamente o poder ou a força mediante os quais operam. Há, é verdade, regimes de poder que produzem e impõem certos modos de ser. Entretanto, não estou completamente segura sobre afirmar ou negar uma tese transcendental que tiraria o poder da equação e tornaria a violência essencial a toda e qualquer formação do sujeito.[3]

Uma interdição ética contra a prática da violência não deslegitima nem recusa a violência que pode estar operando na produção do sujeito. Na verdade, para compreender uma convocação à não violência, provavelmente é necessário inverter a formulação por completo: quando alguém é formado na violência (e aqui esse "alguém" pode ser formado por meio de estruturas nacionais de belicosidade que assumem várias formas tributárias na vida civil e privada), e essa ação formativa continua ao longo de toda a vida desse alguém, surge o dilema ético sobre como viver a violência da história formadora desse alguém, como efetuar mudanças e inversões em sua iteração. Precisamente porque a iterabilidade escapa a qualquer determinismo, restam-nos perguntas como as seguintes: como eu vivo a violência da minha formação? Como ela sobrevive em mim? Como ela me carrega, a despeito de minha resistência, e eu a carrego comigo? E em nome de que novo valor posso anulá-la e contestá-la? Em que sentido essa violência pode ser direcionada, se for possível ser direcionada? Precisamente porque a iterabilidade escapa a todo e qualquer voluntarismo, não estou livre para dispensar a história da minha formação. Posso apenas sobreviver no rastro dessa região indesejada da história, ou, na verdade, *como* seu rastro. Pode alguém trabalhar com essa violência formadora contra certos resultados violentos e, assim, sofrer uma mudança na iteração da violência? Talvez a melhor palavra aqui seja "agressão" ou, menos clinicamente, "raiva", uma vez que, na minha opinião, a não violência, quando e onde existe, envolve uma vigilância agressiva da tendência da agressão a surgir como violência. Como tal, a não violência é uma luta, configurando uma das tarefas éticas da psicanálise clínica e da crítica psicanalítica da cultura.

Na realidade, a não violência como "convocação" ética não poderia ser compreendida se não fosse pela violência envolvida na elaboração e na sustentação do sujeito. Não haveria luta, obrigação nem dificuldade. A questão não é erradicar as condições da produção de alguém, mas apenas assumir a responsabilidade de viver uma vida que conteste o poder determinante dessa produção. Em outras palavras, uma vida que faça bom uso da iterabilidade das normas produtivas e, consequentemente, de sua fragilidade e capacidade de transformação. As condições sociais da minha existência nunca são completamente determinadas por mim, e não há capacidade de agir independentemente dessas condições e de seus efeitos não desejados. Relações necessárias e interdependentes com pessoas que nunca escolhi, e mesmo com aquelas que nunca conheci, formam a condição de qualquer capacidade de atuação que eu possa ter. E embora nem todos os efeitos não desejados sejam "violentos", alguns deles são invasões que se revelam indesejadas, que atuam obrigatoriamente sobre o corpo de formas que provocam raiva. É isso que constitui o dilema dinâmico ou a "luta" dinâmica que é a não violência. Eu diria que isso não tem nada a ver com limpar ou purgar a violência do âmbito da normatividade, nem envolve descobrir e cultivar uma região ostensivamente não violenta da alma e aprender a viver de acordo com seus ditames.[4] É precisamente porque se está imerso na violência que a luta existe, e que surge a possibilidade da não violência. Estar imerso na violência significa que mesmo que a luta seja dura, difícil, iminente, intermitente e necessária, ela não é o mesmo que um determinismo; estar imerso é a condição de possibilidade para a luta pela não violência, e é também por isso que a luta fracassa com tanta frequência. Se não fosse esse o caso, não haveria luta alguma, mas somente repressão e a busca por uma falsa transcendência.

A não violência não é, precisamente, uma virtude nem uma posição, e certamente não é um conjunto de princípios a ser aplicado universalmente. Ela denota a posição imersa e conflituosa de um sujeito que está ferido, cheio de raiva, disposto a uma retaliação violenta, e, não obstante, luta contra essa ação (muitas vezes fazendo com que a raiva se volte contra ela mesma). A luta contra a violência admite que a violência é uma possibilidade ao alcance de alguém. Se não houvesse essa aceitação, se uma pessoa se posicionasse como uma alma elevada, como alguém que, por definição, não conhece a agressão violenta, não haveria dilema ético, conflito nem problema. Essa posição de virtude ou esse princípio de pureza renegaria ou reprimiria a violência de onde essas posições surgem. É fundamental distinguir entre (a) o sujeito ferido e enfurecido que confere legitimidade moral a condutas raivosas e violentas, transmutando, assim, a agressão em virtude, e (b) o sujeito ferido e enfurecido que, apesar disso, procura limitar a violação que causa, e só pode fazê-lo mediante uma luta ativa com e contra a agressão. O primeiro envolve uma moralização do sujeito que rejeita a violência que inflige, ao passo que o segundo necessita travar uma luta moral com a ideia da não violência em meio a um encontro com a violência social, bem como com a própria agressão (em que o encontro social e o "si mesmo" afetam transitivamente um ao outro). Este último aceita a impureza do sujeito e a dimensão não desejada das relações sociais (o que inclui elementos dessas relações que são explicitamente desejados), aceitando igualmente que as perspectivas de agressão invadem a vida social. A luta à qual me refiro é potencializada precisamente quando alguém foi agredido e violentado, e quando o desejo de retaliação é intensificado. Essa pode ser uma luta pessoal, mas seus parâmetros permeiam claramente as situações políticas de conflito nas quais o movimento de retribuição é feito rapidamente e com plena certeza moral. É essa combinação de violência e moralização que estou tentando desfazer, sugerindo que a responsabilidade pode perfeitamente encontrar um ancoradouro diferente.

Para Levinas, a violência é uma "tentação" que um sujeito pode experimentar quando se depara com a vida precária do outro que é comunicada através do rosto. É por esse motivo que o rosto representa, ao mesmo tempo, a tentação de matar e o interdito de matar. O "rosto" não teria nenhum sentido se não houvesse um impulso assassino contra o qual tivesse de ser defendido. E é seu próprio estado de indefesa que aparentemente estimula a agressão contra a qual a interdição funciona. Levinas articulou certa ambivalência para o sujeito em seu encontro com o rosto: o desejo de matar, a necessidade ética de não matar.[5]

Para Melanie Klein, essa ambivalência assume outra forma. Suas especulações sobre a fúria assassina derivam de sua análise do luto e da perda.[6] Para Klein, a relação com o "objeto" é uma relação de aniquilação e preservação. A introjeção é o modo pelo qual um objeto perdido é "preservado", mas essa solução melancólica pode levar a consequências destrutivas. Klein atribui ao sujeito que sofre uma perda uma agressão devoradora; o "outro" que é perdido é psiquicamente "devorado" por meio de uma espécie de canibalismo introjetivo. O outro instalado dentro da psique continua a ser "censurado" internamente, e então, segundo Klein, surge uma voz crítica que vem a caracterizar o "sadismo moral".[7] Esse sadismo moral faz eco à moralização da violência que mencionei antes. O outro que é perdido é incorporado (como uma maneira de preservar esse outro), mas também é censurado (não somente por "ter ido embora", mas como consequência da ambivalência geral das relações amorosas). Assim, a solução melancólica reestrutura o eu precisamente de uma maneira que o outro perdido é incessantemente preservado e incessantemente destruído, sem que nenhum dos processos chegue a uma conclusão definitiva. A fúria sentida contra o outro e contra a perda desse outro constitui uma virada reflexiva, que constitui o solilóquio autoaniquilador do sujeito sobrevivente. Algo preservador tem de impedir essa tendência autoaniquiladora, pois o risco suicida é que o eu vá, nas palavras de Klein, procurar preservar o outro, o ideal do outro, à custa dele mesmo — que aquele alguém que está morto ou que se foi ainda vá ser potencialmente percebido como tendo sido destruído pelo self sobrevivente, de forma que, paradoxalmente, a única maneira de salvar o outro perdido seja à custa da própria vida.

O que é importante destacar aqui é que a ambivalência que Klein descreve em relação à melancolia pode ser generalizada às condições do amor e da afeição em geral. Para Klein, a melancolia internaliza um objeto que monta uma cena de perseguição, criando uma situação insustentável para o eu e precipitando a expulsão de objetos internos, frequentemente sem levar em conta se são, na acepção de Klein, "bons" ou "maus". Em "Luto e melancolia", Freud localizou a função do supereu na internalização e na transformação do outro perdido como uma voz recriminadora, uma voz que dizia exatamente o que o eu teria dito ao outro se o outro tivesse continuado vivo para ouvir as reprimendas daquele alguém que ficou.[8] As críticas e recriminações endereçadas ao outro ausente são redirecionadas e transformadas em uma voz interna, dirigida contra o self. A recriminação que permanece indizível ao outro torna-se finalmente dizível apenas contra o self, o que acaba sendo uma maneira de salvar o outro, mesmo na morte, da voz acusatória desse alguém. Voltando-se para si mesmo para "salvar a vida do outro", sua voz torna-se o instrumento de sua própria aniquilação potencial. O resultado é que, para viver, o eu precisa deixar o outro morrer, mas isso se revela difícil quando "deixar morrer" é sentido como algo muito próximo de "matar" ou, na verdade, quando se tem de arcar com a responsabilidade impossível pela morte do outro. É melhor tirar a própria vida do que se tornar um assassino, mesmo se tirar a própria vida torne esse alguém um assassino do self. Quem precisa de Althusser ou da polícia quando o discurso furioso do próprio melancólico exerce o poder da autoaniquilação? A polícia não precisa interpelar o melancólico para que sua própria voz levante uma grave acusação. A diferença entre uma consciência vivível e uma não vivível é que o autoassassino, no primeiro caso, permanece parcial, sublimado e imperfeito; não consegue se tornar nem suicídio nem assassinato, o que equivale a dizer que, paradoxalmente, somente uma consciência imperfeita tem possibilidade de conter a violência destrutiva.

Klein toma esse cenário do supereu potencializado na melancolia e o reconfigura como servidão psíquica, descrevendo, ao final, "a escravidão à qual o eu se submete quando atende às exigências e recriminações extremamente cruéis de seu objeto amado, que se instalou dentro do eu". E prossegue: "essas exigências estritas têm o objetivo de apoiar o eu em sua luta contra seu ódio incontrolável e seus maus objetos de ataque, com os quais o eu se identifica parcialmente".[9] De modo significativo, a moralização da voz como "exigências e recriminações cruéis" precipita a formação do supereu. O supereu não é erigido primordialmente como uma repressão ao desejo libidinoso, mas antes como o sistema de circuitos que se apropria da e adia a agressão primária e suas consequências aniquiladoras. O supereu, portanto, dá suporte ao eu na luta contra seu próprio "ódio incontrolável". Ao mobilizar sua própria agressão contra si mesmo, o eu move-se na direção de um perigoso autossacrifício.

Felizmente, não se trata de um sistema fechado, nem, certamente, de uma ontologia fundacional para o sujeito, uma vez que essa própria economia pode mudar e efetivamente muda. Como um sinal da instabilidade interna da economia, a aniquilação motiva o sujeito, mas a preservação o motiva igualmente. Como Levinas, Klein refere-

-se a uma "ansiedade" pelo bem-estar do objeto. Como esse sujeito era ambivalente desde o início, pode ocupar esse conflito de uma maneira diferente. Em relação ao objeto (vivo ou morto), o *self* (eu) sente ansiedade e remorso, bem como "um senso de responsabilidade", protegendo-se contra perseguidores que são figuras psíquicas dos impulsos destrutivos do próprio eu, e protegendo aqueles que ele ama contra suas próprias perseguições. Na realidade, a perseguição é distribuída em fragmentos, o que significa a desintegração do objeto (através da agressão) e o retorno dessa destruição de forma desmembrada.[10] Klein refere-se, assim, à cena psíquica como aquela na qual cada fragmento do objeto desintegrado acaba se convertendo em um perseguidor. O eu não é apenas aterrorizado pelo espectro da fragmentação que produziu; ele também sente tristeza em relação ao objeto e responde à sua perda iminente, uma perda que pode instituir, provavelmente instituirá ou de fato instituirá como consequência de sua própria capacidade de destruição.

Como apontei no Capítulo 1, a culpa, para Klein, procura prevenir-se contra a perspectiva de uma perda irremediável. Sua "moralização" é algo secundário, mesmo um desvio, e se há alguma moralidade, ela consiste somente na consciência de que o "eu" precisa do outro para poder sobreviver, de que o "eu" é, invariavelmente, relacional, e de que passa a existir não apenas mantendo, mas também por meio da formação da capacidade de manter um discurso para o outro. Esse é um ponto que, em outra ocasião, nos levaria a considerar a importante transição de Klein a Winnicott. Para Winnicott, a questão é se o objeto do amor pode sobreviver ao nosso amor, se pode suportar certa mutilação e continuar sendo objeto.[11] Para Klein, porém, o esforço para preservar o objeto contra nossa própria capacidade de destruição se reduz, no final, a um temor em relação à própria sobrevivência.

Para essas duas posições, tão obviamente opostas, a capacidade de destruição configura o problema para o sujeito. Mesmo que a agressão seja coextensiva a ser humano (e implicitamente anule a compreensão antropocêntrica do animal humano), a maneira como a capacidade de destruição é vivida e dirigida varia enormemente. Na verdade, ela pode se tornar a base de um sentido "não moralizado" de responsabilidade, que procura proteger o outro da destruição. É essa, precisamente, a alternativa ao sadismo moral, uma violência que, justamente, se baseia em uma ética da pureza forjada a partir da rejeição da violência. É também a alternativa à ontologização da violência considerada tão estruturalmente fixa e determinística no nível do sujeito que exclui qualquer possibilidade de um compromisso ético com a salvaguarda da vida do outro.

Podemos ver aqui uma importante distinção entre o sadismo moral e a responsabilidade. Enquanto o sadismo moral é uma forma de perseguição que se faz passar por virtude, a responsabilidade, no sentido indicado anteriormente, "apropria-se" da agressão, assim como do mandato ético, para encontrar uma solução não violenta para exigências raivosas. Ela faz isso não em obediência a uma lei formal, mas exatamente porque busca proteger o outro contra seu próprio potencial destrutivo. Em nome da preservação da vida precária do outro, uma pessoa converte a agressão em um modo de expressão que protege quem ela ama. A agressão, por conseguinte, restringe sua permutação violenta, subordinando-se à pretensão de amor de buscar honrar e proteger a vida precária do outro. Para Klein, assim como para Levinas, o significado da responsabilidade está ligado a uma ansiedade que permanece em aberto, que não resolve uma ambivalência por meio da rejeição, mas, antes, dá origem a certa prática ética, ela própria experimental, que busca preservar a vida ao invés de destruí-la. Não se trata de um princípio da não violência, mas de uma prática, completamente falível, que tenta lidar com a precariedade da vida, detendo a transmutação da vida em não vida.

É precisamente no âmbito de uma contestação permanente do poder que emerge a questão de praticar ou não a violência. Não se trata de uma posição apenas de o privilegiado, sozinho, decidir se a violência é a melhor alternativa; é também — paradoxalmente e mesmo dolorosamente — obrigação dos despossuídos decidir se vale a pena retaliar e, em caso afirmativo, de que forma. Diante da violência massiva do Estado, por exemplo, pode parecer uma tolice ou uma extravagância colocar a questão, mas pode ser também que, sob determinadas circunstâncias, o ato violento não reciprocado exponha mais do que qualquer outro a brutalidade unilateral do

Estado. Não estou certa de que a não violência salve a pureza da alma de alguém, mas ela reconhece a existência de um vínculo social, mesmo quando este é violentamente atacado de outra parte.

A violência do Estado com frequência se articula por meio da postulação do sujeito soberano. O sujeito soberano se configura precisamente não como aquele que é afetado pelos outros, não como aquele cuja violência permanente e irreversível representa a condição e o horizonte de suas ações. Essa posição soberana não só nega sua própria condição constitutiva de violável como tenta, igualmente, ressituar a violação no outro, como efeito de ter-lhe feito mal e tê-lo exposto como alguém, por definição, violável. Se o ato violento é, entre outras coisas, uma maneira de ressituar a capacidade de ser violado (sempre) em outro lugar, ele faz parecer que o sujeito que perpetra a violência é impermeável a ela. A realização dessa aparência converte-se em um objetivo da violência; uma pessoa situa a violação no outro violentando-o e, em seguida, tomando o sinal da violação como a verdade do outro. A moralização específica dessa cena tem lugar quando a violência é "justificada" como "legítima" e mesmo "virtuosa", muito embora seu objetivo primordial seja assegurar um efeito impossível de domínio, inviolabilidade e impermeabilidade por meios destrutivos.

Reconhecer a violência não garante, de modo algum, uma política de não violência. Mas o que pode perfeitamente fazer diferença é considerar a vida precária e, portanto, também a condição de violável uma condição generalizada, em vez de uma maneira diferencial de marcar uma identidade cultural, isto é, como um traço recorrente ou atemporal de um sujeito cultural que é perseguido ou violado por definição e independentemente da circunstância histórica. No primeiro caso, o "sujeito" revela-se contraproducente no sentido de compreender uma condição compartilhada de precariedade e interdependência. No segundo, o "sujeito" é reinstalado e passa a ser definido por sua violação (passado) e sua condição de violável (presente e futuro).[12] Se um determinado sujeito considera a si mesmo ou a si mesma, por definição, violado ou mesmo perseguido, então qualquer ato de violência por ele cometido não pode ser registrado como "provocador de violação", uma vez que o sujeito que o comete está, por definição, impossibilitado de fazer qualquer coisa que não seja sofrer violação. Como resultado, a ação do sujeito com base em seu estatuto de ofendido produz uma base permanente para legitimar — e deslegitimar — suas próprias ações violentas. Por mais que o sujeito soberano negue sua capacidade de causar violência, ressituando-a no outro como um repositório permanente, também o sujeito perseguido pode deslegitimar seus próprios atos violentos, uma vez que nenhum ato empírico pode refutar o pressuposto apriorístico da vitimização.

Se a não violência tem a oportunidade de emergir aqui, partiria não de um reconhecimento da condição de violável de todas as pessoas — por mais verdadeiro que isso possa ser —, mas de uma compreensão das possibilidades de ações violentas de alguém com relação às vidas às quais esse alguém está ligado, incluindo as que ele nunca escolheu e nunca conheceu, e, portanto, as vidas cuja relação comigo precede as estipulações do contrato. Essas outras fazem uma reivindicação em relação a mim, mas quais são as condições nas quais posso ouvir ou responder a suas reivindicações? Não é suficiente afirmar, em uma acepção levinasiana, que as reivindicações me são feitas antes de eu conhecê-las e como uma instância inauguradora do meu passar a existir. Isso pode ser formalmente verdadeiro, mas sua verdade não tem utilidade para mim se eu não tiver as condições de resposta que me permitem apreendê-la no meio desta vida social e política. Essas "condições" incluem não somente meus recursos privados, como também as várias formas e os vários enquadramentos mediadores que tornam a receptividade possível. Em outras palavras, as reivindicações feitas em relação a mim se dão, se é que se dão, através dos sentidos, que são modelados em parte pelas distintas formas midiáticas: a organização social do som e da voz, da imagem e do texto, do tato e do cheiro. Se as reivindicações do outro em relação a mim são feitas para me alcançar, elas devem ser mediadas de alguma maneira, o que significa que nossa própria capacidade para responder com não violência — de atuar contra certo ato violento, ou preferir o "não ato" diante de uma provocação violenta — depende dos enquadramentos mediante os quais o mundo é dado e o domínio da aparência é circunscrito. A reivindicação da não violência não apenas me interpela como uma pessoa individual que deve decidir agir de uma maneira ou de outra. Se a reivindicação está registrada, ela me revela menos como um "eu" do que como um ser relacionado aos demais de maneiras inextricáveis e irreversíveis, que existe em uma condição generalizada de precariedade e interdependência, afetivamente estimulado e moldado por aqueles cujos efeitos sobre mim nunca escolhi. A injunção da não violência pressupõe sempre a existência de certo campo de seres com relação aos quais a não violência deveria ser a resposta apropriada. Como esse campo está invariavelmente circunscrito, a não violência só pode fazer seu apelo estabelecendo uma diferenciação entre aqueles contra quem a violência não deveria ser praticada e aqueles que simplesmente não estão "cobertos" pela própria injunção.

Para que a injunção à não violência faça sentido, é necessário primeiro superar a presunção desse mesmo diferencial — um não igualitarismo esquemático e não teorizado — que opera por toda a vida perceptual. Se a injunção à não violência é para evitar que se torne sem sentido, ela deve estar aliada a uma intervenção crítica a propósito das normas que diferenciam entre as vidas que são consideradas vivíveis e passíveis de luto e as que não o são. Somente com a condição de que as vidas sejam passíveis de luto — interpretadas dentro do *futuro anterior* — a conclamação à não violência evita cumplicidade com as formas de não igualitarismo epistêmico. O desejo de cometer violência, portanto, é sempre marcado pela ansiedade de sofrer violência de volta, uma vez que todos os atores potenciais na cena são igualmente vulneráveis. Mesmo quando esse entendimento resulta de um cálculo das consequências de um ato violento, ele é testemunho de uma inter-relação ontológica que é anterior a qualquer cálculo. A precariedade não é o efeito de determinada estratégia, mas sim a condição generalizada para toda e qualquer estratégia. Por conseguinte, certa apreensão de igualdade deriva dessa condição invariavelmente comparti-lhada, uma apreensão é mais difícil manter no pensamento: a não violência é derivada da apreensão da igualdade em meio à precariedade.

Com esse propósito, não precisamos saber de antemão o que "uma vida" será, mas apenas descobrir e apoiar os modos de representação e aparência que permitem que a reivindicação de vida seja feita e ouvida (nessa perspectiva, mídia e sobrevivência estão relacionadas). A ética é menos um cálculo do que algo que resulta de ser abordado e abordável de maneira sustentável, o que significa, em um nível global, que não pode haver ética sem uma prática sustentada de tradução — entre línguas, mas também entre diferentes modalidades midiáticas.[13] A questão ética de cometer ou não violência surge apenas em relação ao "você" que figura como o objeto potencial da minha violação. Mas se não há "você" ou se o "você" não pode ser ouvido nem visto, então não há relação ética. Pode-se perder o "você" através das posturas exclusivas de soberania e perseguição, especialmente quando uma não admite estar implicada na posição da outra. Na realidade, um efeito desses modos de soberania é, precisamente, "perder o você".

A não violência, por conseguinte, parece exigir uma luta no âmbito da aparência e dos sentidos, buscando a melhor forma de organizar a mídia a fim de superar as maneiras diferenciadas através das quais a condição de ser passível de luto é alocada, e uma vida é considerada como valorada ou, simplesmente, como uma vida a ser vivida. Ela é também a luta contra essas noções de sujeito político que supõem que a permeabilidade e a condição de violável podem ser monopolizadas em um local e completamente rechaçadas em outro. Nenhum sujeito tem o monopólio sobre "ser perseguido" ou "ser perseguidor", nem mesmo quando histórias fortemente sedimentadas (formas de reiteração densamente combinadas) produziram esse efeito ontológico. Se nenhuma pretensão de impermeabilidade radical é finalmente aceitável como verdadeira, então nenhuma pretensão de persecutabilidade radical é finalmente aceitável. Colocar em questão esse enquadramento mediante o qual a violência é falsa e desigualmente distribuída significa, precisamente, colocar em questão um dos enquadramentos dominantes que sustentam as guerras em curso no Iraque e no Afeganistão, mas também no Oriente Médio. A reivindicação da não violência não apenas requer que as condições para que seja ouvida e registrada existam — não pode haver "reivindicação" sem o seu modo de apresentação —, requer também que o ódio e a raiva encontrem igualmente uma maneira de articular essa reivindicação de forma que possa ser registrada por outros. Nesse sentido, a não violência não é um estado pacífico, mas uma luta social e política para tornar a raiva articulada e efetiva — o cuidadosamente modelado "foda-se".

Com efeito, é preciso enfrentar a violência para praticar a não violência (elas estão conectadas, e de um modo tenso); porém, vale repetir, a violência que uma pessoa enfrenta não vem exclusivamente do exterior. O que chamamos de agressão e raiva pode se mover no sentido da anulação do outro; mas se quem "somos" é precisamente uma precariedade compartilhada, então corremos o risco de nossa própria anulação. Isso acontece não porque somos sujeitos distintos, que fazem cálculos uns em relação aos outros, mas porque, antes de qualquer cálculo, já estamos constituídos por laços que atam e desatam de uma maneira específica e consequencial. Ontologicamente, a formação e a "des-formação" desses laços é anterior a qualquer pergunta sobre o sujeito e é, de fato, a condição social e afetiva da subjetividade. É também uma condição que estabelece uma ambivalência dinâmica no cerne da vida psíquica. Portanto, dizer que temos "necessidades" é dizer que quem "somos" envolve uma luta constante e reiterada de dependência e separação, e não designa meramente um estágio da infância a ser superado. Não se trata somente da "própria" luta de alguém ou da luta aparente de "um outro", mas precisamente a deiscência na base do "nós", a condição sob a qual estamos arrebatadamente unidos: de uma maneira raivosa, desejosa, assassina e amorosa.

Caminhar nessa linha significa, sim, viver essa linha, um impasse de raiva e medo, e encontrar um modo de conduta que não busque resolver a ansiedade dessa posição de modo demasiadamente rápido por meio de uma decisão. É claro que é positivo tomar uma decisão em favor da não violência, mas a decisão não pode, no final, ser a base da luta pela não violência. A decisão fortalece o "eu" que decide, algumas vezes à custa da própria relacionalidade. Assim, o problema não é realmente acerca de como o sujeito deveria agir, mas sim sobre o que uma recusa em agir pode significar quando esta resulta da apreensão de uma condição generalizada de precariedade, ou, em outras palavras, do caráter radicalmente igualitário da condição de ser passível de luto. Nem mesmo a "recusa a agir" capta com precisão as formas de ação paralisada ou de bloqueio que podem, por exemplo, constituir a operação não violenta da greve. Há outras maneiras de conceber o bloqueio das ações reiteradas que reproduzem os efeitos da guerra na vida cotidiana que são aceitos sem discussão. Paralisar a infraestrutura que permite que os exércitos se reproduzam é uma questão que envolve tanto o desmantelamento da máquina militar quanto a recusa a fazer o serviço militar. Quando as normas de violência são reiteradas sem fim e sem interrupção, a não violência busca deter a iteração ou redirecioná-la de maneiras que se oponha aos objetivos que a impulsionam. Quando essa iteração continua em nome do "progresso", civilizador ou de outra natureza, faz sentido prestar atenção à aguda observação de Walter Benjamin: "Talvez as revoluções sejam o ato através do qual a humanidade que viaja neste trem puxa o freio de emergência."[14]

Estender a mão para puxar o freio é um "ato", mas um ato que busca se antecipar à aparente inexorabilidade de um conjunto reiterado de atos que se fazem passar pelo motor da própria história. Talvez o "ato" em sua singularidade e seu heroísmo esteja supervalorizado: ele perde de vista o processo iterável em que uma intervenção crítica é necessária, e pode converter-se no próprio meio pelo qual o "sujeito" é produzido à custa de uma ontologia social relacional. É claro que a relacionalidade não é um termo utópico, mas sim um enquadramento (a obra de um enquadramento novo) para a consideração dos sentimentos invariavelmente articulados no campo político: medo e raiva, desejo e perda, amor e ódio, para nomear alguns. Tudo isso é apenas uma outra maneira de dizer que é extremamente difícil, em uma situação de dor, permanecer receptivo às reivindicações do outro por abrigo, por condições para uma vida vivível e passível de luto. E, contudo, esse domínio tão problemático é o *locus* de uma luta necessária para nos mantermos receptivos a uma vicissitude da igualdade que é imensamente difícil de afirmar, que ainda tem de ser teorizada pelos defensores do igualitarismo, e que figura de maneira fugaz nas dimensões afetivas e perceptuais da teoria. Nessas circunstâncias, quando agir reproduz o sujeito à custa de outro, não agir significa, no fim das contas, uma maneira de se comportar de modo a romper com o círculo vicioso da reflexividade, uma maneira de ceder aos laços que atam e desatam, uma maneira de registrar e exigir igualdade de maneira efetiva. Trata-se mesmo de um modo de resistência, especialmente quando recusa e rompe os enquadramentos por meio dos quais a guerra é forjada repetidas vezes.

Notas

Introdução

1. Para opiniões correlatas, ver Robert Castel, *Les metamorphoses de la question sociale, une chronique du salariat*, Paris, Editions Gallimard, 1999, traduzido para o inglês por Richard Boyd com o título *From Manual Workers to Wage Labourers: Transformation of the Social Question*, Edison, Nova Jersey, Transaction Publishers, 2005. Ver também Serge Paugam, *Le salarié de la précarité*, Paris, PUF, 2000; e Nancy Ettlinger, "Precarity Unbound", *Alternatives* 32 (2007), p. 319-40.

2. Ver, por exemplo, Jessica Benjamin, *Like Subjects, Love Objects: Essays on Recognition and Sexual Difference*, New Haven, Yale University Press, 1995; Nancy Fraser, *Justice Interruptus: Critical Reflections on the "Postsocialist" Condition*, Nova York, Routledge, 1997; Nancy Fraser e Axel Honneth, *Redistribution or Recognition? A Political-Philosophical Exchange*, Londres, Verso, 2003; Axel Honneth, *The Struggle for Recognition: The Moral Grammar of Social Conflicts*, Cambridge, Polity Press, 1996; *Reification: A New Look At An Old Idea (The Berkeley Tanner Lectures)*, Nova York, Oxford University Press, 2008; Patchen Markell, *Bound By Recognition*, Princeton, Princeton University Press, 2003; Charles Taylor, *Hegel and Modern Society*, Cambridge, Cambridge University Press, 1979; e Taylor e Amy Gutman (orgs.), *Multiculturalism: Examining the Politics of Recognition*, Princeton, Princeton University Press, 1994.

3. Para o *a priori* histórico", ver Michel Foucault, *The Archaeology of Knowledge*, traduzido para o inglês por A. M. Sheridan, Londres, Tavistock Publications, 1972. Ver também Foucault, *The Order of Things: An Archaeology of the Human Sciences*, Nova York, Vintage, 1970.

4. Este é, com certeza, mais claramente o caso da legenda e da descrição, mas o enquadramento comenta e edita de outra maneira. Minha própria leitura do enquadramento aqui é derivada de fontes analíticas e sociológicas: ver especialmente Jacques Derrida, *The Truth of Painting [Lá vérité en peinture. Paris, Flammarion, 1975]*, tradução para o inglês de Geoff Bennington e Ian McLeod, Chicago, University of Chicago Press, 1987, p. 37-83. Ver também Erving Goffman, *Frame Analysis: An Essay on the Organization of Experience*, Nova York, Harper & Row, 1974; e Michel Callon, "An Essay on Framing and Overflowing: Economic Externalities Revisited by Sociology", in *The Laws of Markets*, Boston, Blackwell, 1998, p. 244-69.

5. Trinh T. Minh-ha, *Framer Framed*, Nova York, Routledge, 1992.

6. Walter Benjamin, "The Work of Art in the Age of Mechanical Reproduction" (1936), in *Illuminations: Essays and Reflections*, organização de H. Arendt, tradução para o inglês de H. Zohn, Nova York, Schocken Books, 1969.

7. Ver Roland Barthes, *Camera Lucida: Reflections on Photography*, tradução para o inglês de Richard Howard, Nova York, Hill and Wang, 1982; e Jacques Derrida, *The Work of Mourning*, organização de Pascale-Anne Brault e Michael Naas, Chicago, University of Chicago Press, 2001.

8. Donna Jones, *The Promise of European Decline: Vitalism, Aesthetic Politics and Race in the Inter-War Years*, Columbia University Press, no prelo. Ver também: Angela Davis, *Abolition Democracy: Beyond Empire, Prisons, and Torture*, Nova York, Seven Stories Press, 2005; Michel Foucault, *Discipline and Punish: The Birth of the Prison*, tradução para o inglês de Alan Sheridan, Nova York, Pantheon, 1978; *Power/Knowledge: Selected Interviews and Other Writings 1972-1977*, Nova York,

Pantheon, 1980; *Society Must Be Defended: Lectures at the College de France 1975-1976*, Nova York, Picador, 2003; *The Birth of Biopolitics: Lectures at the College de France 1978-1979*, Nova York, Palgrave Macmillan, 2008; Sarah Franklin, Celia Lury e Jackie Stacey, *Global Nature, Global Culture*, Londres, Sage, 2000; Mariam Fraser, Sarah Kember e Celia Lury, "Inventive Life: Approaches to the New Vitalism", *Theory, Culture & Society* 22: 1 (2005), p. 1-14; Hannah Landecker, "Cellular Features", *Critical Inquiry* 31 (2005), p. 903-37; Donna Haraway, *The Companion Species Manifesto: Dogs, People, and Significant Otherness*, Chicago, Prickly Paradigm Press, 2003, *Modest_Witness@Second_Millennium. FemaleMan©_Meets_Oncomouse™*, Nova York, Routledge, 1997; Nicholas Rose, *The Politics of Life Itself: Biomedicine, Power, and Subjectivity in the Twenty-First Century*, Princeton, Princeton University Press, 2007; Nicholas Rose e Peter Miller, *Governing the Present: Administering Economic, Social and Personal Life*, Cambridge, Polity, 2008; Paul Rabinow, *Making PCR: A Story of Biotechnology*, Chicago, University of Chicago Press, 1996; *French DNA: Trouble in Purgatory*, Chicago, University of Chicago Press, 2002; Charis Thompson, *Making Parents: The Ontological Choreography of Reproductive Technology*, Cambridge, MA, MIT Press, 2005; *Stem Cell Nations: Innovation, Ethics, and Difference in a Globalizing World*, no prelo.

9. Ver as considerações de Freud sobre "Anlehnung" (anáclise) em *Three Essays on the Theory of Sexuality* (1905), tradução para o inglês de James Strachey, Standard Edition, 7: p. 123-246, Londres, Hogarth Press, 1953; e "On Narcissism: An Introduction" (1914), tradução para o inglês de James Strachey, Standard Edition, 14: p. 67-102, Londres, Hogarth Press, 1957.

10. Ver especialmente o debate sobre a condição de violação na obra de Jay Bernstein, *Adorno: Disenchantment and Ethics*, Cambridge e Nova York: Cambridge University Press, 2001. Essa obra é, na minha opinião, a mais aguda análise da condição de violação e da ética na filosofia contemporânea.

11. Achille Mbembe, "Necropolitics", tradução para o inglês de Libby Meintjes, *Public Culture* 15: 1 (2003), p. 11-40.

12. Ver, por exemplo: Center for Constitutional Rights, "Illegal Detentions and Guantánamo", <http://ccrjustice.org/illegal-detentions-and-Guantánamo>; "Illegal Detentions in Iraque by US Pose Great Challenge: Annan" (Reuters), CommonDreams.org, 9 de junho de 2005, <http://www.commondreams.org/headlines05/0609-04.htm>; Amnesty International USA, "Guantánamo and Illegal U.S. Detentions", <http://www.amnestyusa.org/guerra-on-terror/ Guantánamo/page.do?id=1351079>; Jerry Markon, "Memo Proves Detention Is Illegal, Attorneys Say", *Washington Post*, 9 de abril de 2008, <http://www. washingtonpost.com/wp dyn/content/article/2008/04/08/AR2008040803080.html>; Giovanni Claudio Fava, "Transportation and illegal detention of prisoners by CIA", European Parliament, 14 de fevereiro de 2007, <http://www.europarl. europa.eu/eplive/expert/shotlist_page/20070214SHL03138/default_en.htm>; Hina Shamsi, "CIA Coverups and American Injustice", *Salon.com*, 11 de dezembro de 2007, <http://www.salon.com/opinion/feature/2007/12/11/Guantánamo/index.html>.

13. Ver meu ensaio "The Imperialist Subject", *Journal of Urban and Cultural Studies* 2: 1 (1991), p. 73-78.

14. Benedict de Spinoza, *A Spinoza Reader: The* Ethics *and Other Works*, organizado e traduzido para o inglês por Edwin Curley, Princeton, NJ, Princeton University Press, 1994. Ver também Gilles Deleuze, *Expressionism in Philosophy: Spinoza*, tradução para o inglês de Martin Joughin, Nova York, Zone Books, 1992.

15. Deleuze aborda claramente esse tema em sua discussão sobre "O que um corpo pode fazer?", em Expressionism in Philosophy: Spinoza.

16. Melanie Klein, "A Contribution to the Psychogenesis of Manic-Depressive States", *Selected Melanie Klein*, organização de Juliet Mitchell, Londres, Penguin, 1986, p. 115-46.

Capítulo 1

1. Ver Lauren Berlant (org.), *Intimacy*, Chicago, University of Chicago, 2000; Ann Cvetkovich, *An Archive of Feelings: Trauma, Sexuality, and Lesbian Public Cultures*, Raleigh, NC, Duke University Press, 2003; Sara Ahmed, *The Cultural Policy of Emotion*, Edimburgo, Edinburgh University Press, 2004.

2. Ver, a esse propósito, Karen J. Greenberg (org.), *The Torture Debate in America*, Nova York, Cambridge University Press, 2006; Kim Scheppele, "Hypothetical Torture in the 'War on Terrorism'", *Journal of National Security Law and Policy I* (2005), p. 285-340.

3. Ver Anthony Turney e Paul Margolies, *Always Remember: The Names Project AIDS Memorial Quilt*, Nova York, Fireside, 1996. Ver também <http://www.aidsquilt.org>.

4. David Simpson, *9/11: The Culture of Commemoration*, Chicago, University of Chicago Press, 2006.

5. "Mas Abu Ghraib foi interessante. Fui criticado pelo *New York Times* por não ter divulgado as fotos. E contei para o público, vou lhes dizer o que aconteceu. Eu não as estou veiculando porque sei — vocês sabem, nós vamos para o mundo inteiro. E eu sei que, assim que as divulgar, a rede Al Jazeera vai dar um furo com elas no *The Factor*, vai colocá-las no ar e atiçar um sentimento antiamericano — e mais pessoas serão mortas. Então, não vou fazer isso. Se quiser vê-las, poderá vê-las em outro lugar. Não aqui." *The O'Reilly Factor*, Fox News Channel, 12 de maio de 2005.

6. Ver, por exemplo, Greg Mitchell, "Judge Order Release of Abu Ghraib Photos", *Editor and Publisher*, 29 de setembro de 2005, <http://www.editorandpublisher.com/eandp/news/article_display.jsp?vnu_content_id=1001218842>.

7. Talal Asad, *On Suicide Bombing*, Nova York, Columbia University Press, 2007.

8. Orlando Patterson, *Slavery and Social Death: A Comparative Study*, Cambridge, MA, Harvard University Press, 1982.

9. Melanie Klein, "A Contribution to the Psychogenesis of Manic--Depressive States".

10. *Rush Hour 3*, direção de Brett Ratner, 2007.

11. Uma determinada morfologia toma forma mediante uma negociação temporal e espacial específica. É uma negociação com o tempo, no sentido de que a morfologia do corpo não permanece a mesma; o corpo envelhece, muda de aspecto, adquire e perde capacidades. E é também uma negociação com o espaço, no sentido de que nenhum corpo existe sem existir em algum lugar; o corpo é a condição da localização, e todo corpo requer um ambiente para viver. Seria um erro afirmar que o corpo existe em seu ambiente, apenas porque a formulação não é suficientemente consistente. Se não existe corpo sem um ambiente, então não podemos pensar a ontologia do corpo sem que o corpo esteja em algum lugar, sem alguma "localização". E com isso não estou tentando formular um argumento abstrato, mas sim considerar as modalidades de materialização por meio das quais um corpo existe e por meio das quais essa existência concreta pode ser mantida e/ou posta em perigo.

12. Marc Falkoff (org.), *Poems from Guantánamo: The Detainees Speak*, Iowa City, University of Iowa Press, 2007.

13. Mark Falkoff, "Notes on Guantánamo", in *Poems from Guantánamo*, p. 4.

14. Ibid., p. 41.

15. Ibid., p. 20.

16. Ibid., p. 28.

17. Ibid., p. 59.

18. Ibid., p. 59.

19. *Poems*, p. 71. No original: "Porque el origen de la vida y el origen del lenguaje y el origen de la poesía se encuentran justamente en la aritmética primigenia de la respiración; lo que aspiramos, exhalamos, inhalamos, minuto trás minuto, lo que nos mantiene vivos en un universo hostil desde el instante del nacimiento hasta el segundo anterior a nuestra extinción. Y la palavra escrita no es otra cosa que el intento de volver permanente y seguro ese

aliento, marcarlo en una roca o estamparlo en un pedazo de papel o trazar su significado en una pantalla, de manera que la cadencia pueda perpetuarse más allá de nosotros, sobrevivir a lo que respiramos, romper las cadenas precarias de la soledad, trascender nuestro cuerpo transitorio y tocar a alguien con el agua de su búsqueda." *Poemas desde Guantánamo: los detenidos hablan*, Madri, Atalaya, 2008. [Por que a origem da vida e a origem da linguagem da poesia se encontram justamente na aritmética primeira da resposta, que expiramos, exalamos, inalamos, minuto a minuto, até o segundo anterior à nossa extinção. E a palavra escrita não é outra coisa senão a intenção de voltar permanente e seguramente a esse alento, marcá-lo em uma pedra, estampá-lo em um pedaço de papel ou traçar seu significado em uma tela, de forma que a cadência possa ser perpetuada além de nós, sobreviver ao que respiramos, romper as cadeias precárias da solidão, transcender nosso corpo transitório e tocar alguém com a água de sua busca.

Capítulo 2

1. Susan Sontag, *On Photography*. Nova York, Farrar, Straus and Giroux, 1977, p. 64. [Edição brasileira: *Sobre fotografia*. São Paulo: Cia das Letras, 2004].

2. Judith Butler, *Giving an Account of Oneself*, Nova York, Fordham University Press, 2005.

3. Bill Carter, "Pentagon Ban on Pictures of Dead Troops Is Broken", *New York Times*, 23 de abril de 2004; Helen Thomas, "Pentagon Manages War Coverage By Limiting Coffin Pictures", *The Boston Channel*, 29 de outubro de 2003; Patrick Barrett, "US TV Blackout Hits Litany of War Dead", *Guardian*, 30 de abril de 2004, <http://www.guardian.co.uk/media/2004/apr/30/Irakandthemedia.USnews>; National Security Archive, "Return of The Fallen", 28 de abril de 2005, <http://www.gwu.edu/~nsarchiv/NSAEBB/NSAEBB152/index.htm>; Dana Milbank, "Curtains Ordered for Media Coverage of Returning Coffins", *Washington Post*, 21 de outubro de 2003; Sheryl Gay Stolberg, "Senate Backs Ban on Fotos of G.I. Coffins", *New York Times*, 22 de junho de

2004, <http://query.nytimes.com/gst/fullpage. html?res=990DE
2DB1339F931A15755C0A9629C8B63>.

4. Susan Sontag, *Regarding the Pain of Others*, Nova York, Farrar, Straus e Giroux, 2003, p. 65 [edição brasileira: *Diante da dor dos outros*, São Paulo, Companhia das Letras, 2003].

5. Ibid., pp. 6, 154.

6. Podemos ver aqui a Sontag escritora, diferenciando seu ofício do dos fotógrafos com quem ela conviveu nas últimas décadas de sua vida.

7. Ibid., p. 83.

8. Ibid., p. 122.

9. Ibid., p. 85.

10. Ibid., p. 89.

11. Donald Rumsfeld, CNN, 8 de maio de 2004.

12. Cf. Haraway, *The Companion Species Manifesto*.

13. Donna Haraway fez essa pergunta em uma Conferência Avenali, proferida na University of California, Berkeley, em 16 de setembro de 2003.

14. Susan Sontag, "Regarding The Torture Of Others", *New York Times*, 23 de maio de 2004, <http://www.nytimes.com/2004/05/23/magazine/23PRISONS.html>.

15. O major-general do Exército norte-americano Geoffrey Miller é geralmente considerado o responsável pela elaboração dos protocolos de tortura em Guantánamo, incluindo o uso de cachorros, e pela transposição desses protocolos para Abu Ghraib. Ver Joan Walsh, "The Abu Ghraib Files", *Salon.com*, 14 de março de 2006, <http://www.salon.com/news/abu_ghraib/2006/03/14/introduction/index.html>; ver também Andy Worthington, *The Guantánamo Files: The Stories of the 774 Detainees in America's Illegal Prison*, Londres, Pluto Press, 2007.

16. Uma importante exceção é o excelente filme *Standard Operating Procedure*, de 2008, dirigido por Errol Morris.

17. Joanna Bourke, "Torture as Pornography", *Guardian*, 7 de maio de 2004, <http://www.guardian.co.uk/world/2004/May/07/gender.uk>.

18. Ibid.
19. Ibid.
20. *New York Times*, 1º de maio de 2004, <http://query.nytimes. com/gst/fullpage.html?res=9502E0DB153DF932A35756C0A9 629C8B63>.
21. Ver *Standard Operating Procedure*, e Linda Williams, "The Forcible Frame: Errol Morris's *Standard Operating Procedure*" (cortesia da autora).
22. Para um ponto de vista bem diferente e provocativo, que mostra como o Estado faz uso de mulheres torturadoras para desviar a atenção de sua própria crueldade sistêmica, ver Coco Fusco, *A Field Guide for Female Interrogators*. Nova York, Seven Stories Press, 2008.
23. Bourke, "Torture as Pornography".
24. Ibid.
25. Uma exposição importante foi "Inconvenient Evidence: Iraqi Prison Photographs from Abu Ghraib", de Brian Wallis, exibida simultaneamente no International Center of Photography, em Nova York, e no Warhol Museum, em Pittsburgh (2004-2005). As telas do artista colombiano Fernando Botero, baseadas nas fotografias de Abu Ghraib, também foram mostradas em um grande número de exposições através dos Estados Unidos em 2006 e 2007, merecendo destaque as realizadas na Marlborough Gallery, em Nova York, em 2006, na Doe Library, na University of California, Berkeley, em 2007, e no American University Museum, em 2007. Ver *Botero Abu Ghraib*, Munique, Berlim, Londres, Nova York, Prestel Press, 2006, que inclui um ótimo ensaio de David Ebony. Ver também o excelente trabalho de Susan Crile, *Abu-Ghraib/Abuse of Power, Works on Paper*, exibido na Hunter College em 2006.
26. Theodor Adorno e Max Horkheimer, *Dialectic of Enlightenment*, traduzido para o inglês por John Cumming, Nova York, Continuum, 1972.
27. Joan Walsh, "Introduction: The Abu Ghraib Files", <http://www. salon.com/news/abu_ghraib/2006/03/14/introduction/index.html>.

QUADROS DE GUERRA

28. Sou grata a Eduardo Cadava por esse argumento. Ver seu texto "The Monstrosity of Human Rights", *PMLA*, 121: 5, 2006, p. 1558-65.
29. Sontag, *Regarding the Pain of Others*, p. 65.
30. Sontag, *On Photography*, p. 70.
31. Barthes, *Camera Lucida: Reflections on Photography* [edição brasileira: *A câmara clara*, Rio de Janeiro, Nova Fronteira, 1984]. Estou em dívida com John Muse, por sua excelente tese "The Rhetorical Afterlife of Photographic Evidence", defendida no Departamento de Retórica da University of California, Berkeley (2007), por inspirar algumas dessas reflexões, e com Amy Huber, por me lembrar dos comentários de Barthes reproduzidos aqui e pelo desafio lançado em sua tese "The General Theatre of Death: Modern Fatality and Modernist Form" (University of California, Berkeley, 2009).
32. Barthes, *Camera Lucida*, p. 85.
33. Ibid., p. 96.
34. Ibid.
35. Sontag, *Regarding the Pain of Others*, p. 115.
36. Ibid., p. 117.
37. Sontag, "Regarding the Torture of Others", op. cit.

Capítulo 3

1. Ver Wendy Brown, *Policy Out Of History*, Princeton, Nova Jersey, Princeton University Press, 2001.
2. Janet Jakobsen e Ann Pellegrini, *Love the Sin: Sexual Regulation and the Limits of Religious Tolerance*, Nova York, New York University Press, 2004; Saba Mahmood, *The Policy of Piety*, Princeton, Nova Jersey, Princeton University Press, 2005; Talal Asad, *Formations of the Secular: Christianity, Islam, Modernity*, Palo Alto, Stanford University Press, 2003; e William E. Connolly, *Why I Am Not a Secularist*, Minneapolis, University of Minnesota Press, 2000.
3. Conforme mostrado em <http://www.msnbc.msn.com/id/11842116>. O regulamento pode ser encontrado no *site* do Ser-

viço Holandês de Imigração e Naturalização (IND), em <http://www.ind.nl/en/inbedrijf/actueel/basisexamen_inburgering.asp>. Note-se que revisões mais recentes desta política agora oferecem duas versões do exame de qualificação, de modo que as imagens que contêm informações visuais de nudez e homossexualidade não sejam vistas de forma obrigatória por minorias religiosas cuja fé possa, porventura, ser ofendida. O mérito da questão continua a ser contestado em cortes holandesas e de outros países europeus.

4. Vale observar que em 2008 foram efetuadas algumas mudanças no Exame de Integração Cívica Holandês, com a finalidade de mostrar maior sensibilidade cultural às novas comunidades de imigrantes. Em julho de 2008, o exame foi declarado ilegal na sua então forma. Ver <http://www.minbuza.nl/en/welcome/comingtoNL,visas_x_consular_services/civic_integration_examination_abroad.html> e <http://www.hrw.org?en?news?2008/07/16/netherlands court rules pre entry integration exam unlawful>.

5. Ver Marc de Leeuw e Sonja van Wichelin, "'Please, Go Wake Up!' Submission, Hirsi Ali, and the 'War on Terror' in The Netherlands", *Feminist Media Studies* 5: 3 (2005).

6. Thomas Friedman, "Foreign Affairs: The Real War", *New York Times*, 27 de novembro de 2001, p. A19.

7. D. Borillo, E. Fassin e M. Iacub, *Au-delà du PACS*, Paris, Presses Universitaires de France, 2004.

8. Ver Eric Fassin, *L'inversion de la question homosexuelle*, Paris, Éditions Amsterdam, 2006; ver também Didier Fassin e E. Fassin, *De la question sociale à la question raciale?*, Paris, La Découverte, 2006.

9. *Libération*, 2 de junho de 2006, <http://www.liberation.fr/actualite/evenement/evenement1/371.FR.php>.

10. Michael Schneider, *Big Mother: Psychopathologie de la vie politique*, Paris, Odile Jacob, 2005.

11. Ver Nacira Guénif-Souilamas, *La république mise à nu par son immigration*, Paris, La Fabrique Éditions, 2006.

12. Ratzinger deixa bem claro como a doutrina de diferença sexual que ele defende tem suas raízes no relato do Gênesis, um relato

que estabelece a "verdade" sobre homens e mulheres. Sua oposição ao casamento entre pessoas do mesmo sexo, que busca "destruir" essa verdade, fica assim associada ao seu criacionismo implícito. Poderíamos simplesmente responder dizendo: sim, a verdade sobre o homem e a mulher que você sublinha não é verdade coisa nenhuma, e nosso objetivo é destruí-la a fim de dar origem a um conjunto de práticas de gênero mais humano e radical. Mas argumentar dessa maneira é simplesmente reiterar a separação cultural que impossibilita qualquer análise. Talvez seja preciso começar com o estatuto do relato do próprio Gênesis e ver que outras leituras são possíveis. Talvez seja preciso perguntar qual é a biologia que Ratzinger realmente aceita, e se as teorias biológicas que ele defende são aquelas que consideram a homossexualidade um aspecto benigno da variação sexual humana. Parece que a observação dele a respeito dos construtivistas sociais, que procuram negar e transcender as diferenças biológicas, o obriga a fazer uma leitura teológica da construção social, uma vez que essa "transcendência" é, presumivelmente, o que deve ser buscado na "sacralização" da sexualidade em termos de sua função transcendente. Será que se pode mostrar que as diferenças biológicas às quais Ratzinger se refere estão na verdade em consonância com os significados transcendentes que ele reserva à sexualidade heterossexual a serviço da reprodução? Além de saber que registro biológico Ratzinger tem em mente, seria importante saber se as práticas sociais que ele tenta refrear, inclusive as uniões civis entre parceiros do mesmo sexo, são prescritas ou proscritas por alguma função biológica ostensiva. A questão não é negar a biologia e defender um livre-arbítrio voluntarístico, mas sim perguntar como a biologia e a prática sexual são entendidas uma em relação à outra. Mais recentemente, Ratzinger sugeriu que a teoria de que o gênero é construído socialmente é análoga à destruição da floresta tropical úmida, uma vez que ambas buscam negar o criacionismo. Ver "Meditation on Gender Lands Pope in Hot Water", *Independent*, 23 de dezembro de 2008; ver também a réplica feminista de Angela McRobbie, "The Pope Doth Protest Too Much", *The Guardian*, 18 de janeiro de 2009.

13. <http://www.vatican.va/roman_curia/congregations/cfaith/documents/rc_con_cfaith_doc_20040731_collaboration_en.html>.

14. Ibid.

15. Preferiria não me posicionar em nenhuma das duas direções, mas, então que direção resta? Ratzinger caracteriza as posições sem fazer qualquer citação, razão pela qual, embora aparentemente ele possa ter consultado fontes para algumas delas, não está embasado em nenhuma evidência textual ao fazer suas afirmações. Ele cita, é claro, as Escrituras, mas não as posições que as desafiam ou as ameaçam claramente (até onde minha pesquisa conseguiu chegar).

16. "Faith, Reason and the University: Memories and Reflections", discurso proferido na Universität Regensburg, em 12 de setembro de 2006. O discurso e as explicações subsequentes encontram-se em <http://www.vatican.va/holy_father/benedict_xvi/speeches/2006/setembro/documents/hf_ben-xvi_spe_20060912_university-regensburg_en.html>.

17. "Muhammad's Sword", 23 de setembro de 2006, <http://zope.gush-shalom.org/ home/en/channels/avnery/1159094813/>.

18. Ver Samuel Huntington, *The Clash of Civilizations?: The Debate*, Londres, W.W. Norton & Co. Ltd., 1996; e *Who Are We? The Challenges to America's National Identity*, Nova York, Simon & Schuster, 2005.

19. Ver Raphael Patai, *The Arab Mind*, edição revista, Long Island City, Hatherleigh Press, 2002.

20. Ver Seymour Hersh, *The Chain of Command: The Road from 9/11 to Abu Ghraib*, Nova York, Harper-Collins, 2004; e "The Gray Zone: How a Secret Pentagon Program Came to Abu Ghraib", *New Yorker*, 25 de maio de 2004, <http:// www.newyorker.com/ archive/2004/05/24/040524fa_fact>.

21. Friedrich Nietzsche, *The Will to Power*, organização de W. Kaufman, tradução para o inglês de W. Kaufman e R. J. Hollingdale, Nova York, Vintage, 1968.

22. Walter Benjamin, *Illuminations*, organização de H. Arendt, tradução para o inglês de H. Zohn, Nova York, Schocken Books, 1968.
23. Ibid., p. 261.
24. Ibid., p. 263.

Capítulo 4

1. *British Journal of Sociology* 59: 1 (2008). Meu ensaio *"Política sexual, tortura e tempo secular"*, cuja versão revisada consta como o terceiro capítulo do presente volume, originalmente constituiu uma palestra, proferida em outubro de 2007, para o *British Journal of Sociology* (BJS) na Londres School of Economics. Primeiramente, foi publicado no BJS em conjunto com diversas outras respostas. Este capítulo constitui uma versão revista e aumentada da réplica que ofereci a essas respostas ("Uma resposta para Ali, Beckford, Bhatt, Modood e Woodhead", *British Journal of Sociology* 59:2, p. 255-260) e inclui uma discussão do trabalho desenvolvido por Talal Assad, que não aparece nessas páginas.

2. Chetan Bhatt, "The Times of Movements: A Response", *British Journal of Sociology*, 59: 1 (2008), 29.

3. Tariq Modood, "A Basis for and Two Obstacles in the Way of a Multiculturalist Tradition", *British Journal of Sociology*, 59:1 (2008), 49; ver também Modood, *Multiculturalism: A Civic Idea*, Londres, Polity, 2007, e Sara Ahmed, Claudia Casteneda, Anne-Marie Fortier e Mimi Sheller (orgs.), *Uprootings/ Regroundings: Questions of Home and Migration*, Londres, Berg Publishers, 2003.

4. Ver Wendy Brown, *"Tolerance as Supplement: The 'Jewish Question'"* e também *"Woman Question"* in *Regulating Aversion: Tolerance in the Age of Identity and Empire*, Princeton, Nova Jersey, Princeton University Press, 2006, p. 48-7.

5. Ernesto Laclau e Chantal Mouffe, *Hegemony and Socialist Strategy: Towards a Radical Democratic Policy*, Londres, Verso, 1985. Ver também Simon Critchley e Oliver Marçoart (orgs.), *Laclau: A Critical Reader*, Londres, Routledge, 2004.

6. Ver Linda Woodhead, "Secular Privilege, Religious Disadvantage", *British Journal of Sociology*, 59:1 (2008), p. 53-8.

7. Consideremos algumas das organizações que representam as minorias sexuais árabes e muçulmanas: Imaan, uma organização no Reino Unido para homossexuais, lésbicas, bissexuais e transgêneros muçulmanos, oferece serviços sociais voluntários e amparo comunitário: <www.imaan.org.uk>. Ver também <www.al-bab.com>, um *website* que fornece vários recursos para árabes gays e lésbicas, alguns dos quais incluem conteúdo religioso, enquanto outros não. Ver também "The International Initiative for the Visibility of Queer Muslims" (<queerjihad.blogspot.com>) e <www.al-fatiha.org> — uma organização internacional para lésbicas, gays, bissexuais e transgêneros muçulmanos.

8. Asad, *On Suicide Bombing*.

9. *Ibid.*, p. 4.

10. Texto citado por cortesia de Talal Asad.

11. Asad, *On Suicide Bombing*, p. 14-24. Ver também Michael Walzer, *Just and Unjust Wars*, Nova York, Basic Books, 1992; e ainda *Arguing About War*, New Haven, Yale University, 2004. Esta última obra é foco de uma crítica ampliada de Asad.

12. Observemos a repercussão da infame resposta anti-intelectual dada por Walzer após o 11 de Setembro, quando argumenta que não deveríamos dar espaço àqueles que procuram entender as razões para os ataques contra os Estados Unidos. Ao chamar os que fazem essas análises de *"excuseniks"* (algo como "adeptos das desculpas"), ele faz uma curiosa difamação, assemelhando aqueles que procuram entender os acontecimentos aos *refuseniks* ("adeptos da recusa") — os dissidentes que se opuseram às práticas repressoras da União Soviética. O termo é atualmente usado para designar os jovens israelenses que se recusam a prestar o serviço militar obrigatório nas forças armadas de Israel por motivos morais ou políticos.

13. Asad, *On Suicide Bombing*, p. 16.

14. *Ibid.*, p. 20.

15. *Ibid.*, p. 5.

16. *Ibid.*, p. 65.
17. Para um interessante relato sobre o horror contemporâneo, ver Adriana Cavarero, *Horrorism: Naming Contemporary Violence*, Nova York, Columbia University Press, 2008.
18. *Ibid.*, p. 65.

Capítulo 5

1. "Violence and Non-violence of Norms: Reply to Mills and Jenkins", *differences* 18: 2 (2007). Várias passagens deste capítulo foram retiradas dessa resposta.
2. Efeitos performativos podem perfeitamente ser (ou tornar-se) efeitos materiais e são parte do próprio processo de materialização. Os debates sobre a construção tendem a ficar enredados na pergunta sobre o que não está construído e assim parecem envolvidos em uma metafísica que deveriam evitar. A performatividade pode, no final, implicar uma passagem da metafísica para a ontologia e oferecer uma descrição dos efeitos ontológicos que nos permita repensar a própria materialidade.
3. Para um desdobramento desse assunto, ver meu artigo "Violence, non-violence: Sartre on Fanon", *The Graduate Faculty Philosophy Journal* 27: 1 (2006), p. 3-24; e Jonathan Judaken (org.), *Race after Sartre: Antiracism, Africana Existentialism, Postcolonialism*, Albany, SUNY Press, 2008, p. 211-32.
4. Ver os textos de Mahatma Gandhi sobre a não violência, nos quais a prática é precisamente não tranquila. *Mahatma Gandhi: Selected Political Writings*, organização de Dennis Dalton, Indianapolis, Hackett Publishing, 1996.
5. Ver minha discussão sobre Levinas e a interdição de matar no último capítulo de *Precarious Life*. As referências a Levinas neste capítulo dizem respeito a seu artigo "Peace and Proximity", *Basic Philosophical Writings*, organização de Adriaan T. Peperzak, Simon Critchley e Robert Bernasconi, Bloomington, W, Indiana University Press, 1966, p. 161-9.
6. Klein, "A Contribution to the Psychogenesis of Manic-Depressive States", p. 115-46.

7. Ibid., p. 122-3.

8. Sigmund Freud, *Mourning and Melancholia* (1917), tradução para o inglês de James Strachey, Standard Edition, 14: pp. 243-58, Londres, Hogarth Press, 1957. [edição brasileira *Luto e melancholia*. Tradução Marilene Carone São Paulo : Cosac Naify, 2011]

9. Klein, "The Psychogenesis of Manic-Depressive States", p. 123.

10. "O eu encontra-se então confrontado com o fato físico de que seus objetos queridos estão em estado de dissolução — em pedaços —, e o desespero, o remorso e a ansiedade derivados deste reconhecimento subjazem numerosas situações de ansiedade". Cf, "The Psychogenesis of Manic-Depressive States", p. 125.

11. D. W. Winnicott, "Transitional Objects and Transitional Phenomena", *International Journal of Psychoanalysis* 34 (1953 [1951]), p. 89-97. Ver também *Playing and Reality*, Londres, Tavistock Publications Ltd, 1971 [edição brasileira: *O brincar e a realidade*, tradução de José Octávio de Aguiar Abreu e Vanede Nobre, Rio de Janeiro, Imago, 1975].

12. Estou continuamente em dívida aqui, como em outras partes, com "Wounded Attachments", o Capítulo 3 do livro de Wendy Brown *States of Injury: Power and Liberty in Late Modernity*, Princeton, Nova Jersey, Princeton University Press, 1995.

13. Ver Sandra Bermann, Michael Wood e Emily Apter (orgs.), *Nation, Language, and the Ethics of Translation*, Princeton, Nova Jersey, Princeton University Press, 2005.

14. Walter Benjamin, *Gesammelte Werke*, Frankfurt, Suhrkamp Verlag, I, p. 1.232. *Ver também* minha "Critique, Coercion, and Sacred Life in Benjamin's 'Critique of Violence'", in *Political Theologies*, organização de Hent de Vries, Nova York, Fordham University Press, 2006, p. 201-19.

Índice

O texto deste livro foi composto em
Sabon LT Std, corpo 11/16.

A impressão se deu sobre papel off-white
pelo Sistema Digital Instant Duplex da
Divisão Gráfica da Distribuidora Record.

JULIE GARWOOD

AUTORA BESTSELLER DO NEW YORK TIMES

A Noiva

LAIRDS

CB005688

Editora **Charme**

Copyright © 1989. The Bride by Julie Garwood
Direitos autorais de tradução© 2022 Editora Charme.

Todos os direitos reservados.
Nenhuma parte desta publicação pode ser reproduzida, distribuída ou transmitida sob qualquer forma
ou por qualquer meio, incluindo fotocópias, gravação ou outros métodos mecânicos ou eletrônicos, sem a
permissão prévia por escrito da editora, exceto no caso de breves citações consubstanciadas em resenhas
críticas e outros usos não comerciais permitido pela lei de direitos autorais.

Este livro é um trabalho de ficção.
Este livro é uma obra de ficção. Embora referências sejam feitas a eventos históricos reais ou a locais
existentes, nomes, personagens, lugares e incidentes são produtos da imaginação da autora ou foram
usados de forma fictícia, e quaisquer semelhanças com pessoas reais, vivas ou mortas, estabelecimentos
comerciais, acontecimentos ou localidades é mera coincidência.

1ª Impressão 2022

Produção Editorial - Editora Charme
Capa e Produção Gráfica - Verônica Góes
Tradução - Monique D'Orazio
Revisão - Equipe Charme

Esta obra foi negociada pela Agência Literária Riff Ltda.

FICHA CATALOGRÁFICA ELABORADA POR
Bibliotecária: Priscila Gomes Cruz CRB-8/8207

G244n   Garwood, Julie

A noiva / Julie Garwood; Tradução: Monique D'Orazio;
Produção editorial: Editora Charme; Revisão: Equipe Charme;
Capa e produção gráfica: Verônica Góes. – Campinas, SP:
Editora Charme, 2022.
416 p. il.

Título original: The Bride.
ISBN: 978-65-5933-093-5

1. Ficção norte-americana | 2. Romance Estrangeiro -
I. Garwood, Julie. II. D'Orazio, Monique. III. Editora Charme.
IV Equipe Charme. V. Góes, Verônica. VI. Título.

CDD - 813

Editora
Charme

www.editoracharme.com.br

JULIE GARWOOD

AUTORA BESTSELLER DO NEW YORK TIMES

TRADUÇÃO - MONIQUE D'ORAZIO

A Noiva

LAIRDS' FIANCÉES #1

Editora Charme

Prefácio

Outro dia, uma entrevistadora me fez uma pergunta que eu nunca tinha recebido antes. "Se você pudesse suspender a realidade", disse ela, "e voltar e viver em qualquer uma de suas histórias por um dia, qual você escolheria?"

Isso foi difícil. Por vários motivos, eu amava todas elas. Minha inclinação imediata foi dizer que eu não poderia escolher só uma. Mesmo assim, decidi pensar um pouco. Ao listar mentalmente minhas histórias, uma se destacou. Era *A Noiva*. Tenho ótimas lembranças do tempo que passei com Jamie e Alec.

Tive a ideia para a história deles, como acontece com muitas das minhas, sonhando acordada, em público. Eu estava participando da festa de cinquenta anos de casamento de alguns amigos da família. Enquanto observava o casal se beijando, pensei sobre as palavras que a esposa me dissera momentos antes. Perguntei sobre quando ela havia conhecido o marido, e a resposta foi: "Ah, eu não o suportava. Ele era muito arrogante e cheio de opiniões". Não havia como duas pessoas serem mais diferentes, ela me disse. Ela amava música e teatro. Ele amava futebol e beisebol. Ela gostava de sair. Ele, de ficar em casa. Ela havia crescido na sociedade e estava acostumada a coisas finas. Ele vinha da classe operária e ainda tinha algumas rudezas. No entanto, o destino continuou a juntá-los. Gradualmente, com o tempo, ela começou a enxergar por baixo do exterior áspero do marido, e ele começou a ver que ela não era nenhum tipo de debutante mimada. Os parentes todos os avisaram que um relacionamento entre duas pessoas tão opostas nunca daria certo, mas eles os ignoraram. E lá estavam, cinquenta anos depois, abraçados como recém-casados. Eu pensei, *que história de amor maravilhosa.*

Acontece que eu estava fazendo um curso de história medieval na época, e então comecei a fantasiar sobre um par tão incompatível como eles, só que na Idade Média. Como eles levariam as coisas? Naquela época, um homem e uma mulher talvez nem se conhecessem antes do dia do casamento. Imaginei como uma noiva ficaria nervosa e ansiosa ao entrar em um casamento arranjado, ainda mais com um estranho, alguém que vinha de um mundo que se chocava com o dela. Como seria esse casamento?

E então, Jamie e Alec apareceram. Eu podia vê-los parados na frente de um padre recitando seus votos. Enquanto ela está pensando tenazmente: Vou *fazer isso funcionar*, ele, obstinado, está pensando: *Ela* vai *se encaixar.* Amei imediatamente a força dessa jovem inexperiente, e também amei aquele guerreiro poderoso e grandioso, pois, por baixo da bravata, eu podia enxergar sua vulnerabilidade.

No dia seguinte, sentei-me para escrever sobre a vida de Jamie e Alec. Foi muito divertido vê-los bater de frente enquanto, devagar, mas com certeza, se apaixonavam.

Eu me diverti muito durante o processo, mas há outra razão pela qual *A Noiva* é uma história tão querida para mim. Quando eu estava começando a escrever romances históricos, especialistas me disseram para minimizar o humor, porque os leitores tinham certas expectativas e não responderiam bem ao humor nesse gênero. Tentei ao máximo seguir seus conselhos em alguns livros, mas com *A Noiva*, eu simplesmente não pude evitar. Continuei criando cenas que me faziam rir. Por fim, cedi ao impulso e escrevi a história como a visualizei.

Acho que meus instintos estavam certos. *A Noiva* foi o primeiro dos meus livros a aparecer na lista dos mais vendidos do *New York Times* e validou, para mim, a direção que eu queria seguir. Acho que também provou que existem milhões de leitores por aí que compartilham meu senso de humor um tanto distorcido.

Estou muito emocionada que os leitores tenham pedido o lançamento de *A Noiva* nesse novo formato. Minha editora chamou recentemente de "um Garwood típico". Eu chamo de uma lição que eu aprendi com o coração.

 Prólogo

Escócia, 1100

A vigília chegara ao fim.

A esposa de Alec Kincaid finalmente estava sendo enterrada. O tempo estava horrendo, tão horrendo quanto as expressões no rosto daqueles poucos membros do clã reunidos ao redor do local de sepultamento, no topo da austera montanha.

Era um terreno profano esse em que Helena Louise Kincaid estava sendo colocada, pois a nova esposa do poderoso chefe havia tirado a própria vida e, portanto, estava condenada a um local de descanso fora do verdadeiro cemitério cristão. A Igreja não permitiria que um corpo com um inquestionável pecado mortal residisse em solo consagrado. Uma alma sombria era como uma maçã podre, supunham os líderes da Igreja, e o pensamento de uma alma podre maculando as almas puras era uma possibilidade grave demais para ser ignorada.

Uma chuva forte despencava sobre o clã. O corpo, envolto no xadrez cor de urze, vermelho e preto dos Kincaid, estava encharcado e desajeitadamente pesado quando foi colocado dentro do caixão de pinho fresco. Alec Kincaid cuidava da tarefa sozinho, não permitindo que nenhuma outra pessoa tocasse em sua esposa morta.

O velho padre Murdock estava a uma distância respeitável dos demais. Não parecia nada confortável com a falta de cerimônia adequada. Não havia oração que mencionasse a morte por suicídio. E que consolo ele poderia oferecer aos enlutados quando todos sabiam que Helena já estava a caminho do inferno? A Igreja havia decretado seu triste destino. A eternidade pelo fogo era a única pena para o suicídio.

Não tem sido fácil para mim. Estou ao lado do sacerdote, minha expressão tão solene quanto a dos outros membros do clã. Também ofereço uma oração, embora não em benefício de Helena. Não, eu agradeço ao Senhor porque a tarefa está enfim concluída.

Helena levou muitíssimo tempo para morrer. Três dias inteiros de agonia e suspense eu tive de suportar, e o tempo todo rezando para que ela não abrisse os olhos ou falasse a maldita verdade.

A esposa de Kincaid me fez passar por uma provação, prolongando o tempo da morte. Ela fez isso apenas para eu ficar me revirando por dentro, é claro. Parei o tormento quando enfim tive uma chance, ao tirar facilmente o ar dela segurando o tartã dos Kincaid sobre seu rosto. Não demorou, e Helena, em seu estado debilitado, não resistiu muito.

Deus, foi um momento satisfatório. O medo de descobrirem fez minhas mãos suarem, mas, ao mesmo tempo, a emoção daquilo tudo provocou uma explosão de força que percorreu a minha espinha.

Eu me livrei de um assassinato! Oh, como eu gostaria de me gabar da minha astúcia. Não posso dizer uma palavra, é claro, e não ouso deixar minha alegria transparecer no olhar.

Agora volto a atenção para Alec Kincaid. O marido de Helena está ao lado da cova. Suas mãos estão fechadas ao lado do corpo, e sua cabeça está curvada. Eu me pergunto se ele está zangado ou triste com a morte pecaminosa de sua esposa. É difícil saber o que se passa em sua mente, pois ele sempre mantém as emoções cuidadosamente mascaradas.

Não importa para mim o que o Kincaid[1] esteja sentindo agora. Ele vai superar a morte dela com o passar do tempo. E também é de tempo que eu preciso, antes de desafiá-lo pelo lugar que é meu por direito.

O padre tosse de repente, um som torturante e doloroso que atrai minha atenção de volta para ele. Ele parece querer chorar. Eu o encaro até ele recuperar a compostura. Então ele começa a balançar a cabeça. Agora

---

1   No antigo sistema escocês de clãs, usar o artigo definido antes do nome do clã designa seu líder. Por exemplo: Alec Kincaid, como líder do clã Kincaid, é chamado de "o Kincaid" [The Kincaid]. (N. T.)

sei o que ele está pensando. O pensamento está ali, em seu rosto, para todos verem.

A mulher do Kincaid envergonhou todos eles.

Deus me ajude, não devo rir.

Capítulo um

Inglaterra, 1102

Disseram que ele matou sua primeira esposa.

Papai disse que talvez ela precisasse ser assassinada. Era uma observação muito infeliz para um pai fazer na frente de suas filhas, e o barão Jamison percebeu seu erro assim que as palavras saíram de sua boca. Ele, é claro, imediatamente se arrependeu por deixar escapar esse comentário indelicado.

Três de suas quatro filhas já tinham levado a sério as fofocas sobre Alec Kincaid. Elas também não se importavam muito com a opinião de seu pai sobre a atrocidade. As gêmeas do barão, Agnes e Alice, choravam alto e, como era seu hábito particularmente irritante, também em uníssono, enquanto sua irmã Mary, geralmente de temperamento dócil, marchava apressada ao redor da mesa oblonga no grande salão, onde seu confuso pai estava largado sobre um cálice de cerveja para acalmar a culpa. Entre os ruidosos coros de indignação das gêmeas, sua pequena e gentil Mary interveio com uma tagarelice pecaminosa após a outra dizendo que ouvira sobre o guerreiro das Highlands que chegaria à sua casa em uma irrisória semana.

Mary, deliberadamente ou não, estava agitando as gêmeas e lhes provocando uma nova camada de bufos e guinchos. Era o suficiente para testar a paciência do diabo em pessoa.

Papai tentava conceder ao escocês sua defesa completa. Como ele nunca vira o guerreiro pessoalmente, nem ouvira nada além de rumores doentios e irrepetíveis sobre o caráter nefasto do homem, foi, portanto, forçado a inventar todas as suas observações favoráveis.

E tudo por nada.

Sim, foi um esforço desperdiçado de sua parte, pois suas filhas não estavam prestando a mínima atenção ao que ele dizia. Isso não deveria tê-lo surpreendido, ele percebeu com um grunhido e um bom arroto; seus anjos nunca ouviam suas opiniões.

O barão era terrivelmente inepto para acalmar as filhas quando elas estavam naquele estado de espírito, um fato que não o incomodara particularmente até aquele dia. Agora, no entanto, ele sentia que era muito importante obter a vantagem. Não queria parecer bobo na frente de seus convidados indesejados, fossem eles escoceses ou não, e de bobo ele decerto seria chamado se suas filhas continuassem a ignorar suas instruções.

Depois de beber um terceiro gole de cerveja, o barão reuniu um pouco de bom senso. Ele deu um soco na mesa de madeira para chamar a atenção, depois anunciou que toda aquela conversa sobre o escocês ser um assassino era bobagem.

Quando essa declaração não obteve nenhum reconhecimento ou reação, a irritação tomou conta dele. Tudo bem, então, ele decidiu, se todas as fofocas se tornassem verdade, talvez a esposa do escocês merecesse o ato ímpio. Provavelmente aquilo tinha começado como uma boa surra de punição, ele especulou, e como as coisas tinham seu jeito fortuito de acontecer, a surra tinha acabado saindo um pouco do controle.

Essa explicação fazia todo o sentido para o barão Jamison. Seus comentários também lhe renderam uma audiência atenta, mas os olhares incrédulos de suas filhas não foram o resultado que ele esperava alcançar. Seus preciosos anjos olharam para ele com horror, como se tivessem acabado de ver uma sanguessuga gigante pendurada na ponta de seu nariz. Elas o achavam estúpido, ele percebeu, de repente. O gênio errático do barão explodiu completamente, então, e ele gritou que a mulher patética provavelmente tinha chegado ao limite do marido com sua insolência recorrente. Era uma lição que suas filhas desrespeitosas deveriam levar a sério, para o seu próprio bem.

O barão pretendia apenas incutir o temor a Deus e ele em suas filhas. Ele sabia que tinha sido um fracasso retumbante quando as gêmeas começaram a gritar novamente. O som fazia sua cabeça doer. Ele colocou as mãos em concha sobre os ouvidos para bloquear o ruído irritante, então fechou os olhos contra o olhar acalorado que Mary estava lançando a ele. O barão afundou mais e visivelmente em sua cadeira, até que seus joelhos nodosos roçassem o chão. Sua cabeça estava curvada; seu bom senso, perdido; e, em desespero, ele se virou para seu fiel criado, Herman, e ordenou que ele fosse buscar sua filha mais nova.

O criado de cabelos grisalhos pareceu aliviado com a ordem, assentindo várias vezes antes de sair da sala para cumprir o comando de seu senhor. O barão poderia jurar pela Santa Cruz ter ouvido o criado murmurar baixinho que já era hora de dar essa ordem.

Mal se passaram dez minutos antes que a homônima do barão entrasse no meio do caos. O barão Jamison imediatamente se endireitou em sua cadeira. Depois de lançar a Herman um bom olhar para lhe deixar claro que ele ouvira a crítica sussurrada, ele aliviou o franzido das sobrancelhas. E quando se virou para observar a mais nova de suas filhas, soltou um longo suspiro de alívio.

Sua Jamie assumiria o comando.

O barão Jamison percebeu que tinha começado a sorrir, então admitiu para si mesmo que simplesmente não era possível permanecer azedo quando sua Jamie estava por perto.

Ela era uma visão tão fascinante, tão agradável de se olhar, de fato, que um homem poderia esquecer de todas as suas preocupações. Sua presença era tão imponente quanto sua beleza. Fora dotada da bela aparência de sua mãe. Tinha longos cabelos cor de corvo, olhos violeta que lembravam seu pai da primavera e uma pele tão perfeita e pura quanto seu coração.

Embora o barão se vangloriasse de amar todas as filhas, em segredo, Jamie era seu orgulho e alegria. Era um fato surpreendente, considerando que ele não era seu pai de sangue. A mãe dela era a segunda esposa do barão. Ela chegara a ele quando estava com a gravidez da filha quase completa. O homem que gerara Jamie morrera em batalha, um mês depois de se casar e deitar-se com sua noiva.

O barão aceitara a criança como sua, proibindo qualquer pessoa de se referir a ela como sua enteada. Desde o momento em que a segurara em seus braços, ela pertencia a ele.

Jamie era a mais jovem e a mais magnífica de seus anjos. As gêmeas, e Mary também, eram dotadas de uma beleza discreta, do tipo que um homem vai apreciando mais com o tempo e a atenção, mas sua querida e pequena filha, com apenas um olhar, poderia tirar o fôlego de um homem. Seu sorriso era conhecido por fazer um cavaleiro errar sua montaria, ou então era o que seu pai gostava de exagerar para os amigos.

No entanto, não havia ciúmes mesquinhos entre suas garotas. Agnes, Alice e Mary instintivamente se voltavam para sua irmãzinha em busca de orientação em todos os assuntos importantes. Recorriam a ela quase com a mesma frequência com que ao pai.

Jamie era agora a verdadeira senhora da casa. Desde o dia do enterro de sua mãe, a caçula assumira esse fardo. Ela provou seu valor cedo, e o barão, gostando de ordem, mas não tendo o dom para estabelecê-la, ficou muito aliviado por dar-lhe total responsabilidade.

Ela nunca o decepcionava. Jamie era uma filha muito sensata e não lhe causava problemas. Também nunca chorava — não desde o dia do falecimento de sua mãe. Agnes e Alice teriam feito bem em aprender com a natureza disciplinada de sua irmã, pensou o barão. Elas tendiam a chorar por quase tudo. Para ele, a aparência delas era o que as salvava de serem completamente inúteis, mas, ainda assim, ele tinha pena dos cavalheiros que um dia suportariam o fardo de suas filhas emotivas.

A preocupação do barão era Mary. Embora nunca tivesse expressado a crítica, sabia que ela era muito mais egoísta do que era considerado adequado àqueles tempos. Ela colocava seus próprios desejos acima dos de suas irmãs. O maior pecado, no entanto, foi colocar-se acima de seu pai.

Sim, Mary era uma preocupação, e também dada a travessuras. Ela gostava de arranjar problemas apenas por pura diversão. O barão tinha uma suspeita incômoda de que Jamie estava dando a Mary ideias pouco femininas, mas nunca se atreveu a expressar essa concepção, para que não acabassem provando que ele estava errado e acabasse caindo em desgraça aos olhos de sua caçula.

No entanto, embora fosse sua favorita, o barão não estava completamente alheio a seus defeitos. Seu mau gênio, embora raramente desencadeado, poderia causar um incêndio na floresta. Ela também tinha um viés teimoso em sua natureza. Havia herdado as habilidades de cura da mãe, embora ele tivesse especificamente proibido essa prática. Não, o barão não estava satisfeito com essa inclinação, pois os servos e os criados da casa a afastavam constantemente de seu dever primordial de cuidar do conforto dele. Jamie era arrastada para fora de sua cama no meio da noite com bastante frequência para suturar uma ferida de faca ou facilitar a chegada de uma nova vida ao mundo. O barão não se importava particularmente com os chamados noturnos, pois geralmente estava em meio a um sono profundo em sua própria cama e, portanto, não lhe causava incômodo, mas se opunha às interrupções diurnas, em especial quando precisava esperar pelo jantar porque sua filha estava ocupada cuidando dos feridos ou doentes.

Esse pensamento o fez suspirar de pesar. Então ele percebeu que as gêmeas tinham parado de gritar. Jamie já havia acalmado a tempestade. O barão Jamison fez um gesto para o mordomo encher sua taça e se inclinou para trás a fim de ver a filha continuar a tecer sua magia.

Agnes, Alice e Mary correram para a irmã no momento em que ela entrou no salão. Cada uma estava tentando contar uma versão diferente da história.

Jamie não conseguia entender os comentários.

— Venham e sentem-se com papai à mesa — ela sugeriu, em sua voz rouca. — Então vamos resolver esse novo problema como uma família — acrescentou, com um sorriso persuasivo.

— É mais do que um mero problema desta vez — Alice lamentou, enxugando os cantos dos olhos. — Não acho que isso possa ser resolvido, Jamie. Deveras, não.

— Papai fez isso desta vez — Agnes murmurou. A gêmea mais nova arrastou um dos bancos de debaixo da mesa, sentou-se e lançou um olhar feroz ao pai. — Como sempre, isso é tudo culpa dele.

— Essa velhacaria não é minha culpa — o barão choramingou.

— Portanto, pode parar de franzir a testa para mim, senhorita. Estou obedecendo ao comando do meu rei, e pronto.

— Papai, por favor, não fique chateado — Jamie advertiu. Ela estendeu a mão para um afago na mão de seu pai. Então ela se virou para Mary. — Você parece ser a que está mais no controle. Agnes, pare de choramingar para que eu possa saber o que aconteceu. Mary, pode explicar?

— É a missiva do rei Henrique — Mary respondeu. Ela fez uma pausa para empurrar uma mecha de cabelo castanho-claro do ombro, então cruzou as mãos sobre a mesa. — Parece que nosso rei está muitíssimo aborrecido com papai novamente.

— Aborrecido? Mary, ele está muito furioso — interveio Alice.

Mary assentiu antes de continuar.

— Papai não enviou seus impostos — ela anunciou com uma carranca na direção de seu pai. — O rei está fazendo de nosso pai um exemplo.

Em uníssono, as gêmeas se viraram para somar seus olhares ao de Mary.

Jamie soltou um suspiro cansado.

— Por favor, continue, Mary — ela pediu. — Eu gostaria de ouvir a história toda.

— Bem, já que o rei Henrique se casou com aquela princesa escocesa... Qual é o nome dela, Alice?

— Matilde.

— Sim, Matilde. Como pude esquecer o nome de nossa rainha?

— É um nome simples o suficiente para eu entender como você poderia esquecer — disse Agnes. — Papai nunca nos levou à corte e nunca recebemos um único visitante realmente importante. Estamos tão isolados quanto leprosos aqui no meio do nada.

— Agnes, você está se desviando de nosso assunto — Jamie ralhou. Sua voz estava tensa de impaciência. — Mary, continue.

— Bem, o rei Henrique parece pensar que todas devemos nos casar com escoceses — afirmou Mary.

Alice balançou a cabeça.

— Não, Mary. Ele não quer todas nós casadas com escoceses. Apenas uma. E o bárbaro tem a possibilidade de escolher qual de nós será. Deus me ajude, é tão humilhante...

— Humilhante? Quem for escolhida decerto irá para a morte, Alice. Se o homem matou uma esposa, com certeza matará outra. E isso, irmã, é um pouco mais do que apenas humilhante — declarou Mary.

— O quê? — Jamie ofegou, claramente chocada com tal conversa.

Alice ignorou a explosão da irmã.

— *Eu* ouvi dizer que a primeira esposa tirou a própria vida — ela interrompeu.

— Papai, como o senhor pôde? — Mary gritou sua pergunta. Ela parecia querer bater no pai, pois estava com o rosto corado e as mãos cerradas. — O senhor sabia que o rei ficaria bravo se não lhe fizesse o pagamento dos impostos. Não pensou nas repercussões de seus atos?

— Alice, você pode, por favor, baixar a voz? Gritar não vai mudar esta situação — disse Jamie. — Todas nós sabemos como papai pode ser esquecido. Ora, ele provavelmente se esqueceu de enviar o dinheiro dos impostos. Não foi assim, papai?

— Mais ou menos, meu anjo — o barão se esquivou.

— Oh, meu Deus. Ele gastou o montante — gemeu Alice.

Jamie levantou a mão pedindo silêncio.

— Mary, termine essa explicação antes que *eu* comece a gritar.

— Você deve entender, Jamie, como é difícil para nós sermos razoáveis diante dessa atrocidade. Mesmo assim, vou me esforçar para ser forte e lhe explicar tudo, pois posso ver como está confusa.

Mary não demonstrou nenhuma pressa ao endireitar os ombros. Jamie sentiu vontade de sacudi-la, de tanto que sua paciência estava esgotada. Ela sabia que não faria nenhum bem à sua causa, porém, pois Mary gostava de prolongar seus comentários, não importando as circunstâncias.

— E? — Jamie pressionou.

— Pelo que entendi, um bárbaro das Highlands virá aqui na próxima semana. Ele vai escolher uma de nós três, Agnes, Alice ou eu, para ser sua segunda esposa. Ele matou a primeira, sabe? Você não está incluída nisso, Jamie. Papai disse que éramos as únicas mencionadas na carta do rei.

— Tenho certeza de que ele não matou a primeira esposa — disse Alice. — O cozinheiro diz que a mulher se matou. — Alice fez o sinal da cruz.

Agnes balançou a cabeça.

— Não. Acredito que a mulher foi assassinada. Decerto ela não se mataria e passaria a eternidade no inferno, não importa o quanto seu marido pudesse ter sido terrível para ela.

— Ela poderia ter morrido por acidente, você acha? — Alice sugeriu.

— Os escoceses são conhecidos por serem desajeitados — Mary comentou com um encolher de ombros.

— E você é conhecida por acreditar em cada uma das fofocas que ouve — Jamie interrompeu com uma voz dura. — Explique o que quer dizer com "escolher", Mary — ela acrescentou, tentando evitar que sua expressão mostrasse o quanto se sentia horrorizada.

— Escolher para ser sua noiva, é claro. Você não estava escutando, Jamie? Não temos nada a dizer sobre o assunto, e nossos próprios contratos de casamento ficarão em suspenso até que a seleção seja feita.

— Vamos desfilar na frente do monstro como cavalos — Agnes choramingou.

— Oh, eu quase esqueci — Mary apressou-se a adicionar. — O rei escocês, Edgar, também é a favor desse casamento, Jamie. Papai disse isso.

— Então, o escocês pode estar apenas cumprindo as ordens de seu rei e também pode não querer o casamento — disse Alice.

— Oh, Deus, eu não tinha pensado nisso — desabafou Agnes. — Se ele não quiser se casar, provavelmente matará a noiva antes mesmo de chegar em casa, onde quer que seja, em nome de Deus.

— Agnes, pode fazer o favor de se acalmar? Está gritando de novo — murmurou Jamie. — Você vai arrancar os cabelos do escalpo se continuar puxando assim. Além disso, não tem como você saber se fala a verdade ou apenas imaginou as circunstâncias da morte da primeira esposa dele.

— O nome dele é Kincaid, Jamie, e ele é um assassino. Papai disse que ele espancou a primeira esposa até a morte — ponderou Agnes.

— Eu não disse isso! — gritou o barão. — Eu apenas sugeri...

— Emmett nos contou que ele jogou a noiva de um penhasco — interveio Mary. Ela tamborilou as pontas dos dedos no tampo da mesa enquanto esperava pela reação da irmã.

— Emmett é apenas um cavalariço e, inclusive, um bem preguiçoso — Jamie retrucou. — Por que você estaria ouvindo as histórias dele?

Jamie respirou fundo, esperando acalmar seu estômago nauseado. Embora ela lutasse contra, o medo de suas irmãs estava se tornando contagioso; podia sentir um arrepio percorrer sua espinha. Sabia que não era sensato expressar sua preocupação, no entanto. O tumulto irromperia novamente.

Suas irmãs confiantes estavam todas olhando-a com expressões esperançosas e expectantes. Tinham acabado de jogar o problema no colo dela e agora esperavam que ela apresentasse uma solução.

Jamie não queria falhar com nenhum deles.

— Papai? Existe alguma maneira de aplacar nosso rei? O senhor ainda pode enviar os impostos para ele, talvez adicionando um pouco mais para acalmar os ânimos?

O barão Jamison balançou a cabeça.

— Eu teria que recolher todos os impostos de novo. Você sabe tão bem quanto eu que os servos já estão quase soterrados em seus próprios problemas. A colheita de cevada também não foi boa. Não, Jamie, não posso exigir tributo de novo.

Ela assentiu e tentou esconder sua decepção. Esperava que ainda restasse um pouco da coleta, mas a resposta de seu pai confirmou seu medo de que tudo já tivesse se esgotado.

— Emmett disse que papai usou todos os recursos — Mary sussurrou.

— Emmett parece uma velha fofoqueira — Jamie rebateu.

— Sim — seu pai concordou. — Ele sempre foi de colorir a verdade. Não preste atenção aos discursos dele — acrescentou.

— Papai? Por que fui excluída? — Jamie perguntou. — O rei esqueceu que o senhor tinha quatro filhas?

— Não, não — o barão apressou-se. Ele rapidamente desviou o olhar de sua filha para o cálice, pois temia que sua caçula visse a verdade em seus olhos. O rei Henrique não havia excluído Jamie. Ele usara a palavra "filhas" na mensagem. O barão Jamison, sabendo que nunca seria capaz de viver sem os cuidados de sua filha mais nova, tomou a decisão de excluí-la. Ele considerava seu plano muito astuto. — O rei nomeou apenas as filhas de Maudie — ele anunciou.

— Bem, isso decerto não faz sentido para mim — comentou Agnes, entre fungadas.

— Talvez seja porque Jamie é a mais nova — sugeriu Mary. Ela deu de ombros, então acrescentou: — Quem pode saber o que se passa na mente de nosso rei? Apenas seja grata por não ter sido incluída no pedido dele. Ora, se você fosse escolhida, não poderia se casar com seu Andrew.

— Essa é a razão — Agnes interrompeu. — O barão Andrew é muito poderoso e querido. Ele nos disse isso. Ele deve ter influenciado a mente de nosso rei. Todo mundo sabe como Andrew está apaixonado por você.

— Essa pode ser a razão — sussurrou Jamie. — Se Andrew for tão poderoso quanto ele diz que é.

— Eu não acho que Jamie realmente queira se casar com Andrew — Mary disse às gêmeas. — Você não precisa franzir a testa para mim, irmã. Acho que você nem gosta muito dele.

— Papai gosta dele — manifestou-se Agnes. Ela deu a seu pai outro olhar antes de acrescentar: — Aposto que é porque Andrew prometeu viver aqui para que Jamie possa continuar sendo escrava de...

— Ora, Agnes, por favor, não comece de novo — implorou Jamie.

— Está além de mim compreender por que você acha um pecado eu querer manter sua irmã aqui depois que ela se casar — murmurou o barão.

— Tudo parece estar além do senhor — Mary murmurou.

— Cuidado com o que diz, mocinha — retrucou ele. — Eu não vou permitir que você fale de forma tão desrespeitosa na minha frente.

— Conheço o verdadeiro motivo — disse Alice — e vou contar a Jamie. Andrew pagou seu dote ao papai, irmã, e ele...

— Do que você está falando? — gritou Jamie. Ela quase pulou do assento. — Alice, você está enganada. Cavaleiros não pagam dote. Papai, o senhor não pegou nenhuma moeda de Andrew, pegou?

O barão Jamison não respondeu. Ele parecia bastante impressionado com a tarefa de girar sua cerveja na taça.

Seu silêncio era condenatório.

— Oh, Deus — Mary sussurrou. — Alice, você percebe o que está sugerindo? Se o que está nos dizendo é verdade, então nosso pai praticamente vendeu Jamie para o barão Andrew.

— Ora, Mary, não irrite Jamie — seu pai aconselhou.

— Eu não disse que ele a vendeu para Andrew — declarou Alice.

— Você disse — rebateu Mary.

— Eu vi Andrew entregar ao papai um saco de pano cheio de moedas de ouro.

A cabeça de Jamie estava latejando. Ela estava determinada a chegar ao cerne dessa troca de moedas, não importava quanto tempo levasse ou quanto sua cabeça doesse. Vendida, de fato! A mera ideia fazia seu estômago revirar.

— Papai, o senhor não pegou moedas em troca da minha mão, pegou? — ela indagou, sem conseguir manter o medo fora de seu tom.

— Não, claro que não, meu anjo.

— Papai? O senhor sabe que nos chama de seus anjos apenas quando faz algo vergonhoso? — lamentou Agnes. — Pela verdade de Deus, estou começando a odiar esse apelido carinhoso.

— Eu vi Andrew dar as moedas ao papai, eu lhes digo — Alice gritou.

— Só estou perguntando como você poderia saber o que havia dentro do saco — argumentou Mary. — Você é uma vidente, por acaso?

— Ele deixou o saco cair — Alice retrucou. — Algumas das moedas escaparam.

— Foi apenas um pequeno empréstimo! — o pai gritou para chamar a atenção das filhas. — Agora chega dessa conversa sobre vender meu bebê.

Os ombros de Jamie caíram de alívio.

— Pronto, está vendo, Alice? Era apenas um empréstimo que Andrew estava dando ao papai. Você me deixou preocupada por nada. Podemos retornar ao nosso problema original agora?

— Papai voltou a parecer culpado — Mary apontou.

— É claro que papai parece culpado — disse Jamie. — Você não precisa esfregar sal na ferida. Tenho certeza de que ele está arrependido o suficiente.

O barão Jamison sorriu para a filha por defendê-lo.

— Esse é meu anjinho bom — ele elogiou. — Agora, pois bem: Jamie, quero que fique escondida quando os escoceses chegarem. Não faz sentido tentá-los com o que não podem ter.

O barão não percebeu seu erro até que Alice notasse a observação.

— Escoceses, papai? Está falando de mais de um. Quer nos dizer que esse demônio chamado Kincaid está trazendo outros com ele?

— Ele provavelmente está apenas trazendo a família para testemunhar o casamento — Agnes sugeriu à irmã gêmea.

— Isso é tudo? — Jamie perguntou ao pai. Ela tentou se concentrar no problema em questão, mas seus pensamentos continuavam voltando para as moedas de ouro. Por que seu pai aceitaria um empréstimo de Andrew?

O barão demorou a responder.

— Papai, tenho a sensação de que há mais coisas que o senhor gostaria de nos contar — Jamie persuadiu.

— Meu Deus, quer dizer que há mais? — gritou Mary.

— Papai, o que mais está escondendo de nós? — exigiu Alice.

— Fale logo, papai — incitou Agnes.

Jamie fez sinal para que ela se calasse novamente. A vontade de agarrar a túnica cinza de seu pai e sacudi-lo para falar quase a dominou. Ela podia sentir sua exasperação fervendo.

— Posso ler esta missiva de nosso rei? — perguntou.

— Nós realmente deveríamos ter aprendido a ler e escrever quando a mãe de Jamie começou a instruí-la — comentou Agnes, com um suspiro cansado.

— Bobagem — zombou a outra gêmea. — Nenhuma dama de bom berço precisa de tal instrução. O que realmente deveríamos ter feito era aprender a falar aquela língua gaélica horrível como Jamie — anunciou ela. — Você sabe que não quero ofender, irmã — ela apressou-se a acrescentar quando viu a irmã fechar a expressão. — A verdade é que eu gostaria de ter aprendido com você. Bico se ofereceu para ensinar a todas nós.

— Nosso mestre cavalariço teve prazer em me ensinar — disse Jamie. — E mamãe se divertiu. Ela ficou de cama por muito tempo antes de morrer.

— Você quer me dizer que esse monstro das Highlands não fala nossa língua? — Agnes choramingou antes de explodir em lágrimas.

Jamie poderia ter conseguido controlar a raiva se Agnes não tivesse começado a chorar.

— Que diferença fará, Agnes? — exasperou-se ela. — O homem vai matar a noiva, não falar com ela.

— Então você acredita que o boato é verdade? — Mary ofegou.

— Não — Jamie respondeu, imediatamente arrependida. — Eu estava apenas brincando. — Ela fechou os olhos, fez uma rápida oração pedindo paciência, depois se virou para Agnes. — Foi muito indelicado de minha parte deixá-la chateada, irmã, e eu peço desculpas.

— Assim espero — Agnes choramingou.

— Papai, deixe Jamie olhar essa missiva — Mary de repente exigiu.

— Não — retrucou o barão, de forma quase involuntária. Ele imediatamente suavizou o tom, para que seus anjos não suspeitassem de seus verdadeiros motivos. — Você não precisa se incomodar, Jamie. É apenas para comunicar. Haverá dois escoceses na próxima semana e duas noivas irão para casa com eles.

Nem era necessário dizer que as filhas do barão não aceitaram bem essa notícia adicional. As gêmeas começaram a uivar com tanta indignação quanto bebês adormecidos que foram despertos.

— Eu vou fugir! — gritou Mary.

— Parece-me — Jamie começou, com uma voz destinada a penetrar o ruído — que devemos imediatamente formar um plano para dissuadir seus pretendentes.

Agnes parou de gritar no meio.

— Plano? No que você está pensando?

— Pensei em um plano capcioso e estou quase com medo de mencioná-lo, mas o bem-estar de vocês está em questão e, por isso, vou dizer que, se fosse eu a fazer a escolha, com certeza ficaria longe de qualquer uma das candidatas que sofresse de… de alguma forma.

Um sorriso lento transformou o rosto de Mary. Ela era sempre a mais rápida em captar os pensamentos de Jamie, especialmente quando eram de natureza desonesta.

— Ou tão feia que fosse ser doloroso de olhar — ela disse com um aceno de cabeça. Seus olhos castanhos brilharam com malícia. — Agnes, você e Alice podem sofrer do que quer que seja. Eu vou ficar gorda e feia.

— Sofrer? — Alice perguntou, claramente confusa. — Você entende o que ela quer dizer, Agnes?

Agnes começou a rir. Seu nariz estava vermelho de esfregar e as bochechas estavam esfoladas do choro, mas, quando sorriu, era muito bonita.

— De uma doença terrível, eu acredito. Devemos comer frutos silvestres, irmã. A erupção vai durar apenas algumas horas, então devemos cronometrar bem.

— Agora eu entendo — disse Alice. — Faremos os escoceses estúpidos pensarem que sempre temos caroços terríveis no rosto.

— Vou babar — anunciou Agnes com um aceno altivo — e me coçar até que pensem que estou infestada de criaturas vis.

As quatro irmãs riram daquele cenário. Seu pai se animou. Ele sorriu para seus anjos.

— Pronto. Estão vendo, agora? Eu disse que daria certo. — Ele não dissera nada disso, é claro, mas esse fato não o incomodou nem um pouco. — Vou tirar minha soneca da manhã enquanto vocês continuam com seus planos.

O barão Jamison saiu do salão quase correndo.

— Esses escoceses podem não se importar com sua aparência — Jamie ponderou, preocupada agora que pudesse ter dado falsas esperanças a suas irmãs.

— Só podemos rezar para que sejam superficiais — Mary retornou.

— Enganá-los é pecado? — Alice perguntou.

— Claro que é — respondeu Mary.

— É melhor não confessarmos ao padre Charles — Agnes sussurrou. — Ele nos dará mais um mês de penitência. Além disso, são *escoceses* que nós enganaremos, se você bem se lembra. Deus decerto entenderá.

Jamie deixou as irmãs e foi falar com o mestre cavalariço. Bico, como era carinhosamente chamado pelos amigos por causa de seu grande nariz de falcão, era um homem idoso que há muito se tornara seu confidente. Ela confiava nele por completo. Ele nunca fazia fofoca dos pensamentos dela; também era sábio em seus anos. Ele lhe ensinara todas as habilidades que pensou que ela precisaria. Na verdade, ela era mais um filho do que uma filha para ele.

Discordavam apenas quando se tratava do assunto do barão Jamison. O mestre dos estábulos deixara bem claro que não concordava com a forma como o barão tratava sua filha mais nova. Como Jamie estava contente, não conseguia entender por que Bico se sentia assim. Já que não podiam concordar, evitavam cuidadosamente a questão do caráter de seu pai.

Jamie esperou até que Bico mandasse Emmett para fora do estábulo para cumprir uma tarefa e então contou a ele toda a história. Bico esfregou o queixo várias vezes durante a narração, uma indicação segura de que estava dando total atenção.

— Isso é realmente tudo minha culpa — Jamie confessou.

— E por qual motivo você acha? — perguntou Bico.

— Eu deveria ter feito a coleta de impostos. Agora minhas queridas irmãs terão que pagar o preço de minha preguiça.

— Preguiça, uma ova — murmurou Bico. — As únicas tarefas pelas quais você não é responsável são os impostos e a guarda, minha menina. Você está sempre exausta pelo trabalho que faz. Deus me perdoe por sempre lhe ensinar alguma coisa. Se eu não tivesse lhe mostrado como cavalgar como os melhores deles e como caçar como os melhores, você não estaria agindo como a melhor deles. Você é uma bela dama, mas assumiu as tarefas de um cavaleiro. Eu é que sou o culpado.

Jamie não se deixou enganar por sua expressão desamparada. Ela riu bem na cara dele.

— Muitas vezes você se gabou de minhas habilidades, Bico. Você está orgulhoso de mim e é isso.

— Estou orgulhoso de você — grunhiu Bico. — Ainda assim, não vou ouvi-la se culpar pelos pecados de seu pai.

— Ora, Bico...

— Você diz que não foi incluída nessa situação de esposa? — perguntou ele. — Não acha isso um pouco estranho?

— Eu acho estranho, mas nosso rei deve ter suas razões. Não é minha função questionar as decisões dele.

— Por acaso você viu essa missiva? Você leu?

— Não, papai não queria que eu me incomodasse com isso — Jamie respondeu. — Bico, o que está pensando? De repente, você está com aquele jeito malicioso nos olhos.

— Estou pensando que seu pai está tramando alguma coisa —

admitiu Bico. — Algo vergonhoso. Conheço seu pai um pouco mais do que você, garota. Lembre-se de quem foi atrás de sua mãe quando ela se casou com o barão. Eu já dominava o jeito de seu pai antes que você soubesse andar. Agora estou lhe dizendo que seu pai está tramando alguma coisa.

— Papai me aceitou como filha dele. Mamãe sempre me disse que não importava absolutamente nada para ele que não fosse meu pai de sangue. Por favor, não se esqueça dessa gentileza, Bico. Papai é um bom homem.

— Sim, ele tratou você de forma justa ao chamá-la de filha, mas isso não muda os fatos.

Nesse momento, o cavalariço, Emmett, entrou caminhando despreocupado nos estábulos. Jamie, conhecendo o hábito do cavalariço de ouvir as conversas alheias, imediatamente mudou para o gaélico, para que a conversa continuasse privada.

— Sua lealdade é suspeita — ela sussurrou, balançando a cabeça.

— Uma ova! Eu sou leal a você. Ninguém mais dá a mínima sobre o seu futuro. Agora, pare de parecer tão descontente e diga a esse velho quando meus colegas escoceses chegarão.

Jamie sabia que Bico estava deliberadamente desviando a conversa do tema de seu pai e ficou agradecida por isso.

— Daqui a uma semana, Bico. Devo ficar escondida como uma prisioneira enquanto eles estão aqui. Papai acha que seria melhor se não me vissem, embora eu não entenda por quê. Vai ser difícil, ainda mais com os deveres que tenho a cumprir todos os dias. Quem fará a caça para o nosso jantar? Quanto tempo você pensa que eles ficarão, Bico? Provavelmente uma semana, não acha? Vou ter que salgar mais carne de porco se...

— Espero que fiquem um mês — interrompeu Bico. — Você terá um descanso necessário — ele previu. — Eu já disse isso antes e vou dizer de novo. Você está cavando uma cova precoce, trabalhando de sol a sol desse jeito. Eu me preocupo com você, moça. Ainda me lembro dos dias de juventude, antes de sua mãe adoecer, que Deus a tenha. Você não era maior que um mosquito, mas mesmo assim um dos infernais. Lembra daquela vez que eu tive que escalar o lado de fora da torre para trazê-la para baixo? Você gritou meu nome sem parar, você gritou. E eu com um medo de altura tão vergonhoso que vomitei meu jantar assim que a coloquei no chão? Você amarrou uma corda frágil entre as duas torres, pensando que poderia atravessá-la com muita agilidade.

Jamie sorriu com a lembrança.

— Eu lembro que você me deu umas palmadas no traseiro. Não consegui sentar por dois dias.

— Mas você negou ao seu pai que eu bati em você, não foi, achando que eu me meteria em problemas?

— Você teria se metido em problemas — Jamie anunciou.

Bico riu.

— Então você conseguiu outra boa surra da sua mãe. Ela não teria punido você se soubesse que eu já tinha cuidado de sua disciplina.

— Você me salvou da morte certa dessa vez.

— Eu salvei você mais de uma vez, e essa é a verdade.

— Foi há muito tempo — Jamie o lembrou, seu sorriso gentil. — Estou crescida agora. Tenho muitas responsabilidades. Até Andrew entende como é, Bico. Por que você não pode compreender?

Ele não estava disposto a pôr a mão naquele vespeiro. Bico sabia que a magoaria se lhe dissesse o que realmente pensava sobre seu Andrew. Embora só tivesse tido a infelicidade de encontrar o barão Bonitão Andrew uma vez, bastara-lhe para julgar o caráter covarde do homem. A mente de Andrew era tão endurecida quanto suas calças. Tudo em que ele tinha tempo para pensar era em si mesmo. Para falar a verdade, cada vez que Bico pensava em sua preciosa Jamie carregando o fardo de tal fracote, seu estômago azedava.

— Você está precisando de um homem forte, moça. Além de mim, é claro, não sei se você já conheceu algum homem de verdade. E ainda existe um pequeno traço de selvageria aí dentro. Você deseja ser livre, quer perceba ou não.

— Você está exagerando, Bico. Eu não sou selvagem, não mais.

— Acha que não vi você de pé no lombo de sua égua enquanto ela corre pelo prado sul? Lamento ter lhe ensinado esse truque. Você desafia o diabo de vez em quando, não é?

— Você anda me vigiando?

— Alguém tem que ficar de olho em você.

Jamie soltou um suspiro suave, então voltou o assunto para os escoceses. Bico deixou que ela fizesse o que queria. Ele esperava que, ao ouvi-la falar sobre suas preocupações, estivesse aliviando um pouco seu fardo.

Quando ela se despediu para retornar às suas tarefas, a mente de Bico estava girando com as novas possibilidades.

O barão Jamison estava tramando uma bela de uma cilada, sim, estava; Bico teria apostado sua vida nisso. Bem, ele não ia deixar seu senhor escapar impune.

Bico estava determinado a se tornar o salvador dela. Primeiro, porém, ele teria que avaliar esses escoceses. Se alguém se revelasse um verdadeiro homem temente a Deus e preocupado com as mulheres, então Bico jurava que encontraria uma maneira de chamar o senhor de lado e dizer-lhe que o barão Jamison não tinha três filhas, mas quatro.

Sim, Bico tentaria salvá-la de seu triste destino.

Se Deus quisesse, ele a libertaria.

O padre, Murdock, acaba de nos dizer que Alec Kincaid voltará para casa com uma esposa inglesa. Há muitas caras feias, mas não são porque nosso laird *se casou novamente. Não, a raiva é porque sua noiva é inglesa. Alec simplesmente obedece às ordens de seu rei, é o que alguns outros dizem em sua defesa. Outros ainda se perguntam em voz alta como seu* laird *pode suportar a incumbência.*

Deus, espero que ele se apaixone por ela. É pedir demais ao meu Criador agora, pois Alec é tão contra os ingleses quanto o resto de nós.

Ainda assim... tornaria a matança muito mais doce.

Capítulo dois

Alec Kincaid tinha pressa para chegar em casa. Ele honrou o pedido do rei Edgar e ficou em Londres por quase um mês, estudando os meandros do sistema judicial inglês e aprendendo tudo o que podia sobre o imprevisível rei da Inglaterra. Na verdade, tinha pouco gosto para o dever. Ele achava os barões ingleses muito pretensiosos, suas damas estúpidas e dolorosamente fracas de espírito, e seu líder, Henrique, um pouco brando demais na maioria de suas decisões. No entanto, Alec sempre dava a um homem o que lhe era devido e, portanto, admitiu a contragosto que houve uma ou duas vezes em que ficara francamente impressionado com os surtos de brutalidade do rei Henrique. Ele dera uma punição rápida para aqueles barões tolos condenados por traição.

Embora Alec não tivesse reclamado do dever, estava agradecido por ter sido concluído. Como *laird* de seu próprio grande clã de seguidores, ele sentia a pressão de suas muitas responsabilidades. Seu domínio nas acidentadas Highlands provavelmente estava um caos agora, com os Campbell e os MacDonald tentando alguma coisa de novo, e só Deus sabia que outros problemas ele encontraria esperando à sua porta.

Agora havia mais um atraso. Maldição, tinha que parar ao longo do caminho para se casar.

Alec considerava seu casamento com a desconhecida inglesa um pequeno inconveniente, nada mais. Ele se casaria com a mulher para agradar ao rei Edgar. Ela faria o mesmo por ordem do rei Henrique, é claro, pois era assim que as coisas aconteciam naqueles dias modernos, já que os dois líderes haviam formado um vínculo tênue um com o outro.

Henrique havia solicitado especificamente que Alec Kincaid fosse um dos *lairds* a receber a ordem de tomar uma noiva inglesa. Tanto Alec quanto Edgar sabiam por que Henrique fizera aquele pedido especial. Era um fato indiscutível que o líder dos Kincaid, embora um dos mais jovens *lairds* de toda a Escócia, era uma potência que não poderia ser ignorada. Chefe de aproximadamente oitocentos guerreiros ferozes, pela contagem do ano anterior, lideraria mais do que o dobro desse número se convocasse seus aliados confiáveis.

A habilidade do Kincaid na batalha era uma lenda sussurrada à boca pequena na Inglaterra, uma ostentação bradada nas Highlands.

Henrique também sabia que Alec não gostava particularmente dos ingleses. Ele mencionou a Edgar sua esperança de que o casamento suavizasse a atitude do poderoso *laird*. Talvez, sugeriu Henrique, com o tempo, a harmonia fosse alcançada.

Edgar era muito mais astuto do que Henrique acreditava, no entanto. Ele suspeitava de que Henrique quisesse influenciar a lealdade de Alec a pender para a Inglaterra.

Tanto Alec quanto seu líder se divertiam muito com a ingenuidade de Henrique. Edgar era vassalo de Henrique, sim, desde o dia em que se ajoelhara aos pés do rei da Inglaterra e fizera seu juramento. Ele também tinha sido criado na corte inglesa. Ainda assim, era o rei da Escócia, e seus leais membros do clã vinham antes de todos os outros.... especialmente forasteiros.

Henrique obviamente não entendia o vínculo dos laços de sangue. Tanto Edgar quanto Alec acreditavam que o rei da Inglaterra via apenas a possibilidade de ter outro forte aliado em seu bolso. Ele havia julgado o Kincaid mal, no entanto, pois Alec nunca viraria as costas para a Escócia ou seu rei, não importava quais fossem os incentivos.

Daniel, amigo de Alec desde a infância, e logo a ser nomeado *laird* do clã vizinho, Ferguson, também recebera ordens de tomar uma noiva inglesa. Daniel também havia passado um mês cansativo em Londres. Ele considerara o dever tão desagradável quanto Alec, e estava tão ansioso quanto ele para chegar em casa.

Ambos os guerreiros cavalgaram em um ritmo furioso desde o amanhecer, parando apenas duas vezes para descansar as montarias. Esperavam passar pouco mais de uma ou duas horas na propriedade de Jamison. Isso decerto seria tempo suficiente, avaliaram, para um jantar completo, escolher suas noivas, casar-se com elas se houvesse um padre em residência, e então seguir seu caminho.

Não desejavam passar mais uma noite que fosse em solo inglês. Não importava se suas noivas tivessem inclinações diferentes. Afinal, as mulheres eram simplesmente propriedades, e nem Daniel nem Alec consideravam os desejos de uma noiva significativos em qualquer medida.

Elas fariam o que lhes fosse dito, e era só.

Foi Alec quem ganhou o privilégio de ser o primeiro a escolher, tendo conseguido arremessar o tronco mais longe do que seu amigo. Na verdade, porém, nenhum dos dois se importava o suficiente para dar tudo de si àquela façanha da força.

Sim, era uma missão que iam concluir, e era um maldito incômodo com toda certeza.

O diabo e seu discípulo chegaram à propriedade do barão Jamison três dias antes do previsto.

Bico foi o primeiro a avistar os senhores guerreiros escoceses, o primeiro a dar-lhes esses nomes apropriados. Ele estava sentado no degrau mais alto da escada usada para chegar ao sótão, pensando consigo mesmo que era hora de tirar uma soneca de verdade, pois estava chegando o auge da tarde, e ele estava trabalhando sem parar ao sol quente de primavera desde a refeição do meio-dia. Ainda assim, Lady Mary tinha arrastado sua irmã, Jamie, para o prado sul, e ele, na verdade, deveria ir atrás delas só para ter certeza de que não se metessem em travessuras. Quando Jamie era incomodada a deixar suas tarefas de lado, o traço de selvageria às vezes levava a melhor sobre sua natureza. Era fato notório que ela houvesse ficado desinibida demais para seu próprio bem, pensou Bico. Mais uma razão pela qual ela precisava de um homem forte para vigiá-la. Ora, sua doce Jamie poderia convencer um ladrão a largar seus roubos se estivesse focada na tarefa, e só Deus sabia que tipo de problemas ela havia convencido Mary a tomar parte.

Só de pensar em todas as possibilidades, Bico sentiu um arrepio na espinha. Ele teria que ir atrás daquele par de selvagens, teria sim.

Ele soltou um bocejo alto e começou a descer a escada. Estava no segundo degrau do topo quando viu os dois gigantes cavalgando em sua direção.

Bico quase perdeu o equilíbrio. Ele sabia que sua boca estava aberta como a de um filhote de pardal esperando a comida de sua mãe, mas não conseguia fechá-la com força. Ele se impediu de fazer um sinal da cruz apressado, no entanto, e ficou agradecido pelos guerreiros não poderem ouvir seus joelhos batendo um no outro quando ele enfim conseguiu concluir a descida.

Ele podia sentir seu coração batendo dentro do peito. Bico lembrou a si mesmo que tinha sangue escocês correndo em suas veias, embora viesse de seus ancestrais das mais civilizadas Lowlands. Também tentou se lembrar de que nunca tinha sido pego julgando um homem exclusivamente por sua aparência. Nenhum lembrete acalmou sua reação inicial aos gigantes que o observavam tão atentamente.

Bico começou a tremer. Ele fez uma concessão à sua covardia dizendo a si mesmo que era apenas um homem comum, ele era, e a visão daqueles dois guerreiros provocaria arrepios até nos apóstolos.

Aquele que Bico pensava ser o discípulo era alto e corpulento, de ombros largos, cabelos da cor de pregos enferrujados e olhos verdes como o oceano. O homem também tinha rugas sombrias nos cantos daqueles olhos arrepiantes.

O discípulo era um homem grande, sim, mas parecia insignificante em comparação com o outro.

Aquele que Bico considerava o diabo tinha cabelos tão cor de bronze quanto a pele. Ele era uma boa cabeça mais alto que seu companheiro e não tinha nem um pouco de gordura mole em seu implacável corpo hercúleo.

Quando Bico cambaleou para a frente para dar uma olhada melhor no rosto dele, imediatamente desejou não ter feito o esforço.

Havia uma frieza sombria ali, espreitando naqueles olhos castanhos. Aquele olhar poderia congelar um canteiro de trevos no verão, pensou o velho, com crescente desespero.

Seu belo plano tolo para salvar sua Jamie ia por água abaixo. Bico decidiu que iria para o inferno regozijando-se como um homem feliz antes de deixar qualquer um daqueles dois bárbaros chegarem perto dela.

— Meu nome é Bico, e eu sou o mestre dos estábulos aqui — ele finalmente falou, apressado, esperando dar a impressão de que havia outros cavalariços e assim eles o pudessem considerar importante o suficiente para conversar. — Vocês chegaram antes do esperado — acrescentou com um aceno nervoso. — Caso contrário, a família estaria alinhada do lado de fora em suas roupas elegantes esperando para lhes fazer uma saudação adequada.

Bico fez uma pausa para respirar, depois esperou uma resposta às observações. Sua espera provou ser em vão, e sua ansiedade rapidamente evaporou. Ele logo começou a se sentir tão importante quanto uma pulga prestes a ser esmagada. Era enervante a forma como os dois gigantes continuavam a fitá-lo.

O mestre do estábulo decidiu tentar novamente.

— Vou cuidar de suas montarias, milordes, enquanto os senhores se apresentam na casa.

— Nós cuidamos de nossos cavalos, velho.

Foi o discípulo que fez essa declaração. Sua voz também não era particularmente agradável. Bico assentiu, então recuou vários passos para sair do caminho. Ele observou os senhores retirarem suas selas, escutou enquanto cada um falava uma palavra de elogio em gaélico para suas respectivas montarias. Seus animais eram garanhões bonitos, um marrom, o outro preto, e Bico notou que nenhum dos dois tinha uma falha sequer... ou uma marca de chicote em seus flancos traseiros.

Um lampejo de esperança reacendeu-se na mente de Bico. Ele

aprendera havia muito tempo que o verdadeiro caráter de um homem podia ser descoberto pela maneira como ele tratava sua mãe e seu cavalo. A montaria do barão Andrew estava crivada de açoites profundos e, se isso não fosse prova suficiente de que sua teoria era verdadeira, Bico não sabia o que era.

— O senhor deixou seus soldados esperando do lado de fora dos muros, então? — Bico perguntou, falando em gaélico para que soubessem que ele era amigo, não inimigo.

O discípulo pareceu satisfeito com o esforço, pois chegou a sorrir para o mestre dos estábulos.

— Nós cavalgamos sozinhos.

— Todo o caminho desde Londres? — indagou Bico, incapaz de esconder a surpresa em sua voz.

— Sim — o senhor respondeu.

— Sem ninguém vigiando suas costas?

— Nós não precisamos de mais ninguém cuidando de nossa proteção — revelou o senhor. — Essa é uma inclinação inglesa, não nossa. Não é mesmo, Kincaid?

O diabo não se deu ao trabalho de responder.

— Por quais nomes os senhores são chamados, milordes? — questionou Bico. Era uma pergunta ousada que ele se atrevia a fazer, mas os guerreiros não estavam mais carrancudos com ele, e esse fato lhe deu coragem.

O discípulo mudou de assunto em vez de responder.

— Você fala bem a nossa língua, Bico. Você é escocês, então?

Os ombros de Bico se endireitaram com orgulho.

— Eu sou, com cabelo ruivo antes de ficar grisalho na minha cabeça.

— Meu nome é Daniel, do clã Ferguson. Ele é chamado de Alec por aqueles que o conhecem bem o suficiente — ele acrescentou com um aceno de cabeça para o outro guerreiro. — Alec é o chefe do clã Kincaid.

Bico fez uma reverência formal.

— É um prazer humilde conhecê-los — anunciou. — Eu não falo com um escocês de sangue puro há tantos anos que esqueci como agir — acrescentou com um sorriso. — Também esqueci o tamanho dos homens das Highlands. Os senhores me deram um bom susto quando eu os vi.

Ele abriu as portas de duas baias limpas adjacentes à entrada, cuidou dos baldes de alimentação, da água, e então tentou puxar conversa com os dois homens.

— É verdade que os senhores estão três dias adiantados — ele disse. — Estou pensando comigo mesmo que a casa vai estar em polvorosa.

Nenhum dos lordes fez comentários sobre essa observação, mas Bico percebeu pela maneira como eles se entreolharam que não se importavam muito se causassem alguma perturbação.

— Quem você estava esperando se não nós? — Lorde Daniel perguntou, franzindo a testa diante da pergunta.

Bico ficou intrigado.

— Esperando? Ninguém, pelo menos não por mais três dias.

— A ponte levadiça estava derrubada, homem, e não havia nenhum único vigia à vista. Decerto...

— Ah, isso — disse Bico com um longo suspiro. — Bem, é verdade que a ponte fica inoperante a maior parte do tempo e nunca há um vigia em serviço. Veja bem, o barão Jamison é um pouco esquecido.

Quando viu os olhares incrédulos que os guerreiros trocaram, Bico pensou que realmente deveria tentar dar a seu mestre alguma defesa.

— Estando aqui no meio do nada como estamos, nunca somos incomodados. O barão diz que ele não tem nada de muito valor para ser arrebatado — afirmou, com um encolher de ombros. — E ninguém nunca entrou sem um convite adequado.

— Nada de valor? — Alec Kincaid finalmente falou. Sua voz era suave, mas surpreendentemente forte ao mesmo tempo. E quando ele se virou para dar toda a atenção a Bico, os joelhos do velho começaram a tremer de novo. — Ele tem filhas, não é?

Seu olhar fulminante poderia fazer algo pegar fogo, decidiu Bico. Não conseguiu encarar aquele olhar por muito tempo e teve que focar na ponta de suas botas para se concentrar na conversa.

— Ele tem filhas, sim, em maior número do que gostaria de admitir também.

— No entanto, ele não as protege? — perguntou Daniel. Ele balançou a cabeça em descrença, então se virou para Alec e disse: — Você já ouviu algo parecido?

— Não, nunca ouvi.

— Que tipo de homem é esse barão Jamison? — Daniel perguntou a Bico.

O Kincaid respondeu por ele:

— Um inglês, Daniel.

— Ah, isso explica, não é? — ironizou Daniel. — Diga-me uma coisa, Bico. As filhas do barão são tão feias que não há necessidade de proteção? Elas não têm virtude?

— Elas são todas belas — respondeu Bico. — E cada uma é tão pura quanto no dia em que nasceu. Mate-me se isso não for verdade. É o pai delas que se esquiva de seu dever — acrescentou Bico, com uma carranca.

— Quantas filhas são? — perguntou Daniel. — Nunca nos preocupamos em perguntar ao seu rei.

— Os senhores verão três — murmurou Bico.

Ele estava prestes a explicar sua observação quando ambos os guerreiros se viraram e se dirigiram para a porta.

Era agora ou nunca, Bico determinou. Ele respirou fundo e se acalmou, então gritou:

— Os senhores são ambos poderosos *lairds* sobre seus clãs ou um é mais poderoso que o outro?

Alec captou o medo na voz do mestre dos estábulos. Isso o intrigou o suficiente para ele se voltar para o homem.

— Qual é a razão para uma pergunta tão impertinente?

— Não tenho intenção de desrespeitar — disse Bico, apressado —, e tenho boas razões honestas para minha pergunta. Sei que estou sendo impertinente; estou querendo interferir. Vejam, senhores, alguém tem que cuidar dos interesses dela, e eu sou o único que se importaria o suficiente.

Daniel franziu a testa com a estranha explicação. Fazia pouco sentido para ele.

— Eu me tornarei o *laird* de meu clã por direito de sucessão em mais um ou dois anos — ele revelou. — O Kincaid já é o chefe de seu próprio clã. Pronto, isso responde à sua pergunta, Bico?

— Ele será o primeiro a escolher a noiva, então? — Bico perguntou a Daniel.

— Ele será.

— E ele é mais poderoso do que o senhor? — o mestre do estábulo indagou.

Daniel assentiu.

— Por enquanto — ele anunciou com um sorriso. — Bico, você nunca ouviu falar dos guerreiros Kincaid?

— Sim, já ouvi todo tipo de história.

A severidade em seu tom fez Daniel sorrir. O velho obviamente estava com medo de Alec.

— Acho que algumas das histórias que você ouviu incluem descrições dos métodos de Alec em batalha.

— Sim, de fato. Eu não deveria acreditar neles — acrescentou Bico com um olhar apressado na direção de Alec. — Esses feitos foram contados por ingleses, sabe, e tenho certeza de que exageraram sobre a... crueldade do *laird*.

Daniel sorriu para o amigo antes de responder a esse comentário.

— Ah, duvido que as histórias tenham sido exageradas, Bico. Disseram que ele nunca mostrou misericórdia? Compaixão?

— Disseram.

— Então é melhor acreditar nas histórias, Bico, porque são verdadeiras. Não são, Alec?

— Sim, elas são — Alec concordou, seu tom duro.

— Bico — Daniel continuou —, suas perguntas me divertem, embora eu não tenha ideia do que você realmente quer descobrir. Há outro questionamento que gostaria de nos fazer?

Bico assentiu timidamente. Ele se virou para encarar Alec agora. Um longo e silencioso momento se passou enquanto ele tentava pensar em uma maneira adequada de explicar sobre sua Jamie sem ser totalmente desleal.

Alec podia enxergar o medo nos olhos do velho. Ele voltou e parou bem na frente do mestre cavalariço.

— O que você quer me dizer?

Bico decidiu que a intuição do Kincaid era tão inquietante quanto seu tamanho e sua voz. Sua própria voz tremeu quando ele deixou escapar a pergunta:

— Já maltratou uma mulher alguma vez em todos os seus dias, Alec Kincaid?

Era óbvio que o *laird* não tinha gostado dessa pergunta. Sua expressão se tornou tão feroz quanto um relâmpago. Bico deu um passo instintivo para trás e teve que se equilibrar apoiando a mão na parede.

— Fui paciente porque você é escocês, meu velho, mas se me fizer uma pergunta tão imunda de novo, juro que será a última.

Bico assentiu.

— Preciso saber, dentro do meu coração, porque estou determinado a lhe dar um grande presente e tenho que saber que o senhor reconhecerá o valor, milorde.

— Ele fala em enigmas — declarou Daniel. Ele se aproximou para ficar ao lado de Alec. Sua expressão fechada, observou Bico, era quase tão feroz quanto a do Kincaid. — Você está na Inglaterra há muito tempo, velho, fazendo perguntas tão obscenas.

— Eu sei que o que digo parece não fazer nenhum sentido — admitiu

Bico, em tom desamparado. — No entanto, se eu deixar escapar tudo isso, faria de mim uma pessoa desleal à minha senhora. Não posso aceitar isso — acrescentou. — Ela mandaria arrancarem meu couro, ah, sim.

— Você admite ter medo de uma mulher? — perguntou Daniel.

Bico ignorou a expressão atônita no rosto do homem; ignorou o riso em sua voz também.

— Não tenho medo de mulher nenhuma. Só não quero quebrar minha palavra — ele explicou. — A moça significa o mundo para mim. Não tenho vergonha de admitir que a amo como uma filha.

Bico corajosamente tentou encarar o olhar duro de Alec. Foi, no entanto, um esforço patético. Oh, como ele desejava que o outro guerreiro fosse o mais poderoso dos dois. Pelo menos o que se chamava Daniel sorria de vez em quando.

— O senhor é forte o suficiente para proteger o que lhe pertence? — ele indagou ao Kincaid, querendo chegar ao cerne da questão o mais rápido possível.

— Sou.

— O barão Andrew convocará muitos soldados. Ele virá atrás do presente que estou lhe dando. Ele também é chamado de amigo pelo rei Henrique da Inglaterra — acrescentou Bico, balançando as sobrancelhas para enfatizar o fato.

O Kincaid não pareceu impressionado com essa afirmação. Ele deu de ombros com indiferença.

— Não importaria para mim.

— Quem é esse barão Andrew? — perguntou Daniel.

— Um inglês — respondeu Bico.

— Tanto melhor — disse Alec. — Se eu decidir aceitar esse presente que você está oferecendo, aceitarei o desafio de um inglês. Ele não será uma ameaça para mim.

Bico relaxou visivelmente.

— Não, a questão não é essa — ele se gabou.

— O seu presente é um cavalo por acaso? — Daniel questionou, balançando a cabeça em confusão. Ele ainda não entendia o que o mestre do estábulo estava tentando dizer a Alec.

O Kincaid entendeu.

— Não é um cavalo, Daniel.

Bico sorriu. O homem estava provando ser tão astuto quanto o melhor deles.

— Quando vir meu presente, Laird Kincaid, desejará aceitá-lo; ah, sim — ele se gabou. — Gosta de olhos azuis, milorde?

— Muitos têm olhos azuis nas Highlands, Bico — Daniel interrompeu.

— Ora — disse Bico, lentamente —, mas há *todos* os tipos de azul. — Ele soltou uma risada alta, então limpou a garganta e continuou: — Agora, para mim, o enigma, Laird Kincaid. O barão Jamison trata suas filhas como seus cavalos e isso é um fato. Basta dar uma olhada ao seu redor e o senhor vai entender o que quero dizer em breve. As lindas mocinhas dessas três baias são para as filhas do barão, ali mesmo para quem quiser ver. Mas se andar por este longo corredor e virar a curva, verá outra baia escondida no canto mais distante da porta lateral. Está separada das outras. É lá que o barão guarda sua beldade, uma bela branquinha à espera de um acasalamento adequado. Dê crédito a este velho idiota, pois sou escocês, se o senhor se lembra, e dê uma boa olhada no cavalo — instigou Bico, indicando aos guerreiros para seguirem em frente. — Vale o seu tempo imensamente, Laird Kincaid.

— Ele fisgou minha curiosidade — Daniel disse a Alec.

Ambos seguiram o mestre do estábulo. Os modos de Bico mudaram consideravelmente quando chegaram à baia. Ele enfiou um pedaço de palha entre os dentes da frente, encostou-se na parede com um pé casualmente cruzado sobre o outro, e começou a observar a potranca nervosa fazer um grande barulho quando Alec estendeu a mão para acariciá-la. A porta lateral estava entreaberta, deixando que o sol entrasse e lançasse uma suave nesga de luz na crina prateada da égua.

A beldade orgulhosa não sossegou por um bom tempo, mas, no final, o guerreiro a cortejou e a fez mostrar uma pitada de sua natureza gentil. Bico só esperava que o laird acalmasse Jamie com a mesma paciência.

— Ela é uma beleza, ah, ela é — Daniel comentou.

— Ainda meio selvagem — Alec interrompeu. Ele sorriu, de verdade, e Bico concluiu que ser meio selvagem não era necessariamente um defeito na mente dele.

— O nome dela é Wildfire, e ela merece esse nome, com certeza. O barão não pode nem chegar perto dela. Ele a deu para sua filha mais nova quando ficou evidente que ela era a única que podia montar essa égua.

Alec sorriu novamente — um milagre, isso sim — quando a égua tentou morder sua mão.

— Ela é enérgica. Como um bom garanhão, a prole será sadia... espirituosa também.

Bico deu a Alec outra inspeção completa. Quando ele encontrou o olhar do guerreiro novamente, estava sorrindo.

— Isso é exatamente o que estou pensando sobre o meu presente para o senhor. — Bico se afastou da parede, fingiu um ar importante, então continuou: — Como eu estava lhe dizendo, Laird Kincaid, o barão trata suas filhas como seus cavalos. Três bem na frente para qualquer um ver...

Ele jurou que não ia dizer outra palavra. Cabia ao escocês descobrir o resto do enigma.

— Bico? Você está aí dentro?

A interrupção veio de Lady Jamie. Bico ficou tão assustado que quase engoliu o pedaço de palha que estava mastigando.

— Essa é a mais nova das filhas do barão — ele disse aos dois guerreiros. — E há a porta lateral — acrescentou em um sussurro suave. — Se querem sair agora, esse é o caminho mais rápido para a casa principal. É melhor eu ir ver o que minha Jamie está querendo.

Para seus anos avançados, Bico ainda podia se mover com velocidade surpreendente. Ele virou a esquina e pegou Jamie e sua irmã Mary no centro do corredor.

— Estava falando com alguém, Bico? — perguntou Mary. — Eu pensei ter ouvido...

— Apenas fazendo uma visitinha a Wildfire — Bico mentiu.

— Jamie disse que você estaria cochilando e que nós poderíamos nos esgueirar para dentro e levar nossas montarias para outra corrida rápida — Mary confessou.

— Pelo amor de Deus, Mary, você não precisa dizer isso a ele.

— Bem, você disse...

— Que vergonha, Jamie — Bico repreendeu. — Eu nunca cochilo e você não deveria estar se esgueirando em lugar nenhum. — Ele mostrou a ela um sorriso ridículo. — Não é digno de uma dama.

— Sim, você cochila — Jamie lhe disse. Ela achou o sorriso dele contagiante. — Está de bom humor hoje, não é?

— Isso eu estou — admitiu Bico. Ele tentou esconder sua ansiedade, pois decerto não queria que Jamie suspeitasse de que ele estava tramando uma travessura. Bico se perguntou se os *lairds* ainda estariam com Wildfire. Embora o guerreiro Kincaid não pudesse ver Lady Jamie, Bico sabia que sua voz, tão suave e rouca, decerto chamaria a atenção dele.

— E o que vocês duas estão fazendo nesta bela tarde, eu gostaria de saber? — Bico perguntou.

— Nós queríamos cavalgar — disse Mary. Ela lançou um olhar perplexo para Bico. — Acabamos de lhe dizer. Está se sentindo mal, Bico? Jamie, ele parece corado para mim.

Jamie imediatamente estendeu a mão e tocou a testa de Bico com o dorso.

— Ele não está com febre.

— Pare de se preocupar comigo — ralhou Bico. — Estou em forma como sempre.

— Então você vai nos deixar cavalgar por mais uma ou duas horas? — perguntou Mary.

— Vocês vão andando e pronto — anunciou Bico. Ele cruzou os

braços sobre o peito para mostrar que estava falando sério.

— Por que não podemos cavalgar? — indagou Mary.

— Porque acabei de arrumar as damas — contou Bico. — As éguas de vocês foram alimentadas, mimadas e embaladas para dormir.

Bico tinha acabado de mentir quando se lembrou dos dois grandes garanhões alimentando-se nas baias adjacentes às portas da frente. Ele temia que elas pudessem notar. As irmãs geralmente vinham correndo pelos estábulos, porém, e havia uma boa chance de que ele pudesse levá-las de volta para fora antes que elas olhassem de verdade ao seu redor.

— Você deveria estar se preparando para as visitas de vocês — Bico disse de repente. Ele agarrou o braço direito de Mary e o esquerdo de Jamie e começou a arrastar as duas para a entrada.

— Mary me convenceu a não me preocupar com nossos convidados indesejados em uma tarde tão bonita — Jamie explicou. — Pare de puxar meu braço, Bico.

— Nós temos três dias inteiros de liberdade — Mary interrompeu. — Jamie ainda tem muito tempo para preparar a casa.

— Você poderia tentar dar uma ajudinha, senhorita — disse Bico. — Vai lhe fazer bem.

— Não comece a importuná-la, Bico. Mary ajudaria se eu pedisse.

Bico não parecia acreditar nessa observação.

— Falando em perguntar — Mary interrompeu —, há algo que eu quero lhe perguntar, Bico.

— Mary, não o incomode com perguntas agora.

— Decerto *que* vou incomodá-lo — falou Mary à irmã. — Eu valorizo o conselho dele tanto quanto você. Além disso, quero saber se você me contou a verdade.

— Que coisa pecaminosa de se proferir — Jamie respondeu. O sorriso dela dizia a Bico que ela não estava nem um pouco ofendida.

— Jamie me contou tudo sobre esses horríveis escoceses, Bico. Estou pensando em fugir. O que você acha desse plano ousado?

Bico tentou não sorrir; Lady Mary parecia muito sincera.

— Dependeria de para onde você fugiria, eu suponho.

— Ah, bem, eu ainda não tinha pensado em um destino de verdade...

— Estou me perguntando por que você quer fugir, Mary — disse Bico. — Com que histórias tristes sua irmã encheu sua cabeça? Você acha que são verdadeiras ou falsas?

— Ora, Bico, por que acha que eu mentiria para minha irmã? — Jamie perguntou, tentando não rir.

— Porque sei como sua mente funciona — respondeu Bico. — Você estava fazendo aquilo de novo, não é? Com que histórias você brincou com sua pobre irmã hoje? Posso ver que a deixou tremendo de medo. E, diga-se de passagem, sei que você não sabe coisa nenhuma sobre os escoceses.

— Eu sei que eles têm cérebro de ovelha — Jamie começou. Ela piscou para Bico quando Mary não estava percebendo, então acrescentou: — Apenas os nascidos e criados na Highlands, é claro. O povo das Lowlands é muito inteligente, assim como você, Bico.

— Não tente me acalmar com palavras bonitas — rebateu Bico. — Não vai funcionar desta vez. Posso ver como Mary está preocupada. Ora, ela está torcendo a pele das mãos. O que você disse a ela?

— Apenas mencionei que ouvi que os escoceses eram um povo cheio de luxúria.

— Bem, Mary, não é tão ruim assim — admitiu Bico.

— Com grandes apetites — Mary interrompeu.

— E isso é pecado?

— É — respondeu Mary.

— Gula — Jamie acrescentou, sorrindo.

— Jamie disse que eles brigam o tempo todo.

— Não, Mary, eu disse que eles brigam a maior parte do tempo. Se você vai repetir minhas observações, faça-as corretamente.

— É verdade, Bico?

— Verdade o quê, Mary?

— Que brigam o tempo todo.

— Eu só disse que eles gostavam de pilhagens — Jamie anunciou com um delicado encolher de ombros.

Bico notou o fino rubor que cobria as maçãs do rosto salientes de Jamie. Ela estava obviamente envergonhada por sua irmã a estar delatando.

Jamie estava tramando travessuras, ah, sim. Ela parecia tão culpada quanto quando convencera Mary de que seu pai havia assinado a ordem que dava sua guarda ao convento.

Ela gostava de brincar. Ela também era uma bela visão, vestida com a cor favorita de Bico, um azul-royal profundo. Seu cabelo estava solto e os cachos grossos caíam em esplendor caótico bem além de seus ombros esbeltos. Havia manchas de sujeira em seu nariz e queixo.

Bico desejou que Laird Kincaid pudesse dar uma bela olhada em Jamie agora, pois seus olhos violeta brilhavam de alegria.

Mary parecia igualmente atraente. Ela usava rosa naquele dia, mas o lindo vestido estava maculado com manchas de sujeira. Bico se perguntou em que encrenca as duas irmãs tinham se metido, então decidiu que realmente não queria saber.

Ele foi atraído de volta ao tópico dos escoceses quando Mary deixou escapar:

— Jamie me contou que os escoceses pegam o que querem quando querem. E também que eles têm preferências especiais.

— E quais seriam essas? — perguntou Bico.

— Cavalos fortes, ovelhas gordas e mulheres suaves — disse Mary.

— Cavalos, ovelhas e mulheres?

— Sim, Bico, e nessa ordem. Jamie diz que eles preferem dormir ao lado de seus cavalos do que de suas mulheres. É verdade? As mulheres vêm por último?

Bico não respondeu à Mary. Ele olhou para Jamie, silenciosamente desejando que ela, com sua cara feia, respondesse à irmã. Ele achou que ela parecia um pouco angustiada, mas não tinha certeza se ela estava prestes a explodir em um pedido de desculpas ou em gargalhadas.

O riso venceu.

— Sinceramente, Mary, eu estava apenas brincando com você.

— Basta olhar para vocês duas — anunciou Bico. — Cobertas de sujeira como bebês de camponeses. Belas damas, de fato! E você, senhorita — ele acrescentou, apontando o dedo para Jamie —, rindo como uma desvairada. O que vocês duas estavam fazendo naquele prado, é o que eu me pergunto?

— Ele está tentando mudar de assunto — Mary disse à irmã. — Vou esperar que me peça desculpas, Jamie, antes de sair deste lugar. E se eu não achar que você foi sincera, vou contar ao padre Charles. Ele lhe dará uma penitência que você não esquecerá tão cedo.

— A culpa é sua, não minha — Jamie rebateu. — Você é tão fácil de ser ludibriada quanto um filhote.

Mary voltou-se para Bico.

— Seria de se pensar que minha irmã teria um pouco mais de compreensão pela minha situação. Ela não tem que ficar diante dos senhores guerreiros escoceses e rezar a Deus para não ser escolhida. Papai está decidido a escondê-la.

— Só porque não fui nomeada na ordem do rei — Jamie lembrou a sua irmã.

— Não tenho tanta certeza de que você não foi nomeada — interveio Bico.

— Papai não mentiria — Jamie argumentou.

— Quanto a isso, não vou dizer que você está certa ou errada — disse ele. — Mary? Jamie não lhe contou nada de terrível sobre os escoceses, pelo que sei. Você está se preocupando sem motivo, moça.

— Ela me contou outras histórias, Bico — revelou Mary. — Eu desconfiei, é claro, porque as histórias eram muito absurdas. Não sou tão crédula, Bico, não importa o que minha irmã pense.

Bico virou-se para franzir a testa novamente para Jamie.

— Bem, senhorita?

Jamie soltou um suspiro suave.

— Admito que inventei algumas das histórias, mas muitas são verdadeiras, Bico.

— Como você pode saber o que é verdade e o que é falso? Você não deve ouvir fofocas nem de um jeito nem de outro. Eu lhe ensinei que isso não se faz.

— Que fofoca? — perguntou Mary.

— Os escoceses arremessam troncos uns nos outros só por diversão.

— Troncos?

— Pinheiros, Mary — Jamie respondeu.

Mary soltou um bufo alto e deselegante.

— Eles não fazem isso.

— Sim, eles fazem — Jamie insistiu. — E se jogar troncos uns nos outros não é um ritual bárbaro, então eu não sei o que é.

— Você realmente acha que vou acreditar em qualquer coisa que você me disser, não é?

— É verdade, Mary — admitiu Bico. — Eles arremessam troncos, embora não um no outro.

Mary balançou a cabeça.

— Eu posso dizer por esse seu sorriso que você está brincando comigo, Bico. Oh, sim, você está — ela adicionou quando ele começou a protestar. — E suponho que seja verdade que os escoceses usam roupas femininas?

— O que... — Bico engasgou com uma tosse. Ele esperava que os guerreiros já tivessem deixado os estábulos, afinal, e não pudessem ouvir aquela conversa vergonhosa. — Acho que devemos dar uma volta lá fora para terminar essa discussão. É um dia bom demais para ficar enfiado aqui dentro.

— É verdade — Jamie disse à irmã, ignorando a sugestão de Bico. — Eles usam vestidos femininos. Não é, Bico?

— Onde você ouviu essa blasfêmia? — Bico questionou.

— Cholie me contou.

— Foi Cholie? — perguntou Mary. — Bem, se você tivesse se dado ao trabalho de mencionar esse fato, eu não teria acreditado em nenhuma de suas histórias. Você sabe tão bem quanto eu que a ajudante da cozinha dá bicadas no jarro de cerveja o dia todo. Cholie provavelmente estava bêbada.

— Oh, maldição — Jamie murmurou. — Ela não estava bêbada.

— Oh, maldição? — Mary repetiu. — Sinceramente, Jamie, você fala igualzinho a Bico.

— Eles usam — disse Bico, tentando parar a discussão que estava começando ali.

— Como assim? — perguntou Mary.

— Usam vestimentas que vão até os joelhos — explicou Bico.

— Aí está: eu avisei, Mary.

— As vestes deles são chamadas de tartãs, Mary. Tartãs — repetiu Bico com um grunhido. — É a vestimenta sagrada deles. Acho que eles discordariam de ouvir seus trajes serem chamados de roupa de mulher.

— Então para mim não é de admirar que tenham que lutar o tempo todo — Jamie interrompeu. Ela não tinha acreditado na história de Cholie, mas Bico parecia tão sincero que ela começava a pensar que ele estava dizendo a verdade.

— Sim — Mary concordou. — Eles têm que defender suas saias.

— Não são saias.

— Agora veja o que você fez. Você fez Bico gritar com a gente.

Jamie arrependeu-se de imediato.

— Desculpe, Bico, por incomodá-lo. Minha nossa, você está nervoso hoje. Não para de olhar por cima do ombro. Acha que alguém vai atacar você pelas costas? O que em...

— Eu perdi minha soneca — Bico deixou escapar. — É por isso que estou sendo grosseiro.

— Você deve ir e ter um descanso adequado, então — Jamie aconselhou. — Venha, Mary. Bico tem sido tão paciente conosco e posso dizer que ele não está se sentindo nada bem.

Ela pegou a mão de Mary e foi em direção à porta.

— Bom Deus, Mary, eles realmente usam saias femininas. Eu não acreditei em Cholie, mas agora estou convencida.

— Vou fugir e pronto — disse Mary, alto o bastante para que Bico ouvisse. Ela parou de repente, então se virou. — Uma última pergunta, por favor? — ela pediu de longe.

— Sim, Mary?

— Você sabe se os escoceses odeiam mulheres gordas, Bico?

Ele não tinha nenhuma resposta para aquela pergunta absurda. Depois que ele encolheu os ombros, Mary se virou e correu atrás de Jamie. As irmãs levantaram as bainhas das saias e começaram a correr em direção ao pátio superior. Bico soltou uma risada suave enquanto observava o par.

— Ela recebeu um nome de homem.

O mestre dos estábulos quase pulou fora de sua túnica. Ele não tinha ouvido a aproximação de Alec Kincaid. Bico se virou e ficou cara a cara com o guerreiro gigante.

— Foi a maneira de a mãe dela lhe dar um lugar nesta família. O barão Jamison não foi o homem que gerou Jamie. Ele a tomou como filha, no entanto. Devo admitir que essa bondade ao menos ele fez. Deu uma boa olhada nela, então? — acrescentou, apressado.

Alec assentiu.

— Vai levá-la consigo, não vai?

O Kincaid encarou o velho por um longo minuto antes de responder.

— Sim, Bico. Vou levá-la comigo.

A escolha estava feita.

Capítulo três

Jamie não descobriu sobre a chegada antecipada dos escoceses até que Merlin, o guardião do gado de pasto, a perseguisse para dizer que havia mais uma grande comoção acontecendo na casa principal e que seu pai queria que ela arrumasse tudo para ele.

Merlin não mencionou os escoceses em seu anúncio gaguejante. Não foi culpa dele, no entanto, porque sua bela senhora voltara o olhar diretamente para ele quando ele estava começando a explicação. Aqueles olhos violeta o haviam deixado bastante atônito. Então sua senhora sorriu, fazendo com que o coração de Merlin começasse a palpitar como o de uma donzelinha tola. Sua mente não palpitou, no entanto. Não, simplesmente esvaziou-se de todos os pensamentos, exceto um: Lady Jamie estava direcionando toda a sua atenção a ele.

A gagueira só piorou, é claro, mas isso realmente não importava. De qualquer maneira, Jamie não poderia obedecer imediatamente à convocação. Havia um ferimento que precisava de sua atenção imediata. O pobre e velho Silas, com a visão tão fraca quanto as mãos, estava aguentando firme, mas ia berrando alto o suficiente, de fato, para fazer os porcos guincharem em protesto.

Silas acidentalmente havia cortado o braço em vez de a lateral do couro tratado que estava tentando transformar em um forro de sela.

O ferimento era pequeno e não exigia cauterização com uma faca quente, mas Jamie ainda teve de passar um bom tempo acalmando o velho depois que limpou e aplicou uma bandagem ao ferimento.

Ele precisava de atenção, e era isso.

Merlin ficou ao lado do cozinheiro durante a comoção. Ele sentia um pouco de inveja de toda a atenção que Silas estava recebendo de sua senhora. Ele também estava extremamente ansioso porque não conseguia se lembrar daquela outra informação que recebera ordens de relatar a ela.

Jamie enfim terminou sua tarefa e deixou Silas nas mãos capazes de Cholie. Ela sabia que os dois criados dividiriam pelo menos um jarro de cerveja, mas não achava que fosse algo muito pecaminoso, considerando o aborrecimento de Silas e a necessidade de Cholie de dar conforto da única maneira que sabia.

— Só posso apagar um incêndio de cada vez — disse ela a Merlin, quando ele a lembrou da agitação em curso na casa principal. Ela sorriu para suavizar sua repreensão, mas deixou o pastor com aparência de preocupado. Jamie correu até a colina, com as saias levantadas até os joelhos. Três galgos brincalhões corriam ao seu lado. Nem ela nem seus animais de estimação diminuíram a velocidade até que correram pela porta aberta e entraram no grande salão.

Ela parou abruptamente, então. Os dois guerreiros inclinados casualmente contra a moldura da lareira chamaram sua atenção de imediato.

Jamie estava atordoada demais para esconder sua reação inicial. Pela pura verdade de Deus, eles eram os maiores homens que ela já tinha visto. Não conseguia parar de olhar para eles.

Foi uma infelicidade também, pois as primeiras palavras que saíram de sua boca não foram muito elegantes.

— Bom Deus!

Foi apenas uma exclamação sussurrada, estrangulada, mas Jamie percebia, pela forma como o maior dos dois gigantes ergueu a sobrancelha direita, que ele a ouvira.

Ela não se atreveu a fazer uma reverência, sabendo muito bem que cairia de cara se tentasse. E ela também não conseguia desviar o olhar do mais alto dos dois homens, aquele que agora tentava encará-la nos joelhos.

Ele era o homem de semblante mais perverso que ela já tinha visto.

Ela disse a si mesma que não estava com medo. Não, estava zangada demais para se assustar. Jamie se manteve firme, encontrando o olhar do guerreiro por um longo minuto até que pudesse recuperar um pouco a compostura, então percebeu que, enquanto continuasse olhando-o, nunca seria capaz de realizar essa façanha.

Por fim, notou o silêncio que permeava o grande salão. Ela olhou por cima do ombro naquele momento e viu suas irmãs. As três estavam enfileiradas como criminosos comuns, parecendo prestes a serem executadas com flechas.

Assim que Agnes captou o olhar solidário de Jamie, ela começou a chorar. Alice colocou o braço em volta dos ombros de sua gêmea, obviamente com a intenção de oferecer consolo. O plano falhou, no entanto, e ela também caiu em prantos. Em um piscar de olhos, as duas haviam se tornado histéricas.

Mary estava ao lado de Agnes. Parecia que ela também queria chorar. Suas mãos estavam cruzadas na frente do corpo, e depois de dar a Jamie um olhar de "Deus santo, olhe para eles", ela voltou seu olhar para o chão.

Algo tinha que ser feito. As gêmeas não podiam desonrar a família na frente dos escoceses.

— Agnes, Alice, parem de chorar imediatamente.

Ambas enxugaram os cantos dos olhos e tentaram se controlar.

Jamie notou seu pai, então. Ele estava sentado à mesa, servindo-se de uma bebida de uma das duas jarras à sua frente.

Cabia a ela oferecer uma saudação inglesa adequada e civilizada, ela supôs. Sabia qual era o seu dever. No entanto, a vontade de gritar para os estranhos que eles estavam três dias adiantados, pelo amor de Deus, era quase esmagadora.

O dever venceu. Além disso, os dois escoceses provavelmente eram muito estúpidos para perceber como seu comportamento estava sendo grosseiro.

Ela caminhou lentamente para ficar bem na frente dos dois homens. Lembrou-se dos cães ao seu lado quando os ouviu rosnando para os estranhos, dispensou-os com um rápido aceno de mão, depois fez uma reverência condizente com seu status de senhora da casa. Uma mecha de cabelo caiu sobre seu olho esquerdo quando ela inclinou a cabeça, arruinando o efeito altivo que estava tentando alcançar. Jamie jogou o cabelo para trás sobre o ombro e tentou dar um sorriso.

— Gostaria de dar as boas-vindas aos senhores em nossa humilde casa, pois ninguém mais parece capaz de fazer essa cortesia — ela começou. — E espero que perdoem nossa falta de prontidão para recebê-los, mas tenham a bondade de recordar que os estávamos esperando só para daqui a três dias, então imagino que possam suportar mais facilmente nossa falta de preparativos.

Ela olhou para suas botas enquanto fazia aquele discurso, então arriscou um rápido olhar para cima quando acrescentou:

— Meu nome é...

— Lady Jamie. — O menor dos dois gigantes fez essa afirmação.

Jamie estava olhando para o espaço entre os dois guerreiros e imediatamente se virou para aquele que acabara de falar.

Ele não era tão malvado quanto o outro. Jamie chegou a essa conclusão quando ele sorriu para ela. Ele tinha uma atraente covinha no lado de sua bochecha quando sorria também, e seus olhos verdes eram vivos de travessura.

Jamie ficou imediatamente desconfiada. O homem parecia muito feliz por circunstâncias tão sombrias, com Alice e Agnes chorando como bebês. Talvez, ela decidiu, ele fosse muito simplório para entender a perturbação que estava causando. Afinal, era um escocês.

— E seu nome, milorde? — ela perguntou, sua voz fria.

— Daniel — ele respondeu. — Ele se chama Alec — acrescentou, arrastando as palavras, com um aceno de cabeça para seu companheiro.

O sorriso de Daniel estava provando ser contagioso. Este era definitivamente carismático, pensou. Ela também não pôde deixar de sorrir de volta, pois o homem tinha uma aspereza tão ridícula no sotaque que ela mal conseguia entendê-lo.

De fato não queria falar com o outro lorde, mas sabia que precisava. Jamie continuou sorrindo, então lentamente se virou para o outro guerreiro.

Ele estivera esperando que ela o olhasse. Jamie podia sentir seu sorriso congelar no rosto. Seu olhar, decerto tão quente quanto o sol do meio-dia, facilmente a intimidava.

Ele não estava sorrindo.

Jamie ficou subitamente envergonhada e não sabia por quê. Ela nunca se sentira tão vulnerável em todos os seus dias. Sentiu as bochechas ficarem quentes e sabia que tinha começado a corar. Havia tanta possessividade naquele olhar, um dono olhando para sua propriedade que ela não conseguia entender.

De repente, ocorreu-lhe que Lorde Alec não a estava encarando como um verdadeiro lorde olharia para uma dama de bom berço. Não, era um olhar de luxúria.

Ele estava sendo escandalosamente insolente. Ele fez nela uma inspeção lenta e por demais insultuosa, começando no topo de sua cabeça e terminando, um longo tempo depois, na parte inferior de seu vestido. Seu olhar se demorou na boca dela, nos seios e nos quadris.

Ela o odiava.

Ele a fazia sentir como se ela estivesse ali sem uma única peça de roupa. Jamie ficou furiosa. Ela também não estava disposta a deixá-lo escapar impune de seu comportamento. Não, daria o troco à altura. Ela não conseguiu controlar o rubor, mas rezou para demonstrar a mesma insolência quando lentamente lhe deu a mesma inspeção repugnante e completa.

Infelizmente, o guerreiro não parecia nem um pouco ofendido pela imitação; parecia considerar divertido. Jamie achou que os

olhos dele se aqueceram um pouco e notou que as sobrancelhas se ergueram novamente em reação à sua avaliação.

Havia algo ali, no olhar do escocês, que mexeu com o coração dela. Não conseguia identificar o que era, mas estava começando a pensar que se ele não tivesse aquela cara de malvado, ela poderia tê-lo achado bonito. Era ridículo, claro. Ela já tinha decidido odiá-lo. O homem era muito duro para seu gosto. Ele estava precisando desesperadamente de um bom corte de cabelo também. Ora, a parte de trás de seu cabelo castanho-avermelhado ia muito além do decote de sua túnica preta. O cabelo encaracolava um pouco, lembrando-a dos guerreiros gregos dos quais ela vira desenhos, mas decerto não suavizava seu rosto anguloso ou seu queixo quadrado e implacável. A boca parecia tão dura quanto o resto dele.

Oh, ele tinha um aspecto feroz demais para o gosto dela. E por que seu coração batia de forma tão descontrolada naquele momento estava além de sua compreensão. Quanto mais ela encontrava o olhar dele, mais sem fôlego ficava.

Um único pensamento a impediu de se sentir uma completa tola. Uma de suas pobres irmãs ia ter que se casar com aquele senhor guerreiro infernal.

Ela começou a tremer.

Ele sorriu.

O barão Jamison de repente chamou os dois guerreiros para se juntarem a ele na mesa a fim de provarem o vinho.

Daniel imediatamente se afastou da lareira e caminhou até a mesa. Ele fez uma pausa em seu caminho para piscar para Mary.

Alec não se moveu. Nem Jamie. Ela não conseguia parar de olhar para ele.

Ele não queria parar de olhar para ela.

— Há um sacerdote em residência?

Sua voz soou áspera. Ele não podia evitar, ele decidiu, pois ainda estava reagindo à mulher incrivelmente bonita parada de forma tão desafiadora diante dele. Seus olhos exibiam o tom mais brilhante de violeta. Ela era bastante magnífica, mas ele estava muito impressionado com o traço de rebeldia que ele podia ver facilmente.

Aquela mulher não seria facilmente intimidada. Ele não achava que ela jamais se esconderia dele. E nenhuma outra mulher jamais tinha sido capaz de sustentar seu olhar por tanto tempo, com tanta coragem.

O sorriso de Alec se alargou. Ela era uma adversária digna, ah, sim. Ele sabia que ela sentia medo dele; ele a tinha visto tremer. No entanto, ela corajosamente tentara esconder o medo.

Ela sobreviveria nas acidentadas Highlands, com cuidado e atenção, mas ele teria que tomar todas as precauções. Ela parecia muito delicada. Teria que reprimir a rebeldia nela sem quebrar seu espírito. Seria uma tarefa árdua, é verdade, mas Alec não se importava. Na verdade, ele já estava ansioso para iniciar a doma.

E, no final, venceria, e ela se submeteria.

Jamie não tinha a menor ideia do que o guerreiro estava pensando. Ela enfim encontrou sua voz e respondeu sua pergunta.

— Nós temos um sacerdote em residência, milorde. — Que Deus a ajudasse, o arrepio transparecia agora em sua voz. — O senhor fez sua escolha, então?

— Fiz.

— Deve ter sido uma decisão muito difícil.

O sorriso alcançou os olhos dele.

— Não foi nada difícil.

Ela não se importou com a arrogância em seu tom ou com a maneira como ele a estava encarando agora.

— Tenho certeza de que foi difícil para o senhor — ela insistiu. — Afinal, minhas irmãs são todas muito bonitas, e escolher uma tão depressa não é realmente dar ao assunto sua total consideração. Por essa razão, sugiro que espere, talvez volte para nossa casa dentro de mais um mês, depois de ter tido tempo para refletir. O que acha dessa ideia, milorde?

Ele balançou a cabeça lentamente.

— Então vai se casar amanhã? — Jamie perguntou.

— Estaremos a meio caminho de casa até lá.

— Estarão?

— Estaremos.

— Planeja se casar agora?

Ela parecia horrorizada. Alec assentiu.

— Planejo.

— Mas não pode querer dizer...

— Vamos partir imediatamente após a cerimônia — disse Alec, sua voz dura.

Lorde Daniel apareceu de repente ao seu lado. Estava segurando dois cálices de vinho. Ele entregou um para o amigo, então se virou para as três irmãs.

— Venha e junte-se a nós, Mary! — ele gritou, rindo. — Não vamos morder.

— Eu nunca pensei que morderiam — Mary anunciou. Ela endireitou os ombros e correu para ficar ao lado de Jamie.

Tanto Daniel quanto Alec beberam de seus cálices. Eles acenaram um para o outro, então ofereceram para Jamie e Mary.

As irmãs negaram a oferta balançando a cabeça.

— Tome um gole, Mary — Daniel sugeriu com uma piscadela.

Alec não foi tão solícito.

— Beba isso, Jamie. Agora.

Talvez fosse algum tipo de ritual escocês primitivo, Jamie pensou. Como dona de sua casa, ela sabia que era seu dever dar boas-vindas aos visitantes. Alec também parecia determinado. Ela encolheu os ombros, então pegou a taça, engoliu rapidamente e devolveu-a para ele.

Ele capturou a mão dela e não a soltou. Seu polegar lhe roçou a palma. Um franzido contrariado se instalou em seu rosto, e ele lentamente virou a mão dela para olhar os calos e as cicatrizes.

Mary esvaziou o cálice de Daniel. Quando ela lhe devolveu a taça, ele também segurou sua mão e a virou.

Ela tentou puxar sua mão, mas não foi até que os dois homens comparassem a pele lisa e imaculada de Mary com a calejada de Jamie, que ele finalmente a soltou.

Foi uma humilhação. Ela entendia cada palavra condenatória que eles diziam um ao outro em gaélico. Eles não sabiam que ela falava a língua deles e esse fato deu a Jamie uma perversa faísca de satisfação.

Jamie escondeu as mãos atrás das costas e esperou pelo próximo insulto.

— Compartilhar sua bebida era algum tipo de ritual? — perguntou Mary. — É verdade que não sabemos nada sobre os escoceses.

Depois de deixar escapar essa declaração, ela voltou sua atenção para o chão.

— Mary, você nunca ouviu falar de nossas preferências especiais, então? — Daniel indagou em um tom suave.

A cabeça de Mary se ergueu. Ela tinha a expressão mais assustada em seu rosto.

— Preferências, milorde?

— Certas peculiaridades — Daniel qualificou com um sorriso.

— Peculiaridades? — Mary lançou à irmã um olhar alarmado antes de se voltar para Daniel. — Não, eu não ouvi falar dessas preferências.

— Ah, então, devo lhe esclarecer — ele anunciou.

Era óbvio que Lorde Daniel estava achando tudo aquilo muito divertido.

— Eu não desejo ser esclarecida — Mary rebateu.

Alec estava observando Jamie. Seus olhos se arregalaram quando Daniel mencionou "preferências". Ela obviamente captara os comentários de seu amigo.

Ele a achou incrivelmente atraente. Só de olhá-la, ele desejava tocá-la, tê-la. O sorriso desapareceu de seus olhos quando ele admitiu para si mesmo o quanto queria dormir com ela. Estranho, mas não importava que ela fosse inglesa. Não, não importava nada.

— Mary, querida — Daniel começou, chamando a atenção do amigo de volta para ele —, decerto você já ouviu falar de nossa lista de desejos. Todo mundo sabe que os escoceses gostam de cavalos fortes, ovelhas gordas e mulheres suaves e dispostas.

Ele desferiu sua lista como uma velha saboreando uma nova fofoca. Alec imitou o tom de seu amigo quando acrescentou:

— Nessa ordem, é claro.

— É claro — concordou Daniel.

Jamie se virou para encarar Alec. Ela já havia imaginado que Bico havia conversado um pouco com os gigantes e mencionado os medos de Mary. Jamie prometeu fazer bolhas nas orelhas de Bico na próxima vez que o visse.

Daniel de repente estendeu a mão para acariciar a bochecha de Mary com o dorso. Mary ficou tão surpresa com a carícia que esqueceu de se afastar. Ela estava bastante hipnotizada pelo aspecto terno nos olhos de Daniel.

— Já tenho um cavalo forte — afirmou Daniel. — Quanto às ovelhas, Mary, bem, há muitas pastagens nas montanhas lá em casa. Mas uma mulher suave e disposta... Ora, moça, é uma pena admitir que me falta uma dessas. É importante para mim, embora seja o último item da minha lista.

— Eu não sou suave — Mary deixou escapar.

— Sim, você é — Daniel rebateu. — E tão adorável quanto uma manhã de primavera — acrescentou.

O rubor de Mary se aprofundou até que seu rosto ganhou a cor do fogo.

— Eu não sou adorável nem estou disposta, milorde — ela anunciou. Ela cruzou os braços sobre o peito e se concentrou em lhe fazer uma boa cara feia. Queria desencorajar o belo diabo, mas estava terrivelmente confusa por sua própria reação a ele. A bajulação a estava deixando zonza. Ele achava mesmo que ela era adorável?

As gêmeas começaram a chorar novamente. Jamie estava prestes a repreendê-las quando lhe ocorreu que uma ou ambas haviam sido escolhidas como noivas. Se fosse esse o caso, e ela achava que era, Alice e Agnes decerto tinham direito à birra. Elas poderiam uivar como lobos e, ainda assim, ela compreenderia.

Alec simplesmente esperou que a verdade a atingisse. Ele viu o olhar solidário que ela estava lançando para suas irmãs e perguntou-se quanto tempo Jamie levaria para perceber que estavam olhando para ela com a mesma expressão.

O barão Jamison decerto desfaria o mal-entendido de Jamie, assim que recuperasse a compostura, decidiu Alec. O homem ainda estava perto de chorar. Ele argumentou algo feroz quando o *laird* dissera casualmente que havia escolhido Jamie como sua noiva.

Alec tinha sido firme com o barão. Ele manteve-se calmo até que Jamison parasse de gaguejar e começasse a listar todas as razões egoístas que ele tinha para ser contra a união. Nenhuma das razões tinha nada a ver com o bem-estar de Jamie. A atitude de Alec endureceu, então. Ele ficou furioso com o inglês. A lista de deveres decerto explicava os calos nas mãos de Jamie. Jamison não queria manter a caçula ao seu lado por causa de amor. Ele queria apenas uma escrava à sua disposição. A mais nova, na opinião de Alec, estava literalmente em cativeiro.

Um criado com ar preocupado entrou correndo no grande salão. Ele deu ao barão Jamison apenas um breve olhar antes de correr para Jamie. Depois de completar uma reverência desajeitada, o criado sussurrou:

— O padre está a caminho, senhora. Ele está trajando as vestes de casamento.

Jamie acenou para o criado.

— Foi gentileza você deixar seus deveres para buscar o padre Charles, George. Gostaria de ficar para os casamentos?

O criado tinha uma expressão de adoração em seus olhos.

— Não estou vestido para isso — ele sussurrou.

— Nem nós — Jamie sussurrou de volta.

— Vá e troque seu vestido, Mary — Daniel interrompeu. — Eu tenho preferência por ouro. Se tiver um dessa cor, use-o para me agradar. Se não, o branco será bom o suficiente. Vou me casar com você, Lady Mary.

Lorde Daniel Ferguson pegou Lady Mary antes que ela caísse no chão. Ele não estava nem um pouco irritado que sua pretendida tivesse acabado de desmaiar; inclusive, ele soltou uma gargalhada completa enquanto pegava Mary em seus braços e a segurava contra seu peito.

— Ela está atônita de gratidão, Alec — Daniel gritou para seu amigo.

— Sim, Daniel, eu posso ver que ela está.

Jamie não conseguia controlar sua raiva por mais um minuto sequer. Ela se virou para encarar Alec. Suas mãos estavam apoiadas nos quadris em uma postura que era claramente um desafio.

— Pois bem? Com qual das gêmeas o senhor vai se casar?

— Nenhuma.

— Nenhuma?

Ela ainda não tinha entendido. Alec suspirou.

— Troque seu vestido, Jamie, se essa for sua inclinação. Eu prefiro branco. Agora vá e faça o que estou mandando. Está ficando tarde e devemos seguir nosso caminho.

Ele deliberadamente alongou sua fala, dando-lhe tempo para reagir ao anúncio. Ele pensava que estava sendo muito atencioso.

Ela achava que ele era maluco.

A princípio, Jamie ficou atordoada demais para fazer mais do que olhar, horrorizada, para o senhor guerreiro. Quando ela enfim recuperou sua voz, gritou:

— O céu vai congelar antes de eu me casar com o senhor, milorde; congelar, de fato...

— Você acabou de descrever as Highlands no inverno, moça. E você vai se casar comigo.

— Nunca.

Exatamente uma hora depois, Lady Jamison se casou com Alec Kincaid.

Capítulo quatro

Ela vestiu preto no casamento. A escolha de traje foi um gesto puramente desafiador, destinado a enfurecer o escocês. Jamie sabia que seu plano havia falhado, no entanto, no minuto em que voltou para o grande salão. Alec deu uma olhada nela e começou a rir. O som estrondoso quase derrubou as vigas.

Ela não tinha ideia do quanto sua natureza rebelde o agradava; caso contrário, nunca teria ido tão longe para provocá-lo, Alec decidiu. Se ela soubesse o quanto ele detestava lágrimas, provavelmente teria chorado. Ele não achava que ela seria tão convincente quanto suas irmãs gêmeas, porém. Jamie se movia como uma rainha. Suas costas eram retas como uma lança íntegra — ela não inclinava a cabeça para nenhum homem, e ele decidiu que lhe custaria muito fingir qualquer fraqueza feminina.

Ela estava vestida de luto, mas ainda parecia magnífica. Seus olhos continuavam a cativá-lo. Ele se perguntou se algum dia se acostumaria com sua beleza. Senhor, ele decerto esperava que sim. Não podia permitir nenhuma interferência em seus deveres primários.

A moça estava se apresentando como um grande quebra-cabeça. Ele sabia que ela era nascida e criada na Inglaterra, mas não parecia nem um pouco covarde. Alec se perguntou como esse milagre acontecera, então concluiu que sua inocência e falta de medo derivavam do fato de que ela nunca tinha sido manchada pela sórdida vida na corte do rei Henrique. Pela graça de Deus, Lady Jamie não tinha sido exposta à inclinação inglesa para a devassidão.

O Kincaid supunha que tinha de agradecer ao barão Jamison por não cumprir seu dever para com suas filhas. Ele não estava disposto a mencionar sua gratidão, porém, e duvidava de que o pai de Jamie tivesse ouvido uma palavra, de qualquer maneira. O homem estava, de fato, chorando naquele exato momento. Alec sentia-se muito contrariado para falar com ele. Nunca tinha visto um homem adulto se humilhar de maneira tão vil. Revirava seu estômago.

— Somos todos muito próximos de nosso pai — sussurrou Jamie quando o barão não conseguiu responder à pergunta do padre sobre quem levaria as noivas ao altar. O rosto do barão estava escondido em seu lenço de linho encharcado. — Papai vai sentir nossa falta, milorde. Isso é ainda mais difícil para ele.

Ela não o olhou quando deu a explicação sussurrada para a conduta vergonhosa do pai, mas o apelo estava lá, em sua voz rouca. Ela estava pedindo compreensão, ele sabia, e Alec achou a defesa do pai digna o suficiente para fazê-lo guardar a própria opinião desfavorável para si mesmo.

Ela acabava de lhe dar outro vislumbre de seu caráter, pois o pedido lhe dizia que ela era leal à sua família. Ele considerava uma qualidade nobre em qualquer circunstância, e dado o caráter dos membros de sua família, a lealdade de Jamie beirava a santidade.

Jamie estava apavorada demais para olhar para o pretendente. Ela e sua irmã ficaram lado a lado, segurando as mãos uma da outra para se confortarem. Daniel ficou à direita de Mary, e Alec, à esquerda de Jamie. O braço de Alec tocou o ombro dela, e sua coxa roçou a dela. Deliberada, repetidamente.

Ela não conseguia se afastar dele. Mary estava espremida contra seu lado, e o braço de Alec bloqueava a possibilidade de um passo para trás. Senhor, como ela odiava estar assustada. Não estava acostumada a tais sentimentos. Disse a si mesma que era porque ele era tão grande. Ele se elevava sobre ela como uma nuvem enorme e raivosa. Cheirava a urze e masculinidade, um pouco de couro também e, sob condições mais agradáveis, ela poderia ter achado seu cheiro atraente. Naquele momento, é claro, detestava seu tamanho, seu cheiro, sua mera presença.

O padre terminou a homilia sobre o sacramento do matrimônio e virou-se para dirigir-se à irmã de Jamie. Mary, honesta ao extremo, deu uma boa risada para Daniel quando o padre Charles perguntou se ela o aceitaria como marido. Mary levou um longo tempo refletindo sobre a pergunta, agindo como se tivesse acabado de ser convidada a explicar o significado da Conquista Normanda, então finalmente proferiu sua resposta espontânea:

— A verdade é que eu preferia não aceitar, padre.

Jamie estava chegando ao ponto da verdadeira histeria. Ela não deveria se casar com aquele senhor guerreiro chamado Alec Kincaid. Ele também não estava tornando a situação mais fácil de suportar, ao ficar tão perto que ela podia sentir o calor irradiando dele.

Enquanto o padre Charles implorava a Mary que desse uma resposta adequada, Jamie tentou se afastar de Alec. No canto de sua mente estava o pensamento covarde de que ela poderia simplesmente empurrar o braço dele para longe, dar um passo para trás e então correr como um raio para fora do salão.

Ele deve ter lido suas intenções, pois pousou o braço nos ombros dela. Antes que pudesse protestar, ela foi puxada contra seu lado.

Jamie não podia se afastar dele. Tentou — várias vezes, na verdade —, antes de sussurrar sua exigência de que ele a soltasse.

Ele respondeu ignorando-a.

Em sua frustração, ela se virou para a irmã e disse:

— Eu não acho que importa quais sejam as nossas preferências, Mary. Se você não concordar em se casar com Daniel, estará indo contra o seu rei.

— Mas se eu disser que quero tomar esse homem como meu marido, então vou contra Deus, não é? — Mary argumentou. — Eu não estaria dizendo a verdade — ela concluiu com um gemido.

— Pelo amor de Deus, Mary, responda ao padre — retrucou Jamie.

Mary não gostou do tom hostil. Ela olhou para a irmã antes de se voltar para o padre.

— Ah, está bem. Eu aceito. — Voltando-se para Jamie, ela murmurou:

— Pronto, irmã, está feliz agora? Você me forçou a mentir para um homem de batina.

— Eu forcei você?

O suspiro na voz de Jamie não se devia inteiramente à declaração absurda de sua irmã. A mão de Alec se curvou ao redor da base de seu pescoço, os dedos acariciando a pele sensível.

O padre Charles acenou com a cabeça em aprovação à resposta de Mary.

Agora era a vez de Jamie e Alec.

— Seu nome completo, milorde? — o padre perguntou.

— Alec Kincaid.

O padre assentiu. Ele estava com pressa para passar por essa provação de casamento, pois o olhar de sua doce Jamie se tornara assassino. Na pressa, o padre Charles acrescentou a expressão "de boa vontade" quando perguntou se ela aceitava Alec como marido.

— De boa vontade? — Jamie indagou. Ela respirou fundo, preparando-se para a verdadeira opinião com a qual feriria o padre, então sentiu os dedos de Alec apertarem sua garganta.

O homem estava obviamente tentando intimidá-la. Jamie estendeu a mão para remover a dele, mas Alec não se mexeu. Ele simplesmente capturou os dedos dela e continuou a aplicar pressão.

Ele não estava sendo nem um pouco sutil. Ela captou a mensagem silenciosa com bastante rapidez. O homem arrogante a estrangularia até a morte se ela o provocasse ainda mais e, sendo escocês como ele era, Jamie estava certa de que ele cumpriria sua ameaça.

Seu pescoço estava começando a doer.

— Eu aceito — ela declarou de repente. O padre suspirou de alívio, então passou apressado pelo resto da cerimônia. Assim que ele deu sua bênção, Mary tentou sair correndo do salão. Daniel a pegou em dois passos. Ele a ergueu em seus braços e beijou o grito dela, na frente do padre Charles e da família. Quando ele terminou seu ataque suave, Mary cedeu contra ele. Jamie pensou que ela parecia uma flor murcha.

As gêmeas começaram a choramingar de novo, seu pai fungou, e Jamie desejou ter uma morte rápida.

Alec Kincaid não foi tão enérgico em sua exigência de um beijo para selar os votos. Ele simplesmente se moveu para ficar diretamente na frente de sua noiva, pousou as mãos nos próprios quadris, afastou as pernas musculosas e dirigiu o olhar para o topo da cabeça baixa de Jamie.

Ele não disse uma palavra. No entanto, a postura rígida sugeria que ele ficaria ali a noite toda se fosse necessário para fazê-la olhar para ele. Jamie se confortou com o fato de que ele não estava mais tentando estrangulá-la.

Ela podia sentir seu coração batendo. Supôs que Alec Kincaid ousaria qualquer coisa que bem entendesse. Ela reuniu coragem e lentamente ergueu o olhar para encontrar o dele.

Ele era, de fato, assustador. Seus olhos eram de um castanho muito profundo. Jamie encontrou muito pouco calor ali. Depois de sustentar seu olhar pelo tempo que conseguiu sem se encolher visivelmente, ela começou a se virar.

Alec de repente estendeu a mão e puxou-a em seus braços. Sua mão segurou-lhe o queixo assim que sua boca desceu sobre a dela. O beijo foi duro, inflexível... e incrivelmente quente.

Jamie sentiu como se tivesse acabado de ser queimada pelo sol. O beijo terminou antes que ela pudesse pensar em lutar, antes que realmente quisesse se mexer. Ela ficou temporariamente sem palavras. Olhou para o marido por um longo tempo, imaginando se o breve beijo o havia afetado tanto quanto a ela.

Alec se divertiu com a confusão que podia ver nos olhos de Jamie. Era evidente que ela não tinha recebido muitos beijos. Estava corando de vergonha agora. Suas mãos estavam agarradas uma à outra no que parecia ser um aperto de morte.

Sim, ele estava satisfeito com ela, e percebeu que também tinha sido afetado pelo breve beijo. Não conseguia parar de olhar para ela. Maldição, ele queria beijá-la de novo.

O grito repentino de Mary quebrou o feitiço.

— Agora? — Mary gritou a palavra como se fosse uma obscenidade. — Jamie, eles querem ir embora agora!

— Decerto minha irmã não entendeu — Jamie disse a Alec. — Não estão realmente indo embora agora, estão?

— Estamos, sim — Alec respondeu. — Daniel e eu temos muitas responsabilidades na Escócia. Vamos partir dentro de uma hora.

Ele não mencionou Mary ou ela em sua explicação. Essa percepção capturou toda a sua atenção. Ela quase sorriu com a alegre possibilidade, então decidiu certificar-se de que seu palpite estava correto antes de aumentar suas esperanças.

— Deseja partilhar de nosso jantar humilde antes de você e Daniel partirem? — ela perguntou.

Ele sabia exatamente o que ela estava pensando. Ela se traiu quando enfatizou a palavra "você" na pergunta. A mulher idiota realmente achava que ele ia deixá-la para trás. Alec sentiu vontade de rir. Ela parecia tão séria agora e, diabos, tão esperançosa.

Alec balançou a cabeça.

Jamie sentiu como se a porta da prisão acabasse de ser destrancada e ela estivesse novamente livre. Tentou desesperadamente esconder a alegria, pois teria sido um tanto rude mostrar um prazer tão desvelado por sua partida.

Os casamentos deveriam ser apenas nominais. Oh, por que ela não tinha se dado conta disso antes? Alec e Daniel estavam simplesmente fazendo a vontade de seu suserano ao se casar. Agora eles voltariam para casa e retomariam seus deveres, quaisquer que fossem, em nome de Deus, e deixariam suas esposas agradecidas na Inglaterra, onde era o lugar delas.

De fato, não era um arranjo tão incomum. Muitos casamentos eram resolvidos da mesma maneira satisfatória. Jamie realmente se sentiu um pouco tola por não entender antes. Ela poderia ter se poupado de uma boa dose de preocupação.

O alívio quebrou como uma onda sobre ela, com uma força que quase fez seus joelhos dobrarem. Como estava acostumada a fazer barganhas com seu Criador, ela imediatamente prometeu a Deus uma novena de doze dias por lhe conceder aquele maravilhoso adiamento.

— Retornará para a Inglaterra no futuro para uma estadia? — ela perguntou, tentando falar como se achasse que aquela ideia odiosa tinha um pingo de mérito.

— Seria necessária uma guerra para me trazer de volta.

— Não precisa parecer tão alegre com essa possibilidade — Jamie rebateu, antes que pensasse melhor. Ela também o deixou ver sua cara fechada, e não se importou se o estava ofendendo.

O homem era brusco como um porrete. E se ele não ia ser educado, ela também não se incomodaria com seus bons modos. Ela jogou o cabelo por cima do ombro, virou as costas para Alec e lentamente se afastou dele.

— Já é tarde, Kincaid — ela chamou por cima do ombro. — É melhor você ir, pois tenho certeza de que terá uma boa distância a percorrer antes que o dia termine.

Ela quase acrescentou que tinha sido um prazer conhecê-lo, mas a mentira lhe custaria outra novena, então ficou em silêncio.

Jamie tinha acabado de chegar à mesa quando a dura ordem de seu marido a fez parar.

— Recolha suas coisas e diga adeus à sua família, Jamie, enquanto Daniel e eu cuidamos dos cavalos. Seja rápida.

— Você também, Mary — Daniel interveio naquela voz alegre que estava começando a enlouquecer Jamie.

— Por que devemos nos apressar? — perguntou Mary.

— Alec e eu juramos não dormir em solo inglês outra noite sequer. Temos uma boa distância a percorrer antes que a escuridão se instale.

Jamie se virou bem a tempo de ver os dois escoceses saírem da sala. Suas mãos agarraram a borda da mesa atrás das costas.

— Kincaid? Você deveria me deixar aqui! — ela gritou. — Este é apenas um casamento de conveniência, não é?

Ele parou no meio do corredor, então se virou para encará-la.

— Sim, esposa, é um casamento de conveniência. Minha conveniência. Você me entende?

Ela ignorou a irritação no tom de voz e a expressão dura.

— Não, Kincaid, eu não entendo.

Ela tentou soar tão arrogante quanto ele, mas sabia que seu esforço era arruinado pelo tremor em sua voz.

Sua explosão de raiva não o enganou. Ele sabia que ela estava assustada; seu sorriso lhe deixava claro.

— Com o tempo, prometo que vai entender. Eu lhe dou minha palavra.

Ela não queria sua palavra, mas não achava que importasse muito para Alec Kincaid. No fim das contas, ele realmente era um senhor guerreiro infernal. Ela também não estava disposta a discutir com ele. Seus olhos se encheram de lágrimas assim que ele desapareceu pela porta, e tudo o que ela queria fazer era se jogar na cadeira mais próxima e chorar um bom tanto.

Estava muito chateada para pensar em juntar seus pertences. As gêmeas cuidaram dessa tarefa, permitindo a Jamie um tempo precioso com o pai.

Quando Agnes e Alice voltaram para o grande salão, Mary estava em um belo estado de nervos. Ela mal podia gaguejar sua despedida antes de sair correndo do recinto.

— Vou mandar armazenarem o resto de suas coisas com cuidado, Jamie, e enviar para você dentro de uma semana — prometeu Agnes. — Essas Highlands não podem ficar assim tão longe.

— Vou embalar suas lindas tapeçarias — Alice interrompeu. — Prometo que não vou esquecer nada. Em pouco tempo, você vai se sentir em casa.

— Alice, eu já disse a Jamie que cuidaria dessa tarefa — Agnes murmurou. — Sinceramente, irmã, você está sempre tentando me superar. Ah, Jamie? Coloquei o xale de sua mãe na bolsa com seus frascos de remédios.

— Obrigada, irmãs. — Ela rapidamente abraçou as duas. — Oh, vou sentir falta de vocês. Vocês são irmãs tão queridas!

— Você é muito corajosa — Agnes sussurrou. — Parece tão calma, tão serena. Eu estaria maluca agora. Você é casada com aquele que...

— Não precisa lembrá-la disso — Alice murmurou. — Ela não poderia ter esquecido que ele matou a primeira esposa, irmã.

— Nós não temos certeza absoluta — sua gêmea argumentou.

Jamie desejou que as gêmeas parassem de tentar consolá-la. Seus lembretes sobre Alec Kincaid a estavam deixando mais chateada do que nunca.

O barão Jamison deu um pequeno puxão na saia de Jamie para chamar sua atenção.

— Estarei morto em uma semana, sim, eu estarei. Quem vai cuidar das minhas refeições? Quem vai ouvir minhas histórias?

— Ora, papai, Agnes e Alice vão cuidar do senhor. O senhor vai ficar bem — ela disse para acalmá-lo. Ela se inclinou sobre o pai, beijou-lhe a testa e acrescentou: — Por favor, não continue assim. Mary e eu iremos vê-lo e...

Não conseguiu terminar sua mentira, não podia dizer a seu pai que ia ficar tudo bem. Seu mundo acabara de ruir; tudo o que era familiar e seguro estava sendo arrebatado dela.

Foi Agnes quem sussurrou em voz alta o maior medo de Jamie.

— Nós nunca vamos ver você novamente, não é? Ele não vai deixar você voltar para casa, vai?

— Eu prometo que vou encontrar uma maneira de vir vê-la — Jamie respondeu. Sua voz tremia e seus olhos ardiam com lágrimas não derramadas. Deus santo, como a despedida estava sendo dolorosa.

O barão Jamison continuou murmurando entre soluços que os escoceses haviam roubado seus preciosos bebês e como, em nome de Deus, ele sobreviveria sem elas? Embora ela tentasse consolar seu pai, no final, aquele provou ser um empreendimento inútil. Seu pai não queria se acalmar. Quanto mais tentava, mais alto ele se lamuriava.

Bico veio buscá-la. Pareceu um pequeno cabo de guerra quando ele tentou separar o pai da filha. O barão Jamison não largava a mão de Jamie. A tarefa foi finalmente vencida quando ela ajudou.

— Venha. É melhor não irritar seu novo marido. Ele está esperando pacientemente no pátio. Lorde Daniel e Lady Mary já partiram para a Escócia, moça. Venha comigo agora. Uma nova vida espera por você.

A voz suave de Bico ajudou a acalmá-la. Ela pegou a mão dele e caminhou ao seu lado em direção à entrada da casa. Quando parou para dar um último adeus à família, Bico a empurrou para a frente.

— Não olhe para trás. E pare de tremer. Comece a pensar no seu futuro feliz.

— É o meu futuro que me faz tremer — Jamie confessou. — Bico, eu não sei nada sobre esse meu marido. Todos os rumores sombrios sobre ele me preocupam. Não quero me casar com ele.

— O que está feito está feito — anunciou Bico. — Há duas maneiras de olhar para isso tudo, moça. Você pode entrar nesse casamento com os olhos bem fechados contra seu homem e ser infeliz pelo resto de seus dias, ou pode abri-los bem, aceitar seu marido e fazer o melhor de sua vida.

— Eu não quero odiá-lo.

Bico sorriu. O desamparo de Jamie era de dar dó.

— Então não o odeie — ele aconselhou. — Você não é boa em odiar, de qualquer maneira. Seu coração é muito sensível, garota. Além disso — ele continuou enquanto a cutucava para que ela continuasse seguindo em frente —, não é tão incomum, afinal.

— O que não é tão incomum?

— Muitas noivas vão para o casamento sem conhecer o noivo.

— Mas essas noivas são inglesas, Bico, casando-se com ingleses.

— Cale-se, agora — ordenou Bico, ouvindo o medo em sua voz. — Ele é um bom homem, esse Kincaid. Eu dei uma boa medida nele. Ele vai tratá-la bem.

— Como você saberia disso? — Ela tentou parar e se virar para encarar Bico, mas ele continuou empurrando-a para a frente. — Há aquele boato, se você se lembra, de que ele matou a primeira esposa.

— E você acredita nisso?

A resposta dela foi imediata.

— Eu não.

— Por que não?

Jamie deu de ombros.

— Não sei explicar — ela sussurrou. — Eu só acho que ele não mataria... — Ela soltou um suspiro, então acrescentou: — Você vai me achar tola, Bico, mas os olhos dele... bem, ele não é um homem mau.

— Acontece que eu sei que é mentira — anunciou Bico. — Ele não a matou. Eu fiz a pergunta a ele; perguntei a ele logo de imediato.

— Você não perguntou! — A declaração absurda dele a fez rir. — Bico, ele deve ter ficado furioso com você.

— Maldição — sussurrou o velho. — Seu futuro era minha preocupação, não a raiva dele — ele se gabou. — Claro, foi só depois que eu soube que ele ia escolher você que eu perguntei alguma coisa a ele, sabe?

— Quando você teve tempo? — Jamie indagou, franzindo a testa.

— Não é importante — respondeu Bico, apressado. — Além disso, eu sabia que Kincaid era bom assim que dei uma olhada atenta no cavalo dele. — Bico lhe deu outra cutucada gentil entre as omoplatas para que ela se mexesse e fosse em direção ao marido novamente. — Esse guerreiro vai tratá-la com o mesmo cuidado.

— Oh, pelo amor de Deus — Jamie murmurou. — Você tem sido um mestre de estábulos por anos demais, velho amigo. Há uma diferença entre uma esposa e um cavalo. Posso ver que acredita nessa bobagem que está me dizendo. Você está parecendo muito satisfeito consigo mesmo.

— E me sentindo satisfeito — gabou-se Bico. — Eu acabei de trazê-la aqui para fora sem ter que arrastar nem um pouco, não foi?

Ele sabia que o comentário a assustara, pois ela arregalou os olhos, e ele teve que cutucá-la outra vez quando ela parou abruptamente.

Alec estava no centro do pátio ao lado de sua montaria. A expressão dele não dava um indício sequer do que ele estava pensando, mas Jamie não acreditava que ele estivesse esperando pacientemente pela chegada dela, como Bico dissera. Não, o Kincaid não se parecia nem um pouco com o tipo paciente de pessoa.

Alec tinha certeza de que ela causaria alvoroço quando chegassem às Highlands. Sustentou o olhar dela por um longo minuto, perguntando a si mesmo quando se acostumaria com ela. Seus olhos eram do tom mais vívido de violeta que ele já tinha visto.

Havia todos os tipos de azul. Bico tinha feito essa observação estranha, ele lembrou. Agora entendia o que o mestre do estábulo queria dizer.

Não podia permitir que ela o cativasse dessa maneira. Sua boca era atraente demais para sua paz de espírito. Sim, ela ia causar uma comoção, quer ela percebesse ou não, Alec ponderou, pois, embora ele estivesse certo de que nenhum de seus companheiros de clã ousaria tocar no que pertencia a ele, seus pensamentos decerto estariam vagando nessa direção.

A mulher era simplesmente atraente demais para seu próprio bem. Ela ainda estava com medo dele. Alec disse a si mesmo que era um bom começo. Uma esposa devia sempre ter um pouco de receio de seu marido. No entanto, o medo dela o irritava também. Ele teria ordenado que ela montasse e fosse rápida se não tivesse visto a apreensão em seu olhar. Ela o lembrava de um cervo que acabava de captar o cheiro do perigo.

Já era hora de ele assumir o controle, decidiu.

Alec montou no lombo de seu garanhão em um movimento fluido. O grande cavalo preto deu um passo nervoso na direção dos flancos de Wildfire. A égua de Jamie já estava em um estado espinhoso, tendo sido forçada a ficar ao lado de um macho cujo cheiro ela não conhecia, e imediatamente tentou empinar. Alec estendeu a mão, agarrou as rédeas das mãos do cavalariço desatento e ordenou que a égua se acalmasse.

Wildfire obedeceu imediatamente.

Bico ouviu a respiração ofegante de Jamie, notou a maneira como ela olhava para o guerreiro escocês e chegou à conclusão de que ela poderia estar correndo risco de desmaiar. Ele colocou a mão no ombro dela novamente.

— Recupere seu bom senso, garota. Você não vai se sentir melhor se acabar caindo em desgraça por desmaiar. Eu lhe ensinei melhor do que isso, não foi?

As palavras resmungadas chamaram sua atenção imediatamente. Jamie se afastou do mestre do estábulo.

— Não vai haver nenhum desmaio — ela murmurou. — Você me insulta ao sugerir que eu tenha uma fraqueza tão grande.

Bico escondeu o sorriso. Não ia ter que empurrá-la para a frente por mais tempo. O fogo estava de volta em seus olhos.

Com uma graça condizente com a realeza, Jamie levantou a bainha do vestido e caminhou até sua montaria. Bico a ajudou a se acomodar no lombo de Wildfire, então estendeu a mão para acariciá-la.

— Agora, dê a este velho sua palavra de que vai conviver bem com seu marido — ele ordenou. — É um mandamento sagrado, se você se lembra — acrescentou com uma piscadela atrevida.

— Não é um mandamento — Jamie anunciou.

— Nas Highlands, é.

Alec tinha feito essa declaração. Ele a proferiu como se estivesse falando perfeitamente sério, inclusive. Jamie lançou-lhe um olhar descontente antes de se voltar para Bico.

O mestre dos estábulos sorria para o marido dela.

— Vai se lembrar de sua promessa para mim, Laird Kincaid?

Alec assentiu. Ele jogou as rédeas de Wildfire para a esposa, incitou seu garanhão para seguir adiante e deixou-a olhando-o.

Ele não ia esperar por ela. Jamie segurou Wildfire com firmeza, determinada a ver até onde Alec iria antes de parar e aguardar. Quando cavalo e cavaleiro desapareceram pela ponte levadiça e sumiram de vista, ela chegou à conclusão de que ele não ia esperar nada. O homem nem se deu ao trabalho de olhar por cima do ombro.

— O que você quis dizer quando pediu que ele se lembrasse da promessa que lhe fez? — Jamie perguntou, quase distraída, enquanto olhava para a ponte levadiça.

— Nada com que se preocupar — disse Bico, rapidamente.

Ela virou-se para olhá-lo.

— Desembuche, Bico — ela ordenou.

— Eu só conversei um pouco com ele sobre sua... inocência.

— Não entendo.

— Bem, agora, terá que haver uma noite de núpcias, moça. Já que fui eu quem lhe contou sobre as relações entre um homem e uma mulher, pensei em avisar seu marido...

— Oh, Deus, você falou sobre isso?

— Falei. Ele prometeu ser cuidadoso com você. Ele vai tentar não te machucar muito na primeira vez.

Jamie sabia que suas bochechas estavam vermelhas de vergonha.

— Eu nunca vou deixar ele me tocar, Bico, então você ter ganhado sua promessa foi tudo em vão.

— Ora, não seja tão teimosa. Eu tive medo por você. É a verdade que não contei muito sobre as formas reais de acasalamento. Expliquei ao Kincaid que você não entendia muito sobre...

— Não quero mais ouvir essa conversa. Ele nunca vai me tocar, e já basta.

Bico soltou um suspiro alto.

— Você terá uma surpresa, então, minha garota. A maneira como ele olha para você me diz que ele vai pegá-la na primeira chance. Você poderia muito bem aceitar isso na sua mente teimosa. Apenas faça o que ele lhe disser, e você se sairá bem.

— Fazer o que ele me disser?

— Ora, moça, não levante a voz para mim. É melhor ir andando — ele insistiu.

Jamie balançou a cabeça.

— Eu vou em um minuto, Bico. Primeiro devo ganhar sua promessa de que me procurará se houver problemas aqui.

— Problemas? Que tipo de problemas?

Ela não conseguia olhá-lo nos olhos quando sussurrou sua explicação.

— Parece que papai pegou algumas moedas de ouro de Andrew. Foi um empréstimo, Bico, e não um dote, mas ainda estou preocupada. Não sei como papai poderá pagar Andrew.

Ela se atreveu a olhar rapidamente para avaliar a reação de Bico. Nem precisava ter se incomodado. O grito de indignação quase a derrubou de sua montaria.

— Ele pegou ouro por você? Ele *vendeu* você para o barão Andrew?

— Não, não, você não entendeu — Jamie contestou rapidamente. — Foi só um empréstimo, Bico. Não há tempo para discutir sobre isso. Apenas me dê sua palavra de que irá me buscar se papai precisar de ajuda.

— Sim, moça — disse Bico. Seu suspiro soou zangado. — Dou minha palavra. Alguma outra preocupação que eu deva saber?

— Eu rezo para que não.

— Então vá agora mesmo. Se seu marido...

— Um último assunto, e então eu vou embora.

— Você está deliberadamente protelando, não é, garota? Quer mexer com os brios dele. Ele vai adivinhar a verdade a seu respeito — previu Bico, dando um sorriso. — E depois de todos os problemas que tive contando minhas mentiras para ele.

— Que mentiras?

— Disse a ele que você era uma donzela doce e gentil, eu disse.

— Eu sou uma donzela doce e gentil — Jamie respondeu, contrariada.

Bico bufou.

— Doce como um sabão quando seu temperamento está irritado.

— O que mais você disse a ele? — ela perguntou, parecendo

desconfiada. — É melhor eu saber de tudo, Bico, para que eu possa me defender.

— Eu disse a ele que você era tímida.

— Você não fez isso!

— Disse que você era fraca, costumava ser mimada.

— Não.

— E que gostava de passar seus dias costurando e indo à igreja.

Jamie começou a rir.

— Por que você contaria essas histórias?

— Porque eu queria lhe dar uma pequena vantagem — explicou Bico. Suas palavras tropeçaram umas nas outras na pressa de concluir a explicação. — Eu também não contei a ele que você falava gaélico.

— Nem eu.

Os dois confidentes trocaram um sorriso. Então Jamie perguntou:

— Não está arrependido de todas as habilidades que me ensinou, está?

— Claro que não — respondeu o velho. — Mas se seu marido pensar que você é débil, acho que ele ficará de guarda para cuidar de sua segurança, moça. Ele terá mais paciência com você, na minha opinião.

— Não me importo com o que ele pensa sobre mim — retornou Jamie. — No entanto, meu orgulho está em frangalhos, por você ter me feito parecer tão inferior.

— A maioria das mulheres é inferior — ele rebateu.

— A maioria das mulheres caça para o jantar de sua família? A maioria monta seus cavalos com mais habilidade do que um guerreiro? Faz mais...

— Não vire um demônio para cima de mim agora — instou Bico. — Apenas mantenha seus talentos para si mesma por um tempo. E não vá testá-lo ainda. É melhor não pegar um cachorro selvagem pelo rabo, a menos que queira as consequências, eu sempre digo.

— Você nunca disse isso antes.

— Sempre quis dizer — rebateu ele e lançou outro olhar preocupado para a ponte levadiça. — Pois vá agora.

— Estou guardando uma coisa há muito tempo, Bico, e não vou me apressar.

— Bem? — Bico questionou, próximo de um grito.

— Eu amo você. Nunca falei antes, mas eu o amo com todo o meu coração. Você tem sido um bom pai para mim, Bico.

A arrogância se esvaiu do velho. Seus olhos se encheram de lágrimas e sua voz estava embargada quando ele sussurrou:

— E eu amo você. Você tem sido uma boa filha para mim. Eu sempre a considerei minha filha.

— Prometa que não vai me esquecer.

Havia um tom desesperado em sua voz. Bico apertou a mão dela.

— Eu não vou esquecer.

Jamie assentiu. Lágrimas escorriam por suas bochechas. Ela enxugou a umidade, endireitou os ombros e, em seguida, incitou Wildfire a entrar em movimento.

Bico estava no centro do pátio, observando sua senhora partir. Ele rezou para que ela não se virasse. Não queria que ela o visse em um estado tão indisciplinado.

Que Deus tivesse piedade, ele estava chorando como um homem que perdera sua única filha. Em seu coração, ele sabia a verdade: nunca mais veria seu bebê.

Capítulo cinco

Alec Kincaid estava de ótimo humor. Manteve o sorriso e conteve o ritmo da marcha até que a esposa finalmente o alcançasse. Queria rir, pois era óbvio que sua ingênua moça tinha acabado de tentar fazê-lo perder a paciência. Ela não demonstrou pressa alguma seguindo atrás dele. Não percebeu que homem paciente ele era, em especial quando o assunto era tão insignificante quanto uma mulher. Ele encontrava humor na própria ideia de que uma mera mulher ousaria desafiá-lo.

Assim que a ouviu se aproximar, Alec aumentou a velocidade até que ambas as montarias estivessem galopando. Jamie ficou bem atrás dele, valentemente tentando ignorar a poeira que voava em seu rosto. Estava determinada a manter o ritmo desumano sem proferir uma palavra de protesto sequer. Ela também esperava que seu novo marido olhasse por cima do ombro para que pudesse ver como ela estava indo bem. Ela ia lhe mostrar a mais serena expressão, mesmo que isso a matasse.

Alec Kincaid nunca se preocupou em olhar para trás.

Embora ela fosse habilidosa, não estava acostumada a montar na sela nova e rígida. Montava mais confortável sem sela.

Seu traseiro e suas coxas estavam levando uma bela pancada. A estrada rochosa e malcuidada do norte tornava a surra ainda mais dolorosa. Arbustos barravam o caminho, e ela precisava se esquivar de galhos baixos enquanto mantinha o controle firme de sua montaria. Deixou uma careta aparecer quando se convenceu de que Alec nem tinha consciência de que ela estava atrás dele, então começou a negociar com seu Criador que lhe dedicaria vinte missas diárias seguidas sem sonhar acordada nenhuma vez se Ele pudesse fazer aquele demônio de marido dela maneirar um pouco o ritmo.

Deus não estava em clima de fazer barganhas. Jamie chegou a essa conclusão quando se encontraram com Daniel e Mary. Alec imediatamente assumiu a liderança, sem nunca perder o passo. Jamie seguiu atrás do marido. Mary, parecendo tão gasta quanto uma bota velha, vinha atrás, com Daniel na retaguarda.

Ela sabia que era por segurança que eles cavalgavam em um ritmo tão extenuante. Ela já tinha ouvido as histórias sobre os bandos de desajustados itinerantes que atacavam vítimas inocentes. Ela supôs que um guerreiro protegeria as mulheres pela frente, no caso de um ataque surpresa, enquanto o outro bloquearia a retaguarda, pelo mesmo motivo. Se os salteadores tentassem invadir o quarteto, eles teriam que passar por Alec ou Daniel para alcançar as esposas.

Oh, ela entendia as razões, ah, sim, mas logo ficou preocupada demais com Mary para se importar com as medidas de segurança.

Cavalgaram por quase duas horas antes de sua irmã finalmente entregar os pontos. Jamie ficou imensamente orgulhosa de Mary por ela ter conseguido persistir tanto tempo sem reclamar. Mary não era de sofrer por qualquer tipo de desconforto.

— Jamie? Eu quero parar por alguns minutos! — Mary gritou.

— Não, moça — Daniel respondeu com um grito de negação. Jamie não podia acreditar em sua atitude insensível. Ela se virou bem a tempo de ver o marido de Mary enfatizar a negação, balançando a cabeça.

A expressão de dor no rosto de Mary incomodou a irmã. Ela se virou para gritar sua própria demanda para Alec por um breve descanso quando ouviu o grito estridente.

Assim que Jamie se virou novamente, encontrou a montaria de Mary logo atrás dela. Mary, no entanto, estava desaparecida.

Todos pararam, até Alec Kincaid.

Daniel alcançou sua esposa quando os outros desmontaram. A pobre Mary estava esparramada de costas no meio de um arbusto frondoso.

Enquanto Jamie desmontava, Daniel gentilmente levantou Mary.

— Está ferida, moça? — ele perguntou, sua voz cheia de preocupação.

Mary afastou o cabelo dos olhos antes de responder.

— Só um pouco, milorde.

Havia várias folhas grudadas no cabelo de Mary. Daniel as tirou com calma deliberada. Jamie viu a maneira carinhosa como ele tratava Mary e decidiu que ele tinha algumas qualidades redentoras, afinal.

— O que diabos aconteceu? — Alec perguntou pelas costas de Jamie.

Ela pulou ao som de sua voz, então se virou para encará-lo.

— Mary caiu do cavalo.

— Ela o quê?

— Ela caiu do cavalo.

Alec parecia não acreditar.

— Ela é inglesa, Alec, ou você esqueceu? — Daniel disse de longe.

— O que isso tem a ver com alguma coisa? — Ela olhou de um guerreiro para o outro, então percebeu que ambos estavam tentando não rir. — Ela poderia ter quebrado o pescoço — Jamie murmurou.

— Mas não quebrou — Alec respondeu.

— Ela poderia ter quebrado — Jamie argumentou, enfurecida pela atitude fria.

— Ela está bem agora — afirmou Daniel, chamando a atenção de Jamie de volta para ele. — Não é, Mary?

— Estou bem — disse Mary, corando com toda a atenção que estava recebendo.

— Ela não está bem — Jamie anunciou. Ela se virou para Alec. Ele chegou indecentemente perto dela quando ela não estava prestando atenção e ela quase esbarrou nele. Jamie deu um passo rápido para trás, mas ainda teve que inclinar a cabeça apenas para olhar nos seus olhos.

— Mary caiu porque... — Sua voz sumiu. Ela havia acabado de notar a pitada de ouro em seus olhos castanho-escuros. Eram muito atraentes.

Ela baixou o olhar para o peito dele, para que pudesse recuperar seus pensamentos.

— Porque...? — perguntou Alec.

— Mary está exausta demais para continuar, milorde. Ela deve descansar. Não está acostumada a percorrer distâncias tão longas.

— E você, inglesa? Está acostumada a percorrer distâncias tão longas?

Jamie deu de ombros.

— Meus desejos não estão em questão aqui. Mary é mais importante. Decerto pode ver como ela está cansada. Alguns minutos não lhe farão muita diferença.

Ela olhou para cima então, viu sua expressão e se perguntou o que tinha dito para causar uma carranca tão feroz.

— Mary é uma dama delicada — Jamie explicou para o peito dele.

— E você não é?

— Sim, claro que sou — ela gaguejou. Ele estava deliberadamente distorcendo as palavras dela. — É muito indelicado de sua parte sugerir o contrário.

Ela olhou para o rosto dele novamente a tempo de vislumbrar o sorriso.

De repente, percebeu que ele não estava tentando ser insultuoso. E inclusive estava sorrindo para ela, um sorriso sincero e terno que fez o estômago de Jamie parecer feito de açúcar. Ela se sentiu inundada de contentamento.

Não sabia como reagir.

— Você é sempre tão séria, esposa?

A pergunta soou como uma carícia para ela e teve o mesmo efeito de como se ele tivesse acabado de passar a mão em seu coração.

Pela verdade de Deus, ela estava tendo uma reação incomum àquele bárbaro. Jamie decidiu que estava tão exausta quanto Mary. Decerto essa era a razão pela qual Alec Kincaid estava começando a lhe parecer atraente. Parecia quase bonito agora, de uma forma visceral e primitiva, é claro. Uma mecha de seu cabelo caía na testa, dando-lhe a aparência de um galanteador. Era uma pena, e uma preocupação também, pois sempre gostara de galanteadores despreocupados e de línguas loquazes.

Sem pensar nas consequências, ela estendeu a mão e empurrou a mecha errante de volta para onde era o seu lugar. Não queria que ele parecesse um galanteador; queria que ele continuasse com uma aparência má. Então seu coração decerto pararia de bater tão alto nos seus ouvidos e ela seria capaz de recuperar o fôlego, não seria?

Alec não se moveu quando ela o tocou, mas gostou da sensação da mão dela em sua testa. O cuidado gentil o surpreendeu. Queria que ela o tocasse novamente.

— Por que você fez isso? — ele indagou, seu tom suave.

— Seu cabelo está longo demais — Jamie respondeu, não ousando lhe dar a verdade.

— Não está.

— Você terá que cortar.

— Por quê?

— Não posso confiar em um homem cujo cabelo é quase tão longo quanto o meu — ela murmurou.

A explicação soou ridícula para si mesma. Ela corou e franziu a testa para encobrir seu constrangimento.

— Perguntei se você sempre foi tão séria — Alec lembrou-a com um sorriso.

— Pergüntou?

Que Deus a ajudasse, porque ela não conseguia manter a mente na conversa. Era tudo culpa dele, claro, por roubar os pensamentos de sua mente com aquele sorriso.

— Sim.

Alec manteve seu divertimento contido, pois supôs que a esposa pensaria que ele estava rindo dela. Por alguma razão que não conseguia explicar, não queria ferir aqueles sentimentos de ternura. Uma reação estranha, ele argumentou consigo mesmo, já que nunca tinha sido alguém de se importar muito com os sentimentos de qualquer mulher.

Com certeza estava se importando agora, ele percebeu, ao mesmo tempo em que desculpava seu comportamento lembrando a si mesmo de que ela era de criação inglesa, afinal, e, portanto, mais suscetível do que uma moça forte das Highlands.

Jamie retorcia as mãos. Alec duvidava de que ela estivesse ciente dessa ação reveladora. Era um sinal de medo, mas ela contradisse a fraqueza ao encontrar corajosamente seu olhar naquele momento. Suas maçãs do rosto altas estavam ruborizadas de vergonha. Ele sabia que ela devia estar tão exausta quanto a irmã. Nenhuma das mulheres parecia ter muita resistência. O ritmo que ele havia estabelecido era rigoroso, mas necessário, porque, enquanto estivessem em solo inglês, corriam perigo. No entanto, sua nova esposa não reclamou ou implorou para parar, e esse fato o agradou consideravelmente. Gavin, o braço-direito de Alec, diria que Jamie tinha garra. Era um grande elogio para um homem das Highlands conceder a uma mulher, e um que Jamie já tinha ganhado pelo mero fato de enfrentá-lo.

Gavin riria com gosto se pudesse ver seu *laird* agora, Alec decidiu. O sorriso desapareceu de seu rosto, no entanto, assim que percebeu que estava agindo como um simplório. Nunca havia passado tanto tempo conversando com uma mulher antes. Agora, porém, ele estava olhando para a esposa como um homem que nunca tinha visto uma mulher bonita antes. Diabos, ele estava reagindo fisicamente a ela também; podia sentir-se inclusive endurecer.

Era hora de tirá-la de seus pensamentos.

— Você está torcendo as mãos — ele murmurou enquanto estendia a mão para interromper aquela ação.

— Eu estava fingindo que era seu pescoço — Jamie disse em reação ao repentino franzir de testa do escocês. — E, sim, milorde, sou séria na maior parte do tempo — ela se apressou a acrescentar, esperando desviar a mente dele da ação. — Quando estou saindo da Inglaterra, sou muito séria. Estou deixando minha pátria amada.

— É pela mesma razão que estou sorrindo — disse Alec.

Ele não estava sorrindo agora, mas Jamie decidiu não mencionar esse fato.

— Está feliz por estar indo para casa?

— Porque *nós* estamos indo para casa. — A voz dele voltou a parecer aço.

— A Inglaterra é minha casa.

— Era — ele corrigiu, determinado a deixar a situação clara. — A Escócia é sua casa agora.

— Deseja que eu dê minha lealdade à Escócia?

— Se eu desejo? — Ele sorriu. — Eu não desejo, esposa. É uma ordem. Você será leal à Escócia e a mim.

Ela voltou a torcer as mãos. Levantou a voz para ele quando fez sua pergunta também, mas Alec decidiu não fazer objeção ao seu comportamento. Ele sabia que ela precisava de tempo para resolver o problema em sua mente. Por ser um homem tão paciente, ele decidiu conceder-lhe uma ou duas horas para concordar.

Então, achou que estava sendo muito cortês e advertiu-se para não permitir que tal consideração se tornasse um hábito.

— Deixe-me ver se entendi bem — Jamie começou. — Você realmente acha que eu vou...

— É muito simples, esposa. Se você é leal à Escócia, você é leal a mim. Verá como isso é correto assim que estiver instalada.

— Assim que eu estiver o quê? — A voz dela tinha uma suavidade suspeita.

— Assim que você estiver instalada — Alec repetiu.

A garganta dela começou a doer com a necessidade de gritar com aquele homem arrogante. Então ela se lembrou da sugestão de Bico de não provocar os brios do *laird* até que soubesse que tipo de reação teria em troca.

Era melhor ser cautelosa, ela decidiu. Era de conhecimento geral que os escoceses atacavam antes de pensar duas vezes. Todos eles batiam em suas esposas com a frequência de suas vontades.

— As ovelhas são instaladas, Kincaid. Eu sou uma dama, se você não se deu ao trabalho de notar.

— Já notei.

A maneira como ele havia pronunciado essa observação fez o coração dela acelerar.

— Sim — ela gaguejou. — Mulheres, veja bem, não são instaladas. Não é a mesma coisa.

— É sim — ele contradisse com um sorriso preguiçoso.

— Não, não é — ela retrucou. — Você terá que aceitar minha palavra nesse quesito.

— Está me desafiando, inglesa?

Sua voz era dura o suficiente para assustá-la, mas ele estava determinado a fazê-la entender qual era seu lugar.

Ele esperou que ela se encolhesse... e pedisse desculpas.

— Estou desafiando você — Jamie anunciou, balançando a cabeça vigorosamente em sinal afirmativo quando ele pareceu incrédulo.

Pela verdade de Deus, ele não sabia o que fazer com ela agora. A voz e postura da mulher exalavam autoridade. Ela também não estava mais torcendo as mãos — estavam fechadas ao lado do corpo. Alec sabia que não deveria deixá-la escapar impune de sua insolência. Uma esposa deveria sempre concordar com o marido. Jamie obviamente não tinha ouvido falar desse ditame sagrado, no entanto. Ora, ela se atrevia a enfrentá-lo como se ele fosse um igual.

Esse pensamento forçou uma risada profunda. A mulher era definitivamente estúpida, mas tinha mesmo garra.

— Estou na Inglaterra há muito tempo — ele admitiu —, senão eu teria achado seus argumentos arrogantes, esposa.

— Pode parar de me chamar de "esposa"? Eu tenho nome. Você não consegue me chamar de Jamie?

— É nome de homem.

Ela queria estrangulá-lo.

— É o meu nome.

— Nós vamos encontrar outro.

— Não vamos, não.

— Você se atreve a discutir comigo de novo?

Ela desejou ser tão grande quanto ele. Ele não ousaria rir dela se fosse assim. Jamie respirou fundo.

— Você diz que meus argumentos são arrogantes, mas, talvez, uma vez que eu *tenha sido instalada*, como você colocou de forma tão obscena, você se livrará de sua confusão e verá como estou certa.

— Já que não tenho a menor ideia do que você está dizendo, eu duvido — ele rebateu.

— Agora você me insultou.

— Insultei?

— Pois sim.

Ele deu de ombros.

— É meu direito, esposa.

Ela começou uma oração pedindo paciência.

— Entendo — ela sussurrou com voz rouca. — Então devo considerar que também é meu direito insultar você.

— Não funciona assim.

Jamie desistiu. O homem era tão teimoso quanto ela.

— Já cruzamos a fronteira?

Alec balançou a cabeça em negativa.

— Temos apenas uma coisinha de nada para percorrer.

— Então por que você estava sorrindo?

— Em antecipação.

— Oh...

Ele começou a virar as costas para ela, mas Jamie parou a ação com sua pergunta seguinte.

— Alec? Você realmente não gosta da Inglaterra, não é?

Ela não foi capaz de esconder o espanto de sua voz. A mera ideia de alguém não gostar de sua terra natal estava simplesmente além de sua compreensão. Todos amavam a Inglaterra, até os escoceses estúpidos que gostavam de jogar árvores uns nos outros. Ora, a Inglaterra era a Roma daqueles tempos. Sua grandeza não podia ser negada.

— Eu não gosto da Inglaterra na maioria das vezes. Mas há exceções.

— Exceções?

Ele assentiu lentamente.

— Pois bem, quando você não desgosta da Inglaterra, então?

— Quando estou invadindo.

— Você de fato admite tal pecado? — ela perguntou, claramente chocada.

O sorriso de Alec se alargou. O rubor dela se intensificou até parecer que o sol a tinha queimado. Sua esposa tinha uma honestidade muito revigorante em todas as suas reações. Um traço mortal em um homem esse seria, dar aos outros aviso prévio do que ele estava pensando; no entanto, era ainda mais agradável em uma mulher. Especialmente na sua mulher.

— Pois bem?

Alec soltou um longo suspiro. Era uma pena, mas sua esposa não parecia ter nenhum senso de humor. Ela não sabia identificar quando ele estava brincando.

— Suba na sua montaria. O sol já está se pondo — ele ordenou. — Você pode descansar quando chegarmos a um local seguro.

— Local seguro?

— Na Escócia.

Jamie pensou em perguntar se ele achava que local seguro e Escócia eram a mesma coisa, então decidiu não se incomodar. Ela supunha que a resposta só serviria para irritá-la.

Já havia aprendido duas coisas muito desagradáveis sobre o marido. Uma: ele não gostava de ser questionado ou contrariado. Isso seria um problema, Jamie sabia, pois estava determinada a questioná-lo ou contradizê-lo sempre que bem entendesse. Ela não se importava se ele gostasse ou não. Duas: quando ele estava carrancudo para ela, ela não gostava muito dele. O segundo defeito era quase tão preocupante quanto o primeiro. O humor de Alec mudava como o vento. As observações mais inocentes o faziam franzir o cenho.

— Jamie, eu não vou voltar a montar aquela maldita égua. — Mary puxou o braço de sua irmã para lhe chamar a atenção. Alec ouviu a declaração, mas não deu atenção. Ele se virou e caminhou de volta para sua montaria. Jamie o observou, pensando consigo mesma que ele a havia dispensado com o tanto de cuidado que se daria a um fiapo.

— Aquele homem é rude por demais — ela murmurou.

— Jamie, você não está me ouvindo? — Mary questionou. — Você vai ter que insistir com ele para que descansemos aqui esta noite.

O coração dela se compadeceu de sua irmã. O rosto de Mary estava manchado de terra. Ela parecia tão exausta quanto Jamie se sentia. Jamie tinha muito mais resistência do que sua irmã, mas tinha estado acordada a maior parte da noite anterior, ajudando um dos servos com seu filho doente.

Ela não se atreveu a oferecer qualquer simpatia a Mary, sabendo que, naquele momento, era necessário ter mão firme. A irmã começaria a chorar se Jamie lhe desse um pingo de compaixão. Esse pensamento era bastante arrepiante. Uma vez que ela começava, era pior que as gêmeas.

— O que você fez com seu orgulho? — Jamie indagou. — Não é digno de uma dama usar uma imprecação vulgar como "maldita" quando se fala. Só os servos usam palavras tão grosseiras, Mary.

O trovão desapareceu da expressão de Mary.

— Como você pode me dar um sermão agora, pelo amor de Deus? — ela lamentou. — Eu quero ir para casa. Sinto falta do meu pai.

— Basta! — A ordem de Jamie foi dada em um tom de voz muito mais áspero. Ela deu um tapinha no ombro de sua irmã para suavizar a repreensão, então sussurrou: — O que está feito está feito. Estamos casadas com escoceses, e é isso. Não nos envergonhe por continuar com lamúrias. Além do mais, não falta muito para chegar às Highlands — ela exagerou. — Alec me prometeu que vamos parar para passar a noite assim que cruzarmos a fronteira. Decerto você pode aguentar mais alguns minutos, irmã. Deixe seu marido ver que mulher corajosa você é.

Mary assentiu.

— E se ele for muito estúpido para notar minha coragem?

— Então ficarei feliz em instruí-lo — Jamie prometeu.

— Jamie, você alguma vez, em todos os seus dias, pensou que acabaríamos nessa situação? Somos casadas com escoceses!

— Não, Mary, eu nunca considerei essa eventualidade.

— Deus deve estar muito zangado conosco.

— Deus, não — Jamie qualificou. — Nosso rei.

O suspiro dolorido de Mary arrastou-se atrás dela enquanto ela caminhava de volta para sua montaria. Jamie observou a irmã até que ela chegou ao lado de Daniel. O lorde escocês estava sorrindo. Jamie supôs que se divertia com a visão de sua esposa andando como uma velha com os joelhos vacilantes.

Ela balançou a cabeça diante da condição lamentável de sua irmã, até que percebeu que estava na mesma condição. Suas pernas estavam trêmulas como folhas secas. Ela colocou a culpa na sela estúpida que tinha sido forçada a aturar para que Alec pensasse que ela era uma dama.

Levou três tentativas para subir nas costas de Wildfire. Ela também deixou a égua nervosa com a distração. A égua começou a empinar, e Jamie precisou de uma força preciosa para acalmá-la novamente.

Wildfire decerto não gostava da sela mais do que sua senhora.

Daniel ajudou Mary a montar em sua sela, mas Alec não demonstrou nenhuma consideração tão cavalheiresca. Ele nem estava olhando para ela. Jamie se perguntou o que prendia sua atenção, pois ele estava olhando atentamente para a área de onde tinham acabado de sair, uma expressão contrita de concentração em seu rosto.

Jamie decidiu ignorá-lo tão completamente quanto ele a ignorava. Ela se virou para dizer uma palavra de encorajamento para a irmã.

Nem chegou a ouvir Alec se aproximar. Ele estava de repente ao seu lado. Antes que ela pudesse reagir, ele a puxou de sua montaria. Então em parte a carregou, em parte a arrastou, para a pedra irregular ao lado do arbusto que Mary partira ao meio ao cair. Alec empurrou Jamie contra a rocha com uma das mãos, deu um tapa no flanco de Wildfire com a outra, então virou as costas para ela e fez um sinal para Daniel.

— O que quer que você...

O resto da pergunta de Jamie foi arrancada de sua mente quando Mary foi empurrada contra ela. Daniel se posicionou na frente de sua esposa. Suas costas largas mantinham as duas mulheres presas à pedra atrás dele.

Quando Daniel desembainhou a espada, Jamie entendeu o que estava acontecendo. Ela respirou fundo enquanto observava Daniel acenar para Alec e levantar três dedos.

Alec balançou a cabeça e indicou que o número era quatro.

Mary continuou sem entender a ameaça. Jamie tapou a boca da irmã com a mão quando ela começou a gaguejar um protesto.

Alec voltou para o centro da pequena clareira. Jamie afastou o cabelo de Mary do rosto para que ela pudesse ver claramente.

Ele ainda não tinha sacado sua arma. Em seguida, Jamie percebeu que seu marido não tinha uma espada. Meu Deus, o homem estava praticamente indefeso.

Jamie sentiu-se doente de medo pela segurança de Alec. Com esse medo veio a fúria. Que tipo de guerreiro viajava pela floresta sem uma arma?

Um maldito esquecido, Jamie decidiu com um franzir de sobrancelhas. Ele provavelmente havia perdido sua espada em algum lugar ao longo do caminho para Londres e não se preocupara em substituí-la.

Ela teria que intervir, é claro. Alec Kincaid era seu marido, e ninguém colocaria uma marca nele enquanto ela vivesse. Recusando-se a entender a verdadeira razão pela qual não queria vê-lo machucado, Jamie simplesmente disse a si mesma que não queria ficar viúva no dia do casamento, e foi isso.

Ela removeu a pequena adaga do cinto que usava na cintura, esperando que ainda houvesse tempo para passá-la para Alec. A adaga poderia causar ferimentos reais se ele usasse de precisão. Havia também a espada de Daniel, Jamie lembrou. Ela rezou para que o amigo dele soubesse como manejar sua arma e estava prestes a lhe pedir para ajudar o marido quando Alec de repente se virou.

Ele estava apontando para Daniel. Ela podia ver seu rosto claramente agora e começou a tremer de imediato. A fúria naqueles olhos frios e escuros a aterrorizou. Podia ver a força bruta em seus braços musculosos e coxas. A raiva também estava presente e inundou-a como uma onda quente. O poder irradiou até se tornar uma névoa espessa envolvendo todos eles.

Nunca tinha visto um olhar tal como aquele antes, mas reconheceu-o mesmo assim: ele estava pronto para matar.

Mary começou a chorar.

— Não é um javali, é, Jamie?

— Não, Mary — sussurrou. Ela manteve o olhar no marido quando apertou o braço da irmã.

— Vai ficar tudo bem. Nossos maridos nos manterão seguras. Você vai ver.

Jamie quase acreditou em sua garantia até que viu os bandidos avançando lentamente em direção a Alec. Ela supôs, então, que não ficaria nada bem.

Alec havia se afastado bastante dos outros. Jamie pensou que ele estava deliberadamente tentando atrair os bandidos para o mais longe possível das mulheres.

Os ladrões o seguiram lentamente. Eles também foram sem pressa, agindo como se tivessem todo o tempo do mundo para ver sua matança concluída. Alec era muito maior que seus inimigos, mas estava desarmado. As probabilidades decerto não o favoreciam. Dois dos quatro bandidos carregavam porretes com manchas escuras. Os outros dois brandiam espadas curvas no ar. O movimento do corte fez o ar assobiar. Havia sangue seco incrustado nas lâminas, indicando que seus ataques anteriores tinham sido bem-sucedidos.

Jamie pensou que ia vomitar. Aqueles homens eram perversos. Pareciam gostar de seu esporte; dois estavam inclusive sorrindo. Os dentes que ainda tinham eram tão sujos quanto seus porretes.

— Daniel, por favor, vá e ajude-o — Jamie ordenou, sua voz fraca de medo.

— Só há quatro deles, moça. Vai acabar em apenas um minuto.

Sua resposta a enfureceu. Ela sabia que Daniel estava na frente delas para oferecer proteção, mas não achava aquilo nobre, dado o fato de que seu amigo estava prestes a ser morto.

Jamie estendeu a mão por cima do ombro de Mary e empurrou as costas de Daniel.

— Alec não tem arma para se defender. Dê a ele minha adaga ou a sua espada, Daniel.

— Alec não precisa de arma.

Ele respondeu com uma voz tão alegre que Jamie teve certeza de que ele havia enlouquecido.

Ela parou de tentar discutir com ele.

— Ou você vai ajudá-lo ou eu vou.

— Tudo bem, moça, se você insiste. — Daniel afastou as mãos de Mary de sua túnica e foi em direção aos homens que cercavam o amigo.

No entanto, quando chegou à beira da clareira, ele parou. Jamie não podia acreditar no que estava vendo. Daniel calmamente recolocou a espada na bainha, cruzou os braços sobre o peito e, maldição, se não sorriu para Alec.

Ele sorriu de volta.

— Estamos casadas com imbecis — Jamie disse a Mary. Ela decidiu que estava mais assustada do que com raiva, já que sua voz tremia no silêncio.

Um rugido profundo de repente ganhou sua total atenção. O grito de guerra veio de Alec. O som arrepiante fez Mary ter um ataque de gritos.

O círculo se apertou ao redor de Alec. Ele esperou até que o primeiro estivesse a uma distância de ataque, então se moveu tão rapidamente que, para Jamie, se tornou um borrão de movimento. Ela o viu agarrar um homem pela garganta e mandíbula, e ouviu o som horrível de osso se quebrando quando ele torceu o pescoço do inimigo em uma posição não natural.

Alec arremessou o homem no chão no momento em que outros dois, gritando suas intenções, atacaram-no pelo lado esquerdo. Alec bateu a cabeça de um na do outro, então os lançou em cima do homem jogado no chão.

O último dos quatro ousou ganhar vantagem atacando por trás. Alec se virou, bateu a bota na virilha do homem no que pareceu ser o mais fácil dos movimentos, então levantou o homem do chão com um poderoso golpe de seu punho centrado debaixo da mandíbula saliente.

A pilha no chão tinha crescido em proporções de pirâmide. Daniel estava certo em sua jactância de que logo terminaria, pois menos de um minuto inteiro havia se passado.

Alec nem parecia estar sem fôlego. Esse pensamento incrível tinha acabado de se enraizar na mente de Jamie quando um novo som chamou sua atenção. Ela se virou no momento em que três grandes homens vieram correndo em sua direção, saindo da proteção dos arbustos, do lado oposto da pedra.

Como cobras, eles haviam deslizado pelo matagal para chegar ao prêmio.

— Alec! — gritou Jamie.

— Jamie, você deve me proteger! — Mary gritou.

Antes que pudesse responder, sua irmã a puxou para fora da pedra. Mary se encostou na rocha, então puxou Jamie para a frente dela. Embora Mary fosse quase uma cabeça mais alta que sua irmã mais nova, quando ela curvou os ombros para baixo no vinco da rocha e enfiou o rosto entre as omoplatas da irmã, estava bem protegida de ataques. A pedra protegia suas costas, e sua irmã lhe protegia a frente.

Jamie não tentou se proteger. Ela entendia seu dever. Mary vinha primeiro. Se necessário, daria a vida para mantê-la segura.

Os três homens estavam quase em cima delas quando Jamie se lembrou da pequena adaga que segurava. Ela mirou e lançou a arma, escolhendo deliberadamente o maior dos três. Sua mira se mostrou certeira. O bandido soltou um grito ensurdecedor e desfaleceu.

Daniel atacou o segundo dos três homens de cabelos escuros e derrubou o vilão no chão com um poderoso golpe na barriga. Alec tinha uma distância maior para cobrir. Quando quase alcançou sua presa, já era tarde demais. Embora ela lutasse como um gato selvagem, o bastardo a segurava no que parecia ser um aperto de morte. Sua faca estava pressionada contra o coração dela.

— Pare onde você está! — o homem gritou para Alec com um guinchado. — Não tenho nada a perder agora. Se chegar mais perto, eu vou matá-la. Posso quebrar seu lindo pescocinho tão fácil quanto não o fazer.

Daniel havia terminado sua luta e estava avançando lentamente por trás. Alec fez sinal para ele parar quando o vilão lançou um olhar temeroso por cima do ombro. Ele apertou os dedos ao redor do cabelo de Jamie em reação a essa nova ameaça, então torceu-os na sua mão ao puxar a cabeça dela para trás.

Alec viu a expressão selvagem e assombrada nos olhos sombrios do homem. Era óbvio que o maldito estava apavorado, pois Alec podia ver que suas mãos tremiam. Seu inimigo era de estatura mediana, com o rosto e a barriga inchados. Ele teria uma morte rápida, Alec decidiu, uma vez que a soltasse e ela não estivesse mais em perigo. O homem estava em pânico agora, no entanto. Seu medo o tornava tão imprevisível quanto um rato encurralado. O inimigo poderia muito bem tentar matá-la se fosse provocado... ou se acreditasse que sua situação era completamente desesperadora.

Era desesperadora, é claro. Ele morreria. Seu destino tinha sido decretado no momento em que tocara Jamie.

Alec manteve a fúria contida, esperando por sua oportunidade. Ele fingiu uma postura casual, cruzou os braços sobre o peito e tentou ao máximo parecer entediado.

— Estou falando sério — gritou o captor. — E cale a boca da outra mulher. Não consigo pensar com ela gritando assim.

Daniel imediatamente foi até Mary. Ele colocou a mão sobre a boca dela, forçando-a a ficar em silêncio, mas nem uma vez presenteou-lhe com um olhar solidário. Toda a sua atenção estava concentrada no captor de Jamie enquanto também esperava sua chance de atacar.

O medo lentamente desapareceu dos olhos do inimigo. Ele riu, obviamente sentindo que a vitória estava agora de seu lado. Nesse momento, Alec sabia que tinha o controle. O rato estava se preparando para sair correndo de seu canto. Ele estava se sentindo contente, e essa falsa confiança seria sua destruição.

— Esta é a sua mulher? — o homem gritou para Alec.

— Ela é.

— Você se importa com ela?

Alec deu de ombros.

— Oh, você está se importando, estou vendo muito bem — gritou o inimigo. Ele riu com alegria, então. Era um som desagradável e áspero. — Você não quer que eu mate sua beldade agora, não é? — Ele arrancou o cabelo de Jamie, esperando causar uma careta como mais uma prova de seu poder e de sua impotência, mas, quando olhou para o demônio que capturara, percebeu que havia falhado.

A refém estava olhando-o. Ele sabia que a estava machucando, mas ela, teimosamente, recusava-se a gritar.

Alec evitara olhar para o rosto da esposa, sabendo que o medo que ele veria em seus olhos minaria sua concentração. Sua raiva seria incontrolável, então. No entanto, quando o canalha torceu o cabelo de Jamie com muita força, Alec instintivamente olhou para ela.

Ela não parecia ter medo. Pela verdade de Deus, ela parecia muito furiosa. Alec ficou tão surpreso com a demonstração de coragem que quase sorriu.

— Traga-me um desses belos cavalos — o captor ordenou. — Quando eu estiver me sentindo seguro e certo de que você não está no meu encalço, vou soltar sua beldade.

Alec balançou a cabeça.

— Não.

— O que diz você?

— Eu disse que não — Alec respondeu, sua voz tão calma agora quanto o vento suave. — Você pode tê-la, mas não pode ter o cavalo dela.

Jamie soltou um suspiro alto.

— Cale a boca, cadela — seu inimigo murmurou. Ele pressionou a lâmina na garganta dela, olhando para Alec o tempo todo. — Quero os dois, maldito seja seu couro.

Alec balançou a cabeça novamente.

— Leve a mulher se quiser, mas não o cavalo.

— Eu disse que quero os dois! — Sua voz soava como o guinchado de um pássaro preso.

— Não.

— Deixe-o ter os dois, Alec — Daniel interrompeu. — Você pode substituir facilmente a mulher e a égua.

Jamie não podia acreditar no que estava ouvindo. A vontade de chorar era quase esmagadora.

— Alec? — ela sussurrou, a preocupação óbvia em seu tom. — Você não pode querer dizer isso.

— Eu disse para você calar a boca — o inimigo ordenou novamente.

Ele deu outro puxão no cabelo dela para enfatizar seu comando.

Jamie bateu o pé em cima do dele em retaliação.

— Daniel, pegue o cavalo dela — Alec ordenou. — Agora.

— Deixe a outra mulher buscá-lo — gritou o captor.

Daniel ignorou esse comando e caminhou até Wildfire.

Jamie não podia acreditar no que estava acontecendo. Podia jurar ter ouvido Daniel assobiando. Ela sabia que os escoceses não gostavam dos ingleses, mas essa conduta horrível era simplesmente insustentável. Ela estava tentando desesperadamente não ter medo. Alec não estava facilitando essa tarefa. Depois de dar-lhe apenas um rápido olhar, ele a ignorou. Deus a ajudasse, ele parecia completamente entediado — até que seu inimigo exigiu a égua, Jamie qualificou. Alec não parecia entediado, então. Ele parecia furioso.

Cholie estava certa, afinal. Os escoceses valorizavam mais seus cavalos do que suas mulheres.

Se ela tivesse alguma coisa no estômago, decerto já teria perdido. O patife que a apertava com tanta indecência cheirava a um penico esquecido. Toda vez que respirava, ela queria vomitar.

— Coloque o cavalo entre o homem dela e mim — o captor ordenou.

Alec esperou por sua chance. Ele se moveu quando Daniel se aproximou, pegou as rédeas das mãos do amigo e puxou Wildfire o mais próximo possível de seu oponente.

O que aconteceu a seguir surpreendeu tanto Jamie que ela não teve tempo de reagir. De repente, ela se viu voando pelo ar como um disco. Ouviu o grito de agonia de seu captor assim que Daniel a pegou nos braços.

Jamie se virou a tempo de ver Alec enfiar a adaga do inimigo em sua garganta.

Ela engasgou então, duas vezes. Daniel rapidamente a colocou no chão. Mary veio voando pela clareira e se atirou na irmã. O perigo havia passado, mas Mary continuou a chorar histericamente.

Jamie fechou os olhos e se concentrou em acalmar seus batimentos cardíacos acelerados. Mary estava agarrada a ela agora, apertando tão forte que ela mal conseguia respirar.

Ela estava de repente tremendo como uma folha em uma tempestade de vento. Suas pernas pareciam tão quebradiças quanto gravetos de madeira.

— Você pode abrir os olhos agora.

Essa ordem fora dada por Alec. Quando ela fez o que ele ordenou, encontrou o marido parado a apenas um fôlego de distância dela.

Seus olhos não pareciam tão terrivelmente frios agora. Na verdade, ela pensou que ele parecia perto de sorrir. Aquilo não fazia nenhum sentido. Acabava de vê-lo matar tão facilmente, tão brutalmente, tão casualmente. E agora ele parecia querer sorrir por isso. Jamie não conseguia decidir se queria fugir dele ou ficar e estrangulá-lo.

Enquanto olhava para o marido, ela ouviu Daniel ordenar que Mary fosse com ele, então o sentiu erguer as mãos de sua irmã. Ela não tinha forças para ajudar nessa tarefa, mas se perguntou por que Daniel parecia tão zangado com Mary e por que Alec parecia tão alegre.

Jamie não estava ciente de que suas mãos estavam apertadas uma na outra. Era Alec.

— Acabou — ele disse a ela em uma voz suave.

— Acabou? — ela repetiu. Ela se virou para encarar o homem que Alec acabara de derrubar e imediatamente começou a tremer.

Alec moveu-se para bloquear sua visão. Ele ergueu a adaga dela, com a intenção de devolvê-la, mas parou quando viu como Jamie estava aborrecida. Ela agiu como se o punhal de repente tivesse sido possuído por demônios.

— Isso pertence a você, não é? — ele perguntou, confuso com o medo irracional nos olhos dela.

Jamie deu um passo para o lado, olhou para o morto novamente e para o buraco aberto em seu pescoço onde a adaga havia penetrado.

Alec novamente se moveu para bloquear sua visão.

— Esposa?

Ela começou a se afastar dele.

— Eu não quero mais a adaga. Jogue fora. Tenho outra na minha bolsa.

— Ele está morto, esposa — afirmou Alec, tentando ser razoável. — Não precisa continuar olhando para ele, moça. Ele não pode machucá-la agora.

— Sim, ele está morto — confirmou ela com um aceno afirmativo veemente. — Você me jogou no ar, como um...

— Tronco?

Ela assentiu novamente.

— E o matou tão fácil, milorde. Eu nunca vi...

Quando ela não terminou a declaração, Alec soltou um suspiro.

— Foi bom você notar — ele disse então.

Ela lançou-lhe um olhar incrédulo enquanto continuava se afastando dele.

— Foi bom que eu no...? Acha que estou elogiando você, marido? — Ela fez uma pausa para respirar fundo, tentando aliviar a dor na garganta, então olhou para a adaga que ele estava segurando. — Jogue isso fora, por favor. Eu não quero olhar para ela mais.

— A visão de sangue a incomoda? — ele perguntou. Estava achando o comportamento dela muito confuso. A mulher tinha sido uma tigresa minutos antes, ao lutar com seu captor, mas agora estava agindo como uma criança assustada.

Alec tentou mais uma vez acalmá-la. Ele jogou a adaga por cima do ombro.

— Sim, quero dizer, não — Jamie respondeu sem pensar.

— Sim e não o quê? — ele insistiu.

— Você me perguntou se a visão de sangue me aflige — Jamie explicou apressadamente. — E eu respondi.

— Respondeu?

Ela enfiou os dedos pelo cabelo, inadvertidamente deixando-o mais desgrenhado do que antes, então sussurrou:

— Esse sangue me dá náusea.

Ela teve que suspirar naquele momento. Pretendia dizer que estava acostumada a ver sangue, que ela era uma curandeira e que provavelmente havia limpado sangue suficiente para deixar um rio vermelho, mas era simplesmente muito trabalho tentar explicar qualquer coisa. Ela ainda estava reagindo à terrível perturbação que acabara de sofrer, disse a si mesma, e à incrível força de seu marido.

Havia também o fato bastante doloroso de que ele estivera muito disposto a entregá-la. O cavalo realmente significava mais para ele do que ela.

Jamie ia ter pesadelos por um mês.

Alec de repente estendeu a mão e puxou-a em seus braços.

— Se você der mais um passo para trás, acabará no topo da pilha.

Jamie deu uma olhada por cima do ombro, viu a pilha de corpos e sentiu os joelhos cederem. Ela teria caído de bruços se ele não a tivesse segurado.

No entanto, mesmo em seu estado angustiado, ela não pôde deixar de notar o quanto ele estava sendo gentil. Uma contradição, isso, dado o fato de que ele era um homem tão gigante. Não parecia possível que alguém do tamanho dele pudesse ser tão gentil. No entanto, parecia igualmente improvável que ele pudesse se livrar de quatro agressores armados sem demonstrar o mínimo esforço. O homem mal tinha suado.

Ele cheirava bem. Jamie se inclinou contra seu peito e lhe permitiu abraçá-la.

— Você estava sendo sincero, Alec? — ela sussurrou.

— Sendo sincero em quê? — ele perguntou.

Ela não explicou rápido o suficiente para a ansiedade dele. Ele inclinou o queixo dela para cima para que pudesse ver sua expressão.

— Sendo sincero em quê, esposa?

— Quando você disse àquele homem horrível que ele poderia ficar comigo, mas não com o meu cavalo — ela explicou. — Você realmente pensa assim?

Ele teria dado risada se ela não parecesse tão chateada.

— Não.

Ela imediatamente desmoronou no corpo dele.

— Então por que você falou como se fosse sério?

Sua voz ainda era suave como um sussurro, mas ele a ouviu mesmo assim. Alec não podia acreditar que ela abrigasse tal preocupação. Desistir dela? Nunca!

— Eu queria que ele pensasse que estava no controle da situação, moça.

— Ele estava no controle, Alec — argumentou Jamie. — Era ele que estava com a faca.

— Ah, entendi — Alec respondeu, um sorriso em sua voz agora. — Então os homens que me cercavam também estavam no controle.

— Bem, não — sussurrou Jamie. — Quero dizer, eles tinham armas, mas foi você quem... assumiu o comando. — Antes que ele pudesse responder a esse comentário, ela acrescentou: — Então foi tudo um truque, não foi? Você mentiu para ele.

— Sim.

Ela soltou outro longo suspiro antes que seus arrepios a lembrassem de como estava assustada. Ela imediatamente se afastou do marido.

Jamie voltou a ficar furiosa. Havia fogo em seus olhos, Alec pensou, e ele não tinha a menor ideia de por que ela estava com raiva agora. A mulher era tão intrigante quanto um labirinto.

Ignorando seu comando para soltá-la, Alec passou o braço em volta dos ombros dela, puxou-a contra seu lado e a levou até onde Daniel havia recolhido os cavalos.

Jamie não ofereceu uma palavra de gratidão sequer quando ele a levantou no lombo de Wildfire. Ela manteve o olhar baixo até que ele lhe entregou as rédeas. Suas mãos roçaram as dela, o que a assustou. Ela puxou as mãos por puro reflexo.

— Olhe para mim.

Ele esperou até que ela obedecesse antes de falar novamente.

— Você me mostrou como é corajosa, esposa. Estou muito satisfeito com você.

Os olhos dela se arregalaram de surpresa. Alec sorriu. Ele acabara de encontrar uma maneira bastante simples de acalmá-la: elogios. Não era verdade que todas as mulheres gostavam de ouvir as expressões de aprovação de seus maridos de vez em quando? Alec decidiu se lembrar desse fato para uso futuro.

— Você pode estar satisfeito comigo, marido, mas eu decerto não estou satisfeita com você, seu escocês arrogante.

O trovão em sua voz o surpreendeu tanto quanto a réplica.

— Você não quer minha aprovação?

Ela não se incomodou em responder à pergunta, mas a raiva na expressão dela lhe dizia que ele a havia julgado mal. Ela não era de se deixar influenciar por elogios. Alec assentiu com satisfação.

— Diga-me por que você estava tão assustada.

Jamie balançou a cabeça. Ela olhou para as mãos enquanto ele olhava para a expressão contrita no rosto dela.

— Eu lhe fiz uma pergunta — ele a lembrou.

Ela balançou a cabeça. Alec manteve a paciência.

— Uma esposa deve sempre obedecer às ordens de seu marido — ele a instruiu.

— Esse é outro de seus mandamentos das Highlands?

— É — ele respondeu com um sorriso.

— Se o resto do mundo só precisa obedecer a dez mandamentos para chegar ao céu, por que vocês, escoceses, precisam de tantos mandamentos extras? É porque são todos pecadores, será?

— Quando você recupera sua garra, é com vingança, não é? — ele disse.

— Garra?

— Esqueça.

Ele estava sorrindo para ela, indicando o quanto sentia-se satisfeito. Ela decidiu que ele era idiota.

— Eu gostaria de ir agora, Alec.

— Não até que explique por que estava tão assustada.

— Preocupada, Alec. Eu estava preocupada.

— Tudo bem, preocupada, então — Alec concordou, deixando-a fazer o que queria.

— Quer a verdade? — perguntou ela.

— A verdade.

— Quando você estava lutando... bem, houve um momento em que pensei que você estava olhando diretamente para mim, e pensei comigo mesma que nunca deveria deixá-lo com raiva, pois não poderia me defender contra sua força superior.

Alec teve que se inclinar para a frente para conseguir ouvir toda a explicação. Ela parecia muito desamparada. Ele tentou não rir.

— Vai ser difícil para mim, Alec — ela continuou. — Sei que isso provavelmente vai surpreendê-lo, mas acho que haverá momentos em que eu o irritarei.

— Não me surpreende em nada.

— Por que não? — indagou ela, parecendo descontente.

— Você está me irritando agora.

— Oh.

— Jamie, eu nunca vou machucar você.

Ela olhou em seus olhos por um longo momento.

— Mesmo quando sua raiva o dominar? Todos os escoceses têm temperamento feroz, Alec. Você terá que admitir isso.

— Nunca vou perder a paciência com você. Eu lhe dou minha palavra.

— Mas e se perder?

— Eu não vou machucá-la mesmo assim.

Ela enfim acreditou nele. Jamie parou de tentar puxar as mãos dela.

— Ouvi dizer que todos os escoceses espancam as esposas.

— Ouvi o mesmo sobre os ingleses.

— Alguns sim, outros não.

— Eu não.

Ela assentiu.

— Você não?

Alec balançou a cabeça. Ele se convencera de que ela estava se sentindo segura com ele.

— Quando nos conhecemos, pude ver a apreensão nos seus olhos. Embora eu acredite que seja bom para uma esposa ter medo de seu marido, esse medo irracional que eu vi...

— Por favor, perdoe minha grosseria por interrompê-lo, mas eu simplesmente devo lhe dizer que não é nada bom para uma esposa ter medo de seu marido. Eu estava preocupada, não com medo, é claro, mas a maioria das mulheres teria medo de você. Meu caráter é mais forte do que isso, no entanto.

— Por quê?

— Por que o quê? — Jamie perguntou, confusa pela forma como ele estava sorrindo para ela e pela forma como seu coração reagia ao sorriso diabólico.

— Por que a maioria das mulheres teria medo de mim?

Ela teve que desviar o olhar de seus belos olhos antes que pudesse lhe dar uma resposta adequada.

— Porque você é um homem muito... grande. A verdade é que você é o maior guerreiro que eu já vi.

— Você já viu outros? — ele indagou, escondendo sua exasperação.

Ela franziu a testa diante da pergunta, então balançou a cabeça.

— Na verdade, não, eu não vi.

— Então foi o meu tamanho que deixou você... preocupada.

— Você também é tão forte quanto uma legião de soldados reunidos, Alec, e acabou de matar quatro homens — ela acrescentou. — Decerto você não esqueceu esse fato.

— Apenas um.

— Apenas um o quê? — ela perguntou, temporariamente desviada pelo brilho nos olhos dele. Jamie tinha a suspeita sombria de que ele queria rir dela.

— Só matei um homem — explicou. — Aquele que se atreveu a tocar em você. Os outros não morreram, estão apenas indispostos. Você queria que eu matasse todos eles?

Ele parecia muito complacente.

— Bom Deus, não — Jamie assegurou-lhe. — Mas e o homem que Daniel abateu quando eles tentaram fazer mal à Mary?

— Você vai ter que perguntar a ele.

— Eu não quero perguntar nada a ele.

— Os malditos também tentaram fazer mal a você.

— Mary é mais importante.

— Você realmente acredita nessa bobagem?

— Sempre foi meu dever proteger minhas irmãs, Alec.

— Por que você não me questionou sobre o homem que você derrubou com sua adaga? — indagou Alec. — Sua mira foi certeira, esposa — acrescentou, pensando em elogiá-la um pouco mais. — Você matou...

— Eu não quero discutir isso! — ela gritou, soltando as rédeas de Wildfire.

Ora, o que ele estava dizendo? Sua pequena e gentil esposa parecia prestes a desmaiar. A mulher era um mistério para ele. Alec balançou a cabeça. Jamie parecia ter uma verdadeira aversão a matar. Era outra peculiaridade de sua natureza, com certeza, mas, ao mesmo tempo, ele admitia gostar dessa falha.

A mulher o amoleceria em todas as suas atitudes se ele a deixasse. Ela ia ter que se acostumar a matar. Era o modo de vida nas acidentadas Highlands. Apenas os mais fortes sobreviviam. Ele teria que endurecê-la, decidiu, ou ela não sobreviveria ao primeiro inverno rigoroso.

— Tudo bem, esposa — afirmou Alec. — Não vamos discutir isso.

A tensão deixou seus ombros. Alec notou que ela estava um pouco instável sobre a montaria, então colocou o braço em volta da cintura dela.

— O que eu fiz, eu fiz em legítima defesa — Jamie disse a ele. — Se feri aquele homem nojento, Deus decerto entenderá. A vida de Mary estava em jogo.

— Sim — Alec concordou. — Você o feriu.

— Por outro lado, o padre Charles nunca entenderá. Se souber dessa situação, Alec, ele me fará usar preto pelo resto dos meus dias.

— O padre que nos casou? — ele perguntou, totalmente perplexo outra vez.

Jamie assentiu.

— Você se preocupa com as coisas mais estranhas — Alec comentou. — No meu modo de pensar, é uma falha na sua natureza.

— Oh? Então vá e faça sua confissão ao padre Charles; depois me diga que eu me preocupo por nada. O homem é muito imaginativo com as suas penitências.

Alec começou a rir. Ele a levantou nos braços e foi em direção a sua montaria.

Jamie colocou os braços em volta do pescoço dele.

— O que você está fazendo?

— Você vai cavalgar comigo.

— Por quê?

O suspiro de Alec quase repartiu o cabelo dela.

— Você vai questionar tudo o que eu faço ou digo?

Jamie inclinou a cabeça para trás para que pudesse ver o rosto dele. Alec parou imediatamente. O brilho em seus olhos, somado ao seu lento e doce sorriso, o perturbou.

— Vai deixar você com raiva se eu fizer?

— Fizer o quê?

— Questionar você.

— Não, eu nunca vou ficar com raiva de você.

O sorriso dela o encantou.

— Estou casada com o homem mais incrível — ela declarou. — Você nunca fica com raiva ou perde a paciência.

— Você se atreve a me enganar, inglesa?

A atenção total de Alec estava centrada na boca dela. Ele queria tomar seu lábio inferior entre os dentes, queria afundar sua língua dentro dela, saborear o doce mel que agora lhe pertencia. Os dedos dela estavam lhe acariciando a nuca, intencionalmente ou não, ele não conseguia discernir, e seus seios macios e cheios estavam pressionados contra seu peito.

Um homem não aguentava tanta provocação, Alec disse a si mesmo.

Ele lentamente baixou a cabeça em direção à dela. Jamie o encontrou no meio do caminho.

Sua boca era tão suave quanto ele se lembrava, tão excitante. Foi um beijo terno e pouco exigente, muito breve e completamente frustrante, na opinião de Alec. Ela não abriu a boca para ele e se afastou quando ele estava prestes a forçar sua invasão.

Ela também parecia muito feliz consigo mesma. Alec não a deixou ver o quanto ele estava frustrado. Apesar de toda a sua coragem e beleza notável, ela com certeza não sabia beijar.

Claro que seria seu dever instruí-la. Alec sorriu em antecipação.

— Obrigada, Alec.

— Por que você está me agradecendo? — ele perguntou. Ele a ergueu em sua sela, então se acomodou atrás dela em um movimento rápido, o traseiro dela aninhado contra a junção de suas coxas. Ela se moveu, aparentemente tentando ficar confortável. Ele fez uma careta em reação. Alec passou o braço em volta da cintura dela, levantou-a bem alto em seu colo e a segurou com força contra ele.

— Vamos? — ele perguntou quando ela não respondeu imediatamente.

— Agradeço sua consideração.

Ele não entendeu o comentário dela.

— É óbvio que você não cavalgou muito na vida — disse ele. — Eu vou instruí-la da maneira correta quando estivermos instalados.

Jamie não se deu ao trabalho de corrigi-lo. Se ele queria acreditar que ela era ignorante, então ela o deixaria. Ele provavelmente não acreditaria que ela era realmente habilidosa de qualquer maneira, ou que era a nova sela dando-lhe problemas agora. Se ela admitisse que gostava de cavalgar sem sela, como alguns guerreiros faziam, ele naturalmente concluiria que ela não era uma dama. Ela o deixaria pensar o que quisesse. Bico estava certo, ela decidiu, pois Alec estava sendo muito paciente. Decerto não a estaria segurando em seu colo se soubesse que ela não precisava de sua ajuda. Jamie sorriu para si mesma e recostou-se no marido. Era bom ser mimada. Com o tempo, ela prometeu, o corrigiria. Por enquanto, contudo, ela o deixaria assumir o comando.

Esposas eram um incômodo, Alec decidiu, mas esta... ela tinha um cheiro tão feminino, tão suave, ficava tão bem em seus braços. Ela continuou tentando afastar a mão dele da parte inferior de seus seios. Ele sorriu com a timidez dela, certo de que uma vez que ele se deitasse com ela, ela se livraria dessa timidez. De repente, ele estava ansioso para montar acampamento. Naquela noite, ele a possuiria, ele a faria sua; naquela noite, ela se entregaria a ele.

Para um escocês, ele decerto tinha um cheiro muito atraente. Jamie teve que sorrir com essa admissão tola. No espaço de um curto dia, ela passara de odiar o homem para quase gostar dele. Só Deus sabia que ela se sentia segura o suficiente com ele. Se suas emoções continuassem nesse curso ilógico, porém, ela poderia deixá-lo beijá-la novamente... em mais um ou dois dias.

E se ele provasse ser tudo o que ela queria em um marido, bem, então, na hora certa, depois de lhe fazer a corte de modo longo e satisfatório, é claro, ela poderia deixá-lo dormir com ela.

Era uma bênção Alec ser um homem tão paciente. Ela simplesmente explicaria sua reticência, e ele concordaria com seus termos.

E era isso.

Capítulo seis

Montaram acampamento uma hora depois, perto de uma lagoa profunda de água limpa, alimentada pela montanha. Enquanto Daniel e Alec cuidavam dos cavalos, Jamie desembrulhou a cesta de comida que Agnes preparara cuidadosamente para o jantar. Mary encostou-se a um tronco de árvore, observando a irmã trabalhar. Jamie achou que ela parecia muito infeliz.

Ela estendeu um pequeno manto no chão. Sentou-se em uma ponta, dobrou as saias de modo que não aparecesse nem uma pitada de tornozelo e fez sinal para que Mary se juntasse a ela.

Tanto ela quanto a irmã estavam tentando ignorar seus maridos. Alec e Daniel se revezaram lavando-se na pequena lagoa. Não incomodou muito a Jamie quando Daniel voltou para o acampamento sem a túnica. O peito nu de Alec era outra questão. Quando ela olhou para cima e o viu, sua respiração ficou presa na garganta. Aquele corpo era todo bronzeado de sol. A ondulação dos músculos nos ombros e braços a fez lembrar-se da força, e os pelos dourado-escuros que cobriam seu peito maciço enfatizavam sua masculinidade visceral. Os pelos se afilavam no abdômen reto e depois desapareciam sob o cós das calças pretas.

— Eu não quero que Daniel me toque.

O medo sussurrado de Mary capturou a atenção de Jamie.

— É natural ter um pouco de medo — ela sussurrou, tentando falar como se tivesse conhecimento de causa.

— Ele me beijou.

Jamie sorriu. Agora ela sentia que estava em terreno seguro. Ela sabia tudo sobre beijos.

— É direito dele beijar você, Mary. Alec me beijou também — acrescentou. — Duas vezes, se você contar o beijo de casamento. Achei muito gostoso.

— Ele beijou você do jeito que um homem beija uma mulher quando quer acasalar com ela? — perguntou Mary. — Sabe, a língua dele tocou a sua?

Jamie não sabia do que Mary estava falando, mas não ia deixar transparecer sua ignorância.

— Você não gostou, Mary? — ela indagou, evitando uma resposta verdadeira.

— Foi nojento.

— Ah, Mary. — Jamie suspirou. — Talvez, com o tempo, você goste do jeito que Daniel beija.

— Eu poderia ter gostado se ele não estivesse tão bravo comigo — Mary murmurou. — Apenas me agarrou e me beijou. Eu ainda não sei por que ele está chateado. Ele não para de ficar franzindo a testa.

— Será que você não está imaginando essa raiva?

— Não. Pode falar com ele? Descubra o que o deixa tão espinhoso.

Daniel se aproximou e se sentou ao lado de Mary antes que Jamie pudesse responder ao seu pedido. Ela cutucou Mary, então fez um sinal para a comida. Mary captou a mensagem silenciosa e ofereceu uma porção da comida ao marido.

Alec se separou do trio. Ele se sentou no chão com as costas contra um tronco de árvore grosso. Parecia muito relaxado. Uma perna estava dobrada na altura do joelho, tornando ainda mais proeminente a protuberância do músculo em sua coxa.

Jamie tentou não parecer tão nervosa quanto estava se sentindo. Alec estava olhando-a. Ela disse a si mesma que não estava acostumada a ser o centro das atenções de ninguém, e decerto essa era a única razão pela qual ela estava se sentindo tão estranha.

Ela fez sinal para ele se juntar a ela. Alec balançou a cabeça, então ordenou que ela fosse até ele.

Jamie decidiu ceder. Era seu marido, e ela supôs que era seu dever tentar se dar bem com ele. Ela pegou uma grande fatia de queijo, um pouco de pão crocante, uma das três bolsas de couro com cerveja e, por fim, caminhou até Alec.

Ele aceitou a oferta sem comentários. Jamie começou a voltar para o lado de Mary, mas Alec não a deixou sair. Ele a puxou para perto dele, suavizando sua queda ao apoiar o braço em volta da cintura dela.

Ela não pôde deixar de notar como seu toque era possessivo. Jamie manteve as costas retas como uma lança e cruzou as mãos sobre o colo.

— Voltou a ter medo de mim, inglesa?

— Eu nunca tive medo, escocês — ela respondeu. — Apenas preocupação.

— Você ainda está agindo com preocupação?

— Não.

— Então por que está tentando soltar meu braço?

— Não é decente tocar assim na frente dos outros, Alec.

— Não é?

Ela ignorou o leve humor na voz dele.

— Não, não é — ela repetiu. — E meu nome é Jamie. Você ainda tem que dizê-lo, Alec.

— É um nome de homem.

— Voltamos a isso?

— Sim, voltamos.

Jamie se recusou a olhá-lo até que ele terminasse de rir, então disse:

— Meu nome parece lhe provocar uma grande diversão. Suponho que seja melhor assim, Alec, porque você está de bom humor, sabe, e eu queria lhe dizer algo que você pode discordar, mas, uma vez que tenha me ouvido, estou certa de que vai concordar com a minha decisão.

A seriedade em seu tom o intrigou.

— O que você quer me perguntar?

— Eu pediria que você não... me tocasse. Eu não conheço você o suficiente para permitir tais liberdades.

— Permitir?

Um arrepio de pavor percorreu a espinha dela. Era evidente pelo tom de voz de Alec que ele não gostava daquela escolha de palavras.

— Alec? Você quer tomar uma esposa contra a vontade dela?

— Está perguntando para mim ou para as suas mãos? — Alec rebateu.

— Para você.

— Então olhe para mim.

A ordem foi dada com uma voz dura. Ela precisou de toda a sua determinação para fazer o que ele ordenara. Teria sido mais fácil se ele não estivesse sentado tão perto dela. Alec também não a deixaria fugir dele, não importava quantas vezes ela tentasse.

Ela afinal conseguiu olhar em seus olhos por um minuto inteiro, então baixou o olhar para encarar sua boca. Esse erro de julgamento a fez suspirar. Não parecia importar para onde ela olhava. O homem era todo rijo. A barba de um dia o deixava ainda mais feroz.

Jamie teve a sensação de que ele estava tentando ler seus pensamentos quando ela focou em seus olhos novamente. Era uma sensação absurda, mas estava presente do mesmo jeito.

De súbito, ela estava quente e fria e completamente confusa.

— Agora me faça sua pergunta outra vez — disse ele.

— Você quer uma esposa relutante? — ela repetiu, sua voz um sussurro baixo.

— Eu particularmente não quero uma esposa.

Ela se opôs de imediato a essa honestidade.

— Bem, você tem uma.

— Sim, eu tenho, e inglesa, inclusive.

Se as costas dela ficassem mais retas, Alec achava que a coluna poderia quebrar.

Sua nova esposa tinha sido abençoada com um temperamento gigante. Ela parecia pronta para abrir mão daquele precioso controle também. Jamie estava juntando as mãos agora em um aperto que só podia ser doloroso.

— Eu me pergunto por que você diz a palavra "inglesa" como se fosse uma blasfêmia.

— E é.

— Não é.

Seu rubor se aprofundou quando ela percebeu que tinha acabado de gritar com ele. Ela olhou para cima para medir a reação de Alec. Ele estava franzindo a testa, mas Jamie não achava que ele percebia o quanto a estava deixando irritada. Ela era bem disciplinada em esconder suas emoções.

— Você nunca poderia gostar de uma esposa inglesa, então?

— Gostar?

— Você sabe o que quero dizer.

— Explique.

O homem era burro como uma porta.

— Amor — Jamie retrucou. Percebendo que Mary e Daniel estavam olhando-a, ela fez uma pausa para dar-lhes um sorriso, então se virou para encarar Alec. — Você nunca poderia amar uma esposa inglesa? — ela sussurrou.

— Eu duvido.

— Duvida?

— Não precisa gritar — Alec comentou. Ele estava gostando completamente de sua indignação. — Minha honestidade a incomoda?

Ela teve que respirar fundo antes de responder.

— Não, sua honestidade não me incomoda, mas acho sua diversão muito insultante, milorde. Estamos discutindo um assunto sério.

— Sério na sua concepção, não na minha.

— Não considera o casamento um empreendimento importante?

— Não.

— Não?

Ela parecia chocada e furiosa. Alec achou que era uma combinação encantadora.

— Você é apenas uma parte insignificante da minha vida, esposa. Quando entender o modo de vida nas Highlands, verá como seus medos são tolos.

— Eu sou insignificante e tola? Alec, você deve me achar muito inferior — ela rebateu. — Mas você é a santidade em pessoa, não é? Ora, você nunca perde a paciência ou fica com raiva. Não foi isso que me disse?

— Verdade — Alec admitiu, sorrindo. — Eu disse.

— Eu particularmente não queria me casar com você também, Kincaid.

— Percebi.

— Você percebeu?

Ela realmente parecia surpresa. Alec não escondeu sua exasperação.

— Você usou um vestido preto no casamento — ele a lembrou.

— Acontece que eu gosto deste vestido — ela retornou, fazendo uma pausa para tirar um pouco de poeira da bainha. — Eu poderia usá-lo todos os dias.

— Ah, então você nunca poderia vir a gostar de mim? — ele perguntou.

— Duvido muito.

Alec riu então, um som baixo e retumbante que fez Jamie pensar que a terra estava tremendo.

— Por que minha honestidade faz você rir?

— Foi o jeito que você falou.

— Eu não quero continuar essa discussão, Alec. Se você terminou a refeição, eu vou guardar a comida.

— Deixe sua irmã cuidar desse dever.

— É minha responsabilidade — explicou ela.

— Assim como era sua responsabilidade protegê-la?

— Sim.

— Mary também acredita nesse absurdo, não é?

— Absurdo? Desde quando cumprir o dever é um absurdo?

— Daniel e eu ouvimos sua irmã ordenar que você a protegesse quando os malditos ingleses atacaram. Nós a vimos usar você como escudo.

— Eles não eram malditos ingleses — Jamie corrigiu, concentrando-se nessa observação. Ele estava determinado a não entender sobre Mary, e Jamie não estava com vontade de discutir. — Tenho certeza de que os infiéis vieram da... — Ela estava prestes a dizer que tinha certeza de que os patifes haviam cruzado a fronteira da Escócia, então pensou melhor. — Eles não pertencem a nenhum país. É por isso que são chamados de párias, não acha?

— Suponho que sim — Alec concedeu, deixando-a colocar a situação como achava adequado. Ela estava franzindo o cenho o suficiente para fazê-lo pensar que esse assunto era de grande importância para ela. — Eu pensei que você fosse a filha mais nova — afirmou ele. — Ouvi seu pai chamá-la de o bebê dele. — Ele sorriu depois de fazer esse comentário, então acrescentou: — Eu estava enganado?

— Não, você não estava enganado. Eu sou a mais nova. E papai gosta de me chamar de seu bebê. — Ela corou depois de fazer essa confissão.

— No entanto, Mary forçou você a ser o escudo dela.

— Oh, não, ela não me forçou.

— Sim, ela forçou.

A voz dela tinha adquirido um suspeito tom suave. Jamie não recuou de sua expressão fechada desta vez.

— Você não pode entender, Alec. Você é escocês, se bem se lembra, e não pode saber como os ingleses fazem as coisas. Apenas terá que aceitar minha palavra nesse assunto. Sempre foi meu dever proteger minhas irmãs mais velhas. Provavelmente é o mesmo em todos os lares da Inglaterra.

— Suas opiniões me desagradam.

Ela não se importava particularmente se suas opiniões o agradavam e deu de ombros para mostrar sua indiferença.

— Você é o bebê — ele continuou. — Por essa razão, sua irmã mais velha deveria ter cuidado de você.

Ela balançou a cabeça. O homem parecia determinado a fazê-la mudar de ideia.

— Não, é o contrário, milorde.

Alec balançou a cabeça.

— O forte deve sempre proteger o fraco, esposa; o mais velho deve sempre proteger o mais novo. E é assim em todos os lugares, mesmo no país sagrado da Inglaterra.

Enquanto ele observava, fascinado, os olhos de Jamie adquiriram um tom profundo de violeta. Ela não estava nada feliz com suas opiniões. Essa verdade foi enfatizada quando ela cutucou seu ombro.

— Eu não sou fraca.

Alec resistiu ao desejo de tomá-la em seus braços e beijá-la. Senhor, ela era realmente linda demais para sua paz de espírito.

— Não, você não é fraca — ele admitiu.

A arrogância a abandonou naquele momento.

— Foi bom você notar — disse ela.

— No entanto, você estava com medo de mim.

— Você tem que continuar trazendo isso à tona? É muito indelicado de sua parte me lembrar desse incidente, Alec.

— Talvez eu tenha uma natureza cruel.

— Você não tem.

Ele ficou surpreso com a negação rápida e veemente.

— Você parece muito segura disso.

— Eu estou — admitiu Jamie. — Você foi gentil com meu pai quando ele demonstrou tristeza — ela o lembrou. — Você foi paciente e compreensivo. A maioria dos homens não teria demonstrado tanta compaixão.

Ela achou que tinha acabado de elogiá-lo, mas a gargalhada lhe disse que ele estava mais divertido do que grato.

— É falta de educação rir quando se recebe um elogio, Alec. É uma grosseria tremenda, inclusive.

— Elogio? Esposa, você acabou de me insultar quando me chamou de compassivo. Nunca essa palavra foi atribuída a mim.

— Eu discordo — ela rebateu. — Só porque você não foi chamado de compassivo antes não significa...

— Uma esposa nunca deve discordar de seu marido.

Ele parecia sincero. Já era hora, ela decidiu, de corrigi-lo.

— A esposa deve dar sua opinião ao marido — afirmou ela —, sempre que parecer necessário. É a única maneira de um bom casamento sobreviver. Você deve aceitar minha palavra sobre esse assunto — ela adicionou, antes de se afastar do olhar incrédulo dele.

— Pare de tentar afastar minhas mãos. Você pertence a mim agora. Não vou permitir que se afaste quando eu tocá-la.

— Eu já expliquei que ainda não estou pronta para pertencer a você.

— Não me importa se está pronta ou não.

Ele parecia francamente alegre quando declarou essa verdade.

— Alec, eu não vou dormir com você como esposa até que o conheça melhor. Decerto você pode entender minha reticência.

— Ah, eu entendo.

Jamie se atreveu a olhar rapidamente para cima, viu o riso espreitando nos olhos escuros e, de repente, percebeu o quanto ele estava gostando de seu constrangimento. Ela sabia que estava agindo como uma tola. Suas mãos estavam apertadas uma na outra, e ela começou a tremer novamente.

— Você está com medo. Bico explicou que você...

— Não estou com medo. Estou... preocupada.

Ele afirmou o óbvio então:

— Você está corando como uma virgem.

Ela lançou a ele um olhar descontente antes de responder.

— Não posso evitar. Eu *sou* virgem.

Alec riu mesmo sem querer. Ela parecia envergonhada, como se tivesse acabado de confessar um pecado sombrio.

— Por favor, pare de rir de mim. É um insulto.

— Sua virgindade me pertence, Jamie. Uma esposa não deve se envergonhar de sua pureza.

Ele finalmente tinha usado o nome dela. Jamie ficou tão satisfeita que sorriu.

— Alec? Você teria me escolhido se eu não fosse... pura?

— Teria — ele respondeu imediatamente.

— Sério?

— Sim, e não me faça repetir, Jamie.

Ele parecia irritado agora.

— Você é um homem muito incomum. A maioria dos cavaleiros não aceitaria uma mulher que se entregasse a outro homem.

— Ah, eu a aceitaria muito bem — Alec retornou. — Mas também teria o nome do homem que a houvesse desonrado antes do casamento.

— E então?

— Eu o mataria.

Jamie acreditou que ele estava falando sério. Ela estremeceu em reação. Matar não parecia ser algo que o abalava muito.

— A pergunta não é relevante, já que você é virgem, não é?

— Não, suponho que não seja relevante — ela admitiu. — Bem, Alec. Está disposto a esperar até que eu o conheça melhor? Antes de você... isto é, antes de nós...

A pobre moça não conseguia nem pronunciar as palavras. De repente, Alec queria aliviar o medo dela, embora não tivesse a menor ideia do porquê. Ele a possuiria, é claro, mas não queria que ela se afastasse dele ou esperasse com medo. Ele decidiu usar um pouco de diplomacia.

— Até que você use meu tartã. Vamos esperar até lá.

Ela parecia ter acabado de receber um adiamento do purgatório. A reação irritou o bom humor do escocês.

— Você me dá sua palavra?

— Acabei de dar.

Ele de repente a puxou contra seu lado e ergueu seu queixo até que ela foi forçada a olhar nos seus olhos.

— No futuro, nunca me peça para repetir minha palavra para você, esposa.

Ela teria concordado com a cabeça se ele soltasse seu queixo. Alec se inclinou lentamente e a beijou. Ela estava muito atordoada para resistir. A boca dele era dura, mas maravilhosamente quente também. Mais uma vez, quando ela estava começando a responder, Alec se afastou.

— Agradeço sua compreensão — Jamie murmurou.

— Seus sentimentos são de pouca importância para mim. Você é simplesmente minha esposa, um bem meu. Lembre-se disso e nos entenderemos.

— Um bem? — Jamie quase engasgou com as palavras. Pela verdade de Deus, ela nunca se sentira tão humilhada, tão inferior, em todos os seus dias.

Alec estendeu a mão e gentilmente a tocou entre as omoplatas.

— Mastigue sua comida, moça, antes de tentar engoli-la — ele aconselhou.

Ele sabia muito bem que Jamie não tinha comido nada.

— Você está fazendo isso de propósito, não está?

— Fazendo o quê?

— Não precisa parecer tão inocente, marido. Você está tentando me deixar com raiva.

Alec assentiu. Aquele sorriso lento estava de volta em evidência.

— Por quê?

— Para mostrar que é aceitável.

— Não entendo.

— Não importa o que você faça ou o que diga, nunca perderei a paciência com você. É meu dever mantê-la segura. É realmente muito simples, esta lição que acabei de lhe dar, e quando pensar sobre isso, verá como permiti que você falasse seus pensamentos sem ter a menor reação desagradável.

— Está me dizendo que toda essa conversa foi apenas uma lição para sua esposa inglesa ignorante?

Quando Alec assentiu, Jamie começou a rir.

— E então, se eu lhe disser que acho que você é o guerreiro mais insultante que já tive a infelicidade de conhecer, não ficaria nem um pouco incomodado?

— Não ficaria.

— Você acabou de me fazer sua promessa de não me tocar até que eu use seu tartã, milorde, e agora vou lhe fazer uma promessa em troca. Você se arrependerá do dia em que se gabou de que nunca perderia a paciência comigo, marido. Eu lhe dou minha palavra.

Antes que Alec pudesse responder ao desafio, ela deu um tapa na mão dele e se afastou.

— Vou me lavar. Aquele homem horrível me tocou — ela disse. — E vou esfregar até me sentir limpa novamente. Tem algum outro insulto que gostaria de jogar em mim antes de eu sair?

Alec balançou a cabeça. Os galhos baixos da árvore em que ele estava encostado chegaram a balançar com seu movimento. Jamie percebeu que seu tamanho não a intimidava mais. Ela não entendia por que sua reação a ele havia mudado, mas o medo já não estava mais presente.

Ele não tinha matado a primeira esposa. Esse pensamento repentino surgiu na mente dela de repente e foi seguido de imediato por outro surpreendente.

Ela confiava nele. Completamente.

— Nenhum, no momento.

— Nenhum o quê?

Sua esposa estava com dificuldade de manter o controle dos pensamentos, Alec decidiu.

— Não tenho nenhum outro insulto para lhe fazer — ele explicou em um tom irônico.

Ela assentiu, então se virou para se afastar dele.

— Jamie, é melhor eu avisar! — ele gritou. — A água está fria!

— Não preciso de nenhum aviso! — ela gritou por cima do ombro em um tom tão atrevido quanto seu andar. — Nós, ingleses, somos feitos de material mais resistente do que vocês, escoceses, pensam.

Não foi até que reuniu roupas limpas, sabão e sua escova e estivesse de pé na margem da lagoa que ela baixou completamente a guarda.

— Simplesmente um bem? — murmurou para si mesma enquanto tirava o bliaut preto e a túnica preta que vestia por baixo dele. — Ele quer que eu me sinta tão insignificante quanto seu cachorro.

Ela continuou a murmurar para si mesma, agradecida por estar sozinha. Daniel tinha levado Mary para o outro lado do acampamento. Jamie esperava que Mary estivesse se comportando bem. Ela não achava que teria paciência para intervir em favor de sua irmã se Daniel esmagasse seus sentimentos de ternura.

— É uma benção que meus sentimentos não sejam tão ternos — ela disse a si mesma. — O sol terá que despencar no chão antes que eu use as cores dele. Ele terá que me cortejar como qualquer homem decente faria antes de me tocar.

Um franzido repentino cruzou seu rosto. Bem, diabos, o homem nem mesmo gostava dela.

Ora, qual era o problema com ela? Até parecia que seus olhos estavam se enchendo de lágrimas. Aquilo não fazia o menor sentido para ela. Não queria que Alec a tocasse ainda, mas queria que ele *quisesse* tocá-la.

Era confuso demais para entender. Jamie estava tão ocupada tentando esquecer todas as coisas dolorosas que Alec dissera a ela que se esqueceu de testar a água. Ela pegou o sabonete e pulou no centro da lagoa que ela já havia julgado chegar aproximadamente à altura dos ombros.

Alec ouviu o barulho da água. Um segundo depois, seguiu-se o grito de indignação de sua pequena e gentil esposa. Ele soltou um suspiro, então se levantou. Suspeitava de que ela precisaria de sua ajuda em apenas mais alguns minutos.

A frigidez quase tirou o fôlego de Jamie. Ela sentiu como se tivesse acabado de pular em um tonel de neve molhada. Sabia que tinha gritado uma palavra muito pouco feminina, e preocupou-se que Alec pudesse tê-la ouvido, então decidiu que era tarde demais para retirar a palavra, e se ele quisesse adicionar "indecente" a "insignificante", ela decerto não se importaria.

Estava tremendo incontrolavelmente quando terminou de lavar o cabelo com o sabonete com aroma de rosas. Ela se apressou pelo resto do banho, jogou o pedaço de sabão na margem gramada e tentou sair.

A cãibra a pegou desprevenida. Quase havia alcançado a margem quando o arco de seu pé direito se torceu em um nó excruciante. A dor a fez se dobrar. Ela agarrou o pé enquanto estava debaixo d'água, então disparou para tomar um gole de ar.

— Alec!

Ele estava lá antes que ela pudesse gritar seu nome uma segunda vez. Jamie tinha acabado de afundar novamente quando sentiu os braços fortes do marido em volta de sua cintura.

Ela não conseguia soltar o pé por tempo suficiente para ajudá-lo. Alec não precisava de sua ajuda, no entanto, um fato que não se instalou na mente dela até que ele a tivesse puxado para fora da água e sobre seu colo. Ela ainda estava dobrada e tremendo como um cachorro molhado enquanto lutava contra o nó em seu pé.

Jamie não percebeu que estava choramingando. Alec afastou as mãos dela do pé, e lentamente forçou o nó do arco a se desmanchar com a palma da mão.

Ele estava sendo incrivelmente gentil. Jamie enterrou a cabeça contra o lado do pescoço dele para que não visse o quanto ela estava perto de chorar. Não achava que poderia suportar que ele visse sua fraqueza naquele momento.

Também não queria que ele parasse de abraçá-la. Ele tinha um cheiro tão gostoso, tão masculino. Sua pele aliviou o arrepio que ela estava sentindo.

— Está melhor agora?

Sua voz era suave como um sussurro no ouvido dela. Jamie assentiu, mas ainda não se afastou dele.

Sua outra mão estava descansando sobre a coxa suave de Jamie. Ela tinha pernas longas e magníficas. Alec podia ver como a pele era impecável, podia sentir os seios macios através do tecido fino da chemise. Seus mamilos estavam duros. O membro dele pareceu seguir o exemplo. Ele disse a si mesmo para não pensar nisso, mas seu corpo se recusou a obedecer à ordem de sua mente. Deus, ela era toda suave. Alec estava totalmente excitado agora. A reação física aconteceu tão rapidamente que sua disciplina quase o abandonou.

— Está melhor agora — Jamie sussurrou. Sua voz traiu sua timidez. — Devo agradecer mais uma vez. Eu teria me afogado se você não tivesse me salvado.

— Tenho a sensação de que isso vai acontecer de novo e de novo.

A cadência provocante em seu carregado sotaque escocês a fez sorrir.

— Eu me afogar? — ela perguntou, sabendo muito bem que não era isso que ele queria dizer.

— Não — Alec rebateu. — Eu salvar você.

Jamie se afastou apenas o suficiente para que pudesse ver sua expressão. Ela teve que afastar uma mecha de cabelo molhado do rosto para obter uma visão adequada.

— Talvez eu salve você uma ou duas vezes — ela anunciou, imitando o sotaque melódico.

Ela podia ver que ele estava satisfeito com seu esforço. Jamie descaradamente se aconchegou contra o peito quente outra vez.

— Alec, devo pegar emprestado um pouco de seu calor. Está muito frio esta noite, não é?

— Está extraordinariamente ameno na minha concepção — ele contradisse. Ele fez uma pausa para sorrir sobre o suspiro suave que ela lhe deu, então acrescentou: — Você sempre se banha vestida?

Sua voz parecia uma carícia contra o topo da cabeça dela.

— Não, mas alguém podia ter aparecido. Eu estava sendo pudica.

Alec achou que o tecido molhado era tão provocativo quanto a pele nua. Ele cerrou os dentes contra o desejo de mostrar a ela o quanto ele achava que ela era provocante, então disse:

— Você está ficando azul. É melhor tirar as roupas molhadas.

Ele teve que soltá-la depois de fazer essa sugestão. Jamie não parecia inclinada a deixá-lo ir até que ele sugeriu que a tarefa fosse cumprida por ela.

Ela se moveu com a velocidade da luz, então. Jamie virou as costas para Alec, correu para a pilha de roupas que havia colocado no chão e rapidamente se enrolou em um manto fino.

— Eu gostaria de alguns minutos de privacidade, por favor.

Ele devia ter antecipado o pedido, pois, quando ela se virou, ele já havia saído. As folhas dos galhos arqueados ainda balançavam da retirada silenciosa de Alec de volta ao acampamento.

Ela tirou a roupa molhada, enxugou a pele o melhor que pôde, depois vestiu uma chemise limpa. Ela não conseguiu amarrar a fita de seda na gola, no entanto. Seus dedos tinham ficado dormentes demais para agarrar as duas pontas da tira cor-de-rosa, finas como uma lasca. A chemise branca desceu na frente do busto, expondo boa parte de seus seios generosos. Ela não se importava se parecia lasciva. Arrepios cobriam sua pele. Toda vez que se movia, mechas de seu cabelo molhado provocavam uma chuva de pingos pelas costas, como punhais de gelo raspando sua pele em carne viva.

Seus dentes tiritavam no momento em que ela terminou de escovar o cabelo e o colocou em alguma ordem. Ela jogou a escova de lado, então enrolou o manto úmido em volta de si novamente. Colocando o tecido sob os braços, ela apertou as pontas sobre o peito e correu de volta para o acampamento.

Estava com pressa demais para se incomodar em calçar os sapatos. Tudo em que ela conseguia pensar era no fogo crepitante que Alec decerto tinha acendido agora e ela ficava dizendo para si mesma que estaria tão quente quanto um biscoito recém-assado em apenas alguns minutos.

Os últimos raios de sol atravessavam os galhos. Jamie parou abruptamente quando chegou à clareira. Não havia fogo esperando para aquecê-la.

Alec também não estava esperando.

Ele estava dormindo profundamente. Jamie teria gritado com ele se tivesse forças. Ela temia que seu melhor esforço teria feito o mesmo efeito que um lamento patético, então não disse nada.

Ele parecia muito confortável. E quente. Estava enrolado no tartã. Suas costas descansavam contra o mesmo tronco de árvore que ele havia procurado antes. Seus olhos estavam fechados; a respiração, profunda e uniforme.

Ela não sabia o que deveria fazer. Lágrimas de frustração desceram por suas bochechas. Ela olhou ao redor, procurando um local que a protegesse contra o vento crescente, então decidiu que realmente não importava onde ela dormisse. O manto de linho em que se enrolara estava muito molhado agora para oferecer qualquer proteção.

De que importava onde ela dormia? Ela congelaria até a morte antes do amanhecer.

Jamie não se demorou caminhando até ele. Ela timidamente cutucou a perna dele com os dedos dos pés.

— Alec?

Ele estava esperando pacientemente que ela viesse. Alec abriu os olhos devagar e olhou para ela.

Ele decidiu então que não a faria pedir. Ela estava tremendo quase violentamente. Havia lágrimas em seus olhos, e ele sabia que ela estava perto de perder o controle.

Sem demonstrar uma pitada de expressão, Alec estendeu as bordas de seu tartã e abriu os braços para ela.

Jamie não hesitou. Ela largou seu tecido e caiu em seus braços. Aterrissou com um baque nada feminino contra o peito dele, ouviu-o grunhir em reação, e estremeceu seu pedido de desculpas na curva de seu pescoço.

Alec enrolou seu manto ao redor dela. Os joelhos dela estavam presos entre suas coxas. Com uma das mãos, ele a segurou firmemente contra si e, com a outra, ele forçou suas pernas para baixo até que ela estivesse esticada em cima dele.

Jamie encostou a pélvis com as pernas esticadas bem na junção das coxas dele. Alec colocou uma perna sobre as dela, tentando absorver o frio com seu calor.

Ela cheirava como se tivesse acabado de se banhar em flores silvestres. Sua pele era suave como as pétalas de uma rosa.

Levou apenas alguns minutos para Jamie se aquecer novamente. Ela soltou um longo suspiro de contentamento. O maravilhoso calor de Alec a estava deixando zonza.

Ele realmente não era um tipo tão ruim, afinal. Era um escocês, de fato, e um dos gigantes, inclusive, mas era o seu gigante, ela supôs. Além disso, ela sabia que ele não deixaria nada acontecer com ela. Ele sempre a manteria segura.

Jamie sorriu contra o peito dele. Ela só poderia deixá-lo beijá-la no dia seguinte. Teve que suspirar então, pois esse pensamento era por demais impróprio para uma dama, e só havia se passado um curto dia desde que ela conhecera seu marido. Sim, tinha sido um pensamento vergonhoso da parte dela.

Ainda assim, Jamie decidiu que era melhor revisar sua opinião sobre Alec Kincaid. Se realmente se dedicasse, tinha certeza de que seria capaz de encontrar mais algumas qualidades redentoras.

Ela estava adormecendo quando Alec falou.

— Jamie?

— Sim, Alec? — ela sussurrou no seu ouvido.

— Você está vestindo meu tartã.

Capítulo sete

O homem era um porco.

Alec Kincaid não tinha qualidades redentoras. Seu senso de humor estava simplesmente além da compreensão dela. Depois de fazer aquele comentário ultrajante sobre Jamie usar o feio tartã, ele teve a audácia de rir. O peito de Alec retumbou tanto com o divertimento que Jamie sentiu como se estivesse no centro de um terremoto.

Ele sabia que Jamie achava que ele estava brincando. Ela não o teria olhado se soubesse o que ele estava realmente contemplando. A inocência dela e a promessa dele mantiveram sua mente livre de qualquer medo, no entanto. Ele a queria, sim, mas não com medo. Ele a queria disposta. E quente.

Jamie colocou as mãos no peito dele, descansou o queixo em cima, então olhou em seus olhos.

— Seu senso de humor é tão desviado quanto uma sela deixada na chuva por tempo demais.

Ela esperou a resposta. Alec não respondeu à espetada. Apenas continuou olhando para a boca dela. Jamie logo se tornou autoconsciente. Por instinto, ela molhou os lábios. A expressão de Alec endureceu em reação. Jamie não sabia de que forma poderia interpretar aquilo.

— Não vou deixar você me atrair tão facilmente quando eu compreender o funcionamento de sua mente — ela declarou.

— Esse dia nunca chegará — previu Alec.

— Por que está me encarando assim?

— Assim como?

— Como se quisesse me beijar de novo. Eu sou boa em beijar, então?

— Não — ele respondeu.

A ternura em sua voz tirou a dor do insulto.

— Bem, por que você acha que não?

Um sorriso lento, dolorosamente sensual, transformou-lhe o rosto. Jamie se sentiu aquecida por ele. Aquele com certeza poderia ser um sedutor se ele se dedicasse a isso, ela decidiu. Felizmente, o homem era burro demais para perceber a magia especial que tinha.

Jamie tamborilou as pontas dos dedos no peito dele enquanto esperava sua resposta. Quando ele continuou em silêncio, ela chegou à conclusão de que ele não gostava de beijá-la. Essa percepção doeu.

— Eu não sou boa nisso, sou?

— Boa em quê? — ele perguntou, sua voz enganosamente suave.

— Em beijar — ela esclareceu. — Pode prestar atenção no que estou dizendo, por favor?

— Não, bebê, você não é boa nisso — ele respondeu. — Ainda.

— Não me chame de bebê — Jamie sussurrou e acrescentou em seguida: — Não é apropriado. Além disso, você não diz da mesma forma que papai dizia.

Alec riu.

— Diabos, espero que não.

Jamie sorriu, apesar de sua irritação. A voz de Alec era muito atraente. Aquela cara fechada que ele tinha era capaz de tirar o fôlego dela.

— Você não respondeu minha pergunta — ela insistiu quando ele começou a massagear a parte de trás de suas coxas. Seus polegares tinham deslizado por baixo da bainha da chemise. Jamie fingiu não notar. Era maravilhoso demais.

— Eu respondi.

— Não me lembro.

— Eu disse que não.

— Não? Você não estava brincando comigo?

— Não.

— Alec, se eu não sou boa em beijar, é culpa sua, não minha. Talvez você também não seja bom. O que acha dessa possibilidade?

— Acho que você ficou maluca. — Alec sorriu com a indignação que essa declaração causou.

— Eu me recuso a me sentir inferior por isso. Você é o único homem que eu já beijei, e a responsabilidade, portanto, pertence a você.

— O homem para quem você foi prometida nunca a beijou? Sei que ele veio vê-la em várias ocasiões.

— Você sabe sobre Andrew?

Alec deu de ombros. Ele começou a lhe acariciar as nádegas lisas, tentando desesperadamente não pensar em como ela seria deliciosa. Teria que ir com calma. Sabia que seria mais honroso esperar até que chegassem às Highlands antes de se deitar com ela. A viagem até lá seria difícil para Jamie, na melhor das circunstâncias. E se fizesse amor com ela naquele momento, ela ficaria muito dolorida para suportar o ritmo extenuante.

Sim, seria mais honroso esperar. Alec não esperaria, no entanto. Ele diminuiria o ritmo no dia seguinte como uma concessão e isso era tudo. Seu desejo era feroz. E se ela mexesse seu traseiro apenas mais uma vez, ele nem mesmo iria devagar.

— Alec? O que você sabe sobre Andrew? — ela perguntou novamente.

— O que há para saber?

— Nada.

— Responda. — A voz de Alec ficou tão dura quanto a expressão em seus olhos.

— Andrew nunca me beijou — disse ela. — Fomos prometidos quando éramos muito jovens. Eu o conheço há muito, muito tempo. Eu tenho afeto por Andrew, é claro. É meu dever ter afeto por ele.

— Tinha — Alec corrigiu. — Você tinha afeto por esse homem.

— Bem, sim — Jamie concordou, esperando desfazer sua carranca. — Ele é um bom amigo da família, e já que eu estava comprometida com ele, deveria ter afeto, não, Alec?

Ele não respondeu. A expressão fechada deixou seu rosto, porém, e ele relaxou o aperto sobre Jamie. Alec estava extraordinariamente satisfeito com ela. Jamie não tinha dado seu coração ao inglês. Ela não o amava. Alec sorriu. Não sabia por que isso importava para ele, mas importava... ferozmente.

— Andrew sempre foi muito correto — Jamie continuou. — Quando ele vinha prestar seus respeitos, nunca éramos deixados desacompanhados. Acredito que seja essa a razão pela qual ele nunca tenha me beijado.

Ela fora muito sincera em sua explicação. E esperava uma resposta sincera.

Alec riu.

— O que é tão divertido para você agora? O fato de que Andrew nunca me beijou ou que nunca fomos deixados sozinhos?

— Se ele fosse escocês, prometo a você que ele teria encontrado uma maneira. Você provavelmente teria um ou dois filhos dele a essa altura.

— Andrew tem muita consideração.

— Não é consideração — contradisse Alec. — É burrice.

— Ele é um nobre inglês — Jamie rebateu. — Entende os sentimentos ternos de uma mulher. Ora, ele constantemente me faz elogios. Ele é...

— Era.

— Por que insiste em falar como se o homem estivesse morto?

— Porque ele não faz mais parte de sua vida agora. Você não vai mencionar o nome dele para mim novamente, esposa.

Ele não precisava falar com ela de modo tão irritado. Alec se afastou da árvore e se esticou no chão. Jamie começou a rolar para o lado, mas ele a segurou firme com as mãos em concha apalpando seu traseiro.

Era indecente o jeito como ele a segurava, mas era bom demais para pedir que a soltasse.

O sol tinha desaparecido completamente àquela altura, mas a lua estava brilhante o suficiente para ela ver o rosto de seu marido. Ele parecia relaxado, em paz e quase adormecido. Por essa razão, ela não se ressentiu quando as mãos dele afrouxaram sob sua chemise novamente. Ela pensou que ele provavelmente nem tinha consciência do que estava fazendo.

Deus, aquilo parecia pecaminoso. Jamie moveu as mãos para os ombros dele e descansou a lateral do rosto no peitoral quente. Os pelos dourados faziam cócegas em seu nariz.

— Alec? — ela sussurrou. — Eu realmente gostaria de saber como é.

Suas mãos pararam a massagem suave. Jamie o sentiu tenso contra ela.

— O que exatamente você está querendo sentir, Jamie?

— Quando um homem beija uma mulher com a intenção de ir para a cama com ela. É um tipo de beijo diferente daquele que você me deu.

Ela falava como se o estivesse instruindo. Alec teve que balançar a cabeça. Aquela conversa era ridícula. E completamente excitante.

— Sim, é — ele reconheceu por fim.

— Daniel usa a língua quando beija.

— O quê?!

— Você não precisa levantar a voz para mim, Alec.

— Como sabe que Daniel...

— Mary me contou. Ela disse que era nojento.

— Você não vai achar que é. — Alec rosnou essa previsão.

— Não vou? — Ela parecia sem fôlego novamente. — Como você sabe disso?

— Porque você queria que eu a tocasse desde o momento em que nos conhecemos.

— Eu não queria.

— Porque eu posso sentir a paixão dentro de você. Porque seu corpo reage sempre que olho para você. Porque...

— Você está me deixando constrangida.

— Não, eu estou deixando você quente.

— Não está.

— Estou sim.

— Você não pode falar comigo dessa maneira — ordenou ela.

— Falarei com você do jeito que eu quiser. Eu quero você, Jamie.

Seu tom de voz não deixava espaço para discussão. Antes que Jamie pudesse recuperar o fôlego, ele segurou os lados de seu rosto e reivindicou sua boca.

Ela deliberadamente manteve a boca tão fechada quanto uma porta trancada.

A mão dele se moveu para o queixo dela, então ela sentiu a pressão quando ele forçou sua boca a abrir para ele. Assim que ela cedeu à demanda silenciosa, ele enfiou a língua dentro de sua boca — profunda, rápida, completamente. Jamie ficou tão assustada que tentou recuar. Alec não a deixaria se mexer. Sua boca se inclinou sobre a dela, selando o gemido de protesto. Ele não estava sendo delicado agora. Sua boca era quente, faminta; sua língua, profunda e selvagem enquanto ele aprendia o gosto dela e a forçava a aprender o seu.

O último pensamento coerente de Jamie foi que Alec Kincaid, sem dúvida, sabia beijar.

Ela aprendia rápido. Sua língua se tornou tão selvagem quanto a dele, tão indisciplinada. Ela tentou lutar quando ele agarrou suas coxas. Ele abriu-as, então a prendeu entre suas pernas pesadas. Ela sentiu a excitação dura e tentou se afastar, mas Alec a subjugou novamente, atiçando o fogo dentro dela. A língua dele deslizou para dentro e para fora, de novo e de novo, até que todo o corpo dela estivesse tenso no desejo de obter mais de Alec.

Deus, ela era doce. Segurá-la daquele jeito o fez tremer de desejo. Os pequenos gemidos sensuais que ela fazia no fundo da garganta o estavam deixando louco.

Jamie não ofereceu resistência verdadeira até que ele puxou as mãos dela de seus ombros e lentamente soltou mais as fitas na gola da chemise e fez a peça de roupa escorregar pelos braços. Ela abriu a boca então, pensando em rolar para longe dele, mas, no momento em que seu corpo respondeu ao comando da mente, a chemise já estava pela cintura.

Seus seios estavam achatados contra o peito dele, os mamilos endurecidos pelo toque erótico dos pelos crespos no peitoral masculino, a pele quente contra o corpo sensível.

— Quero que você pare agora — ela gemeu.

Alec não deu atenção ao fraco protesto. A boca avançou para a lateral do pescoço de Jamie. A língua sacudiu sobre sua orelha. Ela inclinou a cabeça para um lado, dando-lhe melhor acesso, e ofegou quando ele pegou o lóbulo de sua orelha entre os dentes. A respiração dele era irregular, quente, doce, incrivelmente excitante. Ele sussurrou promessas sombrias e sedutoras que a fizeram tremer com uma necessidade que ela nunca tinha sentido antes.

— Alec? — ela disse seu nome em um gemido irregular quando ele puxou a chemise para baixo, passando pelos quadris. — Eu não estou usando nada debaixo desta roupa.

— Eu sei, moça.

— Você não deveria parar agora?

— Ainda não, Jamie — ele sussurrou, sua voz suave como veludo.

Ele a rolou de costas e beijou seu pescoço, seus ombros, sua boca, novamente. Só quando ela estava tremendo de necessidade foi que ele se afastou. Jamie percebeu que estava completamente nua naquele momento. Ela se virou para observar Alec. As sombras escureciam sua silhueta poderosa. Ela podia ouvir o farfalhar de roupas, sabia que ele estava tirando o resto de seus trajes e, naquele momento de separação, ela ficou desesperadamente temerosa.

Deus a ajudasse, ela queria sair correndo. Alec a segurou antes mesmo que ela tivesse rolado. Suas mãos agarraram as dela, esticando seus braços acima da cabeça em um movimento fluido antes que ele a cobrisse completamente com seu corpo.

O contato da pele quente contra a dela a fez ofegar. Alec emitiu um gemido baixo antes de reclamar sua boca uma vez mais. O beijo foi abertamente carnal. A intenção era que ela se rendesse. Quando ela se arqueou, ele sabia que sua natureza apaixonada estava superando sua timidez. Ele soltou as mãos dela ao mesmo tempo em que enfiou a língua dentro de sua boca, e logo soltou um grunhido de satisfação quando os dedos de Jamie cravaram-se em suas omoplatas.

Seu peito esfregava-se contra os seios macios enquanto ele a acariciava. Jamie continuou tentando se afastar da junção de suas coxas, mas, quando sentiu o membro duro na sua barriga, parou de lutar. Uma sensação quente e formigante de repente reclamou toda a sua atenção.

Alec massageou-lhe os seios, cobrindo a parte inferior com carinho. Seus polegares acariciaram os mamilos eretos. O suspiro irregular de Alec indicava a ela o quanto ele gostava de tocá-la de forma tão íntima. Jamie era suficientemente honesta consigo mesma para admitir que gostava do caos que seu toque evocava.

Quando a boca substituiu a mão em seu seio, e ele tomou o mamilo nos lábios e começou a chupar, ela pensou que ia enlouquecer. A sensação foi tão avassaladora que ela fechou os olhos e deixou que os sentimentos maravilhosos a invadissem. Arqueou-se contra ele com necessidade e suas pernas se moveram impacientemente contra as dele.

Alec respirou fundo para tentar acalmar sua necessidade e se apoiou nos cotovelos para poder observar-lhe o rosto.

Ela sentiu a mudança nele de imediato. Jamie abriu os olhos e focou nos dele. Ela estendeu a mão para acariciar sua mandíbula. A barba fazia cócegas em seus dedos, mas ela não sorriu. Alec era o homem mais assustadoramente atraente que ela já encontrara. O luar não suavizava suas feições. Ele parecia duro... e determinado.

— Você decidiu parar, então? — ela sussurrou.

— Quer que eu pare? — ele perguntou.

Ela não sabia como responder. Sim, ela disse a si mesma, é claro que queria que ele parasse. Uma noiva deve ter um leito nupcial adequado, não deve?

— Ainda não.

Ela não tinha percebido que tinha dito isso até que ele sorriu.

— Você me confunde, Alec. Eu não conheço meus próprios pensamentos quando você está me tocando assim. Talvez devêssemos parar...

— Ainda não. — O suor pontilhava sua testa. Sua mandíbula estava apertada, sua respiração era ofegante.

Ele não tinha nenhuma intenção de parar. Jamie arregalou os olhos quando essa percepção a atingiu. Alec devia ter lido sua mente... e seu medo, pois, de repente, ele abriu as pernas dela com a coxa. A ação foi dura, exigente.

Enquanto ele sustentava seu olhar, levou a mão direita para baixo, entre eles, na direção do ventre de Jamie. Seus dedos deslizaram na junção de suas coxas. Jamie se abaixou e tentou puxar a mão dele.

— Não, Alec. Você não deve.

Ele não seria dissuadido agora. Seus dedos acariciaram as dobras macias. Quando sentiu a umidade ali, quase perdeu o controle.

— Você está quente para mim — ele sussurrou. — Deus, você é tão doce, tão suave... — Seu dedo a penetrou lentamente, então se esticou para dentro. — Você é tão apertada.

A mente de Jamie queria que ele parasse, mas o corpo não tinha nenhuma reserva. Ela levantou os quadris para mantê-lo dentro dela quando ele começou a se retirar.

— Agora você vai parar? — ela perguntou com uma voz que a traiu.

— Ainda não — Alec repetiu, sorrindo sobre a confusão que ouviu na voz dela. Ele lhe segurou a mão, então a pressionou contra sua dureza. A reação dela foi instantânea. Seu corpo inteiro estremeceu e resistiu contra ele. — Segure-me — instruiu. — Assim. — Ele forçou os dedos dela a se fecharem ao redor de seu membro, então introduziu os próprios dedos nela novamente para livrá-la de seu medo.

Ele afastou a mão dela quando não pôde mais suportar a doce tortura.

Com a boca, ele marcou a dela e, com a língua, mergulhou profundamente no fundo de sua garganta. Jamie logo ficou tão selvagem, tão fora de controle quanto Alec. Ele sabia exatamente onde tocar, quanta pressão exercer, como fazê-la derreter em seus braços.

Ele se tornou mais rude em sua busca.

— Não vamos parar, vamos, Alec?

— Não, amor, não vamos.

Ele retirou os dedos e, em seguida, introduziu-os com exigência na vagina apertada uma vez mais.

Ela gritou de dor.

— Não faça isso, Alec. Assim dói.

— Silêncio, amor — ele sussurrou. — Vou facilitar para você.

Ela não entendia o que ele estava lhe dizendo. A boca dele tomou a dela para outro beijo longo e quente, e ela decidiu que ele realmente ia parar quando tirou a mão de seu lugar mais íntimo.

Alec beijou uma trilha lenta em seu pescoço, seu peito, sua barriga. Quando ele se moveu mais para baixo, no suave triângulo de pelos pretos que protegiam sua virgindade, ela gritou novamente e tentou empurrá-lo para longe.

Não seria fácil dissuadi-lo, no entanto. O gosto dela era inebriante. Sua língua brincou com a sensível protuberância, então pressionou alto na abertura macia e escorregadia.

Ela se perdeu no esplendor que ele forçava sobre ela. E se agarrou a ele então, exigindo mais. Os músculos de suas coxas ficaram tensos contra ele em antecipação. E então deu as boas-vindas à onda de êxtase ardente que a consumiu.

Assim que Alec sentiu os primeiros tremores de liberação, ele se moveu. Abriu-lhe bem as coxas e a penetrou sem dificuldade. Fez uma pausa quando alcançou a virgindade, então avançou com um impulso poderoso.

Jamie gritou de dor. Alec imediatamente parou seus movimentos. Ele estava totalmente incorporado dentro dela agora; sua posse era completa.

Tentou manter a disciplina, queria dar a ela tempo para se ajustar à sua invasão.

— Não se mova ainda — ele ordenou, sua voz um som áspero no ouvido dela. — Deus, Jamie. Como você é apertada.

Ela não poderia ter se movido nem se quisesse. O peso dele a mantinha fixa no lugar. Ele segurou seu rosto, então lentamente lambeu as lágrimas salgadas de sobre as bochechas coradas. Seus olhos estavam azul-escuros de paixão, seus lábios rosados, inchados dos beijos exigentes.

— Ainda dói, Jamie?

Ele falava como se tivesse acabado de correr uma grande distância morro acima. Mas a preocupação estava lá também, em seu tom de voz e sua expressão intensa. Jamie assentiu e sussurrou:

— Vai passar, essa dor, não vai, Alec? Eu deveria ser tão apertada?

— Ah, sim — Alec gemeu.

Quando ele começou a se mover, para iniciar o ritual tão antigo quanto o próprio tempo, Jamie pensou que tinha terminado. Ela envolveu as pernas ao redor das coxas dele para mantê-lo dentro dela.

— Não pare, Alec. Ainda não.

— Ainda não — ele prometeu.

Nenhum deles foi capaz de falar outra vez. Alec se retirou dela, então estocou fundo mais uma vez. Ela levantou os quadris para encontrá-lo no meio do movimento. Ela queria tudo dele para apertar. A paixão, como fogo selvagem, devastava tudo o que havia entre eles. Alec enterrou o rosto no pescoço dela enquanto a penetrava de novo e de novo.

Ele queria ser gentil.

Ela não o deixaria.

Ela não sabia que as unhas estavam cravadas nas suas omoplatas. Alec não se importou. Quando o clímax a havia encontrado, quando ela pensou que certamente morreria devido à incrível pressão que crescia dentro de si, Jamie se agarrou ao marido e gritou seu nome.

— Goze comigo, amor — Alec sussurrou. — Goze comigo. Agora.

Ela não sabia para onde Alec a estava levando, só sabia que estava segura em seus braços. Ela se entregou à rendição feliz e descobriu que a rendição também era realização.

Ele sabia o tempo todo para onde estavam indo, mas nunca antes estivera tão fora de controle ou sentira algo tão avassalador. Ele queria lhe mostrar as estrelas. Ele era o experiente; ela, a inocente. Ele sabia onde tocar, onde acariciar, quando se aprofundar, quando recuar. E, no entanto, quando afinal alcançou sua própria libertação, percebeu que sua gentil e pequena esposa o havia levado muito além das estrelas.

Ela o levara ao paraíso.

Ela dormia como os mortos. O sol da manhã já estava alto no prado quando ela se esticou para acordar. Jamie soltou um gemido baixo assim que se mexeu. Sentia-se terrivelmente dolorida. Seus olhos se abriram. A memória do que acontecera na noite anterior fez suas bochechas queimarem de vergonha.

Que Deus a ajudasse, ela nunca seria capaz de olhá-lo nos olhos novamente. Havia se comportado como uma completa libertina. Pedira a ele para parar, lembrou a si mesma, mas o homem estava determinado a fazer o que queria. Ficaria debaixo do manto xadrez dele pelo resto do dia, ela decidiu, quando admitiu que também insistira, com bastante veemência, para que ele não parasse.

Ainda assim, ele parecia gostar do que estavam fazendo. Jamie empurrou o tartã para longe de seu rosto e viu Alec imediatamente. Ele estava do outro lado da clareira, entre suas montarias. Os cavalos, ela notou, já estavam selados e em prontidão para a viagem daquele dia.

Wildfire estava agindo como uma mulher apaixonada. Ela ficava cutucando a mão de Alec pedindo outro tapinha de afeto.

Jamie de repente também queria um tapinha de afeto. Ela achou que poderia tê-lo agradado na noite anterior. Infelizmente, adormecera antes que ele tivesse a chance de lhe dizer isso.

Ela teria que viver apesar do constrangimento. Como ele não estava prestando atenção, ela se levantou, descobriu-se do tartã e rapidamente colocou a chemise de volta. Sabia que seu traje não era nada recatado, mas estava determinada a não mostrar nenhuma timidez na frente dele. Ele tomaria isso como fraqueza, ela supôs.

Alec nem sequer olhou em sua direção. Ela juntou suas roupas e caminhou até o lago com tanta dignidade quanto suas coxas doloridas permitiram. Lavou-se e vestiu um vestido azul-claro, depois trançou o cabelo. Seu humor melhorou muito quando ela voltou para o acampamento. Era um novo dia, afinal, e decerto um novo começo.

Além disso, ela havia cumprido seu dever como esposa dele. Tinha deixado-o dormir com ela.

Por acaso ela achava que ele era de ferro? Alec se fez essa pergunta assim que a esposa se afastou dele.

Nenhuma outra mulher o havia seduzido daquela maneira. Ele nunca tinha conhecido um desejo tão feroz antes. Deitar-se com elas e esquecê-las, essa sempre tinha sido sua atitude no passado. Jamie era diferente, no entanto. Deus o ajudasse, ela estava começando a se tornar um fator importante para ele. Jamie também não era do tipo que esquecia. O desejo incandescente o aprisionara no minuto em que ela havia se levantado e o encarado. Seu cabelo estava em uma desordem selvagem e encaracolada. Ele se lembrou da sensação sedosa quando segurou os fios para que o vento o secasse. Jamie tinha dormido durante seus cuidados. Ele não tinha sido capaz de deixar de acariciar sua pele depois de ter feito amor com ela. Ela havia adormecido assim também.

Ele não tinha dormido nada. Os quadris dela haviam envolvido sua dureza em maciez. Toda vez que ela se movia, ele queria possuí-la novamente. A única razão pela qual se contivera era que ela não seria capaz de andar por uma semana se ele fizesse todas as coisas que queria. Era muito cedo para ela. Jamie precisava de tempo para a dor diminuir. Alec tomou a decisão de não tocá-la novamente até que chegassem à sua casa. E já estava se arrependendo.

Ele não era de ferro. Sua pequena e inocente esposa ainda não entendia isso. Ela não teria ficado ali tão sumariamente vestida se tivesse alguma ideia do que estava acontecendo dentro da mente dele. Talvez ela soubesse, ele considerou.

Seria possível que ela estivesse tentando incitá-lo a fazer amor com ela outra vez sem de fato lhe pedir diretamente? Alec debateu essa possibilidade por um longo minuto, então decidiu que ela era apenas muito ingênua para perceber a facilidade com que poderia deixá-lo excitado.

Ele, é claro, a esclareceria assim que chegassem à sua casa.

— Alec? Obrigada por me emprestar seu tartã.

Ele se virou ao som de sua voz e a encontrou olhando para as botas.

— É seu agora, Jamie.

— Um presente de casamento?

Ela não olhava para ele. Embora ela estivesse de cabeça baixa, Alec ainda podia ver como suas bochechas estavam vermelhas. O constrangimento de Jamie era terrivelmente óbvio. E imensamente divertido. Diabos, a mulher tinha sido uma gata selvagem em seus braços. Ele tinha as marcas para provar. Agora ela agia como se a palavra errada pudesse fazê-la desmaiar.

— Você pode chamar assim — ele anunciou com um encolher de ombros. Ele pegou a bolsa dela e se virou para prendê-la no lombo de Wildfire.

— Tenho onze xelins, Alec.

Ela esperou que ele se voltasse para ela. Ele não respondeu ao anúncio. Jamie não se contentou.

— Você tem um padre nas suas Highlands?

Essa pergunta chamou a atenção dele. Alec se virou para encará-la. Jamie imediatamente baixou o olhar. Ela estava recuperando um pouco mais de coragem, pois agora olhava para o peito dele em vez das botas.

— Nós temos um padre — ele respondeu. — Por que você pergunta?

— Quero usar um dos meus xelins para comprar uma indulgência para você — Jamie anunciou. Ela enfiou o manto debaixo do braço e cruzou as mãos.

— Uma o quê?

— Uma indulgência. É meu presente de casamento para você.

— Entendo. — Ele tentou não rir. Queria perguntar se ela achava que sua alma precisava de ajuda, mas a seriedade no tom dela o fez considerar mais uma vez seus sentimentos delicados.

Ele ia ter que superar essa afetação ridícula, Alec disse a si mesmo. Os sentimentos dela não deveriam importar para ele.

— Isso o agrada? — ela perguntou, esperando uma palavra amável em resposta.

Ele deu de ombros em sua resposta.

— Pensei que seria um presente apropriado porque você acidentalmente matou um homem ontem. A indulgência reduzirá pela metade seu tempo no purgatório. Isso é o que o padre Charles diz.

— Não foi acidental, Jamie, e você mesma matou um homem.

— Não matei.

— Sim, você matou.

— Você não precisa se mostrar tão alegre sobre isso — Jamie murmurou. — E se eu matei o homem, bem, ele precisava ser morto, então não tenho que comprar uma indulgência para mim.

— Então é apenas minha alma que a preocupa?

Jamie assentiu. Ele não sabia se deveria se sentir insultado ou divertido. Teve que balançar a cabeça quando pensou em todas as moedas que o padre Murdock coletaria no futuro se sua esposa continuasse a lhe comprar uma indulgência toda vez que Alec matasse um homem. O padre acabaria mais rico do que o rei da Inglaterra, ao final do ano.

Alec decerto não era do tipo que apreciava, Jamie decidiu. Ele ainda não tinha oferecido a ela uma palavra de gratidão.

— Você também tem um ferreiro?

Ele confirmou, então esperou pelo comentário seguinte. Só Deus sabia o que estava acontecendo dentro de sua mente agora. Estranho, mas ele se viu ansioso para ouvir no que ela estava pensando. Outra afetação, disse a si mesmo. Ele também teria que trabalhar nessa falha.

— Então vou usar meus xelins restantes para comprar um segundo presente de casamento para você — disse ela.

Jamie viu que havia capturado a total atenção de Alec quando ele a olhou para ver sua reação.

— Pensei no presente perfeito para você. Eu sei que ficará satisfeito.

— E o que poderia ser? — ele perguntou, achando o entusiasmo dela tão cativante quanto o sorriso. Ele não teve coragem de dizer que ninguém usava xelins como pagamento de nada nas Highlands. Sabia que ela descobriria em breve.

— Uma espada.

Ela achou que ele parecia bastante atordoado com a ideia de presente. Ela enfatizou a proposta com um aceno positivo da cabeça, para lhe informar que estava falando sério ao fazer a promessa, então voltou o olhar para o chão.

Ele não podia acreditar que a tivesse ouvido direito.

— Uma o quê?

— Uma espada, Alec. É um bom presente, não é? Todo guerreiro deve carregar uma ao seu lado. Percebi que você carecia de tal equipamento quando os salteadores nos atacaram. Achei muito incomum, pois me parecia que todos os guerreiros precisariam de uma arma tão útil. Então considerei o fato de que você é um escocês, afinal, e talvez seu treinamento não incluísse... Alec, por que você está me olhando assim?

Ele não conseguia.

— Meu presente o agrada? — ela perguntou.

Ela parecia preocupada agora. Alec conseguiu dar um rápido aceno de cabeça. Era o melhor que podia fazer.

Jamie sorriu com alívio.

— Eu sabia que você ficaria satisfeito.

Ele assentiu novamente, então teve que se afastar.

Pela primeira vez em sua vida, Alec Kincaid ficou sem palavras.

Jamie não pareceu notar.

— Daniel carrega uma espada. Eu notei imediatamente. Talvez, já que vocês dois são tão bons amigos, ele possa tirar um tempo para instruí-lo no uso adequado da arma. Disseram-me que pode ser mais eficaz em batalha.

A testa de Alec caiu sobre a sela. Jamie não podia ver seu rosto porque estava de costas para ela, mas seus ombros tremiam.

Ele estava obviamente dominado pela gratidão.

Jamie estava se sentindo orgulhosa de si mesma. Tinha acabado de lhe oferecer uma demonstração de amizade, e ele aceitara. A situação deles decerto melhoraria agora.

Com o tempo, ele poderia esquecer que ela era inglesa e até começar a gostar dela.

Jamie afastou-se do marido, pois desejava passar alguns minutos com Mary antes de recomeçarem a viagem. Agora que descobrira como se dar bem com o marido, pensou em compartilhar sua experiência com a irmã. Com certeza não mencionaria a noite anterior, no entanto. Não, Mary teria que descobrir tudo sobre essa parte do casamento com seu próprio marido. Talvez, considerou, Mary já tivesse descoberto.

Jamie sentiu como se acabasse de descobrir os segredos do mundo. Gentileza gerava gentileza. Não era certo morder a mão que fazia afago, não é mesmo?

— Jamie? Venha aqui.

O comando foi um pouco brusco demais para o gosto dela, mas ela segurou o sorriso no lugar e voltou para o lado de Alec. Ficou olhando para o peito dele, esperando para ouvir o que ele tinha a dizer.

Alec inclinou-lhe o queixo para cima.

— Você está bem, esposa? Vai ser capaz de montar hoje?

Ela não entendeu o que ele estava perguntando.

— Estou bem, Alec, de verdade.

— Você não está muito dolorida? — Alec persistiu.

O rubor imediato lhe disse que ela agora entendia o que ele estava perguntando.

— Você não deveria mencionar isso — sussurrou ela.

Ele não resistiu.

— Mencionar o quê?

Embora não parecesse possível para ele, o rubor dela se intensificou.

— Eu... eu... estou dolorida — ela gaguejou.

— Jamie, eu sei que machuquei você ontem à noite.

Ele não parecia excessivamente arrependido. Pela verdade de Deus, parecia absolutamente arrogante.

— Sim, você me machucou — murmurou ela. — E, sim, estou dolorida. Existem outras perguntas íntimas que deseja me fazer?

Ele apertou sua mandíbula, forçando-a a olhar para ele novamente. E então ele baixou a cabeça e roçou a boca contra a dela. Foi um beijo tão terno que Jamie quase se derreteu. Seus olhos se encheram de lágrimas. Agora ele lhe daria o elogio que ela tão desesperadamente precisava ouvir.

— Se eu pensar em alguma coisa, aviso — ele anunciou antes de soltá-la.

— Pensar em alguma coisa?

Uma pedra poderia segurar pulgas por mais tempo do que ela poderia segurar um pensamento.

— Quaisquer outras perguntas íntimas — disse ele.

Ela ficou onde estava enquanto Alec subia em sua sela.

— Venha agora, Jamie. É hora de cavalgar.

— Mas e Daniel e Mary? Não deveríamos esperar por eles?

— Eles saíram há mais de duas horas.

— Eles foram embora sem nós? — ela indagou, a voz incrédula.

— Foram.

— Por que você não me acordou?

Alec conteve o sorriso. Sua esposa parecia completamente descontente. Mechas de cabelo encaracolado já haviam se separado de sua trança. Os fios flutuavam ao redor do rosto dela e desciam atrás de seu pescoço esguio.

Ela era adorável.

— Você precisava dormir — explicou Alec, sua voz de repente rouca.

— Eles nem se despediram. Foi uma grosseria, você não acha, Alec? — Ela caminhou até o lado de Wildfire, parou para dar à égua uma palavra de elogio sussurrada e um bom tapinha, então montou na sela, fazendo uma careta em resposta à dor que o movimento causou. — Vamos tentar alcançá-los?

Alec balançou a cabeça.

— Eles deixaram a estrada para o norte agora.

Jamie não conseguiu esconder sua decepção.

— Quanto tempo devemos viajar antes de chegarmos à sua casa?

— Mais três dias.

— Três?

Ela parecia descontente outra vez.

— Três se estabelecermos um ritmo acelerado, esposa.

— Na direção oposta à da minha irmã?

Antes que ele pudesse responder, ela sussurrou:

— Eu nunca vou vê-la novamente, vou?

— Não fique tão chateada, Jamie. A casa de Mary fica a apenas uma hora a cavalo de nós. Você pode vê-la quantas vezes quiser.

A explicação não fazia sentido para ela.

— Vamos por três dias na direção oposta, você me diz, mas Mary terminará a apenas uma hora de viagem quando finalmente chegarmos à sua casa? Eu não entendo, Alec. Você se lembra de onde mora, não é?

— Existem clãs amigos de Daniel, e ele deve, portanto, passar por suas terras, assim como existem clãs que são amigos meus. Eu também devo parar para fazer saudações como *laird* do clã Kincaid.

— Por que nós quatro não poderíamos...

— Há também clãs que dariam sua pele coletiva para me ver morto.

Jamie com certeza podia compreender. Se Alec agisse com os clãs da mesma forma impaciente com que agia com ela, decerto reuniria muitos inimigos.

— E Daniel é amigo de alguns de seus inimigos? — ela perguntou.

Alec assentiu.

— Então por que você chama Daniel de amigo? Seus inimigos também devem ser os inimigos dele, se ele for leal a você.

Alec desistiu. Sabia que ela ainda não entendia.

— Nós temos muitos inimigos, Alec?

— Nós?

— Gostaria de lembrá-lo de que sou sua esposa agora. Por essa razão, seus inimigos agora são meus inimigos, não?

— Sim, eles são — anunciou ele.

— Por que está sorrindo? Você gosta de ter tantos inimigos?

— Estou sorrindo porque acabei de perceber que você tem as qualidades de um verdadeiro escocês. Isso me agrada.

Ela lhe deu um sorriso magnífico. Alec imediatamente adivinhou que ela estava tramando travessuras. Já havia notado que, quando os olhos dela brilhavam do jeito que estavam brilhando ali, ela estava prestes a lhe dar uma resposta engraçadinha.

Alec não ficou desapontado.

— Eu nunca serei uma escocesa, Alec. Mas você, bem, tem as qualidades de um verdadeiro barão inglês. Isso me agrada.

Ele não sabia por que ria, já que ela acabava de insultá-lo fortemente, porém riu mesmo assim. Ele balançou a cabeça diante do comentário e da reação.

— Lembre-se desta conversa, Jamie. Um dia, não vai demorar muito, você verá o erro em todas as suas opiniões.

— Todas as minhas opiniões? — Ela franziu a testa, então acrescentou:
— Acho que estou começando a entender por que temos tantos inimigos.

Ela terminou a conversa incitando Wildfire em um galope completo,
deliberadamente tirando a liderança de Alec.

Ignorou quando ele a chamou, determinada a fazê-lo ficar atrás dela
naquele dia. Ele que engasgasse com a poeira do cavalo da frente.

Alec estava de repente ao seu lado. Ele segurou as rédeas de Wildfire.
Não chegou a dizer uma palavra para ela, apenas virou sua montaria para o
lado contrário e jogou as rédeas de volta para ela.

— E então? — indagou Jamie.

— Você estava indo na direção errada — Alec respondeu, sua
exasperação óbvia. — A menos, é claro, que estivesse pensando em voltar
para a Inglaterra.

— Eu não estava.

— Então seu senso de direção é mais um...

— Um simples erro, Alec — argumentou Jamie. — Tenho um bom
senso de direção.

— Você esteve em muitos lugares para testar essa teoria?

— Não. E enquanto você está carrancudo para mim, eu tenho outra
pergunta a fazer. Você ficou satisfeito comigo na noite passada?

Ele parecia querer rir. Jamie pensou que ela o mataria se ele, de fato,
risse.

— E então? Fui bem? E não se atreva a me pedir para explicar minha
pergunta. Você sabe muito bem do que estou falando.

Ela morreria se ele dissesse que ela não era boa. Suas mãos estavam
apertando as rédeas com força, provocando marcas nas palmas, de tão
horrivelmente nervosa que ficara de repente, e ela estava furiosa consigo
mesma por perguntar.

— Você vai melhorar.

Ele sabia exatamente o que dizer para irritar seu temperamento. Achou que pudesse haver fogo em seus olhos quando olhou para ele.

Alec estava lhe mostrando um sorriso. A ternura nos olhos de Jamie lhe dizia que ele sabia o quanto a pergunta era importante para ela.

— Vou melhorar? — ela engasgou. — Por que você...

— Vamos praticar, Jamie, assim que chegarmos em casa, todas as noites, até você acertar.

Feita a promessa, ele cutucou o garanhão para iniciar a marcha. Jamie não sabia o que fazer com aquele comentário exasperante. Pensara que ele tinha acabado de insultá-la, mas o jeito como a observava quando disse que iam praticar a fez pensar que ele estava ansioso por isso.

Não importava qual fosse o ângulo, de que forma ela abordasse a questão, sempre chegava à mesma conclusão: Alec Kincaid tinha tanta compaixão quanto uma cabra.

Ainda assim, achou que deveria lhe dar o que era devido. Ele agira com verdadeira gentileza quando permitiu que ela dormisse bem depois do amanhecer. Ela precisava de descanso adicional e, embora culpasse Alec por drenar todas as suas forças na noite anterior, ainda admitia que ele havia mostrado um pouco de misericórdia. Talvez não estivesse completamente desesperado, afinal. Jamie mudou de ideia sobre o marido no final da tarde. Cavalgaram pela floresta durante a maior parte da manhã, parando apenas uma vez para se refrescar à beira de um rio ondulante. Alec mal trocou uma palavra civilizada com ela. Parecia preocupado com seus próprios pensamentos. De fato, Jamie tentou conversar várias vezes, mas Alec ignorou suas perguntas com uma grosseria que ela achou desconcertante. Ele estava na margem gramada, com as mãos cruzadas atrás das costas. Jamie supôs que estava impaciente para continuar a jornada.

— Você está esperando que os cavalos descansem ou está esperando por mim? — ela gritou quando não conseguiu suportar o silêncio por mais um momento que fosse.

— Os cavalos estão prontos — respondeu ele. Alec nem se deu ao trabalho de olhá-la quando falou. Ela considerou brevemente empurrá-lo para o rio para chamar sua atenção, então decidiu não fazê-lo. Se ele não se afogasse, decerto ficaria uma fera, e ela já tinha o suficiente com que se preocupar com suas próprias dores. Ouvi-lo reclamar e delirar só tornaria seu dia ainda mais azedo.

Jamie se acomodou no lombo de Wildfire antes de chamar Alec novamente.

— Estou pronta agora. Obrigada por parar.

— Você pediu.

A voz dele estava tão cheia de surpresa que ela também se surpreendeu.

— Devo sempre pedir?

— É claro.

Bem, diabos, talvez ele tivesse mesmo mencionado aquela regrinha estranha horas antes.

— E você sempre honrará meus pedidos, Alec?

Ele subiu na sela antes de responder.

— Se for possível.

Seus cavalos estavam tão próximos que a perna de Alec roçou na dela.

— Então por que não parou quando pedi ontem à noite? — ela desabafou.

Ele agarrou a parte de trás de seu pescoço e puxou-a para junto dele. Jamie agarrou-se à sela, tentando manter o equilíbrio.

Ele esperou que Jamie o olhasse, então capturou facilmente seu olhar.

— Você não queria que eu parasse. — Ele sorriu para ela.

— Esse é o mais arrogante...

Ele a beijou apenas para silenciá-la. Só pretendia lembrá-la de quem era o *laird* e quem era o bem móvel, mas os lábios de Jamie amoleciam sob os dele, lembrando-lhe do quanto ela realmente era deliciosa. Ele percorreu o interior de sua boca com a língua antes de se afastar. Jamie parecia totalmente confusa. Sua mão encostada na bochecha dele, seu toque tão leve como uma borboleta. Ele duvidava de que ela percebesse que ainda o estava acariciando.

— Eu disse que honraria seus pedidos sempre que possível, Jamie. Não foi possível eu parar ontem à noite.

— Não foi?

A mulher ia deixá-lo louco se continuasse a pedir para ele repetir cada palavra. Alec deixou clara sua exasperação.

— Você pode assumir a liderança desta vez — ele anunciou, pensando em trazê-la de volta ao presente.

Jamie fez que sim. Ela guiou Wildfire ao redor da montaria de Alec e estava se abaixando sob um galho grosso que impedia o caminho quando ele apareceu ao seu lado. No minuto em que segurou suas rédeas, ela percebeu o erro.

Ele não mencionou seu lamentável senso de direção, e nem ela.

Pararam ao pôr do sol no centro de um amplo prado.

Alec estendeu a mão para puxar as rédeas de Wildfire. Quando as montarias estavam lado a lado, ele continuou sem soltar as rédeas.

Seu rosto estava impassível agora, e ele olhava fixo adiante.

— Há perigo, Alec?

Ela não tinha sido capaz de manter a preocupação fora da voz.

Alec balançou a cabeça. Estaria sentado no meio de uma clareira tão aberta se houvesse perigo? A pergunta parecia absurda até que ele se lembrou de que ela não tinha conhecimento das formas de lutar contra os homens.

Jamie pensou em esticar um pouco as pernas, mas, quando começou a desmontar, Alec parou-lhe a ação colocando a mão sobre sua coxa. O aperto não era nada gentil.

Ela captou a mensagem silenciosa com bastante rapidez, mas o comportamento dele não fazia sentido para ela. Ela cruzou as mãos sobre o bastão da sela, esperando pacientemente que Alec explicasse o que estava fazendo.

Um assobio fraco ressoou da floresta a uma boa distância deles. As árvores de repente pareceram ganhar vida quando homens vestindo tartã marrom e amarelo começaram a caminhar em direção a elas.

Jamie não percebeu que estava segurando a perna de Alec até que a mão dele cobriu a sua.

— Eles são aliados, Jamie.

Ela imediatamente o soltou, endireitou as costas e dobrou as mãos sobre o colo.

— Eu imaginei — ela sussurrou.

Era uma mentira, ainda mais sombria quando ela acrescentou:

— Mesmo desta distância, posso vê-los sorrindo.

— Nem uma águia poderia ver os rostos deles a esta distância — ele respondeu, seco.

— Nós, ingleses, temos uma visão perfeita.

Alec finalmente se virou para ela.

— Você está brincando comigo, esposa?

— Você decide, marido.

— Sim, você está. Já aprendi tudo sobre o senso de humor inglês.

— E o que você aprendeu?

— Vocês não têm nenhum.

— Isso não é verdade — Jamie argumentou. — Ora, eu tenho o mais maravilhoso senso de humor. — Depois de fazer essa declaração enfática, ela desviou o rosto.

— Jamie?

— Sim, Alec?

— Quando eles nos alcançarem, mantenha seu olhar direcionado para mim. Não olhe para mais ninguém. Você entende?

— Você não quer que eu olhe para nenhum deles?

— Exato.

— Por quê?

— Não questione meus motivos, esposa.

Sua voz se tornou tão enérgica quanto o vento crescente.

— Devo falar com eles?

— Não.

— Eles vão me achar rude.

— Eles vão pensar que você é subserviente.

— Eu não sou.

— Você será.

Jamie sentiu o rosto esquentar. Ela franziu a testa para Alec, mas foi um esforço desperdiçado, pois ele estava olhando para a frente de novo, ignorando-a.

— Talvez, Alec, eu devesse descer do meu cavalo e me ajoelhar a seus pés. Então seus aliados decerto veriam como sua esposa é muito subserviente. — Ela não se importou que sua voz tremesse de raiva quando acrescentou: — E então, milorde?

— A sugestão tem mérito.

Alec não falava como se estivesse brincando com ela. Jamie estava muito surpresa com aquele comentário ultrajante para pensar em uma resposta inteligente.

Não estava disposta a deixar seu descontentamento transparecer na frente de estranhos, não importava o quanto se aborrecesse com o marido. Oh, ela seria a esposa obediente, seria sim, até que ela e Alec estivessem sozinhos novamente. Então ela iria encher seus ouvidos.

Quando os aliados afinal os alcançaram, Jamie manteve o olhar fixo no perfil duro de seu marido. Foi necessário usar toda a sua concentração para manter a expressão desprovida de qualquer emoção verdadeira. Serenidade era simplesmente pedir demais.

Alec nem sequer olhou para ela. A conversa foi em gaélico. Jamie compreendia a maioria das palavras, embora o dialeto fosse um pouco diferente do gaélico das Lowlands que Bico lhe ensinara.

Alec não sabia que ela era fluente em sua língua, e a ignorância dele lhe provocou uma satisfação perversa. Decidiu então que nunca faria essa revelação.

Ela o ouviu recusar a oferta de bebida, comida e abrigo dos aliados também. Sua postura dura e inflexível agora era a de um poderoso senhor guerreiro, e quando eles terminaram com suas ofertas e ele terminou com suas recusas, eles relataram a Alec os últimos acontecimentos entre os clãs.

Jamie sabia que a estavam observando. Ela tentou manter a expressão tranquila. Em um verdadeiro desespero, ofereceu ao seu Criador um mês de missas diárias e uma ladainha se ele a ajudasse naquela provação humilhante.

Alec tinha vergonha dela. Essa percepção repentina a fez querer chorar. Sua autopiedade durou apenas um minuto ou dois. Então ela ficou furiosa. Como ele ousava ter vergonha dela? Ela sabia que não era tão bonita quanto a maioria, mas também não estava terrivelmente desfigurada. Uma vez, seu pai até a chamara de bonita. Claro, era seu dever elogiá-la; afinal, ela era seu bebê, e sua opinião decerto tinha de ser levada com algumas ressalvas. Ainda assim, ela nunca vira pessoas desviando o rosto dela para não perderem o jantar.

Quando Alec estendeu a mão e segurou as rédeas de Wildfire, Jamie foi puxada de volta para a conversa. Ela ouviu um dos aliados perguntarem quem ela era.

— Minha esposa.

Não havia um tom de orgulho em sua voz. Pela verdade de Deus, ele poderia estar se referindo ao seu cachorro. Não, ela se corrigiu; o cachorro provavelmente significava mais para ele.

Ele também não titubeou nas palavras, Jamie decidiu, tentando encontrar algo redentor em sua atitude.

Alec estava prestes a prosseguir com sua montaria através da multidão de guerreiros quando outro aliado o chamou.

— Por qual nome ela é chamada, Kincaid?

Alec demorou muito para responder. Ele lentamente examinou sua plateia. Sua expressão deixou Jamie gelada — poderia ter sido esculpida em pedra.

E então ele enfim respondeu. Sua voz, fria como granizo, fustigou como um grito de guerra:

— Minha.

Capítulo oito

Jamie estava começando a pensar que ele não era humano. Alec nunca parecia sentir fome, sede ou cansaço. A única vez que ele parou para descansar foi quando Jamie lhe pediu, e só Deus sabia como ela odiava pedir-lhe qualquer coisa.

Um inglês decerto cuidaria do conforto de sua esposa. Alec tinha dificuldade de se lembrar de que tinha uma esposa. Jamie se sentiu tão querida quanto um espinho espetado nele.

Estava exausta e também supôs que provavelmente parecia tão desgastada quanto uma velha bruxa, então disse a si mesma que sua aparência não importava. Alec tornou sua posição perfeitamente clara quando se recusou a apresentá-la a seus aliados. Ela não era atraente para ele em nenhum aspecto.

Bem, ele também não era nenhum prêmio, ela decidiu. Seu cabelo era quase tão longo quanto o dela, pelo amor de Deus, e se isso não era uma inclinação primitiva, ela não sabia o que era.

Seus sentimentos em relação ao marido poderiam não ter sido tão sombrios se a atitude dele tivesse sido um pouco mais agradável. O ar da montanha obviamente lhe afetava a mente, pois quanto mais eles subiam, mais distante e frio os modos de Alec se tornavam.

Ele tinha mais defeitos do que Satanás. O homem não sabia nem contar. Ele dissera especificamente que levariam três dias para chegar à sua propriedade, mas ali estavam eles, acampados pela quinta noite, e ainda não havia outro tartã Kincaid à vista.

Será que o senso de direção de Alec era tão ruim quanto sua capacidade de contar? Jamie decidiu que estava cansada demais para se preocupar com essa possibilidade. Assim que Alec voltou sua atenção para os cavalos, Jamie caminhou até o lago para ganhar alguns momentos de privacidade. Ela se despiu até a chemise, lavou-se o melhor que pôde na água gélida que ele chamava de lago, depois se esticou na encosta gramada. Estava exausta. Ela pensou em apenas fechar os olhos por alguns minutos antes de se vestir novamente. Na verdade, o intenso frio do ar nem a incomodava.

Uma névoa espessa rolava pelo vale. Alec concedeu a Jamie tanto tempo quanto achava que ela precisava para tomar banho, mas, quando a neblina encobriu seus pés descalços, ele a chamou, ordenando que fosse até ele.

O chamado ficou sem resposta. O coração de Alec começou a bater forte. Não estava preocupado que seus inimigos a tivessem pegado de surpresa; não, estavam em terras Kincaid agora, em uma área protegida que ninguém, a não ser os seus, ousaria entrar. Ainda assim, ela não respondeu. Alec atravessou a exuberante vegetação verde e parou abruptamente. Sua respiração ficou presa na garganta com a visão que teve.

Ela parecia uma linda deusa. Estava dormindo profundamente. A neblina flutuava ao redor dela, dando-lhe uma aparência mística. As flâmulas da luz do sol só aumentavam essa fantasia, pois a pele dela era de uma verdadeira cor dourada. Ela dormia de lado. A chemise branca havia subido bastante, na altura do quadril, revelando suas longas pernas.

Ele ficou ali um longo tempo, bebendo o suficiente daquela visão. O desejo cresceu dentro dele até que se tornou quase doloroso. Jamie era simplesmente magnífica para ele. Lembrou-se de como era ter aquelas pernas em volta de seu corpo, lembrou-se da sensação do corpo dela quando a penetrou.

Sua esposa. Uma onda feroz de possessividade o fez vibrar. Ele sabia que não aguentaria outra noite sem fazer amor com ela de novo. Sua promessa de esperar até que chegassem à sua propriedade não ia durar. Desta vez, porém, ele estava determinado a ir devagar. Seria um amante terno e pouco exigente. E seria gentil... mesmo que isso o matasse.

Alec ficou ali a observando dormir até que o sol se foi completamente. Ela começou a rolar ladeira abaixo. Ele correu até ela e a pegou em seus braços bem na hora.

Que natureza confiante ela tinha. Ele sabia que ela havia acordado, mas não abrira os olhos. Quando ele a levantou contra seu peito nu, ela colocou os braços ao redor de seu pescoço, aninhou-se nele e soltou um suspiro suave.

Carregou-a de volta para o acampamento, enrolou seu manto xadrez em torno de ambos e se esticou no chão. Jamie estava completamente coberta do ar fresco da montanha, envolta da cabeça aos pés pelo tartã e seu marido.

A boca dela estava a poucos centímetros da dele.

— Alec? — perguntou, sua voz um sussurro sonolento.

— Sim?

— Você está bravo comigo?

— Não.

— Tem certeza?

Ela desejou poder ver-lhe o rosto. As mãos em torno dela eram como ferro, porém, e ela mal podia se mover.

— Tenho certeza.

— Estou tão cansada esta noite... Foi um dia difícil de marcha, não foi?

Ele não pensava assim, mas decidiu concordar de qualquer maneira.

— Sim, foi.

— Alec? Gostaria de lhe perguntar uma coisa. — Jamie deslizou para cima, então soltou um gemido alto quando as mãos dele passaram para seu traseiro e a forçaram contra seu corpo masculino. As coxas de Alec eram mais duras que o chão.

Ele sabia que ela não tinha ideia do que seus pequenos movimentos estavam fazendo com ele. Alec fechou os olhos em reação. Ela estava muito cansada e obviamente muito dolorida para ser atacada pelo marido. Teria que esperar, disse a si mesmo. Era a única coisa decente a fazer.

Seria seu desafio mais difícil.

— Alec, por favor, afaste as mãos. Você está me machucando.

— Durma, esposa. Você precisa de seu descanso. — A voz dele soou irregular.

Ela arqueou-se contra ele. Alec rangeu os dentes.

— Meu traseiro está dolorido.

Ele podia ouvir o rubor pela suave confissão. Seu suspiro não foi suave, no entanto; foi alto e cheio de indignação quando ele começou a esfregar a rigidez de seus músculos. Ele ignorou quando ela se contorceu e deu gemidos.

— Sua educação foi muito negligenciada — Alec lhe disse. — É a verdade que você é a mulher mais inexperiente que eu já conheci. O que acha disso, esposa?

— Acho que você acredita que estou prestes a chorar, marido — Jamie respondeu. — Sei que minha voz tremeu quando lhe disse que estava dolorida. E você é um homem que odeia mulheres que choram, não é? Oh, não negue, marido. Eu vi a maneira como observava minhas irmãs quando elas estavam agindo assim. Você parecia muito pouco à vontade.

— Sim, é verdade.

— E, assim, para evitar que eu chore em cima de você, você me insulta para me irritar. Adivinhou que sou temperamental e prefere que eu grite com você a chorar.

— Você está aprendendo os meus modos, Jamie.

— Eu disse que aprenderia — Jamie se gabou. — Mas você ainda tem que aprender os meus.

— Não tenho necessidade de...

— Oh, sim, você tem — ela argumentou. — Confunde falta de experiência com falta de habilidades, Alec. E se eu lhe disser que posso atirar uma flecha melhor do que qualquer um de seus guerreiros? Ou que eu provavelmente poderia ultrapassá-los; sem sela, é claro. Ou que poderia...

— Eu diria que você estava brincando comigo. Você mal consegue segurar a sela, esposa.

— Você já se decidiu sobre mim, então?

Ele ignorou essa pergunta e fez outra.

— O que queria me perguntar? Alguma coisa a preocupou, não foi?

— Não estou preocupada.

— Diga-me.

Ele não ia deixá-la mudar de ideia.

— Apenas me perguntei se você vai me dar instruções semelhantes quando chegarmos à sua propriedade e seus homens.

— Que instruções? — ele interrompeu. Ele não tinha ideia do que ela estava falando.

— Eu sei que você tem vergonha de mim, Alec, mas não acho que serei capaz de ficar calada o tempo todo. Estou acostumada a falar com bastante liberdade, e realmente não...

— Acha que tenho vergonha de você?

Ele parecia surpreso de verdade. Jamie se virou em seus braços, empurrou o cobertor para o lado e olhou para o rosto dele. Mesmo à luz do luar, ela podia ver seu espanto.

Ela não ia acreditar nem por um minuto.

— Você não precisa fingir ignorância comigo, Alec Kincaid. Eu sei a verdade. Uma mulher teria que ser estúpida para não saber por que não me deixou falar com seus aliados. Você acha que eu sou feia. E inglesa.

— Você é inglesa — ele a lembrou.

— E feliz por ser, marido. Você sabe como é superficial um homem julgar uma mulher apenas pela aparência?

A risada dele interrompeu o sermão.

— Sua grosseria é pior do que minha aparência — ela murmurou.

— E você, esposa, é a mulher mais teimosa que já conheci.

— Não é nada comparado aos seus pecados. Você é tão torto quanto um escudo antigo.

— Você não é feia.

Alec percebia, pelo jeito como continuava franzindo a testa para ele, que ela não acreditava.

— Quando chegou a essa conclusão?

— Eu já expliquei. Foi quando não me deixou desviar o olhar de você, quando não me apresentou aos seus amigos, quando não me deixou falar um pensamento meu. Foi aí que cheguei à minha conclusão. Não se engane, Alec — ela apressou-se a acrescentar quando ele parecia prestes a rir novamente. — Eu não me importo se você acha que sou bonita ou não.

Ele capturou-lhe o queixo e o segurou firme.

— Se você tivesse encarado um homem por mais tempo do que outro, por acaso ou desejo, ele teria concluído que você era bela. Os Kerry não são confiáveis, pelo menos não na minha opinião. Eles teriam me desafiado por você. É bastante simples de entender, mesmo para você, inglesa. Alguns talvez pensassem que seus olhos violeta fossem mágicos; outros podiam querer tocar seu cabelo para ver se ele era tão sedoso quanto parece. Decerto, todos gostariam de tocar em você.

— Gostariam?

Os olhos dela se arregalaram de espanto durante a explicação. Alec percebeu que ela não tinha absolutamente nenhuma compreensão dos próprios encantos.

— Acho que você exagera, Alec. Aqueles homens não gostariam de me tocar.

Ela estava implorando por um elogio. Ele decidiu lhe dar.

— Eles tocariam. Eu não queria arriscar uma briga porque sei como a visão de sangue aflige você.

Jamie ficou atordoada com a explicação casual. Ele tinha acabado de elogiá-la? Os olhos dela eram mágicos para ele?

— Por que está franzindo a testa agora?

— Eu estava me perguntando se você... isto é... — Ela soltou um suspiro, afastou a mão dele de seu queixo e descansou o rosto contra seu ombro quente outra vez. — Então você não me acha feia.

— Não acho.

— Nunca pensei que você achasse — ela admitiu, com um sorriso na voz. — É bom saber que não me acha desagradável.

— Eu não disse isso.

Jamie decidiu que ele estava brincando com ela novamente.

— Eu nunca disse que você não era feio — disse ela. — Talvez eu pense que você é.

Ele riu de novo, um som rico e cheio que a fez sorrir ainda mais. Seria possível que ela estivesse realmente começando a se acostumar com ele?

Alec afastou o cabelo de sua testa.

— Seu rosto foi queimado pelo sol hoje. Seu nariz está vermelho como fogo. Não estou achando você nada atraente.

— Não? — Ela parecia assustada.

Alec não fez caso de esconder a exasperação.

— Eu estava brincando.

— Eu sabia que você estava — disse ela, sorrindo novamente.

Ela bocejou, lembrando-o de como estava exausta.

— Vá dormir, Jamie.

A maneira carinhosa como ele estava acariciando suas costas tirou a rispidez da ordem. Quando ele começou a massagear a rigidez nos ombros dela, Jamie fechou os olhos e soltou um suspiro alto e luxurioso. A palma de sua mão repousava sobre o peito dele. Podia sentir o coração de Alec batendo sob a ponta de seus dedos. Quase de forma distraída, ela começou a acariciar um círculo ao redor do mamilo escondido sob os pelos no peito dele. Ela gostava da sensação de tocá-lo. Seu cheiro maravilhoso a lembrava do ar livre. Era tão limpo, tão terreno.

Alec de repente agarrou a mão dela e a apertou contra o peito. Ela supôs que ele tinha cócegas.

Ele supôs que ela estava tentando deixá-lo maluco.

— Pare com isso — ele ordenou, sua voz tão áspera quanto areia.

Jamie não se lembrava de ter adormecido, mas se lembrava de acordar; ah, se lembrava, sim. Estava tendo o sonho mais delicioso. Ela dormia em uma cama de flores silvestres, completamente despida. Estava deixando o sol aquecer sua pele em um estado febril. O calor erótico a fazia se esquecer de respirar. Aquela pressão familiar estava começando a crescer dentro dela, e aquele anseio excruciante entre suas coxas estava exigindo ser aplacado.

Seu gemido de desejo a acordou. Não tinha sido um sonho. Sua mente estava pregando peças nela. Alec era o sol, alimentando a febre no seu sangue. Ela também não estava cercada por flores silvestres; estava estendida no tartã macio de Alec. Havia perdido a chemise, no entanto. Ela se perguntou como isso poderia ter acontecido, então colocou a preocupação negligente de lado. Alec continuou insistindo em suas atenções. Ele estava acariciando a lateral de seu pescoço e repousava entre suas coxas separadas.

Alec estava fazendo amor com ela. A confusão sonolenta de repente desapareceu. Ela estava bem acordada agora. Não podia vê-lo, a escuridão era muito pesada, mas a respiração irregular dele, somada à doce música do vento insistente, afastou a maior parte de sua resistência. Ela não queria que doesse de novo, pensou em dizer a ele exatamente isso, mas ele desceu a boca ao seio dela assim que a mão deslizou para os pelos macios entre suas pernas. Ela não se importava se doía ou não.

Os dedos dele eram mágicos. Alec sabia exatamente onde tocá-la para deixá-la louca, molhada. Jamie ficou tensa contra ele quando os dedos afastaram as dobras macias e escorregadias e subiram dentro dela. A agonia feliz a fez gritar por liberação.

Ela puxou-lhe o cabelo para fazê-lo parar. Mudou rapidamente de ideia quando o polegar dele começou a acariciar a protuberância sensível e seus dedos mergulharam de volta para dentro dela.

Jamie cravou as unhas nos ombros dele uma vez mais. Ele grunhiu em reação. Jamie estava desesperada para tocá-lo, para lhe dar o tipo de prazer que ele estava dando a ela. Jamie tentou se afastar, mas Alec não a deixou.

Eles se beijaram, um beijo quente, de boca aberta, voraz. Ele lhe deu sua língua. Ela chupou.

— Você está tão molhada... — disse ele.

— Não posso evitar — ela sussurrou em um meio gemido.

Com as mãos, ele lhe abriu as coxas e lentamente começou a penetrá-la.

— Eu não quero que você ajude.

— Não quer? — ela perguntou, tentando puxá-lo para dentro dela. Ele a estava deixando louca, entrando tão devagar. Ela sabia que ia morrer, mas primeiro queria que ele a preenchesse e a fizesse arder.

— Significa que você está quente e pronta para mim — ele murmurou. — Não se mova assim. Deixe que eu...

— Não é hora para brincadeiras, Alec!

Ele teria dado risada se tivesse forças.

— Estou tentando ser gentil — ele disse. — Mas você é tão apertada, eu...

Ela arqueou-se contra ele. Alec esqueceu tudo sobre ser gentil, então. Ele puxou as pernas dela até a altura da cintura, torceu o cabelo dela em volta das mãos para evitar que se afastasse dele, e a penetrou com um impulso poderoso.

Ele estava tão fora de controle que não sabia se a estava machucando ou não; não conseguia parar. Sua boca prendeu quaisquer protestos que ela pudesse ter tentado fazer, e quando ele soube que não podia mais se conter, quando sentiu sua semente prestes a se derramar nela, ele se abaixou entre seus corpos e a acariciou para Jamie se unir a ele no clímax.

As pernas dela eram surpreendentemente fortes. Ela o apertou entre suas coxas, por dentro, forçando a liberação imediata.

Ele caiu em cima dela. Levou longos minutos antes que pudesse recuperar a força suficiente para olhá-la nos olhos. Seu primeiro pensamento, quando conseguiu reunir algum, foi que havia abusado dela.

— Jamie? Eu a machuquei? Fui muito duro com você? — ele sussurrou.

Ela não respondeu. Alec se inclinou sobre os cotovelos e a encarou, a preocupação óbvia em seu olhar.

Ela estava dormindo profundamente. Alec não sabia o que fazer com isso. Ele percebeu que estava com os dedos emaranhados no cabelo dela, e lentamente, com uma paciência que surpreendeu a si mesmo, ele separou os cachos. Não teve pressa em alisar o cabelo dela para longe de suas bochechas.

Sabia que a tinha satisfeito. Lady Kincaid estava em um sono profundo, sim, mas adormeceu com um sorriso no rosto.

O dia seguinte provou ser o mais difícil para Jamie. Viajaram por uma terra linda e indomada, com lagos onde o vento soprava pequenas ondulações e com extensões abertas de charnecas com gramíneas da cor de esmeraldas brilhantes. Havia cumes austeros também. Parte do terreno montanhoso exibia uma vegetação cerrada com folhagem verde chamada alho-porro-bravo, que exalava um cheiro forte muito peculiar quando pisoteado. A grandeza das Highlands fez Jamie pensar que ela estava subindo lentamente para o céu.

Ao meio-dia, a paisagem havia perdido seu encanto. Havia um frio perceptível no ar que ganhava intensidade a cada hora que passava. Jamie abraçou sua capa de inverno. Estava com tanto sono que quase caiu da montaria. Alec estava de repente ao seu lado. Ele a levantou sobre seu garanhão. Jamie não resistiu, mesmo quando ele puxou a capa dela e a jogou no chão. Ele a envolveu no seu manto pesado e a segurou junto dele.

Ela soltou um bocejo alto, então perguntou:

— Por que jogou minha capa fora, Alec?

— Você vai usar minhas cores para se aquecer, Jamie.

Ele não pôde resistir a roçar a boca contra o topo da cabeça dela. Estava começando a pensar que sua esposa era a criatura mais incrível. Ela poderia adormecer em um piscar de olhos.

Ele gostou da sensação dela encostada no seu corpo, seu perfume feminino também e, no fundo de sua mente, estava a percepção de que ela confiava nele por completo. Ele gostava disso acima de tudo.

Alec não tinha mencionado o amor apaixonado da noite anterior. Seu rubor na luz da manhã lhe dizia que ela não queria que ele trouxesse esse assunto à tona. Sua timidez o divertia.

Sua esposa não era muito forte, no entanto. Ela também não conhecia as limitações de seu próprio corpo. Alec reconheceu sua exaustão imediatamente. Por essa razão, havia estabelecido um ritmo muito mais lento.

Jamie estava dormindo profundamente; ele teve que acordá-la várias vezes antes de obter qualquer tipo de resposta.

— Jamie, acorde. Estamos em casa — ele repetiu pela terceira vez.

— Estamos em casa? — perguntou ela, parecendo confusa. Alec pacientemente se esquivou de seus cotovelos enquanto ela esfregava o sono dos olhos.

— Você sempre tem tanta dificuldade em acordar depois de uma soneca?

— Não sei. Eu nunca tirei uma soneca antes.

Ela sentiu falta da expressão fechada no semblante dele quando se virou para olhar.

— A única coisa que estou vendo são árvores, Alec. Você me acordou só para brincar comigo?

Em resposta, Alec inclinou o queixo e apontou.

— Ali, esposa. Acima do próximo cume. Você pode ver a fumaça da minha lareira.

Ela viu a pluma de fumaça se enrolando nas nuvens, e um vislumbre de sua torre quando ele cutucou a montaria para subir mais a encosta íngreme.

A muralha que cercava seu castelo finalmente apareceu. Senhor, era gigantesco. Uma seção parecia ter sido construída na própria encosta da montanha. Era feito de pedra marrom, uma ruptura inovadora com a tradição inglesa, pois a maioria das propriedades dos barões eram construídas em madeira. Seus muros eram muito mais altos também, porque o topo parecia atingir as nuvens. A estrutura era nova, mas incompleta, pois havia uma ampla brecha adjacente à ponte levadiça.

As árvores tinham sido todas cortadas para formar uma ampla margem ao redor da muralha. Não havia uma folha de grama ao longo da encosta rochosa para suavizar a dureza.

O fosso, com água preta como tinta de pergaminho, contornava a estrutura. A ponte levadiça de madeira estava abaixada, mas eles seguiram pela abertura na muralha.

O castelo era muito mais grandioso do que a humilde casa de seu pai. Alec era um homem rico, ela concluiu. A habitação principal ostentava não uma, mas duas torres, e todos sabiam como era caro construir apenas uma.

Jamie decerto não esperava nada tão magnífico. Ela achava que todos os escoceses viviam em cabanas de pedra com telhados de palha e chão de terra batida, como os servos na Inglaterra. Percebeu agora que tinha feito uma suposição preconceituosa. Havia chalés, no entanto, pelo menos cinquenta deles, ela avaliou, espreitando através dos galhos das árvores, tão alto na encosta da colina quanto os olhos podiam ver. Jamie assumiu que as cabanas pertenciam aos membros do clã Kincaid e suas famílias.

— Alec, seu lar é grandioso — declarou ela. — Quando sua muralha estiver terminada, seu pátio inferior cercará metade da Escócia, não acha?

Ele sorriu ao notar o espanto na voz dela.

— Você mora sozinho, então? Não há um único soldado em evidência.

— Meus homens estarão esperando por mim no topo da colina — Alec respondeu. — No pátio.

— As mulheres também?

— Algumas. A maioria das mulheres e crianças foram para a propriedade de Gillebrid para o festival da primavera. Metade do meu contingente de soldados está com elas.

— E é por isso que está tão quieto? — Ela se virou, sorriu para Alec e perguntou: — Quantos servem sob seu comando?

Jamie esqueceu a pergunta assim que a fez. O sorriso dele capturou toda a sua atenção.

— Você está feliz por estar em casa novamente, não é?

Sua ansiedade o agradou.

— Há quinhentos, talvez seiscentos homens agora, quando todos são convocados, e sim, inglesa, estou feliz por estar em casa.

Jamie deixou clara sua exasperação.

— Quinhentos ou seiscentos? Oh, Alec, você gosta de brincar comigo.

— É a verdade, Jamie. Existem muitos membros do clã Kincaid.

Ela percebia que ele acreditava no que estava dizendo.

— Pelo método de contagem de um escocês. Acredito que você acha que tem tantos homens assim.

— O que você quer dizer com isso?

— Estou apenas sugerindo que você precisa de ajuda para contar, Alec. Afinal, me disse que levaríamos três dias para chegar à sua casa, e demoramos vários dias a mais.

— Diminuí o ritmo por causa de sua condição.

— Qual condição?

— Você estava dolorida, ou esqueceu esse fato?

Ela imediatamente corou, dizendo a ele que não tinha esquecido nada.

— E você está claramente exausta.

— Não estou — Jamie respondeu. — Não é importante — ela se apressou quando Alec começou a franzir a testa. Ela estava prestes a conhecer seus parentes e queria mantê-lo de bom humor. — Se me disser que há setecentos homens sob seu comando, então vou acreditar em você.

O sorriso de Alec lhe dizia que ela o havia aplacado. No entanto, ela não pôde resistir a dar uma pequena espetada em sua arrogância.

— Mas não é estranho, Alec, que eu não veja nenhum homem? Todos os seiscentos poderiam estar esperando no seu pátio?

Ele riu da exasperação que ela tentou esconder dele. E então soltou um assobio estridente.

Seu chamado foi imediatamente atendido. Vieram do alto do muro, das cabanas, dos estábulos, das árvores e da floresta que os cercavam, esses guerreiros de aparência feroz, até cobrirem todo o chão.

Ele não havia exagerado. Se alguma coisa, ela pensou que ele havia subestimado a quantidade de pessoas. Enquanto ela olhava para os soldados, Alec acenou com a cabeça em aprovação, então ergueu a mão. Quando ele fechou o punho, um grito retumbante rasgou o ar.

Jamie ficou tão chocada com o barulho que agarrou a outra mão de Alec, que repousava possessivamente ao redor de sua cintura. Ela não conseguia parar de olhar para os homens, mesmo sabendo que era rude. Tinha vindo para a terra dos gigantes, ela decidiu, já que a maioria dos soldados parecia ser tão alta quanto os pinheiros que ouviu que eles gostavam de arremessar.

Seu tamanho era muito impressionante; seus olhares, atentos, enervantes, sim; mas foi seu estado de vestimenta que a deixou sem palavras.

Cholie não estava embriagada. Ela sabia do que estava falando. Os escoceses usavam vestidos femininos. Vestidos femininos, mas seminus, ela qualificou. Jamie balançou a cabeça. Não, não eram vestidos; eram mantos xadrezes, seu tartã.

Todos usavam o mesmo padrão de xadrez. Eram as cores de Alec. Os homens os tinham enrolados e amarrados na cintura; e os mantos mal chegavam aos joelhos.

Alguns usavam camisas amarelo-açafrão; outros iam sem. A maioria estava descalça.

— Gostaria de contar quantos eles são? — perguntou Alec. Ele avançou com sua montaria e então disse: — Eu acho que cerca de duzentos estão aqui agora, esposa, mas se você quiser...

— Eu diria quinhentos — Jamie sussurrou.

— Agora você exagera.

Jamie olhou para Alec e tentou encontrar a voz. Uma parede de soldados se alinhava no caminho que eles haviam subido e, portanto, ela manteve a voz baixa quando falou:

— Você tem sua própria legião, Alec, se isso for apenas metade de seu número.

— Não. Uma legião são três mil, às vezes até seis mil homens. Meu contingente não é tão alto, Jamie, a menos que eu chame meus aliados, é claro.

— É claro.

— Não precisa ter medo.

— Não estou com medo. Por que acha que eu estava com medo?

— Você está tremendo.

— Não estou — ela negou. — Eles estão todos olhando para nós.

— Estão curiosos.

— Não os pegamos desprevenidos, não foi, Alec? — A voz dela soou terrivelmente desamparada.

— Do que você está falando?

Jamie estava olhando para o queixo dele. Alec empurrou-lhe o queixo para cima, viu o rubor selvagem ali e ficou ainda mais confuso.

— Meus guerreiros estão sempre preparados.

— Eles não parecem preparados.

De repente, ele entendeu por que ela parecia tão envergonhada.

— Nós não chamamos de vestidos.

Seus olhos se arregalaram de espanto.

— Bico lhe contou...

— Eu estava lá.

— Onde?

— No estábulo.

— Você não estava!

— Eu estava.

— Oh, Deus.

Jamie tentou freneticamente se lembrar da conversa que tivera com o mestre dos estábulos.

— O que mais você ouviu? — ela perguntou.

— Que os escoceses têm mente de ovelha, que jogamos pinheiros uns nos outros, que nós...

— Eu estava brincando com minha irmã quando contei a ela... e eu pensei que Cholie estava bêbada quando me contou... Alec, eles sempre se vestem de forma tão indecente? Com os joelhos à mostra?

Era pecaminoso ele rir na cara dela.

— Você vai se acostumar com nossos hábitos assim que se instalar — ele prometeu.

— Você não se veste como seus soldados, não é? — Ela parecia chocada.

— Eu me visto, sim.

— Não, você não se veste. — Jamie suspirou quando percebeu que acabara de contradizê-lo novamente. Ele parecia se ofender sempre que ela o corrigia. — Quero dizer, você está vestindo calças adequadas agora e por essa razão presumi...

— Estive na Inglaterra, Jamie. É por isso que uso roupas tão pouco práticas.

Jamie olhou ao redor novamente, então voltou sua atenção para o marido.

— Como eles mantêm as calças enroladas embaixo da beira dos tartãs para não ficar aparente?

— Eles não o fazem.

— Então o que... — Pelo aspecto diabólico nos olhos do marido,

Jamie decidiu que não queria saber. — Não importa — ela deixou escapar. — Mudei de ideia. Não quero saber o que eles vestem por baixo.

— Ah, mas eu quero contar.

Ele estava sorrindo como um libertino. Jamie teve que suspirar em resposta aos comentários pouco cavalheirescos e à sua própria reação pouco feminina. Senhor, ele estava ficando mais bonito a cada minuto. O coração dela começou a bater como as asas de uma borboleta.

— Você pode me dizer mais tarde, então — ela sussurrou. — Tarde da noite, quando estiver escuro e você não conseguir ver meu constrangimento. Eles usam cota de malha quando vão para a batalha? — Ela acrescentou essa pergunta para fazê-lo esquecer a falta de roupas íntimas dos soldados.

— Nunca usamos armadura — Alec explicou. — A maioria de nós só usa o tartã. Mas os guerreiros experientes preferem os velhos hábitos.

— Quais são os velhos hábitos? — ela perguntou.

— Eles não usam nada.

Jamie estava certa agora de que ele estava brincando com ela. A imagem de guerreiros nus montando cavalos na guerra a fez rir de prazer.

— Então eles simplesmente se livram dos mantos e...

— Sim, eles fazem isso.

— Alec, você só pode me achar ingênua para acreditar nessa história tola. Pare de brincar, por favor. Está sendo rude ao ignorar seus homens por tanto tempo.

Depois de fazer esse pronunciamento, ela virou as costas para ele, encostou-se em seu peito e forçou uma expressão serena para os soldados que passavam a caminho da colina.

Foi preciso um grande esforço, com os pensamentos vergonhosos que Alec acabara de colocar na sua cabeça.

— Você deve aprender a não dar ordens, esposa.

Ele baixou o queixo para descansar no topo da cabeça dela enquanto sussurrava essa ordem. Foi uma repreensão gentil. Um arrepio de prazer percorreu o abdômen dela.

— Eu gostaria de fazer a coisa certa, marido, e você também deveria. A grosseria nunca é aceitável pela medida de ninguém, mesmo de um escocês.

Um grito ecoou pelas árvores quando chegaram à segunda clareira. Alec puxou as rédeas de Wildfire assim que ela começou a se agitar, então desmontou. Deixou Jamie em seu garanhão e conduziu os dois cavalos até a multidão de soldados que esperava.

Céus, como ela estava nervosa. Ela cruzou as mãos para que os homens não vissem o quanto tremiam.

Um homem loiro do tamanho de Alec separou-se dos outros e se aproximou para cumprimentar seu *laird*. A boa aparência do homem a fez pensar que ele era parente do marido. Ela também supôs que fosse o segundo em comando e um amigo, além disso, pois ele chegou a abraçar seu líder e lhe deu um tapa forte nas costas.

A pancada a teria derrubado no chão, mas Alec nem se encolheu. A aspereza do sotaque do soldado era tanta que Jamie não conseguia entender todas as palavras. Ela ouviu o suficiente, porém, para corar em reação. Os dois gigantes se revezavam insultando um ao outro. Era mais um hábito estranho, ela supôs.

A conversa ficou séria, então. Ela percebia que não era uma boa notícia que o homem estava trazendo ao seu marido. A voz de Alec tinha um tom duro, e uma carranca se estabeleceu em seu rosto. Ele parecia furioso. O soldado parecia preocupado.

Alec não deu atenção à Jamie até que chegaram ao pátio interno. Então ele jogou as rédeas de Wildfire para os homens que os cercavam e se virou para levantar Jamie e a colocar no chão.

Ele nem sequer olhou para ela. Jamie ficou ao seu lado enquanto ele continuava a conversa com o soldado.

Os homens de Alec pareciam divididos em sua curiosidade. Metade olhava fixamente para ela, e suas sobrancelhas franzidas sugeriam que não gostavam do que estavam vendo. A outra metade circulou Wildfire. Estes estavam sorrindo. E o que ela deveria pensar sobre isso?

Wildfire não gostou da atenção que estava recebendo, assim como

Jamie. A égua empinou, bufou seu desagrado e rudemente tentou atropelar os homens que tentavam agarrar suas rédeas.

Jamie reagiu por instinto. Como uma mãe cujo filho está sendo travesso, ela imediatamente procurou parar a birra.

Moveu-se rápido demais para Alec segurá-la. Sem pensar em sua audiência, Jamie contornou o marido e o garanhão, separou dois grandes soldados e correu para acalmar seu bebê.

A égua parou quando ela estava a poucos metros de seu animal de estimação. Jamie não teve que dizer uma palavra dura; simplesmente estendeu a mão e esperou.

De imediato, Wildfire cessou a agitação, e a selvageria deixou seus olhos. Enquanto os guerreiros observavam com fascinação evidente, a orgulhosa beldade branca trotou para receber um toque de sua senhora.

Alec apareceu de repente ao lado de Jamie. Ele colocou o braço em volta dos ombros dela e puxou-a contra seu lado.

— Ela geralmente é muito dócil — Jamie disse ao marido. — Mas está cansada, Alec, e com fome também. Talvez eu devesse levá-la...

— Donald cuidará dessa tarefa.

Ela não queria discutir com ele na frente de seus homens. Alec tomou as rédeas de Wildfire e falou em gaélico rápido enquanto dava instruções ao jovem que acabara de correr até ele.

Donald era um pouco jovem para ser mestre de estábulos, na opinião de Jamie. No entanto, assim que anunciou que Wildfire era realmente um bom animal, Jamie decidiu confiar em suas capacidades. Ele obviamente conhecia um bom cavalo quando via um. Tinha uma voz gentil também, em grande desacordo com seu cabelo e pele ruivos flamejantes, e um sorriso fácil que a fez querer sorrir de volta.

Wildfire o odiou. A égua agitada tentou abrir caminho entre Jamie e Alec. Donald mostrou-se determinado, no entanto. Quando Alec acrescentou um comando severo, o mestre do estábulo conseguiu obter controle total. Ele conduziu Wildfire pelo pátio. Jamie observou, sentindo-se como uma mãe ansiosa sendo separada de seu bebê.

— Ela vai se instalar.

A observação de Alec a irritou. Então ela e sua égua eram iguais aos olhos dele, não? Ele dissera a mesma coisa para ela. Égua e esposa.

— *Ela*, talvez — Jamie respondeu, enfatizando a palavra "ela".

Começaram a caminhar em direção aos degraus que levavam às portas do castelo. Alec ainda não a tinha apresentado a seus homens. Ela se perguntou sobre esse descuido por um longo minuto, então decidiu que ele estava esperando o momento certo para fazê-lo corretamente.

Alcançaram o topo da escada antes que ele, enfim, parasse. Ele se virou, forçando-a a fazer o mesmo com o braço ainda ancorado em seus ombros.

Ele a soltou, aceitou um tartã de um de seus soldados e o colocou sobre o ombro direito de Jamie. Assim que essa ação foi realizada, o silêncio encheu o pátio. Os soldados colocaram a mão sobre o coração e inclinaram a cabeça.

O momento havia chegado. Jamie estava ereta como uma lança, com as mãos ao lado do corpo, esperando para ouvir o maravilhoso discurso que Alec faria a seus homens. Ele teria que elogiá-la agora, ela disse a si mesma, querendo ou não.

Jamie disse a si mesma para se lembrar de cada palavra a fim de poder tirar o discurso de sua memória e saboreá-lo sempre que Alec a irritasse.

Foi um discurso curto; terminou, na verdade, antes que ela percebesse. A voz de Alec ecoou pela multidão quando ele gritou:

— Minha esposa.

Minha esposa? Foi isso? Ele não tinha mais nada a dizer? Quando ele permaneceu em silêncio, ela supôs que havia terminado. E posto que falara em gaélico, e ela já havia decidido não deixá-lo saber que entendia sua língua, não podia deixá-lo ver o quanto ficara irritada com o laconismo brusco.

Quando Alec deu o sinal, seus homens sacaram as espadas. Outro grande grito ecoou por todo o pátio.

Jamie se aproximou de Alec, então curvou a cabeça e fez uma

reverência para seus soldados.

Os aplausos renovados a assustaram. Alec pensou que ela poderia estar um pouco intimidada. Ela parecia soterrada em toda aquela atenção.

— O que você lhes disse, Alec? — ela sussurrou, sabendo muito bem o que ele dissera. Assim que ele respondeu, ela pensou em dizer que ele realmente deveria explicar sua apresentação.

Ela nunca teve a chance de informá-lo disso, no entanto.

— Eu disse que você era inglesa — Alec mentiu. Jogou o braço em volta dos ombros dela novamente e, como era seu hábito perturbador, literalmente a puxou contra o lado de seu corpo. Pela verdade de Deus, ele a tratava como uma bolsa.

— E essa, é claro, é a razão pela qual eles estão comemorando — Jamie rebateu. — Porque eu sou inglesa.

— Não, esposa. É por isso que eles estão gritando.

Ele era exasperante. Jamie balançou a cabeça.

— O que acha dos meus homens? — ele perguntou, seu tom sério agora.

Ela não o olhou quando deu sua resposta.

— Estou pensando que todos eles têm espadas, Kincaid, e você não. É o que estou pensando.

A mulher tinha garra, ah, se tinha. Alec sorriu em resposta à provocação.

Os soldados estavam olhando abertamente para ela. Alec sabia que teriam que olhar até que estivessem satisfeitos. Levaria tempo para se acostumarem com sua aparência. Na verdade, ele ainda estava encontrando dificuldade com essa tarefa.

O soldado que Jamie tinha imaginado ser o segundo em comando de Alec subiu correndo os degraus ao aceno de seu líder. Ele parou na frente de Jamie, esperando uma apresentação.

— Este é Gavin, esposa. Ele fica no comando sempre que estou longe de casa.

Quando Gavin olhou em seus olhos, ela sorriu em saudação. Seu sorriso começou a vacilar, porém, quanto mais ele mantinha o olhar fixo nela. Ela se perguntou se ele estava esperando que ela dissesse alguma coisa, ou se havia alguma formalidade que ainda precisasse completar.

Era um homem muito atraente. Ele a lembrava do novo marido de Mary, Daniel, pois, quando enfim sorriu para ela, seus olhos verdes brilharam com diversão.

— Estou honrado em conhecê-la, Lady Kincaid.

Gavin não desviou o olhar dela quando falou com Alec.

— Você escolheu bem, Alec. Eu me pergunto como convenceu Daniel a...

— Um arremesso de tronco resolveu a questão de quem faria a primeira escolha — anunciou Alec. — Minha esposa foi a escolhida da ninhada.

— Escolhida da ninhada? — Jamie virou-se e franziu o cenho para o marido. — Você está brincando comigo na frente de seu amigo, Alec, ou realmente acredita no que diz?

— Estou brincando — Alec respondeu.

— Ele está sempre brincando — Jamie disse a Gavin, sua maneira indireta de se desculpar pelos comentários indecentes do marido.

Gavin ficou surpreso. Em todos os seus anos, nunca tinha visto Alec brincar com nada, no entanto, não estava disposto a contradizer a nova Lady Kincaid.

Ele se virou bem a tempo de ver Alec piscar para a esposa.

— Ela está exausta, Gavin — declarou Alec, chamando a atenção de seu soldado. — Uma boa ceia e uma longa noite de descanso são a única coisa de que ela precisa.

— Ela precisa ver sua casa primeiro — Jamie anunciou. Sua voz ressoava exasperação. — Pois ela é muito curiosa.

Tanto Alec quanto Gavin sorriram em resposta à maneira sutil com que Jamie acabara de censurá-los por falarem como se ela não estivesse presente. Jamie sorriu também, pois estava satisfeita com a forma como os havia superado.

— Posso também tomar um banho, Alec?

— Vou cuidar disso imediatamente, milady — Gavin declarou antes que Alec pudesse responder.

Gavin seguiu atrás de sua nova senhora como um cachorrinho. Alec o observou olhar para sua esposa. Ele se divertiu com a maneira como seu amigo tentava esconder sua reação a Jamie. Gavin não conseguia desviar o olhar dela.

— Obrigada, Gavin — Jamie respondeu. — Você não precisa ser tão formal comigo, no entanto. Por favor, me chame de Jamie. É o meu nome de batismo.

Quando o amigo de Alec não respondeu à sugestão, Jamie se virou para olhá-lo. Gavin estava franzindo a testa ao pedido.

— Não é aceitável? — ela perguntou.

— Você disse que seu nome era Jane?

— Não, é Jamie — ela corrigiu. Ela assentiu quando Gavin continuou a parecer confuso.

O soldado virou-se para Alec e falou instintivamente:

— Mas esse é um nome de homem.

Capítulo nove

—Você o colocou nisso, não foi, Alec?

Ele não se deu ao trabalho de responder àquela pergunta absurda. Jamie tinha um nome de homem, e Alec tinha assuntos muito mais importantes para tratar do que ficar na porta debatendo esse assunto com ela.

Tanto ele quanto Gavin a deixaram franzindo a testa enquanto desciam os três degraus para o grande salão. Na verdade, ele teve que dar um bom empurrão em Gavin para ir.

Jamie olhou ao redor com curiosidade. Havia um muro de pedra tão alto quanto o campanário de uma igreja à sua direita. As pedras eram frias ao toque, lisas como gemas polidas, e sem uma única partícula de poeira embotando a cor marrom dourada. Uma escada de madeira levava ao segundo nível, onde dava para um balcão que se estendia por todo o lado do edifício. Jamie contou três portas no nível superior e presumiu que fossem quartos de dormir para Alec e seus parentes.

Decerto, aquela construção não proporcionava muita privacidade. Qualquer um no grande salão ou na entrada podia ver quem estava vindo e quem estava indo dos aposentos acima, tão aberta que era a área.

O grande salão era o suficiente para gigantes. Era austero na aparência, mas imaculado também. Bem à sua frente havia uma enorme lareira de pedra. Um fogo ardente mal aquecia o ar na espaço gigantesco.

O salão era o maior que ela já tinha visto. Claro, ela só tinha visto o salão de seu pai, e imaginou que isso não significava muito; o salão de seu pai ficaria perdido naquele recinto. O espaço era largo como um prado e era dividido igualmente por um longo caminho central de palha de junco no chão, que levava até a lareira. Uma mesa com pelo menos vinte bancos alinhados nas laterais ocupava apenas uma pequena porção do lado esquerdo. Outra mesa de dimensões idênticas estava situada à direita. Apenas alguns metros além dela havia uma tela alta de madeira. Jamie supôs que a divisória quadrada fechava a adega.

Alec e Gavin estavam sentados à mesa em frente à tela. Como nenhum dos guerreiros estava prestando atenção nela, Jamie caminhou até a tela, olhou para trás e ficou surpresa ao encontrar uma cama ali, construída sobre uma plataforma alta. Vários ganchos estavam espalhados na parede atrás da cama enorme e, pelo tamanho das roupas penduradas lá, ela pensou que poderia ser onde Alec dormia. Ela rezou para estar errada.

Um soldado passou por ela e colocou sua bolsa no pé da plataforma. Jamie sabia que seu palpite tinha sido correto. O soldado deu a ela um olhar assustado e uma resposta áspera quando ela agradeceu por trazer sua bagagem, então a fez sair do caminho quando outro homem grande veio carregando uma banheira circular de madeira para trás da tela e a colocou no canto mais distante.

Ela ia tomar o banho mais silencioso de sua vida, e pronto. Jamie se sentiu corar só de pensar em sua falta de privacidade. A tela esconderia sua nudez, sim, mas qualquer um que entrasse no corredor ouviria o barulho e decerto adivinharia o que ela estava fazendo.

Jamie voltou para o marido, determinada a descobrir onde ficava a cozinha para que pudesse pedir o jantar. Ela chegou ao lado dele e ficou ali por vários longos minutos, mas Alec ainda não lhe demonstrou reconhecimento. Gavin estava prestando contas a seu *laird* e tinha toda a sua atenção. Jamie sentou-se no banco ao lado do marido, cruzou as mãos no colo e esperou pacientemente que ele terminasse.

Teria sido rude interromper. Jamie também sabia que era seu dever não reclamar. Era esposa de um importante *laird*, afinal, e se tivesse que ficar sentada lá até o amanhecer antes de chamar sua atenção, então ela ficaria.

Ela logo sentiu sono demais para pensar em comer. Estava prestes a se levantar da mesa quando duas mulheres entraram às pressas pelo corredor.

Seus vestidos eram feitos das cores do clã Kincaid, e por seu porte, Jamie sabia que não eram criadas. Ambas tinham cabelos loiro-escuros, olhos castanhos e sorrisos sinceros, até que voltaram sua atenção para ela.

Seus sorrisos imediatamente desapareceram. A mais alta das duas estava encarando Jamie.

Jamie encarou de volta. Ela estava exausta demais para aturar tal absurdo. No dia seguinte, decidiu, seria cedo o suficiente para tentar ganhar a amizade da mulher. Por enquanto, reagiria na mesma moeda.

Um soldado, com feições que mostravam uma notável semelhança com as das duas mulheres, entrou no corredor em seguida. Ele parou logo atrás delas, colocou as mãos em seus ombros e olhou para Jamie. Seu cabelo era preto, quase tão sombrio quanto a carranca que ele direcionava a ela.

Este já tinha decidido odiá-la, supôs Jamie. Ela imaginou que era por ser inglesa. Era uma estranha ali; levaria tempo para o clã de Alec aceitá-la. Só Deus sabia que também levaria tempo para se acostumar com eles.

Alec não percebeu a intrusão até que Jamie o cutucou com o pé. Ele fez uma careta para ela por interrompê-lo, então viu o trio esperando perto da entrada. Alec abriu um largo sorriso imediatamente. As duas mulheres sorriram de volta. A mais alta das duas correu para a frente.

— Venham e juntem-se a nós — Alec chamou. — Marcus? — ele acrescentou quando o soldado taciturno se aproximou. — Ouvirei sua contabilidade depois do jantar. Você trouxe Elizabeth de volta com você?

— Eu trouxe — Marcus respondeu com uma voz entrecortada.

— Onde ela está?

— Ela queria esperar na cabana por notícias de Angus.

Alec assentiu. Ele se lembrou da esposa quando Marcus voltou seu olhar para ela.

— Esta é minha esposa — ele anunciou com algo na voz que parecia um encolher de ombros. — O nome dela é Jamie. — Alec virou-se para sua esposa e disse: — Este é Marcus. E esta é Edith — ele acrescentou, fazendo um aceno de cabeça para a mulher que estava ao lado do guerreiro taciturno. — Marcus e Edith são irmãos e primos em primeiro grau de Helena.

Ela poderia ter adivinhado que eram irmãos. Suas sobrancelhas franzidas eram bem parecidas. Ela estava muito ocupada tentando acompanhar a explicação de Alec para se preocupar com a grosseria deles. Onde estava Helena? E quem era essa Elizabeth que Marcus acabara de mencionar?

Alec interrompeu os questionamentos internos de Jamie apontando para a última do trio.

— Por último, mas decerto não menos importante, esta é minha Annie — anunciou. Seu tom era cheio de afeto. — Aproxime-se, criança — ele chamou. — Você deve conhecer sua nova senhora.

Quando Annie atravessou o salão correndo, Jamie percebeu que ela era, na verdade, uma mulher adulta. Annie parecia ser apenas um ou dois anos mais nova que Jamie. No entanto, havia uma expressão infantil em seu rosto adorável. Ela também irradiava inocência nos olhos arregalados.

Annie fez uma reverência desajeitada para Jamie, então sorriu docemente. Sua voz era a de uma garotinha quando disse:

— Eu tenho que gostar dela, Alec?

— Você tem — Alec respondeu.

— Por quê?

— Porque vai me agradar.

— Então eu vou gostar dela — declarou Annie. — Mesmo que ela seja inglesa. — Seu sorriso se alargou quando ela acrescentou: — Senti sua falta, milorde.

Antes que Alec tivesse a chance de responder a esse comentário, Annie se apressou até o outro lado da mesa e tomou seu lugar entre Marcus e Edith.

Jamie continuou a observar Annie por um longo momento. Ela entendeu o que havia de errado com a garota. Era uma daquelas pessoas especiais que permaneciam infantis por toda a vida. O coração de Jamie estava com Annie e também com Alec, pois ele havia demonstrado muita bondade.

— Annie também é irmã de Marcus? — Jamie perguntou.

— Não, ela é irmã de Helena.

— Quem é Helena?

— Era minha esposa.

Alec voltou-se para Gavin antes que Jamie pudesse fazer outra pergunta. Um grupo de criados entrou apressado no salão, atraindo a atenção dela. O estômago de Jamie imediatamente começou a roncar quando ela viu as travessas de comida que as mulheres robustas carregavam.

Bandejas feitas de pão amanhecido oco cobriam a mesa. Uma grande travessa de carneiro foi colocada diretamente na frente de Jamie. Ela tentou segurar a náusea, mas a visão e o cheiro fizeram seu estômago se revirar. Jamie detestava carne de carneiro com convicção, desde que adoecera depois de comer uma porção estragada quando era apenas uma garotinha. Ela não tinha tocado nesse tipo de carne desde então.

Fatias de queijo, alguns amarelos, outros alaranjados com listras vermelhas, tortas gordas transbordando de frutas silvestres roxo-escuras e rodelas crocantes de pão com passas foram adicionados ao banquete. Jarros de cerveja e de água completaram o jantar.

Alec ignorou toda a comoção até que os criados deixaram o salão. Quando um grupo de soldados entrou, ele reconheceu cada homem com um breve aceno de cabeça, então voltou a questionar Gavin.

Estava começando a ficar irritado com seu braço-direito. Embora Gavin lhe desse respostas rápidas e eficientes a todas as suas perguntas, este com certeza não estava dando a seu *laird* toda a atenção; não parava de olhar para Jamie do outro lado da mesa.

A voz de Alec ficou dura em reação ao insulto não intencional. Jamie olhou para o marido.

— Esta notícia o desagrada? — ela perguntou quando atraiu a atenção dele.

— Angus está desaparecido.

— Angus?

— Um soldado sob meu comando — Alec explicou. — Ele é igual a Gavin, embora seus deveres sejam de natureza diferente.

— Ele é seu amigo também?

Alec rasgou um pedaço de pão ao meio e ofereceu uma porção a Jamie antes de responder.

— Sim, ele tem sido um bom amigo também.

— Quem é Elizabeth? — Jamie indagou. — Eu ouvi você perguntar a Marcus se ele...

— Ela é a esposa de Angus.

— Oh, pobre mulher — Jamie respondeu, sua voz cheia de compaixão. — Ela deve estar terrivelmente preocupada. Angus não poderia estar atrasado para voltar para casa?

Alec balançou a cabeça. Não conseguia entender por que Jamie estava tão preocupada. Ela nem conhecia o homem. Ainda assim, sua preocupação o agradou.

— Ele não está atrasado — ele anunciou. — Atraso seria um insulto para mim, esposa. Não, algo aconteceu com ele.

— Ele está morto ou estaria aqui — Gavin interveio com um encolher de ombros.

— Sim — Alec concordou.

Os outros soldados estavam ouvindo atentamente a conversa. Jamie notou, junto com o fato de que todos deveriam conhecer sua língua tão bem quanto Alec. Todos também concordaram com o comentário de Gavin.

— Não há como saber se esse homem está morto — declarou ela. A atitude fria deles era muito bárbara. — É indelicado de sua parte falar assim sobre seu amigo.

— Por quê? — Gavin franziu a testa.

Jamie ignorou a pergunta e fez outra.

— Por que vocês não estão procurando por ele?

— Há soldados procurando nas colinas agora — Alec respondeu.

— Provavelmente encontraremos o corpo dele pela manhã — previu o segundo no comando.

— Gavin, com certeza você não quer parecer tão indiferente agora, não é? — indagou Jamie. — Você deveria acreditar que seu amigo está seguro.

— Eu deveria?

— Vocês todos deveriam — Jamie anunciou, olhando para o comprimento da mesa para incluir todos em sua declaração. — É preciso sempre ter esperança.

Alec escondeu um sorriso. Ela não estava em sua casa por mais de uma hora e já estava dando ordens.

— Seria uma falsa esperança — respondeu ele. — E você não precisa parecer tão indignada, esposa.

Ele instruiu os soldados a se juntarem à conversa. Todos começaram a falar ao mesmo tempo, cada um dando sua opinião sobre o que havia acontecido com Angus. Embora suas especulações sobre como ele havia sido emboscado diferissem, a conclusão foi unânime: Angus estava morto.

Jamie ficou em silêncio durante o resto da refeição enquanto ouvia cada um dar seu palpite. Logo ficou claro que o homem desaparecido era importante para eles. Ainda assim, não tinham esperança.

Nem Edith nem Annie tinham um comentário a fazer. Elas mantiveram seus olhares direcionados para o jantar.

Alec tocou o braço de Jamie. Quando ela o olhou, ele lhe ofereceu uma porção de carne de carneiro.

— Não, obrigada.

— Você vai comer isso.

— Não vou.

Ele ergueu uma sobrancelha em descrença. Ela realmente estava discutindo com ele na frente de seus homens. Era impensável.

Jamie achou que Alec parecia bastante surpreso. Ela presumiu que ele não gostava de ser contrariado.

— Eu não quero carne de carneiro, mas muito obrigada por oferecer.

— Você vai comer — Alec ordenou. — Está fraca. Precisa aumentar suas forças.

— Estou forte o suficiente agora — Jamie sussurrou. — Alec, não posso comer carne de carneiro. Não cai bem em meu estômago. Até o cheiro me deixa nauseada. Mas o restante desta refeição está ótimo. Eu não conseguiria comer mais um bocado que fosse.

— Então vá e tome seu banho — instruiu. Ele franziu a testa, notando novamente a fadiga nos olhos dela. — A escuridão chegará em breve, e com ela um calafrio que se instalará em seus ossos se você não estiver na cama.

— Vai se instalar em seus ossos também? — ela perguntou.

— Não — ele respondeu com um sorriso. — Nós, escoceses, somos feitos de material mais resistente.

Ela riu. O som musical chamou a atenção de todos.

— Você vira minhas próprias palavras contra mim — observou ela.

Ele não respondeu a esse comentário.

— Onde eu durmo, Alec?

— Comigo.

Seu tom não deixou espaço para discussão.

— Mas onde? — ela persistiu. — Nós dormimos atrás da tela, Alec, ou em um dos aposentos acima das escadas?

Ela se virou para o balcão e de repente congelou. Pela verdade de Deus, não podia acreditar no que estava vendo. Seus olhos se arregalaram de espanto.

Jamie se levantou e encarou a entrada. Havia armas por toda parte. Elas enchiam as paredes de cima a baixo em ambos os lados da entrada escancarada. No entanto, o fato de que seu marido tinha um arsenal sangrento não era o que mantinha Jamie tão hipnotizada. Não, era a espada pendurada no centro da parede oposta.

Era magnífica, aquela espada hercúlea, com cachos de brilhantes gemas vermelhas e verdes incrustadas na empunhadura. Pareciam uvas gordas. Ela olhou para a espada por um longo minuto antes de virar para as outras armas. Então foi contando, sem pressa. Havia cinco espadas ao todo, penduradas entre as maças, clavas, lanças e outras armas que ela não sabia que nome tinham.

Sim, havia cinco espadas; Jamie recontou só para ter certeza.

E cada uma delas pertencia a ele. Oh, como Alec devia ter rido dela quando ela se ofereceu para gastar seus xelins economizados com muito esforço para lhe mandar fazer uma espada. Fizera papel de boba, fizera sim, mas a vergonha de Alec era pior. Ele a deixara fazer aquele papel.

Estava muito envergonhada por sua própria ingenuidade para olhar para o marido. Ela continuou a olhar para a parede quando disse:

— Gavin? Essas armas todas pertencem ao meu marido, não é?

— Sim, pertencem — respondeu o guerreiro. Ele olhou para Alec para julgar sua reação à mudança de comportamento de Lady Kincaid. Decerto Alec tinha notado como sua voz tremia, e decerto ele podia ver como ela estava corada. Gavin achou realmente estranho. Durante o jantar, sua senhora tinha sido muito dócil, quase tímida. Ora, ela mal havia mencionado uma palavra.

Alec estava observando a esposa, mas um sorriso lento se formou em seu rosto quando ela afinal se virou para ele.

Suas mãos estavam apertadas nos quadris. Ela teve a coragem de fazer uma careta para o marido também. Gavin ficou impressionado com a transformação da mulher. Ele a julgara tímida, mas, quando os olhos dela assumiram um tom de violeta tão profundo e raivoso, ele mudou de ideia. Lady Kincaid não parecia tímida agora. Ela estava pronta para a batalha.

Alec parecia ser o homem com quem ela queria brigar. Por acaso não sabia que temperamento feroz Alec possuía? Gavin decidiu que ela aparentemente não sabia, senão não o desafiaria com tanta ousadia.

— Gavin? Na Inglaterra, o que pertence ao marido também pertence à esposa. É o mesmo aqui?

Ela não desviou o olhar do marido quando questionou seu soldado.

— É o mesmo — respondeu Gavin. — Por que pergunta, milady? Há algo em particular que deseje?

— Há.

— O que seria, então? — perguntou Gavin.

— A espada.

— Uma espada, milady? — disse Gavin.

— Não, Gavin, não uma espada — Jamie explicou. — A espada. Aquela no meio daquela parede ali. Eu quero aquela espada.

Um suspiro coletivo encheu o salão. Gavin ficou boquiaberto. Ele olhou para a mesa, sabendo então que a conversa toda havia sido ouvida por todos os outros. Eles pareciam tão atordoados quanto ele se sentia.

— Mas essa é a própria espada do *laird* — Gavin gaguejou. — Certamente...

A risada de Alec interrompeu sua explicação.

— Uma esposa não poderia nem mesmo levantar essa espada — disse ele. — Não, uma mera mulher nunca teria força suficiente, ainda mais uma que não consegue comer carne de carneiro.

Jamie não respondeu a essa provocação por um longo minuto.

— Existem punhais que ela poderia levantar com sua força insignificante? — indagou ela, por fim, sorrindo tão docemente para o marido.

— É claro.

— Então, talvez...

— Um punhal poderia ser facilmente arrancado de mãos tão insignificantes, Jamie.

Ela concordou com a cabeça. Alec estava um pouco desapontado porque tinha vencido o jogo de força com tanta facilidade. Jamie fez uma reverência a ele e foi em direção à tela. Alec observou o balanço suave dos quadris até que viu que seus homens também estavam notando. Ele limpou a garganta para chamar a atenção deles, então deixou claro o seu descontentamento.

Jamie estava quase fora de vista quando gritou por cima do ombro:

— A menos, é claro, que você estivesse dormindo, Alec. Então minhas mãozinhas fracas seriam fortes o suficiente, não acha? Boa noite, marido. Rezo para que você tenha sonhos agradáveis.

A risada de Alec a seguiu atrás da tela.

— Entendi errado? — perguntou Gavin. — Ou sua esposa acabou lhe fazer uma ameaça de morte?

— Você não entendeu mal.

— Ainda assim você ri?

— Pare de franzir a testa — Alec instruiu. — Estou seguro o suficiente. Minha esposa não tentaria me fazer mal. Não é da natureza dela.

— Não é? Ela é inglesa, Alec.

— Você vai entender quando a conhecer melhor.

— Ela é muito bonita — disse Gavin, e sorriu. — Não pude deixar de notar.

— Eu notei que você notou — murmurou Alec.

— Sim... bem, vai demorar um longo tempo antes que eu me acostume com ela — Gavin admitiu, envergonhado por seu *laird* o ter pegado olhando para a esposa dele. — Os homens dariam a vida para mantê-la segura, Alec, mas eu honestamente não sei se lhe darão sua lealdade. É porque ela é inglesa, é claro.

— Eu não esqueci esse fato — Alec respondeu. — Toda vez que ela abre a boca, seu sotaque me lembra. Talvez, com o tempo, Jamie consiga ganhar a confiança dos homens. Eu não vou exigi-la.

— Achei que ela era tímida, mas agora não tenho tanta certeza.

— Ela é tão tímida quanto eu. A mulher tem poucos medos. Ela gosta de falar o que pensa. Essa é outra de suas inúmeras falhas, mas é bondosa demais para seu próprio bem, Gavin.

— Entendo.

— Por que diabos você está sorrindo? — Alec exaltou-se.

— Nada, milorde.

— Ouça-me. Quero que você proteja Jamie sempre que eu estiver fora. Ela não deve ficar fora de sua vista, Gavin.

— Você espera problemas?

— Não. Apenas faça o que eu mando sem me questionar.

— É claro.

— Quero que a adaptação dela aqui seja o mais suave possível. Ela não é nada forte.

— Você mencionou — comentou Gavin antes de pensar melhor.

Alec deu-lhe uma boa cara feia para deixar claro que não tinha gostado nada de seu comentário.

— Até a visão de sangue aflige a mulher.

— Assim como a visão de carneiro.

Os dois homens compartilharam uma risada. Não durou muito. Assim que Alec olhou para a mesa, ele parou de rir completamente. Todos os seus soldados olhavam fixo para a tela. Eles podiam não confiar na esposa de seu *laird*, mas com certeza haviam sido cativados por ela.

Jamie não fazia ideia do alvoroço que havia causado. Esperou pacientemente enquanto as criadas enchiam a banheira com água quente fumegante, e foi conversar com uma mulher de cabelos grisalhos e fala mansa chamada Frieda, até que a tarefa fosse concluída.

Frieda estava prestes a deixar a área quando Jamie perguntou onde ficava localizada a cozinha.

— Para o inferno e além — Frieda sussurrou. — Oh, Deus, desculpe ter dito isso assim, senhora.

Jamie segurou o riso. A pobre mulher parecia mortificada. Ela não queria aumentar seu constrangimento.

— Não vou contar a ninguém — ela prometeu. — Você quer dizer, então, que a cozinha fica em um edifício separado?

Frieda assentiu tão vigorosamente que o coque no topo de sua cabeça balançou.

— Alguns invernos são tão ruins que temos que atravessar com neve até os joelhos. Fica muito frio, moça.

— Amanhã você me mostra onde fica esse prédio?

— Por que quer ver?

— Agora que sou a senhora, posso fazer algumas mudanças aqui e ali — explicou Jamie. — Parece que a cozinha precisa ser trazida para mais perto do prédio principal, agora, não é?

— Está falando sério, moça? — Frieda perguntou, seu entusiasmo óbvio. Ela franziu a testa então e sussurrou: — Eu não me gabaria de fazer mudanças, pelo menos não na frente de Edith. Ela gosta de pensar em si mesma como a dona da casa. É uma pessoa mandona, aquela lá.

Jamie sorriu.

— Isso também terá que ser mudado, não é?

Ela podia dizer pelo sorriso radiante da mulher idosa que tinha feito uma aliada para a vida.

— É melhor tomar banho antes de a água esfriar — Frieda aconselhou ao sair.

Jamie pensou nos comentários de Frieda enquanto se despia. Entrou na banheira sem fazer som. Não queria fazer nenhum barulho porque Alec e seus soldados estavam a apenas um grito de distância, mas, quando lavou os cabelos e se esfregou bem, sentia-se cansada demais para se importar se eles a ouviam ou não. Ela vestiu uma camisola limpa de dormir, amarrou as lindas fitas cor-de-rosa da cintura ao pescoço e subiu na cama enorme.

Levou outra meia hora ou mais para escovar o cabelo e secá-lo parcialmente. A espada de Alec não parava de invadir seus pensamentos. Tinha sido francamente humilhante a maneira como ele a deixara falar sem parar sobre um cavaleiro precisar de uma espada confiável. No entanto, o assunto agora lhe causava riso. Não conseguia ficar com raiva de Alec.

Ela inclusive soltou uma risada suave quando se lembrou de sugerir a ele que Daniel lhe desse treinamento. Alec provavelmente pensou que era ela quem tinha cérebro de ovelha. Ele com certeza não achava que ela era melhor do que um rato ignorante do campo.

Seu último pensamento antes de adormecer foi muito revelador: ela desejou que Alec viesse para a cama. Que Deus a ajudasse, ela estava se apaixonando pelo bárbaro escocês.

Percebo o jeito como Alec fica olhando sem parar para a tela. A cadela inglesa já tinha despertado seu desejo. O amor dele por Helena era tão superficial que ele podia substituí-la tão facilmente?

Ele não se lembra da lição. Talvez já tenha entregado seu coração à esposa. Deus, espero que sim. Sua morte será ainda mais dolorosa.

Eu não vou esperar para matá-la.

Capítulo dez

Os sussurros despertaram Jamie. Ela estava desorientada no início. As velas ainda estavam acesas, lançando sombras que bruxuleavam ao longo da tela. Jamie olhou para os reflexos escuros por um longo minuto antes de se lembrar de onde estava.

Os sussurros roçaram o ar novamente. Ela se esforçou para captar uma palavra ou duas e, quando conseguiu essa façanha, estava bem acordada e tremendo de medo. Oh, ela entendia as palavras agora. Era o santo sacramento da extrema-unção que estava ouvindo, o rito sagrado para uma alma que estava de partida.

Deviam ter encontrado Angus. Jamie fez um sinal da cruz apressado, vestiu um robe e foi fazer suas próprias orações. Ela sabia que era considerada uma estranha, mas era a esposa de Alec mesmo assim. Não era seu dever ficar ao lado do marido quando ele se despedisse do amigo?

Alec não a ouviu se aproximar. Jamie ficou atrás de suas costas, observando enquanto o padre lia o rito sagrado.

O corpo havia sido colocado na mesa oposta à da frente da tela. O velho padre, vestido com paramentos de réquiem, preto com barrados roxos, estava em uma ponta da mesa. Ele tinha cabelos grisalhos, uma tez que combinava, e falava com uma voz rouca de tristeza.

Alec estava na extremidade oposta da longa mesa. Soldados de diferentes patentes preenchiam os espaços entre eles. Anna, Edith e outra mulher que Jamie supôs ser Elizabeth estavam perto da lareira.

O coração de Jamie se compadeceu com a mulher em sofrimento. Ela podia ver as lágrimas escorrendo pelo rosto de Elizabeth. A mulher não emitiu nenhum som, porém, fato que fez Jamie admirá-la ainda mais. Em circunstâncias semelhantes, ela mesma provavelmente estaria chorando de forma incontrolável.

Ela espiou ao redor do marido para ver melhor o homem que era a causa da reunião de pessoas em vigília.

A princípio, pensou que ele estivesse morto. Jamie estava acostumada a ver ferimentos de todo tipo e, por essa razão, mal empalideceu com a visão horrível diante dela. Havia sangue por toda parte, ou assim lhe pareceu à primeira vista. Jamie não sabia dizer o quanto era sujeira de batalha e quanto era dano real. Um grande corte curvo ocupava uma boa parte do peito do guerreiro. Seu antebraço esquerdo estava quebrado, perto do pulso, mas lhe parecia uma fratura simples.

Ele era um homem coberto de cicatrizes de batalha, com feições robustas e cabelos castanho-escuros. Um grande vergão deixava sua testa inchada, o que lhe conferia uma aparência grotesca. Jamie olhou para a protuberância por um longo tempo, imaginando se aquele era o golpe que causara sua morte.

O morto de repente fez uma careta. Foi um movimento muito leve, que ela teria perdido de vista se não o estivesse observando tão atentamente.

Uma faísca de esperança se acendeu em sua mente. Ela se concentrou na forma como o guerreiro estava respirando. Era um pouco rasa, ela decidiu, mas verdadeira como a respiração de um galo. Um bom sinal, pois geralmente havia um chocalhar estremecendo no ar quando a morte vinha espreitando sua presa.

A verdade mesmo assim a pegou de surpresa. Angus não estava morrendo... ainda.

O padre estava demorando uma eternidade para terminar suas orações. Jamie não queria esperar. O homem que os enlutados estavam velando decerto pegaria uma febre e morreria antes do amanhecer, a menos que ela pudesse cuidar de seus ferimentos.

Jamie estendeu a mão para tocar o ombro de Alec. Ele imediatamente se virou, então se moveu para bloquear a visão do soldado ferido. Ele não parecia muito feliz em vê-la.

— É Angus? — ela sussurrou.

Alec assentiu.

— Volte para a cama, Jamie.

— Ele não está morto.

— Ele está morrendo.

— Não, não acho que esteja, Alec.

— Vá para a cama.

— Mas, Alec...

— Agora.

A dureza em seu comando a preocupou. Jamie se virou e caminhou lentamente de volta para a cama. Ela já estava listando os itens de que precisaria para ajudar Angus.

Quando voltou para junto do marido, seus braços estavam cheios de seus preciosos frascos de remédios. Ela havia enfiado uma agulha comprida e um fio resistente em um bolso do robe. Três meias brancas pendiam de seu outro bolso. Jamie estava determinada a fazer o que pudesse para salvar o guerreiro, com ou sem a cooperação de seu marido. Ela só esperava que Alec não fizesse muito barulho antes de ceder.

Ele ia ter que ceder, porém, e era isso.

O padre deu a bênção final e ajoelhou-se. Alec fez um gesto para seus homens, virou-se e quase derrubou Jamie no chão. Ele instintivamente estendeu a mão para firmá-la.

Estava furioso com ela. Seu olhar deixava isso claro. Assim como o forte aperto nos ombros dela. Jamie respirou fundo, então falou de repente:

— Na Inglaterra, temos um costume bastante pitoresco, Alec. Nós não velamos um homem até que ele esteja morto, e não chamamos nosso padre até que tenhamos certeza de que ele está morrendo. — Ela decerto ganhara toda a atenção dele com essa declaração. — Alec, você não pode ter certeza de que Angus esteja morrendo. Deixe-me ver os ferimentos. Se Deus estiver determinado a levá-lo agora, nada que eu faça terá qualquer impacto. — Ela afastou as mãos dele enquanto esperava a resposta. Demorou muito para chegar. Alec a observava como se ela tivesse acabado de enlouquecer. Jamie tentou se mover para o lado, mas ele bloqueou sua visão mais uma vez.

— Tem sangue.

— Eu vi.

— O sangue faz você passar mal.

— Alec, de onde você tira suas ideias?

Ele não respondeu a essa provocação.

— O sangue não vai me fazer passal mal.

— Se passar, ficarei muito descontente com você.

E se sua voz ficasse mais áspera, provavelmente causaria a queda de um raio, Jamie pensou.

— Vou cuidar dele, marido, com ou sem a sua permissão. Agora saia do meu caminho.

Ele não se mexeu, mas seus olhos se arregalaram diante da ordem ríspida. Jamie pensou que ele poderia estar pensando em estrangulá-la. Ela decidiu então que dar ordens a ele não era a abordagem correta.

— Alec, eu lhe disse como lutar contra aqueles bandidos que nos atacaram no caminho para cá?

Ele achou essa pergunta ridícula demais para responder. Jamie o fez por ele.

— Não, claro que não. Não sei nada sobre lutas, marido, mas sei muito sobre cura. Vou ajudar Angus e pronto. Agora, por favor, saia do meu caminho. Seu amigo está com uma dor terrível.

Foi a última observação que ganhou a cooperação dele.

— Como você sabe que ele está com dor?

— Eu o vi fazer careta.

— Tem certeza?

— Muita.

A ferocidade em seu tom o surpreendeu. Ela estava se transformando em uma tigresa diante de seus olhos.

— Faça o que puder.

Jamie soltou um suspiro cansado enquanto se apressava para a mesa. Ela colocou seus potes em um canto, então se inclinou sobre Angus para estudar seus ferimentos. Todos os guerreiros voltaram para a mesa. Eles pareciam indignados. Alec pensou que poderia ter uma rebelião em suas mãos. Cruzou os braços sobre o peito e lentamente examinou sua plateia, pois, naquele momento, todos se viraram para olhar para ele. Obviamente estavam esperando para ver o que ele faria quanto à interferência desrespeitosa de sua esposa.

Jamie não deu atenção aos soldados. Em vez disso, gentilmente cutucou as bordas do vergão na testa de Angus. Em seguida, estudou o ferimento no peito.

— É exatamente como eu suspeitava — disse ela.

— O dano? — perguntou Alec.

Jamie balançou a cabeça. Havia um sorriso em sua voz quando ela falou:

— É principalmente sujeira.

— Sujeira?

— Significa que parece pior do que realmente é — explicou Jamie.

— Ele não está morrendo? — Foi o padre quem fez essa pergunta. O velho esforçava-se para ficar de pé, ofegante com o esforço. Ele olhou para Jamie com uma carranca tão feroz quanto qualquer outra que ela já tinha visto antes.

— Ele tem uma boa chance, padre — declarou Jamie. Ela ouviu uma mulher gritar e adivinhou que era Elizabeth.

— Eu gostaria de ajudá-la — anunciou o padre.

— Eu gostaria de sua ajuda — respondeu. Ela ouviu os soldados resmungando baixinho atrás dela. Ela os ignorou e voltou-se para o marido. — Você estava saindo com seus homens, eu notei, mas se não for uma missão importante, eu poderia usar sua ajuda também.

— Nós íamos construir uma urna — explicou Alec.

— Uma urna?

— Uma urna funerária — interveio o padre.

Jamie parecia incrédula. Sentiu vontade de tapar os ouvidos de Angus com as mãos para que ele não ouvisse aquela conversa desanimadora.

— Pelo amor de Deus, você colocaria Angus a sete palmos antes que ele parasse de respirar?

— Não, nós esperaríamos. Você realmente acha que pode salvá-lo, não é?

— O que posso fazer para ajudar? — Gavin indagou antes que Jamie pudesse responder ao marido.

— Preciso de mais luz, tiras de linho, um cálice de água morna, tigelas com mais água e duas ripas de madeira, Gavin, deste tamanho e comprimento — ela instruiu, mostrando-lhe com as mãos as dimensões desejadas.

Se eles achavam que seus pedidos não faziam sentido, não fizeram nenhuma menção.

— O braço dele está quebrado, moça. Pensa em cortá-lo? — o padre perguntou.

Um soldado atrás das costas de Jamie murmurou:

— Angus preferiria morrer a ter seu braço removido.

— Não vamos cortar o braço dele — Jamie anunciou, exasperada. — Nós vamos consertá-lo.

— Você consegue fazer isso? — o padre questionou.

— Consigo.

O círculo de homens se apertou ao redor da mesa. Gavin abriu caminho ao lado de sua senhora.

— Aqui está a taça de água que pediu. As tigelas estão atrás de você.

Jamie abriu um dos frascos de remédio, colocou uma pitada de pó marrom entre o polegar e o indicador e misturou com a água na taça. Quando o líquido ficou turvo, ela o entregou a Gavin.

— Por favor, segure isso por apenas um momento.

— O que é, senhora? — Gavin cheirou a poção.

— Uma bebida de dormir para Angus. Também aliviará a dor dele.

— Ele já está dormindo.

Jamie não reconheceu a voz, sabia que outro soldado havia feito aquele comentário. Seu tom era cheio de raiva.

— Sim, ele está dormindo — outro murmurou. — Qualquer um pode ver que ele está.

— Ele não está dormindo — Jamie rebateu, tentando manter a paciência. Ela sabia que teria de ganhar a confiança deles se quisesse obter sua ajuda.

— Então por que ele não está falando conosco ou olhando para nós?

— Ele está com muita dor — Jamie respondeu. — Alec, poderia levantar a cabeça dele para que possa beber mais facilmente?

Alec foi o único que não discutiu. Ele se aproximou da mesa e levantou a cabeça de Angus. Jamie se inclinou sobre o amigo de seu marido, segurou seu rosto entre as mãos e falou com ele.

— Angus, abra os olhos e olhe para mim.

Precisou repetir o pedido três vezes, berrando da última, antes que o guerreiro finalmente obedecesse.

Um murmúrio surpreso correu ao redor da mesa. Os incrédulos do recinto tinham acabado de ser convencidos.

— Angus, você deve beber — Jamie ordenou. — Vai acabar com a sua dor. — Ela não parou de insistir até que o guerreiro engoliu uma grande porção.

Então ela suspirou com satisfação.

— Levará apenas um minuto ou dois antes que a poção faça efeito.

Depois dessa declaração, Jamie olhou para cima.

Alec estava sorrindo para ela.

— Ele ainda pode pegar febre e morrer — ela sussurrou, temendo que tivesse dado a ele muita esperança, mas cautela insuficiente.

— Ele não ousaria.

— Ele?

— Não depois do jeito que você gritou com ele — Alec respondeu.

Jamie sentiu-se corar.

— Tive que levantar a voz. Foi a única maneira que consegui fazer com que ele respondesse.

— Eu acho que ele está dormindo agora — Gavin interveio.

— Vamos ver — Jamie anunciou. Ela mais uma vez se inclinou sobre Angus e segurou o rosto dele nas mãos.

— A dor já está deixando você? — ela perguntou.

O guerreiro abriu os olhos lentamente. Jamie podia ver que o remédio estava começando a fazer efeito, pois os olhos castanhos estavam vidrados.

Seu rosto também tinha uma expressão tranquila.

— Fui para o céu? — Angus reagiu, sua voz um sussurro áspero. — Você é meu anjo?

Jamie sorriu.

— Não, Angus. Você ainda está nas Highlands.

Uma expressão de horror cruzou o rosto do guerreiro.

— Bom Deus Todo-Poderoso, eu não estou no céu. Estou no inferno. É um truque cruel que o diabo joga. Você parece um anjo, mas fala como... uma inglesa.

Ele rugiu o fim de sua declaração e imediatamente começou a se debater. Jamie se inclinou tão perto do ouvido direito dele que o estava quase beijando, então sussurrou em gaélico:

— Descanse, amigo. Você está seguro nas mãos dos escoceses, você está — ela mentiu. — Imagine sua próxima batalha com os ingleses se isso vai fazer você se sentir melhor, mas silêncio agora. Deixe a poção dominá-lo para você dormir.

A aspereza suave que deliberadamente colocara em sua voz soou horrível a seus próprios ouvidos. Angus estava muito sonolento para notar, no entanto. Ele parou de lutar e fechou os olhos novamente.

Ele adormeceu com um sorriso no rosto.

Jamie achou que ele poderia estar contando o número de soldados ingleses que ia matar.

— O que disse a ele, milady? — um soldado perguntou sobre o ombro dela.

— Eu disse que ele era muito teimoso para morrer agora — Jamie respondeu com um delicado encolher de ombros.

Gavin ficou desconcertado.

— Mas como você saberia se Angus era teimoso ou não?

— Ele é um escocês, não é?

Gavin olhou para Alec para ver se eles deveriam achar graça ou se ofender com o comentário de Lady Kincaid. Alec estava sorrindo. Gavin decidiu que sua senhora devia ter a intenção de fazer uma brincadeira. Um franzido marcou sua testa, e ele começou a se perguntar quanto tempo levaria para entender aquela inglesa incomum. Sua voz doce era tão enganosa quanto sua aparência. Ela era uma coisinha de aparência tão delicada. Ora, o topo de sua cabeça mal chegava ao ombro do marido. Aquela voz rouca dela poderia convencê-lo a cumprir cada pedido que ela fizesse se ele não ficasse atento.

— Eu também gostaria de ajudá-lo.

A voz chorosa pertencia a Elizabeth. Ela estava do outro lado da mesa, de frente para Jamie. A mulher loira ainda parecia assustada, mas determinada também. Jamie sorriu para ela, que devolveu um sorriso hesitante.

— Angus é meu marido. Eu farei o que me disser para fazer.

— Estou grata por sua ajuda — respondeu Jamie. — Umedeça este pano e pressione-o na testa de seu marido — ela orientou.

Jamie tirou três meias do bolso e deslizou uma delas sobre a ripa de madeira que Gavin havia fornecido. Antes que terminasse, um dos soldados cobriu a segunda ripa para ela.

Suas mãos tremiam agora, pois a tarefa que ela mais temia não podia mais ser adiada. Era hora de endireitar o braço de Angus.

— Na Inglaterra, virou costume usar uma esponja para dormir para fazer um homem adormecer, mas não concordo com essa forma de tratamento — ela divagou. — Rezo para que Angus durma durante o procedimento.

— Ele dormiria melhor se você tivesse usado a esponja? — um soldado indagou.

— Ah, sim. Mas poderia não acordar. A maioria não acorda. A desvantagem supera o mérito, não acha?

Os soldados imediatamente murmuraram seu acordo.

— Alec? Você terá que fazer isso por mim. Não tenho forças — disse ela. — Gavin, vou precisar de longas tiras de linho prontas para amarrar as ripas.

Jamie passou a terceira meia sobre a mão inchada de Angus, parou para fazer cinco furos na ponta, depois passou os dedos e o polegar pelas aberturas. Cada vez que tocava no braço de Angus, lançava a ele um olhar rápido e preocupado para ver se havia acordado.

— Alec, segure a mão dele. Gavin, você segura o braço — ela orientou. — Puxe, mas muito devagar, por favor, até que eu possa endireitar o osso. Elizabeth, você deve virar as costas agora. Não quero que veja isso.

Jamie respirou fundo, acalmou-se e então murmurou:

— Deus, eu odeio essa parte dos meus deveres. Agora.

Foram necessárias três tentativas até que ela se convencesse de que as extremidades quebradas do osso estavam na posição correta. Deslizou a primeira ripa debaixo do braço, depois colocou a segunda em cima. Suas mãos tremiam. Alec segurou as ripas no lugar enquanto Jamie enrolava as tiras de linho ao redor da madeira. Quando terminou, o braço de Angus estava firmemente travado no lugar.

— Pronto, o pior acabou — anunciou ela com um profundo suspiro de alívio.

— Mas o peito dele, milady — o padre a lembrou. Ele soltou uma tosse alta e dolorosa, depois acrescentou: — Tem um buraco enorme nele.

— Parece pior do que realmente é — Jamie respondeu.

Um suspiro coletivo a fez sorrir. Quando ela pediu luz adicional, quase ficou cega pelo número de velas que os soldados ergueram.

Jamie pediu outra taça de água morna. Abriu mais um de seus potes, despejou uma boa quantidade de pó alaranjado no líquido, e então surpreendeu o padre ao lhe entregar o recipiente.

— Beba isso. Vai curar sua tosse — afirmou ela ao clérigo. — Percebo que é dolorida para o senhor.

O padre ficou sem palavras. A consideração de Jamie o surpreendeu. Ele tomou um bom gole, então fez uma careta.

— Beba tudo, padre — ordenou Jamie.

Como uma criança, ele hesitou por um minuto, depois atendeu ao pedido.

Jamie voltou sua atenção para o ferimento no peito de Angus. Ela trabalhou até tarde da noite. A ferida estava cheia de crostas de sujeira e sangue seco. Jamie era meticulosa em sua tarefa, pois sabia, por experiência anterior e pelas instruções de sua mãe, o terrível dano que um único grão de sujeira poderia causar se deixado dentro da ferida. Ela não entendia a razão por trás dessa verdade, mas acreditava mesmo assim. Como a ferida estava irregular, ela usou agulha e linha para costurar as bordas.

Alec ordenou que uma cama fosse trazida para o grande salão. Ele sabia que Jamie desejaria ter seu paciente por perto, e a casa de Angus ficava a uma boa distância dali.

A esposa do soldado não disse mais uma palavra durante a longa noite. Ela não se moveu de sua posição em frente à Jamie e observou cada movimento seu.

Jamie mal prestou atenção à mulher. Ficou curvada sobre o guerreiro por tanto tempo que, quando enfim se endireitou, uma dor subiu por sua espinha, assustando-a com um suspiro. Ela cambaleou para trás. Antes que pudesse recuperar o equilíbrio, sentiu pelo menos uma dúzia de mãos em suas costas para lhe oferecer apoio.

— Elizabeth, por favor, me ajude a enfaixar o peito de seu marido — ela pediu, pensando em incluir a preocupada mulher na atividade.

Elizabeth estava ansiosa para ajudar. Assim que a tarefa foi concluída, Alec carregou seu amigo até a cama. Jamie e Elizabeth seguiram atrás.

— Ele estará espumando de dor quando acordar — Jamie previu. — Você terá um urso nas suas mãos, Elizabeth.

— Mas ele vai acordar.

Havia um sorriso na voz de Elizabeth.

— Sim, ele vai acordar — Jamie confirmou.

Ela deixou a mulher colocar as cobertas em volta dos ombros do marido antes de perguntar:

— Para onde Edith e Annie foram?

— Voltaram ao chalé para dormir — Elizabeth respondeu. Ela passou a mão na testa de Angus em uma ação gentil e amorosa que mostrava o quanto amava o marido. — Eu devia acordá-las quando Angus... quando ele morresse.

Jamie lançou a Alec um olhar perplexo.

O padre Murdock começou a roncar, chamando a atenção de todos. O velho padre estava esparramado em uma cadeira que ele puxara para o lado da mesa.

— Oh, céus — disse Jamie. — Esqueci de dizer que a poção o deixaria com sono.

— Ele pode dormir lá — Alec anunciou. Então se virou para a esposa de Angus e disse: — Elizabeth, vá descansar um pouco. Gavin e eu vamos nos revezar sentados com seu marido até você voltar.

Pela expressão desanimada de Elizabeth, Jamie sabia que ela não queria deixar o marido. No entanto, imediatamente assentiu e foi para a porta. Jamie presumiu que a obediência a seu *laird* superava todas as outras considerações.

— Alec, se você estivesse doente, eu decerto não sairia de seu lado.

Por que Elizabeth não pode dormir aqui? Ela poderia descansar em uma cadeira ou talvez usar um dos quartos acima da escada, você não acha?

Elizabeth se virou.

— Eu ficaria mais confortável — ela interrompeu.

Alec olhou de uma mulher para outra, então assentiu.

— Vá e pegue suas coisas. Você vai dormir em um dos quartos do andar de cima, Elizabeth. Lembre-se de sua condição. Angus ficará zangado se acordar e encontrar você exausta.

Elizabeth fez uma reverência formal.

— Obrigada, milorde — disse ela.

— Marcus? Leve Elizabeth para sua casa para pegar as coisas dela — Alec mandou de longe.

Jamie estava ao lado da cama, observando Angus. Elizabeth caminhou para o lado dela, hesitou, então estendeu a mão para tocar a sua.

— Eu a agradeço, senhora — ela sussurrou.

— Você não terá que acordar Edith e Annie — Jamie respondeu.

Elizabeth sorriu.

— Não, eu não vou ter que acordá-las. — Ela começou a se virar, então mudou de ideia. — Meu filho levará o nome do pai quando nascer.

— Quando esse evento abençoado acontecerá?

— Em seis meses. E se for uma menina...

— Sim?

— Vou batizá-la com o seu nome, milady.

Jamie teria dado risada se tivesse forças. Estava tão exausta, porém, que só conseguiu dar um sorriso.

— Ouviu a promessa dela, Alec? Elizabeth não parece pensar que Jamie seja nome de homem. O que você acha disso?

Elizabeth sorriu para Alec, recebeu seu aceno de cabeça e disse:

— Jamie? Achei que seu nome fosse Jane, milady.

Alec riu da esposa. Elizabeth apertou a mão de Jamie para que ela soubesse que estava brincando, então saiu do salão com Marcus.

— Esse homem nunca sorri? — Jamie perguntou a Alec quando estavam novamente sozinhos.

— Quem?

— Marcus.

— Não, ele não ri.

— Ele não gosta de mim de forma alguma.

— Não, ele não gosta.

Jamie lançou a Alec um olhar descontente por sua fácil submissão, então misturou outra poção conhecida por repelir a febre. Ela estava voltando para a cama quando, de repente, percebeu que não tinha verificado a metade inferior do corpo de Angus para ver se havia outros ferimentos que precisassem de sua atenção.

Ela decidiu deixar Alec olhar enquanto ela mantinha os olhos fechados.

— Não há nenhum outro ferimento — Alec anunciou depois que fez o que Jamie pediu.

Seu alívio durou pouco. Quando ela abriu os olhos, Alec estava parado a uns trinta centímetros de distância, sorrindo para ela.

— Você está corando, esposa. Responda-me esta pergunta — ele comandou em uma voz suave e provocadora. — Se tivesse havido lesão, o que você teria feito?

— Repararia se possível. E provavelmente ficaria ruborizada o tempo todo. Você deve se lembrar, Alec, que eu sou uma mera mulher.

Ela esperou que ele a contradissesse.

— Sim, você é.

A maneira como ele a estava olhando fez seu rubor se intensificar. Qual era o problema com ele? Alec agia como se quisesse dizer algo mais para ela, mas não conseguia se decidir.

— Voltei a ficar feia, marido? Sei que devo estar toda desmazelada.

— Você nunca foi feia — Alec respondeu. Ele afastou uma mecha do cabelo dela para trás sobre seu ombro. A ação terna fez disparar arrepios pelos braços dela. — Mas você está toda desmazelada.

Jamie não sabia como encarar essa observação. Ele estava sorrindo, então ela supôs que não a havia insultado. Ou havia? O homem tinha uma estranha noção do que era divertido.

Quanto mais ele continuava a olhar para ela, mais nervosa ela ficava.

— Aqui, faça Angus beber isso. — Ela empurrou o cálice nas mãos dele.

— Nas últimas horas, você desferiu ordens como um comandante em um campo de batalha, Jamie. Agora se mostra tímida para mim. O que causou essa mudança?

— Você — Jamie revelou. — Você me deixa tímida quando me encara assim.

— É bom saber.

— Não, decerto não é bom saber — murmurou.

Ela arrancou a taça das mãos dele, correu para o lado de Angus e cutucou seu paciente para que bebesse a porção inteira.

— Quero que você use meu tartã — disse Alec.

— O quê?

— Quero que use minhas cores, esposa.

— Por quê?

— Porque você pertence a mim agora — explicou ele, pacientemente.

— Vou usar seu tartã quando meu coração quiser pertencer a você, Kincaid, e nem um minuto antes. O que acha disso?

— Eu poderia ordenar que você...

— Mas não vai.

Alec sorriu. Sua gentil e pequena esposa estava começando a entendê-lo, afinal, mas ele também estava aprendendo como a mente dela funcionava. A mulher tola não percebia que seu coração já havia amolecido em relação a ele. Ainda assim, ele queria que ela admitisse.

— Você estava sendo sincera quando disse aquilo à Elizabeth? Teria ficado ao meu lado se eu estivesse ferido?

— É claro. — Ela nem olhou por cima do ombro quando acrescentou: — Pode se livrar desse sorriso arrogante, marido. Qualquer esposa ficaria ao lado do marido. É o dever dela.

— E você sempre cumpriria seu dever.

— Eu poderia.

— Eu lhe darei duas semanas para se decidir, Jamie, mas uma hora ou outra você acabará usando meu xadrez.

Enquanto observava Jamie, a verdade provocou uma admissão bastante contraditória em Alec. Realmente queria que ela gostasse dele. Queria que o amasse. Ele estava, no entanto, bastante determinado a não amá-la. Sua razão era simples: um guerreiro não amava sua esposa; ele a possuía. Havia uma boa razão para isso, é claro: o amor complicava um relacionamento. Também poderia minar os deveres de um *laird*. Não, ele nunca poderia amar Jamie, mas estaria condenado se ela não começasse a amá-lo logo.

— Duas semanas.

Ela não precisava desse lembrete.

— Você é muito arrogante, marido.

— É bom você notar.

Alec deixou o salão antes que ela pudesse abafar o riso o suficiente para atraí-lo novamente. Seus soldados estariam esperando no pátio externo e no interno, abaixo, desejando saber como estava o amigo. Várias centenas de homens mantinham vigília da morte de Angus. Eles não iriam para seus catres até que entrassem para ver o amigo. Era direito deles, e Alec não ia negar.

Angus estava acordando de seu sono induzido por medicamentos quando Jamie estava fechando os olhos. Ela se ajoelhara no chão, seus pés dobrados sob a bainha do robe. Seu cabelo comprido estava espalhado como um cobertor pelas costas. Angus gemeu quando tentou mover o braço latejante. Ele queria esfregar o braço para fazer aquela sensação passar, mas, quando tentou mover a outra mão, sentiu alguém segurá-lo.

Ele abriu os olhos e imediatamente viu a mulher. Repousava a cabeça ao lado de sua coxa. Seus olhos estavam fechados. Ele não sabia como sabia, mas tinha certeza de que os olhos dela eram violeta, claros, encantadoramente violeta.

Angus pensou que ela estava dormindo, mas quando tentou tirar a mão de seu aperto, ela não o deixou.

Os soldados começaram então a entrar em fila no corredor, chamando sua atenção. Seus amigos estavam todos sorrindo para ele. Angus tentou retribuir a saudação. Estava com dor, sim, mas seus sorrisos lhe diziam que não estava morrendo. Talvez, pensou, a extrema-unção que ouvira fosse para outra pessoa.

Alec, com Gavin ao seu lado, estava perto da entrada, esperando. Alec olhou para sua esposa, mas Gavin observou os homens.

Foi um momento mágico, pelos cálculos de Gavin. Os soldados pareciam atordoados com a visão que testemunharam. Todos sabiam que Lady Kincaid havia salvado seu amigo da morte certa. O sorriso fraco de Angus confirmou o milagre.

O salão só podia conter um terço de seu número, mas, quando o primeiro homem se ajoelhou e inclinou a cabeça, os outros seguiram seu exemplo, até que até os soldados do lado de fora estivessem todos ajoelhados.

Era uma demonstração de lealdade unida, Alec sabia, mas não era por Angus que os soldados se ajoelhavam. Não, Angus era igual a eles. Os homens não se ajoelhariam diante dele. Os soldados estavam agora dando a Lady Kincaid sua lealdade, sua total confiança.

E sua esposa dormia durante a promessa silenciosa.

— E eu aqui me gabando de que ela fosse levar muito tempo para ganhar a confiança deles — Gavin comentou com Alec. — Estava errado. Ela levou menos de um dia.

Marcus e sua irmã Edith entraram no corredor assim que o último dos soldados passou. Eles esperaram ao lado de Gavin, até que Elizabeth, segurando a mão de Annie, os alcançasse.

— Você vê, Annie? Eu disse que Angus estava melhor. Veja como ele está sorrindo. — Elizabeth sussurrou sua feliz notícia, então largou a mão de Annie para correr para o lado do marido.

— Lady Kincaid salvou Angus — Gavin contou a Marcus. — É hora de alegria, meu amigo, não de raiva. Por que você franziu a testa assim?

— Angus teria conseguido com ou sem a ajuda de Lady Kincaid. Foi uma decisão de Deus, não dela.

A aspereza em seu tom chamou a atenção de Alec para ele.

— Você não aceita minha esposa, Marcus? — perguntou o *laird*, sua voz enganosamente suave.

O guerreiro imediatamente balançou a cabeça.

— Eu a aceito porque ela é sua esposa, Alec, e a protegeria com minha vida — acrescentou. — Mas não vai ganhar minha lealdade tão facilmente.

Anna e Edith ficaram ao lado de Marcus, imitando seu semblante severo enquanto ouviam a conversa. Alec olhou para cada um, então falou novamente:

— Todos vocês a farão se sentir bem-vinda. Estão me entendendo?

As mulheres imediatamente concordaram com a cabeça. Marcus demorou um pouco mais para concordar.

— Você esqueceu nossa Helena tão cedo, Alec?

— Já se passaram quase três anos — Gavin interveio.

— Eu não esqueci — Alec anunciou.

— Então por que...

— Eu me casei para agradar meu rei, Marcus, e você sabe muito bem disso. Antes de virarem as costas para minha esposa, lembrem-se disso, todos vocês. Jamie também se casou por ordem de seu rei. Ela não queria esse casamento tanto quanto eu. Honrem-na por cumprir seu dever.

— Ela realmente não queria se casar com você? — Annie perguntou. Seus olhos castanhos espelhavam sua surpresa.

Alec balançou a cabeça.

— A única razão pela qual discuto esses assuntos com você, Annie, é por causa de sua irmã, Helena. Jamie estava prometida a outro homem. Por que ela ia querer se casar comigo?

— Os ingleses não gostam de nós tanto quanto nós não gostamos deles — Gavin interveio.

— Sua esposa não sabe o quanto é afortunada — Annie interrompeu timidamente.

Alec sorriu com a sinceridade na voz de Annie. Ele deixou os três o encarando enquanto caminhava até sua esposa adormecida e gentilmente a levantava em seus braços. Ele a segurou contra seu peito.

Gavin seguiu atrás, pensando em assumir a guarda ao lado de Angus.

— Eu me pergunto, Alec, quanto tempo sua esposa vai levar para nos aceitar — ele comentou.

— Pouco tempo — previu Alec. Ele foi em direção à sua cama, então gritou por cima do ombro: — Ela vai se instalar aqui, Gavin. Você verá.

Capítulo onze

Ela começou três guerras na primeira semana.

As intenções de Jamie eram bastante honrosas. Decidira tirar o melhor da situação, aceitando o fato de que estava casada com o *laird* agora. Cumpriria seu dever de esposa e cuidaria dele e de sua casa. Não importava o quanto os ajustes fossem difíceis para Alec, ela não fugiria das próprias obrigações.

Nos recônditos de sua mente havia uma esperança bruxuleante de que, enquanto se ocupava com os próprios deveres, ela também implementaria algumas mudanças necessárias. Ora, se realmente se resolvesse a isso, talvez fosse capaz de ser civilizada com aquela gente das Highlands.

As guerras, amontoando-se uma sobre a outra, na verdade, lhe davam arrepios. Não estava prestes a assumir a culpa por instigar quaisquer conflitos. Não, a culpa era dos escoceses, seus costumes ridículos, seu jeito teimoso e, acima de tudo, seu orgulho inflexível. Era culpa dela que nenhum desses bárbaros tivesse um pingo de bom senso?

Jamie dormiu até depois da refeição do meio-dia no dia depois de cuidar de Angus. Pensou que merecia o longo descanso até se lembrar de que era domingo e que tinha perdido a missa. Era um dever ir, e a percepção de que ninguém se incomodara em acordá-la a irritou. Agora teria que usar um de seus xelins para comprar uma indulgência.

Vestiu a chemise cor creme e o bliaut cor de rubi, depois pendurou um cinto trançado ao redor da cintura e o deixou bem frouxo para que pendesse em seus quadris, conforme a moda naqueles dias. Ela podia não ter ido à corte, mas se mantinha a par dos mais novos estilos, mesmo que fosse um aborrecimento. Ainda assim, não queria que os escoceses pensassem que ela era apenas uma menina ignorante do interior. Era a esposa do *laird* deles agora e deveria sempre parecer estar na moda. Penteou o cabelo, deu um bom apertão nas bochechas para ganhar cor e foi ver como estava o paciente. Se tudo estivesse bem com Angus, ela iria atrás do padre e colocaria o problema de seu pecado nas mãos dele.

Temia a iminente penitência.

A sorte estava a seu lado, no entanto. Não só Angus dormia em paz, como o padre também estava no salão. Estava na vez dele de se sentar junto ao guerreiro.

O padre começou a se levantar quando viu Jamie se aproximando.

— Por favor, fique sentado, padre — pediu Jamie, com um sorriso.

— Não fomos apropriadamente apresentados — anunciou o padre. — Sou o padre Murdock, Lady Kincaid.

Ainda era difícil compreendê-lo. A voz do padre era tão rala quanto seu cabelo. O leve sotaque apenas aumentava o problema. Ele parecia necessitar desesperadamente de dar uma boa tossida. Jamie resistiu ao impulso de tossir por ele.

— A dor no seu peito diminuiu, padre? — perguntou ela.

— Diminuiu, milady, com certeza diminuiu — respondeu o padre Murdock. — Não dormia tão bem há muitas noites. Aquela poção que me serviu deu resultado.

— Eu gostaria de fazer um unguento para o senhor o esfregar no peito — disse Jamie. — Acabaremos com essa tosse até o fim da semana.

— Obrigado, moça, por reservar o tempo para ajudar este velho.

— Devo lhe avisar, padre, que o fedor desse unguento fará seus amigos manterem distância.

O padre Murdock sorriu.

— Não me importarei.

— Angus descansou bem?

— Está dormindo agora, mas mais cedo Gavin precisou prendê-lo. Angus tentou arrancar os curativos do braço machucado. Elizabeth ficou tão aflita que quis acordar a senhora. Gavin a mandou para a cama.

Jamie fez careta ao saber das notícias enquanto avaliava os dedos inchados do guerreiro. A cor estava boa o suficiente para agradá-la. E levou a mão à testa dele em seguida.

— Ele não foi acometido pela febre — anunciou. — Suas preces devem tê-lo salvado, padre.

— Não, moça — contradisse o padre. — Foi a senhora que o salvou. Deus deve ter decidido permitir que Angus ficasse conosco e, em sua sabedoria, mandou-a para cá para cuidar dele.

O elogio a constrangeu.

— Bem, ele lhe mandou uma pecadora — ela deixou escapar, querendo pôr fim àquela situação terrível. — Perdi a missa de hoje de manhã — explicou depois de pressionar um xelim na mão dele. — Por favor, aceite essa moeda para uma indulgência.

— Mas, senhora...

— Agora, padre, antes de decidir a minha penitência. Eu gostaria de explicar as minhas razões. Não teria perdido a missa se Alec tivesse me acordado — disse ela, as mãos postas nos quadris e jogando o cabelo sobre o ombro em um gesto que o padre Murdock achou encantador. Um franzido preocupou o semblante dela.

— Parando para pensar, esse também deveria ser pecado de Alec. O que o senhor acha?

O padre não respondeu rápido o suficiente.

— Sabe — prosseguiu ela —, quanto mais reflito sobre o problema, mais me convenço de que Alec é que deveria estar lhe dando a moeda. Ora, o pecado é realmente dele.

Padre Murdock estava tendo dificuldade para acompanhar sua linha de pensamento. Ele sentia como se um turbilhão tivesse acabado de preencher o cômodo. Um turbilhão com o sol brilhando através dele. O padre queria rir de pura alegria. A melancolia que pairara sobre a casa de Alec desde a morte de Helena se dissiparia agora. Tinha certeza. Havia visto a forma como o *laird* observava a esposa durante a noite enquanto ela cuidava de Angus. Ele parecia tão surpreso quanto o resto deles... e tão satisfeito quanto.

— Padre? — chamou Jamie. — O que pensa quanto ao meu temor?

— Nenhum de vocês pecou.

— Não?

Padre Murdock sorriu com a surpresa que sua declaração causara. Lady Kincaid parecia atônita.

— É muito devota, não é, Lady Kincaid?

Seria um pecado permitir que o padre pensasse isso.

— Céus, não — ela se apressou a dizer. — Não posso deixar o senhor acreditar em tal mentira. É só que nosso padre voltou para casa... bem, ele é muitíssimo devoto, e devo lhe dizer que as penitências dele costumam ser terríveis. Creio que o tédio o tenha levado a ser rigoroso. Ele fez Agnes cortar o cabelo uma vez. Ela chorou por uma semana.

— Agnes?

— Uma de minhas queridas irmãs.

— Deve ter sido um pecado terrível — observou padre Murdock.

— Ela dormiu durante um dos sermões dele — confessou Jamie.

O padre tentou não rir.

— Não somos tão rigorosos por aqui — advertiu o padre. — Prometo que jamais farei a senhora cortar o cabelo, Lady Kincaid.

— Uma lástima o senhor não ter vivido conosco, então — exclamou Jamie. — O cabelo de Agnes não deu um cacho desde que ela foi forçada a cortá-lo.

— Quantos pessoas há em sua família?

— Há cinco de nós, todas meninas, mais a mais velha, Eleanor, morreu quando eu tinha apenas sete anos, então não me lembro bem dela. As gêmeas, Agnes e Alice, vieram em seguida, depois Mary, e eu sou a mais nova. Papai nos criou praticamente sozinho — adicionou, com um sorriso meigo.

— Uma família sadia, parece-me — comentou o padre, com um aceno de cabeça. — Suas irmãs são tão belas quanto a senhora?

— Oh, muito mais. Mamãe já me esperava quando se casou com papai. Ele havia perdido a esposa, veja bem, e mamãe havia perdido o marido logo depois que se casou com ele. Mas para papai não se importou. Eu me tornei sua filha assim que ele se casou com mamãe.

— Um bom homem — comentou padre Murdock.

— Sim — concordou Jamie, com um suspiro. — Só de falar da minha família, fico com saudade.

— Então não falemos mais deles. Tome de volta essa moeda, por favor, e faça melhor uso dela.

— Prefiro que o senhor a mantenha. A alma de meu marido com certeza faria bom uso da atenção. Ele é o *laird*, afinal, e teve que matar homens em batalha. Não me entenda mal, padre, pois Alec jamais tiraria uma vida sem uma boa razão. Embora eu não o conheça tão bem quanto o senhor, creio, de verdade, que ele não sairia procurando problemas. Sei que é verdade, do fundo do meu coração. Pode aceitar a minha palavra quanto a isso, padre.

Alec entrou no salão bem a tempo de ouvir a esposa lhe defender o caráter.

— Concordo, moça — respondeu o padre. E olhou para cima e viu a expressão exasperada do *laird*. Ele teve dificuldade para segurar a risada.

— Ora, bem — disse Jamie, e o suspiro de alívio foi evidente. — Fico feliz pelo senhor concordar. Embora seja vergonhoso para mim admitir, eu fico muito cansada por ter que pensar o tempo todo em minha alma. Padre Charles nos obrigava a confessar cada pensamento. Acontece que às vezes eu inventava umas coisas só para aplacá-lo. Ele é um padre muitíssimo consciencioso, e nós levávamos uma vida bastante tranquila. Nada pecaminoso jamais acontecia.

O padre Murdock pensou que o outro sacerdote parecia um fanático.

— Somos muito mais tranquilos aqui, Lady Kincaid.

— Fico feliz por saber. Agora que estou casada, também deverei cuidar da alma de meu marido, e se isso não for o bastante para fazer meus cabelos ficarem grisalhos, não sei o que será. Padre, creio que nos tornaremos muito bons amigos. O senhor deve começar a me chamar de Jamie, não concorda?

— Eu concordo, Jamie, que você tem um bom coração. É exatamente o sopro de ar fresco que esse castelo velho está precisando.

— Sim, padre, ela tem um coração muito bondoso — interveio Alec. — Ela terá que tentar superar essa falha.

— Ter bom coração não é uma falha.

Jamie ficou agradecida por ter feito o comentário categórico enquanto ainda olhava para o padre, pois uma vez que se virou para confrontar o marido, não foi capaz de falar nada. Arquejou, em vez disso.

Alec estava seminu.

O homem estava vestido como um bárbaro. Usava uma camisa branca, que era a única vestimenta civilizada cobrindo seu corpo enorme. A camisa estava parcialmente coberta pela ponta do tartã dobrada sobre o ombro em pregas enormes, presas no lugar por um cinto de corda estreito e caía apenas até o meio da coxa. Botas pretas, que estavam cinza nos lugares mais surrados, cobriam apenas parte das pernas musculosas.

Os joelhos estavam nus feito o traseiro de um bebê.

Alec pensou que ela parecia prestes a desmaiar. Ele escondeu a irritação ao esperar pacientemente que ela se acostumasse com o seu traje e então disse:

— Como está Angus?

— Perdão?

Ela ainda escarava os seus joelhos.

— Angus — repetiu Alec, um pouco mais veemente.

— Oh, sim, Angus, é claro — respondeu ela, assentindo várias vezes.

Quando Jamie continuou sem dizer mais nenhuma palavra, Alec foi mais impositor.

— Você olhará para o meu rosto quando eu falar, esposa.

Jamie ficou assustada com a brusquidão da reprimenda. E logo fez o que ele ordenou.

Alec estava certo de que o rubor dela causaria um incêndio.

— Quanto tempo acha que levará para se acostumar a me ver vestido assim? — perguntou ele, com óbvia exasperação.

Ela se recuperou rapidamente.

— De que forma? — indagou, com um sorriso inocente.

Um sorriso irônico suavizou a boca do *laird*.

— Sempre terei que me repetir para você?

Ela encolheu os ombros a modo de resposta.

— Tem algum assunto a tratar comigo? — perguntou ela.

Ele decidiu voltar a envergonhá-la.

— Esposa, você já me viu sem roupa, ainda assim age...

Ela se apressou a bater a mão sobre a boca dele.

— Eu o senti nu, marido. Não o vi nu. Há uma diferença — adicionou ela, e deixou cair a mão quando percebeu o que acabara de fazer, então recuou. — Lembre-se de suas maneiras diante do padre, Alec.

Ele revirou os olhos para os céus, e ela pensou que ele estivesse rogando por paciência.

— Agora, conte-me o que queria me dizer.

— Eu quero falar com Angus — respondeu Alec. Ele foi em direção à cama, mas Jamie intrometeu-se bem no seu caminho, bloqueando-o. As mãos foram mais uma vez para os quadris.

— Ele está dormindo agora. Pode falar com ele mais tarde.

Alec não podia acreditar no que acabara de ouvir.

— Acorde-o.

— Seu rugido deve ter conseguido acordá-lo — murmurou ela.

Ele respirou fundo.

— Acorde-o — ele ordenou de novo. Em um tom mais suave, adicionou: — E, Jamie?

— Sim?

— Jamais me diga o que devo ou não fazer.

— Por quê?

— Por quê?

Antes que pudesse encontrar coragem para responder, ela precisou se lembrar de que o marido prometera jamais perder a paciência com ela. A expressão do homem era assustadora.

— Por que jamais devo lhe dizer o que você deve ou não fazer?

Ela sabia que ele não gostara da pergunta. A mandíbula estava cerrada agora. Os músculos da bochecha flexionaram uma vez, depois mais uma. Perguntou-se se o marido sempre teve essa aflição nervosa ou se era algo recente.

— É assim que fazemos por aqui — padre Murdock adiantou-se a responder.

O sacerdote saiu ofegante da cadeira e correu para se postar ao lado de Lady Kincaid. Sua preocupação era bem fundamentada. Conhecia Alec Kincaid há muitos anos, reconhecia muito bem aquele olhar dele, e procurou intervir em favor de Jamie antes que o temperamento de Alec explodisse. Com o tempo, Jamie com certeza aprenderia o perigo de questionar um homem tão poderoso. Até lá, o padre decidiu que precisaria cuidar dela.

— A moça está aqui há pouco tempo. Com certeza não teve a intenção de o desafiar.

Alec assentiu. Jamie balançou a cabeça.

— Eu tinha a intenção de desafiá-lo, sim, padre, embora não deseje parecer insolente. Eu simplesmente gostaria que ele explicasse por que não posso lhe dizer o que fazer. Ele me diz com bastante frequência.

Ela teve a audácia de parecer descontente com ele.

— Sou seu marido e seu *laird*, esposa. São essas duas razões suficientes para você?

O músculo em sua mandíbula voltou a flexionar. Jamie estava fascinada por ele. Perguntou-se que poção poderia lhe dar para livrá-lo daquela mazela, então decidiu que, contanto que a olhasse feio, ela não se importaria.

— Pois bem? — exigiu Alec, dando um passo ameaçador em sua direção.

Ela não recuou um centímetro. Pela verdade de Deus, ela deu um passo na direção dele. Alec ficou impressionado. Ele era conhecido por fazer homens correrem pela própria segurança, mas aquele cisco de mulher era corajoso ao ponto de tentar enfrentá-lo.

Diabos, admitiu com um grunhido, ela o estava enfrentando.

O padre mais uma vez tentou intervir.

— Lady Kincaid, ousa incitar a raiva dele?

— Alec não perderá as estribeiras comigo — anunciou Jamie, o olhar fixo no marido. — Ele é um homem muito paciente. — Por estar olhando para o marido, ela perdeu a expressão perplexa do pregador.

— Ele me prometeu, padre. Ele jamais quebrará essa promessa.

Deus, como ela o estava provocando. Alec não podia decidir se queria estrangulá-la ou beijá-la.

— Você me fará me arrepender da promessa que lhe fiz, esposa?

Ela balançou a cabeça.

— Não. Sua atitude me preocupa, no entanto. Como algum dia nos daremos bem se você não aprender a ceder? Alec, sou sua esposa. Minha posição não me dá o direito de lhe dizer...

— Não dá — anunciou Alec, a voz dura feito pedra. — E se alguém cederá por aqui, será você. Fui claro?

A expressão dele sugeria que ela não deveria discutir. Jamie ignorou.

— Uma esposa não pode sequer dar a própria opinião?

— Não pode. — Alec deixou escapar um suspiro antes de continuar: — Posso ver que não entende como as coisas são por aqui, Jamie, e por essa razão perdoarei a sua insolência de hoje. Mas no futuro...

— Eu não estava sendo insolente — rebateu Jamie. — Simplesmente quero deixar claro na minha mente inferior. Diga-me, por favor — adicionou ela. — Quais são os meus deveres como sua esposa? Eu gostaria de começar o mais rápido possível.

— Você não tem quaisquer deveres.

Ela reagiu como se ele a tivesse golpeado. Alec viu a raiva cintilar nos olhos da esposa quando ela deu um passo para longe dele. Ele não sabia o que fazer com uma reação tão estranha. Ela não sabia o quanto ele estava sendo atencioso?

Supôs que ela não sabia, quando lhe fez outro comentário insolente:

— Toda esposa tem deveres, mesmo aquelas com opiniões.

— Você não.

— Pela lei da Escócia ou pela sua?

— Pela minha. Você se livrará desses calos em suas mãos, Jamie. Não será uma escrava aqui.

Ela soltou um arquejo ultrajado.

— Está sugerindo que eu era uma escrava em minha casa?

— Você era.

— Eu não era — devolveu a moça, quase aos gritos. — Sou tão desimportante para você que não me deixará encontrar o meu lugar aqui, Alec?

Ele não respondeu, pois, na verdade, por tudo o que era mais sagrado, ele não sabia do que ela estava reclamando.

Angus foi acordado pela ordem ríspida do *laird*, então interrogado em um rápido gaélico. A mente do guerreiro ferido estava surpreendentemente clara. Embora a voz estivesse fraca, ele foi capaz de responder às perguntas de Alec de forma concisa. Quando o *laird* terminou o interrogatório, Angus conseguiu sorrir e perguntou se ele deveria ir junto na caçada.

Alec recusou a oferta com um sorriso. Jamie ouviu-o dizer ao soldado que, assim que ele estivesse se sentindo melhor, mandaria que o transferissem para sua própria cabana, onde a esposa poderia cuidar dele.

Ele começou a sair do salão sem voltar a dirigir a palavra à esposa, mas Jamie foi atrás.

— Alec?

— O que é? — falou ele, ríspido, ao se virar para confrontá-la de novo.

— Na Inglaterra, é conduta apropriada que o marido dê um beijo de bom-dia na esposa — mentiu. Ela tinha inventado aquilo, mas sentiu que ele não sabia do fato.

— Não estamos na Inglaterra.

— É apropriado em qualquer lugar — murmurou.

— É apropriado aqui quando a esposa usa o tartã do marido.

— Então é assim que se faz, não é?

— Minha audição é muito boa, esposa. Não precisa levantar a voz comigo.

Alec manteve a expressão severa. Foi difícil. A decepção era óbvia. Ela queria que ele a tocasse. Alec decidiu que havia acabado de adquirir uma vantagem necessária sobre ela. Não sentiu um pingo de remorso ao usar a atração física que sentiam um pelo outro em benefício próprio e, na verdade, ficou decepcionado consigo mesmo por não ter pensado nisso antes. Ela estaria usando o seu tartã até o fim da semana, estimou, especialmente se ele se recusasse a tocá-la nesse meio-tempo.

— Alec, onde posso manter minhas moedas em segurança? — perguntou ela.

— Há uma caixa na lareira atrás de você. Ponha suas moedas com as outras, se quiser.

— Posso pegar emprestadas algumas das suas, caso seja necessário?

— Não me importo — ele respondeu sobre o ombro.

Ela fez careta para as costas de Alec, irritada por ele não ter se dado o trabalho de se despedir, então perguntou-se o que ele estava tramando quando estendeu a mão e tirou a própria espada da parede.

— Sabe aonde ele vai, padre? — indagou, depois que Alec saiu.

— Caçar — revelou o padre Murdock, ao voltar a assumir seu lugar ao lado de Angus.

— Mas não para o jantar?

— Não, moça. Ele caçará os homens que fizeram isso com o Angus. Quando os encontrar, eles não se safarão com tanta sorte.

Jamie sabia que tais retaliações eram consideradas honradas pelos padrões dos guerreiros. Ainda assim, não gostou. Nada, nada. Violência só gerava mais violência, não era? Era outro tópico sobre o qual ela e o marido jamais concordariam.

Jamie soltou um suspiro resignado.

— É melhor eu ir e pegar mais algumas moedas para o senhor. — Só Deus sabe de quantas indulgências aquele homem precisará até o fim do dia.

Padre Murdock segurou o sorriso. Ele se perguntou se Alec percebia o quanto escolhera bem.

— Haverá fogo em abundância nessas montanhas — ele falou para Angus, ignorando o fato de que o guerreiro parecia estar adormecido.

— É a verdade essa que o senhor fala — sussurrou Angus.

— Ouviu a forma que Alec e a esposa gritaram um com o outro? Se seus olhos estivessem abertos, teria visto as fagulhas.

— Eu ouvi.

— O que pensa de sua salvadora, Angus?

— Ela o deixará louco.

— Já é hora.

Angus assentiu.

— Sim, é hora. O Kincaid já sofreu o bastante.

— Ele não sabe o que fazer com ela. Posso dizer pela forma como a olha.

— Ela lhe dará uma moeda cada vez que Alec a irritar?

— Creio que sim.

Padre Murdock gargalhou copiosamente ao bater no joelho.

— Ela vai ter dificuldade para se encaixar ao nosso estilo de vida. Ainda assim, será um deleite para esse velho observar.

Jamie voltou para o padre, entregou-lhe mais duas moedas e perguntou por que ele estava sorrindo.

— Eu estava pensando em todas as mudanças que você terá que fazer, moça — confessou o padre. — Sei que não será fácil, mas com o tempo, você virá a amar esse clã tanto quanto eu.

— Já parou para pensar, padre, que talvez seja o clã que fará todas essas mudanças? — perguntou Jamie, os olhos brilhando de travessura.

O padre pensou que ela estivesse de gracejos.

— Temo que tenha estabelecido um objetivo impossível — disse a ela, com um bufo de diversão.

— Impossível o quanto, o senhor supõe? Tão impossível quanto comer um urso gigante sozinha?

— Sim, impossível a esse ponto.

— Eu consigo.

— Como? — indagou o padre, caindo de bom grado na armadilha.

— Uma mordida por vez.

Padre Murdock voltou a bater no joelho e gargalhou alto, o que foi seguido por um acesso de tosse. Jamie se apressou até o quarto, misturou o unguento de odor pavoroso que prometera a ele e voltou.

— Deve esperar de uma ou duas horas para a mistura assentar antes de esfregá-la no peito, padre.

O padre fez careta e aceitou o que ela oferecia.

— Cheira como a morte, moça.

— O cheiro não é importante, padre. Prometo que ajudará com a tosse.

— Acredito em você, Jamie.

— Padre? Acha que Alec se importará se eu der uma olhada lá em cima?

— É claro que não, moça. Essa é a sua casa agora.

— Os quartos estão ocupados?

O padre balançou a cabeça.

— Então devo ser capaz de levar minhas coisas para um desses quartos, não é?

— Você quer levar as suas... Moça, Alec não vai gostar se você o deixar.

— É em Alec que estou pensando — contra-atacou Jamie. — Não há privacidade aqui embaixo, padre. Tenho certeza de que ele ficará muito mais confortável em um dos quartos lá em cima. O senhor poderia perguntar a ele, não poderia?

Ele não podia recusar o pedido. Lady Jamie tinha o mais encantador dos sorrisos.

— Perguntarei — ele prometeu.

Padre Murdock ficou contente de se sentar ao lado de Angus e descansar. Estava quase dormindo quando o guincho do metal raspando em pedra chamou a sua atenção.

Ele se virou na direção do barulho e viu Lady Jamie lutando com um baú enorme. Ela empurrava o móvel do primeiro quarto para o alto das escadas.

O padre atravessou o grande salão correndo e subiu os degraus.

— O que está tentando fazer, Jamie? — perguntou ele.

— Pensei em usar o quarto da frente, padre. Tem uma janela bonita e ampla.

— Mas por que está movendo o baú?

— Ocupa espaço demais — interrompeu-o Jamie. — Não se aflija, padre. Sou forte o bastante para movê-lo sozinha.

O padre ignorou a vanglória e assumiu a tarefa de levar o baú para o segundo quarto.

— Deveria tê-lo esvaziado antes de mudá-lo de lugar — declarou ele, como uma reflexão tardia.

Jamie balançou a cabeça.

— Não seria certo olhar dentro dele. Não é propriedade minha, e todo mundo tem direito à privacidade.

— O baú era de Helena — declarou o padre Murdock. — Suponho que possa chamar de seu, Jamie.

Antes que ela pudesse responder, o padre se virou e saiu pela porta.

— É melhor eu ir ficar com o Angus. Devo vigiá-lo até ser hora de Gavin trazer Elizabeth de volta.

— Obrigada pela ajuda — Jamie gritou para ele.

A moça estava demorando uma eternidade, padre Murdock decidiu quase uma hora depois. Continuou olhando para o quarto, perguntando-se o que ela estava aprontando. Quando Elizabeth voltou para o grande salão, padre Murdock decidiu ir ver o que mantinha Jamie tão ocupada.

Ela ainda estava no segundo quarto. Duas velas tinham sido acesas, dando ao cômodo um brilho suave. Lady Jamie estava ajoelhada diante do baú. Ela estava fechando a tampa quando padre Murdock entrou.

— Encontrou algo útil? — perguntou o padre.

Ele não percebeu que ela estava chorando até que ela se virou para olhá-lo.

— O que foi, moça? O que a chateou?

— Estou sendo tola — sussurrou Jamie. — Ela está morta agora, e eu nem sequer a conheci, padre, ainda assim, estou chorando como se ela fosse minha própria irmã. O senhor me falará sobre Helena?

— Alec deveria lhe contar.

— Por favor, padre — implorou Jamie. — Quero saber o que aconteceu. Tenho certeza de que Alec não a matou.

— Deus santo, não. Onde ouviu essa conversa?

— Na Inglaterra.

— Helena se matou, Jamie. Ela saltou da cumeeira acima do pasto.

— Não pode ter sido um acidente? Ela não caiu?

— Não, não foi um acidente. Ela foi vista.

Jamie balançou a cabeça.

— Não entendo, padre. Ela era muito infeliz aqui?

O padre curvou a cabeça.

— Ela deve ter sido terrivelmente infeliz, Jamie, mas escondeu muito bem os sentimentos. Não cuidamos dela como deveríamos, agora percebo. Tanto Annie quanto Edith pensam que ela planejou se matar desde o momento que se casou com Alec.

— Alec crê nisso?

— Eu diria que sim.

— A morte dela deve tê-lo magoado terrivelmente.

Padre Murdock não comentou a declaração, mas acreditou que ela estava certa. O fato de Alec não falar de Helena era prova de que o assunto ainda era muito doloroso.

— Padre, por que uma mulher que estava pensando em suicídio se incomodaria de trazer consigo todas os seus queridos pertences para a casa do marido? Ela embalou até mesmo roupas de bebê — prosseguiu Jamie. — E belos lençóis também. Não acredita ser estranho para alguém...

— Ela não estava pensando com clareza — replicou o sacerdote.

Jamie balançou a cabeça.

— Não, padre. Não acredito que ela tenha se matado. Tenho certeza de que foi um acidente.

— Você tem um coração gentil, moça, e se a faz se sentir melhor acreditar que foi assim que Helena morreu, então concordarei com a sua opinião.

Ele ajudou Jamie a ficar de pé. Ela soprou as velas e desceu as escadas ao lado do padre.

— Rezarei pela alma dela todas as noites, padre — prometeu a moça.

Uma criada entrou correndo no grande salão, viu Jamie e gritou:

— Sua irmã está aqui, milady.

Jamie apertou a mão do padre Murdock.

— Deve ser Mary me visitando — explicou ao sacerdote. — O senhor me dá licença?

Ela já estava a meio caminho porta afora quando o padre assentiu sua permissão.

— Trarei Mary para conhecê-lo — ela disse por cima do ombro.

Jamie correu lá para fora, com um sorriso de saudação. No minuto que viu a irmã, no entanto, o sorriso evaporou. Mary se debulhava em lágrimas. Jamie olhou ao redor, à procura de Daniel, então percebeu que a irmã estava completamente sozinha.

— Como encontrou o caminho para cá, Mary? — perguntou ela, depois de dar um abraço adequado na irmã.

— É você que se perde o tempo todo, Jamie, não eu.

— Eu nunca me perco — rebateu Jamie. — Acalme o choro. — Ela notou vários soldados Kincaid as observando. — Venha, vamos dar uma boa caminhada para que possamos conversar em particular. Você precisa me dizer o que a aborreceu tanto.

Jamie puxou a irmã ao longo da trilha que levava ao pátio inferior.

— Três dos homens de Daniel me mostraram o caminho para cá — explicou Mary, depois que recuperou a compostura. — Menti para eles, Jamie. Disse que tinha a permissão de Daniel para vir visitá-la.

— Oh, Mary, você não deveria ter feito isso. Por que simplesmente não disse a Daniel que queria vir me ver?

— Não dá para dizer nada àquele homem — resmungou Mary. Ela ergueu a bainha do bliaut amarelo e secou o canto dos olhos. — Eu o odeio, Jamie. Eu fugi.

— Não, você não pode querer dizer isso.

— Não precisa parecer tão horrorizada, irmã. Eu o odeio, digo-lhe. Ele é cruel e mesquinho. Quando eu lhe contar o que aconteceu, juro que o odiará também.

Elas chegaram à abertura da muralha. Jamie e a irmã se sentaram no baixo parapeito de pedra.

— Tudo bem, Mary, conte-me o que aconteceu — instruiu Jamie. — Estamos praticamente sozinhas aqui.

— É tão embaraçoso. Mas você é a única com quem me atrevo a falar disso, irmã.

— Sim? — incitou Jamie.

— Daniel não exigiu que eu me entregasse a ele.

A sentença caiu feito uma pedra entre elas. Jamie continuou esperando que Mary dissesse mais alguma coisa, e Mary continuou esperando pela reação de Jamie.

— Ele lhe deu uma razão?

— Deu — respondeu Mary. — E, de início, pensei que estivesse sendo muitíssimo atencioso. Ele disse que me daria tempo para conhecê-lo.

— Foi muito atencioso da parte dele — admitiu Jamie. Ela fez careta, imaginando por que Alec não demonstrara a mesma compaixão para com ela. Então lembrou que Alec não tinha nenhuma compaixão para demonstrar a ninguém.

Mary irrompeu em lágrimas.

— Foi o que pensei, como lhe disse. Então ele me falou que estava muito infeliz comigo porque eu a tinha feito me proteger quando aqueles homens nos atacaram. Ele pensou, na verdade, que *eu* deveria ter protegido *você*.

— Por quê?

— Porque você é a mais nova.

— Não disse a ele que sou muito mais bem treinada que você nas habilidades...

— Tentei explicar, mas ele não me deu ouvidos. E então voltou a me insultar. Confesso que disse umas coisas bem cruéis para ele. Mas...

— O que ele disse?

— Ele falou que eu devia ser tão fria quanto um peixe, Jamie, que todas as inglesas são.

— Oh, Mary, foi uma coisa muito indelicada de se dizer a uma recém-casada.

— E isso nem é o pior, Jamie — resmungou Mary. — Quando chegàmos à casa dele, havia uma mulher gorda e feia esperando-o. Ela se jogou nos braços de Daniel imediatamente. Ele não resistiu aos avanços dela também. Eles se beijaram na minha frente. O que pensa disso?

— Você está certa, irmã.

— Estou?

— Você me fez odiá-lo.

— Eu lhe disse que poderia — declarou Mary. — Bem? O que farei, eu lhe pergunto? Nunca encontrarei o caminho de volta para o papai, e tenho certeza de que os homens de Daniel não acreditarão em mim se eu disser que tenho a permissão do *laird* para voltar para a Inglaterra.

— Não, duvido que acreditarão nessa mentira — concordou Jamie.

— Eu quero o papai!

— Eu sei que quer, Mary. Também sinto saudade dele. Às vezes, também quero ir para casa.

— Alec pensa que você é fria feito um peixe?

Jamie estremeceu.

— Ele não disse.

— Alec tem uma amásia?

— O quê?

— Alec tem uma amante? — repetiu Mary.

— Eu não sei. Talvez ele tenha outra mulher — sussurrou ela. — Oh, Deus, Mary, não pensei nessa possibilidade.

— Posso morar aqui com você, Jamie?

— Tem certeza de que quer isso?

A irmã assentiu.

— Mary, você sabe, quando cada uma de nós conheceu o marido, pensei que Daniel fosse o mais gentil dos dois. Ele sorriu e pareceu tão bem-humorado.

— Notei isso também. Jamie, e se ele estiver certo? E se eu for tão fria quanto um peixe? Há mulheres que não conseguem corresponder ao toque de um homem. Creio que tia Ruth era assim. Lembra-se do quanto ela era malvada com o marido?

— Ela era malvada com todo mundo — interrompeu Jamie.

— Sei que é embaraçoso para você, mas eu estava imaginando...

— Sim, Mary?

— São todos os homens iguais a Daniel, ou Alec é mais... Oh, não sei o que estou perguntando. Morro de medo de deixar Daniel me tocar agora, e é tudo culpa dele.

Jamie não sabia como ajudar Mary, mas estava decidida a tentar.

— Mary, preciso alcançá-lo antes de ele sair para a caçada — ela disse de uma só vez.

— Você precisa da permissão dele para eu ficar? — perguntou Mary, com medo óbvio. — E se ele disser não?

— Não preciso da permissão dele — vangloriou-se Jamie, tentando fazer a mentira soar verdadeira. — É outro assunto sobre o qual devo falar com ele. Vá e espere no grande salão, Mary. Apresente-se ao nosso padre, ele se chama padre Murdock. Agora, não faça careta, irmã. Você vai gostar dele. Ele não é nada parecido com o padre Charles. Eu me juntarei a você assim que falar com Alec. Então terminaremos essa conversa, prometo.

Jamie observou a irmã partir antes de começar a descer a colina. Pensou em dar uma olhada na estrada lá embaixo para ver se Alec e os homens já tinham ido.

Assim que pôs o pé para fora do pátio, sua saída foi bloqueada por uma fila de soldados. Eles ocupavam as tábuas do caminho que atravessava o fosso. Ela pensou que eles haviam caído do céu. Eles eram, com certeza, mais formidáveis que a muralha. E, diabos, se não era obrigada a olhar para cima para cada um deles.

— Por que estão bloqueando o meu caminho? — indagou ao homem de barba ruiva que estava bem diante dela.

— Ordens, senhora — anunciou o soldado.

— De quem?

— Do Kincaid.

— Entendo — respondeu Jamie, tentando manter a irritação afastada da voz. — E o meu marido já saiu da fortaleza?

— Não — falou o soldado. Um sorriso suavizou o canto dos olhos dele. — Ele está bem atrás da senhora.

Ela não acreditou nele até se virar e ficar face a peito com Alec.

— Você se move feito uma sombra — murmurou ela, ao recuperar a compostura.

— Aonde pensa que está indo? — perguntou Alec.

— Estava procurando por você. Por que mandou os homens me impedirem de sair?

— Para sua segurança, é claro.

— Serei uma prisioneira enquanto você não estiver aqui, então?

— Se decidir olhar sob esse ponto de vista — respondeu Alec.

— Alec, eu gostaria de sair para cavalgar todas as tardes. Se eu lhe prometer que não fugirei. É claro...

— Jamie, jamais pensei que você fosse fugir — rebateu Alec, com a exasperação muito evidente.

— Então por quê?

— Você se perderia.

— Eu nunca me perco.

— Você se perde, sim.

— E se eu prometer que não me perderei?

Ele não escondeu o quanto achava a pergunta tola. Gavin se aproximou do *laird*, segurando as rédeas do corcel de Alec. Antes que Jamie pudesse dizer que precisava falar com ele sobre Mary, ele montou no corcel.

Ela o impediu de passar.

— Mary está aqui.

— Eu a vi.

— Preciso lhe falar sobre minha irmã antes que você parta. É um assunto muito importante, Alec; do contrário, eu não o perturbaria.

— Estou ouvindo, esposa. Diga o que deseja.

— Oh, não, precisa ser em particular — explicou Jamie, às pressas.

— Por quê?

Jamie fez cara feia. O homem obstinado com certeza não estava facilitando as coisas para ela. Foi até o lado dele, tocou-lhe a perna com o dedo e disse:

— Kincaid, estou pedindo para lhe falar em particular. Você me disse que me daria tudo o que eu pedisse se fosse possível. Isso, sem dúvida, parece possível o bastante para mim.

Ela encarou o chão enquanto ele se resolvia. Sabia que ganharia quando o ouviu suspirar, ainda assim soltou um gritinho de surpresa quando ele se abaixou e, sem nenhum esforço, ergueu-a para o cavalo. Jamie só teve tempo de segurar com força a cintura dele antes de o corcel sair a galope. Alec não parou até estarem bem longe dos homens e da muralha.

Jamie se demorou alisando as saias. Estavam rodeados por árvores. Ela esquadrinhou a área para ter certeza de que estavam sozinhos. Então voltou a atenção para as mãos.

A paciência de Alec estava quase acabando quando a esposa desabafou de repente:

— Por que não esperou para se deitar comigo?

Ele não estava preparado para aquela pergunta.

— Alec, Daniel está esperando por consideração aos sentimentos de Mary. Ele quer que ela o conheça primeiro. O que acha disso?

— Acho que ele não está muito interessado em se deitar com ela, do contrário, já o teria feito a essa altura, é isso o que eu acho. E eu me deitei com você porque queria — prosseguiu ele. — Você também me queria, não é?

— Sim — confessou Jamie. — Quer dizer, não, não de início. Olha, Alec, é o problema de Mary que devemos discutir, não o meu.

Ele ignorou o embaraço dela.

— Você gostou.

Ela contou a verdade a ele, sabendo muito bem que a arrogância dele sairia do controle.

— Gostei.

— Olhe para mim.

— Preferiria não olhar.

— Eu preferiria que olhasse.

Devagar, ele ergueu o queixo dela, forçando-a a olhá-lo no rosto. Alec a viu ruborizar. Não pôde resistir a se inclinar e beijar sua testa franzida.

— Agora, o que a preocupa?

— Você gostou? — perguntou ela.

— Você não sabe dizer?

— Daniel diz que as inglesas são frias feito um peixe — ela falou, com um aceno de cabeça, para que ele não pensasse que ela estava brincando.

Alec riu.

— Não é engraçado — ralhou ela, séria. — E você ainda tem que responder à minha pergunta.

— Que pergunta? — provocou ele.

— Sou fria feito um peixe?

— Não.

Ela soltou um suspiro de alívio.

— Uma esposa precisa ouvir essas coisas, Alec.

— Quer que eu me deite com você agora?

— À luz do dia? Céus, não!

— Vou fazer amor com você agora se não afastar as suas mãos — ele disse, com a voz mais gutural.

Ela percebeu que apertava a coxa nua dele com as mãos. Logo o soltou.

— Então não importaria se estou ou não vestindo o seu tartã, conforme me sugeriu mais cedo?

— Não sugeri; declarei, como um fato. Você vestirá o meu tartã antes de eu tocá-la de novo. Agora, já terminou com as perguntas?

— Você está ficando com raiva?

— Não.

— Sua voz parece raivosa.

— Pare de me desafiar.

— Você tem outra mulher?

Alec decidiu, naquele momento, que jamais entenderia como a mente dela funcionava. Ela surgia com as preocupações mais absurdas.

— Importaria a você se eu tivesse?

Ela assentiu.

— Você se importaria se eu me envolvesse com outro homem?

— Envolvesse?

— Sabe o que quero dizer.

— Eu não permitiria, Jamie.

— Bem, eu também não.

— Fala como se fôssemos iguais, esposa.

Ela sabia que o irritaria. Queria fazer o franzido sumir da testa dele.

— Ainda não respondeu a minha pergunta, Alec.

— Não, não tenho outra mulher.

Ela sorriu.

— Você não é fria. E me insulta ao fazer tal pergunta.

— Como eu o insulto?

— Porque é meu dever aquecer você. E você está quente, não está, Jamie?

A arrogância dele, na verdade, a confortou, embora ela não tivesse ideia do motivo.

— Talvez — sussurrou, encarando a boca dele. — E, mais uma vez, talvez não, marido. Parece que eu me esqueci.

Ele decidiu fazê-la lembrar; capturou o rosto dela com as mãos e levou a boca à sua. Jamie fechou os olhos, em expectativa.

A boca se assentou sobre a dela, possessiva, e a língua impulsionou para dentro e para fora em um ritmo sensual que fez parecer que o seu coração fosse se despedaçar. Ela tentou se afastar quando sentiu a própria rendição, mas Alec não a deixou recuar. A boca se inclinou na dela, de novo e de novo, faminta, meticulosa, e logo ela esqueceu tudo sobre parar.

Ele a fez arder por mais. Jamie imitou o marido; tímida, de início, depois com ousadia, até que as línguas estavam se esfregando uma na outra do jeito mais erótico e excitante. Quando ela gemeu e, por instinto, tentou trazê-lo mais para perto, ele sabia que era hora de parar. Ele a possuiria naquele momento se não recuperasse o controle sobre as próprias emoções descontroladas.

Inferno, era capaz de ele estar mais fogoso que ela. Com um grunhido frustrado, ele se afastou da esposa. Teve que afastar as mãos dela de seus ombros. Jamie logo enterrou o rosto no pescoço dele. A respiração estava entrecortada, como se tivesse corrido uma longa distância, morro acima, e notou que a respiração dele era quase tão ofegante quanto a sua. A percepção a fez pensar que o beijo o afetara quase tanto quanto a afetara.

Sua esperança foi destruída quando ele disse:

— Se terminou com as perguntas tolas, eu gostaria de ir cuidar de assuntos mais importantes.

Como ele se atrevia a parecer tão entediado depois de compartilhar de uma intimidade tão maravilhosa com ela?

— Não precisa agir como se eu não passasse de um aborrecimento para você, Alec.

— Você é. — Ele se virou com um suspiro e incitou o cavalo adiante enquanto Jamie se afastava dele. Alec logo puxou as costas dela para o seu peito. A mulher precisava aprender o seu lugar na casa. Ele era o mestre, o *laird* dela, e era melhor ela começar a aceitar o fato.

— Você não conhece a própria força — murmurou ela.

— Não, esposa. É você quem ainda não entendeu a minha força.

Ela estremeceu com a rispidez da voz dele.

— Você está...

— Não ouse perguntar se estou bravo com você — ele rugiu.

Supôs que tinha a sua resposta. O homem estava bravo, e pronto. Verdade fosse dita, seus ouvidos zuniriam por uma semana.

— Não precisava gritar comigo. E eu só ia perguntar se Mary pode...

— Não me incomode com os problemas de sua irmã — ele ordenou. A voz suavizou quando acrescentou: — Sua família é sempre bem-vinda para nos visitar.

Uma visita não era bem o que ela tinha em mente, mas decidiu que já o incomodara o bastante por aquele dia.

— Seus humores são muito difíceis de julgar — comentou ela, quando eles voltaram para a muralha e Alec a ajudou a descer. — Alec?

— O que foi agora?

— Acho que usarei todos os dias das duas semanas que você me deu antes de usar o seu tartã. Talvez você use esse tempo para aprender a... importar-se comigo pelo menos um pouco.

Alec se abaixou, segurou o queixo dela e falou:

— Importar-me com você? Diabos, mulher, neste exato minuto, eu nem mesmo gosto de sua pessoa.

Ele falou com raiva e frustração porque acreditava que ela ousara provocá-lo. Ainda assim, o olhar magoado dela o fez se arrepender do rompante. Ela não o estava instigando, ele percebeu. E ela parecia querer chorar.

Jamie, de repente, afastou-se dele e o deixou ver o quanto ela estava com raiva. Naquele momento, ela lembrava-o de um gato selvagem. E não parecia como se fosse chorar também. Alec estava muitíssimo entretido. E aliviado.

— Eu também não gosto muito de você, Kincaid.

Ele cometeu a falta de educação de sorrir para ela.

— Você é arrogante demais — adicionou. — Não, eu não gosto nada de você.

Alec fez sinal para seus homens, depois voltou a olhar para a esposa.

— Você mente.

— Eu nunca minto.

— Mente sim, Jamie, e não muito bem.

Ela se afastou do marido e começou a subir a colina. Alec a observou, pensando consigo mesmo no quanto ela ia ficar bonita usando o seu tartã. De repente, ela se virou e o chamou:

— Alec? Você vai tomar cuidado, não é?

Ele respondeu ao medo na voz da esposa. Assentiu, dando a ela o que pensava que ela queria, mas, ainda assim, não se absteve de adicionar:

— Pensei que não gostasse de mim, inglesa. Já mudou de ideia?

— Não.

— Então por que...

— Veja bem, Kincaid, não é hora de termos uma longa discussão — disse Jamie. E voltou correndo para ele, para que os soldados não ouvissem a conversa. — Você tem sua caçada a fazer. E eu tenho Mary para acomodar.

Estou lhe pedindo para tomar cuidado, Alec. — A mão dela o tocou na perna, e ela começou a afagá-lo. Alec duvidou de que ela estivesse ciente da ação. O olhar preocupado foi direcionado para o seu rosto. — Você faz isso só para me irritar.

— Sabe por que você me chama de Kincaid sempre que está brava?

Ela o beliscou.

— Eu nunca fico brava — anunciou. — Mesmo quando você não me dá deveres — adicionou, com um aceno de cabeça. — Tudo bem se eu reorganizar a cozinha enquanto você está fora? Vai me dar algo para fazer, Alec, e pedirei aos outros para fazerem o trabalho em si. Só os direcionarei.

Ele não teve coragem de dizer não.

— Não levantará um dedo?

— Não.

Ele assentiu. Antes que Jamie pudesse voltar a atacá-lo, ele pediu para ela soltar a sua perna, ou senão a arrastaria com ele.

Ela não pareceu acreditar na ameaça.

Ele precisou suspirar por causa daquela atitude. Então a tirou da mente e voltou a atenção para considerações mais importantes. Foi só mais tarde naquele dia, quando Gavin o alcançou, que ele se lembrou do comentário de Jamie quanto a acomodar a irmã.

Ele pensou que ela estivesse falando de uma visita de um dia inteiro.

Obviamente, ela quis dizer para sempre.

Sim, ele entendeu o bastante quando Gavin anunciou que Lady Kincaid havia oferecido um santuário à irmã.

Os Ferguson haviam declarado guerra.

Alec sabia que Daniel devia estar lutando com a raiva. Mandou Gavin para casa para ele ficar de olho na sua esposa, deixou outro soldado de confiança a cargo da caçada e seguiu para a terra dos Ferguson.

Conseguiu interceptar Daniel perto da fronteira entre as terras deles. Alec cavalgava sozinho, uma escolha proposital, mas Daniel trazia um pequeno exército consigo. Todos armados para a batalha.

Alec obrigou o corcel a parar e esperou Daniel fazer o primeiro movimento.

Não demorou muito. Daniel sacou a espada, jogou-a para o alto para que a ponta cravasse no chão bem em frente ao corcel de Alec.

A ação foi um símbolo de que a guerra havia sido declarada. Agora Daniel esperava Alec repetir o ritual. A expressão de Daniel era impassível, embora tivesse mudado rapidamente para uma de pura perplexidade quando Alec balançou a cabeça, recusando-se a lançar a própria arma.

— Ousa se recusar à batalha? — gritou Daniel. Ele estava com tanta raiva que as veias estavam protuberantes na lateral de seu pescoço.

— Isso mesmo, maldição — Alec gritou de volta.

— Você não pode.

— Acabei de fazer.

Foi a vez de Daniel se virar para balançar a cabeça.

— Que jogo é este, Alec? — exigiu saber, embora não parecesse mais estar cuspindo fogo pelas ventas.

— Não lutarei uma guerra que não quero ganhar — declarou Alec.

— Você não quer ganhar?

— Não.

— E por que não?

— Daniel, você acredita mesmo que eu quero duas inglesas na minha casa?

Aquela pergunta afastou um pouco da raiva de Daniel.

— Mas...

— Se eu ganhar, Mary moraria com Jamie pelo resto dos meus dias. Você pede demais de mim, amigo.

— Não concordou em oferecer santuário para a minha esposa? — perguntou Daniel, um sorriso se insinuando e adoçando a expressão dele.

— Não — devolveu Alec, em exasperação.

— Sua esposa se atreveu a proteger Mary de mim, Alec. De *mim*. E minha esposa deixou. Escondeu-se atrás dela feito uma criança.

— São inglesas, Daniel. Seu erro foi se esquecer desse fato.

— Isso é verdade — admitiu Daniel, com um suspiro. — Eu me esqueci mesmo. Não quero que minha esposa aja feito uma covarde. É uma vergonha a forma como ela faz a irmã mais nova...

— Ela não é covarde, Daniel — interveio Alec. — Ela foi treinada a agir desse modo. Jamie fez todas as irmãs acreditarem que ela as protegeria.

Daniel sorriu.

— São ambas loucas.

— Sim, elas são — concordou Alec. — Somos amigos há tempo demais para permitir que as mulheres causem uma ruptura entre nós. Vim procurá-lo em boa-fé, Daniel, para pedir... não, para exigir que você volte à minha propriedade para pegar a sua esposa.

— Acabei de receber uma ordem? — Daniel sorriu.

— Acabou.

— E se eu ainda quiser lutar?

— Então abrirei espaço para você — Alec falou pausadamente. — Mas as regras terão de ser mudadas.

Daniel ficou intrigado pelo riso na voz de Alec.

— Como?

— O vencedor fica com ambas as esposas.

Daniel jogou a cabeça para trás e gargalhou. Alec o ajudou a salvar as aparências diante dos homens dele. Deixaria o amigo retroceder sem parecer fraco.

— Você não desistiria de seu prêmio, Alec, mas aquece meu coração saber que as coisas com a sua esposa também não estão fáceis.

— Ela se ajustará.

— Tenho minhas dúvidas quanto a Mary.

— Só necessita de rédeas firmes, Daniel.

Daniel dispensou os soldados antes de responder ao comentário de Alec.

— Rédeas firmes e uma mordaça, Alec. A mulher não parou de reclamar desde que chegou à minha casa. Sabe, ela realmente se opôs ao fato de eu ter uma amante.

Alec sorriu.

— Elas são engraçadas assim — respondeu.

— Talvez eu a deixe ficar com Jamie...

— Haverá uma guerra, então, Daniel. Mary pertence a você.

— Você deveria ver a dupla, Alec. — Ele puxou a espada do chão e voltou a embainhá-la antes de dizer: — Sua esposa estava protegendo Mary, o tempo todo lançando insultos contra mim. Ela me chamou de porco.

— Você já foi chamado de coisas piores.

— Sim, mas apenas por homens, e não viveram o bastante para se gabar disso.

— Minha esposa tem mau gênio — confessou Alec, sorrindo.

— Gostaria que um pouco fosse passado para Mary. A mulher age como um coelho assustado.

— Eu estava prestes a sair para rastrear os agressores de Angus quando fui informado desse problema — contou Alec, mudando o assunto.

— Soubemos do que aconteceu. Que tal eu partir com você nessa caçada? Entendi que os barões da montanha foram os responsáveis? — perguntou Daniel, referindo-se ao grupo de homens que tinham sido expulsos dos clãs e formado a própria unidade. Eles se chamaram de "barões" porque era um título inglês de valor e, por isso, o nome mais ofensivo que os homens das Highlands puderam inventar. Mas se encaixou bem, pois, como ingleses, os homens daquelas montanhas também eram patifes que lutavam sem honra nem consciência.

— Você é bem-vindo, Daniel, mas primeiro deve levar Mary para casa. Pode nos alcançar perto de Peak.

Nem Alec nem Daniel voltaram a se falar até chegarem à casa de Alec.

Jamie estava ao lado da irmã no meio do pátio. Ela sorriu quando viu o marido, até que deu uma boa olhada no rosto dele. O sorriso desapareceu, então.

— Oh, Deus, parece que Daniel quer me matar — sussurrou Mary, aproximando-se da irmã.

— Sorria, Mary, isso o confundirá — instruiu Jamie.

Alec apeou e, devagar, foi até a esposa. Ele com certeza não estava sorrindo. Justiça fosse feita, a expressão dele poderia ter talhado o leite. Jamie respirou fundo.

— Terminou a caçada, Alec?

Ele ignorou a pergunta.

— Deu asilo a Lady Ferguson?

— Asilo? — repetiu Jamie. — Não pensei nisso sob essa luz, marido.

— Responda.

A raiva na voz dele queimou-a feito ferro quente. O gênio de Jamie se inflou. Como ele ousava criticá-la diante dos convidados?

— Mary me perguntou se podia ficar aqui, e eu permiti. Se quiser chamar de asilo, então, chame. Eu protegeria Mary.

— Você a protegeria do próprio marido? — perguntou Alec, parecendo incrédulo.

— Quando acontece de o marido ser uma influência desconsiderada, sim — respondeu Jamie. Ela fez uma pausa e olhou feio para Daniel, então voltou-se para o marido. — Ele abusou das sensibilidades dela, Alec. O que queria que eu fizesse?

— Eu queria que você cuidasse de seus próprios assuntos — retrucou Alec.

— Ele foi cruel com ela.

— Sim, ele foi! — gritou Mary, acompanhando o ritmo da irmã. — Se não fosse conveniente para mim ficar aqui, eu voltaria para a Inglaterra.

— Eu talvez vá na frente — resmungou Jamie. Ela entrelaçou as mãos e esperou Alec responder à sua ameaça.

— Você vai acabar na Normandia — predisse Alec.

Antes que Jamie pudesse responder, Alec se virou para Mary. Ele a encarou até ela sair do lado de sua esposa; então puxou Jamie para os seus braços. Seu aperto era de aço. Jamie não resistiu, sabendo que seria inútil. Além do mais, ela havia acabado de ver o padre Murdock de pé nos degraus, observando-os.

Decerto não queria que o homem de batina pensasse que ela era deselegante.

— Não vou para casa com você, Daniel! — gritou Mary.

Esse desafio não ficou sem resposta. Daniel se moveu em uma velocidade impressionante para um homem tão grande. Antes de Mary conseguir soltar um grito, ela se viu de bruços no colo do marido sobre a sela.

Jamie tentou, desesperadamente, manter a dignidade durante essa situação monstruosa. A pobre Mary estava pendurada na sela como um saco de cevada. Era uma humilhação, sim, mas Jamie ainda queria que Mary não continuasse assim. Os gritos de indignação chamavam ainda mais atenção para aquele apuro infeliz.

— Não posso ficar parada enquanto ele a envergonha desse jeito — sussurrou Jamie.

— Oh, você pode sim — declarou Alec.

— Alec, faça alguma coisa.

— Eu não vou interferir, e você também não vai. Mary está se safando, Jamie. O gênio de Daniel é quase tão ruim quanto o meu. Sua irmã desonrou o próprio marido.

Jamie observou Daniel e Mary até eles desaparecerem através das tábuas.

— Ele não a machucará de verdade, vai, Alec?

O medo dela era muito evidente. Alec o interpretou como irrazoável.

— Ele não vai bater nela, se é com isso que está se preocupando. Mary é problema dele agora.

— Ela esqueceu o cavalo.

— Ela não precisará dele.

Jamie encarava a boca de Alec, lembrando-se da sensação de ser beijada por ele. Era uma tolice, especialmente agora, com o problema de Mary a ser resolvido, mas ela não parecia conseguir evitar.

— Talvez eu deva levar o cavalo para ela amanhã — disse Jamie, perguntando-se como conseguiria fazê-lo beijá-la de novo.

Ele a soltou e começou a se afastar. Jamie não queria que ele fosse. Não ainda.

— Alec? Você disse que o gênio do Daniel é quase tão ruim quanto o seu, mas você me disse que não tinha gênio ruim. É uma contradição estranha, não acha?

— Você entendeu mal. Eu disse que não perderia as estribeiras com você.

Ele começou a descer a colina. Jamie juntou as saias e foi atrás dele.

— Quando você perde as estribeiras, então?

Ele não conseguiu resistir à tentação. Era fácil demais fisgar a esposa. Ele não se virou, pois não queria que ela visse seu sorriso.

— Quando é algo que é importante para mim. Algo que realmente importa. — O arquejo dela fez seu sorriso se alargar.

— Jamie?

— O que foi? — Ela falou como se quisesse estrangulá-lo.

— Não me cause mais inconvenientes.

Aquele era o último insulto que ela aceitaria.

— Ouça, Kincaid, não é necessário insistir no fato de que você me acha tão inferior. Entendo muito bem o que você disse — anunciou ela. — Se fosse eu a fugir, você não teria vindo atrás de mim, teria?

Ele não respondeu.

— Bem, é claro que você não teria ido atrás de mim. Sou insignificante demais para você se importar comigo?

— Não, eu não iria atrás de você.

Jamie teve que encarar o chão para se impedir de se virar e permitir que ele visse o quanto suas palavras a tinham magoado.

Por que se importava se ele ia ou não atrás dela? O homem era um escocês bárbaro, recordou a si mesma.

— Eu mandaria alguém atrás de você. — Ele finalmente se virou e a puxou para si. — Mas já que você não vai a lugar nenhum, a pergunta não é importante, é?

— Estou começando a não gostar nadinha de você, Alec Kincaid.

— Você deveria fazer algo quanto ao seu temperamento, inglesa. — Ele lhe afagou a bochecha. — Tente ficar longe de problemas enquanto eu estiver fora.

Era o máximo de um adeus que ela ganharia, supôs, quando ele montou em seu garanhão e a deixou encarando-o.

A mão tocou a bochecha onde Alec a afagara.

Então ela endireitou os ombros e afastou a mão em um rompante. Ela quase o odiava. Quase.

Lembrou-se de que ele lhe dera permissão para reorganizar as cozinhas. Era apenas uma pequena tarefa, percebeu, mas ainda era um começo. Ele viria a depender dela com o tempo, quando visse o quanto a casa melhoraria.

Jamie endireitou os ombros e começou a subir a colina. Era melhor começar imediatamente.

Ela sorriu com entusiasmo renovado. Alec tinha lhe atribuído uma tarefa.

Capítulo doze

As notícias sobre as notáveis habilidades de cura de Lady Kincaid se espalharam pelas Highlands tão rápido quanto uma tempestade. A história da recuperação de Angus não foi um exagero, no entanto, pois a verdade era considerada impressionante o suficiente para não precisar florescer nas fronteiras. Seu início era recontado sempre do mesmo jeito, anunciando que o guerreiro Kincaid, tendo acabado de receber a extrema-unção, o que ele tinha, estava a apenas um suspiro da morte. Esse início sempre ganhava a quantidade certa de espanto que cada contador de história desejava.

Os membros dos clãs que foram ao festival anual de primavera em Gillebrid ouviram as notícias apenas meio dia depois de serem informados de que Angus estava morto. Lydia Louise, a irmã mais nova de Angus e sua única parente, exceto pela esposa, Elizabeth, estava desconsolada. Ela chorou, de início, com verdadeira angústia por causa da morte prematura do irmão, depois chorou com agudo alívio por causa de sua recuperação miraculosa. Ao fim do longo dia, a mulher confusa precisou receber uma boa dose de vinho forte e ser posta à força na cama.

Ninguém do clã McPherson foi ao festival. O único filho do velho chefe, um bebezinho de apenas três meses, estava tão doente que o clã se convenceu de sua morte. O pequeno, dada a teimosia que herdara do pai, de repente, desenvolvera extrema repulsa ao leite da mãe. Os vômitos violentos depois de cada mamada logo o deixaram fraco demais para sugar.

Laird McPherson partira para buscar consolo em seus bosques pacíficos. Seu pesar era quase incontrolável. Ele chorava feito um menino, pois esperava enterrar seu homônimo assim que voltasse para casa.

Era fato conhecido que os Ferguson se uniram aos McPherson contra os odiosos pescadores, os McCoy. A contenda existia havia tantos anos que ninguém mais podia se lembrar de seu início. Os Kincaid, por outro lado, eram aliados dos McCoy, desde que um guerreiro McCoy pescara uma moça Kincaid que se afogava no rio, e os Kincaid tinham sido, portanto, forçados, em nome da honra, a ficar ao lado dos McCoy contra os McPherson.

No entanto, quando as notícias das habilidades de cura de Lady Kincaid chegaram à Lady Cecily McPherson, ela ignorou todas as leis das Highlands.

Cecily McPherson teria barganhado com o próprio diabo para salvar o filho. Sem contar o plano a ninguém, ela levou a criança até a fortaleza dos Ferguson e implorou a ajuda de Lady Ferguson. Mary foi muitíssimo simpática ao apelo da pobre mulher. Já que Daniel ainda estava longe caçando os homens que atacaram Angus, ela não teve que se preocupar com a permissão dele, e logo levou o pequeno para Jamie.

Os soldados Kincaid sabiam de quem era a criança, é claro, pois todos nas montanhas sabiam da vida de todo mundo. Ninguém mencionou para a senhora o fato de que ela estava cuidando do filho do inimigo. Supuseram que não importaria para ela. Lady Kincaid era inglesa, afinal, e, por isso, ignorante às rixas existentes na terra deles. E era mulher também, e o instinto maternal provavelmente significava mais que qualquer guerra. E o mais importante: ela era gentil demais para entender uma contenda, e pela forma que exigiu assumir os cuidados de Angus sem se importar com a resistência de Alec, a mulher se provou um pouco teimosa demais para entender.

Mas acontece que Gavin sabia o que aconteceria se o pequeno morresse nas terras Kincaid. Depois de dar uma olhada rápida no pobre bebê, ele se convenceu de que a guerra seria inevitável. Deu a ordem para as tropas se prepararem para a batalha, enviou dois mensageiros para rastrearem Alec e, então, esperou pacientemente pelo ataque.

O bebê estava gordo e esperto quatro dias depois, quando todo o exército McPherson veio exigir o corpo para ser enterrado.

Gavin permitiu apenas a entrada do *laird* e de mais dois homens. Com Marcus ao seu lado, ele esperou nos degraus do castelo.

Jamie havia acabado de pôr o bebê para dormir na cama de Alec quando ouviu os gritos vindos do pátio. Ela correu para ver do que se tratava a comoção, mas parou de chofre no degrau superior quando viu os três guerreiros montados e de aparência feroz. Ela logo soube que não eram soldados Kincaid, já que o tartã escuro não era igual ao deles.

— Não partirei sem o meu morto — o homem corpulento do meio gritou. — E quando eu voltar, haverá sangue em suas muralhas. Sangue Kincaid.

— Alguém morreu, Gavin? — perguntou Jamie.

O segundo em comando lhe respondeu sem se virar. Jamie concluiu que ele não queria deixar de olhar para os estranhos. Ela também não o culparia, pois os estranhos pareciam o tipo que derrubavam um homem quando ele estava de costas.

— *Laird* McPherson veio reivindicar o filho.

A raiva na voz de Gavin assustou Jamie. Ela capturou a tensão no ar, então percebeu que os três estranhos olhavam feio para ela. A dama endireitou os ombros em reação à grosseria dos visitantes.

— É ela a mulher do Kincaid? — gritou o homem do meio.

— É — respondeu Gavin.

— Então foi ela quem roubou o meu filho.

Será que o *laird* precisava gritar cada palavra? Jamie não podia acreditar que ele fosse o pai de um bebê tão dócil. O chefe do clã era um homem velho, com sobrancelhas espessas que escondiam uma boa porção de seus olhos escuros. Ela supôs que seu cheiro fosse tão ruim quanto sua aparência.

Marcus se virou para olhar Jamie. O rosto do homem não dava um vislumbre do que ele estava pensando.

— Vá pegar o pequeno — ordenou. — Ande logo, mulher.

Jamie tinha acabado de começar a entrar no castelo quando o *laird* gritou a ordem. Ela parou e, devagar, virou-se para encará-lo de novo.

— Levarei o tempo necessário — disse.

— Reivindico o meu morto.

Sua audição nunca mais seria a mesma. O homem beligerante rosnava feito um urso ferido. Jamie tentou conter a irritação. Disse a si mesma que o homem pensava que o filho estava morto, afinal, e o pesar lhe privara de suas boas maneiras.

Nenhuma palavra foi dita até Jamie voltar. Ela trazia o bebê adormecido nos braços. O filho do senhor estava completamente envolvido por um cobertor grosso de lã para protegê-lo do vento cortante.

O rosto do velho *laird* não esboçou reação. Jamie foi até ele e afastou o tecido que cobria o rosto do bebê.

— Dê-o a mim.

— Pare com essa gritaria agora mesmo — ordenou, com a voz baixa. — Se acordar essa criança depois de todo o trabalho que tive para fazê-la dormir, haverá uma conta cara, e será o senhor a pagá-la. Fui clara?

— Acordá-lo?

— Acabei de lhe dizer para não gritar — Jamie o lembrou em um quase grito dela mesma. Logo se arrependeu do rompante, pois o pequeno abriu os olhos e começou a se inquietar em seus braços. Ela parou para sorrir para a criança, então olhou feio para o pai.

Perdeu a expressão perplexa que atravessou o rosto do *laird* quando o pequeno se moveu.

— Viu o que fez? Seus gritos perturbaram o bebê — murmurou Jamie. Ela moveu a criança em seu ombro e começou a dar tapinhas em suas costas. O bebê logo soltou um arroto alto. — Bom menino — ela arrulhou depois de dar um beijo rápido no alto da cabeça careca.

Sua expressão ficou severa quando ela se virou para o *laird*.

— Por que Deus o abençoou com uma criança tão querida, jamais entenderei. Esse pequeno acabou de almoçar e se o senhor o agitar, ele acabará vomitando.

O chefe do clã não respondeu ao comentário. Relutante, Jamie entregou o bebê ao pai. Ela notou as mãos do homem tremendo quando o pegou.

— Tenho instruções a dar antes de o senhor partir — ela declarou.

O velho guerreiro não disse uma única palavra por um bom tempo. Ele estreitou os olhos para o filho enquanto tentava recuperar o controle. Não poderia demonstrar alegria agora, pois, se o fizesse, com certeza suavizaria sua posição diante dos Kincaid, mas era uma façanha quase impossível não permitir que os olhos se arregalassem. O pequeno soltou outro arroto vigoroso no silêncio repentino, então silenciou-se após a façanha, como se soubesse da luta do pai e estivesse testando, de propósito, sua resistência.

— Ele não está morto.

— Você o matará a gritos se continuar com esses berros — rebateu Jamie. — Agora, por favor, dê-me atenção, senhor. Diga à sua esposa para amamentar o bebê apenas com leite de cabra.

— Não vou.

Jamie reagiu como se tivesse sido atingida por um raio. Antes que o senhor do outro clã pudesse reagir, ela tomou o bebê dos braços dele, abrigou-o de novo junto ao peito e começou a andar para lá e para cá ao lado do cavalo do *laird*.

— Então pode ir para casa sem o seu filho, McPherson. Não deixarei que o mate com a sua ignorância. Volte quando ele tiver idade suficiente para se alimentar sozinho.

Os olhos redondos do *laird* se arregalaram de perplexidade. Ele olhou para Gavin, depois de volta para Lady Kincaid.

— Entregue-o a mim.

— Terá que me prometer que o alimentará somente com leite de cabra.

— Ele tomará o leite da mãe, mulher.

— Ele não gosta do leite da mãe.

— Acabou de insultar a minha esposa?

Jamie desejou ter força o bastante para incutir bom senso naquele velho à base de socos.

— Estou lhe dizendo o que deve fazer para manter o bebê vivo! —

gritou ela. — Ele não suportará um surto de náuseas. — Ela se aproximou do *laird*, até estar a um centímetro do joelho dele, então disse: — Prometa-me.

O aceno abrupto de cabeça a agradou. Ela entregou o bebê de novo ao pai, então foi na direção de Marcus e Gavin.

— O senhor é o homem mais ingrato que eu já conheci — murmurou ela.

— Ingrato?

Ele voltou com os berros. Jamie virou, mãos nos quadris, e lançou ao guerreiro um olhar que tinha a intenção de queimar.

— Sim, ingrato! — gritou de volta. — Deveria estar me expressando seus agradecimentos, McPherson, não gritando comigo.

Os olhos do *laird* viraram fendas novamente. Jamie sabia que seu orgulho estava, de alguma forma, ferido, mas não tinha noção do motivo.

— Eu a farei se desculpar por ter tirado meu filho de minha casa — berrou o homem. — É de guerra que estamos falando se eu não conseguir o que quero.

— O que o senhor precisa é de um belo chute no rabo, seu bode velho! — gritou Jamie de volta. — E é isso o que conseguirá se não demonstrar algum respeito comigo.

— A senhora levou o meu filho.

Ela não podia acreditar na imbecilidade do homem. O cavalo era tão detestável quanto o dono. Assim que o velho largou as rédeas, o animal tentou morder o ombro de Jamie. McPherson pareceu não querer controlar a montaria mais do que controlava o próprio temperamento.

— Você vai se desculpar! — rugiu ele.

Jamie estapeou o cavalo para longe antes de responder ao desafio:

— Como ousa exigir que me desculpe? Eu não peguei o seu filho, e o senhor sabe muito bem. Pode ficar aí até apodrecer, mas não me ouvirá pedir desculpas.

O bebê começou a chorar, perturbando a concentração de Jamie.

— Oh, leve seu filho para casa, para a mãe dele — ordenou Jamie. — E não se atreva a voltar às terras Kincaid sem antes aprender a ter modos.

O chefe do clã pareceu estar se coçando para bater nela. Deliberadamente, ele soltou as rédeas, só para contrariá-la. O cavalo logo tentou ter uma provinha do ombro de Jamie. Ela atingiu o cavalo com mais força.

McPherson soltou um rugido em reação.

— Ela bateu no meu cavalo! — gritou. — Vocês viram, homens. A mulher do Kincaid bateu no meu cavalo. É uma coisa insultar a mulher de um homem, mas golpear o cavalo dele...

— Oh, pelo amor de Deus — interrompeu-o Jamie. — Vá de uma vez ou eu golpearei o senhor.

Quando o soldado à esquerda do *laird* levou a mão à espada, Jamie sacou a adaga da bainha do cinto. Ela se virou para o soldado, mirou e disse:

— Tire a mão de sua arma ou minha adaga se alojará na sua garganta antes de você dar seu próximo suspiro. E quando eu causo um ferimento — ela desafiou —, não cuido dele.

O soldado hesitou pelo mais breve dos segundos, então fez o que ela mandou. Jamie assentiu.

— Agora, saiam das minhas terras — ordenou, e voltou a embainhar a adaga.

De repente, ficou exausta. Fazia tempo que não perdia o controle desse jeito. Ficou um pouco envergonhada com o comportamento, e logo ficou grata por só Gavin e Marcus terem presenciado sua perda de controle.

Tudo culpa de McPherson, é claro. O homem devia viver em uma caverna. Ele, sem dúvida alguma, tinha os modos de um animal selvagem. Ele poderia fazer um santo gritar.

A retirada parecia uma escolha lógica agora. Jamie se virou, sua intenção era voltar para o castelo sem poupar uma única olhada para trás. Dispensaria os McPherson do modo mais grosseiro possível.

Ela parou cambaleante quando viu a fileira de soldados Kincaid às suas costas. Todos armados e prontos para a batalha. Embora Jamie tenha notado o fato depressa o bastante, não foi isso que fez sua cabeça latejar. Não, foi Alec Kincaid parado no meio dos soldados que chamou toda a sua atenção e lhe deu uma completa dor de cabeça.

Ora, diabos, ele devia ter visto a coisa toda.

Jamie estava mortificada. E logo desejou simplesmente poder se virar e voltar a pé para a Inglaterra.

No momento, ela não sabia qual era a maior ameaça. O olhar de Alec poderia fazer cair a lã de uma ovelha. *Laird* McPherson parecia um santo em comparação.

Os braços de Alec estavam cruzados; as pernas, separadas, um mau sinal aquele; e a expressão tão rígida quanto o resto de seu corpo. A mesma pose que ela viu no dia que os exilados atacaram. Tinha pensado que ele havia parecido entediado na ocasião.

Mas agora ela sabia.

Ele ainda era a aposta mais segura, decidiu. Se fosse matá-la, provavelmente o faria em privado, supôs, com um aperto desagradável no estômago. Na cabeça dele, ela não era importante o bastante para fazê-lo causar uma cena. Não, ele provavelmente esperaria até a semana seguinte.

Ele não lhe disse uma única palavra quando ela foi até o seu lado. Simplesmente a empurrou para suas costas e então deu um passo para a frente. A muralha a rodeou imediatamente.

O escudo dos guerreiros bloqueava sua vista, até quando ficou na ponta dos pés para tentar ver por cima do ombro de Marcus.

Palavras raivosas dispararam feito flechas entre os dois poderosos chefes de clã. Jamie ficou perplexa quando percebeu que Alec a estava defendendo. Ele ficou extremamente ofendido com o fato de que um dos McPherson ousara tocar a espada na presença de Lady Kincaid. Oh, Alec estava furioso, ah, ele estava. Muitíssimo furioso.

Alec tinha um temperamento explosivo, e Jamie se apressou com uma oração de agradecimento ao Criador pelo rompante não estar direcionado a ela.

Então ouviu a odiosa palavra "guerra" sendo berrada de novo. McPherson convocou uma batalha, e Alec não poderia ter sido mais enfático ao concordar.

Bom Deus, o que ela fizera?

Alec jamais acreditaria que tudo não tinha sido culpa dela. Se tivesse controlado o mau gênio, talvez pudesse ter evitado a guerra.

Os soldados não se afastaram dela até os McPherson estarem bem longe. Jamie decidiu que seria melhor sair antes que o marido voltasse a atenção para ela. Não estava fugindo, é claro, foi o que disse a si mesma. Não, apenas precisava de um tempinho para entender toda a confusão. Com um pouco de sorte, talvez levasse só um ou dois dias.

Ela virou as costas para Marcus e começou a subir as escadas. Bem quando pensou que escaparia de Alec, ele a pegou pelo braço. O homem não foi gentil ao forçá-la a encará-lo. Por Marcus e Gavin estarem assistindo, ela decidiu sorrir. A carranca de Alec, no entanto, mudou a sua disposição.

— Importa-se de explicar? — pediu ele, com a voz tão controlada quanto o rugido de um leão.

— Não — respondeu Jamie. — Prefiro não explicar.

Ele não gostou da resposta. O músculo em sua mandíbula fez aquilo de novo, flexionou-se como um tique insistente. O aperto em seu braço ficou mais forte, a ponto de as sardas ficarem mais rosadas.

Estava determinada a olhá-lo nos olhos para que ele soubesse que ela não temia o que via, mas, na realidade, não durou nem mesmo até a primeira piscada.

— O bebê estava doente — disse a ele.

— E?

— Eu cuidei dele.

— Como o filho de McPherson chegou aqui?

— Eu estava me perguntando essa mesma coisa.

— Responda.

Ele não ergueu a voz, mas Jamie sabia que o homem estava furioso.

Ela decidiu aplacá-lo sem dar uma resposta direta.

— Alec, eu só estava tentando fazer a coisa certa. Mesmo se eu soubesse que aquela criança querida era de um homem tão azedo, ainda teria cuidado do menino. Ele estava sofrendo muito. Por que você me faria dar as costas para ele?

— Eu gostaria que você respondesse à minha pergunta — ele lembrou a ela.

— É culpa de Mary.

— Mary estava envolvida nisso? — exigiu Alec. Ele balançou a cabeça, então disse: — Eu não deveria estar surpreso.

— Mary trouxe o bebê para mim. A esposa de McPherson entregou o menino a ela, implorando pela minha ajuda.

Alec finalmente soltou o seu braço. Jamie resistiu ao impulso de esfregar a dor.

— Agora você vai ficar com raiva da Mary por interferir, não vai, Alec?

Ele não se incomodou em responder. Gavin lhe lançou um olhar de simpatia, então perguntou a Alec:

— Daniel sabia disso?

— Não tinha como ele saber — respondeu Alec. — Ele estava caçando comigo. Se ele foi direto para casa, deve estar descobrindo por agora. Se Deus quiser, ele a manterá trancada a sete chaves.

— Mary tem um bom coração — interveio Jamie. — Com certeza Daniel não ficará bravo por ela ter ajudado uma criança doente.

— Você pode entrar agora — declarou Alec, ignorando a defesa que ela fazia da irmã.

A atitude fria a irritou. Deus sabia que ela deveria estar acostumada com a contrariedade dele agora. Ele estivera longe de casa por quatro dia e noites, mas Jamie com certeza não sentira falta dele.

— Não estou pronta para entrar — retrucou ela, assustando Gavin e Marcus. Alec não pareceu surpreso, no entanto. Pareceu resignado. — Preciso lhe fazer uma pergunta, primeiro.

Alec soltou um suspiro impaciente.

— Marcus, mande alguns homens seguirem o McPherson até a fronteira — ele ordenou, antes de voltar a prestar atenção em Jamie. — Bem? Que pergunta é essa?

— Eu estava me perguntando se foi tudo bem na sua caçada.

— Foi.

— Então encontrou os homens que atacaram o Angus?

— Encontramos.

— E?

— E o quê?

— Você matou alguém?

Alec pensou que aquela devia ser a pergunta mais ridícula que já tinham lhe feito. Ela a sussurrara e então lançara um olhar preocupado para Gavin. Alec não sabia o que fazer com a esposa. Ela parecia irritada com ele. A mulher era simplesmente ilógica demais para ser um estorvo.

Mas muito atraente. Esteve fora por apenas quatro curtos dias e noites, mas parecia muito, muito mais tempo para ele agora. Essa confissão fez seu humor ficar sombrio. Ela ainda usava o traje inglês, notara aquele pecado imediatamente, e estava começando a concluir que ela era tão teimosa quanto ele. Talvez até mais.

— Seis ou sete — anunciou, com a voz severa. — Gostaria de saber como os matei?

Ela retrocedeu um passo, esquecendo-se de que estava de pé nas escadas. Alec a agarrou pelos ombros para impedi-la de cair.

— Presumo, então, que não quer saber?

Ela moveu os ombros para afastar as mãos dele.

— Não, não quero saber como os matou, seu homem impossível, mas quero, sim, o número verdadeiro. Foram seis ou sete?

— Como, em nome de Deus, eu vou saber? — perguntou ele, obviamente exasperado. — Eu estava no calor da batalha, Jamie. Não tive tempo de contar.

— Bem, pois deveria — murmurou Jamie. — No futuro, peço para que conte. É o mínimo que você pode fazer.

— Por quê?

— Porque só me restam oito xelins, é essa a razão.

Ele não sabia do que ela estava falando. O que não o surpreendeu, no entanto; ele nunca sabia do que ela falava. A cor havia abandonado o rosto da esposa, lembrando-lhe do quanto ela desgostava das batalhas. Ele supôs que ela não quisesse que ele matasse ninguém. Era um pensamento tão engraçado que ele não pôde deixar de sorrir. Inferno, ele deve ter matado duas vezes essa quantia. A luta tinha sido feroz. Mas ele não ia compartilhar essa informação com Jamie.

— Você está sorrindo, Alec. Quer dizer que estava zombando de mim?

— Eu estava — mentiu ele, pensando em afastar aquela careta do rosto dela.

Ela lhe lançou uma olhada que sugeria não ter acreditado nele. Então juntou as saias e correu para dentro.

— Alec — disse Gavin —, o que ela pensa que vai acontecer quando você enfrentar os nossos inimigos?

— Eu não faço a menor ideia.

Gavin segurou o riso.

— A propósito — ele mudou de assunto —, Franklin foi na frente para dizer que o clã estava voltando da fortaleza de Gillebrid. Eles devem chegar aqui amanhã à tarde, no máximo. Parte do clã Harold também virá. Eles pretendem prestar seus respeitos.

— O diabo que querem — Alec vociferou. — Eles pretendem ver a minha esposa.

— Sim — respondeu Gavin, com uma risada. — A beleza dela já está se tornando uma lenda. Também há o fato de que ela salvou Angus. Qualquer um com alguma aflição estará acampado na nossa porta.

— Como está Angus?

— Dócil, agora.

— O que isso quer dizer?

— Ele quer voltar aos deveres. Sua esposa o flagrou bem no momento em que ele estava saindo da cabana. Elizabeth tinha ido buscar a ajuda dela. — Gavin soltou uma risada sonora antes de prosseguir: — Pude ouvir Angus gritar por todo o caminho até as portas do castelo. Quando cheguei lá...

— Ele ergueu a voz para Jamie?

— Ele teve uma boa razão — explicou Gavin, quando viu o quanto Alec estava ficando com raiva. — Ela lhe tomou a espada.

Alec ergueu uma sobrancelha em reação à declaração.

— Ele teve mesmo razão, então — admitiu, com um sorriso largo. — E o que aconteceu depois?

— Ela jamais ergueu a voz para ele, mas o fez voltar para a cama dentro de minutos.

Alec começou a ir para os estábulos, as mãos cruzadas atrás das costas. Gavin caminhou ao seu lado.

— Não confio nos homens de Harold, especialmente nos bastardos dele — disse, voltando o assunto para os futuros visitantes.

— Os gêmeos?

— Justin será um problema — declarou Alec. — Ele está acostumado a pegar o que quer.

— Você acha mesmo que ele irá atrás da esposa de outro homem?

— Ele seria capaz disso. O homem tem mais bastardos que o rei da Inglaterra.

— Com a aparência dele também, as mulheres se lançam aos seus pés. É estranho que Philip, embora idêntico em aparência, seja de natureza tão oposta. Ele é tímido demais para tentar qualquer coisa.

— Não confio em Philip também — murmurou Alec.

Gavin sorriu.

— Você fala como um homem que se importa com a esposa, Alec.

— Ela é minha propriedade. Ninguém a insultará senão eu.

— Não está sendo fácil para ela — comentou Gavin. — A tarefa que você lhe atribuiu ajudou, é claro, mas Edith ainda está criando dificuldade. Ela contraria todas as ordens que Jamie dá. Annie não é muito melhor. Ela nem sequer fala com Jamie.

Alec não respondeu ao comentário, pois acabara de reparar que Jamie descia correndo os degraus.

— Aonde você pensa que vai? — gritou ele.

— Visitar o ferreiro — Jamie gritou de volta. Ela virou uma esquina e logo sumiu de vista.

Alec balançou a cabeça.

— A tola foi na direção errada.

Gavin riu.

— Alec, ela me implora para ter mais deveres. Não posso deixá-la fazer o trabalho pesado, movendo pedras, mas quero dar algo a ela...

— Do que você está falando? Mover quais pedras?

Gavin lançou um olhar confuso para o *laird*.

— As cozinhas — lembrou a ele.

Quando Alec continuou com o cenho franzido, Gavin explicou:

— Você deu a ela permissão para mudar as cozinhas de lugar, não deu?

Alec deu de ombros.

— Talvez eu tenha dado — confessou. — Em um momento de fraqueza. Ainda assim, não levaria mais de uma hora para reorganizar o que fosse, em nome de Deus, que ela quisesse arrumar.

— Reorganizar? — repetiu Gavin, perplexo. Que Deus o ajudasse, ele começou a rir.

— O que é tão engraçado, Gavin? A minha esposa lhe disse...

— Não, ela está fazendo exatamente o que você lhe deu permissão para fazer — disse Gavin, quase se engasgando. — Você verá em breve. Pode ser uma deliciosa surpresa — tratou de adicionar, quando Alec pareceu prestes a perder a paciência. — Não quero estragar tudo.

O padre Murdock veio correndo para o *laird*, chamando sua atenção. A batina preta esvoaçava ao vento.

— Alec? Se não for incomodá-lo, eu gostaria de dar uma palavrinha com você.

Tanto Alec quanto Gavin logo tentaram se aproximar do padre. Mas o odor fétido irradiando dele fez os olhos dos dois lacrimejarem. Por respeito, Alec não mencionou sua condição fragrante. Gavin, no entanto, não foi tão diplomático.

— Bom Deus, padre Murdock, o que fez a si mesmo? Está cheirando a chiqueiro.

O padre não se sentiu insultado. Ele riu e balançou a cabeça.

— Estou fedendo mesmo, menino, mas faz anos que não me sinto bem assim. Jamie me deu um unguento especial para passar no peito. Ela também misturou outra poção para mim. Minha tosse quase sumiu.

Ele deu mais um passo para a frente. Alec fincou terreno, mas Gavin deu um rápido passo para trás.

— Agora, então, basta de falar de minha saúde e vamos à minha importante pergunta — disse ele, dirigindo-se a Alec com o olhar. — Sua esposa me entregou todos os xelins que tinha — declarou, ao abrir as mãos e lhe mostrar as moedas. — Ela desejava comprar indulgências. Não tive coragem de dizer que não usamos moedas aqui.

Alec balançou a cabeça.

— Ela se preocupa demais com a própria alma. Uma inclinação inglesa, se não me engano.

O padre sorriu.

— A alma dela não é uma preocupação, Alec.

— Então, por quê?

— É a sua alma que a preocupa.

Gavin disfarçou a gargalhada com uma tosse alta.

— Contei sete xelins — ele disse a Alec.

— Oito — corrigiu-o padre Murdock. — Um, ela disse, era por precaução no caso de falha de memória. Não entendi o que ela quis dizer com a declaração.

— A mulher é louca.

— Ela se importa — argumentou padre Murdock. — Agora me diga o que faço com essas moedas.

— Coloque-as na caixa em cima da lareira — sugeriu Alec, dando de ombros.

— Como quiser — concordou o padre. — Agora, enquanto falamos de sua querida esposa, queria saber se você daria a ela permissão para usar um dos aposentos vazios lá de cima. Ela me pediu para lhe fazer a pergunta, Alec.

— Não vejo nenhum mal no pedido — respondeu Alec. — Para que ela quer o quarto?

— Para ser quarto dela.

— Nem pelos diabos.

— Ora, filho, não há necessidade disso — acalmou-o padre Murdock. Ele podia ver o humor do *laird* estragando tão rápido quanto um peixe deixado no sol por tempo demais. E logo soltou a próxima pergunta: — Ela pode cavalgar na encosta, se ficar nas terras Kincaid, é claro? Dará a ela o que fazer. Posso dizer que ela sente muita sua falta quando você está longe.

O último comentário suavizou o semblante de Alec.

— É claro que ela sente a minha falta — gabou-se ele. — Tudo bem, padre Murdock. Diga-lhe que ela pode cavalgar se tiver uma escolta.

— Você não pode estar pensando que ela vai fugir, não é, Alec? Ela sente falta de casa, mas eu...

— Padre, a mulher não consegue encontrar o caminho para fora de um cômodo com apenas uma porta. Não, não acho que vá tentar voltar para a Inglaterra, mas ela, com certeza, acabará se perdendo. Ela não tem nenhum senso de direção.

— Verdade — concordou o padre, com um brilho no olhar. — Ela é tão imperfeita quanto um límpido céu azul.

— Está se contradizendo — interveio Gavin. — O céu azul não é imperfeito.

— Para um homem cego, é — respondeu Murdock, encarando Alec com atenção. — Se sua esposa é tão inferior, ficarei feliz em verificar como obter uma anulação.

— Não ficará, não.

Alec não teve a intenção de parecer tão enérgico ao negar a sugestão ridícula do sacerdote. Padre Murdock insinuara, de propósito, que uma anulação poderia ser obtida com facilidade. Alec soube que caíra na armadilha do velho, pois havia acabado de admitir o quanto se importava com Jamie.

— Estou cansado da conversa das mulheres — murmurou ele. — Gavin? Você acha que pode impedir minha esposa de começar outra guerra enquanto cuido de alguns assuntos?

— Ela perguntou de Helena.

A declaração discreta do padre caiu entre eles. Devagar, Alec se virou para olhar o padre Murdock novamente.

— E? — indagou ele, a voz despida de qualquer emoção.

— Sabe que disseram a ela que você a matou?

Alec balançou a cabeça.

— Quando ela ouviu essa fofoca horrenda? — exigiu Gavin.

— Antes de Alec chegar à casa dela — respondeu o padre.

— Ela lhe perguntou se era verdade? — questionou Gavin, ao perceber que Alec não faria a pergunta ao sacerdote.

— Não, ela não me perguntou se era verdade — revelou padre Murdock. Ele lançou uma careta de desgosto para Gavin. — Na verdade, ela me disse que nunca acreditou na fofoca. Ela também não pensa que Helena se matou. Crê que foi um acidente. Ela é terna de coração, Gavin, e tem total fé no marido.

Alec assentiu.

— Não, ela não acreditava na fofoca — declarou ele. A voz cheia de orgulho. — Jamie é uma mulher por demais bondosa e considerada.

— Sim, ela é — concordou Gavin.

— É claro, ela pode ser bastante teimosa também — admitiu padre Murdock. — Ela continua me perturbando para dar a ela algo para fazer. Creio que queira fazer parte dessa família, Alec. Ela está se apaixonando por você, meu filho. Trate o coração dela com bondade.

Alec não estava nada convencido das palavras do padre de que Jamie estava se apaixonando por ele fossem verdade, mas sorriu ante a possibilidade.

— Agora certifique-se de elogiar os esforços dela com a cozinha, sim, Alec? — aconselhou o sacerdote. — O que acha da nova adição? Ela está se saindo muito bem, agora que os homens pararam de resmungar.

— Do que o senhor está falando? — perguntou Alec.

Murdock deu uma olhada ligeira para Gavin, então se virou de novo para Alec.

— A cozinha, Alec. Com certeza você não se esqueceu de que deu a Jamie permissão para mudar a construção de lugar.

— Eu o quê? — rugiu Alec.

O padre deu um rápido passo para trás para escapar da ira de Alec.

— Ela disse que tinha a sua permissão para reorganizar a cozinha, Alec. A doce mocinha não mentiria. Você pode ter esquecido...

Ele desistiu de tentar defender a senhora quando Alec foi em direção às portas do castelo.

— Gavin, ele parece muito... surpreso.

— Surpreso? Isso ele estava — devolveu Gavin. — É melhor o senhor ficar perto de Jamie até o vociferar dele se aquietar. Ele deve estar prestes a notar o buraco nos fundos...

O grito de ultraje de Alec tomou todo o pátio.

— Ele o viu — sussurrou o padre. — Oh, que o Senhor nos proteja, ali vem a Jamie.

O sacerdote apanhou a barra da batina e saiu correndo na direção da senhora.

— Espere, moça — gritou ele.

Jamie ouviu o chamado frenético do padre. Ela se virou de imediato, e uma expressão preocupada tomava-lhe o rosto.

— Padre, o senhor não deveria correr até ficar melhor do peito — ela gritou.

O sacerdote subiu os degraus e agarrou o braço dela.

— Alec acabou de ver o buraco na parede dos fundos.

Ela abriu um leve sorriso.

— Ele estava fadado a notar, padre.

Ficou claro que a doce moça não compreendia o perigo que corria.

— É melhor você vir comigo para a capela até Alec escutar as explicações dos soldados. Ele vai se acalmar daqui a uma ou duas horas. Daí você pode...

— Tenha mais fé no seu *laird* — contrapôs-se Jamie. — Assim que tudo ficar pronto, ele verá o quanto a mudança foi certa. Tenho certeza, padre. Além do mais, ele não gritará comigo. Eu o fiz prometer. Por favor, não se aflija. Vou entrar e explicar tudo para Alec. Não estou com medo.

— É essa sua falta de medo que me deixa muitíssimo temeroso — confessou o ancião. Ele sabia que Alec não a tocaria em seus rompantes de raiva. Ainda assim, ele destruiria seus sentimentos delicados com gritos. O padre Murdock fez o sinal da cruz apressado depois de Jamie lhe dar um tapinha na mão e entrar. Estava fraco demais dos joelhos para ir atrás dela.

Jamie se preparou para enfrentar a irritação do marido e correu para o salão. Parou de chofre quando viu o que se passava. Alec estava sentado à cabeceira da mesa. Um soldado estava ao seu lado, prestando contas.

Alec não parecia muito chateado. O cotovelo descansava no tampo da mesa e a testa, em sua mão. Ele parecia mais cansado do que zangado.

Todos os soldados que trabalharam no desmonte da cozinha também estavam ali.

Ora, inferno, eles estavam em fila, obviamente esperando a vez de delatá-la. Jamie lançou uma bela carranca para deixá-los saber o que pensava de sua deslealdade, então foi em direção ao marido.

Quando ele enfim olhou para cima, Jamie congelou. O homem estava furioso. O tique estava de volta em sua mandíbula cerrada. Os olhos ardiam de raiva. O vento também não ajudou muito a sua causa. O som de assovio que vinha do buraco imenso lembrava a Alec do que ela havia feito.

Ele a encarou por um longo e silencioso momento.

— Eu gostaria de explicar — disse ela.

— Saia agora mesmo deste cômodo, esposa.

Ele não ergueu a voz para ela, mas a ordem grosseira doeu do mesmo jeito.

— Alec, você prometeu que não perderia o controle — lembrou a ele. Que os céus a acudissem, de repente ela ficou muito aterrorizada com o que viu nos olhos do escocês.

Ele não gritou com ela na hora.

— Vá antes que eu... agora, esposa.

Jamie assentiu. Ela correu até a lareira, pegou uma moeda na caixa, e então saiu do grande salão com o máximo de dignidade que conseguiu reunir sob circunstâncias tão humilhantes.

Edith e Annie estavam de pé perto da entrada. As duas riram baixinho quando Jamie passou por elas.

Só começou a chorar quando chegou aos estábulos. Pediu a Donald para aprontar Wildfire. O mestre dos estábulos não discutiu com a ordem, e assim que a ajudou a montar, perguntou se deveria preparar o corcel de Alec.

Ela balançou a cabeça, então foi na direção do portão.

Padre Murdock estava de pé no pátio, esperando que ela passasse por ele.

Jamie se inclinou e lhe entregou uma moeda.

— Ele mentiu para mim — sussurrou. — É uma indulgência pela alma dele.

Murdock segurou o estribo.

— Aonde está indo, moça? — perguntou, fingindo não notar as lágrimas. — Você está me preocupando.

— Embora.

— Embora?

— Ordens dele, padre, e eu sou sempre muito obediente. Para qual lado fica a Inglaterra?

O padre estava atordoado demais para apontar a direção. Jamie supôs que seria morro abaixo.

— Obrigada por ter sido bom para mim.

E deixou o padre encarando-a boquiaberto em descrença.

Jamie sabia que, em algum momento, ele iria lá delatá-la, então decidiu que não importava. Alec não iria atrás dela. Ela não era importante o suficiente. Ele ficaria feliz por se livrar dela.

Pensou que teria problemas na ponte levadiça, mas depois que explicou que estava seguindo ordens do *laird*, os soldados a deixaram passar.

Deixou Wildfire correr com o vento. Jamie simplesmente suportou, chorando a olhos vistos. Ela não sabia para onde seguiam nem quanto tempo seguiriam nessa velocidade vertiginosa. Na verdade, não se importava com nada que não o próprio choro. Quando o cavalo finalmente parou no abrigo das árvores, Jamie decidiu que era hora de recuperar um pouco de controle.

Foi quando viu o menino. Ele não era um Kincaid, percebeu, pois o tartã era de uma cor diferente. Jamie não emitiu um som. Esperou que o menino não a tivesse notado, pois não queria que ninguém a visse em uma condição tão desgraçada, nem mesmo uma criança.

O menino estava preocupado demais para olhar para trás. Ele encarava fixamente os arbustos à direita. Jamie se perguntou o que o arrebatara tanto.

De repente, ele soltou um grito e começou a recuar quando um javali gigante soltou um bufo vil e atacou.

Jamie reagiu por instinto. Bateu no flanco de Wildfire, incitando-a a um galope. A égua voou pela encosta. Jamie agarrou as rédeas e a crina de Wildfire com a mão esquerda e se inclinou para a direita.

O menino a viu vindo. Ele começou a correr na sua direção com as mãos estendidas. Jamie rezou para ter força o suficiente para levantá-lo. Deus se provou misericordioso. Com a ávida ajuda da criança e o aperto desesperado em seu braço direito, ela foi capaz de puxá-lo para cima o suficiente para que ele passasse uma perna sobre o lombo da égua.

Ambos se seguraram com tudo o que tinham. O javali desistiu da perseguição poucos minutos depois, mas Wildfire ainda estava irritadiça por causa do medo. A égua se virou de repente. E Jamie e o menino caíram no chão.

Ela caiu de lado. Ele, por cima dela. O rapazote logo virou de lado, então se levantou e tentou ajudá-la.

Ele a puxava pelo braço direito, e ela fez careta por causa da dor.

— Está ferida? — perguntou a criança, o medo óbvio em sua carregada pronúncia do gaélico.

— Só dolorida — respondeu Jamie, em gaélico. Devagar, ela se pôs de pé, então notou que o bliaut estava rasgado na costura do ombro.

Estavam de pé no meio de uma clareira estreita. Jamie tremia da cabeça aos pés.

— Essa foi por pouco, isso sim — declarou. — Deus, eu estava com medo. E você? — indagou, quando o menino lhe olhou.

A criança assentiu.

Ambos abriram um sorriso.

— Nós demos uma canseira nele, não foi?

— Sim, demos sim — concordou a dama, pensando consigo mesma no quanto aquela criança era adorável. Ele tinha um longo cabelo ruivo que cacheava ao redor do rosto de querubim. O nariz era pintado com sardas enormes. — Sou Lady Kincaid — prosseguiu ela. — Qual é o seu nome?

— Eu não deveria dizer — sussurrou o menino. — Eu não deveria estar nas terras Kincaid.

— Você se perdeu.

Ele balançou a cabeça.

— A senhora vai contar.

— Não, não vou. O que está fazendo aqui, então?

A criança deu de ombros.

— Eu gosto de sair para caçar. Meu nome é Lindsay.

— E qual é o nome de seu clã?

— Lindsay — repetiu ele. — Você fala gaélico, mas parece diferente. E também não está usando o tartã dos Kincaid.

— Sou inglesa. — Os olhos dele se arregalaram. — Sou esposa de Alec Kincaid, Lindsay — explicou ela. — Quantos anos você tem?

— Completo nove no verão.

— Sua mãe vai procurar por você, eu acho.

— Meu pai que vai sair à minha busca. Ele deve estar ficando preocupado — adicionou o menino. — Melhor eu ir para casa agora.

Jamie assentiu. Ela não sorriu, pois a expressão da criança tinha ficado muito séria.

— A senhora salvou a minha vida. Meu pai deverá recompensá-la.

— Não — rebateu Jamie. — Ele não precisa. E você deve me prometer que não sairá para caçar sozinho de novo. Me dá a sua palavra?

Quando ele assentiu, ela sorriu.

— Quer que eu o acompanhe até em casa?

— Eles a capturariam se a senhora fosse. Temos uma rixa com os Kincaid — explicou ele, com muita naturalidade.

— Tome cuidado, então. Apresse-se. Acho que ouvi alguém vindo.

A criança desapareceu atrás da fileira de árvores antes de Jamie ter dado um passo na direção de Wildfire.

Ela estava completamente sozinha no meio da clareira quando Alec e seu corcel irromperam dos galhos. Ele ficou tão aliviado por vê-la que parou a montaria e ficou lá, encarando-a, enquanto acalmava sua respiração irregular.

Alec não podia dizer se ela estava planejando algo ou não. A cabeça da mulher estava baixa. Sabia que a aterrorizara. Sua expressão quando gritou com ela mostrara o quanto ela tinha ficado amedrontada.

Esperava, por tudo o que havia de mais sagrado, que ela tivesse superado o medo... e as lágrimas. Notou-as, também, quando ela passou por ele com a moeda na mão.

Inferno, ele provavelmente precisaria se desculpar. Não era nada bom nisso, ele sabia, mas ainda teria que tentar, decidiu. Ele se forçaria a ser calmo... e razoável.

Então notou as folhas no cabelo dela e o rasgo no vestido.

— O que aconteceu? — gritou. — Alguém...

Ele já tinha apeado do corcel e corrido antes mesmo que ela pudesse responder. Jamie recuou um passo.

— Não aconteceu nada comigo — declarou.

— Não minta para mim. — Ele agarrou em seus braços e a puxou para perto do peito.

— Você mentiu para mim.

— Não menti — respondeu, acalmando-se uma vez mais.

— Você perdeu as estribeiras comigo.

— Você fez os homens derrubarem a parede dos fundos da minha casa — rebateu ele.

— Você disse que eu poderia rearrumar as cozinhas — sussurrou Jamie. — No inverno, Frieda, Hessie e todas as outras criadas têm que chapinhar pela neve para trazer o seu jantar. Eu estava tentando fazer a coisa certa, Alec. Fazia sentido adicionar o prédio aos fundos da casa. Você não me deixaria explicar, no entanto.

Alec fechou os olhos e rogou por paciência. Ele parecia não ser capaz de deixar de abraçá-la o suficiente para lhe passar um sermão.

— Sim, eu perdi as estribeiras — confessou. — E estou furioso com você.

— Por causa do buraco na sua parede?

— Não — ele lhe disse. — Porque você estava com medo de mim. Achou que eu a machucaria?

— Não — respondeu ela. E passou os braços ao redor da cintura do marido e relaxou nos braços dele. — Você me envergonhou. Um marido não deveria gritar com a esposa.

— No futuro, tentarei me lembrar desse ditame — prometeu ele. — Jamie, haverá vezes que voltarei a esquecer.

— Terei que me acostumar a isso, suponho. Seu grito poderia derrubar um pinheiro. Mas você basicamente só ladra, não é, Alec?

Alec apoiou o queixo no alto da cabeça dela enquanto decidia se a deixaria se safar ou não por causa do leve insulto.

— O padre Murdock disse que você estava voltando para a Inglaterra. Era essa a sua intenção?

— Você me disse para ir embora — lembrou a ele.

Um sorriso fez a carranca desaparecer.

— Quis dizer para ir embora do grande salão, Jamie, não da Escócia.

— Eu só queria sair por um tempo, marido. A verdade é que não estou me adaptando muito bem. — Ela soou terrivelmente desamparada. — Sei que você achará difícil de acreditar, mas lá em casa as pessoas gostavam mesmo de mim. Gostavam! Não estou nada acostumada a ser vista como inferior, Alec. Preciso de um pouco de ajuste. Seus soldados estavam esperando para me delatar, não era? Eles não gostam de mim tanto quanto você não gosta.

Jamie, de repente, debulhou-se em lágrimas.

— Oh, estou sendo digna de pena, não estou? Por que se deu o trabalho de vir atrás de mim?

— Jamie, os soldados estavam esperando para ter a chance de defender você — anunciou ele. Sua voz foi um sussurro carinhoso e brusco. — Eles são tão leais a você quanto são a mim, esposa.

Ele a deixou se afastar para que pudesse ver o seu aceno de cabeça. Foi a sua ruína, no entanto, pois uma vez que viu as lágrimas escorrendo por suas bochechas, a disciplina o abandonou por completo.

— Eu vim atrás de você porque você é minha. Nunca mais tente me deixar de novo, Jamie, ou realmente verá a minha ira. Amor, pare com essas lágrimas agora. Eu não pretendi...

Sua voz tremia demais para ele continuar. Alec se inclinou e a beijou na testa. Jamie secou o canto dos olhos com as costas das mãos. O braço começou a latejar por causa do ferimento, lembrando-a de seu acidente.

— Eu caí do cavalo — confessou.

— Eu sei.

Agora ele que parecia desamparado. Jamie sorriu.

— Sou muito habilidosa, Alec, mas o javali assustou Wildfire e...

Ela parou de tentar explicar quando viu a carranca dele.

— Não importa — disse. — Alec? Quando marido e mulher têm um desentendimento, eles costumam se beijar depois que fazem as pazes.

— Mas, no caso, a esposa está usando as cores do marido — apontou Alec. — Ainda assim, eu não quebraria minha promessa se ela não estivesse usando absolutamente nada.

Ela não entendeu o que ele quis dizer até que ele puxou a túnica rasgada por cima de sua cabeça e a jogou no chão.

— Você não po-pode estar que-querendo... — ela gaguejou. E deu um passo para trás.

— Oh, eu estou, estou sim. — Ele deu um passo para a frente.

Ela soltou uma gargalhada alta quando ele se lançou para ela, então se virou e correu para a segurança das árvores.

— Você está louco, Alec — gritou ela, ao olhar para trás. — Estamos no meio do dia.

Ele a segurou por trás e a puxou para si.

— Há crianças por perto — observou ela.

Alec acariciou a lateral da garganta dela com o nariz.

— Você quer um beijo decente, não quer?

— Isso não é nada decente — respondeu ela, com o fôlego preso na garganta e um arrepio percorrendo os ombros. Alec mordiscava o lóbulo de sua orelha enquanto sussurrava em detalhes minuciosos todas as coisas eróticas que faria com ela.

Ela se desmanchou nos braços dele. Alec se recostou em uma árvore grossa, segurando-a entre as coxas. Ele se demorou para despi-la, ignorando os protestos fracos, e quando concluiu a tarefa, ele a puxou de encontro à sua dureza. As mãos seguraram os seios enquanto os polegares afagavam, preguiçosamente, os mamilos.

Soube que conseguira a rendição quando ela soltou um gemido baixo.

— Agora lhe mostrarei o quanto você é inferior a mim — sussurrou ele.

— Você vai? — ela perguntou, com um arquejo. A mão dele tinha acabado de se mover para entre suas coxas.

Ele grunhiu de prazer quando sentiu o calor dela. A mulher já estava quente e molhada para ele.

— Vou beijar cada centímetro de seu corpo inferior — prometeu.

Ele enfim a virou. As bocas abertas se encontraram em um beijo ávido. Ela envolveu os braços ao redor de seu pescoço, esfregando os seios em seu tartã. Alec afastou a boca, então descartou as próprias roupas com muita rapidez. Ele a virou até ela estar recostada na árvore, de frente para ele, e baixou a cabeça para o vale entre os seus seios. A língua mergulhou com selvageria. As mãos massagearam os seios e, então, ele enfim se afastou para capturar um mamilo com a boca. A pressão foi excruciantemente maravilhosa. Ela gemeu de prazer, agarrando-se em seus ombros, buscando apoio. Alec deu ao outro seio a mesma atenção deliciosa, então desceu uma trilha de beijos ardentes até a sua barriga.

Ele a fez se esquecer de respirar. O homem se ajoelhou diante dela, agarrou o traseiro macio e, bruscamente, puxou-a para sua boca.

Ela não foi nem capaz de pensar. A língua acariciou a paixão nela, pressionando, dentro, fora, de novo e de novo, até ela estar choramingando por alívio de sua doce tortura. Ela estava implorando para que ele não parasse, quando o homem se levantou para encará-la. Jamie tentou lhe capturar a boca para um beijo longo e ardente, mas ele se afastou. Ele, de repente, agarrou o cabelo dela, torceu-o ao redor do punho e a puxou para a frente.

— Jamais tente me abandonar de novo.

Alec não lhe deu tempo para responder. A boca reivindicou a dela. A língua abriu caminho. Ela se derreteu nele. Ele a ergueu alto, abrindo suas coxas com um único movimento poderoso. Ela envolveu as pernas ao seu redor.

— Alec — exigiu, quase gritando quando ele hesitou.

— Prometa. — A voz rangeu em seu ouvido.

A agonia na voz do marido atravessou a névoa sensual.

— Prometo — sussurrou ela.

Ele gemeu sua aprovação, então a penetrou com um impulso forte. Ele sussurrou juras de amor em seu ouvido ao sair e voltar a entrar nela.

Jamie se agarrou a ele, entoando as próprias juras, e quando soube que estava prestes a encontrar alívio, gritou seu nome.

A rendição foi absoluta; a paixão, aplacada. Ele ficou dentro dela um bom tempo. Mesmo depois de o fôlego ter se acalmado e o coração deixado de martelar, ele ainda não se moveu. Não queria perder o aroma do ato de fazer amor, não queria deixar de abraçá-la.

Pela primeira vez em sua vida, ele ficou contente. Entendeu o que aquilo significava, mesmo que instintivamente se recusasse a admitir toda a verdade. Era cedo demais, disse a si mesmo. Cedo demais. Aquilo o enfraqueceria, o deixaria vulnerável... Ele não estava pronto.

Jamie sentiu Alec ficar tenso. Ele a apoiou no chão, então se afastou dela para juntar as roupas de ambos. Ela teve um vislumbre do semblante sisudo.

— Alec? — sussurrou. — Eu não acabei de lhe dar prazer bem agora?

Ele logo respondeu para a preocupação na voz dela:

— Você me deu muito prazer, esposa. — A voz estava grave devido à emoção.

Jamie não lhe fez mais perguntas até ambos estarem vestidos.

— Por que está carrancudo, então? Se eu o fiz feliz de verdade...

— Estou carrancudo porque você me disse que se sentia inferior. Não quero que pense coisas tão ridículas no futuro, esposa. De onde, em nome de Deus, você tirou uma ideia tão ignorante...

— Você me chamou de inferior — Jamie lembrou a ele, completamente confusa agora.

Ele teve a audácia de parecer surpreso. Os olhos de Jamie se arregalaram em reação.

— Você me chamou de insignificante, também. Não se lembra, Alec?

Ele encolheu os ombros. E foi pegar as montarias, mas agora sorria em vez de fazer careta. Sua doce esposa parecera tão enfurecida.

— Não consegue se recordar das próprias opiniões?

— Não são opiniões — ele gritou por sobre o ombro. — São insultos, amor.

— Admite, então, que me insultou? — gritou ela, indo atrás dele.

— É claro.

Ele deixou escapar uma gargalhada quando o impropério nada elegante dela preencheu o ar.

Ela ficou mais horrorizada com a vergonhosa blasfêmia que ele. Desculpou-se profusamente.

Ele riu bem na cara dela.

Jamie não sabia o que fazer com o homem agora. Ela deu as costas para o marido e foi até Wildfire. Alec Kincaid era o homem mais impossível que havia sobre a face da Terra, decidiu. Ele não percebia o quanto ela queria ouvi-lo dizer que se importava com ela?

Jamie montou no lombo de Wildfire e pegou as rédeas. De repente, se lembrou da ordem contundente de Alec de que ela jamais deveria voltar a tentar deixá-lo.

Ele se importava. Ela se virou para olhar o marido, pensando em gritar aquele exato pensamento. O sorriso arrogante a fez mudar de ideia. Ele não percebia que se importava, supôs, e provavelmente ficaria bravo com ela caso ousasse lhe explicar seus verdadeiros sentimentos.

Jamie soltou uma gargalhada cheia de vida. Antes, ele teria que se conformar. Depois, veria o quanto amá-la era certo.

Ela pôs Wildfire em movimento antes que ele pudesse fazer mais perguntas. Alec agarrou as rédeas de Jamie, e balançou a cabeça.

Ela lhe lançou um olhar resignado.

— Ouça com atenção, amor. Para cima — disse, apontando para trás —, ficam as terras Kincaid. Para baixo é a Inglaterra. Entendeu?

Ela mordeu o lábio inferior para que não sorrisse.

— Entendi — concordou, enfim, quando ele continuou a encará-la.

Ele soltou um longo suspiro, então puxou Wildfire junto ao mudar as direções.

— Não, você não entendeu, amor — murmurou.

Jamie não sorriu, então. Senhor, ela se sentia bem. Nem sequer se importava se Alec perdesse as estribeiras no futuro. Ela, decerto, não se incomodava com os insultos, supondo, agora, que era a forma dele de proteger os próprios sentimentos. Não, ela também não se importava com o quanto ele era contraditório.

A razão era simples de entender.

Ele acabara de se referir a ela como seu amor.

Capítulo treze

Alec fazia careta quando voltaram para os estábulos. Jamie sorria. Gavin estava ao lado do padre nos degraus do castelo, assistindo ao par.

— Ela o está fazendo ter ataques — comentou Gavin.

— Ouvi que ela ameaçou cravar uma adaga em um dos McPherson — disse o padre Murdock.

— Foi mesmo. A moça é corajosa, blefando com o velho *laird* e seus homens ao fazer isso.

— Por que você acha que foi um blefe?

— Bem, é claro que foi um blefe. Não é possível que ela saiba como atirar uma adaga.

— Você é igual ao seu *laird*, Gavin, pois compartilha de todos os julgamentos dele. Ele já tirou as próprias conclusões quanto a Lady Jamie. Eu manteria a mente um pouco mais aberta se fosse você. Se ela diz que pode cravar uma lâmina em alguém, então creio que seja capaz. Mas teria que estar protegendo outra pessoa. Sim, ela é muito mais habilidosa do que você e Alec dão crédito. Marque minhas palavras, menino.

— Alec reclama que ela é gentil demais — contrapôs Gavin.

— Ela também é forte — respondeu o padre. — E não vai se adaptar tão pacificamente quanto Alec crê. As fagulhas estão apenas começando a voar.

Tanto Gavin quanto o sacerdote se viraram para ver o senhor das terras ajudando a esposa a apear. Alec segurou Jamie por mais tempo do que a tarefa exigia, e pela forma como se encaravam, nem o padre nem o soldado desejariam interferir. Os dois se viraram e foram embora, ambos sorrindo como simplórios.

Alec sabia que deveria voltar a deveres mais importantes. Ainda assim, não pôde se abster de passar mais uma vez a boca sobre a dela. Ele talvez a teria beijado de novo se Donald não tivesse interferido. Alec entregou as rédeas de Wildfire ao soldado. Jamie curvou a cabeça e começou a se virar.

— Aonde vai agora? — perguntou Alec, só para mantê-la perto por mais um ou dois minutos.

— Trocar o meu vestido rasgado. Mas, primeiro, preciso ir pegar umas velas.

Alec pensou que poderia ir com ela, mas Donald o fez mudar de ideia.

— Alec? Posso dar uma palavrinha com você?

— O que é? — indagou. Ele puxou o corcel para dentro dos estábulos.

— É a égua de milady — começou Donald. — Odeio sobrecarregá-lo com um problema tão insignificante, mas não sei como controlar esse animal teimoso. Ela não está comendo. Vai quebrar uma perna com certeza ao tentar sair da baia. Já quebrou três ripas.

— Então troque-a de baia — sugeriu Alec.

— Já tentei — respondeu Donald.

Alec podia ouvir Wildfire escoiceando as ripas de madeira. Ele levou o corcel até a baia danificada. O cavalo de Jamie parou com a birra assim que Alec estendeu a mão e a afagou.

— Ela está calma agora — comentou, sorrindo.

— É porque o seu cavalo está perto dela. Quando ela pode vê-lo ou sentir seu cheiro, se acalma. Ela está acostumada com ele. Estou pensando, milorde, se poderíamos tentar colocar os dois juntos.

— Ele a mataria.

— Creio que não — apressou-se Donald a explicar. — E ela adoecerá se não começar a comer.

Alec decidiu testar a sugestão de Donald imediatamente. Se o corcel tentasse machucar Wildfire, ele poderia interferir antes que qualquer dano fosse causado.

Assim que o enorme cavalo preto entrou na baia de Wildfire, ele foi para o cocho dela e começou a comer, ignorando a égua por completo. Wildfire causou estardalhaço por causa da invasão de seu território, mas o corcel logo provou sua superioridade soltando um bufo ensurdecedor que fez Alec sorrir. O cavalo dilatou as narinas, então atacou com um bom coice no traseiro dela. Wildfire foi devidamente intimidada. Não havia espaço o bastante para ela se empinar. Mas ela tentou várias vezes, de qualquer forma. O corcel a deixou fazer o que queria e, no final, ela deixou de fazer estardalhaço e se juntou a ele no cocho. E só tentou afastar o corcel de sua comida uma única vez.

— Meu corcel é tão possessivo quanto eu — comentou Alec.

— Milorde? — perguntou Donald, obviamente confuso pelo comentário.

— Não foi nada — disse Alec. Ele estava sorrindo, pois estava pensando em Jamie. Então se lembrou do comentário de padre Murdock de que Jamie queria um quarto para si. — Para os diabos — resmungou. A égua tinha mais bom senso que a dona, decidiu ele.

Alec não deixaria o assunto para lá. Teria uma conversinha com ela. A única cama em que ela dormiria seria na sua. Não exageraria no sermão, é claro, porque não queria vê-la chorar de novo. Mas ficaria firme em sua decisão. Era isso, como ela gostava de dizer, e pronto.

Jamie não tinha ideia do incômodo que estava causando no marido. Acabara de perceber que havia seguido na direção errada. Depois de uma agradável conversa com o ferreiro, ela decidiu se encontrar com os moradores dos outros chalés que ficavam próximos à muralha dos fundos.

— Eles estarão almoçando — avisou o ferreiro.

— Será que posso dar uma olhada em cada cabana, Henry?

— É claro, senhora — concordou o homem calvo. — Ficarão honrados quando eu lhes contar que a senhora estava interessada.

Jamie não se apressou para subir a colina íngreme. Parou para pegar algumas flores silvestres perfumadas que cresciam perto da muralha, então prosseguiu. Pensou ter ouvido um som às suas costas, e se virou para encontrar a pessoa que se aproximava.

Não havia ninguém lá, no entanto, e ela concluiu que o vento estava lhe pregando peças.

Jamie olhou dentro da cabana do lenhador, foi até a última, o curtume, e estava espiando lá dentro quando lhe deram um forte empurrão por trás. Ela ficou tão assustada com o ataque súbito que tombou sobre os joelhos. A porta bateu junto com seu bufo suave de descrença.

Não havia janelas na cabana. Estava escuro como a noite lá dentro. Ela sussurrou uma imprecação nada elegante ao começar a tatear o chão de terra batida, procurando as flores que derrubara.

Jamie presumiu que o vento havia empurrado a porta e que ela apenas não tinha saído a tempo.

Desistiu de tentar encontrar as flores no escuro, ficou de pé e bateu a poeira da saia.

Alec, com certeza, pensaria que ela era tão desajeitada quanto um potro novo se a visse naquele momento, pensou consigo mesma.

Ela ainda não tinha percebido o perigo. Jamie não começou a se preocupar até sentir o cheiro da fumaça. Tentou abrir a porta, mas a coisa nem se moveu.

Foi quando ela entrou em pânico. E bateu na porta com toda a sua força, gritando por Alec. A pequena cabana quadrada estava se transformando num inferno. Em menos de um minuto, todo o teto estava em chamas.

Os gritos logo se transformaram em tosse. Um pedaço de madeira caiu no chão próximo aos seus pés. Jamie se afastou da viga, espantada que um feito tão fácil pudesse ser tão difícil. Ela encarou fascinada a rosa cor-de-rosa de caule longo que segurava até que o calor começou a curvar as bordas das pétalas macias.

As chamas lambiam o caminho na direção dela. A cabana começou a se encher de fumaça, e era difícil demais ficar de pé.

Jamie caiu no chão, arfando por ar. A sensação do piso de terra batida em seu rosto foi maravilhosa.

Ela se recusou a acreditar que morreria. Alec chegaria lá a tempo. Ele a salvaria. O marido prometera que a protegeria.

Oh, Deus, por favor, faça-o vir depressa. Não permita que ele fique sozinho de novo. Alec precisa de mim. Ele ainda precisa me dizer que me ama, pensou ela.

E onde, por todos os diabos, ele estava?

De repente, Jamie ficou furiosa. Depois que ele a salvasse, ela lhe passaria um belo sermão quanto aos méritos de estar a postos.

Senhor, ela estava perdendo o juízo. O arroubo de raiva drenara o resto de sua força. Jamie fechou os olhos e começou a rezar.

O rugido angustiado de Alec a alcançou através da bruma da fumaça. Jamie conseguiu dar um sorriso fraco.

— Obrigada — sussurrou para o Criador.

Alec acabara de começar a subir a colina quando ouviu os gritos dela. Ele havia visto as chamas acima do curtume na hora. Parou de respirar e começou a correr. Quando alcançou Gavin, ele estava furioso. Sabia que ela estava lá dentro. Ele sabia.

Ele e Gavin chegaram à cabana ao mesmo tempo. Ambos viram a viga de madeira escorada na porta. Gavin chutou a coisa para fora do caminho bem quando Alec arrancou a porta das dobradiças e a lançou no chão.

O terror lhe deu mais força. E quando viu Jamie, estava consumido pela fúria, e quase derrubou as paredes com seu berro atormentado.

Ele a pegou no colo e a carregou para fora antes de as paredes caírem. Alec se ajoelhou, protegendo-a com os braços, temendo respirar até ter certeza de que ela respirava também. A tosse violenta deveria servir de evidência para ele de que ela sobrevivera, mas a mente ainda estava esfolada demais pelo medo para pensar com muita lógica.

Levou muitos minutos para ele começar a recuperar algum controle. Gavin se ajoelhou ao lado dele.

— Alec, deixe-a respirar — sussurrou ele, mal reconhecendo a própria voz débil.

Jamie abriu os olhos e encontrou o rosto preocupado do marido acima do seu. Ela tentou sorrir para ele em meio às lágrimas. Seus olhos também estavam anuviados, ela notou quando os pensamentos pararam de tentar lhe escapar. A fumaça deve ter afetado suas vistas, decidiu.

Ela estendeu a mão para tocar a testa dele e só então percebeu que ainda agarrava uma das flores murchas. Soltou a flor e começou a afagar a testa dele.

Ele tocou a sua testa no mesmíssimo instante.

— Prometi que não o deixaria. — A voz estava rouca como a de um homem velho.

— Eu jamais permitirei. — A voz dele parecia folhas secas sendo pisoteadas.

Eles sorriram.

— Você está bem agora, Jamie? Não está ferida?

O afeto nos olhos dele a deixou atordoada.

— Eu sabia que você me salvaria.

— Como poderia saber disso? — perguntou ele.

— Porque você se importa, Alec Kincaid.

Ela imitara o sotaque dele com perfeição. Alec assentiu, satisfeito com a resposta. Ele ficou de pé, mantendo a cabeça dela aninhada sob o queixo. Alec notou a multidão de soldados quando se virou para descer a colina.

— Ela não está pior por causa do acidente — gritou.

Jamie tentou se afastar só um pouco para que pudesse fazer um gesto de cabeça para os homens dele, mas Alec a puxou de volta para o peito em um abraço tão feroz quanto o de um urso.

Inadvertidamente, seu aperto a fez tossir de novo. O homem não conhecia a própria força, pensou ela, feliz. Ele também não sabia que suas ações eram tão reveladoras. Ela podia sentir os tremores nos braços dele.

E enquanto esperava que ele a salvasse, foi o nome dela que o ouvira gritar. Ele estava começando a amá-la, pelo menos um pouco, quer admitisse, quer não.

Aquela percepção a fez esquecer tudo sobre seu esbarrão com a morte.

— Você aproveitou bastante seu tempo para vir atrás de mim, Kincaid — lembrou-lhe ela.

— O diabo que o fiz — contra-atacou ele com um sorriso. — Corri feito um Satanás.

— Não sou tão insignificante para você, afinal das contas, sou?

Ele não lhe respondeu até chegarem às portas do castelo.

— Não, não é.

Ela percebeu, depois de um longo minuto, que ele não lhe daria mais que isso. Mas, mesmo assim, estava muitíssimo feliz com ele. Uma mordida por vez, lembrou a si mesma. Foi assim que se gabou com padre Murdock que comeria o urso gigante, e seria assim que conquistaria Alec Kincaid. Ela voltou a rir, mas dessa vez foi de sua própria tolice. Por que levara tanto tempo para ela perceber que precisava do amor dele tanto quanto ele precisava do dela?

— Como você pode estar rindo agora, Lady Kincaid? — perguntou Gavin. Ele viu as portas abertas para eles, então seguiu o casal para dentro. — Ainda estou tremendo de raiva.

— Eu estava rindo porque acabei de perceber algo muito importante — respondeu Jamie. — Não vai ser uma mordida por vez, sabe, mas um beijo por vez. Há uma diferença marcante. E essa é a única explicação que você conseguirá de mim.

— A fumaça, obviamente, afetou a sua mente — concluiu Alec, balançando a cabeça.

— Por que está tão bravo, Gavin? — indagou Jamie. Ela olhou sobre o ombro de Alec para ver o rosto do soldado. — Você não pode estar pensando que é culpa minha, não é?

Antes que Alec pudesse responder, Jamie se virou de volta para Alec.

— O vento causou o acidente, marido. Foi tão forte que empurrou a porta bem no meu traseiro. Foi alto, sim — prosseguiu, quando ambos os homens a olharam como se não acreditassem nela. — O barulho dos uivos também foi assustador. Sabe, soou como se alguém estivesse rindo de mim. Alec, por que está tão incrédulo? Não acredita em mim?

— Acredito — Alec afirmou.

— Sabemos que não foi culpa sua, milady — interveio Gavin. — A porta estava... — Ele não terminou de explicar, pois captou o sinal de Alec.

— A porta estava o quê, Gavin?

— Presa. Estava presa — ele deixou escapar.

— Sim, com certeza estava — concordou Jamie.

— Gavin, vá pedir um banho para Jamie. Então volte para a colina e comece a interrogar os servos. Com certeza um deles terá algumas respostas importantes para nos dar.

Alec carregou Jamie para trás do biombo e, com cuidado, colocou-a na cama.

— Depois do banho, você ficará na cama e descansará o resto do dia — ordenou.

— Por quê?

— Por quê, Jamie? Porque você precisa se recuperar.

— Eu já me recuperei — arguiu Jamie.

Alec teve que balançar a cabeça por causa da atitude dela.

— Você deveria estar aos prantos agora, moça, não sorrindo com tanta meiguice para mim. Não sabe o quanto você é afável?

— Devo ficar na cama porque eu sou... afável? Alec, isso não faz o menor sentido.

Ela se sentou na lateral da cama, o rosto manchado de sujeira, o cabelo emaranhado, as mãos cheias de fuligem entrelaçadas recatadamente sobre o colo; ela se sentou lá parecendo absolutamente linda para ele. As criadas marcharam com os baldes de água. Jamie cumprimentou cada uma com animação. Não só se lembrava do nome delas, mas também do marido e dos filhos de todas. Alec ficou impressionado. Sua memória era impressionante. Quando perguntava a cada mulher sobre a família, ela a deixava saber o quanto a valorizava.

As mulheres, ele notou, retribuíram Jamie com o mesmo afeto em seus cumprimentos.

Ora, até mesmo a velha e sisuda Hessie, a cozinheira principal, sorria para a senhora.

— Estará de pé para coordenar os homens com o... trabalho nas cozinhas? — perguntou ela, depois de olhar o *laird* com timidez.

Jamie segurou o sorriso.

— Ele notou o buraco, Hessie — sussurrou ela. — E não pretendo adiar o trabalho. Vou...

— Eu vou assumir o dever — declarou Alec.

— Vai?

Ela pareceu extremamente satisfeita com ele. Ele se perguntou, então, se aquele não tinha sido o objetivo da mulher o tempo todo.

— Angus pode coordenar os soldados — declarou Alec —, depois de eu explicar o que eu quero que seja feito. — Ele deu ênfase ao "eu" em seu anúncio, mas pôde dizer, pelo sorriso de Jamie, que ela ainda pensava que estava conseguindo o que queria. — O buraco será tapado com tábuas até todo o corredor ser concluído.

— Corredor? Não entendi — confessou Jamie.

— Não quero a cozinha diretamente anexada — rebateu Alec. — A fumaça de lá encherá o salão ao meio-dia. Vamos fazer um corredor coberto para conectar os dois prédios. Isso lhe satisfaz?

Imaginou que não, quando ela lhe lançou um olhar desconfiado.

— Qual será o tamanho desse corredor?

— Não será muito longo — ouviu-se prometer.

Ela assentiu, satisfeita agora.

— Pronto, Hessie — anunciou ela. — Eu lhe disse que Alec veria o quanto a mudança era acertada. — Ela notou a carranca do marido e se apressou a adicionar: — Todo o clã é importante para ele. — Ela se virou de volta para Alec e adicionou: — Eu disse a Hessie que seus soldados e seus servos merecem a mesma posição na sua mente.

Ele a surpreendeu de verdade, então.

— Isso é certo — disse ele. — Você não precisava ter dito a Hessie — acrescentou, com um aceno na direção da criada. — Ela sabe o valor que tem.

A criada logo empertigou os ombros com orgulho. Então fez uma mesura para o *laird* e se apressou para ir.

— Tome seu banho agora, esposa, antes que o vento faça a água virar gelo — anunciou ele.

Alec mantivera o sorriso firme no lugar, mas, quando voltou para o outro lado do biombo, deixou de fingimento. Começou a andar para lá e para cá na frente da lareira enquanto tentava pensar nessa atrocidade. Alguém havia tentado mesmo matar sua preciosa Jamie. Se não tivesse chegado lá a tempo... se tivesse ficado nos estábulos só mais alguns minutos...

— Alec? Ninguém viu nada.

Alec parou de andar quando Gavin o chamou.

— Baixe a voz — mandou. — Não quero que Jamie ouça nada disso.

— Ela já está ouvindo — Jamie gritou do outro lado do biombo.

Alec demonstrou sua exasperação, então falou para Gavin se aproximar.

— Jamie, não ouça — ele gritou.

— Não posso deixar de ouvir — gritou ela, por sua vez. — Já notou, Alec, essa terrível falta de privacidade? Perguntei ao padre Murdock se ele achava que eu podia levar nossas coisas para um dos quartos lá em cima, marido. Ele já lhe mencionou esse pedido?

— Você deveria ter falado comigo.

— Você estava ocupado — ela gritou.

— Ela não está soando como se tivesse acabado de passar por um incêndio, não é, Gavin?

— Ela é muito mais forte do que nós pensamos — ele disse baixinho para o seu senhor. — O padre Murdock deve estar certo, afinal de contas. — Gavin mantivera a voz baixa para que a senhora não o ouvisse. Mas sua tentativa de excluí-la não deu certo.

— É claro que o padre Murdock está certo, Gavin — cantarolou Jamie. — Ele é um homem de Deus, se você bem se lembra.

— Jamie!

— Alec, vou fechar minhas orelhas para a sua conversa assim que você me der a sua resposta. Com certeza pode ver a sabedoria do meu pedido. Nós podemos nos mudar lá para cima antes...

— Nós?

— O quê? Bem, sim, é claro — gritou ela.

Alec sorriu. Ela não tinha a intenção de ir sozinha lá para cima, afinal. Disse a si mesmo que ele jamais acreditaria que ela abrigasse a ideia tão vil de ter os próprios aposentos. Ainda assim, ela também não havia explicado o plano direito.

— Vamos nos mudar lá para cima amanhã — gritou ele.

— Obrigada, Alec.

— Uma esposa não agradece ao marido. Agora, tome o seu banho sem voltar a me interromper.

Alec deixou a voz o mais severa que conseguiu. A risada de Jamie indicou que não havia sido severa o bastante, no entanto. Seus ombros caíram de decepção.

— Diga-me o que descobriu — ele ordenou a Gavin quando ele se recostou na lareira.

— Henry teve uma longa conversa com Jamie, então voltou ao trabalho. Como sabe, a audição do nosso ferreiro é tudo, menos boa. Ele disse que estava curvado sobre a mesa de trabalho e não notou ninguém indo nem vindo. Interroguei todos os outros, Alec.

— E...?

Gavin balançou a cabeça.

— Eles tinham ido almoçar.

— Alguém deve ter visto...

— Alec, a colina estava completamente deserta — interrompeu-o Gavin. — Por que não quer contar à Jamie?

— Não quero que ela fique preocupada — confessou Alec.

— Ela precisa ficar de guarda.

— Não, nós seremos a guarda dela. Assim que descobrirmos quem foi, contarei. Ela não voltará a ficar sozinha. Quando eu não puder estar com ela, ou você ou Marcus estarão.

Gavin assentiu.

— Também não quero que ela se aflija — sussurrou ele. — Ela veio a significar muito para mim — admitiu. — Não posso acreditar nessa traição.

— É um dos nossos — declarou Alec. — E quando eu descobrir o culpado...

A voz de Jamie alcançou os homens, então. Ela cantava para si mesma enquanto tomava o banho, uma balada inglesa muito obscena era aquela, o que arrancou sorrisos e ergueres apreciativos de sobrancelhas da audiência.

— Ela age como se nada fora do comum tivesse se passado — comentou Alec, balançando a cabeça por causa da estranheza daquilo.

— Entendo por que ela quer o quarto lá de cima — disse Gavin. — É verdade, milorde, dá para ouvir cada som.

Alec assentiu.

— Mantenha todo mundo fora do salão — ordenou ele, e se afastou da lareira.

— Aonde você está indo, Alec?

— Para a cama.

— Para a cama? — repetiu Gavin, parecendo incrédulo. — Ainda não é nem meio-dia.

Alec se virou e lançou um olhar exasperado para o segundo em comando.

— Providencie para que eu não seja perturbado — declarou Alec.

Gavin, enfim, entendeu. O soldado sorriu ao ir na direção da entrada. Sua intenção era fazer guarda diante das portas duplas.

— Tenha o descanso dos justos, Alec — gritou ele, e o riso na sua voz ficou bastante óbvio.

Jamie terminou o banho e estava saindo da banheira quando Alec rodeou o biombo. Assim que o viu, ela soltou um arquejo alto e se sentou. Tentou cobrir os seios ao erguer os joelhos e se inclinar para a frente.

— Não estou vestida — informou a ele, declarando o óbvio.

Ele não interrompeu o passo. De repente, Jamie se viu sendo puxada para o peito dele. Ele a virou em seus braços. Antes de ela sequer pensar em lhe perguntar o que, em nome dos céus, estava fazendo, ele a tinha deitada na cama. Ela não teve tempo de ruborizar. Alec prendeu suas mãos sobre a cabeça e a cobriu com o corpo.

Ele não a beijou, mas pareceu contente ao sorrir para ela com expressão marota.

Os seios dela foram aquecidos pelo seu peito nu; as coxas, pelas suas mais pesadas, e ela parecia não conseguir parar de esfregar os dedos dos pés nas pernas nuas dele.

Ele havia tirado as botas. O pensamento foi registrado em sua mente confusa bem quando a percepção de que ele devia estar querendo fazer amor com ela a atingiu.

— Alec, você está pensando no que estou pensando?

— Você está usando as minhas cores agora — rebateu ele. — É no que estou pensando.

— Não estou usando nada — sussurrou ela.

— Está sim. Suas costas estão envoltas no cobertor xadrez, e eu estou cobrindo a parte da frente com o meu tartã. Sim, você está usando as minhas cores.

Ela não podia condenar o raciocínio.

— É assim que pensa em me fazer descansar, marido? — perguntou ela, com uma cadência provocante na voz.

Ele assentiu. A decepção dela não podia ter sido mais óbvia.

— Você descansará — ele lhe disse.

— Não estou nada cansada.

— Vai ficar. — Ele abriu as suas pernas e se acomodou entre suas coxas. — Estará bem cansada quanto eu terminar com você. Prometo.

Ele parecia um pouco arrogante demais para a linha de pensamento de Jamie. Ela tirou as mãos do aperto frouxo e as passou ao redor do pescoço do marido.

— Você ficará tão cansado quanto eu, marido, quando eu terminar com você. Prometo.

Ele poderia ter conseguido abrir um sorriso, mas a paixão dela já o estava afetando. Os olhos assumiram um tom profundo de violeta, as pernas se moviam inquietas contra ele. Quando Jamie se moveu para mantê-lo pressionado mais intimamente nela, ele soltou um grunhido baixo de desejo.

Ele mordiscou os lábios da esposa, só para deixá-la frustrada, então, devagar, puxou o carnudo lábio inferior para dentro de sua boca. Ela suspirou, dizendo, sem palavras, o quanto gostava do que ele estava fazendo. As mãos de Alec se fecharam na lateral de seu rosto para mantê-la bem onde a queria enquanto se demorava o quanto queria para arrebatá-la. Ele faria amor com ela bem devagar, não importava o quanto a mulher o provocasse.

Os lábios dela eram tão macios, tão maleáveis, e quando sua língua enfim afundou dentro da boca cálida, ela começou a soltar choramingos sensuais que vinham do fundo da garganta. Ele acariciou, deu e tomou até Jamie estar puxando o seu cabelo, exigindo mais.

Os sons que ela fez provocaram em Alec o esquecimento de suas boas intenções. As estocadas suaves de sua língua a deixaram mais ousada. Ele plantou beijos ardentes e molhados ao longo de seu pescoço, arrancando arrepios dela. Ela lhe acariciou os ombros, as costas, o traseiro, arrancando tremores dele.

Ambos tiraram as roupas de Alec. Então Jamie o empurrou de costas e se esticou em cima do marido, que prendeu as pernas dela entre as suas assim que ela começou a se esfregar nele. Jamie se apoiou nos cotovelos, estremecendo de novo quando viu o olhar ardente de desejo dele.

— Quero tocar você do jeito que você me toca — sussurrou ela. — Por favor, Alec? Seu corpo é meu tanto quanto o meu é seu, não é?

Ele estava de pleno acordo. Ainda assim, não pôde encontrar a voz para lhe dizer que ela estava certa, seu corpo pertencia a ela. Ela devia ter decidido que tinha a sua permissão, no entanto, pois tinha um olhar muito travesso.

Ele entendeu sua intenção quando ela baixou a cabeça e começou a espalhar beijos ardentes em seu peito. Ele soltou um som sibilado quando a língua dela circulou seu mamilo direito. Os dedos da mulher eram mágicos, abrasadores. E a boca... bom Deus, a boca o fez se esquecer de respirar. Ela seguiu descendo, mais baixo e mais baixo até alcançar o objetivo de sua busca. Ela mordeu a parte interna de sua coxa quando ele tentou detê-la. As mãos caíram na lateral do corpo em rendição total e maravilhosa.

Ela foi desajeitada no início, mas o entusiasmo deixou a inocência ainda mais excitante. E quando ela enfim o levou à boca, Alec fechou os olhos e deixou o fogo consumi-lo. Era agonia. Era o paraíso. Só quando ele soube que estava prestes a expelir a semente foi que finalmente assumiu o controle. Sabia que não estava sendo cuidadoso. Ainda assim, a necessidade de preenchê-la por completo, para tentar dar a ela plenitude antes de ele encontrar o próximo o deixou ainda mais brusco.

Ela não pareceu se importar. Na verdade, foi tão brusca quanto ele em suas exigências. As unhas dela lhe cravaram as costas, e ela arqueou com tanta força que ele ficou completamente encaixado dentro dela antes que se virassem. Eles se deitaram de lado, encarando um ao outro, cada um assistindo à paixão no olhar do outro. O fôlego estava superficial; a pele, escorregadia de suor. O aroma maravilhoso do ato preencheu o ar entre eles.

— Eu amei o seu gosto — sussurrou ela. — Você gostou...

— Oh, Deus, sim, eu gostei... — Ele soltou um grunhido baixo quando ela passou a perna sobre seu quadril. — Não se mova, não... só não...

Ela queria dizer a ele que estava tentando não se mover, mas era tão bom quando ela se movia que não parecia poder parar. A mão dele foi para baixo, até o lugar em que os corpos se uniam, e ele a tocou bem onde o corpo precisava tão desesperadamente de seu toque.

Ambos começaram a se mover juntos, então. A cópula foi selvagem, primitiva, esmagadora.

E cheia de amor.

Alec não teve forças para esperar mais. Ele a sentiu se apertar ao redor dele, sentiu os primeiros espasmos da rendição, e logo derramou a semente dentro da esposa.

Levou um momento até ele conseguir se mover. Então voltou a ficar de costas, mantendo-a junto a si.

Ele com certeza esperava que não a tivesse matado com sua paixão. Sorriu para o pensamento arrogante, admitindo para si mesmo que sua luxuriosa esposa estivera bem perto de matá-lo.

Ele queria dizer o quanto estava satisfeito com ela, queria ouvir os louvores dela também. Não, decidiu. Queria mais que isso, mais que elogios bonitos.

Já passava da hora da mulher perceber qual era o seu real dever. Entretanto, ele não deveria ter que explicar a ela. Queria que ela entendesse sem ser instruída.

O dever dela era amá-lo.

A plena compreensão da razão de ele querer que ela o amasse o atingiu feito um golpe: ele já estava apaixonado.

Como, em nome do Senhor, isso aconteceu? Ela era a mulher mais teimosa, temperamental, ilógica e teimosa até a medula que ele já conhecera. Ninguém mais a teria, disse a si mesmo. E sorriu, ao reconhecer a própria mentira. Oh, eles a teriam, certo, mas ela pertencia a ele.

Com um suspiro resignado, Alec fechou os olhos e abraçou Jamie com ferocidade. Podia ouvir sua respiração irregular, podia sentir o coração batendo no mesmo ritmo que o seu. A paixão dela também lhe pertencia, pensou consigo mesmo.

E o coração dele a ela pertencia. Alec soltou um bocejo alto. Supôs que nunca superaria essa estranha aflição.

A meiga esposa precisava descansar, ele decidiu com outro bocejo. Ficaria com ela mais um ou dois minutos, até ter certeza de que ela adormecera.

Foi o seu último pensamento antes de começar a roncar.

Ele sabe agora que alguém tentou matar sua esposa. Até o cair da noite, todo mundo terá ouvido falar do pecado. Ela será bem guardada. Ele não correrá risco com a segurança dela. Não compreende que ela ainda não está destinada a morrer. Sou muito mais inteligente que ele, mas queria poder me gabar de minha própria proeza. Não me atrevo, é claro, e devo, portanto, deixar todos acreditarem que chegaram a tempo. Oh, eu sabia que ela seria salva. O fogo não teria passado despercebido. Eu sabia.

É o tormento dele que quero ver agora, não sua angústia. Não darei cabo dela até amanhã... talvez até mesmo no dia depois desse, se puder controlar minha ganância.

Ainda consigo ouvir o grito dele. Ele chamando o nome dela. Creio que ele começou a amá-la. A lição será ainda mais doce se esse for o caso...

Quero tocá-la quando ela estiver morrendo.

Capítulo quatorze

Jamie deu a Gavin um baita susto quando chegou por trás dele e bateu de leve em seu ombro. Ele não a ouvira se aproximar. O homem virou para fazer frente ao desafio, então relaxou a postura quando viu que era a senhora. Ela trazia um par de sapatos. Ele os encarou, sentindo-se tolo, então admitiu o óbvio:

— Eu não a ouvi se aproximar.

— Não tive a intenção de assustá-lo. E fale baixo, Gavin. Ele está tirando um cochilo.

— O Kincaid?

— Por favor, Gavin, não grite desse jeito. Também não precisa parecer tão incrédulo. Alec é humano, afinal de contas. Ele não estaria dormindo tão profundamente se não precisasse de descanso, não é mesmo?

Gavin balançou a cabeça. Ele tentava, desesperadamente, não cair na gargalhada. O Kincaid não parecera nem um pouco fatigado da última vez que o vira. É claro, ele estava a caminho da cama, mas Gavin sabia que ele não tinha a intenção de dormir.

Deus, mal podia esperar para zombar dele.

Jamie segurou o braço de Gavin para se equilibrar enquanto calçava os sapatos.

— Acho que vou pedir a Hessie para me ajudar a limpar o quarto lá de cima. — Ela soltou o braço dele, alisou as saias e tentou passar por ele.

Gavin logo lhe bloqueou o caminho.

— Enviarei um dos homens para chamá-la por você — declarou ele.

— A caminhada me fará bem.

— Poupe sua força para a tarefa.

— Certo, Gavin — concordou Jamie, pensando em aplacar o soldado. Ele pareceu preocupado. Ela lhe lançou um olhar perplexo. — Você está se sentindo bem? Está agindo estranho, isso sim.

Ele permitiu que ela pusesse as costas da mão em sua testa antes de lhe responder:

— Estou me sentindo muito bem, Jamie. Ora, por que não começa a tarefa?

Ela lhe lançou outro olhar reflexivo antes de se virar e subir os degraus. Gavin foi logo atrás. Jamie não reparou naquela esquisitice até chegar à terceira porta. Então voltou a se virar para ele.

Ele se adiantou com a explicação antes que ela tivesse a oportunidade de perguntar:

— Pensei que se houvesse algo que desejasse mover, eu poderia dar uma mão.

Ela lhe lançou um sorriso bonito.

— Que atencioso de sua parte, Gavin. O padre Murdock já me ajudou a mover o baú, no entanto, e agora há muito espaço para as minhas coisas quando elas chegarem.

— As suas coisas chegaram, milady — lembrou-se Gavin, de repente. — Hoje cedo. Devo pedir aos homens para trazê-las de lá do pátio inferior?

— Se fizer a bondade, Gavin. Veja bem... havia uma cadeira em meio às coisas na carroça?

— Não foi trabalho de carroça — explicou Gavin. — Não é possível uma carroça passar pela subida estreita. Foram quatro cavalos de carga — prosseguiu ele, ao reparar no olhar decepcionado da senhora. — Carregados às alturas, milady, e, sim, notei um item bem estranho...

— A minha própria cadeira — interrompeu ela, cruzando as mãos. — É estranha por causa das pernas, você deve estar pensando, mas ela balança para a frente e para trás. É da família de minha mãe. Papai gostava de se sentar nela todas as noites e foi muita consideração de sua parte enviá-la para mim.

— Uma cadeira que balança, milady?

— Eu sei — disse ela, com um suspiro. — A novidade nunca vai virar moda, temo eu. Ainda assim, era da minha mãe e, óbvio, ficarei com ela até a minha morte. Ela deverá ser passada de geração em geração.

Gavin se perguntou que louco imaginara uma cadeira tão ilógica, mas teve a sabedoria de manter os pensamentos para si.

Deixou Jamie tirando o pó. Acompanhou-a até lá em cima apenas para se certificar de que não havia ninguém esperando para pegá-la desprevenida. Marcus acabava de entrar quando Gavin desceu os degraus.

— Marcus, preciso trocar umas palavras com você — chamou.

— Sim, Gavin?

O segundo em comando não se explicou até Marcus ter entrado no grande salão. De onde estavam, Gavin podia ficar de olho na porta lá de cima. Ninguém entraria nem sairia sem que ele notasse.

— Quero soldados debaixo da janela.

— Que janela?

— Jamie está trabalhando no primeiro quarto do andar de cima — explicou Gavin. — Ponha dois soldados do lado de fora da porta e dois debaixo da janela dela.

— Dou alguma explicação a eles? — perguntou Marcus, franzindo a testa com atenção.

— É claro. Para proteger a senhora — disse Gavin, ríspido.

— Gavin, o que está tentando me dizer? — questionou Marcus, já no fim da paciência.

— Você não soube?

— Soube do quê?

Gavin soltou um suspiro, então explicou a quase tragédia.

— Alguém a prendeu lá dentro, Marcus. Fui eu quem afastei a viga de madeira da porta. — Ele não pôde deixar de se gabar. — E, ainda assim, mal pude acreditar.

— Quem faria algo assim?

— Ninguém viu nem sombra perto do cume. E Alec quer que você e eu fiquemos atentos.

— Ele me citou especificamente? — perguntou Marcus, parecendo não acreditar naquilo.

— Sim. Ele valoriza a sua lealdade, Marcus. Duvida disso?

Marcus balançou a cabeça.

— Não dei a ele razão para duvidar de minha lealdade. Ainda assim, deixei óbvio que não fiquei satisfeito com o casamento, forçado ou não.

— Insulta seu *laird* se crê...

— Não — devolveu, com ênfase na voz. — Estou fazendo o exato oposto. Ele mostra que me valoriza, Gavin, e eu... estou comovido pela fé que ele tem em mim.

Gavin soltou uma gargalhada.

— Você nunca falou com tanta paixão antes, e aqui estou eu rindo de você. Não se ofenda, bom amigo, é só que seu rosto esquentou tanto ao ponto de ruborizar por completo.

Marcus deixou de fazer careta quando Gavin bateu em seu ombro. Ele até mesmo conseguiu abrir um raro sorriso.

Ambos os soldados pararam de sorrir quando o *laird* se juntou a eles. A expressão de Gavin não dava indício de conversa despreocupada.

— Onde está a minha esposa?

O grito foi tão alto que Gavin pensou que os soldados treinando no pátio inferior o ouviram.

— Está lá em cima, limpando o quarto mais afastado — explicou Gavin.

— Ela está sozinha?

— Verifiquei o quarto antes de ela entrar — apressou-se Gavin. —

Ninguém pode entrar ou sair sem que eu veja.

Alec assentiu.

— Quero que os dois fiquem com ela até eu voltar — ordenou. — Ela não dá um passo sem um de vocês na dianteira e o outro na retaguarda. Entendido?

Gavin e Marcus assentiram.

— Ela vai se perguntar a razão — disse Marcus, então. — Ela é inglesa, Alec, não estúpida.

Gavin ficou mais impressionado com o tom brincalhão de Marcus do que Alec pareceu ficar.

— Sim, ela vai se perguntar — concordou ele.

— Então deixe-a se perguntar — decidiu Alec, ríspido. — Apenas diga que são ordens minhas. A mulher não deveria estar fazendo essas tarefas comuns, maldição.

— Ela quer, Alec — explicou Gavin. — E pude ver que ela precisa gastar um pouco de energia. Talvez ela tenha roubado um pouco de sua força. Estou achando-o exausto, se me permite dizer. Precisa tirar uma soneca mais longa, milorde?

— Ele tirou uma soneca? — reagiu Marcus, um tanto quanto incrédulo.

— Não gostei nada da troça — declarou Alec. — E se os dois continuarem sorrindo assim, juro por Deus que esmago ambos. Quando terminar, prometo que vocês dormirão muito mais tempo que eu.

A ameaça lhe garantiu a justa parte de respeito que desejava.

— Vou falar com Angus — gritou ele, por cima do ombro. — Volto em poucos minutos.

O humor de Alec estava tão feroz quanto o vento que aumentava enquanto ele seguia para o chalé de Angus. O grito que ouviu ao chegar na casa de seu soldado fiel lhe disse que Angus não estava tendo uma experiência muito melhor que a sua.

Elizabeth abriu a porta, e deu um sorriso largo para o *laird*, indicando que não estava nem um pouco aborrecida com a gritaria do marido.

— Você não parece cansada, Elizabeth, por estar morando com um selvagem — disse-lhe Alec, ao entrar na casa deles.

— Sua esposa me avisou que não seria fácil tentar manter Angus em repouso. Ela estava certa também, pois Angus virou mesmo um urso. Ele é um homem muito difícil de amar no momento — revelou ela, com a voz erguida para se assegurar de que o marido ouviria —, mas estou certa de que, assim que os pontos forem removidos, ele parará com as reclamações constantes.

— Pode parar de falar comigo com tanto desrespeito? — gritou Angus da cama. — O *laird* veio me ver, esposa. Não ouvir as queixas de uma mulher.

Elizabeth lançou um olhar exasperado para Alec antes de rodear o marido.

— Aceita um pouco de vinho? — ofereceu ela.

Angus lhe lançou um olhar descontente, então assentiu:

— Um pouco me faria bem.

Elizabeth ignorou a sugestão. Ela serviu a Alec um pouco de vinho tinto e ao marido entregou um copo d'água. Alec não teria ficado surpreso se Angus tivesse começado a rosnar.

— Deixarei os dois conversarem — disse Elizabeth. Ela fez uma mesura para Alec e foi em direção à porta.

— Elizabeth? Venha cá antes de sair — instruiu Angus.

Alec se recostou no beiral da janela e observou a esposa bonita de Angus correr até o lado do marido. Ele flagrou o rubor de Elizabeth e entendeu a razão para o embaraço quando Angus estendeu a mão boa, envolveu-a em sua nuca e a puxou para a frente, dando-lhe um beijo longo e apaixonado.

Ele sussurrou algo para a esposa quando ela recuou, então lhe deu um tapinha no traseiro. Elizabeth praticamente correu porta afora.

— Ela é uma boa mulher — declarou Angus, com um longo suspiro. E virou a água do copo no chão de terra batida, depois saiu da cama em busca do jarro de vinho.

— Ela levou — contou Alec, com uma risada. — A mulher o conhece melhor do que você imagina.

Angus pareceu feliz com a declaração. Ele fez sinal para Alec dividir a bebida com ele, e quando o *laird* concedeu, ele tomou um bom gole.

— Senhor, o gosto está ótimo. Sua esposa disse a Elizabeth que eu não poderia beber vinho até tirar os pontos. Só Deus sabe por que ela diria tal monstruosidade. E Elizabeth obedece a todas as ordens. Estou condenado à miséria com essas duas me bicando feito galinhas, Alec. Você deveria ter me deixado morrer, homem, e me salvar de tais...

— Anjos?

Angus assentiu.

— Há algo em particular que queria discutir comigo ou só veio verificar o meu lamentável estado?

— Feche a porta, Angus — ordenou Alec. — Não quero que ninguém nos ouça. Preciso de informações, amigo, e conselhos.

Angus fechou a porta com um chute.

— Posso dizer que é sério, Alec. Você está muito soturno.

O *laird* explicou o que acontecera com Jamie. Ele terminou a história ao contar a Angus que Jamie não sabia que alguém tentara matá-la.

Os dois discutiram a proteção adicional que seria necessária até o culpado ser encontrado. Embora Angus não fosse velho sob a luz de qualquer padrão, ele ainda era três anos mais velho que o senhor das terras e, na cabeça de Alec, três anos mais sábio.

Angus se sentou em uma cadeira e apoiou os pés na cama. A carranca estava tão profunda quanto a de Alec quando eles terminaram de fazer planos.

Quando Alec começou a andar para lá e para cá no cômodo, Angus soube que havia mais a ser discutido. Paciente, ele esperou que o *laird* prosseguisse.

Longos e silenciosos minutos se passaram até Alec se voltar para Angus.

— Angus, quero que me conte tudo o que se lembra de Helena. Você estava aqui, com Marcus e Gavin, durante o curto período em que estive casado com ela. Já que eu não estava...

— Sim, você cuidava bastante dos assuntos do rei naquela época. Percebe que essa é a primeira vez que diz o nome dela desde o enterro?

— Quero deixar essa história para trás. Ainda assim, eu sempre... — Ele parou no meio da frase, balançou a cabeça, então ordenou, de novo, que Angus lhe contasse o que sabia de Helena.

O Kincaid passou uma boa meia hora interrogando o amigo de confiança. O humor não estava muito melhor quando deixou Angus. Elizabeth pairava do outro lado da porta. Alec piscou para ela antes de partir, fazendo-a ruborizar de novo.

Alec acabara de chegar ao topo da colina quando viu Jamie na janela acima do primeiro andar. Se ela tivesse se virado um pouco para a esquerda, teria visto o marido. A atenção, no entanto, estava nos dois soldados encostados na parede de pedra abaixo dela.

Jamie sorria. O humor de Alec melhorou imediatamente. Senhor, ele estava encantado. Achou-a bonita até mesmo com o cabelo preso no alto da cabeça. Longas madeixas cacheadas já haviam aberto caminho até as laterais de seu rosto. Havia manchas de sujeira no nariz e na testa. Ela precisaria de mais um banho antes do anoitecer, ele decidiu com um sorriso.

Algo que um dos soldados dizia ao outro chamou toda a atenção dela.

Enquanto Alec observava, Jamie apoiou os cotovelos no parapeito e se inclinou ainda mais para fora. Ele podia dizer que ela estava muito envolvida pela história que o soldado relatava ao amigo.

Alec se aproximou, então parou de repente ao perceber que os homens falavam em gaélico.

E ela entendia cada maldita palavra.

Ficou surpreso demais para ficar bravo com ela. Então ouviu o resto da velha piada que o soldado contava ao amigo, sobre um guerreiro escocês encontrando uma mulher nua deitada na beira da estrada. Como era a inclinação natural do homem, o guerreiro partiu para cima dela e fez o que queria.

O soldado mais novo soltou um bom bufo de apreço antes de o amigo seguir com a história. Ele explicou, então, que outro guerreiro escocês chegou à cena e logo envergonhou o amigo ao dizer que a mulher estava obviamente morta, pelo amor de Deus Todo-Poderoso, e apenas um cético vil ia querer acasalar com uma mulher morta.

As mãos de Jamie cobriram a boca, provavelmente para conter o riso. Os olhos também brilhavam de satisfação. Ela aguardou, em expectativa, pelo remate da anedota.

Alec esperou para ver a reação dela.

— Morta? — gritou o soldado. — Pensei que ela fosse inglesa.

Jamie parou de rir, então, e sumiu da janela enquanto os dois soldados desavisados continuaram rindo. Ela voltou a aparecer, no entanto, equilibrando um balde enorme de água. Alec segurou a risada ao observá-la lutar com o peso. Ele não se incomodou de avisar aos homens. Jamie mirou com cuidado, então sorriu com o júbilo da vitória quando a água com sabão verteu sobre suas vítimas.

— Oh, por favor, perdoem-me — gritou ela, quando eles terminaram a litania de maldições e se viraram para olhá-la. — Não sabia que vocês estavam aí — mentiu, muito, muito meiga.

— É Lady Kincaid — um soldado arquejou para o outro.

Ambos logo ficaram arrependidos por terem gritado e desculparam-se profusamente. Ao passarem correndo por Alec, ele ouviu um comentar que era uma bênção a senhora não entender gaélico, senão com certeza ficaria ofendida pelos comentários grosseiros.

Mas ela entendeu. Alec riu, então, um som ribombante que chamou a atenção da esposa.

Ela sorriu para ele.

— Está de bom humor, marido? — gritou ela. — Está se sentindo descansado, então?

É claro que ela falaria de seu cochilo. Alec parou de rir. E decidiu que dois podiam jogar aquele engodo ridículo, e sua mente já pensava nos comentários que faria — todos em gaélico, é claro — apenas para provocar o gênio dela. Ela não seria capaz de retaliar, pois, se o fizesse, provaria que entendia o que ele dizia.

Ele a derrotaria em seu próprio jogo. Alec estava ansioso pelos insultos que planejava lançar a ela. A mulher era tão tentadora quando ficava irritada. E ele era o homem certo para irritá-la.

Ela era cheia de surpresas, fingindo ignorância sempre que o gaélico era falado em sua presença. Inferno, havia ordenado aos homens a praticarem mais a língua da esposa para fazer o ajuste dela ser mais fácil. Ora, se ele não tomasse cuidado, ela faria todos eles estarem pavoneando em trajes ingleses quando chegasse o inverno, Alec decidiu. Aquele pensamento o fez tremer.

— Bem, Alec? Por que você está rindo? — Jamie voltou a perguntar, reclinando-se mais no parapeito.

— Poderia tomar mais cuidado? — gritou para ela. — Você vai cair de cabeça, mulher tola.

Ela recuou um passo.

— Obrigada por ser tão atencioso, marido. Agora me dirá do que estava rindo?

Alec recontou a história que ouvira por alto, apenas para irritá-la.

Acontece que Jamie não lhe permitiu terminar a anedota.

— Já ouvi essa anedota velha, Alec — gritou ela. — A mulher não estava morta — adicionou. — Era escocesa, e é isso.

A mulher saiu da janela antes que Alec pudesse discutir com ela e o encontrou ao pé das escadas.

— O que é essa bagunça toda? — indagou ele, com um resmungo. A distância entre os dois estava cheia de trouxas. Uma cadeira estranha, com o assento largo o suficiente para dois homens grandes, arrematava a pilha.

— Meus pertences — anunciou Jamie. — Alguns irão para o nosso quarto, Alec, e o resto ficará no grande salão.

— Eu não gosto de bagunça — declarou Alec. Ele estendeu a mão, pegou uma tapeçaria e a ergueu para poder ver o desenho. Jamie contornou as coisas e arrancou a peça das mãos de Alec.

— Não faça careta, marido — sussurrou ela, pois tanto Gavin quanto Marcus observavam a cena. — Pensei em colocarmos essa tapeçaria em cima da lareira — prosseguiu.

— Que diabos é isso? — resmungou ele. — Eu não posso...

— Está olhando o lado errado — rebateu Jamie, e correu até Gavin, entregando-lhe a tapeçaria. — Por favor, pendure-a, tão reta quanto uma lança, se fizer a bondade. E tente não olhá-la enquanto a pendura, Gavin. Quero que seja surpresa.

— Você a fez com as próprias mãos, milady? — perguntou Alec, sorrindo animado para ela.

— Oh, céus, não. Agnes e Alice fizeram todo o trabalho. Foi o presente de aniversário surpresa que elas me deram. — Ela considerou Gavin e Marcus por um tempo, então voltou a se virar para Alec. — Sabe, devemos conspirar para fazer as gêmeas conhecerem Gavin e Marcus. Acredito mesmo que eles...

— Você não me arranjará nenhum casamento por aqui, Jamie — interveio Alec.

— As gêmeas se parecem com você, Jamie? — perguntou Gavin.

— Não, não, ambas são muito mais bonitas.

Os olhos de Gavin se arregalaram.

— Então devo conhecer essas moças — anunciou.

— A personalidade é igual à de Mary — murmurou Alec.

— Esqueça — apressou-se Gavin. Ele se virou e correu até a lareira para pendurar a tapeçaria. A risada de Alec o seguiu.

— Gavin, se algum dia você disser a qualquer um que seu *laird* dormiu durante o dia, eu me certificarei de que você conheça as duas irmãs.

— Que cochilo? — devolveu Gavin.

Até Marcus se juntou à gargalhada. Jamie nunca tinha visto o soldado de cabelo escuro sorrir. Por instinto, ela sorriu de volta.

— Por que estão todos achando tanta graça? — perguntou ela.

— Não importa, Jamie — disse Alec.

Ela lançou um olhar de suspeita para o marido.

— Você estava sugerindo aos seus homens que as minhas irmãs não são dignas deles? — As mãos se acomodaram nos quadris, e ela deu um passo para ele em óbvio desafio.

— Aquelas duas não valeriam nem o esforço.

Ela soltou um arquejo alto. Ele não resistiu, deu um passo adiante e adicionou com voz preguiçosa:

— Não apoio a crueldade com animais, esposa. Já deve ter notado a essa altura. Não uso chicote no meu corcel e eu...

— Está insultando a minha família?

Ele não respondeu, apenas abriu aquele irresistível sorriso torto de que ela gostava tanto. Ela não conseguiu prender o riso. O homem não tinha jeito mesmo.

— Você é tão infame quanto eles dizem, Kincaid. Agora percebo que não conhece bem a minha família para fazer uma avaliação precisa. Devo, é claro, cuidar do assunto o mais rápido possível.

O sorriso dele falhou. Ela adoçou ainda mais o dela.

— Devo pedir para que nos visitem, marido. Uma bela e longa visita.

— O que isso deveria ser? — gritou Gavin, chamando a sua atenção. O soldado estava descendo do banco no qual subira para pendurar a tapeçaria.

— Recue para poder ver quem é — falou Jamie.

— É... bom Senhor, Alec, acabei de pendurar...

— É Guilherme, nosso amado Conquistador, Gavin. Uma representação justa, disseram-me. Ele é um homem bem bonito, não acha?

Ninguém disse uma única palavra por um longo minuto. Gavin e Marcus encaravam Alec para julgar a reação do senhor.

O *laird* encarava a esposa, uma expressão de pura incredulidade no rosto.

Marcus foi o primeiro a se recuperar.

— Ele era gordo.

— Ele era forte, Marcus, não gordo — corrigiu Jamie.

— O que, em nome do Senhor, é essa coisa em cima da cabeça dele? — perguntou Gavin, recuando mais um passo. — A coisa amarela.

— É uma auréola — explicou Jamie.

— Você santificou o homem? — reagiu Marcus.

— Ainda não é oficial — respondeu Jamie. — É só questão de tempo até a igreja reconhecer a santidade dele.

— Por quê? — foi Marcus quem perguntou o que todos os três estavam pensando.

Jamie ficou satisfeita pelo marido e os soldados estarem demonstrando tanto interesse na sua história. Ela se demorou explicando a eles como William sozinho havia mudado o modo de vida na Inglaterra. Em grandes detalhes ela os instruiu nos caminhos do suserano, nos deveres de um vassalo, no laço que cada um formava com o outro. Ao terminar, tinha certeza de que eles tinham muitas perguntas.

Ninguém, no entanto, pareceu inclinado a perguntar qualquer coisa.

— Acha que um sistema assim funcionaria aqui?

— Já funciona, Jamie, há centenas de anos — disse Alec, ríspido.

— Você acabou de descrever um clã escocês, moça — revelou Gavin, tentando suavizar a decepção dela com a reação do marido.

— Destrua-a.

— Alec, você não pode ter querido dizer isso — lamentou-se Jamie. — Minhas irmãs perderam muitas horas nessa tapeçaria. Foi um presente pelo meu aniversário. Quero olhá-la sempre que eu ficar melancólica.

O padre Murdock entrou no salão a tempo de ouvir a declaração de Jamie. Uma boa olhada para cima da lareira lhe disse a razão para a careta do *laird*.

Ele podia ver a discussão cozinhando. Não queria que os sentimentos da mocinha fossem feridos, e correu para intervir em seu socorro.

— Ora, ora, Alec, ela não pretendeu insultá-lo ao pendurar a imagem de seu inimigo em seu lar.

— Oh, não, é claro que não pretendi insultá-lo — disse Jamie. — Ele, por outro lado, com certeza está testando a minha paciência, posso afirmar isso.

— Estou testando a sua paciência? — Alec faltou pouco se engasgar em sua ânsia por gritar. A delicada natureza dela foi a razão para ele se segurar.

— Com certeza está, Alec Kincaid — prosseguiu Jamie. — Essa é minha casa também, não é? Eu deveria ter a permissão de pendurar qualquer tapeçaria que eu queira.

— Não.

Jamie e o padre Murdock olharam feio para Alec. Gavin e Marcus estavam sorrindo. Jamie deu as costas para o marido.

— Padre, o senhor me ajudaria a levar essa cadeira para o salão? Ou isso também vai contra as regras, Alec?

Padre Murdock fez uma inspeção completa na peça.

— Há lâminas curvas de madeira presas embaixo — notou ele, em voz alta. — Algo está errado aqui, moça.

— Espera-se que a cadeira balance para a frente e para trás — explicou Jamie, paciente.

O padre sacudiu as sobrancelhas ao reagir à declaração.

— Eu sei — disse ela, então. — Nunca virará moda. Ainda assim, é uma cadeira muitíssimo confortável. O senhor deveria experimentar, padre.

— Talvez outra hora — prometeu o sacerdote, afastando-se da geringonça estranha.

Alec deixou sua exasperação se manifestar. Ele ergueu a cadeira e a carregou três degraus abaixo, então atravessou o salão com passadas largas e colocou a cadeira ao lado da lareira. Ele tentou não olhar para a cara feia de Guilherme sorrindo para ele.

— Pronto. Feliz agora, esposa?

Ele falou em tom mal-humorado o bastante para o padre voltar a intervir.

— Ora, o assento é grande o bastante para me engolir por inteiro.

— Minhas irmãs se sentavam no colo do meu pai depois do jantar, e ele lhes contava as histórias mais maravilhosas — confessou ela, com um sorriso suave por causa da lembrança.

A voz carregava uma melancolia que Alec não ouvira antes. Ficou confuso pelo comentário, também, pois, inadvertidamente, ela deixara de se incluir. Ou será que teria sido mesmo inadvertido? Alec acenou para ela ir até ele com um movimento do dedo.

Quando ela chegou diante dele, e ninguém mais poderia ouvir a conversa, ele lhe pediu para explicar.

— Onde você se sentava, Jamie? Apertada ao lado de Mary em um joelho ou perto de uma das gêmeas no outro?

A imagem de quatro menininhas sentadas no colo do pai para ouvir a historinha fez Alec sorrir. As gêmeas provavelmente estariam chorando; Mary, reclamando; e Jamie, tentando acalmar todo mundo.

— Eleanor e Mary normalmente se sentavam em um joelho, e as gêmeas ficavam do outro lado.

— Eleanor?

— A mais velha — explicou Jamie. — Ela morreu quando eu tinha sete anos. Alec, por que você está fazendo cara feia agora? Eu disse algo que o aborreceu?

— Como sempre, você não me deu uma resposta direta — pontuou Alec. Ele já estava começando a entender, ainda assim, quis ter certeza de que seu palpite estava certo. — Perguntei onde você se sentava.

— Eu não me sentava. Normalmente, eu ficava perto da cadeira de papai. Ou do outro lado. Por que é tão importante para você o lugar em que me sentava?

Não era importante para ele, mas acreditava que tinha sido muito importante para ela.

— Você nunca tinha vez?

— Não havia espaço.

Aquela declaração simples, dada tão naturalmente... faltou pouco para abalar a sua compostura. Ela tinha sido a intrusa. Alec, de repente, quis bater no desconsiderado padrasto dela até o homem ser reduzido a uma polpa de sangue. O maldito poderia muito bem ter aberto espaço para ela.

Jamie também acabara de lhe revelar como, exatamente, sua mente funcionava. Ela fizera o pai notá-la. Os deveres... sim, era claro para ele agora. Ao se fazer indispensável para o paizinho, ela o forçara a valorizá-la. Jamie havia confundido amor com necessidade. Alec pensou que, talvez, em sua cabeça, ela não soubesse mesmo a diferença.

E agora estava tentando fazê-lo tratá-la do mesmo jeito. Quanto mais deveres lhe atribuísse, mais importância estaria dando a ela.

Estava entre a cruz e a espada. A mulher era tola, mas era a sua mulher, e queria que ela fosse feliz. Ainda assim, não iria encurtar a sua vida assistindo-a trabalhar até a morte prematura.

Havia tanto a considerar agora. Alec decidiu não tocar mais no assunto até ter encontrado uma forma de lhe dar instruções quanto ao amor e à necessidade. Por instinto, ele soube que simplesmente dizer à esposa o quanto se importava com ela não seria suficiente. Teria que encontrar uma forma de lhe mostrar.

— Ninguém jamais se sentará nessa cadeira mal projetada, esposa — declarou Alec.

— Está com medo de experimentar? — desafiou-o.

Ele a deixou ver a exasperação que sentiu por ela antes de ceder. A cadeira guinchou sob seu peso. Encaixou-se muito bem em suas costas, mesmo quando, deliberadamente, empurrou a cadeira para fazê-la balançar. Ele teve certeza de que voaria para trás. Porém não tombou, e foi obrigado a sorrir.

— Temo que esteja certa, esposa — declarou Alec. — Ela não vai virar moda. Ainda assim, se conseguir fazer frente às brincadeiras dos soldados quando eles virem essa engenhoca, permitirei que fique com a cadeira.

— Bem, é claro que permitirá — disse Jamie, ríspida. E mais uma vez suas mãos estavam nos quadris.

Alec saltou da cadeira para poder se erguer acima dela em uma tentativa proposital de intimidá-la.

— Pode deixá-la perto da lareira — declarou ele. — E agora terei a sua gratidão.

— E Guilherme? — perguntou ela, ignorando a sugestão de um agradecimento apropriado.

— Guilherme pode ir para o...

— Quarto? — irrompeu o padre Murdock, ao descer saltando os degraus.

— Ele não é o último rosto que desejo ver antes de dormir — retorquiu Alec. — Coloque-o nas adegas, se está disposta a pendurá-lo em algum lugar, mas não quero voltar a ver o rosto dele.

Jamie deu a entender que queria discutir com o marido. O sacerdote segurou as duas mãos da senhora nas suas.

— Uma mordida por vez, moça encantadora — sussurrou para ela.

Alec lançou um olhar severo para o padre, então seguiu para a mesa e se serviu de cerveja. O homem foi atrás dele, puxando Jamie em seu encalço.

— Eu vou querer um pouco de água — disse ele a Alec. E um pensamento repentino fez as sobrancelhas do homem de Deus balançarem de novo. — Sabe, Alec, o que se consegue ao misturar água e cerveja?

Alec assentiu.

— Cerveja aguada — declarou ele.

— E assim que mistura os dois, não pode separá-los, não é?

— Claro que não — devolveu Alec. — O que está tentando me dizer, padre?

— Você quer que ela se adapte. Eu o ouvi dizer muitas vezes.

— Não nego o fato — rebateu Alec. — Ela se adaptará.

— Quer que ela mude? Quer que se torne outra pessoa?

— Não, ela me agrada do jeito que é — admitiu Alec.

Jamie sabia que ele acabara de lhe fazer um elogio, mas a voz impaciente e a careta certamente tinham azedado o ato.

— Então não quer que ela se torne uma escocesa?

— É claro que não.

A voz foi tão enfática que o padre supôs que Alec estivesse tão surpreso quanto Jamie pela forte convicção de sua resposta.

— Ela é inglesa; não pode mudar esse fato. Mas minha esposa se adaptará.

— Assim como você.

O comentário do padre desabou entre eles. Um longo minuto depois, Alec respondeu:

— Explique-se. Minha paciência está ficando tão rala quanto uma cerveja aguada.

— Jamie é valiosa na sua própria maneira especial de fazer as coisas. As tradições de sua gente são parte dela — disse o padre. — Assim como você tem suas próprias tradições. Não pode misturar ambas de um jeito pacífico? Uma bela tapeçaria de nosso rei Edgar ficaria muito bonita pendurada ao lado da de Guilherme. O que você acha?

Alec não gostou muito daquilo, mas pôde dizer, pelo sorriso da esposa, que ela achava que a ideia tinha mérito. Seus sentimentos sensíveis se meteram entre as verdadeiras opiniões dele, no entanto; e o homem se viu concordando com relutância.

— Muito bem — declarou. — Mas o rei Edgar será maior que Guilherme.

Jamie ficou feliz demais com a anuência dele para discutir pelo tamanho da tapeçaria. Pessoalmente, ela pensava que a imagem de Edgar deveria ser feita na metade do tamanho, mas supôs que teria de fazê-las iguais. Alec acabaria notando. Sim, ela as faria iguais. Não poria a auréola sobre a cabeça de Edgar, e pronto.

— Obrigada, Alec — murmurou ela.

O sorriso sugeriu que ela pensava que ele acabara de se submeter. Ele estava, no entanto, determinado a dar a última palavra.

— Marcus, tire a tapeçaria até a de Edgar ficar pronta. Os soldados logo chegarão para comer e ficarão nauseados demais esta tarde se tiveram que olhar *esse homem* enquanto comem.

Padre Murdock esperou até o *laird* ter saído do salão para deixar transparecer a graça que achava da situação. O ancião deu uma piscadinha lenta para Jamie, então se foi também, assoviando uma melodia escocesa entre as risadas. O sacerdote mal podia esperar pela próxima tempestade começar a se formar.

Nas Highlands, quando chovia, era granizo. Jamie acabara de perguntar a Marcus e a Gavin se eles não tinham nada a fazer. A mulher começara a subir as escadas quando notou os dois indo atrás dela.

Ambos balançaram a cabeça. Ela os colocaria para trabalhar, então, carregando sua bagagem para o quarto limpo. Achou estranho soldados importantes quererem fazer o trabalho dos criados.

Quando seus afazeres foram concluídos, ela voltou a descer para dar um jeito na própria aparência. Notou Annie e Edith de pé perto da lareira, olhando a cadeira, mas ambas se viraram quando ela as cumprimentou.

Annie estava sorrindo até ter um vislumbre da careta desgostosa de Edith. Então se uniu à outra e a imitou.

Jamie não se importou com Annie. A criança não podia evitar ser assim. Mas com Edith era completamente diferente.

Achava que Edith só podia ser a mulher mais inflexível de toda a Escócia. Havia uma rigidez em sua postura e na aparência que não era nada receptiva. A mulher estava sempre com o cabelo trançado em forma de coroa no alto da cabeça. Nunca havia uma única mecha fora do lugar. O vestido xadrez estava sempre imaculado. Jamie nunca a tinha visto desgrenhada.

Sim, Edith era tão meticulosa com a própria aparência quanto era com o ódio que sentia pela senhora.

E a senhora estava farta.

— O que lhe aconteceu? — bradou Edith, com um rosnado na voz. — Caiu em um balde de água com sabão?

Marcus, que até então estava às costas de Jamie, deu um passo à frente, quase bloqueando-a com suas costas largas, e gritou para a irmã:

— Não se atreva a usar esse tom de voz com a esposa do *laird*.

Jamie se sentiu como se estivesse no meio de nuvens de tempestade. O rugido de Marcus fez sua cabeça começar a latejar. Ela cutucou o ombro do soldado, e quando ele se virou, ela pediu sua permissão para lidar com a irmã dele.

O homem logo assentiu em acordo.

Jamie foi até o meio do salão.

— Annie, vá lá para fora, criança. Edith, você ficará bem onde está.

Deve ter faltado autoridade na voz, supôs, pois Edith ignorou completamente a sua ordem e começou a ir em direção à porta.

Marcus voltou a intervir. O tom áspero de comando fez Edith parar abruptamente.

Jamie se virou para agradecer a ele, então perguntou se poderia ter uns minutos a sós com Edith. Na verdade, não queria que testemunhassem a conversa.

Foi Gavin quem respondeu. Ele ficou aos pés das escadas, olhando feio para Edith.

— Nenhum de nós sairá daqui.

Jamie decidiu não discutir com o soldado, que parecia bastante decidido. Ela voltou até Marcus. Quando ficou bem na frente dele, afastou o cabelo dos olhos e fez sinal para ele se aproximar.

O sussurro foi tão baixinho que apenas ele pôde ouvir. A expressão de Marcus não se alterou, mas, quando ela terminou, ele deu um aceno rápido.

Ela agradeceu ao soldado, então se virou para confrontar a irmã.

— Desde o momento que cheguei aqui, a senhorita me tratou como uma leprosa — disse ela a Edith. — Estou cansada de sua atitude.

Edith riu bem na cara da senhora.

— Não está disposta a fazer a nossa relação melhorar, então? — perguntou, com mais severidade na voz.

— Não vejo razão para melhorar a relação com gente de sua estirpe — resmungou Edith.

— Marcus? — chamou Jamie. Odiava ter que pedir a ajuda dele, mas queria ultrapassar a raiva de Edith.

— Sim, milady?

— Se eu pedir a Alec para tirar Edith das terras Kincaid até o anoitecer, ele concordará?

Edith soltou um arquejo alto.

— Ele concordará.

— Para onde irei? — indagou Edith. — Marcus, você não pode permitir...

— Silêncio!

Nem Marcus nem Gavin jamais ouviram Jamie usar aquele tom de voz. Gavin sorriu em reação. O olhar de ultraje de Edith o fez querer rir.

As mãos da moça estavam cerradas na lateral do corpo. Ficou óbvio que ela estava furiosa. Aquilo não era bom o bastante. Jamie queria levá-la além da razão. Esperava que, uma vez que a raiva estivesse fora de controle, ela não guardaria as palavras. Então Jamie seria capaz de descobrir o motivo para a moça odiá-la com tanto fervor.

— Sou a senhora aqui, Edith — disse ela, com a voz baixa e arrogante. — Se eu quiser transformar você em uma pária, conseguirei.

— Marcus jamais permitiria.

— Ele permitiria — gabou-se Jamie. Senhor, ela odiou as mentiras horríveis que estava pregando. — Ele é seu irmão, e seu guardião, mas Alec é o *laird* dele. Marcus é leal ao meu marido — adicionou ela. — Ao contrário de você. Não é leal a ninguém, é?

— Sou sim! — gritou Edith.

— Talvez tenha sido algum dia — rebateu Jamie, fingindo um dar de ombros. — Sim, você deve ter sido leal a Alec quando ele se casou com Helena. O padre Murdock me disse que você era muito próxima da primeira esposa de Alec.

— Você não pode substituí-la. Não permitirei.

— Já fiz isso.

Essas últimas palavras de provocação romperam os fios de controle aos quais Edith se agarrava. Antes que pudesse se impedir, ela partiu para cima da senhora. Tudo o que queria fazer era tirar aquela expressão presunçosa do rosto de Jamie. Queria ferir a sua senhora tanto quanto Jamie a estava ferindo.

Jamie já esperava o ataque; era menor que Edith em estatura, mas muito mais forte. Capturou o pulso da adversária e fez a mulher se ajoelhar no chão antes que ela terminasse de dar o primeiro grito.

Tanto Marcus quanto Gavin se apressaram para intervir. E pararam quando chegaram ao lado de Jamie.

— Fiquem fora disso — ordenou ela aos homens enquanto mantinha o olhar fixo em sua presa. Não segurava o pulso de Edith agora, mas tinha a mão dela em sua cintura. Afagava, com carinho, o ombro da outra também, e tentava manter o equilíbrio ao mesmo tempo. Edith soluçava nas saias de Jamie.

Ninguém emitiu uma única palavra até Edith recuperar o controle.

— Oh, meu Deus, eu ia atacá-la! Sinto muito — sussurrou Edith. — Quando vi você e padre Murdock tirando o baú de Helena do quarto, fiquei tão enfurecida. Não quero que jogue as coisas dela fora. Estive tão cheia de...

— Eu não ia jogar as coisas de Helena fora — explicou Jamie. — Só levei o baú para outro quarto, Edith.

— As roupas de bebê dela estavam lá — prosseguiu Edith, como se não tivesse ouvido a explicação de Jamie. — Ela trabalhou com tanto afinco naquelas roupinhas.

— Ela queria ter os filhos de Alec, então? — perguntou Jamie, e sua voz era uma carícia suave.

— Por favor, diga que me perdoa, milady — soluçou Edith, voltando-se à sua outra preocupação. — Não tive a intenção de machucá-la.

— Não me machucou, Edith. E eu também sinto muito.

— Sente? — indagou a moça. Ainda ajoelhada, ela voltou o rosto para Jamie. Lágrimas escorriam por suas bochechas. Jamie usou a barra da túnica para secar a umidade. — Sinto muito por todas as mentiras dolorosas que acabei de lhe contar. Edith, você estava tão decidida a ficar contra mim; precisei me valer de ardis para conseguir a sua atenção.

— Não me mandará embora?

Jamie balançou a cabeça e ajudou a moça a se levantar.

— Você é um membro muito importante desse clã, Edith. Jamais a mandaria embora. Menti sobre Helena também. Não assumi o lugar dela.

Edith balançou a cabeça.

— Mas a senhora é a esposa de Alec agora.

— Isso não quer dizer que todos fingiremos que Helena jamais existiu.

— Ele finge.

— Alec?

Quando Edith assentiu, Jamie sussurrou:

— É doloroso para ele.

— Não sei — sussurrou Edith. — Eu estava certa de que ele não se importava. Os dois não estavam casados há muito, milady. Não houve nem tempo de trazer a filha dela...

— A o quê dela?

Não teve a intenção de gritar, mas a forma natural com que Edith proferiu as palavras a assustou a ponto de ela mal conseguir conter a expressão.

— O padre Murdock disse que Alec e Helena estavam casados havia apenas dois meses.

Edith assentiu.

— Alec foi prometido a Annie. O rei Edgar mudou de ideia. Annie... bem, não estava crescendo rápido o bastante, e Helena havia acabado de perder o marido. Ele se chamava Kevin e morreu protegendo o rei. Helena estava grávida do filho de Kevin.

Jamie quase desabou. Marcus a segurou pelo braço para equilibrá-la.

— Está passando bem, senhora? — perguntou.

— Estou bem — contrapôs-se Jamie. — Mas estou furiosa. Edith, quanto tempo Helena esteve casada com Kevin?

— Seis anos.

— Bem, conte-me dessa criança — exigiu.

— Ela teve uma filha — informou Edith. — Helena esperava Alec voltar para poder ir pegá-la. A menininha estava aos cuidados da mãe de Kevin.

Edith levou Jamie até a mesa quando a senhora declarou que precisava se sentar.

— A senhora não está se sentindo bem — gaguejou Edith. — Eu a fiz...

— Ora, inferno, ninguém me conta nada — vociferou Jamie. — Minha mãe estava grávida de mim quando se casou com meu padrasto. E se pensa que eu deixarei...

Jamie enfim conseguiu controlar as emoções. Ela notou a expressão preocupada dos soldados. Respirou fundo para se acalmar, então conseguiu abrir um sorriso.

— Edith e eu chegamos a um acordo. Ambas sentimos muito por vocês terem tido de presenciar nossa conduta pouco elegante. Agora, no entanto, não quero que mencionem nada disso a Alec. Só serviria para envergonhar a nós duas e para irritá-lo. Não é, Edith?

Ela esperou pelo rápido aceno de cabeça da mulher, depois falou:

— Edith, você continuará cuidando dos assuntos da casa. Gostaria de ajudá-la de vez em quando. Acha que podemos pedir algo que não carneiro para o jantar hoje? Não gosto de carneiro.

Edith sorriu, e seus olhos voltaram a marejar.

— Qual é o nome dessa filha? — Jamie perguntou a ela.

— Mary Kathleen — respondeu Edith. — A família de Kevin tem sangue irlandês.

— Mary também é o nome da minha irmã — disse Jamie, sorrindo. — E qual é a idade da criança agora?

— Três anos. Não vejo minha sobrinha desde que ela nasceu. Soube que a mãe de Kevin morreu há três meses. Um parente distante cuida de Mary agora.

Jamie precisou juntar toda a sua força de vontade para não deixar a raiva transparecer. Edith parecia prestes a chorar de novo, e Jamie não tinha tempo para acalmá-la. Sua mente estava ocupada fazendo planos.

— Há muito para nós duas discutirmos, prima, mas, mais tarde, depois que você arrumar o cabelo, será a hora.

Aquela observação cumpriu o objetivo de Jamie. Edith ficou de pé em um salto.

— Meu cabelo se desfez? — perguntou, claramente horrorizada, dando tapinhas nas laterais da coroa enquanto esperava por uma resposta.

— Só um pouco — Jamie lhe respondeu, tentando não sorrir.

Edith fez uma mesura, então saiu correndo do recinto.

Jamie soltou um longo suspiro.

— Teve um dia e tanto, Jamie — comentou Gavin. — Primeiro, pelejou com o fogo, e agora, com uma mulher determinada.

— Na verdade, eu pelejei com um javali gordo, depois com Alec, depois com o fogo e, por último, com Edith — corrigiu-o com um sorriso.

— Um javali? Você pelejou com um javali? — gritou Gavin.

— Estou de gracejos com você — confessou. Assim que Gavin perdeu um pouco da raiva, contou a ele o que aconteceu. Ao terminar, não pôde deixar de notar o quanto os guerreiros pareciam incrédulos.

— Então, veja bem, eu não cheguei bem a pelejar com o javali. Só me meti no caminho dele. Vocês conhecem o menino? Ele se chama Lindsay.

Gavin precisou se sentar antes de responder:

— Sabemos do clã dele.

— Meu Deus, Jamie — começou Marcus —, o pai dele é um poderoso...

— Impiedoso — interveio Gavin.

— *Laird* — concluiu Marcus.

— Você poderia ter acabado morta — gritou Gavin, ao voltar a ficar de pé em um salto.

— Não a censure, Gavin — contrapôs-se Marcus. — Tenho certeza de que Alec deve ter...

— Eu não cheguei a contar para ele — Jamie o interrompeu.

Os homens a deixaram saber o que pensavam daquele pecado.

— Larguem já essas caretas — Jamie ordenou. — Eu prometi àquela criança que não o delataria. Não vi razão para contar a Alec o que aconteceu. Ele só se preocupará. Espero ter a sua palavra quanto a isso, Gavin. A sua também, Marcus.

Ambos os guerreiros concordaram de imediato. Nenhum dos dois, é claro, pretendia honrar o pedido, mas queriam aplacá-la por ora.

— Aconteceu algo mais que você esqueceu de mencionar? — Gavin falou bem devagar.

— Dê-me algum tempo — contra-atacou Jamie. — Ainda não chegamos nem à metade do dia, se bem se lembra.

Gavin sorriu e, por algum milagre, Marcus voltou a sorrir também.

— Foi uma manhã e tanto — disse ela, com um suspiro. — Marcus, você sabe onde Mary Kathleen está?

Ele assentiu.

— Fica a uma distância razoável daqui?

— Três horas a cavalo — afirmou ele, com um encolher de ombros.

— Então é melhor irmos logo.

— Perdão, milady? — reagiu Marcus, e lançou um olhar perplexo para Gavin, perguntando-se se ele tinha entendido direito a declaração da senhora. Jamie já tinha sumido atrás da tela.

— Partiremos agora mesmo — gritou ela. E espiou pelo canto. — Não se importaria de me levar, não é, Marcus? Verdade seja dita, até mesmo com as coordenadas certas, eu provavelmente acabaria me perdendo.

— Para onde vamos? — perguntou Marcus.

— Ver a minha filha.

Era uma mentira, é claro, pois Jamie não tinha a intenção de simplesmente ver a menina. Mas também não podia contar toda a verdade aos soldados, não se quisesse conseguir a cooperação deles.

Além do mais, supôs que eles descobririam em breve.

Mary Kathleen viria para a casa a que pertencia.

E pronto.

Capítulo quinze

A paciência de Alec estava quase no fim. Culpou o mau gênio pelo fato de o treinamento da manhã não estar indo muito bem. Era um trabalho frustrante, de ranger os dentes, pois agora estava treinando os guerreiros mais jovens e inexperientes.

O jovem David, segundo filho de Laird Timothy, suportou o peso da frustração de Alec. O garoto não parecia melhorar, não importava o quanto treinasse. Alec derrubou David e sua espada no chão pela terceira vez, usando as costas das mãos para adicionar humilhação à lição de defesa. A arma de David saiu voando. Teria encontrado o alvo na perna de outro soldado se o guerreiro mais velho não tivesse se desviado bem a tempo.

— Eu deveria matá-lo nesse instante e acabar com ele — rugiu Alec para o menino. — David, você não durará cinco minutos numa batalha de verdade a menos que aprenda a prestar atenção ao que está fazendo. E se agarre à sua arma, pelo amor de Deus.

Antes de o guerreiro de cabelo loiro poder responder à censura, Alec o colocou de pé. Agora, segurava David pela garganta, pensando que talvez pudesse estrangular um pouco de bom senso na cabeça do rapaz, de um jeito ou de outro. Quando o rosto sardento de David ficou avermelhado, Alec soube que tinha toda a sua atenção.

— Alec? — chamou um dos soldados.

Alec atirou David no chão antes de se virar para o homem. Notou, então, o silêncio. Os soldados tinham todos largado as tarefas sem pedir sua permissão. O fato se assentou em sua mente um mísero segundo antes de perceber que estavam todos olhando para o alto da colina.

Soube, antes mesmo de se virar, que Jamie, de alguma forma, era responsável pela interrupção. Ela era a única que podia causar tal perplexidade em seus soldados mais velhos e geralmente disciplinados, a única capaz de incitar um caos assim.

Ele teve de se preparar, então pensou que estava pronto para qualquer coisa, embora a visão da esposa cavalgando morro abaixo no lombo de Wildfire houvesse tirado o seu fôlego. Ela montava sem sela, o cabelo esvoaçando às costas, e Alec temeu que um movimento seu a assustasse. Ela com certeza cairia e quebraria aquele pescoço teimoso.

A mulher montava feito uma rainha. Mesmo com a distância que os separava, Alec pôde ver o sorriso suave e sedutor.

Wildfire trotou pela encosta até onde Alec e seus homens esperavam. Gavin e Marcus vinham logo atrás dela.

Alec fez sinal para Jamie se aproximar com um movimento arrogante de mão. Embora estivesse determinado a segurar a raiva por causa da interrupção, estava achando difícil. O orgulho continuava a se intrometer em seu objetivo, seu orgulho pela habilidade da esposa na equitação.

Ele perdeu a raiva por completo quando viu o arco e a aljava cheia de flechas pendurados no ombro dela.

Tentou não rir.

Jamie obedeceu ao comando do marido sem fazer qualquer movimento visível nas rédeas. Ela parou Wildfire usando a pressão dos joelhos.

Alec, de repente, quis voltar a sentir a pressão dos joelhos dela ao seu redor.

— Aonde você pensa que vai?

— Cavalgar.

— Com arco e flecha?

— Sim — respondeu Jamie, perguntando-se o motivo da irritação na voz do marido. — Sempre deve-se estar preparado para qualquer eventualidade — adicionou ela. — Eu também poderia caçar.

— Entendi.

Os humores dele eram imprevisíveis como o vento, decidiu ela, pois agora o homem parecia estar com vontade de rir dela. Havia, sem sombra de dúvida, um certo brilho em seus olhos. Ela ouviu várias risadas baixas vindas da multidão de soldados reunidos diante de si, olhou feio para os ofensores por causa da má educação, então voltou-se para Alec.

— Está falando sério, não está, esposa?

— Estou sim.

— Você não consegue acertar a lateral de nossos estábulos — declarou Alec. — E ainda assim pensa ser capaz de matar um alvo em movimento?

— Acha que não?

— Sei que não.

— Deveria ter mais fé na sua esposa — resmungou Jamie, ao retirar, devagar, o arco do ombro e pegar uma das flechas.

Já passava da hora de deixar tudo às claras com aquele homem, decidiu. Jamie notara um couro marrom preso a um fardo de feno na descida da encosta. Havia umas quinze flechas agrupadas no meio do couro cru. Ela apontou para o alvo, então disse:

— Você me deixará caçar se eu lhe provar minha habilidade?

Marcus tossiu, obviamente tentando disfarçar a risada. Jamie se virou para olhar feio para ele enquanto esperava a resposta do marido.

— Não a deixarei se desgraçar na frente dos meus homens — anunciou Alec. Ele queria provocá-la com a declaração insolente; soube que atingira o alvo quando ela voltou a se virar para ele. A mulher parecia querer estrangulá-lo.

— Eu não vou me desgraçar.

Ele teve a audácia de sorrir para ela.

— Faça a bondade de sair da minha frente, marido — ela ordenou. — Pode rir mais tarde — vociferou, ao ver o quanto ele estava se esforçando para se segurar. — Se você se sente tão confiante.

Alec assentiu, então recuou vários passos.

Assim que Jamie encaixou a flecha no arco, os soldados começaram a correr para buscar um lugar seguro. Jamie supôs que eles também não tinham muita fé na sua habilidade.

A cabeça de Wildfire continuava a se meter no caminho. Jamie soltou um suspiro. Tirou os sapatos, então ficou de pé no lombo da égua, equilibrando-se como uma dançarina graciosa. Ela mirou e atirou a flecha um segundo antes de Alec chegar ao seu lado. Jamie voltou a se sentar no lombo do animal, deu um tapinha elogioso nele por ter se mantido parado, e então sorriu para o marido.

— Agora, por que está com raiva? — exigiu ela.

— Nunca mais volte a se arriscar assim, esposa.

O grito quase arrancou a crina de Wildfire. A égua tentou sair em disparada, mas Alec agarrou as rédeas e a fez ficar dócil em pouco tempo.

Não pôde deixar de notar que Jamie jamais perdera o equilíbrio nem demonstrara o mínimo de medo.

— Está vociferando pelo quê? — perguntou ela. — Que risco eu corri?

Ele podia dizer, dada a sua expressão, que ela realmente não sabia a razão de ele estar aborrecido. Alec respirou fundo, tentando recuperar o controle. Quando ela havia se levantado, seu coração parara de bater.

— Você poderia ter morrido — murmurou ele, entre dentes. — Se alguém a matará, serei eu. Jamais volte a ficar de pé na sua montaria. Nunca mais.

— Estou acostumada a montar assim quando me dá vontade, Alec. Enquanto ela galopa pelos prados, às vezes me levanto.

— Oh, Deus.

— É verdade. Gostaria que eu mostrasse...

— Não.

— Não grite comigo, Alec. Está deixando Wildfire nervosa.

— É a você que quero deixar nervosa, esposa — devolveu Alec. — Dê-me a sua palavra.

— Oh, tudo bem, então. Dou a minha palavra. Satisfeito?

— Estou.

— Então, por favor, tire a mão da minha perna. Seu aperto está doloroso.

— Esposa, sabe o quanto está perto de um perigo de verdade?

Ela não pareceu se preocupar com a ameaça.

— Alec?

— O quê?

— Há quanto tempo você tem esse espasmo na bochecha?

Ele não respondeu.

— A flecha dela não está perto das outras — o jovem soldado chamado David gritou. O menino afoito pegou os sapatos de Jamie e os entregou a ela. A senhora agradeceu e logo os calçou.

— É claro que minha flecha não está perto das outras — ela disse ao soldado.

— A senhora sabe que errou? — perguntou ele.

— Eu não errei — contrapôs-se. — Encontrará a minha flecha bem no meio do alvo. Vá pegá-la para mim, por favor.

David correu colina abaixo, indo até o alvo, e soltou uma gargalhada.

— Ela está certa — gritou ele. — A flecha está no meio.

Jamie observava Alec quando aquela declaração foi gritada. Ela ignorou os vivas dos homens. A reação do marido foi um pouco decepcionante. Ele mal ergueu uma sobrancelha.

— Gavin? Quero mais dez homens cavalgando com vocês — gritou ele.

O soldado logo direcionou a montaria para o estábulo.

— Jamie, você se esqueceu de algo — disse ele, quando ela tentou voltar a pegar as rédeas.

— Oh... — Ela logo começou a corar, então fez sinal para ele se aproximar e se inclinou para lhe beijar a testa.

Ele não pôde esconder a exasperação.

— Quis dizer que você se esqueceu da sela — ele lhe falou.

— Eu não gosto da sela — protestou Jamie. — É muito nova. Ela me deixa rígida, Alec.

— Marcus, arranje para a minha esposa uma das minhas selas velhas. Por que não me disse que podia montar a pelo? Pensei que fosse inexperiente. Você caiu do cavalo hoje.

— Eu não disse porque você pensaria que meu comportamento não era próprio de uma dama.

Ele teve que rir daquela tolice.

— Eu jamais pensaria isso.

Ela sorriu.

— Você está sempre me lembrando disso — adicionou ele. — Eu deveria ter percebido que você tinha habilidades — admitiu, depois. — Bico me disse que você era a única que podia montar a égua. Ainda assim, ele acrescentou que você não cavalgava com frequência.

— Ele estava me protegendo — explicou Jamie. — Ele pensou que você seria mais atencioso se pensasse que eu não tinha sido bem treinada.

Alec deu um sorriso irônico.

— Jamie? Não volte a me beijar como acabou de fazer.

Ela pensou que ele quisesse dizer para ela não demonstrar qualquer afeto na frente dos homens dele. Alec acenou para ela se aproximar dele com um movimento de dedo, e quando estavam bem próximos, ele sussurrou:

— Beije-me assim.

Ele nem deu chance para ela sorrir. A boca pousou na da esposa com uma exigência ferrenha e voraz. Ela não abriu a boca rápido o bastante para o gosto dele, mas o gemido baixo garantiu plena aprovação de Jamie. A língua mergulhou bem a tempo de saborear o suspiro dela.

Ela não ouviu os homens gritarem seu contentamento por testemunharem uma demonstração tão explícita de paixão. Alec os ouviu, no entanto, e, relutante, afastou a boca.

Jamie parecia completamente aturdida. Ele demonstrava uma arrogante satisfação por ter conseguido, com tanta facilidade, roubar cada pensamento dela, então percebeu que a segurava em seus braços. Ele não se lembrava de a ter tirado do lombo de Wildfire.

Ambos sorriram.

— Você já desperdiçou o bastante do meu valioso tempo — ele disse.

Jamie riu. O som de soldados cavalgando colina abaixo chamou sua atenção.

— Por que preciso de tantos soldados me acompanhando?

— Eles também gostam de caçar — respondeu Alec. Ele a deixou deslizar para o chão quando um soldado lhe lançou a sela solicitada. Jamie segurou as rédeas enquanto Alec ajustava as amarras ao redor da barriga da égua. Ele a colocou no lombo de Wildfire. — Tenha uma boa cavalgada, Jamie — desejou.

— Não voltarei de mãos vazias — declarou ela.

— Sei que não.

Ela não gostava muito de rodear a verdade desse jeito, mas, de forma deliberada, permitiu que Alec acreditasse que ela ia caçar comida. Além do mais, pensou consigo mesma, ele se conformaria depois de se recuperar do rompante inicial. Ele também seria um pai decente.

Jamie voltou a se virar para Marcus quando chegaram à ponte levadiça.

— Para qual lado, Marcus? — gritou.

— Para o oeste, milady.

Wildfire estava a pleno galope quando Marcus a alcançou. Ele fez sinal para ela o seguir, então deu meia-volta, voltando pelo caminho por onde começaram.

Marcus era educado o bastante para não mencionar o seu péssimo senso de direção. Gavin, no entanto, ficava muito satisfeito ao lembrá-la disso.

Jamie estava satisfeita demais com os dois para fazer alguma objeção. Não tinham dito a Alec qual era o seu verdadeiro destino, afinal, e ficou muito grata pelo silêncio de ambos. Não se importava se havia sido proposital ou não.

Alec continuou dizendo a si mesmo que não estava preocupado, mas se viu andando para lá e para cá na frente da lareira, depois que o jantar havia terminado e a esposa não tinha ainda chegado em casa. Não, não estava preocupado. Marcus e Gavin a manteriam em segurança. Ela chegaria a qualquer minuto. Quando o sol se pusesse por completo, então ele se preocuparia, disse a si mesmo pela décima vez.

Fez bom uso do tempo que ficaram separados. Assim que Jamie partiu, ele pedira o cavalo e foi direto para o clã de Helena. Passou várias horas lá falando com os primos que se lembravam dela, e aprendera fatos interessantes sobre a mulher que achara o casamento com ele tão vil que, em desespero, havia posto fim à própria vida.

Encontrou o padre Murdock assim que voltou e passou um bom tempo ouvindo as opiniões dele. O sacerdote estava obviamente maravilhado pelo *laird* estar falando da falecida esposa. Ele não mencionara o nome de Helena desde o funeral. As perguntas do senhor haviam deixado o pregador perplexo, mas ele sabia que não deveria tentar descobrir o que, exatamente, Alec buscava. Não tinha o direito de questionar.

Agora, Alec andava para lá e para cá no grande salão enquanto repassava as informações.

Jamie, tendo acabado de voltar ao castelo, estava de pé no alto dos degraus, esperando que Alec a notasse. Estava prestes a chamá-lo quando ele se virou de repente.

Ficou tão aliviado por vê-la que fez uma bela careta.

Ela retaliou com um sorriso.

Notou que sua saia sacudia para lá e para cá, então viu o rostinho sujo espiando-o.

Gavin e Marcus flanqueavam Jamie. Ambos encaravam a criança.

Jamie respirou fundo e pegou a mão de Mary Kathleen.

— Venha conhecer o seu pai — sussurrou para a garotinha.

Mary Kathleen não quis cooperar. O tamanho de Alec a intimidou. Os olhos castanho-dourados dela estavam arregalados feito um prato.

— Ele a amará de todo o coração — prometeu ela.

Antes que a menininha pudesse balançar a cabeça, Jamie a pegou pela mão e a conduziu pelos degraus.

Alec não tinha ideia do que se passava. O querubim descalço usava o seu tartã, no entanto, indicando que ela pertencia a um Kincaid. A peça mal ajustada estava enrolada ao redor dela e atada com um nó debaixo do queixo. Alec não conseguia se lembrar se a tinha visto antes.

Era uma menininha bonita com uma cabeleira de cachos cor de mel que pendiam mais baixo de um lado do rosto que do outro.

— Quem é essa? — perguntou Alec.

— Sua filha.

— Minha o quê?

Jamie ignorou a perplexidade do marido.

— Bem, na verdade, ela é nossa filha agora — explicou. — Diga "oi" para o seu papai, Mary Kathleen.

A menininha ainda estava aflita. Ela continuou encarando Alec enquanto torcia uma mecha de cabelo até virar um nó no alto da cabeça.

Jamie se abaixou e sussurrou para a criança. Ela tentava acalmar a menininha e também tentava dar a Alec mais tempo para se acostumar à ideia.

Quando Jamie voltou a se aprumar, pôde dizer, pela expressão do marido, que ele precisaria de muito mais tempo.

— Ela é filha de Helena — contribuiu Gavin, apenas para pôr fim às encaradas.

— Ela é minha filha agora — rebateu Jamie. Ela deixou Mary Kathleen voltar a se esconder às suas costas. — Na verdade, é bem simples de entender, Alec. Quando você se casou com Helena, se tornou pai de Mary. Você a traria para morar aqui com você, não é? E quando se casou comigo — prosseguiu ela, antes que Alec pudesse responder —, bem, eu, então, tornei-me a nova mãe de Mary. Ambos fomos relapsos em nossos deveres para com essa criança, marido.

— O Kincaid fez uma boa contribuição para os cuidados da filha de Helena — interveio Marcus.

— A avó dela morreu há três meses. Você sabia que Mary foi entregue a um parente distante que só queria os seus grãos? Me dói admitir que a mulher era inglesa, Alec. E você sabe que há hematomas de cima a baixo nas costas de sua filha e nas pernas também? Ela acabaria morta daqui a poucos meses se eu a deixasse sob tais cuidados.

Ele não sabia. Também parecia furioso. Jamie assentiu. Então todos começaram a falar de uma só vez. Alec só ficou lá, com as mãos cruzadas às costas, encarando a inocente que espiava por detrás das saias de Jamie.

— Venha cá, Mary — ele ordenou.

Ela balançou a cabeça para ele enquanto tentava enfiar uma boa porção do vestido de Jamie na boca. Alec começou a rir.

— Que Deus me acuda, mas ela está com você há menos de um dia e já está puxando à sua teimosia — ele disse a Jamie.

Ele pegou a menininha no colo e a segurou para que ficassem cara a cara.

— Cuidado com as costas dela, Alec. Ela está dolorida.

Alec sussurrou algo para a criança, então sorriu quando ela assentiu.

— Você consegue fazer a criança falar? Ela não disse uma palavra para mim — sussurrou Jamie. — Não acha que há algo errado com a voz dela, não é?

— Deixe de se preocupar — ordenou Alec. — Ela falará quando quiser. Não é, Mary?

A garotinha voltou a assentir.

— Ela estava usando as cores de Kevin — declarou Gavin. — Ele se reviraria no túmulo se pudesse ver o quanto o traje estava imundo.

— Quem trocou a roupa dela? — perguntou Alec.

— Fui eu — respondeu Jamie. — Foi quando vi todas as feridas, e soube que deveria trazê-la — adicionou.

— Não, esposa. Você já havia tomado a decisão quando pôs o meu tartã nela.

O homem era astuto demais para ela.

— Sim, Alec — confessou.

— Você já sabia que a traria consigo quando partiu hoje — prosseguiu ele. — Foi o que quis dizer ao falar que não voltaria da caçada de mãos abanando, não foi?

Ele não parecia bravo, mas Jamie ainda não tinha certeza de em que ele estava pensando.

— Sim. Eu já havia tomado a decisão.

Com delicadeza, Alec trouxe a menina para debaixo do braço, tratando-a como um saco de estopa.

— Não é assim que se segura um bebê — irrompeu Jamie. — Ela só tem três verões, Alec.

Mary Kathleen pareceu não se importar, no entanto, e soltou uma risadinha.

— O que aconteceu depois que você viu as feridas? — perguntou Alec.

— Eu fiquei... com raiva.

— Com quanta raiva?

— Atirei o tartã no chão — confessou Jamie. — Foi um insulto deliberado. Fiz de propósito. Mas me segurei. Eu queria deixar alguns bons hematomas naquela mulher para ela se lembrar de mim.

— Eu cuspi nele. — Foi Marcus quem fez a declaração.

— Diante de testemunhas, Alec.

— Muito bom.

Marcus deixou de fazer careta quando conseguiu a aprovação de seu senhor.

— Significa guerra — ele lembrou a Alec.

— Duas guerras — interveio Gavin. — Está se esquecendo da família de Helena. Eles também se envolverão.

— Não — rebateu Alec. — Eles não se importarão. Por que acha que Annie veio com Helena quando ela se casou comigo? As duas irmãs foram muito maltratadas pela família. O rei estava ciente do fato, é claro.

— E foi por isso que você se casou com a mulher logo depois de o primeiro marido dela morrer? Para protegê-la? — perguntou Jamie.

Alec assentiu. Quando enfim olhou para a esposa, ele sorria.

— Obrigado.

— Pelo que está agradecendo, Alec?

— Por trazer a nossa filha para casa.

Ela quase se viu dominada por tal compaixão. Os olhos marejaram e ela explodiria em soluços se, bem naquele instante, Alec não tivesse fingido que derrubaria Mary Kathleen. Em vez disso, Jamie gritou.

Tanto pai quanto filha riram. Alec praticamente girou a criança nos braços, então a ergueu para que o encarasse de novo.

— Esposa? Essa criança fede tanto quanto Murdock. Dê um banho nela — mandou. — Marcus, peça para alguém procurar Edith e Annie. Elas vão querer conhecer a sobrinha.

— Então você reivindicará mesmo Mary Kathleen como filha? — indagou ela, obviamente preocupada ainda.

Ele a olhou por um bom tempo antes de responder:

— Como não poderia?

Jamie ficou emocionada demais para responder. Quando Alec lhe entregou a criança, ela a acomodou no quadril.

Angus e Elizabeth entraram no grande salão bem quando Jamie se encaminhava até a banheira atrás do biombo. Ela explicou rapidamente tudo sobre a nova filha. Mary Kathleen ficou bastante tímida e escondeu o rosto no pescoço de Jamie. Elizabeth se ofereceu para ajudar a dar banho na menina. Jamie aceitou, então ouviu o comentário de Angus de que os preparativos para a visita do rei estavam sendo feitos.

— O seu rei está vindo vê-lo? — perguntou a Alec. Ela pareceu horrorizada.

Alec ergueu uma sobrancelha por causa da reação bizarra.

— Está.

— Edgar?

— É o único rei escocês que temos.

— Quando ele chega?

— Amanhã. As notícias a desagradam, Jamie? Você parece contrariada.

— Ele é conhecido por sua crueldade — ela disse sem pensar.

Todos ali a olharam com incredulidade.

— Edgar? — perguntou Alec. — Jamie, ele é conhecido por sua bondade.

Os resmungos de concordância a fizeram se sentir muito melhor. Ela sorriu para Mary Kathleen, então disse:

— Eu não deveria ter acreditado nas histórias. Não, ele não pode ter feito o que ouvi que fez se é um rei tão bom como todo mundo diz.

— Que histórias? — indagou Marcus.

— Conte-nos a pior — sugeriu Gavin. — E lhe diremos se é ou não verdade.

— Ouvi dizer que, quando Edgar assumiu o trono, ele teve que destronar outra pessoa, e ele... bem, cegou o homem para que não lhe causasse problemas.

Ninguém disse nada sobre aquela declaração. Todos olharam um para o outro.

— Eu sei — Jamie se apressou a dizer. — Vocês pensam que eu sou uma vergonha por acreditar em uma fofoca dessas.

— Ora, Jamie, moça, acontece que essa história é verdadeira — Gavin admitiu, por fim, quando percebeu que ninguém mais estava disposto a explicar. — Mas ele não matou o predecessor. Apenas o deixou cego.

— Sim, o homem ainda está vivo — interveio Marcus.

Alec observou a forma como os soldados tentavam aliviar os temores de Jamie. Percebeu que eles queriam proteger os sentimentos dela tanto quanto ele.

— Como você pode sorrir, Alec, tendo o seu rei cometido tal pecado?

— O rei da Inglaterra é muito mais implacável — declarou Alec.

— Você não deveria falar mal de Henrique — rebateu ela.

— Falar mal? Jamie, acabei de elogiá-lo.

Ele parecia estar sendo sincero ao dizer aquilo. Ela lhe lançou uma bela careta para deixá-lo saber o que pensava do elogio.

— Qual é o seu verdadeiro temor, esposa?

— E se ele não permitir que Mary fique conosco?

— Ele permitirá.

— Tem certeza, Alec?

O marido assentiu.

— Terei que me ajoelhar diante dele? — perguntou ela.

— Se você quiser.

— Isso me fará desleal a Henrique?

O sorriso dele foi bondoso. Sem dúvida faltava à mulher algumas aulas de história.

— Duvido que estaria sendo desleal, Jamie. Edgar é cunhado de Henrique.

Ela ficou tão aliviada pela notícia que seus ombros desabaram.

— Bem, por que não me disse? Estive me afligindo feito uma criança por causa da questão da lealdade, Alec, e a troco de nada. Você poderia ter mencionado que Edgar e Henrique são bons amigos, marido.

Jamie levou Mary para trás do biombo antes que Alec pudesse dizer que pensava que ela era doida.

— Por que a deixou pensar que Edgar e Henrique são bons amigos? — perguntou Gavin.

— Pela mesma razão de você ter suavizado suas respostas sobre Edgar para ela — respondeu Alec, seco. — Nenhum de nós deseja preocupá-la. Estamos todos propensos a fazê-la feliz, não é?

Gavin sorriu.

— Sim, estamos.

Eles riram juntos, mas o som foi abafado pelo barulho que as mulheres estavam fazendo. Jamie, Elizabeth, Edith e Annie se revezavam dando banho em Mary Kathleen.

— Ela é uma criança linda — comentou Elizabeth.

— Precisamos dizer a ela também — aconselhou Jamie. — Com frequência. Ela jamais deverá sentir que não pertence a esse lugar.

O banho enfim terminou. Jamie pôs Mary de pé no baú e desembaraçou o cabelo dela.

A garotinha não parecia nada tímida com as mulheres, mas ainda ficou óbvio que preferia a atenção de Jamie acima da de todas. Assim que estava vestida em uma camisola branca e limpa que Edith arranjara, ela estendeu os braços para Jamie pegá-la.

Enquanto Mary comia, Edith subiu com Annie para levá-la ao quarto que fora preparado para ela. Foi decidido que Mary dormiria no cômodo ao lado do de Alec e Jamie. Se a criança chorasse à noite, Jamie estava certa de que a ouviria.

— Todas as mães têm sono leve — declarou. — Por instinto, sabemos que nossas filhas precisam de nós. Você entenderá o que digo, Elizabeth, depois que seu bebê nascer.

A voz de Jamie estava tão entusiasmada, que Elizabeth não teve coragem de lembrar-lhe que ela era mãe há apenas meio dia. Em vez disso, concordou.

— Angus está impaciente para tirar os pontos da ferida do peito — ela falou a Jamie. — Ele a aguarda na mesa.

— Sente-se ao lado dele — respondeu Jamie. — Ele não gritará muito se você estiver por perto.

— Vai doer?

— Não se aflija — Jamie a acalmou. — Não o machucará em nada. Ele gritará por causa da inconveniência.

Elizabeth correu para a mesa para fazer o que Jamie sugerira. Alec tinha ido acender o fogo na lareira. Ele estava de costas para Jamie, mas assim que se levantou e a notou, só teve tempo de aceitar a filha que ela lhe lançara nos braços.

Alec não fazia ideia do que esperavam dele agora. Ainda assim, queria agradar a Jamie. Ele olhou para Mary, segurando-a de um jeito estranho pelos braços.

— Não está com medo de mim, não é, Mary? — perguntou em gaélico. — Sou seu papai agora.

Ela balançou a cabeça, depois sorriu para ele.

Alec devolveu o sorriso.

Ele estava prestes a colocá-la no chão, mas, ao tentar, Mary deixou claro que não estava pronta para soltá-lo. Ela agarrou sua túnica e se enrijeceu contra ele.

Alec a pendurou em seus ombros. A criança gostou bastante, e soltou uma gargalhada estridente e sacudiu os dedos dos pés em óbvio deleite.

Jamie quase derrubou as coisas que tinha ido pegar, quando saiu de detrás da tela e viu o que Alec estava fazendo.

— Não se segura uma criança assim — gritou ela. — E, pelo amor de Deus, Alec, não volte a dar de ombros para mim. Você fará Mary sair voando.

— Sou novo nisso, Jamie — murmurou Alec. — Ela é a primeira criança que já segurei. — Ele puxou Mary de volta para os braços enquanto continuava fazendo careta para a esposa.

— Você se acostumará.

Alec teve que olhar feio para Marcus e Gavin, assim eles esconderam o sorriso desrespeitoso.

Em seguida, ele carregou Mary até a cadeira de balanço, colocou-a no colo e a mandou dormir. Mary, em vez disso, tentou escalar o seu peito. Ela sentia a mesma suspeita que ele quanto ao movimento da cadeira, e ele precisou trazê-la de volta para o colo.

Jamie tinha dado as costas para os dois e agora seu foco estava todo em Angus. Alec tamborilou no braço da cadeira, perguntando-se o que, em nome de Deus, deveria fazer agora. Ele decidiu que podia muito bem tentar contar uma história para dormir. Levou um minuto para ele escolher a sua preferida, e então contou, por inteiro, a história de uma de suas melhores batalhas.

Em poucos minutos, Mary Kathleen estava enfeitiçada. Os olhos voltaram a se arregalar e ela pareceu presa em cada palavra que ele dizia.

Gavin e Marcus também tomaram interesse pelo conto violento. Eles puxaram bancos para perto da lareira e se revezaram emitindo grunhidos de aprovação durante a história.

Jamie podia ouvir a pronúncia suave de Alec ao fundo, mas não estava prestando atenção ao que ele dizia. Angus não escondia o quanto estava infeliz por ela não lhe dar permissão para tirar a tala do braço.

— Seus dedos estão se movendo agora, Angus, mas isso não quer dizer que a cura está completa. Não, você ainda tem um bom mês, talvez mais, usando a tala, e pronto. Elizabeth, o peito dele sarou bem, não foi?

— Sarou. Estamos os dois muito gratos a você, Jamie. Não é, Angus?

— Estamos sim — concordou Angus.

Pareceu que a confissão causara dor ao homem. Jamie tentou não rir. Tinha aprendido que o jeito brusco de Angus escondia um bom coração.

Ela sorriu para Elizabeth, então foi correndo guardar as coisas. Era hora de levar Mary Kathleen lá para cima. A garotinha devia estar exausta por causa do longo dia.

No entanto, quando saiu mais uma vez de detrás da tela e viu Alec com Mary no colo, não teve coragem de interromper. Senhor, ela devia estar exausta também. Ora, os olhos marejaram por causa daquela visão maravilhosa.

Ele contava à filha uma história para dormir. Não, ela corrigiu com um sorriso. Ele estava contando uma história para dormir para Mary, Marcus e Gavin. Verdade fosse dita, os homens pareciam tão entretidos quanto a criança de três anos.

Ela amava Alec de todo coração. Ele era um homem tão gentil e compassivo. Sentiu vontade de rir agora. Alec, com certeza, ficaria imensamente contrariado se imaginasse que ela o achava bondoso, e ela se perguntou como ele reagiria quando ela enfim confessasse que o amava.

Não importava se ele aceitasse ou não o seu amor, pensou com uma careta repentina. Com o tempo, ela tinha certeza de que ele veria o quanto aquilo era certo. Ora, com o estímulo apropriado, ele também poderia vir a amá-la.

Como algum dia podia ter pensado que os escoceses eram inferiores? Precisou balançar a cabeça por causa do pecado vergonhoso, então começou a ouvir a história que estava deixando todo mundo tão cativado.

Nem todos ficaram cativados, no entanto, ela notou, ao ver a expressão de Elizabeth. A esposa de Angus, sem sombra de dúvida, estava horrorizada.

E então ela captou um dos comentários de Alec.

— O golpe poderoso decepou o braço dele...

— O que você está contando à criança? — ela exigiu, quase aos berros.

— Só uma história. Por quê?

— Que história, especificamente? — perguntou Jamie. E correu para tirar Mary do colo dele.

— A batalha contra a Nortúmbria — respondeu ele.

— Em detalhes vívidos — informou-lhe Elizabeth.

A irritação de Jamie sumiu ante à óbvia confusão que o marido sentiu pela sua reação.

— Alec, essa conversa sua fará esse bebê ter pesadelos.

— Ela gostou da história — argumentou Alec. — Devolva-a a mim, Jamie. Ainda tenho que contar o final.

— Sim, ele tem que terminar a história! — exclamou Gavin.

— Ela vai para a cama. — Jamie riu, então, apesar de suas melhores intenções. — Não consigo acreditar que você contou uma história de batalha para essa doce criança.

Logo ficou óbvio para ela que Alec e os soldados não conseguiam acreditar que ela estava se opondo à história.

— Dê um beijo de boa noite em Mary — instruiu Jamie. Ela devolveu a criança ao pai e observou-o dar um beijo carinhoso na testa dela.

— Vá para a cama agora, Mary — Alec disse baixinho à criança. — Terminarei a história amanhã.

Quando ele colocou a menininha no chão, ela correu para a lareira e se deitou nos juncos.

— Ela acha que é lá que deverá dormir? — perguntou Alec.

Jamie foi atrás de Mary e a pegou antes de responder:

— Creio que sim. Mas a avó deve ter sido muito boa para ela. Mary é um doce. Isso é prova de que ela não vinha sendo maltratada há muito tempo.

— Por que isso prova alguma coisa?

— Quando uma criança é tratada com crueldade, às vezes, a mente se corrompe, Alec, ou foi o que me disseram. Por que está me olhando assim? — adicionou, com tom preocupado. — Você parece... atordoado. Não precisamos nos preocupar com Mary, Alec.

Alec forçou um sorriso.

— Eu nunca me preocupo. Você se preocupa o bastante por nós dois.

Ela decidiu ignorar aquele comentário ridículo.

— Podemos dormir lá em cima hoje, Alec? Quero ficar perto de Mary. Ela pode precisar de mim durante a noite.

Era ele quem precisava dela durante a noite. Aquele pensamento surgiu na sua mente de uma só vez, causando uma careta feroz. Inferno, era ela quem deveria precisar dele.

Ele olhou para a pequena Mary. O rosto da criança descansava no ombro de Jamie. Os olhos estavam fechados, a expressão beirando a felicidade. Ficou muito aparente que ela gostava de estar no colo de Jamie.

Os hematomas desapareceriam das costas e das pernas da menina, e Alec sabia que, em breve, Jamie seria capaz de acalmar qualquer dor que persistisse na mente da criança. Sim, a esposa faria Mary Kathleen feliz... tão feliz como seu amor mágico o fizera.

Ela o amava de verdade. A forma como o olhava lhe dizia. Ela podia ainda não ter percebido a verdade, mas Alec tinha certeza de que, com o tempo e com encorajamento o bastante, ela aceitaria seu destino. Ele aceitara. Deus devia ter tido Sua parte ao enviar Jamie a ele, decidiu, porque se alguém lhe dissesse um ano antes que ele amaria uma inglesa teimosa, de gênio ruim e obstinada, ele teria rido primeiro, e depois esmagado o homem por sugerir tal disparate.

Supôs que teria de dizer a ela que a amava. Alec parou de fazer careta. Diria naquela noite, decidiu. Em gaélico. Só para contrariar.

— Alec? Precisará falar comigo de novo esta noite? — perguntou Angus, interrompendo os pensamentos do *laird*.

— Não, Angus. Leve Elizabeth para casa. Voltaremos a discutir nossos planos amanhã.

Gavin esperou até Angus ter levado Elizabeth para fora para fazer perguntas a Alec. Embora tivesse certeza de que Elizabeth não repetiria nada do que ouviu, não queria aborrecê-la.

— Em que você está pensando, Alec? Sabe quem tentou matar Jamie?

— Não vai nos incluir na discussão? — perguntou Marcus.

— Pare de fazer careta, Marcus — ordenou Alec. — Não tenho tempo para incluir vocês dois ainda. Você verificou os quartos, não é, Gavin?

O soldado assentiu.

— E estou de olho nas portas desde então. Edith está esperando no quarto de Mary. Ela quer a permissão de Jamie para dormir com a menina hoje, no caso de ela acordar.

— Os soldados ainda estão de guarda sob a sua janela, milorde — adicionou Marcus.

— Ponha mais dois aos pés da escada, Marcus. Ninguém subirá aqueles degraus.

— Você sabe quem é? — Gavin voltou a perguntar.

— Tenho quase certeza — devolveu Alec. Sua expressão ficou soturna. — Amanhã, montaremos a armadilha. Estive olhando na direção errada. E se eu estiver certo, assim que tudo acabar, o padre Murdock terá que abençoar o túmulo de Helena.

— Não entendi — sussurrou Marcus.

— Se eu estiver certo — repetiu Alec —, Helena não se matou. Ela foi assassinada.

Ele a guarda como um tesouro valioso. O tolo! Ele realmente pensa que pode me impedir?

Minha astúcia é grande demais para o Kincaid. Chegou a hora de desafiá-lo mais uma vez. Matarei a cadela amanhã.

A criança terá que esperar... apenas um prazer por vez.

Deus me dê forças para esconder a minha alegria.

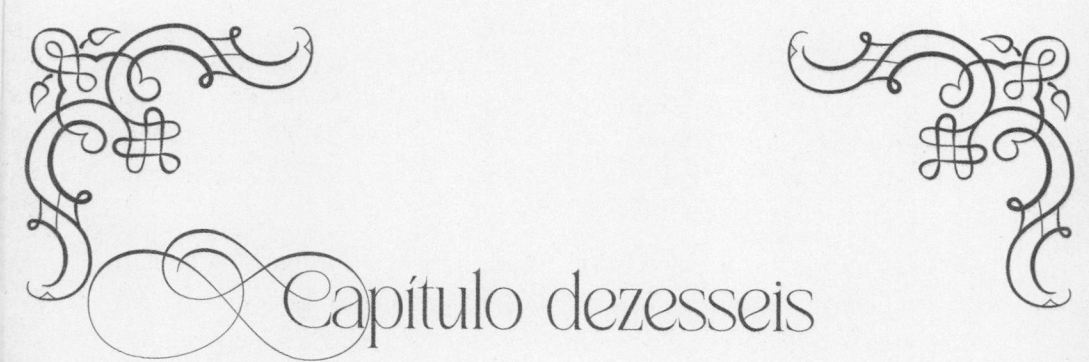

Capítulo dezesseis

Jamie dormia profundamente quando Alec enfim foi para a cama. Ela era linda a seus olhos, pacífica também. Não queria acordá-la, pensou, mesmo enquanto afastava os cobertores e a puxava para si.

Ela resmungou em seu sono, então jogou uma perna esbelta sobre a sua coxa. A mulher lhe causava dificuldade até dormindo, pois, quando ele trilhou os dedos por suas costas, ela murmurou algo que ele não entendeu, mas supôs que era vergonhoso, então deu um tapa para afastar a sua mão quando ela ficou de costas.

Ele não foi dissuadido de tudo. A camisola estava embolada ao redor das coxas, e sob a luz suave da vela, a pele estava manchada de ouro. As pernas, emaranhadas nas cobertas. Alec chutou tudo para longe antes de prendê-la com uma coxa. Ele foi rápido ao remover a roupa dela, sorrindo com os resmungos que a ação causara. Até mesmo dormindo ela podia demonstrar descontentamento.

Ele tirou o cabelo da esposa da frente, passando as mechas sedosas com cheiro de rosas pelos dedos enquanto lhe acariciava o pescoço.

Ela suspirou de prazer. Alec ergueu a cabeça e a olhou. Ele sorriu quando viu que ela não parecia irritada agora. Ele beijou os lábios macios e entreabertos, o meio do queixo, voltou ao pescoço, então foi descendo beijos pela pele arrepiada do peito.

Os tremores a acordaram. Ela não estava nem um pouco fria. Não, a mulher ficava mais quente a cada momento... com cada beijo. Alec lhe acariciou os seios com mãos, boca e língua.

Ele era um amante tão gentil com ela, pensou, maravilhada. O marido poderia fazê-la derreter em seus braços. A mão foi mais para baixo e rodeou o umbigo, e mais abaixo ainda, até os dedos estarem afagando os pelos suaves entre suas coxas.

O corpo estava pronto para ele. A mulher estava ardente, molhada e, conforme lhe disseram os doces gemidos, quase tão descontrolada em seu desejo quanto ele. Ele provou sua barriga com a língua. Ela se segurou nele e, por fim, puxou-o pelo cabelo quando afinal cansou daquele tormento.

— Meu desejo de possuí-la chega a doer, Jamie — sussurrou ele.

— Pois me possua agora, Alec — sussurrou ela. — Não me faça esperar mais. Eu quero...

O gemido de prazer quando seus dedos se esticaram dentro dela puseram fim ao apelo. Jamie arqueou as costas mesmo ao tentar empurrar sua mão para longe.

— Pare com essa tortura, marido. Venha para mim agora.

As mãos dela foram para baixo para capturá-lo.

— Dois podem participar desse jogo — sussurrou Jamie, a voz gutural cheia de promessa.

O gemido de Alec veio do fundo da garganta, então ele afastou a mão dela.

— Não hoje — sussurrou ele de volta. — Não posso aguentar muito mais tempo, Jamie.

Ele se mexeu entre as pernas dela, agarrou-lhe pelas coxas e estocou com um movimento poderoso.

Ela gritou em êxtase.

No mesmo instante, Alec paralisou dentro dela.

— Eu a machuquei, amor? — perguntou, a preocupação evidente em seu olhar.

— Não — respondeu Jamie, com um gemido contido. — Você não me machucou.

— Estou sendo muito bruto — sussurrou ele, ainda sem se convencer de que não lhe causara dano. Ele tentou se afastar, sair dela, mas as pernas o prenderam em um aperto que não permitiria a debandada.

— Não se atreva a parar agora. Eu morrerei se o fizer.

— Eu também, Jamie — confessou ele, ofegante. — Eu também. — Ele talvez tivesse conseguido abrir um sorriso, mas não soube ao certo. O corpo exigia alívio, mas Alec estava determinado a satisfazê-la primeiro.

Ele capturou a boca da esposa em um beijo abrasador quando estocou muito, muito mais profundo. O corpo dela o acomodou por completo, tão apertada, tão maravilhosa. Ele queria que o fogo de Jamie o consumisse, espantado por ela conseguir fazê-lo queimar mais, mais, sempre mais.

Jamie sentiu como se ele a estivesse levando para as estrelas. Ela se entregou à maravilha, então, agarrou-se ao homem que amava para compartilhar o esplendor que apenas ele podia lhe dar.

Assim que sentiu os primeiros tremores do êxtase, ele deu uma última estocada e derramou sua semente quente dentro dela.

Alec não soube quanto tempo tinham ficado juntos. Pensou que jamais ia querer deixá-la, e foi só quando o coração e o fôlego se acalmaram que ele se lembrou de que queria dizer que a amava.

— Você melhora a cada vez, esposa — sussurrou, ao rolar para ficar de lado.

Jamie foi junto e enfiou o alto da cabeça sob o queixo do marido, sorrindo com a cadência de seu sotaque.

— Você disse que a prática me faria melhorar — lembrou ela. — Não tinha ideia de que praticaríamos com tanta frequência — confessou.

Ele podia dizer que ela estava arrogantemente satisfeita consigo mesma. Alec sorriu contra o alto de sua cabeça, então sussurrou em gaélico:

— Sei que não entende o que estou lhe dizendo, Jamie, mas preciso lhe dizer na minha própria língua. Eu amo você, moça, de corpo e alma.

Ele a sentiu enrijecer durante a sua declamação, mas, quando ela tentou se afastar, ele a segurou.

— Eu a amo porque você é gentil e amorosa; compassiva, também. Você tem um coração de ouro, moça.

Faltou pouco para ela derreter nele.

— Mas, acima de tudo, Jamie, eu a amo porque você é uma mulher verdadeira. Sim — acrescentou, quando ela voltou a enrijecer —, eu jamais poderia amar uma mulher que tentou me enganar, mas tenho total fé em você.

Ele pensou que ela talvez tivesse se transformado em pedra. Alec precisou reunir toda a sua força de vontade para não rir.

— Boa noite, Jamie — sussurrou, na língua dela.

— O que você acabou de me dizer? — perguntou, tentando fingir indiferença.

— Eu disse boa-noite — Alec falou bem devagar.

— Antes disso — sussurrou Jamie, com um tremor na voz.

— Não é importante.

Ela se afastou dele, e Alec foi capaz de ver a frustração da esposa.

— Refere-se ao que quer que seja que você disse?

Ele deu de ombros. Jamie quase perdeu o controle, bem naquele momento, mas já estava decidida a fazer uma baita surpresa para Alec pela manhã: ela se ajoelharia diante de Edgar e recitaria sua promessa em gaélico.

Não deixaria que Alec arruinasse a sua surpresa. Pronto, era isso, mas também havia o fato de que ele acabara de dizer que a amava porque ela era muito verdadeira.

Tinha ficado presa na própria armadilha. E por que, de repente, sentiu como se Alec soubesse?

Foi a fagulha que surgiu no olhar do homem, ela decidiu.

— Por que está me olhando assim? — indagou.

— Porque você parece estar tentando resolver todos os problemas consideráveis da Inglaterra.

— Tenho pensado nos problemas que precisam ser resolvidos — confessou Jamie.

— Diga-me o que é.

Ela balançou a cabeça.

— Eu os resolverei amanhã, Alec. É problema meu, afinal. Vou cuidar disso. Confie em mim.

— Oh, eu confio, esposa.

— Confia? — respondeu ela, parecendo muito satisfeita com ele.

— É claro. Sinceridade e confiança são como as mãos direita e esquerda. Ambas são importantes... Ora, qual é o problema? — indagou ele, tentando não rir. — Você está fazendo careta de novo.

Decidiu que já a atormentara o suficiente por uma única noite.

— Está tarde, Jamie — disse ele, ao puxá-la para os braços. — Você deve estar exausta depois do longo dia que teve. Não deveria estar tentando resolver problemas agora. Deveria estar...

— Dormindo — interveio ela, com um suspiro.

— Não — rebateu Alec. — Deveria estar agradando ao seu marido.

— Acabei de lhe agradar, não?

— Você ainda tem de fazer direito, moça. — Ele ficou de costas. — Mas você tem muita sorte por ter um marido paciente.

— Tenho um marido insaciável, Kincaid. Sabe quantas vezes nós...

— Devo manter a conta de quando fazemos amor também?

Jamie só teve tempo de envolver os braços ao redor do marido antes de ele capturar sua risada em um longo beijo.

Fizeram amor bem devagar. E o tempo todo, Jamie continuou ouvindo suas juras de amor. Amanhã, prometeu, amanhã farei a minha jura em gaélico.

Ela adormeceu antes de ele se afastar. Alec os cobriu com o tartã e dormiu profundamente instantes depois.

O *laird* acordou apenas uma vez durante a curta noite, quando a porta foi aberta. Ele procurava pela espada quando Mary Kathleen veio correndo em direção à cama.

Ela foi direto para o lado de Jamie primeiro.

— Não perturbe a sua mãe — sussurrou Alec. — Diga-me qual é o problema, Mary.

Quando ele acrescentou à ordem o alerta, Mary obedeceu. A expressão da menina era solene, e quando ela chegou ao seu lado, ele pôde ver o medo em seus olhos.

— O que foi? — perguntou.

Mary ergueu a barra da camisola.

— Estou molhada — sussurrou. Lágrimas se empoçavam em seus olhos e derramavam pelas bochechas.

Alec tirou o traje e o jogou no chão.

— Agora não mais — declarou.

Jamie acordara ao som da voz de Mary. Ela fingiu dormir, no entanto, pois sabia que o marido não gostava de mulheres chorando. Não, não queria que ele visse o quanto seus olhos estavam marejados. Ele não poderia entender o amor esmagador que sentiu por ele quando ele pegou a filha e a embalou nos braços.

Fechou os olhos quando ele se levantou e carregou a criança adormecida até a porta e a entregou a um dos soldados.

Quase gritou dizendo que o pai que deveria colocar a filha de volta na cama, e não um dos soldados, então se lembrou de que o marido estava nu em pelo, afinal, e Edith com certeza morreria de vergonha se acordasse e o visse no quarto.

A visão foi tão divertida que ela teve que virar de bruços para conter as risadas.

Alec voltou para a cama, puxou-a para si, e estava roncando antes que ela tivesse se recomposto.

O suave suspiro de contentamento de Jamie preencheu o ar. Mal podia esperar pela aurora. Amanhã seria um dia glorioso.

Foi o pior dia de sua vida.

Oh, começou muito bem. Em menos de duas horas, Jamie e Edith fizeram o grande salão parecer tão grandioso quanto um palácio. Flores frescas decoravam as mesas, juncos novos cobriam o chão e a cadeira alta em forma de caixa em que o rei Edgar se sentaria foi esfregada até ficar impecável.

Gavin e Marcus, no entanto, foram uma provação para a paciência de Jamie. Toda vez que ela se virava, um homenzarrão lhe bloqueava o caminho.

— Não há nada para vocês fazerem? — perguntou.

Os soldados não entenderam a insinuação sutil.

— É nosso dia de folga — explicou Gavin.

Ela não pareceu ter acreditado. Nem Marcus, diga-se de passagem.

— Mas por que estão me seguindo? — persistiu Jamie.

Os soldados foram poupados de inventar uma mentira para responder à pergunta quando Mary Kathleen agarrou a saia de Jamie. A garotinha usava um traje Kincaid. O vestido viera da família do ferreiro e tinha servido muito bem. Jamie pegou a filha no colo, deu nela um beijo rápido e sussurrou alguns elogios em gaélico.

— Posso levar Mary comigo à cabana de Frances? — pediu Edith.

— Frances?

— A esposa do ferreiro — explicou Edith. — Ela tem vários sapatos que podemos experimentar em Mary.

— Certifique-se de dizer a Frances o quanto sou grata pela ajuda dela — disse Jamie.

Edith balançou a cabeça.

— Ela se sentiria insultada. É dever dela ajudar.

Jamie não sabia o que fazer com aquela declaração. Entregou Mary a Edith, uma tarefa difícil, já que Mary queria ficar bem onde estava. Edith explicou à sobrinha qual era a incumbência e, por fim, a menina cooperou.

— Direi a Frances que a senhora está feliz com ela — falou Edith, por sobre o ombro. E Jamie deu um encontrão em Marcus ao se virar.

— Não posso deixar de me perguntar por que vocês estão me seguindo — disse. E permitiu que ele visse sua exasperação. — E por que aqueles soldados estão lá nas escadas? Eles não têm tarefas a cumprir?

Marcus balançou a cabeça.

— É dia de folga deles — explicou.

Alec entrou no grande salão a tempo de ouvir a explicação ultrajante de Marcus. Ele também notou a expressão incrédula da esposa.

— Jamie? O clã está subindo a última colina. Eles chegarão em poucos minutos. Alguns do clã de Harold estarão com eles. Quero que você...

— Estamos recebendo visitas agora? — gritou ela.

— Estamos — declarou Alec.

Ele não sabia que a esposa podia se movimentar tão rápido. Alec estendeu a mão para segurá-la quando ela passou voando por ele. Puxou-a para os braços e a forçou a olhá-lo.

Ela parecia terrivelmente preocupada. Alec não pôde resistir. Inclinou-se e lhe beijou a testa vincada. A amostra espontânea de afeto ainda era algo recente para ele, mas ele se viu gostando bastante. Beijou-a de novo.

— Não gosto de vê-la fazendo careta — sussurrou. — Está novamente preocupada?

Ela balançou a cabeça.

— Preciso trocar o vestido — anunciou.

— Por quê? Estando seu traje inglês limpo ou não, não importa. Eles estão fadados a odiá-lo tanto quanto eu.

Ela não respondeu àquilo. Ele podia dizer, no entanto, que a esposa estava mais divertida que irritada. A reação o confundiu. Alec voltou a beijá-la, um beijo longo e molhado em sua doce boca, e quando ela envolveu os braços ao redor de sua cintura, a língua entrou e começou a acariciar o céu de sua boca.

Ela pareceu completamente perplexa com o marido quando ele, enfim, pôs fim ao beijo, e sussurrou em gaélico que a amava, afastou as mãos dela e desceu os três degraus que levavam ao grande salão.

Ele fez sinal para Gavin e Marcus irem para a mesa. Jamie, ele notou, estava prostrada no arco, encarando-o.

— Você não queria trocar de roupa? — falou.

Ela se afastou da parede e subiu correndo. Alec pôde ouvir os resmungos dela por todo o salão. Ele sorriu em resposta.

O homem podia fazê-la esquecer os deveres com muita facilidade, pensou Jamie. Quando ele a beijava, tudo em que podia pensar era em beijá-lo também.

Teve que tirar Alec da mente à força. Deveria, afinal, aprontar a surpresa dele, e não o deixaria arruinar tudo ao roubar dela a determinação.

Ela endireitou as cobertas na cama, então vestiu a túnica de cor creme que ia até o tornozelo. Aquelas duas tarefas lhe levaram uns poucos minutos, mas dobrar o tartã foi um assunto completamente diferente.

O tecido tinha quase quatro metros de comprimento depois que ela cortou um terço dele. Era estreito, o que deveria ter facilitado a dobra, mas não importava o quanto tentasse, não conseguia fazer direito.

Desesperada, ela abriu a porta e pediu a um dos soldados para ir buscar o padre Murdock.

O sacerdote não demorou. Ela abriu a porta à batida tímida, então puxou-o para o quarto e fechou a porta.

Alec ouvira o padre ofegar ao subir as escadas. Ele ergueu uma sobrancelha quando lhe permitiram entrar no quarto. Perguntou-se para que, em nome de Deus, ela precisava de Murdock, então deixou o assunto para lá.

Ainda assim, ficou de olho na porta. Quando ela finalmente foi aberta e o padre saiu, Alec viu o sorriso largo no rosto do sacerdote.

— Padre? O que o senhor fazia no meu quarto? — gritou ele.

O homem só respondeu quando chegou ao lado de Alec.

— Estava ajudando a sua esposa.

— Com o quê?

— Não posso dizer — declarou o padre. Ele segurou o riso, mesmo ante o semblante insatisfeito de Alec, então adicionou: — Ela está esperando para lhe fazer uma surpresa, Alec. Deixe-a. Não vai querer magoá-la ao ficar sabendo antes da hora.

— Então o senhor também se preocupa com os sentimentos dela — respondeu Alec, seco. — Isso é uma aflição da qual todos compartilhamos. — Ele olhou para Marcus, depois se virou para incluir Gavin no olhar.

Foi quando a porta do quarto se abriu, atraindo toda a sua atenção.

Alec não ficou ciente de que havia levantado. Ele encarou a visão que abria caminho entre os soldados sorridentes, sentindo tanto orgulho que mal conseguia respirar.

Ela usava o seu tartã. E ele ficou tão feliz que não conseguiu nem falar. Já era hora, continuou dizendo a si mesmo, já era hora, decerto.

— Ela não conseguia fazer as pregas. A moça até mesmo havia dobrado o traje no chão e tentado se esticar sobre ele. Sim, ela tentou formas das quais nunca ouvi falar até que as confessou a mim.

— E, então, o senhor a ajudou — interveio Gavin, com um aceno.

— Ela me elogiou por minhas mãos rápidas — sussurrou o padre quando ele, também, observou Jamie descer as escadas. — Minha nossa, ela é uma moça bonita.

Jamie soube que tinha a plena atenção dos homens. Manteve os ombros aprumados e as mãos ao lado do corpo para que não tirasse, sem querer, uma das pregas de debaixo do cinto. Quando chegou aos degraus que levavam ao salão, fez uma mesura formal para o marido.

Ele queria beijá-la de novo. Talvez até dissesse o quanto se orgulhava por tê-la só para si.

Quando Alec foi até ela, Jamie, com cuidado, ergueu a barra do vestido e o encontrou. Ele estendeu a mão, então, mas ela balançou a cabeça e recuou.

— Não me toque, Alec.

— O quê?

— Também não levante a voz — devolveu Jamie, franzindo o cenho. — Pode me dizer o quanto está satisfeito bem de onde está. Não quero que as pregas sejam desfeitas antes da chegada do rei, e pronto.

Ele não parecia nada feliz com ela agora.

— Está satisfeito comigo, não está, marido?

— Muito satisfeito.

— E? — incitou ela, esperando mais alguns elogios.

— E o quê?

Ela riu, então. Alec não era do tipo que esbanjava lisonjas. Ele nem sequer sabia que deveria, supôs ela.

— Não importa — respondeu. Deu de ombros antes de se lembrar das pregas. Uma olhada rápida lhe disse que não causara nenhum dano. — Jamais conseguirei fazer essas pregas — comentou.

— Praticaremos isso também — prometeu Alec.

Ela não começou a corar até o padre Murdock perguntar o que mais eles andavam praticando.

— Talvez eu possa colaborar com o meu conhecimento — sugeriu ele, ávido.

— Um assunto particular — disse Jamie, de supetão. — Não podemos fazer uso de sua ajuda, padre, mas ambos agradecemos a oferta.

O sorriso travesso de Alec se alargou mais ainda.

— Venha comigo, Jamie. Os convidados esperam lá fora para conhecê-la.

— Um deles já entrou — chamou um estranho, lá da entrada.

Jamie se virou para cumprimentar o convidado, então decidiu que deveria estar ao lado do marido quando as apresentações fossem feitas. Ela foi até ele, e logo ganhou um aceno de aprovação.

Alec passou os braços ao redor dos ombros dela. A amostra

espontânea de possessividade a surpreendeu quase tanto quanto o forte aperto.

— Cuidado com as minhas pregas — sussurrou.

Mas Alec não estava prestando atenção nela. O olhar sombrio estava direcionado ao homem que se aproximava deles. A careta sugeria que ele não gostava muito do homem que estava prestes a apresentar.

— Eu estava ansioso para conhecer a sua esposa, Alec, e decidi entrar.

O braço de Alec se apertou ao redor de Jamie.

— Esse é o filho de Harold. Justin.

— É um prazer conhecê-lo — disse Jamie, sorrindo para que ele pensasse que ela estava sendo sincera. Na verdade, não sentiu prazer nenhum. O homem louro a avaliava de um jeito carnal. Somente um homem casado deveria poder dar a esposa um olhar daqueles.

Se ele fosse um homem completamente crescido, ela provavelmente teria lhe dado uma resposta adequada, mas a falta de marcas em seus braços e no rosto era indício de que ele não vira muitas batalhas. As maneiras certamente também precisavam melhorar.

— Não tanto quanto eu de conhecê-la, milady — respondeu Justin.

Ela lhe deu um aceno abrupto com a cabeça, então sugeriu, com voz firme, que ele deveria voltar para os outros.

— Alec e eu nos juntaremos a vocês logo — prometeu.

A sugestão foi rudemente ignorada. Justin continuou onde estava, encarando-a, boquiaberto.

— Há algo mais que deseje dizer?

Justin pareceu envergonhado.

— Não, milady. Eu... eu só gostei de ouvir seu sotaque incomum — gaguejou ele.

— É um sotaque inglês, Justin — ela o lembrou. — E tão atraente para os escoceses quanto o som de uma unha arranhando vidro.

Marcus tossiu alto para disfarçar o riso. Gavin teve que virar de costas para que Justin não visse a sua reação.

Ainda assim, Justin não desistiu.

— Soube que se chama Jamie — disse ele.

— Isso mesmo.

— Um nome bonito — anunciou o rapaz.

— É nome de homem, e pronto — rebateu Jamie, ríspida. Ela tentava conter o mau gênio. Justin encarava o peito dela. Ela quis chutá-lo.

Mal podia esperar para se livrar daquela criatura insolente. Perguntou-se por que Alec não havia notado a conduta vergonhosa do rapaz e olhou para o marido.

Alec estava sorrindo. Não soube o que fazer com aquela esquisitice. Gavin os interrompeu, então, lembrando que as mesas haviam sido armadas no pátio.

O *laird* assentiu.

— Diga aos servos para começarem a servir a comida. Jamie e eu iremos em poucos minutos. Marcus, leve Justin com você. Ele não parece capaz de ir sozinho.

A última ordem foi dada com voz severa. Jamie pensou que o marido havia, enfim, notado a luxúria com que o convidado a olhava.

Assim que Alec a soltou, ela foi em direção ao biombo. Deixara a adaga no baú no dia anterior, e queria colocá-la de volta no cinto antes que se esquecesse.

Justin tentou segui-la. Jamie teve que olhar bem feio para o rapaz quando ele se atreveu a tocá-la. Acontece que ele se provou determinado. Foi uma vergonha, pois os outros homens estavam olhando, mas Jamie teve que dar um tapa em sua mão para afastá-la de si.

— Tem algum parentesco com o Laird McPherson, Justin? — perguntou ela.

— Não, Lady Kincaid — respondeu Justin, parecendo confuso. — Não somos parentes. Por que faria uma pergunta dessas?

— Seus modos me lembraram dele.

Jamie podia dizer que Justin não sabia o que fazer com o comentário.

Alec entendeu o insulto que ela acabara de fazer ao menino. A risada do marido a seguiu até o biombo.

A adaga não estava onde ela pensou que a deixara. Jamie passou vários minutos procurando pela arma, então desistiu.

Ela levou um susto quando se virou e viu Alec a observando.

— Você me assustou.

Alec a puxou para os braços, ignorando o apelo para ele não arruinar as pregas da saia. Ele a pegou no colo, até estarem olho a olho. A boca estava a um conveniente sopro da dela.

— Consertarei as suas pregas — prometeu, com a voz gutural.

Jamie enredeou os dedos pelo cabelo dele e, devagar, inclinou-se para a frente.

Ele a encontrou no meio do caminho. A boca pousou na dela com descarada posse. A língua invadiu. Ele queria arrebatá-la, forçar qualquer resistência a se render, mas, quando ela passou a língua pela dele, Alec percebeu que ela não precisava ser convencida. Ela queria ser apaziguada.

Um estremecimento o percorreu; Jamie gemeu em resposta. Alec afastou a boca da dela. Queria ver a paixão nos olhos da esposa.

— Você está pronta para mim, não está, amor? — sussurrou ele.

Ela o puxou pelo cabelo para trazê-lo para mais perto. Ele ouviu o choramingo sensual dela e respondeu com o próprio grunhido. Alec silenciou o som com outro beijo profundo de língua, então plantou beijos úmidos ao longo da coluna de seu pescoço.

Ele teve grande prazer ao lhe dizer o que queria que ela fizesse com ele com aquela boca molhada e macia, como queria que o tomasse dentro de si de novo, como queria senti-la apertá-lo com força. Ele falou em gaélico, é claro, apenas para confundi-la.

Mas acabou preso na própria armadilha, pois a desejava demais para parar agora. Ele a levou para a cama. A boca se inclinou sobre a dela de novo e de novo, não permitindo que ela protestasse quanto às suas óbvias intenções. Com o braço, Alec amorteceu a queda dos dois no meio das cobertas. Com um movimento brusco, ele abriu as pernas dela e se posicionou entre as coxas. Prendeu as laterais do rosto dela com as mãos grandes ao empurrar sua excitação dentro dela.

Estava quase descontrolado agora. As unhas de Jamie cravavam em suas costas. Ela puxou os joelhos para cima, para que pudesse sentir mais dele. Alec passou a língua por todo o caminho até a sua garganta e começou a lhe tirar as roupas.

De repente, Jamie ficou tensa. E começou a lutar também, empurrando-lhe os ombros com uma força surpreendente enquanto arrancava a boca da dele.

Foi quando ele ouviu o barulho, ainda assim, levou-lhe dolorosos minutos até se lembrar da hora do dia, de seus deveres e dos convidados.

Com uma imprecação raivosa, Alec ergueu a cabeça. Apoiou-se nos cotovelos e olhou para baixo, para a mulher encantadora espalhada debaixo dele.

Ela parecia ter sido completamente arrebatada. Ele assentiu, satisfeito. Os lábios da esposa estavam um pouco inchados, rosados e atraentes depois para a sua paz de espírito. Ele a beijou de novo, um beijo forte e rápido.

— Sabe por que acabei de beijá-la, Jamie?

Ela balançou a cabeça.

— Para lembrá-la de a quem você pertence.

Os olhos de Jamie se arregalaram àquela declaração. Alec a pôs de pé, então rearrumou o tartã com uma velocidade impressionante.

Estava se afastando quando ela o chamou:

— Sabe por que retribuí o beijo, marido?

Ela estava pronta para lembrá-lo de que ele também lhe pertencia, mas o homem arrogante não permitiu.

— Porque você gostou.

As pregas dele estavam perfeitas, ela precisava reconhecer. Jamie ajeitou o cabelo, aprumou os ombros e voltou para o salão.

— Jamie?

— Sim, marido?

— O padre Murdock a acompanhará até lá fora. Irei em breve.

Alec esperou até a esposa ter saído do recinto, então fez sinal para os dois soldados ainda de guarda lá em cima.

— Não a percam de vista — ordenou. — Fiquem a dez passos de sua senhora.

Os dois soldados correram para cumprir a ordem.

— Chamem Colin para mim — gritou Alec.

— O segundo em comando de Harold está aqui também? — perguntou Gavin.

Alec assentiu.

— Ele tem notícias que deseja compartilhar conosco — explicou.

— Sua esposa não ficou muito impressionada com a beleza de Justin, não é? — indagou Gavin.

— Jamais pensei que ela fosse achá-lo bonito — mentiu Alec.

Colin devia estar esperando bem ao lado das portas, concluiu Alec, pois ele já descia correndo os degraus do grande salão. O homem de cabelos grisalhos estava, obviamente, com pressa para retransmitir as mensagens ao Kincaid.

O tempo escapou de Alec. Ele se envolveu em um debate acalorado sobre uma possível união entre os clãs das Highlands. Insistiu que não era possível. Colin foi igualmente veemente em sua opinião de que era muito possível.

Maldito fosse Alec se permitisse que Colin saísse do grande salão antes de concordar com ele. Colin, se a posição de sua mandíbula servisse de indício, estava igualmente determinado a mudar o raciocínio de Alec.

Jamie entrou correndo. Alec deu uma olhada rápida para a esposa antes de voltar a se virar para o convidado.

Olhou para cima de novo quando ela chegou ao seu lado. Alec pensou que ela estava nervosa o bastante para cuspir fogo. Depois de lhe olhar feio, deixando-a saber que não queria ser interrompido, ele voltou a se virar para Colin.

Ela não aceitaria ser ignorada. Jamie cutucou o braço dele. Ela conseguiu dar um sorriso fraco para o soldado que falava com Alec, então disse:

— Por favor, perdoe-me, senhor, por interromper a discussão.

Alec, acreditando que a raiva dela se devia à impaciência, foi rápido na resposta:

— Você terá que esperar, esposa.

— Alec, isso não pode esperar.

— Você não é capaz de lidar com o problema?

— Eu não disse que não era capaz — argumentou ela.

— Então lide com ele.

O tom de voz do marido a enfureceu, embora não tanto quanto a dispensa grosseira. Ele deu as costas para ela e, com calma, pediu ao soldado para prosseguir.

Tanto Gavin quanto Marcus lhe lançaram olhares de simpatia. Ela assentiu para os dois ao voltar para a porta.

Alec olhou para cima quando Jamie parou perto do vão do arco. Ela encarava as armas penduradas nos ganchos. Alec tentou dar a Colin toda a sua atenção, mas a decisão foi esquecida quando Jamie estendeu a mão para pegar uma clava longa.

O peso da arma devia ter sido demais para ela. O aperto afrouxou e a clava caiu no chão com um baque alto.

Acontece que ela estava decidida. E também conseguiu a plena atenção de todos. Ninguém disse uma única palavra enquanto observavam Jamie arrastar a clava escada acima e sair pela porta.

Alec conseguia ouvi-la resmungar acima do barulho que a clava fazia ao bater no chão de pedra.

Ele continuou encarando a entrada por um bom tempo depois que ela saiu, perguntando-se para que, em nome de Deus, sua doce e pequena esposa precisava de uma clava.

A resposta lhe chegou com um lampejo ofuscante. Justin!

Alec saltou da cadeira com um rugido de fúria. O som quase afogou os gritos que vinham do pátio. Ele correu lá para fora com três soldados em seu encalço. A cena com que se deparou o deixou tão abismado que ele se deteve de chofre.

O padre estava ao lado de Jamie. A expressão do sacerdote era de incrédula perplexidade. Mas Jamie não olhava para o padre. Não, ela encarava o chão, fazendo careta para o filho de Harold. O futuro *laird* estava espalhado de bruços, tentando, sem muito sucesso, ficar de pé.

— Se você voltar a me tocar, vou lhe bater com o dobro de força — gritou Jamie. — Quero que me dê sua palavra, Justin, antes que eu o deixe se levantar.

— Milady — interrompeu padre Murdock, quase se engasgando com as palavras. — Ele não entende...

Jamie não deixou o sacerdote terminar. Presumiu que ele queria dizer que Justin não entendia o idioma que ela havia usado.

— Oh, ele sabe por que bati nele, sabe sim — declarou ela, falando em gaélico agora. — Ele entende.

— Mas, Jamie, moça — disse padre Murdock, tentando, mais uma vez, explicar.

O homem no chão ousou parecer furioso em vez de contrito. Ele era lento para aprender a lição, concluiu Jamie.

— Como ousa me tocar? — perguntou, furiosa. — Sou esposa de Alec Kincaid, seu tolo. E acontece que amo o homem com uma paixão que talvez você nunca venha a imaginar.

— Milady? — interrompeu-a Gavin.

— Fique fora disso, Gavin — ordenou Jamie. Ela não se atreveu a afastar os olhos do soldado caído, ou soltar a arma que segurava. — Alec me mandou cuidar do problema e não permitirei que você interfira. Eu disse a Justin que voltaria com algo que o deixaria de joelhos fracos, e foi o que fiz.

— Ele não é Justin.

Alec fez a declaração. Ele estava tão perto das costas de Jamie que ela pôde sentir o calor emanando dele.

— Não é hora de gracejos, Alec — informou ela, antes de se virar. — Esse menino lamentável e mal-educado me agarrou e se atreveu a me beijar. Veja só o que ele fez com as minhas pregas — adicionou ela, ao se virar para mostrar a evidência.

— Você bateu em Philip — Alec lhe disse. — Não em Justin.

— Não. Ele é...

— Irmão de Justin.

— Você diz Philip?

Ele assentiu devagar. Ele não parecia estar de gracejos. Um nó logo se formou no estômago de Jamie.

— Não compreendo, Alec — sussurrou ela. — Ele parece...

— Eles são gêmeos.

— Oh, Deus, gêmeos, não.

Ele voltou a assentir.

— Idênticos.

Ela estava horrorizada. Um grupo tinha se reunido, fazendo a humilhação doer ainda mais.

— Ora, diga — murmurou ela, baixo o bastante para apenas Alec ouvir. — Por que você não me disse? Feri o homem errado.

Jamie tratou de largar a arma e tentou ajudar a vítima a ficar de pé, assim ela não teria que encarar por mais tempo a expressão sombria do marido. Philip, no entanto, recusou-se a aceitar a sua ajuda.

É claro que o pobre coitado pensou que ela fosse louca.

— Sinto muito por ter batido em você, Philip. Ninguém se deu o trabalho de me dizer que você tinha um irmão gêmeo, veja só — adicionou ela, com um olhar significativo na direção do marido. — Vou lhe comprar outra indulgência por esse pecado, Alec.

— A senhora não teve a intenção de me derrubar? — perguntou Philip, ao continuar se afastando dela.

Estava se cansando de ir atrás dele.

— Se ficar parado por tempo o bastante, tentarei explicar o que se passou — prometeu ela.

Philip continuou a olhá-la com suspeita, mas não parou de se afastar.

— Eu, com certeza, não tive a intenção de agredi-lo — voltou a repetir. — Eu nem sequer o conheço, senhor. Por que eu ia querer lhe fazer mal?

A explicação pareceu aplacar Philip, mas ele mudou de ideia quanto a perdoá-la quando ela adicionou, despreocupada:

— Minha intenção era atingir o seu irmão, é claro.

— É claro? A senhora ia bater em Justin? — Philip gritou.

Na verdade, a intenção dela era dar em Justin uma boa sova. Mas decidiu que não faria nenhum bem dizer isso ao irmão do rapaz. Philip parecia que se oporia a tal sinceridade. Ele, é óbvio, não sabia o menino mimado que Justin era. Era protetor também. Jamie não poderia culpá-lo por uma característica tão admirável, embora acreditasse que era mal colocada.

Decidiu usar de diplomacia.

— Sim, eu ia bater no seu irmão. Philip, com certeza já percebeu a essa altura que Justin tem os modos de um porco.

— Tragam Justin para mim.

O rugido de Alec fez a atenção de Jamie se voltar para ele.

— Você me disse para cuidar do assunto, Alec, e eu vou...

— Eu cuidarei — Alec lhe disse.

— Como? — perguntou ela, preocupada com o que via em seus olhos. — Não machucará o menino de verdade, não é, marido?

— Ele tocou em você, Jamie?

— Bem, sim — respondeu ela, antes de ver o quanto ele estava furioso. — Mas só um toquezinho de nada, Alec. Foi só um rápido agarrão e um beijinho...

— Eu vou matar o degenerado — interrompeu Alec. Ele não gritou, mas o tom frio gelou a espinha de Jamie, que começou a torcer o resto das pregas do tartã.

Uns minutos depois, ela se viu na mais ridícula das posições. Estava, na verdade, de pé diante de Justin, rogando pela vida dele.

— Ora, Alec, ele é só um menino. Os Kincaid não matam crianças. Cale-se, Justin — ela mandou, quando ele tentou reclamar de sua escolha de palavras. — Você é um menino ou teria pensado duas vezes antes de desafiar Alec. Por favor, Alec. Deixe-o viver o bastante para aprender boas-maneiras.

Ela parecia prestes a irromper em lágrimas. Aquele fato fez as intenções de Alec vacilarem. Ele, enfim, assentiu, concordando.

Jamie ficou fraca de alívio. Mas o sentimento não durou muito tempo. No segundo em que se afastou de Justin, Alec avançou. Ele tirou o rapaz do chão e o fez voar pelos ares como uma flecha antes que ela pudesse detê-lo. Justin caiu sobre o traseiro, levantando uma nuvem de poeira.

— Alec, você prometeu.

— Eu não o matarei, amor. Só vou bater até ele aprender a ter boas-maneiras.

Houve vários murmúrios de aprovação acima da horrenda declaração. Colin, Jamie notou, também assentiu, concordando.

— Se você o reduzir a um monte de sangue, terei que passar o resto do dia cuidando das feridas dele, Alec. Você arruinaria meu dia ao me fazer passá-lo tão perto de Justin?

Alec, no momento, segurava Justin pelo cangote. Ele o levantou bem alto, mas se virou para olhá-la e perguntou:

— Você quis dizer o que disse, Jamie?

— Quis dizer o quê? — respondeu ela, perguntando-se por que, em nome de Deus, ele estava sorrindo.

— Que me ama.

Ela, de repente, percebeu que ambos estavam falando em gaélico.

— Você arruinou a minha surpresa — ela disse a Justin, ignorando o fato de que o menino mal podia respirar, que dirá pronunciar um bom pedido de desculpas.

— Você gritou o seu amor diante de todo mundo, esposa. Não o negue agora — exigiu Alec.

— Você vai soltar o menino primeiro — rebateu ela.

— Você responderá primeiro.

— Sim, eu amo você. Pronto, está feliz?

Ele atirou Justin no chão com um rápido girar de pulso. A exibição despreocupada de força não a aborreceu, ele notou. Muito pelo contrário. Não gostava apenas da força dele — dependia dela. Jamie sorriu para Alec, simplesmente porque havia resolvido tudo em sua cabeça.

— Estou muito feliz — Alec disse a ela.

— Só estou dizendo que Justin não pôs a mão nela — gritou Philip, chamando a atenção de todo mundo.

Jamie soltou um arquejo alto, então pegou a clava.

Alec a puxou para si. O resto das pregas se renderam. O tartã teria caído no chão se ela não o tivesse segurado.

— Alguém viu o ataque? — perguntou Alec à multidão.

Os dois soldados que tinham ordens de seguir Jamie avançaram.

— Nós dois fomos testemunhas — declarou um dos soldados.

— Ainda assim não interferiram? — reagiu Alec, olhando feio para os dois.

— Estávamos prestes a fazer isso — contou o mais jovem. — Mas o senhor nos disse para ficar a dez passos de sua esposa, para que ela não soubesse que a seguíamos, e quando nos aproximamos, era tarde demais.

— Alec, por que você mandou os homens me seguirem...

Jamie parou com a pergunta quando o marido lhe apertou os ombros.

Supôs que ele não queria falar de suas razões agora.

— Eu vi Justin agarrá-la quando ela virou a esquina — prosseguiu o primeiro soldado.

— E?

A mandíbula de Alec se apertou com fúria reprimida.

— Justin declarou a admiração que sentia pela sua esposa — relatou o soldado. — Ouvi-o dizer a Lady Kincaid que seus olhos violeta tinham o poder de lhe enfraquecer os joelhos. Como Harold é seu aliado, pensei que um de nós deveria ir chamar o senhor, mas...

— *Era* seu aliado — gritou Philip.

— Philip, não precisa ficar aborrecido — interveio Jamie. — Eu só ia trazer Alec aqui fora para que ele tivesse uma conversa séria com o seu irmão. — Ela olhou para o marido e disse: — Você estava muito ocupado.

— E então você usou a clava.

Jamie pensou ter detectado uma fagulha de diversão nos olhos do marido, mas não podia ter certeza.

— Alec, a única coisa em que pude pensar para fazer Justin me largar foi prometer dar a ele algo que lhe faria ficar fraco dos joelhos. Foi um simples ardil. O menino tolo pensou que eu me referia a retribuir seus avanços, mas eu só queria que você gritasse com ele. É verdade que a sua voz pode fazer alguém ficar fraco dos joelhos.

— Você desgraçou e humilhou o meu irmão — declarou Philip, mais uma vez exigindo a atenção deles.

— Nada disso — refutou Jamie. — Vocês dois fizeram isso sozinhos.

Se o rosto de Philip ficasse mais escuro, a pele dele com certeza irromperia em chamas.

— Meu pai ficará sabendo desses insultos, Kincaid. Eu lhe prometo.

Os dois filhos do *laird* se viraram e correram para os estábulos. A multidão abriu uma trilha larga para eles.

Colin, o soldado de confiança de Harold, não seguiu os jovens. Ele parou ao lado de Alec.

— Suas condições, Kincaid?

— Ele tem uma semana.

Colin assentiu.

Jamie esperou até o soldado ter saído, então perguntou a Alec:

— Quem tem uma semana?

— O pai de Justin.

— O que se espera que ele faça nessa uma semana? — indagou ela, tentando entender.

— Ele tentará aplacar a minha raiva.

— E se ele não conseguir?

— Guerra.

Ela sabia que ele diria aquela palavra horrível, mas ainda assim ficou perplexa. Tudo isso era, de certa forma, de algum jeito, culpa dela. Tinha que ser. O padre Murdock não era um mentiroso, e ele lhe dissera, bem no dia anterior, que achava que as Highlands eram um lugar bem pacífico de se viver. Até eu chegar, Jamie pensou consigo mesma. Agora os Kincaid estavam brigando com os McPherson, graças à sua intervenção com o bebê, e os Kincaid estavam apenas a um insulto de pegar em armas contra os Ferguson porque Daniel estava sendo frio feito granizo desde que ela oferecera santuário a Mary. Adicionado a esses temores estavam os parentes de Mary Kathleen. Eles deviam estar marchando para as terras dos Kincaid naquele exato momento.

E agora o pai de Justin se juntaria à lista de inimigos. Se as coisas continuassem assim, não restaria um único guerreiro Kincaid vivo na semana seguinte.

De repente, aquilo tudo foi demais para ela. Pela primeira vez na vida, Jamie precisava chorar muito e aos berros.

— Vou procurar Mary Kathleen — sussurrou.

— Ela está com Elizabeth. E ficará com Angus e a esposa até essa noite, Jamie.

— Por quê?

— Não me questione.

— Não precisa ser ríspido comigo, Alec — sussurrou ela. — Por que não posso ir pegar a nossa filha? Eu quero abraçá-la.

Alec reagiu à preocupação na voz de Jamie.

— Você arruinará a minha surpresa — disse ele.

Ele pensou que a aplacaria e, por isso, não estava preparado para a reação dela. Os olhos da esposa marejaram.

— Eu tinha uma surpresa maravilhosa para você — pranteou ela. — Está arruinada agora.

O padre Murdock avançou correndo e, desajeitado, deu tapinhas no ombro de Jamie.

— Ora, ora, moça. O dia ainda não terminou. Ainda haverá o rei...

— Ele não deve vir, afinal — interveio Gavin. Ele pensou que a declaração agradaria à senhora, pois testemunhara a reação dela ao saber que Edgar faria uma visita.

— Ora, pronto — lamentou-se Jamie. — Agora está tudo arruinado.

Alec pretendia corrigir aquele pormenor quando Jamie se virou para ele.

— Onde está Edith? Quero falar com ela...

— Ela e Annie estão arrumando as coisas delas. Marcus? — chamou Alec. — É melhor você ir arrumar as suas coisas também.

— Por que eles estão arrumando as coisas deles? — perguntou Jamie.

— Estão indo embora — declarou Alec.

— Para onde?

— Marcus está levando Edith e Annie para a fortaleza de Brack. São primos distantes — explicou Gavin.

— Para uma visita? — indagou Jamie, secando o canto dos olhos com o tartã.

— Não — respondeu Alec. — Estão indo morar com a família de Brack.

— Por quê? Não compreendo, Alec. Edith e eu estamos nos tornando boas amigas. E Annie é irmã de Helena. Você não pode virar as costas para ela. Não reconsiderará a sua decisão?

— Não.

A expressão dele estava dura feito pedra. Jamie se virou para Marcus.

— Você vai voltar, não vai?

Marcus deu um aceno rápido. Jamie voltou a se virar para Alec.

— Vou entrar agora. Se você mandar alguém me seguir, usarei a clava. Quero ficar sozinha alguns minutos.

Alec sabia que era seguro, por isso concordou. Ele não precisava ter se incomodado, percebeu, pois Jamie já subia os degraus para o castelo.

— Há convidados esperando no grande salão — ele gritou para ela.

A porta bateu em suas palavras. Alec soltou um suspiro. Ele se virou para os soldados e lhes deu novas instruções. Queria se apressar com as ordens para poder ir atrás de Jamie. Ela pareceu tão abatida. As lágrimas nos olhos dela o haviam aborrecido também. Talvez se lhe arrumasse as pregas, ela se sentisse melhor. Então poderia persuadi-la a voltar a dizer que o amava.

Assim que fechou a porta, Jamie notou quatro soldados enormes vagando pela entrada. As cores do tartã indicavam que eram de outro clã. Notou o quinto soldado de pé perto da lareira quando ele disse aos amigos para deixá-la passar. Ela se virou para o homem e fez uma rápida mesura. O soldado, no mesmo instante, fez um sinal bem arrogante com a mão, dizendo para ela se aproximar.

Ela não queria ter que se envolver em conversa. Ainda assim, a boa-educação pedia que ao menos se apresentasse.

Jamie se apressou ao descer os degraus, agarrando o tartã na cintura. Estava decidida a terminar a lamentável incumbência o mais rápido possível. Daí iria lá para cima, para o quarto, e se poria a chorar.

O soldado mais velho de cabelos grisalhos já se sentia em casa. Ele segurava um cálice de vinho em uma das mãos e uma gorda fatia de queijo na outra.

Quando ela ficou a mais ou menos meio metro dele, o soldado se afastou da lareira. Jamie conseguiu sorrir. O tartã caiu no chão quando ela fez uma segunda reverência. E aquilo foi simplesmente a última gota. Lágrimas começaram a rolar por suas bochechas, e ela pegou o tecido. Poderia ter conseguido recuperar o controle de si mesma, se o soldado não estivesse com uma expressão tão simpática e gentil.

— Querida dama, o que lhe causou tal aflição?

Bem, diabos, o homem também tinha a voz bondosa. Os olhos pareciam irradiar compaixão. A idade dele a fez lembrar um pouco do pai, o que só piorou tudo, é claro. Agora ela não estava apenas miserável, mas saudosa também.

— Claro que não pode ser tão terrível assim — adicionou o soldado.

— Se soubesse da vergonha que causei aos Kincaid, ora, o senhor provavelmente estaria chorando também — irrompeu Jamie. — Comecei tantas guerras que nem sou capaz de contar.

Os olhos do soldado se arregalaram ao ouvir a declaração. Jamie assentiu.

— É verdade. Posso muito bem admitir, pois o senhor com certeza saberá de toda a bagunça até o fim de sua visita. Se eu fosse uma covarde, passaria dias na cama descansando.

— Talvez eu possa ajudar.

— Ninguém pode ajudar, exceto o rei, é claro, e quando ele ficar sabendo de toda a encrenca, é capaz de mandar me chicotearem.

As palavras quase se atropelavam enquanto ela tentava se explicar.

— Eu estava tentando fazer a coisa certa, sabe, só que tudo o que é certo na Inglaterra é errado aqui. Não se pode dizer obrigada, pois as pessoas vão pensar que é um insulto. Não se pode salvar a vida de um bebê, porque vão pensar que você sequestrou a criança. Não se pode...

— Devagar, querida dama — aconselhou o soldado. — Comece do início. A senhora se sentirá melhor depois de compartilhar os seus temores, e eu gostaria mesmo de ajudar. Tenho considerável influência por aqui.

O homem pareceu sincero.

— Não sei por onde começar essa deplorável confissão — admitiu Jamie.

— Comece pela primeira guerra — sugeriu ele.

Ela assentiu.

— Comecei uma guerra com os McPherson porque cuidei do filho moribundo do *laird*. Quando o bebê melhorou, o homem veio pegá-lo e me acusou de sequestrar a criança.

O soldado a olhou com simpatia.

— Não sequestrei a criança, é claro, mas a salvei da morte certa. Seria de se achar que o pai dele ficaria grato.

— Eu pensaria que sim — respondeu o soldado.

— Ele não ficou. Eu o chamei de porco.

— Ao *laird*?

— Não, creio que o chamei de bode. — Jamie deu de ombros. — Não importa agora. Ele foi para casa pisando duro e agora os Kincaid não podem se aproximar das terras dele. Não podemos também ir à fortaleza dos Ferguson, porque ofereci santuário à esposa de Daniel.

— Entendo.

— Daniel ficou furioso, é claro.

— É claro — concordou o soldado. — Daniel também quis começar uma guerra?

— Não, mas ele está pensando no assunto. Relatarei ao rei o comportamento lamentável que Daniel tem se ele não tratar melhor minha irmã.

— O que acha que o rei fará?

— Ele terá uma conversa firme com Daniel, provavelmente. Esclarecerá a ele sobre seus deveres para com a esposa.

— A senhora tem total fé no rei Edgar, então?

— Oh, sim — Jamie se apressou a dizer. — Não conheci o homem, é claro, mas Alec só seria leal a um bom rei. — Ela terminou a declaração com um delicado dar de ombros.

O soldado sorriu.

— Ainda assim, deve ter ouvido histórias maravilhosas sobre Edgar — incitou ele.

— Céus, não — devolveu Jamie. Ela secou as lágrimas da bochecha com o tartã enquanto adicionava: — Ouvi dizer que ele é um monstro.

A reação do estranho revelou seu desprazer.

— Quando eu estava na Inglaterra, é claro — prosseguiu ela. — Agora sei que as histórias não são verdadeiras. Alec não se aliaria a um monstro.

— E então a senhora é leal ao Kincaid, é isso?

— A ambos, Alec e Edgar — esclareceu Jamie, perguntando-se por que o soldado parecia tão determinado a seguir com esse assunto. — Posso até compreender por que Edgar vai querer me estrangular quando souber dos problemas que causei.

— Tenho certeza de que ele será bastante compreensivo.

— Senhor, ninguém é compreensivo a esse ponto. Comecei uma guerra com a família de Mary Kathleen também. Mencionei esse pormenor? Eles dizem que sequestrei a criança.

— Mas a senhora não fez isso.

— Oh, sim, isso eu fiz. Atirei o tartã deles no chão também, e Marcus cuspiu em cima. A criança tinha sido espancada. Ela pertence a mim e a Alec agora. Meu marido está certo de que Edgar nos deixará ficar com ela.

— Quem é essa Mary Kathleen?

— A filha de Helena.

— E ela foi maltratada?

— Com certeza foi, maldição — declarou Jamie. — Ela é só um bebê — continuou. — E com certeza não poderia se defender. Gavin disse que Kevin, o pai de sangue da menina, se revolveria no túmulo.

— O rei ficará ao seu lado — anunciou o soldado. — Agora me conte da comoção lá fora quando cheguei, se fizer a bondade.

— Justin me agarrou e me beijou. Eu tive que retaliar, é claro, então bati na parte de trás das pernas dele com uma das clavas de Alec.

Os olhos do soldado se arregalaram com aquela confissão.

— Tenho certeza de que a sua esposa teria feito a mesmíssima coisa — prosseguiu Jamie. — Dama nenhuma quer ser apalpada por um homem que não é seu marido.

— Não sou casado.

— Mas e se o senhor fosse?

— Tenho certeza de que se eu fosse, minha esposa teria feito o mesmo.

— É muita bondade sua, senhor, concordar comigo.

— Alec sabe que a senhora bateu em Justin?

— Sim... quer dizer, não. Veja bem, não foi Justin que atingi. Foi Philip. Foi um erro compreensível, senhor, porque eu não sabia que os filhos de Harold eram gêmeos idênticos até Alec me dizer.

— Depois de ter batido em Philip?

— Senhor, não é hora de rir. Não, o assunto é sério.

— Peço desculpas, milady. E o que aconteceu depois?

— Alec pegou o filho do *laird* e o lançou pelos ares, como se arremessasse um tronco.

— Ele atirou Philip?

— Não, não — corrigiu-o Jamie. — Preste atenção. Foi Justin que ele atirou. Ele não deveria ter feito isso, mas não posso ficar brava com ele.

— Justin?

— Alec — corrigiu-o de novo. E lhe lançou um olhar que mostrava seu descontentamento por ele não estar acompanhando, então disse: — Alec não deveria ter atirado Justin, e ele arruinou a minha surpresa.

De repente, ela começou a chorar de novo.

— Como Alec arruinou a sua...

— Alec não arruinou nada — pranteou ela. — Se o senhor quiser ouvir a história, rogo para que tente se concentrar no que digo. Sabe o que é pior? Queria me ajoelhar diante de Edgar e recitar meu juramento de lealdade em gaélico. Alec não sabia que eu falava a língua dele, veja bem. Então ele me ouviu gritando com Justin em gaélico, e soube. Eu vesti o tartã dele, mas não consigo fazer as pregas nem para salvar a minha alma. Queria que tudo fosse perfeito quando me ajoelhasse diante do rei. Eu também ia dizer a ele que o amava.

— Ao seu rei?

— Não, ao meu Alec. Eu honro o meu rei, senhor, mas amo meu marido. Claro que o senhor pode enxergar a retidão nisso, não é?

— Alec consertará o dano que a senhora crê ter causado — declarou o soldado. — Por que não me mostra como faria o juramento ao seu rei?

Jamie pensou que aquela sugestão era bem estranha. Mas não queria ofender o gentil cavalheiro. Ele ouvira com paciência suas mazelas.

— Creio que praticar me faria bem — admitiu em voz alta. — Ele pode querer me ouvir fazer o juramento antes de mandar me chicotear.

Ela se ajoelhou e curvou a cabeça.

— Não sei se deveria ou não pôr a mão sobre o coração — confessou.

— Ele não teria uma preferência — declarou o soldado.

Jamie fechou os olhos e recitou as palavras de lealdade. O soldado a ajudou a voltar a ficar de pé. Ele pareceu muito satisfeito com o esforço.

— E agora eu a ajudarei a arrumar o seu tartã.

Jamie sorriu agradecida e se virou para que ele pudesse ajudá-la.

Alec se recostou no arco da entrada, um sorriso suave em seu rosto ao assistir ao rei da Escócia arrumar o tartã da esposa.

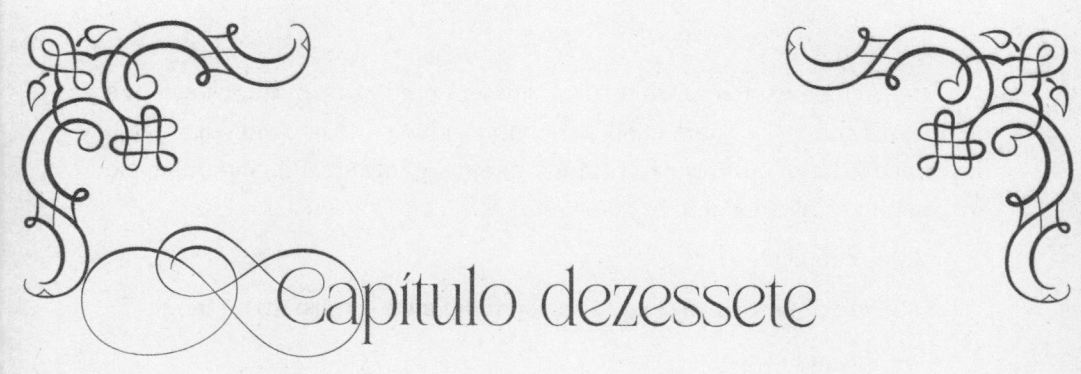

Capítulo dezessete

Sabia que deveria lhe dizer quem era o homem diante de quem ela havia chorado, mas não teve coragem de chateá-la de novo.

Jamie estava bem melhor depois que lhe haviam arrumado o tartã. Parecia feliz também, quando voltou a agradecer. Ao ver o marido encostado na entrada, ela lhe abriu um sorriso. Alec ficou tão feliz por ela não estar chorando, que sorriu de volta.

Não, não a chatearia agora. Esperaria até que estivessem sozinhos e ninguém mais testemunharia a sua vergonha.

Jamie subiu os degraus, as mãos cruzadas com recato diante das pregas, chamando toda a atenção do marido. Ela parou diante dele, curvou a cabeça e sussurrou em gaélico:

— Eu amo você, Alec.

— Eu amo você também, Jamie.

Ele tentou tomá-la em seus braços, mas a mulher recuou e balançou a cabeça.

— Temos visita — lembrou ela.

— Então eu teria que esperar até mais tarde para a... apalpar?

— Ouviu tudo, não foi?

— Ouvi — confessou Alec. — Mas não precisa ficar tão aflita comigo.

— Seu rei é um homem muito bondoso.

O queixo de Alec caiu em perplexidade.

— Então você sabia, o tempo todo?

— Acha mesmo que eu diria ao homem para prestar atenção ao que eu dizia se soubesse quem ele era o tempo todo? — sussurrou ela. — Sou um pouco lenta, Alec, mas não completamente ignorante. Percebi quem ele era quando estava me ajoelhando.

Alec começou a rir.

— Não deve dizer a ele que eu sei quem ele é — sussurrou Jamie.

— Por quê?

— Magoaria os sentimentos dele.

— É?

Jamie assentiu.

— Ele acha que está protegendo meus sentimentos, Alec. Você não deve decepcioná-lo.

Ela fez uma mesura e saiu do grande salão antes que ele pudesse fazer qualquer comentário quanto àquela declaração ridícula. O rei o chamou, então, conclamando toda a sua atenção.

Alec disse:

— Acha que tentarei desafiá-lo, Edgar, ou lhe agradecer por me forçar a casar com ela?

— Você me agradecerá, é claro — devolveu Edgar. — E ambos seremos desafiados por Henrique se ele perceber a joia que nos deu.

Tanto Alec quanto Edgar riram da própria astúcia.

— Não teremos que esperar muito — previu Alec. — Minha esposa provavelmente começará uma guerra com a Inglaterra em mais uma ou duas semanas. Houve um momento em que pensei que ela era a arma secreta de Henrique — confessou ele.

Jamie podia ouvir o uivo das risadas atravessando as portas. Perguntou-se que piada Alec acabara de contar ao rei, então decidiu que devia ser aquela história sórdida sobre a inglesa morta.

Quase caiu de joelhos no minuto que a porta se fechou às suas costas. Todos os comentários horrorosos que fizera a Edgar gritavam em sua cabeça. Que os céus a ajudassem, ela chorou diante do homem.

E ele havia sido compreensivo. Aquele súbito pensamento fez seu coração se aquecer de gratidão. Ele era mesmo um homem bom.

— Jamie, o que está fazendo aqui sozinha? — indagou Gavin.

— Por que me faz tal pergunta, Gavin? Tenho que ter uma escolta o tempo todo?

— Sim — confessou o soldado, antes de se impedir.

— Ordens de Alec?

Ele mudou o assunto, em vez de responder.

— Uma de nossas cozinheiras queimou a mão, Jamie. Ela gostaria que você desse uma olhada.

A atenção de Jamie logo foi desviada.

— Oh, pobrezinha — disse ela. — Leve-me já, Gavin, e verei o que posso fazer.

As duas horas seguintes foram passadas nos cuidados à doente. A queimadura não tinha sido tão severa, mas Jamie terminou fazendo uma boa visita à imensa família da cozinheira.

Gavin ficou ao seu lado o tempo todo. Quando começaram a voltar para a casa principal, Jamie revelou:

— Gostaria de pôr flores frescas no túmulo de Helena. Você iria comigo?

— Sim — concordou ele. Puseram-se a caminho, então passaram pelos estábulos e viram Marcus aprontando a montaria.

Jamie e Gavin mantiveram um silêncio tranquilo enquanto ela colhia flores do campo. Quando os braços dela estavam cheios, começaram a subir a colina, indo para o túmulo de Helena. Passaram pelo cemitério consagrado, cercado por velhas ripas de pinho, e prosseguiram.

— Gavin? Você estava aqui quando Helena morreu?

— Sim.

— Foi-me dito que ela se matou — continuou Jamie. — O padre Murdock disse que ela pulou dos penhascos.

Gavin assentiu. Ele apontou para a subida à esquerda do túmulo de Helena.

— Aconteceu bem ali.

— Alguém a viu pular?

Gavin assentiu.

— Sim, Jamie.

— Onde você estava? Você viu...

— Jamie, devemos falar disso?

Ela se ajoelhou ao lado do túmulo de Helena e afastou as flores velhas.

— Estou apenas tentando entender, Gavin — sussurrou ela. — Acharia que estou louca se eu confessasse que acho que Helena quer que eu entenda?

— Provavelmente sim — respondeu Gavin, tentando deixar a voz leve. — Alguém já pôs flores no túmulo dela — observou ele, tentando mudar de assunto.

— Fui eu — explicou Jamie. — Anteontem.

Ela não voltou a falar até ter terminado de cobrir o túmulo com as flores coloridas.

Gavin esperou até ela se virar antes de perguntar:

— Jamie? Vai me explicar o que quis dizer com isso de Helena querer que você entenda? — Ele ficou sobre um joelho e começou a rodopiar uma das flores entre os dedos enquanto a esperava responder. Notou, então, que Jamie dava tapinhas na sepultura.

— Não faz sentido — ela disse de repente. — Como poderei fazer Mary Kathleen entender quando chegar a hora de contar para ela? Eu preciso entender primeiro.

— O que há para entender? Helena estava desesperada. Ela...

— Mas você viu esse desespero, Gavin?

Ele balançou a cabeça.

— Eu não conhecia a mulher bem o bastante para julgar esse aspecto.

Confesso que fiquei... surpreso quando ela...

— Então você não viu essa terrível infelicidade. O padre Murdock ficou tão surpreso quanto você. Para ele, ela parecia contente. Estava ansiosa para trazer a filha para cá. Se estivesse com medo de Alec, ou se o odiasse, não teria desejado trazer a filha.

— Talvez ela pensasse que não tinha escolha — comentou Gavin.

Jamie ficou de pé e foi em direção ao escarpado de onde Helena pulara.

— Ela poderia ter caído. Sim, pode ter sido um acidente. Por que ela foi condenada por todo mundo?

Jamie parou quando se aproximou da beirada. Um arrepio percorreu os seus braços. Ela os esfregou para afastar o tremor.

— Quando conheci Alec, senti um pouco de medo dele. Mas me levou menos de um dia para perceber o bom homem que ele é, e eu soube, desde o início, que ele cuidaria de mim, Gavin. Helena deve ter sentido o mesmo, tenho certeza.

Gavin assentiu.

— Deve se lembrar, Jamie, que Helena não conhecia bem Alec. Ele foi convocado...

— Foi uma morte rápida? — sussurrou Jamie.

— Não. Ela aterrissou naquela saliência lá embaixo — ele contou, apontando na direção da pedra irregular. — Quando Alec chegou em casa, já a tinham arrastado para cima. Você não poderia tê-la salvado. Ninguém poderia. A espinha dela estava quebrada.

— Não estava morta?

— Ela morreu dois dias depois. Jamais chegou a abrir os olhos, e eu acho que ela não estava sentindo dor, Jamie.

— Ela perdeu o equilíbrio — insistiu Jamie, tentando acreditar naquela possibilidade.

— É melhor voltarmos, Jamie — anunciou Gavin, tentando mudar de assunto. — Alec deve estar procurando por você. Agora que o rei partiu...

— Ele partiu? — interrompeu-o Jamie. — Quando, Gavin? Ele acabou de chegar.

— O rei estava se despedindo enquanto você colhia as flores.

— Ora, raios — resmungou Jamie. — Não consegui dizer adeus.

— Ele voltará em breve — Gavin lhe prometeu. — Alec é para ele como um filho. Ele vem sempre de visita.

Um som repentino chamou a atenção de Gavin. Bem quando ele se virava, foi atingido na lateral da cabeça por uma pedra enorme. Gavin viu apenas a luz ofuscante antes de cambalear para trás.

Jamie se virou bem quando Gavin começou a cair. Uma pedra lhe atingiu a testa, talhando um corte profundo. Ela gritou ao agarrar Gavin por detrás. Desesperada, tentava impedir o soldado de cair do precipício.

Algo afiado lhe atingiu o ombro. Jamie gritou de dor. O peso de Gavin era demais para ela. Sabia que cairiam, mas lembrou-se de que o penhasco tinha uma inclinação acentuada à esquerda... ou para a direita?

— Por favor, Deus, acuda-nos — choramingou ao apertar ainda mais a cintura do guerreiro. Usou cada grama de força que tinha para empurrar os dois na direção do ressalto baixo.

O som sinistro de uma risada os seguiu pelo despenhadeiro. Jamie tentou proteger a cabeça de Gavin ao empurrá-la para seu ombro. Uma dor lancinante irradiou pelo seu corpo, causada pelas pedras pelas quais rolaram, e quando enfim chegaram à borda, o corpo de Gavin sofreu a maior parte do impacto.

A risada se aproximava. Sangue vertia do olho esquerdo de Jamie, bloqueando a sua visão. Ela secou o sangue com as costas da mão e então puxou Gavin de volta para a parede rochosa. Estava desesperada para escondê-los do inimigo. Gavin grunhiu quando ela o enfiou debaixo do ressalto. Bateu a mão na boca do guerreiro e então se deitou por cima dele.

Longos minutos se passaram antes de ela perceber que a risada hedionda tinha parado. Seu ombro e a parte superior do braço latejavam. Jamie estendeu a mão para tentar amenizar a dor ao esfregá-la. Choramingou quando sentiu o cabo da adaga se projetando de seu braço, e a mão caiu de volta para a lateral do corpo. Percebeu que o objeto afiado era sua adaga... alguém atirara sua própria adaga nela!

Ouviu alguém chamá-la, mas só respondeu quando reconheceu a voz.

— Marcus, estamos aqui, no rebordo! — gritou Jamie, só então, embora o alívio fosse tão grande que lhe houvesse enfraquecido a voz.

— Meu Deus, Jamie! O quê? — perguntou Marcus quando se inclinou sobre o rebordo do penhasco e viu o rosto sangrento de Jamie olhando para ele. — Dê-me a mão, moça.

— Cuidado, Marcus. Não se ajoelhe tão perto da borda. Alguém tentou machucar Gavin e eu. Olhe sua retaguarda e certifique-se de que está seguro.

Marcus fez conforme o instruído, e quando se virou de volta para ela, o rosto do soldado lhe afligiu.

— Gavin está ferido — apressou-se a dizer, voltando a ignorar a mão estendida. — Se eu deixá-lo, ele pode rolar pelo precipício.

Marcus assentiu. Quando ele começou a afastar a mão, Jamie, de repente, estendeu a dela e a segurou.

— Eu quero Alec — clamou ela. — Mas não quero que nos deixe aqui, Marcus. Por favor, não nos abandone.

O guerreiro deu um bom aperto na mão dela.

— Segure firme, Jamie. Eu não a deixarei. Vou gritar por ajuda.

Pensou que aquela fosse a ideia mais maravilhosa que já tinha ouvido e expressou a ele seu contentamento em frases longas e desconexas. A mente estava tão cheia de dor àquela altura que ela mal conseguia falar coisas com sentido.

— Jamie, solte a minha mão. Sei que você confia em mim.

— Sabe?

Ele lhe abriu um sorriso afetuoso.

— Essa é a razão para você ter se segurado em mim — ele lhe disse. — Agora, você precisa me soltar. Segure Gavin.

Ele manteve a voz baixa, relaxante.

— Sim — concordou ela, tentando manter a concentração no que ele lhe dizia. — Segurar Gavin. Vou segurar, Marcus. Eu o protegerei.

Ela enfim lhe soltou a mão.

— Essa é uma boa moça. — Ela o ouviu dizer enquanto voltava para Gavin e colocou a cabeça do guerreiro no colo.

— Alec chegará em minutos, Gavin. Marcus nos manterá a salvo até lá.

O grito profundo de Marcus fez várias pedrinhas cascatearem pela encosta. Jamie fechou os olhos devido ao barulho. O rebordo, de repente, começou a girar e girar até todos os seus pensamentos espiralarem junto.

E então não conseguiu pensar mais.

Jamie só acordou quando sentiu alguém puxar as suas mãos. Abriu os olhos e viu Alec curvado sobre ela.

— Alec — sussurrou, maravilhada. Tentou estender a mão para ele, mas a dor no braço a impediu. Conseguiu abrir um sorriso fraco em vez disso, ao notar que ainda estava no rebordo.

A expressão dele era ameaçadora. Quando notou, ela começou a fazer careta.

— Não construa um caixão para mim. Prometa, Alec. Não construa um caixão para mim.

Podia dizer, pela expressão confusa dele, que o marido não entendia do que ela falava.

— Você disse que construiria um caixão para Angus — lembrou ela. — Por favor...

— Não construirei um caixão para você, amor — sussurrou Alec.

Ela voltou a sorrir.

— Estou tão feliz por vê-lo.

As mãos dele tremiam.

— Estou tão feliz por vê-la — ele lhe disse, com a voz embargada.

— Perdi a minha adaga.

Ela parecia estar tendo tanta dificuldade quanto ele para acreditar naquela declaração. Jamie franziu a testa para o marido, enquanto ele afagava o cabelo para longe de seu rosto, tentando se lembrar da outra pergunta que queria lhe fazer.

Desistiu depois de um minuto.

— Alec, a adaga...

— Não se preocupe com a sua adaga, amor — acalmou-a Alec. — Consegue mover as pernas, Jamie? Quero pegá-la no colo e entregá-la aos homens. Coração, solte o Gavin agora. Deixe-me...

— Gavin?

— Sim, amor, Gavin — explicou ele.

Ela olhou para baixo quando Alec começou a afastar as suas mãos do peito de Gavin e se lembrou de tudo, então.

— Ele foi atingido por uma pedra — contou ela. — O golpe o atirou desacordado para trás, Alec. Ele ia cair do precipício, eu o segurei — apressou-se a explicar. — Ele era tão pesado. Não consegui impedi-lo de cair, então coloquei as mãos ao redor de sua cintura e nos empurrei na direção da encosta.

Ela sorriu para o marido, ignorando a careta de preocupação.

— Eu não conseguia me lembrar da direção, mas creio que acertei, não foi?

— Acertou — ele lhe disse, com um sussurro rouco.

— Tem que tirá-lo daqui primeiro — ela mandou. Sua voz estava surpreendentemente clara agora; Jamie estava tão alegremente aliviada por Alec estar no comando que teve vontade de chorar.

Alec decidiu não discutir com ela. Ele puxou Gavin sobre os ombros, de um jeito bem parecido com o que uma mulher usaria um xale, e então se levantou. As pernas estavam separadas para garantir o equilíbrio quando ele, devagar, ergueu o soldado adormecido bem acima de sua cabeça.

— Pegamos as mãos dele — gritou Marcus.

Alec moveu as pernas de Gavin para longe da pedra assim que o peso dele foi içado, e voltou a se ajoelhar ao lado de Jamie. Os olhos dele lhe pareceram suspeitosamente anuviados. Percebeu, então, que devia ter lhe causado um temor considerável.

— Vou ficar bem, Alec. Eu lhe disse que não o deixaria.

Não pôde acreditar que a esposa tentava confortá-lo.

— Não, você não vai me deixar — murmurou ele, com afeto. — Posso ver que o sangue no seu rosto é apenas sujeira — adicionou ele, lembrando-se das palavras que ela usara para falar do ferimento no peito de Angus.

— Minha adaga está no meu ombro — disse ela, de repente.

Ele não mostrou qualquer reação ao comentário. Jamie logo concluiu que o ferimento não estava tão terrível quanto ela pensava. Ainda assim, precisava que ele lhe confirmasse antes de ela deixar de se preocupar.

— Está ruim, Alec?

— Não — respondeu ele. — Não está no seu ombro, também, Jamie.

— Eu posso senti-la — argumentou. Ela tentou virar a cabeça para olhar a si mesma, mas Alec lhe agarrou o queixo. — Está na parte de cima de seu braço — explicou. — Você tem muita sorte. Só pegou a gordura.

— Eu não tenho gordura nenhuma — discordou Jamie. Ela o observou rasgar uma faixa do tartã, sem conseguir, ainda, adivinhar as intenções dele.

— Passou direto, Alec? Oh, Deus, vai ser uma dor feroz quando for...

Ela não chegou a terminar a sentença. Alec tirou a adaga de sua carne tão rápido quanto um raio e estava envolvendo a faixa de pano ao redor de seu braço antes que ela tivesse força o suficiente para gritar.

— Pronto! Não doeu, doeu? — perguntou ele.

— Doeu, sim!

— Silêncio, amor — ele a acalmou. — Você se preocuparia com a extração da adaga até acabar tendo um ataque de náusea.

Ele estava certo, e ambos sabiam disso.

— Se você tinha que acabar sendo esfaqueada, creio que escolheu o melhor lugar. A adaga não atingiu o osso.

Ela soltou um arquejo.

— Eu sabia que você achava que era tudo culpa minha — acusou ela. Sua mente se concentrou no comentário adverso a ponto de mal notar que Alec a pegara no colo e estava se levantando devagar. — Não tive a intenção de ser esfaqueada, e você sabe muito bem.

— Eu sei, amor, mas é bondade sua me lembrar — ele lhe disse. Alec a erguia acima da cabeça agora, e Jamie começou a olhar para baixo. Ele a sentiu enrijecer em seus braços. O *laird* pensou em precavê-la quanto a olhar para baixo, mas mudou de ideia. O aviso só a lembraria da precária posição em que estava. — Pelo menos você achou a sua adaga — declarou ele, soando ultrajantemente animado.

— Tem isso — concordou ela, ríspida. — Alec, você está me machucando — gritou, quando a mão dele resvalou sem querer em seu braço. Ela fechou os olhos por causa da dor excruciante.

— Sinto muito, Jamie. Não tive a intenção de machucá-la, moça.

A agonia na voz dele lhe repuxou o coração.

— Não doeu tanto assim — apressou-se a esclarecer. Ela sentiu alguém tirá-las dos braços de Alec e voltou a abrir os olhos. Marcus a pegara no colo um ou dois segundos depois, e então Alec estava lá em cima e ela foi devolvida a ele, com cuidado.

Mal sentiu incômodo nas feridas quando Alec montou em seu garanhão. Ele a manteve abrigada nos braços, e a força era tal que a reconfortou. Ela suspirou em seu ombro.

— Por que não me perguntou se vi quem nos atacou? — indagou a ele.

— Eu sei quem foi.

— Acho que sei também — sussurrou Jamie. — Mas você terá que me dizer o nome primeiro.

Ela sabia que não fazia sentido, e a expressão soturna de Alec dizia que ele preferia não tocar no assunto naquele momento. Ignorou a insinuação, é claro, e perguntou:

— Quem foi a testemunha?

— Que testemunha? — questionou ele, a concentração centrada em manter o garanhão a um passo leve, e mal poupou tempo para olhar para o rosto da esposa.

— A testemunha da morte de Helena — sussurrou ela.

— Annie.

Duas horas depois, Jamie estava recostada em sua cama no grande salão. Alec havia chutado o biombo para o chão em sua pressa de acomodá-la. A coisa foi levada lá para fora e o clã, agora, lotava o lugar.

Alec cuidou de seus ferimentos. Ela lhe dera instruções quanto aos pós que deveriam ser usados, e o fez refazer o curativo em seu braço duas vezes antes de ficar satisfeita.

Gavin estava acordado também. Estava com uma dor de cabeça violenta, mas Jamie não deixava ninguém lhe dar cerveja. Ela ordenou que panos frios fossem postos em sua cabeça e que tivesse água para beber. Ele teria que sofrer até a dor passar, decretou da cama, e pronto.

Jamie não soltou um resmungo nem fez uma careta enquanto era remendada. Na verdade, o motivo real foi a vaidade, não a coragem. Não agiria feito uma covarde diante dos parentes.

Padre Murdock assumiu para si a tarefa de cuidar dela. O querido sacerdote se sentou na beirada da cama e segurou sua mão enquanto Alec trabalhava. A pequena Mary Kathleen foi trazida e colocada ao lado da mãe quando o *laird* terminou. A menininha começou a chorar quando viu o curativo na testa de Jamie. Alec acalmou a criança ao dizer a ela para dar um beijo na mãe.

Mary logo seguiu a sugestão de Alec e foi recompensada pelo anúncio surpresa da mãe de que estava se sentindo muito melhor. A menininha adormeceu instantes depois, aconchegada ao corpo de Jamie.

Jamie viu Marcus gesticular para Alec.

— Vocês a encontraram, então? — gritou.

Ninguém respondeu. O *laird* foi na direção da porta.

— Alec, traga Annie aqui dentro — disse ela. — Quero perguntar a razão.

Ele balançou a cabeça.

— Ouvirei o que ela tem a dizer lá fora.

— E depois?

— Eu decidirei.

Padre Murdock apertou a mão de Jamie quando ela começou a chamar o marido de novo.

— Deixe-o lidar com isso, moça. Ele é um homem misericordioso.

Jamie assentiu.

— Ele não gosta de admitir, mas é. A mente de Annie está deturpada — sussurrou ela. — Alec se lembrará disso.

E então o som daquela risada horrenda e desumana preencheu o salão e ela se viu agarrando a mão do padre, buscando conforto. As palavras de Annie estalaram como a picada de um chicote. O veneno que ela gritou ficou ainda pior com a toada monótona da voz.

— Eu serei sua esposa, serei sim. Não importa quanto tempo leve, Kincaid. É o meu direito. O meu direito. Helena o tirou de mim. Eu o desafiei na época, Alec, e o desafiarei de novo.

Jamie ouviu outro arroubo de risadas, e então Annie voltou a entoar o seu mantra:

— Matarei de novo e de novo e de novo até você aprender a sua lição. É meu direito ficar ao seu lado. É...

O silêncio súbito, depois de um som tão demoníaco, estava assustando Jamie.

Ela tentou sair da cama.

— Fique onde está, Jamie — ordenou Gavin, aos pés da cama. Ele pairou sobre ela como um vingador furioso. A ordem foi arruinada quando ele levou as mãos à cabeça e gemeu: — Eu não poderia ter gritado com a senhora, milady, mas Alec quer que fique onde está.

— Você não deveria ter gritado comigo porque isso faz a sua cabeça doer — rebateu Jamie.

— Isso também — confessou Gavin.

Jamie tirou as pernas do caminho bem na hora. Gavin caiu aos pés da cama e soltou outro lamento ao tombar para trás. Ela supôs que ele estava tentando afastar sua atenção do que acontecia lá fora ao apelar para a sua simpatia.

— Tenho total fé no meu marido — ela disse a Gavin. — Não precisa continuar se esforçando para desviar a minha atenção.

— Então você vai me deixar tomar cerveja?

— Você não pode.

— A cama está ficando lotada demais — anunciou Alec, do alto dos degraus.

Jamie sorriu. Ela esperou até ele a beijar apropriadamente para perguntar:

— Está acabado?

Ele assentiu.

— Alec? Você deveria ter se casado com ela, não é?

— Edgar planejara unir os Kincaid ao clã deles para garantir a paz. Eu estava prometido a Annie.

— Mas ela é tão mais nova que você...

— Ela é apenas um ano mais nova que você, Jamie.

— Mas ela ainda parece tão criança — sussurrou. — Edgar mudou de ideia depois que o marido de Helena morreu?

Alec assentiu.

— Isso mesmo. Helena estava grávida, e o rei quis lhe dar um bom lar.

Jamie balançou a cabeça, entendendo. E então lhe abriu um sorriso magnífico. Ele precisou balançar a cabeça para dispersar a reação estranha.

— Ela também não quis deixá-lo, Alec.

Ele ainda não havia compreendido a alegria da esposa até que ela se virou para padre Murdock e disse:

— Amanhã o senhor terá que abençoar o túmulo de Helena. Ela também deverá ter uma missa fúnebre. Todo o clã deve estar presente, Alec.

— Quer que ela seja sepultada em solo consagrado, Jamie? — perguntou padre Murdock.

Ela balançou a cabeça.

— Aumentaremos o cemitério consagrado para incluir toda a área. Alec e eu iremos, é claro, ser enterrados próximos a Helena. É o apropriado, não é, marido?

— É o apropriado — concordou Alec, com a voz embargada pela emoção.

— Não pareça tão satisfeito — provocou Jamie. — Deixarei instruções para você ser posto no meio, Kincaid. Terá uma esposa de cada lado para mantê-lo "assentado" por toda a eternidade.

— Que Deus me ajude — resmungou Alec.

— Ele já ajudou — declarou padre Murdock. — Ele colocou duas boas mulheres na sua vida, Alec, e isso é um fato. Nosso Criador também tem senso de humor.

— Como assim? — perguntou Gavin, entre gemidos.

— A doce moça que Alec veio a amar é da Inglaterra, se você bem se lembra, e se isso não for um ardil da parte de Deus, então, não sei o que é.

— Oh, Deus, ele está começando a falar como ela — disse Gavin, com uma risada da qual logo se arrependeu, pois a cabeça voltou a doer.

Foi quando Jamie notou Edith do outro lado do cômodo. Podia ver o quanto a mulher estava chateada.

— Você não tem a intenção de mandar Edith embora, não é, Alec? — perguntou ela.

Quando Alec balançou a cabeça, Jamie fez sinal para ela se aproximar.

— Edith, você não nos deixará. Foi só um plano para obrigar Annie a tentar me matar de novo.

— De novo, esposa? Então você sabia que o fogo...

— Não — interrompeu-o Jamie. — Não soube até ouvir a risada de Annie bem agora. Reconheci o som. Foi o mesmo que ouvi quando estava presa na cabana.

Ela parou para fazer uma boa careta para Alec.

— Foi muita falta de bondade de sua parte me usar como isca, Alec.

— Não era para ter sido assim — respondeu ele, com a voz séria. — Era para Gavin ficar com você, e Marcus deveria manter Annie sob vigia o tempo todo.

— É culpa minha — confessou Edith, de supetão. — Eu não sabia que estavam planejando uma armadilha. Pensei que Annie estivesse passando mal. Ela foi para a cama depois que nos disseram que iríamos embora. Fiquei tão chateada que não notei que ela saiu.

— Não, irmã — interveio Marcus. Ele foi até Edith. — A culpa é minha. Assumo completa responsabilidade.

— Mas eu lhe disse para aprontar os cavalos — argumentou Edith.

— Não foi culpa de ninguém — declarou Jamie. — Edith, você quer ficar conosco, não quer? Não poderei passar sem você... não até que se decida por um marido adequado — adicionou ela.

— Nunca foi a intenção mandá-la embora — Alec disse a Edith. — Mas eu queria que Annie acreditasse que eu estava mandando ambas embora por causa de seu parentesco com Helena. Você se lembrará que, quando dei a ordem para partirem, eu disse que não queria quaisquer recordações de minha primeira esposa.

Edith assentiu.

— Eu lembro.

Alec sorriu.

— Você não chegou a se perguntar por que Mary Kathleen não estava incluída?

Edith balançou a cabeça.

— Eu estava triste demais para pensar direito — confessou ela.

— Foi o que pensei — disse Alec. — Embora tenha sido só depois que saí de seu chalé.

— Perdoe o seu *laird* por lhe causar tanta angústia — Jamie recomendou a Edith.

Ela assentiu depressa.

— Oh, entendo agora.

— Importa-se de levar Mary para o quarto dela agora? — pediu Jamie, supondo que Edith estava prestes a perder a compostura.

Jamie esperou até elas irem para fazer a Alec a pergunta que mais lhe preocupava.

— O que você fará com Annie?

Ele não responderia.

Alec estava sendo intratável. Não deixou Jamie sair da cama por quase uma semana. Ele esperava que ela cochilasse durante o dia e que depois dormisse durante toda a noite. Ela achou muito estranho ser capaz de acomodá-lo.

A convalescência foi mais fácil devido as visitas diárias da irmã. Mary lhe ajudou a costurar a tapeçaria com a imagem de Edgar, finalmente assumindo a tarefa por completo quando percebeu que Jamie não tinha nem paciência nem habilidade para o trabalho.

Durante a primeira visita de Mary, ela sussurrou a notícia de que Daniel ainda não a levara para a cama. Jamie ficou mais aborrecida com aquilo do que Mary, mas assim que explicou o quanto a intimidade era maravilhosa, em detalhes bem escolhidos e termos gerais, é claro, o interesse da irmã foi despertado.

— Ele tem uma amante — confessou Mary. — Mas dorme em minha cama todas as noites.

— É hora de você limpar a casa, Mary — aconselhou Jamie. — Expulse a mulher.

— Ele ficará bravo comigo, Jamie — sussurrou a irmã. — Vim a gostar demais de seus sorrisos para incitar o mau gênio dele. Ele está sendo muito gentil comigo também, agora que parei de chorar. O homem não suporta as lágrimas. Estou começando a gostar dele.

Jamie ficou empolgada com a confissão.

— Então peça a ele para levá-la para a cama.

— Eu tenho o meu orgulho — rebateu Mary. — Mas engendrei um plano.

— Do que se trata?

— Pensei em dizer que ele poderia manter a amante e ficar comigo também.

— Você não pode estar querendo dividir o homem — argumentou Jamie.

Mary ergueu os ombros em um gesto de desamparo.

— Quero que Daniel goste de mim, Jamie — confessou ela.

Foi quando ela começou a chorar, bem quando Alec entrou no grande salão. Jamie segurou o sorriso pelo bem de Mary, mas desistiu da batalha. Assim que Alec visse a condição de Mary, ele se viraria e voltaria por onde veio.

— Homens odeiam lágrimas — disse, concordando com a declaração anterior da irmã.

— Diga a Daniel que ele deve manter a amante — aconselhou Jamie. — Ora, não me olhe assim, Mary. Depois diga que você pensa que ele precisa de prática e, quando tiver aprendido direito, pode ir procurá-la.

Alec voltou ao grande salão quando ouviu Jamie e a irmã rindo.

Mary não a visitou por dois longos dias. Jamie estava aflita de preocupação por ela, mas, quando Mary enfim veio, três dias depois, pôde dizer pelo sorriso feliz dela que tudo estava bem.

Mary quis dar detalhes, mas Jamie não queria ouvi-los. Mary foi insistente, e bem no meio dos sussurros sobre o quanto Daniel foi maravilhoso, Alec, Gavin, Marcus e Daniel entraram no salão. Eles quiseram ser incluídos na conversa. O assunto mudou no mesmo instante.

Alec manteve Jamie acordada a maior parte da noite, fazendo amor com ela. Mas não a deixou ser tão agressiva quanto ela queria, temendo que suas forças não estivessem completamente estabelecidas. No fim, ele admitiu o lamentável fato de que, embora ele fosse mais forte, ela com certeza tinha mais estamina.

Ele partiu na manhã seguinte para cumprir os deveres que o rei Edgar solicitara, e não voltou para casa durante uma semana inteira. Jamie usou o tempo que ele passou longe para fazer outra pequena mudança no lugar.

Ela tirou a cama e a plataforma do grande salão. O biombo agora cercava a adega. Era outra tradição inglesa, mas assim que os soldados perceberam que seria mais fácil pegar cerveja, seguiram suas ordens sem fazer reclamações demais.

Alec chegou em casa três dias depois. Os soldados voltaram a fazer fila, prontos para defendê-la.

O *laird* se sentou à cabeceira da mesa, com a mandíbula cerrada com força enquanto ela explicava a necessidade da despensa para ele.

Ele teve problemas em aceitar a mudança. Jamie ficou feliz com ele, no entanto, pois o homem nem levantou a voz. Ela sabia que o esforço estava lhe custando muito. O rosto ficou corado e o músculo de sua bochecha voltou a flexionar. Ela também se encheu de simpatia por ele. Por aquela razão, nem sequer piscou quando ele pediu, com a voz baixa e controlada, para deixá-lo em paz por alguns minutos.

Alec soube que ela não tinha ficado contrariada com o seu pedido quando não parou para tirar uma moeda da caixa sobre a lareira. Ele captou cedo a forma sutil de ela deixá-lo saber sempre que ficava brava com ele. A esposa jamais dizia uma palavra, apenas lhe lançava uma boa careta e então pegava uma das moedas. Ela não sabia que o padre Murdock devolvia as moedas todas as noites.

Ainda estava encontrando dificuldades para se adaptar. Algumas noites, padre Murdock chegava a ter nove moedas na mão.

A irmã de Jamie acabava de apear quando ela saiu com Mary Kathleen no colo.

— Trago notícias terríveis — apressou-se Mary a dizer. — Andrew está a caminho daqui.

— Andrew?

— O homem para quem você estava prometida — Mary lembrou. — Sinceramente, Jamie, como você pode já ter se esquecido dele?

— Não me esqueci — respondeu Jamie. Ela entregou Mary Kathleen para Mary quando a irmã estendeu os braços para a criança. Enquanto Mary abraçava a menininha, Jamie tentava ficar calma. — Por que Andrew viria para cá? E como você descobriu?

— Ouvi Daniel falar com um dos homens dele. Todos os clãs das Highlands sabem que ele está vindo, Jamie. Ele e o exército tiveram que passar pelas terras deles.

— Oh, meu Deus, ele está vindo para cá com um exército?

— Está.

— Mas por quê, Mary?

— O empréstimo — sussurrou Mary, depois de colocar a sobrinha no chão. — Lembra-se do dinheiro que papai pegou com ele?

— Como eu poderia esquecer? Papai praticamente me vendeu para Andrew — pranteou ela. — Oh, Mary, não posso ser humilhada diante de meu clã. Não posso permitir que Andrew me envergonhe a esse ponto. Por Deus, Mary, Alec está fadado a matar Andrew.

Mary assentiu.

— As mesmas palavras de Daniel.

— Então ele sabe da razão para Andrew estar vindo para cá? — perguntou Jamie, muitíssimo alarmada.

— Sabe. Andrew teve que explicar suas razões para estar nas

Highlands. Ele não teria chegado muito longe sem já ter sido morto se não tivesse explicado. Irmã, ainda não notou que os escoceses não gostam muito dos ingleses?

— Bem, diabos, Mary, quem não saberia?

— Jamie, você não deveria falar de forma tão deselegante.

— Não posso evitar! — bradou Jamie. — Sempre sou a última a saber das coisas por aqui. Você acha que Alec sabe que Andrew está a caminho? .

Mary ergueu os ombros em um gesto de impotência.

— Daniel diz que todos os escoceses sabem quando alguém se aproxima da fortaleza deles. Eu diria...

— Não posso deixar isso acontecer. Não serei responsável por começar uma guerra com a Inglaterra também.

— Inglaterra? É bem provável que Alec simplesmente mate Andrew e seus seguidores.

— E você acha que o rei Henrique não notará que um de seus barões está sumido, Mary? Ele está destinado a achar estranho quando convocar os exércitos dele e ninguém aparecer...

Ela não se deu o trabalho de concluir a explicação, mas arrancou as rédeas das mãos de Mary e logo montou no cavalo da irmã.

— O que você está planejando fazer, Jamie?

— Vou atrás de Andrew e tentar conversar com ele. Prometerei enviar o dinheiro.

— Jamie, não falta muito para escurecer. Essa é a razão para Daniel não me deixar vir vê-la.

Jamie sorriu.

— Mas você veio mesmo assim, não foi, Mary?

— Eu precisava avisar, irmã. Acho que você pode querer se esconder por um tempo.

— Foi algo muito corajoso e generoso o que você fez, ter vindo me avisar, mas sabe muito bem que jamais me esconderia.

— Eu esperava que se escondesse. Com certeza não imaginei que iria atrás de Andrew. Fui corajosa mesmo, Jamie?

Jamie assentiu.

— Agora, preste muita atenção, Mary. Quero que prometa que não dirá a ninguém para onde fui. Por favor.

— Prometo.

— Cuide de Mary Kathleen até eu voltar.

— O que direi a Alec?

— Não diga nada.

— Mas...

— Chore — disse Jamie, em um rompante. — Isso, chore, Mary. Alec não fará perguntas se você estiver chorando. Voltarei antes mesmo que ele note que parti. Agora me aponte a direção certa, Mary.

— Basta descer as colinas.

Mary fez um rápido sinal da cruz enquanto observava a irmã cavalgar colina abaixo a toda pressa. Padre Murdock foi até Mary, desejou-lhe bom dia e então comentou que Lady Kincaid havia saído em disparada, indagando se Lady Ferguson por acaso sabia para onde a moça estava indo.

Na mesma hora, Lady Ferguson irrompeu em lágrimas.

Ela também manteve a promessa feita à irmã. Não disse a Alec para onde Jamie tinha ido. Não precisou. Mary Kathleen contou tudo.

A garotinha voltou para dentro assim que a mãe saiu. Ela correu para Alec, subiu no colo dele e tomou um bom gole de cerveja antes de ele perceber o que ela estava fazendo. Alec tomou o cálice e então lhe deu água. Quando ela terminou de beber, ele perguntou, quase que distraído, pelo paradeiro da mãe.

Mary Kathleen se recostou no peito do pai e brincou com os dedos dos pés e o cinto dele enquanto repetia quase palavra por palavra toda a conversa que ouviu.

Pelo bem da filha, Alec não começou a gritar até chegar lá fora. Assim que a irmã de Jamie viu a expressão de Alec, ela não teve que se esforçar muito para se lançar aos soluços. Lançou-se à histeria imediatamente.

Padre Murdock fez o seu melhor para consolar a pobre mulher ruidosa, mas seus esforços foram em vão. Quando Alec partiu com o contingente de soldados, Mary guinchava feito uma galinha presa. O sacerdote entrou na capela para rogar por paz. Mais especificamente, para que Daniel viesse pegar a esposa.

Alec seguiu o rastro de Jamie. Quando a trilha foi para o leste, ele começou a relaxar. Ela, agora, seguia para as terras dos Ferguson.

— Ela mudou de ideia, então — gritou Marcus.

— Está perdida — Alec disse por sobre o ombro. — E graças a Deus por isso — resmungou consigo mesmo.

Alcançou Jamie quinze minutos depois. Ele a forçou a parar ao fazer sinal para que os soldados a rodeassem.

Marido e mulher se encararam. Nenhum deles disse uma única palavra por um longo minuto. Ela, desesperada, tentava pensar em uma explicação plausível. Ele se perguntava que mentira ultrajante ela lhe contaria.

— Você pediu para que eu o deixasse em paz por uns minutos — falou ela.

— Sim, pedi.

Ela incitou o cavalo a avançar. Quando chegou ao lado de Alec, sussurrou:

— Eu só estava indo tentar fazer Andrew pensar com clareza. Minha irmã lhe contou tudo, não foi?

— Sua filha me contou.

Os olhos dela se arregalaram em reação à declaração.

— No futuro, devo me lembrar de não falar para todo mundo ouvir.

— Você se lembrará de não tentar fazer nada tão tolo assim no futuro.

— Por favor, não fique bravo comigo, Alec — rogou ela.

Alec a segurou pela nuca e lhe deu um beijo longo e vigoroso.

— Por que não foi me procurar quando ouviu que Andrew...

— Fiquei com vergonha — sussurrou, antes de ele terminar a pergunta. — Papai aceitou dinheiro em troca de mim. Não queria que você pensasse que meu pai me vendeu para Andrew, mas até mesmo eu estava começando...

Alec balançou a cabeça.

— O que o seu pai fez nada tem a ver com o que sinto por você. Pagarei ao maldito. Venha comigo, esposa. Podemos aproveitar e resolver logo esse assunto.

Ela sabia que não deveria discutir com ele, ainda assim se perguntou como ele pagaria ao barão Andrew. Ele estava montando a pelo e não estava com a algibeira. Mas trazia consigo a esposa.

— Alec, devemos esperar problemas?

Ele não respondeu. Jamie foi deixada com seus temores enquanto seguia atrás do marido. Ele estava certo, decidiu ela depois de pensar por um bom tempo, deveria ter ido direto a ele. Marido e mulher deveriam dividir os problemas. Era bom, também, ter alguém para ajudar com os fardos. Não, admitiu. Não era só bom, era maravilhoso ter a ele com quem contar de vez em quando.

Não voltaram a falar até chegarem ao acampamento de Andrew. Jamie tentou ficar na frente de Alec, mas ele agarrou as rédeas de seu cavalo e a forçou a ficar ao seu lado. O marido ergueu a mão. Os soldados logo se alinharam de cada lado do *laird* e da senhora.

— Oh, Alec, você precisava ter trazido tantos soldados?

Quando ele não respondeu, ela soltou um suspiro sentido.

— Pelo menos eles manterão a minha vergonha para si mesmos — resmungou ela.

Alec sorriu, chamando a sua atenção. Então voltou a se mover.

Os outros clãs avançaram. Jamie observava, perplexa, os *lairds* e o clã de cada um deles assumirem posição. Formou-se um círculo bem amplo, com Andrew e seus homens presos do lado de dentro.

Os soldados ingleses pegaram as armas. Alec voltou a sinalizar. O círculo começou a se apertar enquanto os soldados avançavam.

Quando os soldados ingleses viram as fileiras que encaravam, apontaram as armas para o chão.

Andrew se afastou dos homens e foi em direção a Jamie.

Havia se esquecido do quanto o homem era pequeno. Alguma vez o achara bonito? Não podia se lembrar, mas com certeza agora não tinha nenhum atrativo para ela, e o cabelo curto a fazia se lembrar de um menininho. Não, pensou consigo mesma, não poderia ter achado aquele homem nem um pouco atraente.

O homem nem sequer caminhava a contento. Ele trotava. Um arrepio a percorreu quando percebeu que poderia ter se casado com ele. De repente, quis se virar para o marido e lhe agradecer por salvá-la da miséria certa.

Alec ergueu a mão quando Andrew ainda estava a cerca de dez metros deles. O barão entendeu o comando silencioso e logo parou.

— Cortamos os pés de um homem quando ele viola a nossa terra.

A ameaça de Alec pareceu deixar Andrew sem fôlego. O barão recuou vários passos antes de recuperar a compostura. A expressão mostrava medo e desdém quando ele olhou de Alec para Jamie.

— Você não o deixaria fazer isso, deixaria, Jamie?

A expressão dela estava serena. Ela encarou Andrew quando falou com o marido.

— Com a sua permissão, eu gostaria de responder a ele.

— Você a tem — cedeu Alec.

— Andrew — chamou ela, com a voz tão fria e cristalina como uma gélida manhã de inverno —, meu marido faz o que deseja fazer. Mas, vez ou outra, tenho a permissão de ajudar. Se ele decidir cortar os seus pés, oferecerei, é claro, a minha assistência.

Jamie ouviu o resmungo baixo de aprovação de Marcus, mas manteve o olhar em Andrew e o sorriso contido.

O barão parecia furioso.

— Você tornou-se uma selvagem — gritou, obviamente se esquecendo, na raiva, de sua precária posição. Ele apontou para Alec e adicionou: — Ele a transformou em uma... escocesa.

Jamie sabia que ele tivera a intenção de insultá-la, mas Jamie não pôde conter a diversão nem por mais um minuto. A gargalhada vigorosa ecoou pelas montanhas.

— Andrew, creio que o elogio acabou de lhe salvar os pés.

— Diga logo o que quer — rugiu Alec. Ele queria terminar com aquilo o mais rápido possível para que pudesse tomar Jamie em seus braços. Estava louco para dizer a ela, novamente, o quanto a amava, o quanto a valorizava... e o quanto se sentia orgulhoso por tê-la só para si.

O rugido cumpriu seu objetivo. Andrew praticamente tropeçou ao explicar. Jamie, humilhada até a alma, manteve o olhar para baixo enquanto o barão explicava o dote que pagara ao pai dela.

Quando ele concluiu a explicação, Alec embainhou a espada.

— Você o matará agora, marido? — perguntou ela, aos sussurros.

Alec sorriu.

— Você sabe muito bem que não o matarei. Isso a desagradaria, e sempre quero fazê-la feliz, esposa. Darei a espada a ele. É valiosa...

— Não dará a gente da laia dele a sua magnífica espada, Kincaid — devolveu Jamie, olhando para a frente. — Esquecerei minha dignidade e farei uma cena que jamais se esquecerá. Falarão do ocorrido nos anos vindouros, eu lhe prometo.

Ela o ouviu suspirar e soube que ganhara a batalha.

— Sim, você provavelmente fará isso, sua mulher avessa. Dê-me sua adaga, então.

Jamie fez conforme o ordenado. Observou enquanto Alec usava a adaga para tirar um dos rubis enormes do punho da espada. Quando a tarefa foi concluída, ele lhe devolveu a arma.

Ela observou Andrew quando Alec atirou a pedra. O rubi pousou aos pés do barão.

— Ressarcimento, barão, por Lady Kincaid.

Outra pedra imensa pousou no ombro de Andrew. Jamie se virou na direção de onde a pedra tinha vindo, e viu Laird McPherson embainhando a espada.

— Ressarcimento, por Lady Kincaid — gritou o homem, antes de se virar para olhá-la.

Uma terceira pedra atingiu Andrew na lateral do rosto.

— Ressarcimento — veio o grito de Daniel Ferguson.

— Ressarcimento — ecoou de novo. Jamie não reconheceu o *laird* que atirara aquela joia.

— Quem é ele?

— O pai de Lindsay — revelou Alec. — Não pensou que eu não soubesse do javali, não é?

Ela ficou perplexa demais para responder. Ainda assim, outra pedra caiu diante das botas de Andrew. Um jovem guerreiro a jogara.

— Ressarcimento — gritou ele.

Alec explicou antes que ela pudesse perguntar.

— Laird Duncan. A esposa dele deseja que você ajude no parto dela. Ele está pagando por ajuda futura.

— Estou muito comovida — sussurrou Jamie. — Devo agradecer a eles, Alec?

— Eles estão agradecendo a você, Jamie. Cada um deles daria a vida para mantê-la a salvo. Você fez o impossível, amor. Você, na verdade, uniu os nossos clãs.

Ela fechou os olhos para se impedir de chorar. A voz tremia de emoção quando disse:

— Vocês fizeram de Andrew um homem muito rico.

— Não, Jamie. Eu sou muito mais rico. Eu tenho você.

A voz estava tão baixa, tão cheia de amor. Uma lágrima escorreu pela bochecha de Jamie. Alec a viu, e logo se virou para Andrew.

— Vá para casa, barão. Da próxima vez que pisar no solo das Highlands, nós nos revezaremos transpassando-o com a espada.

Um viva retumbante ecoou pelo círculo. Andrew estava ajoelhado, coletando seu tesouro. Alec puxou Jamie para seus braços. Ela logo envolveu os dela ao redor da cintura do marido.

O barão Andrew encarou a fortuna que tinha em mãos. Quando voltou a olhar para cima, não havia um único escocês à vista.

Jamie fechou os olhos e abraçou o marido. Ainda não entendia uma boa parte dos hábitos do povo das Highlands, e imaginou que levaria uns bons vinte ou trinta anos até chegar a compreendê-los de verdade.

Havia, no entanto, alegria no aprendizado — uma alegria e um amor incríveis. Talvez, quando ela e Alec já estivessem velhos juntos, pensou Jamie, com um sorriso escondido, ela pudesse dizer, enfim, que havia se instalado.

Editora
Charme

Entre em nosso site e viaje no nosso mundo literário.
Lá você vai encontrar todos os nossos
títulos, autores, lançamentos e novidades.
Acesse www.editoracharme.com.br

Você pode adquirir os nossos livros na loja virtual:
loja.editoracharme.com.br

Além do site, você pode nos encontrar em nossas redes sociais.

https://www.facebook.com/editoracharme

https://twitter.com/editoracharme

http://instagram.com/editoracharme

@editoracharme